GESCHICHTE

zum Nachschlagen

Die wichtigsten Daten und Ereignisse
von der Vorzeit bis zur Gegenwart

Romay von Keudell

unter Mitarbeit von
Jan Jakob

Sonderausgabe

2002 Trautwein Lexikon-Edition
Genehmigte Sonderausgabe

Chefredaktion: Ilse Hell
Redaktion: Stefan Klein, Esther Haffner, Dr. Matthias Feldbaum
Redaktionsassistenz: Dr. Joachim Gartz

Produktion: Henning Liebke
Abbildungen: Gruppo Editoriale Fabbri, Mailand; Lidman Production, Stockholm
Titelabbildungen: AKG, Berlin (3); IFA-Bilderteam, München (2); Gruppo Editoriale Fabbri, Mailand (2); Lidman Production, Stockholm (3); The Image Bank, München (1)
Umschlaggestaltung: Inga Koch
Typografische Gestaltung: Ingeborg Cisse

Besuchen Sie uns im Internet www.compactverlag.de

ISBN 3-8174-5469-4
5454691

INHALT

700.000 v. Chr.

Übergang von der tertiärsubtropischen zur Eiszeit. Erstmaliges Auftreten des Plesianthropus, eines menschenähnlichen Affentypus. Fundort: Südafrika.

550.000 v. Chr.

Beginn der Zwischeneiszeit. Erstes Auftreten eines Ur-Menschen (Gehirnvolumen 700 bis 900 cm^3). Im Vergleich dazu: Das Gehirnvolumen des Schimpansen liegt bei etwa 450 ccm, das des Menschen zwischen 1500 bis maximal 2000 cm^3. Fundorte des Ur-Menschen: Java, Peking und Heidelberg.

135.000 v. Chr.

Beginn der älteren Steinzeit. Entwicklung des Neandertalers, einer frühgeschichtlichen Menschenform der jüngeren Eiszeit. Fundort: Neandertal bei Düsseldorf. Nach neuesten Erkenntnissen ist der Neandertaler kein direkter Vorfahre des heutigen Menschen, sondern muss einer ausgestorbenen Nebenlinie zugeordnet werden.

115.000 v. Chr.

Erstes Erscheinen des Oldoway-Menschen. Fundort: Kilimandscharo. Er gilt als der eigentliche Vorläufer des „Homo sapiens".

80.000 v. Chr.

Der Aurignac-Mensch (Erster Fundort: Aurignac in Frankreich. Hirnvolumen etwa 1000 cm^3) löst in Europa den Neandertaler ab. Auffallend seine Ähnlichkeit mit dem heutigen Ur-Einwohner Australiens.

40.000 v. Chr.

Beginn der Steinzeit. Erstes Auftreten des Cromagnon, eines negroiden Zwergmenschen (Gehirnvolumen 1200 cm^3). Fundort: Cromagnon-Höhle im Vézère-Tal in Frankreich. Die Höhlenzeichnungen von Altamira und Lascaux werden dieser Menschenart zugeschrieben.

10.000 v. Chr.

Ende der Eiszeit. Deutliche Weiterentwicklung des Cromagnon-Menschen (Gehirnvolumen bis 1500 cm^3). Beginn der mittleren Steinzeit.

5000 v. Chr.

Jung-Steinzeit. In Europa Beginn der Völkerwanderung. Die End-Capsien-Kultur (Jäger-Kultur) – typisch die Höhlenmalerei – wird durch die Campignien-Kultur (Bauern-Kultur) abgelöst, die über Nordafrika, Ägypten, Mesopotamien bis hin zum Kaukasus vordringt. Die Menschen, die bisher ausschließlich von der Jagd lebten, betreiben Viehzucht und Ackerbau. Historische Funde in Europa: Großsteingräber, im Volksmund „Hünengräber" genannt, sowie erste Pfahlbauten.

4000–3000 v. Chr.

Während in Europa noch weite Teile von Urwäldern und Sümpfen bedeckt sind, entstehen am östlichen Mittelmeer und am Persischen Golf zwei Weltreiche: Ägypten und Mesopotamien. **MESOPOTAMIEN:** Historischen Vermutungen nach besiedeln in dieser Epoche die Sumerer, aus Zentralasien kommend, das Zweistromland am Euphrat und Tigris. Gründung von Stadtstaaten (z. B. Uruk), die von Königen regiert werden. **Religion:** Verehrung verschiedener Gottheiten in den einzelnen Stadtstaaten (in Uruk die Erdmutter „Innin" und der Hirtengott „Tammuz"). **Architektur:** Erste Anlagen von Stufenterrassen zum Schutz gegen Überschwemmungen. **Kunst:** Keramik mit geometrischen Malereien. **ÄGYPTEN:** Die Bewohner, ursprünglich ein Hirten- und Jägervolk und in Nordafrika ansässig, lassen

Lascaux: Höhlenmalerei

sich in dem fruchtbaren Niltal als Bauern nieder. **Kunst:** Keramik mit geometrischen Verzierungen, Gefäße in Tierformen.

3000–2900 v. Chr.

In den östlichen Mittelmeergebieten allmählicher Übergang zur frühen Metallzeit. **MESOPOTAMIEN:** Erste Blütezeit der sumerischen Kunst im Stadtstaat Uruk. **Architektur:** Lehmziegel-Tempel mit farbigen Tonstift-Mosaiken und Tierreliefs. Das Helden-Epos über den König Gilgamesch von Uruk (Tontafeln). **Wissenschaft:** Erste Erkenntnisse der altbabylonischen Medizin. **Handwerk:** Silber und Kupfer werden zu Waffen verarbeitet.

2900–2750 v. Chr.

ÄGYPTEN: Gründung des Alten Reiches. 1. bis 3. Dynastie der Pharaonen (Könige). Der erste historisch nachweisbare König Ägyptens ist Menes, die Hauptstadt Memphis. **Religion:** Verehrung einer Vielzahl von Göttern. Der Pharao gilt als die Verkörperung des Falkengottes Horus und als Sohn des Sonnengottes Re. **Architektur:** Stufenpyramide in Sakkara. **Wissenschaft:** Einführung eines Kalenders mit 365 Tagen. **MESOPOTAMIEN:** Während der Djemdet-Nasr-Epoche entstehen die siebenstufigen Turmtempel.

2750–2500 v. Chr.

ÄGYPTEN: 4. und 5. Dynastie. Unter den Königen Cheops, Chephren und Mykennos erreicht Ägypten hohe kulturelle Bedeutung. **Architektur:** Bau der 137 m hohen Cheops-Pyramide bei Gizeh, der Chephren-Pyramide sowie der Sphinx von Gizeh. **MESOPOTAMIEN:** Erster historisch nachweisbarer König ist Mesanni-padda von Ur. **Architektur:** Bau der großen Stadtmauer (900 Türme) von Uruk, Tempel der Muttergöttin in Ur. **Kunst:** Vielfarbig bemalte Tongefäße. **Wissenschaft:** Sumerisches Zahlensystem, erste Erkenntnisse in der Astrologie und Astronomie.

Tafel mit sumerischen Schriftzeichen

2500–2250 v. Chr.

MESOPOTAMIEN: Semitische Akkader dringen von Norden her ins Land. Der Krieg von Lagasch beendet die Vormachtstellung des Stadtstaats Ur. Unter akkadischer Herrschaft vermischt sich die sumerische mit der semitischen Kultur. Bedeutendster König der Epoche ist Sargon von Akkad. Er vereint Babylonien, Elam, Subartu und Amurru zu einem Weltreich. **Wissenschaft:** Erste Bibliothek in Uruk. Die bis dahin angewandte Bilderschrift wird langsam durch die Keilschrift verdrängt. **Religion:** Verehrung der Liebes- und Schlachtgöttin Ischtar. **Kunst:** Bronzekopf des Königs Naramsin aus Ninive sowie zahlreiche Rollsiegel. **ÄGYPTEN:** 6. Dynastie und Ende des Alten Reichs. **Wissenschaft:** Hieroglyphen (Bilderschriftzeichen). **CHINA:** Beginn der Shantung-Kultur, die später in die Shun-Dynastie übergeht. Der Staat ist in Provinzen aufgeteilt. **Religion:** Verehrung des Reisgottes. **Kunst:** Töpferei.

2250–2000 v. Chr.

MESOPOTAMIEN: Gewaltherrschaft des Bergvolks der Gutäer. Anschließend erblüht unter Fürst Gudea von Lagasch eine neue sumerische Kultur in den Städten Lagasch, Ur, Uruk, Nippur. **Architektur:** Tempelturm des Gottes Sin in Ur. Babylonisches Epos der Weltschöpfung. **ÄGYPTEN:** 7. bis 10. Dynastie (Zwischenperiode). Beginn des Mittleren Reichs unter den Fürsten von Theben. **Architektur:** Grab des Mentuhoteps III. und IV. von Deir-el-Bahan. **CHINA:** Hsia-Dynastie unter dem Herrscher Yü. **Wissenschaft.** Knotenschrift, Astronomie, Kalender. **Kunst:** Bemalte und schwarze Keramik.

2000–1900 v. Chr.

ÄGYPTEN: 12. Dynastie. Bedeutendster König ist Amenemhet I. **Architektur:** Grab des Sirenpowet in Assuan, Obelisk beim Tempel von Heliopolis, Felsengräber bei Beni-Hasan. **Kunst:** Wandgemälde im Grab des Königs Amenemhet I. **Schriften:** „Geschichten des Schiffsbrüchigen". Beginn des Hethiter-Reichs (–1200). Indogermanische Stämme besiedeln Kleinasien und mischen sich mit der ansässigen Bevölkerung. **KRETA:** Beginn der

Minoischen Kultur (–1600). Vermischung der einheimischen Bevölkerung mit indoeuropäischen Einwanderern. **Architektur:** Paläste in Knossos und Phästos. **Kunst:** Wandmalerei. Beginn der Bronzezeit in Europa. **MESOPOTAMIEN:** Die Elamiter erobern Ur, die Amoriter Babylon.

1900–1800 v. Chr.

MESOPOTAMIEN: Vorübergehende Eroberung durch die Assyrer. **ÄGYPTEN:** Palästina wird erobert und ist Sitz des Königs Sesostris III. **Kunst:** Plastiken der Chertihotep und Nofret. Die Reliefkunst bedient sich geometrischer, symmetrischer und ornamentaler Formen.

1800–1700 v. Chr.

ÄGYPTEN: 13. Dynastie. Die Kultur strebt deutlich einer Verweltlichung zu. **MESOPOTAMIEN:** König Hammurabi von Babylonien erobert die übrigen Staaten und begründet das babylonische Reich. Hauptstadt ist Babylon. Die Kultur erlebt eine neuerliche Blütezeit. Gesetzgebung: Ein Erlass verbietet die Blutrache und den Ehebruch, erlaubt die Heirat einer Priesterin und regelt das Erbrecht. **Kunst:** Relief der Gesetzessäule, auf dem der Sonnengott Scharnasch dem König Hammurabi die Gesetze überreicht.

1700–1600 v. Chr.

MESOPOTAMIEN: König Hammurabi beendet die Herrschaft der Elamiter und erobert Larsa. Unter seinem Sohn und Nachfolger Samsuiluna zerfällt die Einheit des Reichs. **Literatur:** Mehrere Hymnen und Epen. **ÄGYPTEN:** Ende des Mittleren Reichs und Zerfall der staatlichen Einheit. Beginn der Fremdherrschaft durch die Hyksos. Blütezeit der Architektur, Kunst und Wissenschaft. **KRETA:** Die Könige von Knossos beherrschen die Insel und das Ägäische Meer. Handel mit Ägypten, Syrien, Mesopotamien. **Architektur:** Wiederaufbau des durch Erdbeben zerstörten Palastes von Knossos. **Religion:** Verehrung der Muttergöttin. Gesellschaftsordnung: Die Frau und Mutter nimmt eine führende Rolle ein. **Kunst:** Wandmalereien und Keramik mit farbenprächtigen Verzierungen (Pflanzen und Meerestiere). **Wissenschaft:** Bildartige Hieroglyphen werden durch eine lineare Schrift ersetzt.

1600–1500 v. Chr.

ÄGYPTEN: 17. und 18. Dynastie und Beginn des Neuen Reichs. Nach Vertreibung der Hyksos durch Amosis I. erhält Ägypten eine zentrale Verwaltung. Unter den Königen Thutmosis III. und seinen Nachfolgern entsteht eine Kolonialmacht. **Wissenschaft:** Die Medizin erzielt Fortschritte in der Chirurgie und Diagnose. **KRETA:** Die kretisch-mykenische Kultur beeinflusst die Kunst Ägyptens. Berühmt die Goldschmiedearbeiten der Kreter. **CHINA:** Unter der Shang-Dynastie entstehen Städte und Tempel. **Religion:** Großer Einfluss der Priester. **Kunst:** Bronzeplastiken und Keramik. **Wissenschaft:** Astronomie, Schrift. **Handel:** Textilien. **BABYLONIEN:** Beginn der fast 400 Jahre dauernden Herrschaft der Kossäer.

Stele: Sonnengott Schamasch überreicht Hammurabi die Gesetze

1500–1400 v. Chr.

ÄGYPTEN: Das Großreich dehnt sich unter Thutmosis III. bis nach Vorderasien aus. **Architektur:** Totentempel der Königin Hatschepsut in Deir-el-Bahari. Bau zweier Obelisken unter Thutmosis III., die heute in London und New York stehen. Typisch für die Epoche: anstelle von Pyramiden werden jetzt Felsengräber benützt. **Kunst:** Verschiedene Plastiken, u. a. die Sitzstatue der Königin Hatschepsut, Wandmalerei, Glasvasen. **KLEINASIEN:** Die Hethiter gründen ein neues Reich, das sich teilweise bis Syrien ausdehnt. **Kultur:** Starker Einfluss von Babylonien.

1400–1300 v. Chr.

ÄGYPTEN: Beginn der 19. Dynastie, deren bedeutendster König Ramses II. ist. **Religion:** Machtkampf zwischen dem Sonnengott Aton und dem Reichsgott

Mykene

Amon. Starker Einfluss des Priesterstandes. **Architektur:** Großer Tempel von Luxor. **Kunst:** Kopf der Königin Nofretete und der Königin Teje. **MYKENE:** Die „Frühgriechen", Nachfahren der um 2000 v. Chr. eingewanderten Volksstämme aus dem Norden, errichten mehrere Festungen. Eine der bedeutendsten ist die von Mykene im nördlichen Peloponnes. Der Sage nach war Mykene Sitz des Königs Agamemnon. **Architektur:** Durch Ausgrabungen des Deutschen Heinrich Schliemann (1874–76) entdeckt: Reste der Burgmauern sowie das Löwentor, außerdem das Schatzhaus des Atreus und mehrere Kuppelgräben **Kunst:** Goldschmuck, Totenmasken, Waffen. **ASSYRIEN:** Eroberung von Ninive und Gründung eines Großreichs. Eine Gesetzestafel (Keilschrift) sieht die Bestrafung für Ehebruch, Diebstahl und Homosexualität vor.

1300–1200 v. Chr.

Theben: Teil des Ramsestempels

ASSYRIEN: Durch die Eroberung von Mesopotamien und Teilen des Hethiterreichs gewinnt der Staat an Bedeutung. **Architektur:** Der große Assur-Tempel. **ÄGYPTEN:** Während der Regierungszeit Ramses' II. (1298–1232) erlebt die Baukunst der Pharaonen ihren Höhepunkt. Felsentempel in Abu Simbel, Tempel in Abydos und Luxor. **Kunst:** Sitzstatue Ramses II. **Verkehr:** Bau des Schifffahrtskanals zwischen dem Nil und dem Roten Meer. **Wissenschaft:** Medizinische Erkenntnisse in der Atemlehre. **MYKENE:** Bau der Festung Tiryns am Ägäischen Meer. **KANAAN:** Besiedlung durch die Israeliten. Der Überlieferung des Alten Testaments zufolge befreit Moses das Volk, das unter den Ägyptern (Ramses II.) schwere Frondienste leistet.

1200–1100 v. Chr.

Das Reich der Phönizier: Eines der bedeutendsten Handelsvölker, sesshaft in der Küstenebene zwischen dem Libanon und dem Meer. Gründung der Hafenstädte Tyros und Sidon. Die Phönizier betreiben von hier aus Handel bis nach Italien. Wichtige Niederlassungen: Gades, das spätere Cadiz (Spanien) und Palermo (Sizilien). Die Phönizier unterweisen die Völker des Westens im Gebrauch der babylonischen Maße und Gewichte und in der Sternkunde. **Wissenschaft:** Erfindung der Purpurfarbe, die aus der gleichnamigen Schnecke gewonnen wird. Als Zeichen ihrer Würde tragen Könige und hohe Priester Purpurgewänder. Erfindung der Buchstabenschrift. **Kunst:** Phönizische Elfenbeinarbeiten. Herstellung von Schalen und Waffen aus Silber und Bronze. **ÄGYPTEN:** Beginn der 20. Dynastie. Der Priesterstand gewinnt an Macht. Zerfall des Kolonialreichs. **KLEINASIEN:** Untergang des Hethiterreichs durch Einwanderung europäischer Seevölker, die Nord-Syrien gründen. **BABYLONIEN:** Ende der Kossäerherrschaft durch die Assyrer. **MYKENE:** Im Zuge der Völkerwanderung Zerstörung der mykenischen Burgen und der Mykener-Kultur. **PALÄSTINA:** Die Philister, die vergeblich versuchen, Ägypten einzunehmen, gründen den Fünfstädtebund von Gaza, Asdod, Askalon, Gath und Ekron. **KANAAN:** Aufteilung des Landes unter den zwölf jüdischen Stämmen. **ASSYRIEN:** Gründung des Großreichs, Eroberung von Babylonien unter König Tiglatpileser I. **Architektur:** Mehrere Turmtempel sowie der Königspalast von Assur.

1100–1000 v. Chr.

Beginn der Eisenzeit. Der griechische Volksstamm der Dorer besetzt die Halbinsel des Peloponnes sowie die Inseln Kreta und Rhodos. **ÄGYPTEN:** Beginn der 21. Dynastie. Zunehmender Machtverfall, es entstehen immer mehr kleinere Fürstentümer. **CHINA:** Sturz der Yin-Dynastie durch die Chou, Hirtennomaden aus dem Westen. Einführung eines Lehnstaates. **Kunst:** Bronzegefäße. **KANAAN:** Erster König des israelitischen Staates ist Saul. Er führt Kriege gegen die Philister.

1000 v. Chr.

Die Phönizier – mächtigste Hafenstadt ist Tyros – besetzen Cypern und gründen an der Westküste Marokkos Kolonien. Die Dorer erobern Korinth. Der griechische Volksstamm der Jonier besiedelt Teile Kleinasiens und die Ägäischen Inseln. Gründung von zwölf Städten, die sich zum Ionischen Bund zusammenschließen, u. a. Milet und Ephesus. **Religion der griechischen Volksstämme:** Verehrung der Götter des Olymp, darunter u. a. Zeus, Hera, Poseidon, Aphrodite. **Staatsform:** Der König hat nicht die alleinige Macht, er räumt den Fürsten Mitspracherecht ein. **Wissenschaft:** Einführung der griechischen Buchstabenschrift, die sich aus der altsemitischphönizischen Schrift entwickelt hat. Zunächst 800 nur große Buchstaben. **ISRAEL:** David besiegt die Philister und wird König von Israel. Er macht Jerusalem zur Hauptstadt und stellt hier das höchste Heiligtum des Volkes, die Bundeslade, auf, die die Gesetzestafel mit den zehn Heiligen Geboten enthält.

960 v. Chr.

ISRAEL: Tod König Davids; Nachfolger ist sein Sohn, König Salomon. **Architektur:** Bau des Jahve-Tempels in Jerusalem. **Literatur:** Weltliche und religiöse Lieder wie das „Lied der Debora" oder die Sprüche des Königs Salomon. **INDIEN:** Einführung der Priesterreligion des Brahmanismus, Lehre der Identität des „Ichs" und der Seelenwanderung. Die Italiker besiedeln die Halbinsel des Apennin.

950 v. Chr.

Bündnis zwischen den Königen Salomon (Israel) und Hiram I. (Tyros). Aramäische Chaldäer besetzen Babylonien.

945 v. Chr.

ÄGYPTEN: Beginn der 22. Dynastie.

925 v. Chr.

ISRAEL: Tod des Königs Salomon. Zerfall in ein Nord- und Südreich mit den Hauptstädten Samana und Jerusalem.

Byblos: Phönizische Ruinen

911 v. Chr.

Die Dorer besiedeln Sparta.

900 v. Chr.

Die Phönizier dehnen ihr Reich auf Cypern aus. Blütezeit des Stadtstaates Tyros.

883 v. Chr.

Assyrische Kunst: Geflügelter Geist

ASSYRIEN: Neuerliche Festigung des Großreichs unter König Assurnasirpal II., Hauptstadt Ninive. **Architektur:** Prunkvoller Königspalast mit interessanten Reliefs in Nimrud, nördlich von Assur. **Kunst:** Bildwerke aus dem Königspalast (geflügelte Stier- und Löwenfiguren mit Menschenköpfen). **Wissenschaft:** Einrichtung einer berühmten Tontafel-Bibliothek. Während seiner Regierungszeit beendet König Assurnasirpal II. die selbstständige Verwaltung der phönizischen Hafenstädte und fordert Tributzahlungen.

860 v. Chr.

Beginn des Chaldäer-Reichs, eines kaukasisch-indoeuropäischen Volkes mit stark hethitisch beeinflusster Kultur. Hauptstadt: Tupsa.

850 v. Chr.
ASSYRIEN übernimmt die Oberhoheit in Syrien und Babylonien.

841 v. Chr.
ISRAEL muss Tribut an Assyrien zahlen.

814 v. Chr.
Gründung der Stadt Karthago, eines der bedeutendsten Handelszentren der Phönizier in Nordafrika.

Homer, Skulptur

Um 800 v. Chr.
SPARTA: Die Dorer, die sich in Lakonien im Südosten des Peloponnes angesiedelt haben, erhalten durch den strengen Gesetzgeber Lykurgos eine neue Staatsordnung: an der Spitze des Staates stehen zwei Könige und fünf Ephoren (Aufseher). Die Könige unterstützt ein Rat von 28 Alten, die Gerusia. In der Verfassung werden nur die Spartiaten,zu Vollbürgern ernannt, während die Periöken und Heloten diesen untergeordnet sind. Die Erziehung der Jugendlichen in dem straff organisierten Kriegsstaat ist sehr streng. **ITALIEN:** Die Etrusker wandern von Kleinasien aus in Mittel- und Oberitalien ein. Gründung verschiedener Stadtstaaten. **GRIECHENLAND:** Hier entstehen die so genannten Stadtstaaten (Polis), in denen nicht nur der König und die Adeligen, sondern auch die Bürger und Bauern Mitspracherecht haben. Zum ersten Mal in der Geschichte zeichnet sich hier ein Weg zur Selbstregierung des Volkes, der Demokratie, ab. **Religion:** Verehrung des Heiligtums von Delphi und Befragung seines Orakels. **Kultur:** Heldenepen „Ilias" und „Odyssee" des Dichters Homer. Beginn der archaischen Zeit (einfache, strenge Formen).

776 v. Chr.
Erste griechische Olympiade. Das Nationalfest wiederholt sich von diesem Zeitpunkt an alle vier Jahre und bestimmt eine neue Zeitrechnung. Wettkämpfe: Fünfkampf (Laufen, Springen, Ringen, Diskus, Speerwurf). Die Olympischen Spiele werden 393 n. Chr. durch den römischen Kaiser Theodosius verboten.

Um 760 v. Chr.
Kolonisation an den Mittelmeerküsten durch die Griechen. Auf den alten Schifffahrtswegen der Phönizier wandern immer mehr Griechen aus und gründen in Sizilien, Unteritalien, Kleinasien und Südrussland Niederlassungen. Die Bindung zum Mutterland bleibt bestehen.

753 v. Chr.
Gründung der Stadt Rom und Herrschaft der sieben Könige, wie durch die Sage von „Romulus und Remus" überliefert.

750 v. Chr.
Beginn der Früh-Eisenzeit in West-, Mittel- und Südost-Europa. **ENGLAND:** Einwanderung der Kelten. **GRIECHENLAND:** Die Könige von Athen einigen Attika.

748 v. Chr.
In Korinth entsteht eine Wahlmonarchie. **Kultur:** Beginn einer Blütezeit.

745 v. Chr.
ÄGYPTEN: 23. und 24. Dynastie.

740 v. Chr.
Gründung **MESSINAS** (Sizilien) durch die Griechen.

732 v. Chr.
ASSYRIEN: Eroberung Syriens und Phöniziens.

730 v. Chr.
Unterwerfung **MESSINAS** durch die Spartaner und Beginn der Vorherrschaft Spartas in Griechenland.

729 v. Chr.
ASSYRIEN: Eroberung von Babylonien.

724 v. Chr.
ISRAEL: Hiskia, König von Juda, verbietet Jahve-Kult. Der Prophet Jesaja kündigt das Erscheinen des Messias als Gründer eines neuen Gottesreichs an.

721–717 v. Chr.
ASSYRIEN: Ausdehnung des Reichs durch Einnahme der hethitischen Staaten in Nord-Syrien und des Chaldäer-Reichs.

712 v.Chr.
ÄGYPTEN: Beginn der 25. Dynastie unter äthiopischen Königen.

705 v. Chr.
ASSYRIEN: Ninive erlebt eine Blütezeit. **Architektur:** Bau des Königspalasts und einer Stadtmauer mit sieben Toren und 183 Türmen.

700 v. Chr.
Die Griechen gründen Trapezunt (am Schwarzen Meer). Hesiod aus Böotien verfasst „Theogonie" (Entstehung der Götter und der Welt) sowie das Lehrgedicht „Werke und Tage". **Religion:** Wachsende Bedeutung der Kulte des Apollo, des Dionysos sowie der Geheimnislehren wie etwa die des Delphischen Orakels.

689 v. Chr.
Zerstörung Babylons durch König Sanherib von Assyrien.

683 v. Chr.
In **ATHEN** wird das Königtum abgeschafft. Jährliche Wahl von neun adeligen Staatsbeamten (Archonten).

671 v. Chr.
ASSYRIEN: Eroberung von Ägypten. Höhepunkt des Großreichs unter König Assarhaddon.

663 v. Chr.
ÄGYPTEN: Beginn der 26. Dynastie. Befreiung von den Assyrern.

650 v. Chr.
ASSYRIEN: König Assurbanipal unterwirft Armenien, Phrygien und Syrien. **Wissenschaft:** Große Tontafel-Bibliothek in Ninive, Sammlung von Geschichtsurkunden sowie Angaben über die sumerisch-assyrische Astrologie, Heilkunde, Religion und Literatur. Frühe Lyrik des griechischen Dichters Archilochos (Fabeln, Gedichte).

645 v. Chr.
Östlich von Assyrien entsteht das Königreich der Meder.

640 v. Chr.
Zerstörung der Stadt Susa durch die Assyrer. Zerfall des Reichs Elam.

626 v. Chr.
CHALDÄISCHES GROSSREICH (Neubabylon) unter König Nebopolassar. **Architektur:** Siebenstufiger Hochtempel des Gottes Marduk („Turm zu Babel").

Apollo: Heiligtum in Delphi

624 v. Chr.
ATHEN: Erste schriftliche Gesetzgebung durch Drakon; die strenge und harte Auslegung begünstigt den Adel.

612 v. Chr.
ASSYRIEN: Ende und Zerfall des Großreichs, Zerstörung von Ninive und Assur durch die Meder und Chaldäer.

Um 600 v. Chr.
Unter Servius Tullius Vereinigung einzelner sabinischer und latinischer Siedlungen zur Stadt Rom. **WESTEUROPA:** Frühperiode der Hallstattkultur, u. a. Odenwald, Rhein, Eifel und Maingebiet. **Kunst:** Bronzeschmuck, bemalte Tongefäße.

594 v. Chr.
ATHEN: Solon (*640, †560) erneuert die Gesetzgebung (Aufhebung der Schuldsklaverei, Begrenzung

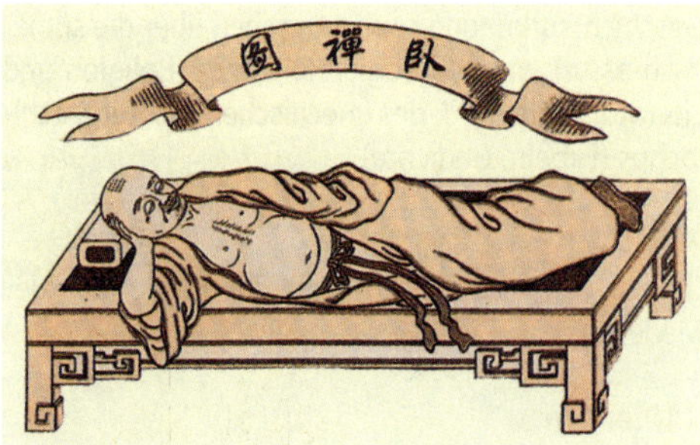

Konfuzianismus: Meditationsstellung

des Grundbesitzes, Vierklassen-Einteilung der Bevölkerung nach Getreideertrag). Die Staatsführung übernehmen neun Archonten (Angehörige der 1. Klasse), ihnen zur Seite stehen das oberste Gericht (Areopag) und der Rat der Vierhundert. Die Sieben Weisen (Thales von Milet, Kleobulos, Bias, Pittakos, Solon, Periandros, Chilon) verfassen Sprüche der Lebensweisheit.

587 v. Chr.

BABYLONIEN: König Nebukadnezar schlägt die Ägypter, belagert Tyro und zerstört Jerusalem. „Babylonische Gefangenschaft" der Juden.

576 v. Chr.

Die Perser, ein Vasallenvolk Mediens, gründen in der Nähe von Susa ein Königreich.

569 v. Chr.

Zarathustra (*599, †522) gründet die altpersische **Religion:** Kampf der Herrscher des Lichts und der Finsternis, bei dem der Mensch Partei ergreifen muss.

560 v. Chr.

ATHEN: Peisistratos wird Alleinherrscher. Er findet Unterstützung bei der armen Landbevölkerung. Einführung volkstümlicher Feste (Dionysien und Panathenäenfest). **Architektur:** Bau der Säulenhalle des Olympieion und des Dionysostempels südlich der Akropolis.

550 v. Chr.

PERSIEN: Kyros beendet die Herrschaft der Meder und wird König des Altpersischen Reichs. **SPARTA:** Der Peloponnesische Bund wird gegründet, dem sich fast alle Staaten Südgriechenlands anschließen.

546 v. Chr.

Anaximander † (*611 v. Chr.), griechischer Philosoph aus Milet. **CHINA:** Feudalreich unter der Tschou-Dynastie mit Fürstentümern, die als Lehen vergeben werden. **Religion:** Kung-tse (Konfuzius, *551, †479), chinesischer Philosoph, beginnt, seine Staats- und Sittenlehre zu entwickeln (Betonung der Menschlichkeit und Familienethik), die auf alten Überlieferungen beruht. **Literatur:** u. a. das „Buch der Lieder".

546–540 v. Chr.

PERSIEN: König Kyros erobert Lydien und unterwirft den Ionischen Städtebund in Kleinasien. Die griechische Insel Samos wird von dem Tyrannen Polykrates regiert und erlebt unter ihm eine Blütezeit der Kultur.

544 v. Chr.

Thales von Milet † (*624 v. Chr.), Naturphilosoph.

539 v. Chr.

PERSIEN: König Kyros erobert Babylon. Ende des neubabylonischen Reichs. Beginn des Großreichs Persien mit der Hauptstadt Susa. **PALÄSTINA:** Rückkehr der Juden aus der „Babylonischen Gefangenschaft".

530 v. Chr.

Pythagoras'sche Sekte, Geheimbund des gleichnamigen griechischen Philosophen, wirkt in Kroton, Unteritalien. **ATHEN:** Aufführung des ersten griechischen Trauerspiels des Dichters Thespis. **PAESTUM** in Süditalien wird durch die Griechen besiedelt. **Architektur:** Dorischer Tempel des Poseidon.

510 v. Chr.

ATHEN: Der letzte Tyrann, Hippus, Sohn des Peisistratos, wird durch Kleisthenes gestürzt. Die Stadt erhält eine demokratische Verfassung und wird durch den Rat der Fünfhundert verwaltet. **ROM:** Sturz des etruskischen Königtums. Einführung der römischen Republik. Auf jeweils ein Jahr werden zwei Konsuln und ein Senat, der sich zunächst nur aus Adeligen (Patriziern) zusammensetzt, gewählt.

500 v. Chr.

WESTEUROPA: Die La-Tène-Kultur wird durch die Lausitzer Periode abgelöst. Funde: Urnen mit Tupf- und Strichornamenten. **INDIEN:** Der Handel unterliegt hoher Besteuerung und Zöllen. Soziale Missstände. **Religion:** Buddhismus.

494 v. Chr.

WESTEUROPA. Die Kelten besiedeln das südliche Donautal. Die Germanen dringen über Westfalen ins Rheinland vor.

493 v. Chr.

PERSIEN: Eroberung von Makedonien und Thrakien. **ROM:** Nach Ständekämpfen zwischen Patriziern und Plebejern Errichtung eines Volkstribunats. Die Plebejer bekommen politisch und wirtschaftlich mehr Rechte zugestanden (z. B. Vetorecht gegen Beschlüsse des Senats).

490 v. Chr.

ATHEN: Unter Miltiades Sieg über die Perser bei Marathon: Übergang zur Klassischen Zeit. **PERSIEN:** Obwohl Dareios' I. Feldzug gegen die Griechen misslingt, steht das persische Reich am Höhepunkt seiner Macht. Es erstreckt sich vom Indus bis Makedonien und von Ägypten bis Libyen.

489 v. Chr.

ATHEN: Themistokles lässt eine griechische Flotte bauen und gründet damit die attische Seemacht.

480 v. Chr.

PERSIEN: König Xerxes I. ist auch im 3. Perserzug gegen die Griechen erfolglos. **Architektur:** Palast des Xerxes in Persepolis. **ATHEN:** Themistokles besiegt in der Seeschlacht von Salamis die Perser. **INDIEN:** Buddha (Siddhartha) † (*550), indischer Religionsbegründer des „Buddhismus", verkündete die Erlösung der Seele (Nirwana) aus der Seelenwanderung nach der Überwindung der weltlichen Begierden. **SYRAKUS:** Gelon schlägt die mit den Persern verbündeten Karthager und macht Syrakus zur mächtigsten Stadt Siziliens.

La-Tène-Kultur

Buddha

479 v. Chr.

SPARTA und **ATHEN** besiegen die Perser in der Schlacht von Plataä bei Mykale.

477 v. Chr.

ATHEN: Gründung des Attischen Seebunds, Zusammenschluss der ägäischen Hafen- und Inselstädte mit Athen zum Schutz gegen die Angriffe der Perser.

471 v. Chr.

ATHEN: Themistokles wird durch das Scherbengericht verbannt und läuft zu den Persern über.

466 v. Chr.

ATHEN: Siegreiche Schlacht am Eurymedon (Kleinasien) gegen die Perser.

462 v. Chr.

ATHEN: Weniger Rechte für die Archonten, Abschaffung des Areopag durch Perikles. Damit Stärkung der Demokratie.

461 v. Chr.

ATHEN: Auflösung des Bündnisses mit Sparta. Athen strebt Vormachtstellung in ganz Griechenland an.

460 v. Chr.

ATHEN: Zum Schutz gegen die feindlichen Angriffe wird eine Mauer zwischen dem Hafen Piräus und Athen gebaut.

Paestum: Griechische Basilika und Tempel des Poseidon

454 v. Chr.

ATHEN: Verlegung der attischen Bundeskasse von Delos nach Athen, der Hauptstadt des griechischen Reichs. Die politischen Spannungen zwischen Athen und Sparta, Theben und Korinth verschärfen sich. **Architektur:** Tempel des Theseus (Athen), Tempel des Poseidon (Pästum). **Kunst:** Höhepunkt der Vasenmalerei. **INDIEN:** Reich Magadha. Das Gesetzbuch des Manu wird herausgegeben, Einführung des Kastenwesens.

451 v. Chr.

ATHEN und **SPARTA** schließen auf fünf Jahre einen Friedensvertrag. Sieg bei Salamis (Cypern) über die persischen und phönizischen Truppen. **ROM:** Das Zwölftafelgesetz vergrößert die Rechtsansprüche der Plebejer. **Kunst:** Bronzeplastik der Wölfin mit Romulus und Remus.

Athen: Akropolis

446 v. Chr.

ATHEN verzichtet auf seine Einflussnahme in Mittelgriechenland und am Peloponnes. 30-jähriger Friedensschluss mit Sparta. Gleichzeitig schließt Athen auch mit den Persern Frieden. **Architektur:** Wiederaufbau der durch die Perser zerstörten Akropolis, Parthenon-Tempel (dorischer Stil).

443 v. Chr.

ATHEN: Während der Regierungszeit des Feldherrn und Volksredners Perikles (–429) erlebt die Hauptstadt Athen kulturell eine Blütezeit (perikleisches Zeitalter). Bau des Poseidon-Tempels (Kap Sunion), Akropolis, Bau des Theseion und des Odeion (dorischer Stil).

439 v. Chr.

ROM: Aufstand der Plebejer. Diktatur unter Lucius Quinctius Cincinnatus.

431 v. Chr.

Beginn des Peloponnesischen Kriegs zwischen Athen und Sparta (–403). Der Anlass ist der Abfall der korinthischen Kolonie Poteidaia vom Attischen Bund mit Hilfe Spartas. Sowohl Athen (Attischer Bund, Handels- und Industriemacht) als auch Sparta (Peloponnesischer Bund, Ackerbauländer) kämpfen um die Vorherrschaft in Griechenland. Sparta besetzt Attika.

429 v. Chr.

ATHEN: Nach dem Tod von Perikles übernimmt Kleon die Macht.

424 v. Chr.

PERSIEN: Unter Xerxes II. und Dareios II. Zerfall des Reichs. **Kultur:** Herodot † (*494), griechischer Historiker.

421 v. Chr.

ATHEN: Nikias, Nachfolger von Kleon, schließt mit Sparta den so genannten „Frieden des Nikias" (50 Jahre), der für kurze Zeit den Peloponnesischen Krieg unterbricht, die aus dem Dualismus Athen-Sparta erwachsenden Probleme aber nicht lösen kann. **Architektur:** Nike-Tempel (Akropolis).

420 v. Chr.

Polyklet † (*465), griechischer Bildhauer.

419 v. Chr.

SPARTA: Zerfall des Peloponnesischen Bundes.

Griechenland, die Wiege des Abendlandes

Kreta: Palast von Knossos

Die Geschichte der Griechen beginnt rund dreitausend Jahre vor Christus mit der Einwanderung der ersten Hellenen auf die Balkanhalbinsel. Die ersten Kulturzentren, Kreta und Mykene, werden gegründet. In jener Zeit muss sich auch die Belagerung und Zerstörung von Troja zugetragen haben. Das eigentliche „antike Griechenland" aber wurde erst mit der „Dorischen Wanderung" ab 1200 v. Chr. geboren. Durch landschaftliche Zwänge in viele Stadtstaaten („Polis") aufgeteilt, kolonisierten die Griechen die gesamten Mittelmeerküsten, insbesondere die heutige Türkei. Die berühmtesten griechischen Städte waren Athen, Sparta, Korinth und Theben auf dem Festland, Knossos und Syrakus als Inselstädte und Ephesus und Milet als Städte an der Ostseite des Ägäischen Meeres.

Das antike Griechenland wird nicht von ungefähr als die „Wiege des Abendlandes" bezeichnet. Ob Regierungssystem, Philosophie, Medizin, Astrologie, Mathematik oder andere Wissenschaften, Handel und Wirtschaft oder Kultur und Kunst, die alten Griechen haben das Gesicht des heutigen Abendlandes entscheidend mitgeprägt: Sie „erfanden" die Demokratie. Berühmte Gesetzgeber waren dabei Solon, Kleisthenes, Peisistratos und Perikles. Athen war die erste demokratisch regierte Stadt des Altertums. Sie stellte die **Philosophen und Naturwissenschaftler**, deren Gesetze und Feststellungen teilweise bis heute Geltung haben. So etwa Thales von Milet, der als erster abendländischer Mathematiker erkannte, dass „Dreiecke über dem Durchmesser eines Kreises rechtwinklig sind".

Andere berühmte Namen sind: Anaximander (er erkannte als Erster die Erde als freischwebenden Himmelskörper), Pythagoras, Xenophanes, Parmenides, Anaedes, Herakleides, Euklid oder Archimedes, um nur die wichtigsten Namen zu nennen.

Als berühmte **Philosophen** gingen u. a. in die Weltgeschichte ein: Sokrates („Erkenne dich selbst"), sein Schüler Plato, dessen Schüler Aristoteles (er unterrichtete auch Alexander den Großen), Heraklit (von ihm stammen die bekannten Aussprüche „Alles fließt" und „Der Kampf ist der Vater aller Dinge"), Antisthenes, Protagoras („Der Mensch ist das Maß aller Dinge"), Aristippos (Empfindung und Lust als höchste Werte) und Xenophanes, der die erste Philosophenschule der Welt gründete.

Bekannte Dichter sind Homer („Odyssee" und „Ilias"); Hesiod, Thespis (er führte das erste Trauerspiel auf), Sophokles, Aischylos und Euripides (Tragödiendichter), Aristophanes (Komödiendichter), Äsop (berühmte Tierfabeln) oder Sappho von Lesbos, deren Gedichte über die Liebe noch heute unübertroffen sind.

Berühmte griechische Ärzte waren Hippokrates (nach ihm ist der Eid benannt, den noch heute alle Ärzte ablegen müssen), Anaxagoras, Protagoras.

Daneben führten die alten Griechen die Münze als Zahlungsmittel ein, begründeten das Bankwesen, entwickelten modernes Handelswesen und schufen ein Elementarschulwesen gegen das Analphabetentum. Ihre Tempel und berühmten Statuen bestimmen bis auf den heutigen Tag das Maß „klassischer" Ausgewogenheit. Dass sie die Olympischen Spiele „erfanden", hat ihnen auch in der Sportwelt Unsterblichkeit beschert.

Selbst als die griechischen Stadtstaaten während der Alexander-Herrschaft oder zu Beginn des Römerreichs in die politische Bedeutungslosigkeit zurücksanken, blieben die Griechen als Wissenschaftler, Philosophen, Künstler und Lehrer für die geistige Weiterentwicklung des Abendlandes bedeutungsvoll.

Während der gesamten Dauer des römischen Weltreiches bildeten die Griechen die geistige Elite der mehr auf militärische Ehren bedachten römischen Gesellschaft.

Ephesos

418 v. Chr.
Der Peloponnesische Krieg wird fortgesetzt. Sieg Spartas über Athen und Argos bei Mantinea.

415 v. Chr.
ATHEN: Unter Alkibiades versucht der Attische Seebund seine Macht bis Sizilien auszudehnen, der Feldzug misslingt. Protagoras † (*485), griechischer Philosoph.

413 v. Chr.
ATHEN: Der missglückte Angriff auf Syrakus (Sizilien) kostet den Staatsmann und Feldherrn Nikias das Leben. Er wird hingerichtet. Athen verliert als Seemacht an Ansehen.

412 v. Chr.
ATHEN: Alkibiades, wegen Religionsfrevel verbannt, flieht zu den Persern. **SPARTA** schließt ein Bündnis mit Persien.

411 v. Chr.
ATHEN: Versöhnung mit Alkibiades, der die Spartaner und Perser besiegt.

410 v. Chr.
ATHEN: Alkibiades schlägt die peloponnesische Flotte bei Kyzikos.

408 v. Chr.
SPARTA: Seesieg bei Norton. Athen verliert viele seiner Verbündeten.

Ionisches Kapitell

407 v. Chr.
ATHEN verbannt Alkibiades wegen erfolgloser Kriegsführung. **Architektur:** Erechtheion-Tempel (Akropolis).

406 v. Chr.
ATHEN: Sieg über die Spartaner bei den Arginusen. Absage an ein Friedensangebot vonseiten Spartas. **Kultur:** Sophokles † (*496) und Euripides † (*484), griechische Tragödiendichter.

405 v. Chr.
SPARTA: Unter Feldherr Lysander entscheidender Sieg und Vernichtung der athenischen Streitkräfte bei Aligospotamoi. **KARTHAGO:** Zerstörung Agrigents (Sizilien). **PERSIEN:** Unter Artaxerxes II. fallen die griechischen Städte in Kleinasien wieder an Persien. **ÄGYPTEN:** Nach erfolgreichem Widerstand gegen die Perser erhält das Land für 60 Jahre wieder die Selbstständigkeit. **SYRAKUS:** Durch den Sieg Dionysos' I. über die Karthager fallen die süditalienischen Kolonien Griechenlands an den Tyrannen. Syrakus wird unter der Herrschaft Dionysos I. eine der wichtigsten Handelsstädte.

404 v. Chr.
SPARTA: Ende des Peloponnesischen Kriegs unter dem Feldherrn Lysander, Eroberung der Stadt Athen. Einführung einer Oligarchie von „Dreißig Tyrannen".

403 v. Chr.
ATHEN: Sturz der Tyrannen und Wiedereinführung der Demokratie.

401 v. Chr.
PERSIEN: Artaxerxes II. gewinnt die Schlacht von Kunaxa (Babylon) gegen seinen Bruder Kyros (†), den Befehlshaber eines griechischen Söldnerheers. Xenophon, der die Griechen bis ans Schwarze Meer zurückführt, beschreibt in seinem Werk „Anabasis" („Der Weg zurück") den Rückzug der 10.000 Söldner an den Hellespont.

400 v. Chr.
WESTEUROPA: Die Kelten dringen über die Nordalpen bis nach Oberitalien vor. **SPARTA:** Beginn des Krieges gegen Persien um die griechischen Gebiete in Kleinasien. **Kultur:** Übergang zur griechischen Spätklassik. Blütezeit des ionischen Baustils. Tempelfries von Phigalia (Arkadien). **Wissenschaft:** Die Lehre der natürlichen Heilkraft des Körpers, von Hippokrates. **SYRAKUS:** Tyrann Dionysos I. gibt für

Damokles das berühmte Mahl unter einem Schwert, das nur an einem Pferdehaar befestigt ist.

399 v. Chr.

ATHEN: Der Philosoph Sokrates (*470) wird von den Volksrichtern zum Tode durch den Giftbecher verurteilt. Die Anklage lautet auf Religionsfrevel und Gefährdung der Jugend.

Sokrates trinkt den Giftbecher (Manuskript, 15. Jh.)

396 v. Chr.

ROM: Camillus erobert das etruskische Veji und beendet die Vorherrschaft der Etrusker. **MESSINA** wird von den Karthagern zerstört. **ATHEN:** Plato, Philosoph und Schüler des Sokrates, verfasst die „Apologie", Verteidigung des Sokrates.

395 v. Chr.

GRIECHENLAND: Im Korinthischen Krieg (–387) kämpfen Athen, Theben und Korinth gegen Sparta.

394 v. Chr.

ATHEN: Mit den verbündeten Persern erringt Konon in der Seeschlacht bei Knidos einen entscheidenden Sieg gegen die Spartaner. Wiederbelebung des Attischen Seebundes und Befestigung der Mauer zwischen Athen und Piräus.

392 v. Chr.

SPARTA schließt mit Persien Frieden, da beide eine neuerliche Vorherrschaft Athens befürchten.

387 v. Chr.

ROM: Die Kelten (Gallier) dringen bis nach Rom vor und erringen einen Sieg über die Römer in der Senonenschlacht an der Allia. Der Abzug der Kelten aus Rom erfolgt nach einer hohen Lösegeldzahlung. **GRIECHENLAND:** Athen und Theben befürchten eine Vorherrschaft Spartas und gehen das olynthische Bündnis ein. **Kultur:** Aristophanes † (*um 450). Der griechische Komödiendichter schrieb u. a. „Lysistrate".

379 v. Chr.

SPARTA: Besetzung der Burg Kadmea. Es kommt zum olynthischen Krieg zwischen Sparta und Theben. Die thebanischen Heerführer Epaminondas und Pelopidas befreien Theben.

378 v. Chr.

Gründung des Zweiten Attischen Seebundes unter Führung Athens. Hippokrates † (*460), Arzt aus Kos. Begründer der griechischen Heilkunde und der Ärzteschule von Kos. Der hippokratische Eid ist Vorbild des Ärztegelöbnisses.

376 v. Chr.

Die Kelten (Gälen) dringen nach Irland vor.

373 v. Chr.

Der Versuch Thebens, die Vorherrschaft in Griechenland zu erlangen (Besetzung Böotiens und Platäas), versöhnt Athen und Sparta.

371 v. Chr.

GRIECHENLAND: Athen und Sparta schließen einen Landfrieden. Die Besetzung Böotiens veranlasst Sparta, den Krieg gegen Theben weiterzuführen. Unter Epaminondas erringt Theben in der Schlacht bei Leuktra einen entscheidenden Sieg über Sparta und bricht damit dessen Vormachtstellung. Arkadien und Messenien werden befreit. Unter der Führung Thebens entsteht ein neuer demokratischer Staat. **KARTHAGO:** Städtebündnis mit Utika, Hippo und Leptis. **Religion:** Ausübung des Baal- und Moloch-Kultes (Menschenopfer).

370 v. Chr.

THEBEN: 1. Peloponnesischer Feldzug unter Epaminondas.

369 v. Chr.

THEBEN: 2. Peloponnesischer Feldzug unter Epaminondas. Athen und Sparta schließen ein Bündnis, um der Vormachtstellung von Theben Einhalt zu gebieten.

Stadtbild des modernen Syrakus'

368 v. Chr.

SYRAKUS: Dionysos I. gründet Kolonien an der Adriaküste und vergrößert sein Handelsgebiet durch geschicktes Taktieren mit den Epiroten und Lukanern. Wirtschaftsblüte in Syrakus.

366 v. Chr.

Die Gallier besiedeln Mittelitalien. **ROM:** Erstmalig wird ein Plebejer Konsul. Der Zugang zu den meisten Staatsämtern steht jetzt auch den Plebejern offen.

365 v. Chr.

Archytas von Tarent † (*428), pythagoreischer Philosoph. Lehre von der Erde als Kugel sowie des kreisförmigen Planetenumlaufs.

362 v. Chr.

THEBEN: In der siegreichen Schlacht von Mantinea gegen die Verbündeten Athen und Sparta fällt Epaminondas (*420). Ende der Vorherrschaft von Theben.

360 v. Chr.

Demokrit von Abdera † (*462), griechischer Philosoph. Er stellte die erste Atom-Theorie auf.

359 v. Chr.

MAKEDONIEN: Philipp II. (*382, †336) dehnt nach einem Sieg über Thrakien sein Reich im Osten und Westen aus. Er macht sich dabei die Uneinigkeit der griechischen Staaten zunutze, die durch politische, soziale und wirtschaftliche Missstände zerstritten sind.

357 v. Chr.

MAKEDONIEN: König Philipp II. dringt in das Bundesgebiet von Athen vor und übernimmt die Vorherrschaft in Griechenland. Seine Idee der panhellenischen Politik, die sich gegen die Perser richtet, gewinnt mehr und mehr an Boden in den griechischen Stadtstaaten.

355 v. Chr.

ATHEN: Der Attische Seebund wird aufgelöst. Die abtrünnigen Seestaaten erhalten ihre Unabhängigkeit.

356–346 v. Chr.

MAKEDONIEN: König Philipp II. greift in den zweiten heiligen Krieg um Delphi ein und unterwirft Olynth, Chalkidike sowie Phokis. Eudoxus von Knidos † (*410), griechischer Astronom und Philosoph. Er schuf die mathematische Ähnlichkeitslehre, teilte die Sternbilder ein und stellte die Krümmung der Erde fest.

354 v. Chr.

Xenophon † (*430), griechischer Historiker.

353 v. Chr.

König Mausolos von Karien baut ein tempelartiges Grabmal (Mausoleum) in Kleinasien, das zu den sieben Weltwundern gezählt wird.

347 v. Chr.

Platon † (*426), griechischer Philosoph und Schüler des Sokrates. Begründer des philosophischen Idealismus. Die „Ideenlehre" bildet den Kern seiner Philosophie.

345 v. Chr.

Die keltische La-Tène-Kultur dehnt sich über West- und Mitteleuropa aus. Die Gallier ziehen von Südfrankreich bis nach Oberitalien.

343 v. Chr.

ROM: Die drei Samnitenkriege (1. Krieg 343–341) festigen Roms Vorherrschaft in Mittelitalien.

342 v. Chr.

ATHEN: Der griechische Politiker und Redner Demosthenes (384–322) gründet eine antimakedonische Koalition, der sich sowohl Athen als auch die peloponnesischen Staaten anschließen.

340 v. Chr.

ROM: Im Latiner-Krieg (340–338) kämpfen die Städte Latium und Campania um Gleichstellung. Sieg der Römer bei Sinuessa.

338 v. Chr.

MAKEDONIEN: König Philipp II. besiegt bei Chäronea die griechischen Verbündeten. **ROM:** Eroberung des Gebietes der Volsker. Auflösung des Latinischen Bundes. **ÄGYPTEN:** 28. bis 30. Dynastie.

337 v. Chr.

MAKEDONIEN: Der Korinthische Bund unter König Philipp II. einigt alle griechischen Staaten mit Ausnahme Spartas.

336 v. Chr.

MAKEDONIEN: König Philipp wird ermordet. Sein Nachfolger und Sohn Alexander (356–323) gründet ein Weltreich.

334 v. Chr.

Alexander der Große unternimmt seinen ersten Feldzug gegen die Perser. Er setzt die panhellenische Politik seines Vaters fort.

333 v. Chr.

In der Schlacht von Issos besiegt Alexander der Große den Perserkönig Dareios III. und erobert Kleinasien und Syrien.

332 v. Chr.

MAKEDONIEN: Alexander der Große erobert Tyros (Phönizien) und Gaza (Palästina) und dringt bis nach Ägypten vor. Hier gründet er die Stadt Alexandria. Besuch des Amon-Tempels in der Oase Siwa, wo Alexander sich zum Sohn des Gottes Amon weihen lässt.

Alexander der Große

Alexander der Große

Alexander der Große ist der erste Herrscher der Weltgeschichte, der den Beinamen „der Große" erhielt. Als Sohn eines der klügsten und geschicktesten Könige des Altertums, Philipp von Makedonien, und einer Frau, die sich rühmte, aus dem Geschlecht des Achill zu stammen, erhielt er die beste Erziehung, die man sich denken kann. Sein Lehrer war Aristoteles, der später zum berühmtesten Weisen Griechenlands wurde. Alexander bestieg als 20-jähriger den Thron. Mit Energie, großer Härte und einem fast selbstverständlich erscheinenden Glück besiegte der junge König jeden Gegner, der sich ihm entgegenstellte. Ob er nur glücklicher Abenteurer oder genialer Feldherr war, darüber streiten sich die Historiker noch heute. Fest steht, dass er der erste Weltherrscher war. Seine Macht reichte von Griechenland über Ägypten, Südrussland über Persien bis weit nach Indien. Seine einzelnen Schlachten sind in die Weltgeschichte eingegangen. Alexander starb am 13. Juni 323 v. Chr., erst 33 Jahre alt. Die Sage hat den Weltherrscher im Laufe der Jahrhunderte zum edlen und guten König und Feldherrn emporstilisiert. In Wirklichkeit aber war Alexander ein hemmungsloser Willensmensch, dem die Gewalt ein ständiger Begleiter war. So gilt er als Mitwisser bei der Ermordung seines Vaters, ließ den Parmenion hinterrücks beseitigen und erstach seinen Freund Kliton im Rausch.

Nach seinem Tod traten die „Diadochen", seine Feldherren, das gewaltige Erbe an. Sie teilten die Länder des Weltreiches unter sich auf. Das größte Gebiet war das Königreich Syrien mit der Hauptstadt Antiochia, dessen Herrscher nach dem Reichsbegründer Seleukos „Seleukiden" hießen. Die anderen Reiche waren Ägypten und Makedonien. Die Diadochen ließen sich wie Alexander als Götter verehren und führten untereinander viele Kriege. Während ihrer Herrschaft wurde die griechische Sprache zur Weltsprache, und griechische Sitten und Kunst drangen in Vorderasien und Nordafrika ein. Alexandria wurde zum Zentrum der Wissenschaften (die riesige Bibliothek umfasste damals über 500.000 Schriften) und des Welthandels.

Persepolis: Vorhalle des Xerxes I. (5. Jh. v. Chr.)

330 v. Chr.

MAKEDONIEN: Auf seinem Rückzug durch Asien besetzt Alexander der Große Susa, Babylon und Persepolis. **PERSIEN:** König Dareios III. flieht vor Alexander nach Medien und wird dort vom Statthalter von Baktrien ermordet. Die Königsstadt Persepolis wird vollkommen zerstört. Praxiteles † (*um 400), griechischer Bildhauer und Wegbereiter der hellenistischen Kunst. Werke: Hermes in Olympia, Aphrodite aus Arles, Aphrodite von Knidos.

327 v. Chr.

MAKEDONIEN: Alexander der Große dringt bis nach Indien vor. Eine Meuterei seiner Truppen zwingt ihn zur Umkehr.

326 v. Chr.

ROM: 2. Krieg (–304) gegen die Samniten.

325 v. Chr.

MAKEDONIEN: Das griechische Weltreich Alexander des Großen, das sich vom Balkan bis hin zum Indus ausdehnt, zählt an die 70 neu gegründete Städte. **Kultur:** Hier strebt Alexander der Große eine Verschmelzung des Hellenismus mit dem Orientalismus an, stößt jedoch auf Widerstand in seiner Umgebung. **Architektur:** Monumentalbauten wie der Leuchtturm zu Pharos. Neben ionischen und korinthischen Säulen werden auch ägyptische Kapitelle in die Baukunst miteinbezogen. **Kunst:** Laokoongruppe von Kephisodotas, die Venus von Milo, Gemäldegalerie in Athen.

323 v. Chr.

Alexander der Große, König von Makedonien, stirbt in Babylon am Fieber. Seine Nachfolge treten die Diadochen (Feldherrn) an, die das Weltreich aufteilen. Unter ihrer Herrschaft entstehen die Monarchien Ägypten, Syrien, Makedonien sowie eine Anzahl kleinerer Staaten in Griechenland und Kleinasien. **Kultur:** Diogenes von Sinope † (*412), griechischer Philosoph. Lehre vom naturnahen und anspruchslosen Leben. **ÄGYPTEN:** Unter dem Diadochen Ptolemäus (–285) gewinnt die Monarchie in dem Reich am Nil wieder an Macht.

322 v. Chr.

ATHEN verliert mit seinen Verbündeten den Lamischen Krieg gegen die Vorherrschaft der Makedonier. Demosthenes † (*384), griechischer Politiker und bedeutender Freiheitskämpfer gegen Philipp II. von Makedonien. Aristoteles † (*384), griechischer Philosoph und Lehrer Alexander des Großen. Der Schüler Platons begründete die klassische Logik. Neue Erkenntnisse auf den Gebieten Psychologie, Naturphilosophie, Metaphysik, Ethik und Poetik. Erstes umfassendes Weltbild mit der Erde als Mittelpunkt des Alls.

321 v. Chr.

SYRIEN: Der Diadoche Seleukos I. übernimmt die Macht.

320 v. Chr.

MAKEDONIEN: Tschandragupta vertreibt die Makedonier aus dem Hindusgebiet.

319 v. Chr.

MAKEDONIEN: Nach politischem Ränkespiel um die direkte Nachfolge Alexander des Großen wird dessen Mutter Olympia ermordet.

309 v. Chr.

ROM: Eroberung der etruskischen Stadt Perusia.

307 v. Chr.

ATHEN: Besetzung der Stadt durch Antigonos und Demetrios.

305 v. Chr.

ROM: Einnahme des samnitischen Bovianum. **ÄGYPTEN:** Ptolemäus I. gründet ein Reich, das sich von Kyrene über Phönizien bis hin zum Libanon ausdehnt. Das Reich erhält eine neue Verwaltungs- und Gerichtsform.

304 v. Chr.

ROM: Friedensschluss mit den Samniten. Kampanien, Apulien und Lucanien fallen an Rom.

300 v. Chr.

ROM: Mit dem Zugang zum Priesteramt haben die Plebejer die gleichen Rechte wie die Patrizier. **PERSIEN:** Seleukia wird neue Hauptstadt des Reichs (bisher Babylon).

298 v. Chr.

ROM: 3. Samnitenkrieg (–290) gegen die verbündeten Sabiner, Umbrer, Gallier, Etrusker, Lukaner und Samniten.

295 v. Chr.

ROM: Die Etrusker erkennen die Herrschaft der Römer an.

290 v. Chr.

ROM: Ende des letzten Sanmitenkrieges in Mittelitalien. **ATHEN:** Menandros † (*342), griechischer Komödiendichter (u. a. „Der doppelte Betrüger").

287 v. Chr.

LESBOS: Theophrastos † (*372), griechischer Philosoph. Er verfasste eine Religionsgeschichte und lehrte die Philosophie des Aristoteles, dessen Schüler er war.

286 v. Chr.

MAKEDONIEN: Der Diadoche Lysimachos entmachtet König Pyrrhos von Epiros und erobert Makedonien, Thrakien und Päonien. In der Schlacht von Kurupedion gegen den Diadochen Seleukos wird Lysimachos getötet.

282 v. Chr.

ROM führt Krieg mit Tarent. Der Grund: Die römische Flotte verhält sich vertragswidrig gegenüber Tarent. In der Schlacht bei Herakleia werden die Römer von dem Molosserkönig Pyrrhos, einem Verbündeten Tarents, geschlagen.

280 v. Chr.

WESTEUROPA: Die La-Tène-Kultur umfasst das Gebiet von Süddeutschland bis zum östlichen Mitteleuropa. **MAKEDONIEN UND THRAKIEN:** Im Machtkampf um diese Gebiete finden Seleukos und Ptolemäos Keraunos, der Sohn des ägyptischen Diadochen, den Tod. **ATHEN:** Gründung eines griechisch-achäischen Städtebundes gegen Makedonien.

279 v. Chr.

ROM: Nach Ablehnung eines Friedensvertrages mit Pyrrhos Niederlage bei Asculum (Pyrrhos-Sieg).

277 v. Chr.

KLEINASIEN: Die Gallier überqueren den Hellespont und gründen Galatien.

275 v. Chr.

ROM: Sieg über Pyrrhos in der Schlacht bei Beneventum.

272 v. Chr.

ROM: Nach der Einnahme von Tarent beherrschen die Römer Mittel- und große Teile Süditaliens. Die „Via Appia" wird bis Tarent verlängert.

Via Appia

271 v. Chr.

ATHEN: Epikur † (*342), griechischer Philosoph. Seine Lehre befasst sich mit der Unerschütterlichkeit der Seele.

270 v. Chr.

ATHEN: Pyrrhon von Elis † (*376), griechischer Philosoph und Schüler Anaxarchos'. Begründer der Schule des Skeptizismus.

264 v. Chr.

ROM: Beginn des 1. Punischen Krieges (–241). In diesem Krieg geht es um die Besetzung Siziliens. Nach mehreren Schlachten gegen die Karthager, die sich mit Hieron II., Feldherr und späterer König von Syrakus, verbündet hatten, erzwingen die Römer nach einem Seesieg einen Friedensschluss. Das karthagische Sizilien wird römische Provinz, während Hieron II. seine Neutralität behält. **ATHEN:** Zenon von Kition † (*336), griechischer Philosoph. Begründer der stoischen Schule.

Elefant Hannibals

240 v. Chr.

ROM: Besetzung von Korsika und Sardinien. **KARTHAGO:** Nach den Verlusten in Süditalien dehnen die Karthager ihren Machtbereich auf Spanien aus.

233 v. Chr.

PERGAMON: Attalos I. Soter besiegt die Galater in Kleinasien und verbündet sich mit den Römern.

229 v. Chr.

Gründung Neukarthagos in Südspanien. **ROM:** Sieg über die Illyrier, die als Piraten die Küsten unsicher gemacht haben. Besetzung der Insel Korfu und der Städte Epidamnos (Durazzo) und Apollonia.

225 v. Chr.

ROM: Eroberung Oberitaliens mit Mailand nach einem Sieg über die Gallier, die immer häufiger nach Mittelitalien vorstoßen.

221 v. Chr.

MASSILIA und **ROM** schließen ein Schutzbündnis gegen die Gallier. **CHINA:** Gründung der Tsin-Dynastie unter Kaiser Shi-uang-ti. Beginn des Baus der „Chinesischen Mauer", um sich vor Angriffen aus dem Norden zu schützen.

220 v. Chr.

SPARTA: Niederlage gegen den achäischen und ätolischen Bund. Dadurch wird die Vorherrschaft Makedoniens gefestigt.

219 v. Chr.

Anlass des 2. Punischen Krieges (–201) ist die Eroberung des spanischen, mit Rom verbündeten Sagunt, durch den karthagischen Feldherrn Hannibal (*247, †182).

218 v. Chr.

Hannibal überquert mit einem Heer von 50.000 Fußsoldaten und 9000 Reitern sowie 37 Elefanten die Pyrenäen. Als er Oberitalien nach mehreren Gefechten erreicht, ist sein Heer auf 26.000 Mann zusammengeschmolzen.

217 v. Chr.

ROM: Vernichtende Niederlage in der Schlacht am Trasimenischen See gegen Hannibal. Quintus Fabius Maximus, neuer Diktator Roms, wird ermächtigt, dem Vordringen Hannibals Einhalt zu gebieten.

216 v. Chr.

ROM: Erneute Niederlage in der Schlacht bei Cannae gegen Hannibal, wobei das römische Heer schwere Verluste hinnehmen muss.

215 v. Chr.

1. Makedonischer Krieg (–205). Die Römer finden in einigen griechischen Städten Verbündete und können sich gegen Hannibal durchsetzen. **KARTHAGO:** Hannibal erhält Rückendeckung durch ein Bündnis mit Syrakus und Makedonien.

212 v. Chr.

ROM: Im Kampf gegen die Karthager wird Syrakus erobert und völlig vernichtet. **ATHEN:** Archimedes † (*285), griechischer Physiker und Mathematiker. Entdecker des Schwerpunktes, des Hebelgesetzes, des spezifischen Gewichts. Der Gelehrte wurde bei der Einnahme von Syrakus („Störe mir meine Kreise nicht") ermordet.

Der Aufstieg Roms

Zunächst war Rom, in der Mitte der Westküste Italiens liegend, eine Landstadt, die wegen ihrer geographischen Lage (sieben Hügel) schwer zu verteidigen war. Erst als es die Bewohner geschafft hatten, die sumpfreichen Ebenen zwischen den Hügeln mittels unterirdischer gewölbter Kanäle trockenzulegen, konnte sich Rom zu einem Stadtstaat entwickeln.

Ursprünglich herrschte ein König über die Römer. Im Krieg war er oberster Feldherr, im Frieden auch zugleich oberster Priester (Pontifex maximus). Gegen 600 v. Chr. kam in der Tiberstadt ein aus der nordwestlich von Rom gelegenen Etruskerstadt Tarquinii stammendes Herrschergeschlecht an die Königsmacht. Die Etrusker steigerten die Herrschaftsbefugnisse des Königs erheblich, wurden aber von den Ältesten der römischen Geschlechter, den Senatoren, beraten. Bereits 510 v. Chr. hatte sich Rom vom Stadt- zum Landstaat entwickelt.

Durch einen Aufstand der Patrizier, des römischen Adelsgeschlechtes, wurde das Königtum abgeschafft, und das Staatsgeschäft wurde zur „öffentlichen Angelegenheit": zur „res publica". An die Stelle des Königs traten jetzt zwei Konsuln, die mit der gleichen Macht wie der König ausgestattet wurden. In besonderen Notlagen konnte außerdem ein „Diktator" (mit unbeschränkter Vollmacht) für ein halbes Jahr bestellt werden. Da sich die junge Republik gegen ihre kämpferischen Nachbarn nur militärisch behaupten konnte, entwickelte sich bald ein ausgeprägtes Soldatenwesen. Die Plebejer (das einfache Volk) nutzten ihre Bedeutung als Soldaten aus, um sich mehr politische Rechte zu verschaffen. Sie erhielten 471 v. Chr. das Recht, Volkstribunen zu wählen. Diese Volksvertreter konnten gegen Senatsbeschlüsse ihr „Veto"-Recht („ich verbiete") geltend machen. Um 450 v. Chr. wurde das römische Gesetz auf zwölf Tafeln schriftlich festgelegt. 367 v. Chr. erhielten die Plebejer auch den Zutritt zum höchsten Amt im Staat, dem Konsulat. In vielen Kriegen gegen andere Völker konnten die Römer ihre Vormachtstellung in den folgenden Jahrhunderten immer mehr ausbauen. Sie eroberten Karthago, Sizilien und Sardinien.

Die dauernden Kriege ließen das Bauerntum verarmen, das seine Ländereien an die Großgrundbesitzer verkaufen musste. Die dergestalt verdrängten Bauern wanderten nach Rom und bildeten dort eine neue Klasse, das Proletariat (proles = Nachkommenschaft), dessen einziger Reichtum Kinder waren. Während die Römer weiterhin Kämpfe gegen andere Völker führten und laufend neue Länder eroberten, kam es im Inneren des Reiches zu Auseinandersetzungen zwischen den jeweiligen Konsuln, die in der Diktatur des Sulla (82 v. Chr.) endeten. Dieser Herrscher ordnete das Staatswesen neu, indem er dem Senat mehr Macht einräumte. Nach seinem Tod kam es zum ersten Triumvirat zwischen Pompejus, Caesar und Crassus. Caesar ging als genialer Feldherr und geschickter Staatsmann in die Geschichte ein. Er eroberte für das römische Weltreich Gallien und Teile von England. Er wurde am 15. März 44 v. Chr. ermordet. Einer der wichtigsten Gründe für seine Ermordung dürfte der ungeheure Machtzuwachs gewesen sein, der den Senat zu einem Marionettendasein verurteilte. Nach Caesars Tod schlossen sich Octavian, ein Großneffe Caesars, Antonius und Lepidus zu einem zweiten Triumvirat zusammen. Viele Senatoren wurden umgebracht oder mussten ihr Vermögen abgeben. Für die Hauptstadt begann eine Schreckensherrschaft, die erst mit dem Tode von Antonius und Lepidus endete. Octavian, der seine Gegner besiegt hatte (unter ihnen auch Kleopatra, die Königin Ägyptens), erneuerte bewährte republikanische Einrichtungen. Er erhielt den Titel Imperator Caesar („Kaiser") und führte fortan den Namen „Augustus" (der Erhabene). Augustus, der dem Senat seine alten Rechte zurückgegeben hatte, erhielt von diesem sofort wieder den Oberbefehl über das Heer und den Auftrag, die bedrohten Reichsgrenzen zu sichern. Er reorganisierte das Heerwesen. Die Soldaten verpflichteten sich, 20 Jahre zu dienen. Sie waren römische Bürger, oder wurden es durch ihren Eintritt in das Heer.

Modell des antiken Rom

Archimedes

211 v. Chr.
KARTHAGO: Hannibal erreicht Rom („Hannibal ante portas"), zieht aber ohne Angriff wieder ab. Sein Bruder Hasdrubal kann die Römer beim Vormarsch auf Spanien schlagen.

207 v. Chr.
KARTHAGO: Nachdem Hasdrubal mit seinem Heer in Italien eindringt, kommt es zu der Schlacht bei Sena Gallia (Mittelitalien), die mit einem Sieg für die Römer endet. Hasdrubal wird getötet. Hannibal zieht sich nach dieser Niederlage nach Süditalien zurück.

206 v. Chr.
CHINA: Nach dem Tod des Kaisers Shi-uang-ti übernimmt die Han-Dynastie die Macht (–220 n. Chr.). Deutlicher Ubergang vom Lehn- zum Beamtenstaat. Die Kultur Chinas erlebt eine Blütezeit. **ROM:** Scipio der Ältere schlägt das Heer der Karthager bei Ilipa und erobert Gades in Spanien.

204 v. Chr.
KARTHAGO: Letzter Sieg Hannibals bei Kroton.

202 v. Chr.
ROM: Entscheidender Sieg über Hannibal in der Schlacht bei Zama (Nordafrika). Hannibal flieht ins Ausland.

201 v. Chr.
ROM: Ende des 2. Punischen Krieges. Nach Friedensschluss fallen Spanien und die Mittelmeerinseln an Rom. Karthago muss seine Kriegsflotte vernichten und für eine Dauer von 50 Jahren Tributgelder zahlen.

200 v. Chr.
Beginn des 2. Makedonischen Krieges (–197).

197 v. Chr.
ROM: Der Sieg über Philipp V. in der Schlacht von Kynoskephalae beendet die Vorherrschaft Makedoniens in Griechenland. Auf der Seite Roms kämpfen Sparta sowie der Ätolische Bund. **MAKEDONIEN:** Der Friedensvertrag zwingt zur Abtretung von Thessalien, Chalkis, Korinth. Anerkennung der griechischen Unabhängigkeit durch Philipp V.

195 v. Chr.
KARTHAGO: Uneinigkeit mit der Regierung veranlasst Hannibal zur Flucht nach Syrien. **ALEXANDRIA:** Eratosthenes † (*275), griechischer Wissenschaftler, der Begründer der Geographie und Chronologie.

191 v. Chr.
ROM: Sieg und Unterwerfung der Kelten in Oberitalien.

190 v. Chr.
ROM: Nach einem Sieg über Antiochos III. von Syrien (Dynastie der Seleukiden) fassen die Römer in Kleinasien Fuß. Bei der Gebietsabtretung fallen die syrischen Besitztümer diesseits des Taurusgebirges an Rom.

188 v. Chr.
RHODOS: Erste See- und Handelsmacht im östlichen Mittelmeer.

184 v. Chr.
ROM: Titus Maccius Plautus † (*250), römischer Komödiendichter. Erhalten sind 21 Lustspiele, u. a. „Der Kaufmann".

182 v. Chr.
KARTHAGO: Um einer Auslieferung an Rom zu entgehen, begeht Hannibal im Exil Selbstmord.

181 v. Chr.
ÄGYPTEN: Ptolemäus VI. wird von den Römern gegen Syrien unterstützt.

180 v. Chr.
ALEXANDRIA: Aristophanes von Byzantion † (*257), griechischer Philologe. In seinen Werken

„Homer", „Platon" bezog er den Philosophen gegenüber eine kritische Stellung. Außerdem schrieb er ein lexikographisches Werk.

172 v. Chr.

MAKEDONIEN: Perseus, illegaler Sohn Philipps V., strebt wieder eine Vormachtstellung in Griechenland an.

171 v. Chr.

3. Makedonischer Krieg (–168). Die Thraker und Illyrier schließen ein Bündnis mit Perseus.

168 v. Chr.

ROM: Nach entscheidender Schlacht bei Pydna im Süden Makedoniens unterliegt Perseus gegen die Römer und wird gefangen genommen. Sein Reich wird in vier Gebiete aufgeteilt, die unter römischer Verwaltung stehen. Viele Bewohner Griechenlands werden als Sklaven nach Rom verkauft.

167 v. Chr.

JUDÄA: Judas Makkabäus erobert Jerusalem und wird Herrscher des Landes.

161 v. Chr.

PALÄSTINA: Ende der seleukidisch-syrischen Herrschaft durch den jüdischen Befreiungskampf unter Judas Makkabäus, der dabei den Tod findet. Palästina erhält Unabhängigkeit.

149 v. Chr.

ROM: Beginn des 3. Punischen Krieges (–146). Eroberung und völlige Zerstörung Karthagos.

146 v. Chr.

ROM: Eroberung von Korinth. **MAKEDONIEN** wird die römische Provinz Macedonia. **ATHEN:** Der achäische Bund verliert an Macht, nachdem immer mehr Gebiete an die Römer fallen.

135 v. Chr.

SIZILIEN: Erster Sklavenaufstand gegen die Römer, der mit einer Niederlage endet.

133 v. Chr.

ROM: Beginn des 100-jährigen Bürgerkriegs. Der römische Volkstribun Tiberius Gracchus versucht mit einer Bodenreform, politische und soziale Missstände auszuräumen. Die Aristokratie setzt sich zur Wehr. Gracchus wird ermordet. Der Aufstand der Lusitaner und Keltiberer wird niedergeschlagen. Spanien fällt jetzt endgültig an Rom.

124 v. Chr.

ROM: Uneinigkeit um die Reformbewegung. Die Optimaten, der reiche Landadel, kämpfen mit allen Mitteln gegen die von den Volkstribunen angestrebte Landverteilung.

123 v. Chr.

ROM: Gaius Sempronius Gracchus, Bruder des Tiberius, setzt sich nicht nur für die Aufteilung von Staatsland ein, sondern macht sich auch für Bauernkolonien stark, um die Hauptstadt vom Massenproletariat zu entlasten. Er tritt auch für die Verleihung des bürgerlichen Vollrechts für die italischen Bundesgenossen ein. Eine Ablehnung des Vollbürgerrechts durch eine Volksabstimmung zwingt Gaius Gracchus zu einem Aufstand, der für ihn tödlich endet. **ATHEN:** Polybios † (*201), griechischer Historiker. Er schrieb während seines Exils in Rom u. a. Werke über „Die Entstehung der römischen Weltmacht".

121 v. Chr.

Die Teutonen und Kimbern, germanische Volksstämme, verlassen ihre Heimat Jütland und wandern gen Süden.

113 v. Chr.

ROM: In der Schlacht bei Noreia versucht das römische Heer vergeblich, den Germanen Einhalt zu gebieten.

Ruinen des antiken Karthago

111 v. Chr.

NUMIDIEN: König Jugurtha missachtet bei der Ausdehnung seines Reichs Vereinbarungen mit den Römern. Ein Krieg (–105) mit Rom ist unvermeidbar.

110 v. Chr.

RHODOS: Panaitios † (*t 180), griechischer Philosoph. Seine stoische Lehre beeinflusste maßgeblich die römische Philosophie und Rechtspflege.

107 v. Chr.

Die Kimbern und Teutonen besiegen das römische Heer an der Garonne.

Gaius Marius

105 v. Chr.

Sieg der Kimbern bei Arausio (Provence). **ROM:** Volkstribun und Feldherr Gaius Marius beendet siegreich den „Jugurthinischen Krieg" in Nordafrika. Jugurtha wird im Triumph durch Rom geführt (104) und dann hingerichtet. Das Reich der Numiden wird aufgeteilt.

104 v. Chr.

ROM: Gaius Marius wird Konsul. Marius führt eine Heeresreform durch: Er stellt ein neues Heer auf, das sich fast ausschließlich aus Proletariern zusammensetzt. Die Berufskrieger lösen das bisherige Bürgerheer ab.

102 v. Chr.

ROM: In der Schlacht bei Aquae Sextiae (Provence) besiegt Marius die Teutonen.

101 v. Chr.

ROM: Die Kimbern, die über den Brenner einfallen, werden von Marius bei Vercellae geschlagen.

100 v. Chr.

ALEXANDRIA: Heron † (*150), griechischer Mathematiker und Naturforscher.

98 v. Chr.

ROM: Meinungsverschiedenheiten um die Stellung des Senats im Staatsleben veranlassen Marius, sich von seinen Parteifreunden zu trennen. Nicht mehr zum Konsul gewählt und politisch geschwächt, verlässt Marius Rom.

89 v. Chr.

ROM: Ende des Bundesgenossenkriegs und Zuerkennung des Bürgerrechts für alle Italiker.

88 v. Chr.

KLEINASIEN: König Mithridates von Pontos dehnt sein Reich aus und verfolgt die Römer und Italiker in Kleinasien. Rom erklärt ihm den Krieg (–84). **ROM:** Lucius Cornelius Sulla, ein Mitglied der Vornehmen (Optimaten), erhält den Oberbefehl im Kampf gegen Mithridates. Die Popularen dagegen stimmen für Marius, der nach Rom zurückgekehrt ist. Die Folge: Ein Bürgerkrieg zwischen dem Amtsadel und der Volkspartei. Sulla geht als Sieger hervor und wird römischer Konsul. Marius zieht nach Afrika.

87 v. Chr.

ROM: Während der Abwesenheit von Sulla, der in Asien gegen Mithridates Krieg führt, kehrt Marius zurück. Beginn einer Schreckensherrschaft und Verfolgung des Adels.

86 v. Chr.

ROM: Nach der Rückeroberung von Athen landet Sulla in Asien und zwingt König Mithridates zum Frieden.

83 v. Chr.

ROM: Nach der Einnahme von Rom vernichtet Sulla die Anhänger des Marius und lässt sich vom Senat zum Diktator ernennen. Er gibt die Staatsgewalt an den Senat weiter und schränkt die Macht der Volkstribunen ein.

79 v. Chr.

ROM: Sulla legt sein Amt als Diktator nieder und stirbt ein Jahr später.

72 v. Chr.
WESTEUROPA: Die Sueben (Alemannen) wandern über den Oberrhein bis nach Gallien.

71 v. Chr.
ROM: Der Feldherr und Staatsmann Gnaeus Pompeius schlägt den Sklavenaufstand unter dem Thraker Spartacus in der Schlacht bei Petelia nieder.

70 v. Chr.
ROM: Pompeius und Licinius Crassus werden zu Konsuln gewählt. Abschaffung der Verfassung von Sulla und Rückkehr zur Demokratie.

67 v. Chr.
ROM: Pompeius erhält Oberbefehl über die römische Flotte und befreit das Mittelmeer bis hin zur syrischen Küste von den Seeräubern.

65 v. Chr.
ROM: Im Kampf gegen Mithridates erobert Pompeius größere Gebiete Asiens. Gründung der drei asiatischen Provinzen Bithynien, Cilicia und Syna.

Römischer Senat, Rede Ciceros gegen Catalina, Gemälde von Maccari 1882–86

63 v. Chr.
ROM: Der Politiker und Redner M. Tullius Cicero deckt eine Verschwörung des Lucius Sergius Catilina auf, der mit Landversprechungen Anhänger lockte und eine Diktatur anstrebte.

62 v. Chr.
ROM: Catilina und seine politischen Freunde werden bei Pistona besiegt. Catilina stirbt.

60 v. Chr.
ROM: Die Feldherren Julius Caesar, Pompeius und Crassus schließen ein Triumvirat gegen die Senatspartei.

59 v. Chr.
ROM: Wahl Caesars zum Konsul. Außerdem ernennt ihn ein Volksbeschluss auf fünf Jahre zum Statthalter in Gallien.

58 v. Chr.
ROM: Caesar hindert die Helvetier an der Eroberung von Gallien. Sieg Caesars über die Sueben (Alemannen) bei Mülhausen. Cypern fällt durch Erbe an Rom.

57 v. Chr.
ROM: Cicero wird Statthalter der asiatischen Provinz Kilikien.

56 v. Chr.
ROM: Erneuerung des Triumvirats. Die Konsuln heißen wieder Caesar, Pompeius und Crassus. Letzterer wird Statthalter von Syrien.

55–51 v. Chr.
ROM: Nach Ablauf seines Konsulats begibt sich Caesar als Statthalter in die Provinz Gallien. Zweimal überquert er den Rhein und kann bis nach Britannien vordringen. Caesar will ganz Gallien dem römischen Reich anschließen. Es gelingt Caesar, die Gallier bei Cenabum (Orléans) und Alesia (bei Dijon) zu schlagen.

53 v. Chr.
ROM: Crassus wird in einem Feldzug gegen die Parther in Mesopotamien vernichtend geschlagen und fällt bei Carrhae.

51 v. Chr.
ROM: Ganz Gallien wird eine römische Provinz.
ROM/RHODOS: Poseidonios † (*135), griechischer Philosoph. Der Universalgelehrte, u. a. Astronom, Mathematiker, Geograph, unterrichtete Cicero und Pompeius.

Gaius Julius Caesar, Statue

49 v. Chr.

ROM: Bürgerkrieg zwischen Caesar und dem Amtsadel, der von Pompeius unterstützt wird, um die Statthalterschaft in Gallien. Caesar ist nur bereit, sein Amt niederzulegen, wenn Pompeius, Statthalter von Spanien, sich auch dazu entschließt. Nach erneuter Uneinigkeit mit dem Senat entschließt sich Caesar zum Krieg und überschreitet mit dem Heer das Flüsschen Rubikon („Die Würfel sind gefallen"), das Gallien von Italien trennt. **Kultur:** Titus Pomponius Atticus † (*109), erster namentlich bekannter römischer Verlagsbuchhändler, gab u. a. die Werke Ciceros heraus.

48 v. Chr.

ROM: Nach der Flucht des Pompeius aus Rom und seiner Niederlage in der Schlacht bei Pharsalos (Thessalien) wird der Gegner Caesars in Ägypten ermordet.

47 v. Chr.

ROM: Caesar verfolgt die Anhänger des Pompeius bis nach Ägypten. **ÄGYPTEN:** Caesar beendet den Streit um die Thronfolge und ernennt Kleopatra VII. neben ihrem Bruder und Gemahl Ptolemäus XIII. zur Königin. Kurz darauf entbrennt der Alexandrinische Krieg. Mit Verstärkung aus Syrien und Kleinasien kann Caesar den Aufstand niederschlagen. Ptolemäus wird getötet. Auflösung des ägyptischen Heeres. Beginn der römischen Besatzung. Kleopatra wird alleinige Königin von Ägypten. **ROM:** Auf dem Rückzug besiegt Caesar König Pharnakes II. (Bosporanisches Reich). Caesars Kriegsbericht: „Veni, vidi, vici" („Ich kam, sah, siegte"). **ALEXANDRIA:** Die Bibliothek mit über 500.000 Schriften wird durch Feuer zerstört (verursacht durch den Krieg Caesars gegen Pompeius).

46 v. Chr.

ROM: Caesar kann seine Gegner, Anhänger der Republik in Rom, in der Schlacht bei Thapsus (Afrika) entscheidend schlagen. Cato der Jüngere, Vertreter der Freiheit und altrömischen Gesinnung, begeht nach Caesars Sieg Selbstmord. Caesar lässt sich zum Diktator auf Lebenszeit wählen und nennt sich Imperator. Er vereinigt somit alle wichtigen Ämter in einer Hand. Das bedeutet das Ende der Republik (seit 510). **Wissenschaft:** Einführung des „julianischen Kalenders", der 365 1/4 Tage und alle vier Jahre ein Schaltjahr vorsieht. Er löst damit das Mondjahr zu zwölf Monaten ab.

45 v. Chr.

ROM: In der Schlacht bei Munda in Südspanien besiegt Caesar das restliche Heer der Republikaner unter Gnaeus Pompeius, Sohn des ehemaligen Konsuls und Statthalters. **SPANIEN, GALLIEN** und **KARTHAGO** erhalten die Rechte römischer Provinzen.

44 v. Chr.

ROM: Während einer Senatssitzung wird Caesar ermordet. Anführer der Verschwörung sind Marcus Brutus und Gaius Cassius, Verfechter der republikanischen Freiheit. Um das Erbe Caesars kämpfen die Konsuln Marcus Antonius, Feldherr des Diktators, Octavian, Großneffe und Adoptivsohn Caesars, sowie der Reitergeneral Lepidus.

43 v. Chr.

ROM: Bildung eines zweiten Triumvirats mit Antonius, Octavian und Lepidus. Es beginnt eine neuerliche Schreckensherrschaft, die sich diesmal gegen die Anhänger der alten Staatsordnung richtet. Berühmtestes Opfer: der Staatsmann und Redner Cicero † (*106).

42 v. Chr.

ROM: Krieg gegen die Republikaner, die sich in Makedonien verschanzt haben. In der Schlacht bei Philippi (Makedonien) besiegen Antonius und Octavian die Mörder Caesars. Brutus begeht Selbstmord.

40 v. Chr.

ROM: Die drei Machthaber teilen das Reich auf. Octavian erhält den Westen, Antonius den reichen

Osten und Lepidus Afrika. Antonius und Octavia, die Schwester Octavians, heiraten.

38 v. Chr.

WESTEUROPA: Besiedlung der linken Seite des Rheins durch die Ubier (Westgermanen).

37 v. Chr.

JUDÄA: Herodes I. erobert mithilfe der Römer Jerusalem und wird König der Juden. Er lässt Antigonas, den letzten Makkabäer, hinrichten.

Marcus Antonius

36–32 v. Chr.

ÄGYPTEN: Antonius macht Alexandria zur Hauptstadt seines Reichs. Während eines Feldzugs gelingt es ihm, Armenien zu erobern. Seine Verbindung zur ägyptischen Königin Kleopatra, die später auch seine Gemahlin wird, missfällt Rom. Als Antonius an Kleopatra und ihre Kinder größere Teile der östlichen römischen Provinzen schenkt, enthebt der römische Senat ihn seines Postens als Oberbefehlshaber des Ostens. Antonius verstößt Octavia und heiratet Kleopatra.

31 v. Chr.

ROM: Nachdem Octavian der ägyptischen Königin Kleopatra und damit indirekt Antonius den Krieg erklärt, kommt es zum Kampf. Antonius, der mit der ägyptischen Flotte und dem Heer nach Griechenland vordringen konnte, wird in der Seeschlacht bei Actium geschlagen.

30 v. Chr.

Octavian nimmt die Verfolgung der geschlagenen Ägypter auf und erobert Alexandria. Marcus Antonius begeht Selbstmord. Um einer Gefangenschaft in Rom zu entgehen, nimmt Kleopatra Gift.

29 v. Chr.

ROM: Beginn des römischen Kaiserreichs und Ende des langjährigen Bürgerkriegs. Da es trotz auswärtiger Erfolge weder den Optimaten (Adel), noch den Popularen (Volksfreunde) gelingt, die innenpolitischen Querelen und Missstände des römischen Reichs durch eine entsprechende demokratische Verfassung abzuschaffen, stimmt das Volk dem Principat zu. Octavian, mit dem Beinamen Augustus betitelt, übernimmt die Alleinherrschaft über das römische Weltreich. Der Senat, dem Augustus bestimmte Verwaltungsaufgaben überträgt, bestätigt ihn als „Princeps“, als ersten Bürger der neuen Verfassung. Augustus bekleidet das Amt des Oberbefehlshabers, des Zensoren, des obersten Gerichtsherrn und erhält die tribunizische Gewalt auf Lebenszeit. Das römische Weltreich, das insgesamt 34 Provinzen zählt, wird in 22 kaiserliche Provinzen (sie werden von Legaten mithilfe von Söldnertruppen verwaltet) und 12 senatorische Provinzen aufgeteilt. Die Verwaltungssprache ist lateinisch und griechisch. **Architektur:** Bau des Pantheon in Rom. **Dichtung:** Das römische Nationalepos „Aeneis“ von Publius Vergilius Maro (Vergil); Oden und Satiren von Quintus Horatius Flaccus; „Ars amatoria“ von Publius Ovidius Naso. **Philosophie:** Übernahme der Stoa und des Epikureertums der Griechen. **Theater:** Das Pantomimenspiel.

Augustus

27 v. Chr.

ROM: Marcus Terentius Varro † (*116), römischer Schriftsteller (Enzyklopädie der Staats- und Kulturaltertümer und der sieben freien Künste).

25 v. Chr.

ROM: Ein Angriff auf Äthiopien bleibt erfolglos. Galatien (Kleinasien) wird römische Provinz. Cornelius Nepos † (*100), römischer Historiker („De viris illustribus“).

24 v. Chr.

ROM: Augustus unternimmt einen Kriegszug gegen die Bukolen (Nildelta) und stellt die Macht der Römer gegenüber den Parthern in Asien wieder her.

21 v. Chr.

ROM: Feldherr Vipsanius Agrippa beendet die Aufstände in Gallien und Spanien.

19 v. Chr.

ROM: Publius Vergilius Maro † (*70), genannt Vergil, einer der bedeutendsten römischen Dichter, u. a. „Aeneis", „Bucolica" (Hirtenlieder). Albius Tibullus † (*50), römischer Dichter von Elegien.

18 v. Chr.

ROM: Augustus erlässt ein Sittengesetz, das sich gegen Ehelosigkeit und übermäßigen Luxus richtet.

15 v. Chr.

ROM: Unter der Heeresführung des Tiberius und Drusus, beides Stiefsöhne des Augustus, fällt Rätien (Graubünden und Tirol) sowie Noricum (Steiermark) an Rom. Gründung von Augusta Vindelicorum

Erstes Jahrhundert

Prätorianer, römische Kaisergarde (Relief)

Das erste Jahrhundert nach Christus ist für die Entwicklung des römischen Reiches von großer Bedeutung. Rom ist der absolute Mittelpunkt der damaligen Welt. Die auch in der Bibel erwähnte Volkszählung ergibt, dass im römischen Weltreich rund 70 Millionen Menschen leben. Während der Regierungszeit des Augustus wird Jesus Christus geboren, der die abendländische Religion begründet. Seine Lehre baut auf dem alten jüdischen Glauben an einen Gott auf. Das Christentum wird im Laufe der Jahrhunderte neben dem Islam, Hinduismus und Buddhismus die wichtigste Weltreligion. Unter Kaiser Augustus erhält das römische Heer eine neue Aufgabe. Musste es früher im Zuge der Expansion ständig neue Länder erobern und unterwerfen, so sollen die Soldaten jetzt die geschaffenen Grenzen verteidigen. Um dem Heer diese Aufgabe zu erleichtern, lässt Augustus das Straßennetz (gepflasterte Heeresstraßen) ausbauen. Im ersten Jahrhundert n. Chr. beginnt auch der Freiheitskampf der Germanen gegen die römischen Eroberer, dem sich die Völker Dalmatiens und Pannoniens (Ungarn) anschließen. In der zweiten Hälfte des Jahrhunderts beginnt der Verfall des römischen Reiches. Unter Kaiser Nero kommt es zur ersten Christenverfolgung. Der größenwahnsinnige Herrscher lässt Rom abbrennen, ein Ereignis, über das der Dichter Tacitus berichtet. Neros Regierungszeit wird durch einen immer stärkeren Sittenverfall der führenden Volksschicht gekennzeichnet, dem der maßlose Kaiser ständig neue Impulse gibt. Das römische Volk wird durch Gladiatorenkämpfe und ähnliche Veranstaltungen („Brot und Spiele") unterhalten und von dem politischen Stillstand abgelenkt. Nach ihm wird Vespasian zum Kaiser gekrönt. Er zerschlägt den Aufstand der Juden in Palästina, zerstört Jerusalem und den Tempel Salomons und vertreibt das jüdische Volk aus seiner angestammten Heimat. Mit dieser Vertreibung beginnt für die Juden ein Leben ohne eigenen Staat, das fast zweitausend Jahre dauern soll. Das jüdische Volk ist das einzige in der Geschichte, das so lange als Volk existiert, ohne von anderen Völkern aufgesogen zu werden. Im Jahre 79 ereignet sich die größte Naturkatastrophe des römischen Reichs. Der Vesuv bricht aus und begräbt die blühenden Städte Pompeji und Herkulaneum unter heißer Asche und Lava. Spätere Ausgrabungen geben einen fast unmittelbaren Eindruck, wie sich damals das alltägliche Leben abgespielt hat. Unter Kaiser Domitian, dem Nachfolger Vespasians, erreicht das römische Reich seine bislang größte Ausdehnung. Er kann Britannien ganz besetzen und auch in Germanien Land dazuerobern. Zur Grenzbefestigung lässt er den Limes bauen, einen Schutzwall aus Holzpalisaden und Steinmauern, der von Kastellen verstärkt wird.

(Augsburg) und Augusta Treverorum (Trier). Eroberung neuer Militärkolonien in Spanien.

13 v. Chr.

ROM: Gründung des römischen Kastells Maguntiacum (Mainz).

12 v. Chr.

ROM: Augustus wird Pontifex maximus (Oberpriester). Beginn des Germanenkriegs unter Drusus und Eroberung Pannoniens (Westungarn) durch Tiberius. Marcus Vipsanius Agrippa † (*63), römischer Feldherr und Erbauer des Pantheon und der Thermen.

10 v. Chr.

ROM: Auf einem Feldzug in das Rhein-Main-Gebiet gründet Drusus die Römerkastelle Bonn und Xanten sowie die Stadt Aquae Mattiacorum (Wiesbaden).

9 v. Chr.

ROM: Drusus † (*38) dringt noch kurz vor seinem Tod bis zur Mündung der Mosel in den Rhein vor und gründet dort ein Römerkastell (später Koblenz).

8 v. Chr.

ROM: Quintus Horatius Flaccus † (*65), römischer Dichter von Oden und Satiren. Gaius Cilnius Maecenas † (*70), Förderer (Mäzen) der Dichter Horaz, Properz und Vergil. Bau des großen Aquädukts bei Nîmes.

6 v. Chr.

JUDÄA: Laut Neuem Testament wird Jesus von Nazareth zwischen der Volkszählung des Quirinus (9–6) und dem Tode Herodes' des Großen geboren.

4 v. Chr.

JUDÄA: Herodes der Große, jüdischer König, † (*um 72 v. Chr.). Nachfolger wird sein Sohn, Herodes Antipas (–39 n. Chr.).

4 n. Chr.

WESTEUROPA: Die Germanenstämme der Quaden, Semnonen, Hemmunduren und Langobarden schließen sich unter Marbod, dem Markomannenfürsten zusammen. **ROM:** Durch den Tod von C. Caesar, einem Enkel Augustus', wird Tiberius Thronanwärter. Zur Sicherung der Gebiete zwischen Elbe und Donau unternimmt er einen Feldzug (–6). Augustus befiehlt eine Volkszählung im römischen Reich.

6 n. Chr.

ROM: Tiberius versucht, Fürst Marbod in Böhmen und Mähren zu unterwerfen. Mithilfe des Germanicus, einem Sohn des Drusus, kann er Pannonien (Südwestungarn) erobern. **JUDÄA:** Unter König Herodes Antipas fällt das Reich an die römische Provinz Syrien.

7 n. Chr.

ROM: Publius Quinctilius Varus erhält den Oberbefehl über die römischen Legionen am Rhein.

9 n. Chr.

WESTEUROPA: Arminius (Hermann der Cherusker) und seine Verbündeten besiegen in der Schlacht im Teutoburger Wald die Römer. Nach der vernichtenden Niederlage begeht Varus Selbstmord.

14 n. Chr.

ROM: Nach dem Tod von Kaiser Augustus (*63 v. Chr.) wird Tiberius (Claudius Nero) römischer Kaiser.

Tiberius, Büste

17 n. Chr.

ROM: In mehreren Kriegszügen versucht der Feldherr Germanicus, die römische Rheingrenze zu sichern. Nach einer Niederlage gegen Arminius in der Schlacht von Idistaviso ziehen sich die Römer endgültig aus den Gebieten rechts des Rheins zurück. Thusnelda, die Frau des Arminius, sowie sein Sohn Thumelikus geraten in römische Gefangenschaft. Triumphzug des Germanicus durch Rom. Titus Livius † (*59 v. Chr.), römischer Historiker. Werke u. a.: „Die Geschichte Roms von der Gründung bis 9 n. Chr." in insgesamt 142 Büchern.

18 n. Chr.

Publius Ovidius Naso † (*43 v. Chr.), auch unter dem Namen Ovid bekannt, römischer Dichter. Werke u. a.: „Amores" (Liebeselegien), „Tristia" (Klageelegien) und 15 Bücher in Hexametern. Der Dichter verbrachte die letzten acht Jahre in der Verbannung am Schwarzen Meer. **DAMASKUS:** Nikolaus von Damaskus †, Aristoteliker und Geschichtsschreiber. Werk: „Die Weltgeschichte in zehn Bänden".

19 n. Chr.

WESTEUROPA: Die verbündeten Westgermanen greifen unter der Führung des Cheruskers Arminius das Reich der Markomannen an. Nach Uneinigkeit mit seinen Verbündeten flieht Marbod nach Rom. Arminius wird von seinen Verbündeten erschlagen.

24 n. Chr.

ROM: Der Aufstand der Thraker (–26) wird niedergeschlagen. **CHINA:** Ein Bauernaufstand zwingt den Usurpator Wang Mang, nach 14-jähriger Regierungszeit abzutreten. Die Macht übernimmt wieder die Han-Dynastie (–220), die die folgenden Jahrhunderte das politische und wirtschaftliche Ansehen Chinas festigt.

28 n. Chr.

WESTEUROPA: Vertreibung der Römer aus Friesland. **ROM:** Unter Tiberius setzt sich die absolute Monarchie durch. Intrigen, Denunziantentum und Mord sind Zeichen der Schreckensherrschaft in Rom. Tiberius verlegt seinen Regierungssitz nach Capri. Der Tod von Drusus, dem Sohn und auserwählten Nachfolger des Tiberius, gibt Anlass zu einem unerbittlichen Machtkampf am römischen Hof. Als sich Tiberius auch von Sejan, seinem einzigen Vertrauten, dem Oberbefehlshaber der Prätorianer (Leibwache), verraten fühlt, lässt er ihn und seine ganze Familie hinrichten.

31–33 n. Chr.

JUDÄA: Nach dem öffentlichen Auftreten und Verkünden seiner Lehre (Evangelium) in Judäa und Galiläa wird Jesus von Nazareth als Unruhestifter festgenommen. Der Landpfleger Pontius Pilatus übergibt Jesus an die Hohenpriester, die ihn zum Tod am Kreuz verurteilen.

33 n. Chr.

KILIKIEN: Der jüdische Schriftgelehrte Saulus von Tarsos bekennt sich auf einer Reise nach Damaskus zum Christentum. Der ehemalige Gegner der Lehre Christi wird als Apostel Paulus einer der eifrigsten Verfechter im Kampf gegen das Heidentum.

M. Caravaggio: Die Bekehrung des Saulus

36 n. Chr.

JUDÄA: Pontius Pilatus wird von Rom abberufen.

37 n. Chr.

Nach dem Tod von Kaiser Tiberius (*41 v. Chr.) wird Gaius Caesar mit dem Beinamen Caligula (Soldatenstiefelchen) dessen Nachfolger. Der Sohn des Germanicus verfällt dem Wahnsinn und wird vier Jahre später ermordet.

41 n. Chr.
ROM: Claudius (Tiberius Claudius Caesar Germanicus) wird Kaiser. **JUDÄA:** Herodes Agrippa I., König in Jerusalem, verfolgt die Christen.

43 n. Chr.
ROM: Das Weltreich vergrößert sich um die Provinzen Südbritannien, Mauretanien, Lykien und Thrakien.

48 n. Chr.
JUDÄA: Während des Apostelkonzils in Jerusalem treten Petrus und Paulus für das Christentum als Weltreligion ein. Sie stoßen dabei auf den Widerstand der Juden.

50 n. Chr.
MAKEDONIEN: Apostel Paulus gründet in Philippi die erste Christengemeinde.

54 n. Chr.
Kaiser Claudius (*10 v. Chr.) wird von seiner Frau Agrippina vergiftet. Die Nachfolge tritt Claudius Drusus Germanicus Nero an, letzter Herrscher aus dem julisch-claudischen Haus.

55 n. Chr.
ROM: Britannicus, der Stiefbruder Neros, wird vergiftet. **KORINTH** und **EPHESOS** sind die nächsten Stationen des Apostels Paulus (–58), wo er das Christentum lehrt. Nach seiner Gefangennahme schreibt er aus Rom die Apostelbriefe an die Römer, Epheser, Philipper und Korinther.

59 n. Chr.
ROM: Auf Befehl von Kaiser Nero wird dessen Mutter Agrippina ermordet.

62 n. Chr.
ROM: Nero heiratet Poppäa Sabina, nachdem er seine erste Frau Octavia, die Tochter des Claudius, töten ließ. **JUDÄA:** Aufständige Zeloten (Freiheitspartei) zwingen die Römer zur Räumung Jerusalems.

64 n. Chr.
ROM: Ein neun Tage dauernder Brand zerstört Rom. Nero versteht es, den Verdacht der Brandstiftung auf die Christen zu lenken: Beginn der Christenverfolgung.

65 n. Chr.

Nero

ROM: Wiederaufbau der Stadt. Für sich selbst lässt Nero den prachtvollen Palast „Das goldene Haus" errichten. **Architektur:** Erstmalig der Bau von zweistöckigen Häusern für das Volk. **Kultur:** Marcus Annaeus Lucanus (Lukan) † (39), römischer Dichter. Werke: „Pharsalia", Epos über den Bürgerkrieg unter Caesar. Die Verse, die die Verschwendungssucht und Sittenlosigkeit am römischen Hof anprangern, werden ihm zum Verhängnis. Auf Befehl Neros muss Lukan Selbstmord begehen. Seneca † (*um 1 v. Chr.), römischer Dichter und Philosoph. Der Vertreter der stoischen Sittenlehre schrieb Tragödien sowie naturwissenschaftliche Werke. Am Hofe Neros als Lehrer tätig, begeht er auf Befehl des Kaisers Selbstmord.

66 n. Chr.
ROM: Nero, der sich gerne als Sänger, Poet und Musiker feiern lässt, unternimmt eine Reise nach Griechenland. **JUDÄA:** Der Aufstand gegen die römische Besatzung sowie den Landpfleger verschärft sich.

67 n. Chr.
ROM: Apostel Paulus wird in Rom wegen Verbreitung der Lehre Christi enthauptet. Apostel Petrus wird gekreuzigt.

68 n. Chr.
ROM: Nach Aufständen in Spanien, Gallien und Rom stellt sich die Prätorianergarde gegen Nero (*37), der Selbstmord begeht. Ende des julisch-claudischen Kaiserhauses.

69 n. Chr.

ROM: Titus Flavius Vespasianus wird römischer Kaiser. Der Feldherr und Nachfolger der Soldatenkaiser Galba, Otho und Vitellius, die im Kampf um die Thronfolge den Tod fanden, stammt aus dem Plebejer-Haus der Flavier. Der Oberbefehlshaber des römischen Heeres im Osten stellt die Principatsverfassung wieder her und beseitigt die Schäden der Misswirtschaft Neros.

70 n. Chr.

GALILÄA: Der jüdische Aufstand wird durch Titus, den Sohn des Kaisers Vespasian, blutig niedergeschlagen. Jerusalem und der Tempel Salomons werden zerstört. Die Bevölkerung, die überlebt, verlässt das Land als Sklaven. **Architektur:** Titus-Triumphbogen, der auf Reliefs den triumphalen Einzug des Titus in Rom darstellt.

71 n. Chr.

ROM: Der Aufstand der Bataver in Gallien, die ihre Unabhängigkeit von Rom erzwingen wollen, wird durch Kaiser Vespasian niedergeschlagen.

75 n. Chr.

ROM: Zur Befestigung der Reichsgrenzen dringt das römische Heer bis nach Georgien vor.

Pompeji: Forum

79 n. Chr.

ROM: Nach dem Tode von Vespasian (*9) übernimmt sein Sohn Titus Flavius Vespasianus den Thron. Er erhält wegen seiner Humanität und Milde den Beinamen „Wonne des Menschengeschlechts". Der Ausbruch des Vesuv, der die römischen Städte Pompeji, Herculaneum und Stabiae vernichtet, wirft einen Schatten auf seine ansonsten glanzvolle Regierungszeit (die Ausgrabungen von 1719 und 1748 geben Aufschluss über das antike Leben). **Architektur:** Amphitheater, Kolosseum in Rom.

81 n. Chr.

ROM: Titus (*39) stirbt auf einer Reise an hohem Fieber. Seine Nachfolge tritt sein jüngerer Bruder Titus Flavius Domitianus an. Es folgt eine Schreckensherrschaft.

83 n. Chr.

ROM: Mithilfe der römischen Flotte erobern die Römer weitere Gebiete in Britannien und vergrößern die Provinz. Kaiser Domitian bekämpft einen Aufstand der keltischen Chatten und besetzt das so genannte Zehntland zwischen dem Taunus, dem Oberrhein und der oberen Donau. Zur Grenzsicherung beginnt er mit dem Bau des „Limes" (584 km lang, rund 1000 Wachtürme und 100 Kastelle).

84–89 n. Chr.

ROM: Aufstände der Daker (rechtsseitiges Donaugebiet), der Markomannen und Jazygen (an der oberen Donau) werden niedergeschlagen.

86 n. Chr.

ROM: Marcus Fabius Quintilianus (Quintilian) † (*35), römischer Rhetoriker; er schrieb das Lehrbuch „Institutio oratoria".

92 n. Chr.

ROM: Zum Schutz gegen die Germaneneinfälle und zur Grenzsicherung gründen die Römer die Provinzen „Germania superior" und „Germania inferior" (oberes und unteres Germanien). Kaiser Domitian, dem die Würde des Princeps nicht genügt, lässt sich „dominus et deus" (Herr und Gott) nennen.

96 n. Chr.

ROM: Auf Befehl des Kaisers müssen alle Philosophen Italien verlassen. Clemens I., christlicher

Bischof in Rom. Nach der Ermordung des Kaisers Domitian (*51) regiert für zwei Jahre der Senator Nerva, durch Senatswahl ermächtigt, das römische Reich. Er hebt die Gesetzesbestimmungen des autokratischen Domitian auf. Ein neues Gesetz bestimmt die Nachfolge durch Adoption. Nur der angesehenste Mann im Reich kann zum Kaiser gewählt werden.

97 n. Chr.

ROM: Der Spanier Marcus Ulpius Traianus (Trajan), der sich als Statthalter in Obergermanien aufhält, wird von Nerva adoptiert und zum Mitregenten bestimmt.

98 n. Chr.

Trajan, erster Kaiser aus einer römischen Provinz, macht es sich zur Aufgabe, das römische Reich zu vergrößern.

101–107

ROM: Zu der Ausdehnungspolitik Trajans gehören verschiedene Feldzüge gegen die Daker, die mit einem Sieg der Römer und der Gründung der Provinz Dacia (Rumänien, Siebenbürgen und Niederungarn) enden.

106

SYRIEN: Der römische Statthalter Cornelius Palma erobert das Reich der Nabatäer. Gründung der Provinz Arabia mit der Hauptstadt Petra (Jordanien). **CHINA:** Han-Dynastie. Ausgedehnte Handelsbeziehungen mit den Mittelmeervölkern. **Religion:** Vormarsch des Buddhismus.

112

ROM: Kaiser Trajan schafft Gesetze, die die willkürliche Christenverfolgung einschränken. **Architektur:** Trajan-Forum mit einer fünfschiffigen Basilika in Rom. Trajan-Säule, typisch für die Reliefkunst der Zeit, die in Form von realistischer Berichterstattung die politischen Geschehnisse widerspiegelt.

116

ROM: Cornelius Tacitus † (*50), römischer Historiker. Beschrieb in den „Annales" und in „Historia" die römische Kaiserzeit von 14–96 und in „Germania" die frühgermanische Zeit.

117

ROM: Auf einem Ostfeldzug gegen Parthien (114–117) erobert Trajan Armenien, Assyrien, Mesopotamien (bis zum Persischen Golf). Den geplanten Indienfeldzug verhindert ein Aufstand der Parther. Kurzfristig zum Rückzug gezwungen, stirbt Trajan bei Selinus. Nachfolger Trajans wird Publius Aelius Hadrianus (Hadrian). Der Friedenskaiser, wie Hadrian genannt wird, gibt die Eroberungen seines Vorgängers im Fernen Osten wieder auf. Zu seinen Aufgaben gehört die Befestigung der alten Grenzen des römischen Reichs. Dazu zählt der Ausbau des

Zweites Jahrhundert

Trajanssäule

In Rom beginnt die Zeit der Adoptivkaiser: Wegen Fehlens eines leiblichen Sohnes, adoptiert der Kaiser einen männlichen Nachfolger. Auf diese Weise kann sichergestellt werden, dass nur wirklich fähige Männer an die Herrschaft kommen. Der Erfolg stellt sich denn auch gleich ein: eine neue Blütezeit. Kaiser sind u. a. Trajan und Hadrian, zwei Spanier. Unter Trajan wird die alte Expansionspolitik wieder aufgegriffen. Er kann Siebenbürgen unterwerfen und das Partherreich bis zum persischen Golf erobern. Das römische Reich hat die größte Ausdehnung seiner Geschichte.
Hadrian, auch Friedenskaiser genannt, kehrt zur Politik der Grenzsicherung zurück. Er treibt den Bau des Limes in Germanien und den des Pictenwalls im nördlichen Britannien voran. Neben der äußeren Reichssicherung kümmert er sich auch um die innere Sicherheit. Hadrian gründet neue Städte (so Adrianopel) und lässt Burgen bauen (u. a. die Engelsburg, die später eine Festung der Päpste wird). Nach einem halben Jahrhundert Frieden kommt es unter seinem Nachfolger Mark Aurel wieder zu Grenzkriegen.

121

Hadrianswall

„Limes" in Germanien (rechtes Rheinufer bei Rheinbrol, Bad Ems, Taunusgebirge, die Wetterau bis zum Mainufer, von Miltenberg über Lorch bis nach Heinheim an der Donau) sowie der Bau des Hadrianwalls im nördlichen Britannien (142 fertig gestellt).

121

ROM: Kaiser Hadrian bereist die römischen Provinzen (–126). Neben Griechenland, wo er sich länger aufhält, führt ihn die Reise nach Asien, Ägypten und Afrika Das ursprünglich keltische Nemausus (Nîmes/Frankreich) wird von den Römern übernommen. **Architektur:** Amphitheater (24.000 Menschen), Tempel der Diana, Augustustor. **Religion:** Die Lehre des Gnostizismus, eine Verschmelzung heidnischer Kulte aus dem Orient, griechischer Philosophie und christlicher Glaubenselemente findet mehr und mehr Anhänger. Die Lehre des Christentums wird durch das Auftreten dieser Sekte bedroht. Es entsteht die erste christliche Theologie.

128

ROM: Kaiser Hadrian tritt seine zweite Besichtigungsreise durch das römische Reich an (134). Dieses Mal besucht er die Provinzen, die an den Rhein grenzen, sowie Gallien und Britannien. **Architektur:** Wiederaufbau des 110 zerstörten Pantheon-Tempels. Weitere Bauten: Engelsburg (späteres Grabmal Kaiser Hadrians), Villa bei Tibur (Tivoli) mit herrlichen Gartenanlagen.

130

ROM: Unter Kaiser Hadrian liegt die Verwaltung des römischen Reichs in der Hand eines Consiliums, das sich fast ausschließlich aus Juristen zusammensetzt. Dadurch verlieren die Wahlämter ihre Bedeutung. Dies hat eine Trennung der zivilen und militärischen Beamtenlaufbahn zur Folge. **Kultur:** Gaius Suetonius Tranquilla † (*70), römischer Schriftsteller. Werke: Lebensbeschreibungen der römischen Herrscher von Caesar bis Domitian. **PALÄSTINA:** Wiederaufbau des zerstörten Jerusalem durch Kaiser Hadrian. **BITHYNIEN:** Hadrian gründet die Stadt Antinoopolis. Dies geschieht zu Ehren seines Geliebten Antinoos aus Bithynien, der 130 im Nil ertrank (Selbstmord oder Unfall).

132

PALÄSTINA: Der jüdische Aufstand unter Simon Bar Kochba (–135) wird von den Römern niedergeschlagen. Die völlige Zerstörung des Reichs bedeutet das Ende des jüdischen Staats.

138

ROM: Nach Hadrians Tod (*76) folgt Antonius Pius. Wie sein Vorgänger sichert auch dieser römische Kaiser dem Reich den Frieden. Während seiner Regierungszeit erhalten die Armen Unterstützung, die Christen werden nicht verfolgt. Epiktet † (*50), stoischer Philosoph in Rom und Griechenland.

140

ROM: Hermas, ein Mitglied der christlichen Gemeinde, weist mit seiner Bußschrift „Hirt des Hermas" auf den nahenden Weltuntergang hin.

142

ROM: Zum Schutz der Grenzen der Provinz Britannien errichten die Römer den Pictenwall. Dem Vordringen der Scoten wird dadurch zunächst Einhalt geboten.

144

ROM: Die christliche Gemeinde verstößt den Sektierer Marcion, der in Ablehnung des Alten Testaments und starker Anlehnung an die Lehre Paulus' asketisches Leben fordert.

150
WESTEUROPA: Beginn der ersten Völkerwanderung. Die Goten dringen bis zur Halbinsel Krim und dem Nordrand des Schwarzen Meers vor. **Religion:** Durch die Glaubensregel (regula fidei) bestimmt die christliche Urgemeinde die Bischöfe als Nachfolger der Apostel. Es entstehen die ersten christlichen Versammlungshäuser und Christusbilder.

160
ROM: Religion: Die Lehren des christlichen Gnostikers Valentinus und des Phrygers Montanus gefährden das Urchristentum.

161
ROM: Marcus Aurelius Antonius (Mark Aurel) wird römischer Kaiser.

162
ROM: Mark Aurel kann den Aufstand der Parther (–165) niederschlagen. Ein Teil Mesopotamiens wird noch einmal römische Provinz. In Rom bricht die Pest aus.

166
ROM: Mark Aurel und sein Bruder Verus versuchen, den Germaneneinfall der Markomannen, Quaden, Jazygen und Sarmaten, die über die Balkanprovinzen bis nach Italien vordringen, aufzuhalten.

171
OSTEUROPA: Die Vandalenstämme der Hasdinger und Silinger, die ursprünglich aus Skandinavien kommen, besiedeln das Gebiet der oberen Theiß bis hin zu den Karpaten. Die Römer sehen durch diese Besetzung ihre Provinz Dacia in Gefahr.

172
ROM. Nach einer Niederlage der Markomannen und Quaden kann Mark Aurel ein Friedensbündnis mit den Donauvölkern aushandeln.

178
ALEXANDRIA: Claudius Ptolemäus † (*100), ägyptischer Astronom und Geograph. Das nach ihm benannte Weltsystem sah in der Erde den Mittelpunkt des Alls. Seine Lehre wurde erst durch Kopernikus widerlegt.

179
ROM: Gründung des römischen Heerlagers Castra Regina (Regensburg) an der Donau. **Kunst:** Reiterstandbild des Kaisers Marc Aurel.

Mark Aurel (Reiterstandbild in Rom)

180
ROM: Kaiser Mark Aurel (*121) stirbt auf einem Feldzug in Vindobona, dem späteren Wien. Die Nachfolge tritt sein Sohn Marcus Aurelius Commodus Antonius an. Das ist das Ende der Adoptivkaiser sowie der Ära des Friedens im römischen Reich. Mit dem unfähigen Commodus, der während seiner 13-jährigen Regierungszeit wieder Personenkult, Günstlingswirtschaft und Verschwendungssucht am Hofe einführt, beginnt der Niedergang des Weltreichs. Apulejus † (*125), römischer Schriftsteller. Er schrieb den satirischen Roman „Vom goldenen Esel" in Verschmelzung mit dem griechischen Märchen von Amor und Psyche. **Kunst:** Marcussäule in Rom, auf der in Reliefs die Kämpfe mit den Markomannen dargestellt sind. Lukian † (*120), griechischer Schriftsteller. In satirischen Werken verspottet er die Schwächen seines Jahrhunderts. Er schrieb u. a. die Dialoge „Hetärengespräche", „Göttergespräche" und „Totengespräche".

189
ROM: Der Bischofssitz in Rom gewinnt unter Viktor I. mehr und mehr an Vorrangstellung unter den Bistümern.

190
ALEXANDRIA: Klemens, Bischof von Alexandria, verfasst seine Schrift „Ermahnungsrede an die Hellenen", eine philosophische Einführung in das Christentum.

192
ROM: Nach Ermordung des sittenlosen Commodus folgen innerhalb kurzer Abstände Helvius Pertinax, vorher römischer Stadtpräfekt, dann Didius Julianus auf den Kaiserthron. Letzterer hatte sich durch Bestechung der Prätorianer die Thronnachfolge erkauft.

193
ROM: In dem Machtkampf um den Thron, der sich hauptsächlich innerhalb der verschiedenen römischen Heere abspielt, siegt schließlich Septimius Severus, ein Römer aus Afrika. Mit ihm beginnt die Zeit der Soldatenkaiser. Während der Militärherrschaft verliert der Senat an Bedeutung.

Drittes Jahrhundert

In diesem Jahrhundert beherrschen die Soldaten das römische Reich. Sie ernennen den Kaiser und stürzen ihn auch wieder (nur einer der 35 „Soldatenkaiser" stirbt eines natürlichen Todes). Unter den Soldatenkaisern beginnt die lange Zeit der Christenverfolgung. Das Märtyrertum und die Fürsorge der Kirche für die Armen, Kranken und Elenden bringt dem Christentum jedoch mehr Anhänger, als das Gewaltregime der Soldatenkaiser töten kann. Zu der Auseinandersetzung im Inneren kommt auch eine Bedrohung der äußeren Reichsgrenzen: im Norden dringen die Germanen vor und am Schwarzen Meer die Perser. Seuchen, Hunger, Verödung weiter Gebiete, hohe Steuern und die Entwertung des Geldes bringen Rom an den Rand eines Ruins. Verarmung der Stadtbevölkerung, Rückgang des Handels und Gewerbes und allgemeiner Kulturverfall kennzeichnen die Reichskrise. Erst gegen Ende des Jahrhunderts kann Diokletian diese Reichskrise überwinden. Er reorganisiert die Armee und schafft durch ein strenges Steuersystem die finanzielle Grundlage für einen absolutistischen Beamtenstaat. Gleichzeitig teilt er das Reich in zwei Militärbezirke auf und ernennt Maximian zu seinem Mitregenten; ihnen untergeordnet sind zwei „Caesaren". Diokletian behält jedoch die oberste Leitung.

195
Religion: Es entsteht die „Itala", die erste lateinische Bibelübersetzung.

196
ROM: Auf einem Feldzug wird Byzanz zerstört.

197
ROM: Kaiser Severus besiegt die aufständischen Parther und erobert Ktesiphon. Friedensschluss mit Parthien.

200
ALEXANDRIA: Griechische Theologen wie Origenes und Bischof Klemens begründen eine kirchliche Lehre, die die christliche Frömmigkeit mit der griechischen Philosophie verbindet. **Kunst:** In Rom entsteht die Katakomben-Malerei in der Calixtus-Kapelle. Sie stellt die Geschichte des Jonas dar.

203
ROM: Septimius Severus lässt auf dem Forum den Triumphbogen errichten.

205
ROM: Galenus † (*130), römischer Arzt. Er vertritt, wie seinerzeit der griechische Arzt Hippokrates (460 v. Chr.), die Wissenschaftstheorie von den vier Temperamenten, die noch bis ins späte Mittelalter in der Medizin von großer Bedeutung war.

208
ROM: Kaiser Severus kann in einem Feldzug in Britannia (–210) die Caledonier hinter den Hadrianswall zurückdrängen. Bau des Severuswalls.

211
ROM: Nach dem Tod von Kaiser Severus (*146) werden zunächst seine beiden Söhne Marcus Aurelius Antonius Caracalla und Geta Thronfolger.

212
ROM: Nach Ermordung seines Bruders Geta und dessen Anhängern übernimmt Caracalla (*176) die

Alleinherrschaft. Unter ihm erhalten alle freien Reichsangehörigen das römische Bürgerrecht. Aemilius Papinianus † (*140), einer der bedeutendsten Rechtsgelehrten, wird hingerichtet.

213

ROM: Caracalla drängt die Alemannen am oberen Rhein zurück.

216

ROM: Kaiser Caracalla versucht, mithilfe von makedonischen und spartanischen Truppen die aufständischen Parther zu schlagen. **Architektur:** Caracalla lässt prunkvolle Thermen (Bäder) errichten.

Caracallathermen

217

ROM: Durch die Ermordung Caracallas wird dessen Gewaltherrschaft beendet.

218

ROM: Heliogabal (auch Varius Avitus Elagabalus), syrischer Sonnenpriester und angeblicher Sohn des Caracalla, wird für vier Jahre Kaiser. Der Anhänger orientalischen Brauchtums und des Sonnenkults wird 222 wegen Misswirtschaft und Sittenlosigkeit ermordet.

220

CHINA: Die seit 206 v. Chr. bestehende Han-Dynastie wird durch einen Bauernaufstand beendet. Das Land wird zunächst in Nord-, West- und Südchina aufgeteilt. Als Staatsform setzt sich wieder der Feudalismus durch.

222

ROM: Marcus Aurelius Severus Alexander wird Kaiser. Er ist ein Vetter Heliogabals.

227

PARTHIEN: Nach einem Sieg über die Römer erobern und zerstören die Sassaniden das Reich. König Artaban V. wird ermordet, Ktesiphon am Tigris die Hauptstadt des neupersischen Reichs.

229

ROM: Cassius Dio † (*155), griechischer Historiker. In 80 Büchern beschrieb er die Geschichte Roms seit der Gründung der Stadt.

233

ROM: Kaiser Alexander Severus verteidigt erfolgreich die römischen Grenzen gegen das Vordringen der Sassaniden.

234

ROM: Im Kampf gegen die Alemannen, die in das römische Zehntland am Rhein eindringen, wird Alexander Severus in Mainz von seinen Truppen ermordet.

235

ROM: Nachfolger wird der thrakische Offizier Julius Maximinus Thrax (–238), der unter Alexander Severus an der Rhein- und Donaugrenze gegen die Alemannen kämpfte.

238

ROM: Gordianus III. wird römischer Kaiser. Es gelingt ihm, die Germanen an der Donaugrenze zurückzuschlagen.

242

Besetzung Moesiens durch die Goten und Karpen. **ROM:** Mithilfe von gotischen Truppen besiegt Gordianus III. in der Schlacht bei Resaena die Truppen der Neuperser.

244

ROM: Der Gardepräfekt Philippus Arabs besiegt die Neuperser bei Carrhae und Nisibis. Er ermordet Gordianus III. und ernennt sich selbst zum Kaiser.

246

ROM: Kaiser Philippus Arabs (249 ermordet) sichert die Donaugrenze und Dakien vor Goten- und Karpeneinfällen. Große Feiern zur Gründung Roms vor 1000 Jahren.

Decius

249

ROM: Kaiser Messius Decius (–251). Während seiner Regierungszeit werden erneut die Christen verfolgt. Decius glaubt, durch die Vernichtung der Christen die römische Götterwelt versöhnen zu können. Er fällt in der Schlacht von Abrittus (Moesien).

250

ROM: Das Weltreich wird zunehmend von den einfallenden Goten (Nordosten), den Persern (Vorderasien) sowie den Alemannen (Rheingrenze) bedroht. Innenpolitisch ist das Reich geschwächt. Willkürlich ernennt das Heer einen Kaiser, um ihn kurz darauf wieder durch einen Gegenkaiser abzusetzen.

251–253

ROM: Es folgen die Kaiser Trebonianus Gallus und Aemilius Aemilianus, die beide von Soldaten ihrer Truppen ermordet werden.

253

ROM: Licinius Valerianus (–260) und sein Sohn Gallienus (–268) versuchen, die Grenzen des römischen Reichs gegen die Alemannen, Sueben, Franken, Goten und Burgunder zu sichern. **ALEXANDRIA:** Origenes † (*185), griechischer Theologe. Seine Lehre versucht, das Christentum mit der griechischen Philosophie zu vereinen.

258

ROM: Kaiser Gallienus besiegt in einer Schlacht bei Mailand die Alemannen, die über den Rhein bis nach Oberitalien vorgedrungen waren. **Religion:** Verfolgung der Christen. **KARTHAGO:** Caecilius Thascius Cyprianus (*210), Bischof von Karthago, stirbt den Märtyrertod.

260

ROM: Kaiser Valerianus gerät in Syrien im Kampf gegen die Sassaniden in Gefangenschaft und stirbt. **WESTEUROPA:** Die Alemannen erobern von den Römern die rechtsrheinischen Gebiete. Der Limes verliert als Grenze seine Bedeutung.

268

ROM: Nach der Ermordung von Gallienus wird Marcus Aurelius Claudius II. (–270) Kaiser. Er erhält den Namen Goticus, da er sich erfolgreich gegen die Alemannen und Goten in Oberitalien behauptet. Er stirbt an der Pest.

270

ROM: Kaiser Domitius Aurelianus (–275). Während seiner Regierungszeit verlieren die Römer die Provinz Dacien (seit 107) an die Westgoten. Plotin † (*205), griechischer Philosoph in Rom, Hauptvertreter des mystischen Neuplatonismus. Die Rückkehr zum „Ureinen" (Gott) steht im Mittelpunkt seiner Lehre, die wegen ihrer heidnischen Religiosität (Wundergier und Aberglauben) ein Gegenstück zum Christentum ist.

274

ROM: Kaiser Aurelian erobert ehemals römische Gebiete wie das syrisch-palmyrenische Reich und Gallien zurück und stellt noch einmal die Einheit des römischen Weltreichs her.

276

ROM: Marcus Aurelius Probus, römischer Kaiser (–282). Er bekämpft die vordringenden Germanenstämme und nimmt zur Verstärkung des Heers fremde Söldner auf.

277

BABYLONIEN: Mani † (*215), Begründer des Manichäismus. Die spätantike Religion, die altpersische, christliche und buddhistische Elemente vereint, stellt in ihren Mittelpunkt den Dualismus zwischen dem Reich des Lichtes und dem Reich der Finsternis. Mani wird gekreuzigt.

280

CHINA: Die Chin-Dynastie übernimmt die Macht (220). Durch Landzuweisung versucht sie, das Elend der Bauern zu mildern.

282

ROM: Marcus Aurelius Carus, römischer Kaiser (–283). Er und seine beiden Söhne werden auf einem Feldzug gegen die Neuperser ermordet.

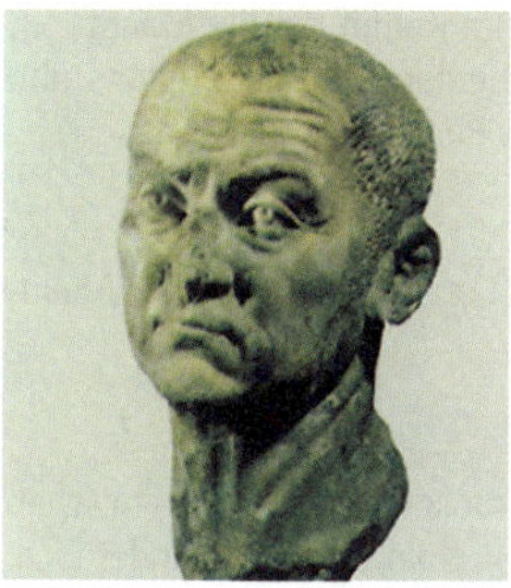

Diokletian

284

ROM: Der Illyrer Gaius Aurelius Valerius (Diokletian) wird vom Heer zum Kaiser ernannt (–305 durch Abdankung). Diokletian führt die absolute Monarchie nach orientalischem Vorbild ein. Um die Macht des Reichs zu sichern, teilt er es in vier Militärbezirke auf Er selbst verwaltet den Osten mit der Hauptstadt Nikomedia (Bithynien). Mitregent Maximilian übernimmt Italien und Afrika mit der Hauptstadt Mediolanum (Mailand); der Feldherr und „Caesar" Galerius erhält Illyrien, Makedonien und Griechenland mit der Hauptstadt Sirmium (Pannonien); Constantius verwaltet Gallien, Spanien und Britannien mit der Hauptstadt Augusta Treverorum (Trier). Die vier Herrscher führen die Anrede „dominus", das Principat wird durch die Staatsform des „Dominats" ersetzt. Der Senat übernimmt die Stellung einer Stadtbehörde.

Viertes Jahrhundert

Bei der letzten großen Christenverfolgung werden viele Kirchen zerstört. Im östlichen Teil des Reiches geht man bei der Verfolgung der Christen weitaus grausamer vor als im Westen. Kaiser Konstantin verkündet schließlich die Glaubensfreiheit für Christen, deren Zahl trotz der ständigen Verfolgung ständig gestiegen ist. Die schnelle Verbreitung der christlichen Lehre war vor allem auch durch das gut ausgebaute Verkehrssystem und die Spracheinheitlichkeit (Griechisch, Latein) des römischen Reiches begünstigt worden. Zur Zeit Konstantins ist das Christentum bereits straff organisiert: Es haben sich große Gemeinden und aus ihnen wiederum Kirchenprovinzen gebildet, denen jeweils ein Bischof vorsteht. Der Bischof von Rom sieht sich als direkten Nachfolger des Apostels Petrus. Unter Kaiser Konstantin erlebt das römische Reich eine kurze, späte Blütezeit. Gegen Ende des Jahrhunderts jedoch wird die von Kaiser Diokletian vorgenommene Teilung des Reichs in zwei verschiedene Herrschaftsgebiete verfügt. 375 fallen die Hunnen, ein Nomadenvolk aus Innerasien, in Europa ein, zerschlagen das Reich der Ostgoten zwischen Ostsee und Schwarzem Meer und lösen damit die europäische Völkerwanderung aus.

296

ÄGYPTEN: Menas, ein christlicher Einsiedler, stirbt den Märtyrertod. Beginn des Mönchtums.

303

ROM: Unter Kaiser Diokletian beginnt die zweite große Christenverfolgung.

306

ROM: Nach der Abdankung des Kaisers Diokletian und seines Mitregenten Maximilian kommt es erneut zu Kämpfen zwischen den verschiedenen Machthabern. Schließlich besiegt Konstantin I. (der Große) seine Mitregenten Maxentius (–312) und Licinius (–323).

313

MAILAND: Ein Toleranzedikt Konstantins I. verkündet die Glaubensfreiheit der Christen. Seit dem Sieg gegen Maxentius in der Schlacht an der Milvischen Brücke schmückt die kaiserliche Fahne das Kreuz Christi („In diesem Zeichen wirst du siegen!"). Die Christenverfolgung im Orient dagegen wird fortgesetzt.

314

PALÄSTINA: Eusebius, der Verfasser der ersten Kirchengeschichte, wird Bischof von Caesarea.

315

ROM: Architektur: Bau des Konstantin-Bogens sowie der Konstantin-Basilika.

320

INDIEN: Im Norden des Landes entsteht unter Tschandragupta I. das Großreich der Gupta-Dynastie. **ÄGYPTEN:** Pachomius (*292) gründet in Tabenese das erste christliche Kloster.

Konstantin I.

325

ROM: Alleinherrscher Konstantin I. (–337) festigt das römische Reich durch die Anerkennung des Christentums. Er beruft das erste Kirchenkonzil in Nicäa ein. Der noch nicht zum Christentum übergetretene Kaiser (er wird 337 durch Bischof Eusebius getauft) schlichtet den Kirchenstreit um die Gottgleichheit oder Gottähnlichkeit Jesu Christi. Arius von Alexandria, ein entschiedener Gegner der Homoiusios (Gottgleichheit), wird aus der Christengemeinde ausgestoßen. Das Konzil bestätigt die Lehre des Kirchenvaters und späteren Bischofs von Alexandria, Athanasius, der für die „Wesenseinheit" von Gottvater und Sohn eintritt. Der Arianismus dagegen findet noch bis zum 6. und 7. Jahrhundert seine Anhänger bei den Burgundern, Vandalen, Goten und Langobarden.

326

ROM: Bau der St. Peter-Basilika.

330

KONSTANTINOPEL (früher Byzanz) wird neue Hauptstadt des römischen Reichs, das sich in die vier Präfekturen Orient, Illyrien, Italien und Gallien aufteilt. Die 175 Legionen unterstellt Konstantin I. zwei Kronfeldherren. **JERUSALEM:** Konstantin lässt die Heilige Grabkirche erbauen.

337

NIKOMEDIA: Vor einem Feldzug nach Persien stirbt Konstantin I. Das Kaisertum, das unter ihm wieder erblich wurde, bestätigt die drei Söhne Konstantins I. als Nachfolger.

340

KONSTANTINOPEL: Im Kampf um die Macht fällt Constantinus, seine beiden Brüder Constans und Constantius teilen das Reich in Ost und West.

353

KONSTANTINOPEL: Constantius II. (–361) Alleinherrscher.

356

WESTEUROPA: Die Franken erobern die römischen Militärkolonien Xanten, Köln, Bonn und Andernach. **ÄGYPTEN:** Antonius † (*250), Begründer des Mönchtums.

361

ROM: Flavius Claudius Julianus Apostata (–363) wird Kaiser. Als Gegner des Christentums und Anhänger des vergeistigten Heidentums lässt er sich als Pontifex maximus verehren. Seine antichristliche Haltung trägt ihm den Beinamen „der Abtrünnige" ein.

363

KONSTANTINOPEL: Kaiser Julian unternimmt einen Feldzug gegen die Perser. Er wird tödlich verwundet. Mesopotamien und ein Teil Armeniens fällt an Persien.

364
ROM: Flavius Valentinianus I., römischer Kaiser (–375). Er ernennt seinen Bruder Flavius Valens (–378) zum Mitregenten im Osten des Reichs.

367
Bischof Hilarius von Poitiers † (*315). Der Verfasser des „De trinitate" (Über die Dreieinigkeit) gilt als Vermittler der westlichen und orientalischen Rechtsgläubigkeit. Der bedeutendste lateinische Dogmatiker bis Augustinus schrieb auch christliche Hymnen.

370
ROM: Mitkaiser Valens einigt sich nach Kämpfen mit den Westgoten vertraglich auf die Donaugrenze. Die Rheingrenze kann ebenfalls noch einmal gegen die Alemannen befestigt werden.

373
ALEXANDRIA: Athanasius † (*295), Bischof und griechischer Kirchenvater. In seiner Lehre vertritt er die Wesensgleichheit Christi mit Gott. Sie ist die Grundlage des späteren „Athanasianischen Glaubensbekenntnisses".

Porta Nigra in Trier

375
EUROPA: Vom Osten bricht das Reitervolk der Hunnen nach Europa ein. Beginn der Völkerwanderung. **ROM:** Nach dem Tod des Kaisers Valentinianus wird sein Sohn Gratian (–383) Nachfolger, der zusammen mit seinem Halbbruder Valentinianus II. (–392) den Westen des römischen Reichs regiert. **Architektur:** Bau der christlichen Basilika St. Maria Maggiore. **TRIER:** Die Hauptstadt der weströmischen Provinzen steht kulturell auf ihrem Höhepunkt. U. a. Bau der Basilika (350).

378
ADRIANOPEL: Die Westgoten überschreiten die Donau und vernichten das römische Heer. Tod des Kaisers Valens.

379
KONSTANTINOPEL: Kaiser Theodosius I. (der Große) vereinigt noch einmal das römische Weltreich. Er regiert bis 395. **GRIECHENLAND:** Basilius † (*330), Begründer des Mönchtums in seiner Heimat.

381
KONSTANTINOPEL: Theodosius I. beruft ein zweites ökumenisches Konzil ein. Bestätigung der Beschlüsse von Nicäa (325) sowie Gründung eines Klosters. Der Bischof von Konstantinopel (Patriarch) nimmt nach dem Bischof von Rom (Papst) die erste Stelle unter den Bischöfen des Ostens ein.

382
KONSTANTINOPEL: Bündnis Theodosius I. mit den Westgoten, die in den römischen Reichsverband Aufnahme finden.

383
ROM: Kaiser Gratian wird wegen seiner progermanischen Haltung vom römischen Heer abgesetzt. Magnus Maximus ist sein Nachfolger (–388). **KONSTANTINOPEL:** Theodosius I. unternimmt verschiedene Feldzüge (–388) gegen die Perser. Wulfila † (*311), auch Ulfilas, ein Anhänger des arianischen Christentums. Er übersetzte die Bibel ins Gotische.

388
ROM: Magnus Maximus, fanatischer Athanasianer, vertreibt Valentinian II. (Arianer). In der Schlacht von Siscia wird er von Theodosius I. geschlagen und kurz darauf in Aquileia hingerichtet. Ermordung Valentinians II. (392) durch die Franken.

390
THESSALONIKI: Nach einem Aufstand der Bürger von Saloniki lässt Kaiser Theodosius an die 7000 Menschen hinrichten.

391
KONSTANTINOPEL: Unter Theodosius wird das Christentum zur Staatsreligion. Verbot aller heidnischen Kulte.

393

GRIECHENLAND: Die Olympischen Spiele (776 v. Chr.) fallen ebenfalls unter das Verbot Theodosius' I. **ROM:** Decimus Magnus Ausonius † (*311), letzter römischer Dichter der Klassik. Werke u. a. „Mosella" (Bericht einer Rhein-Mosel-Reise).

394

KONSTANTINOPEL: Theodosius I. schlägt seinen Gegner Eugenius und die Franken unter Führung von Arbogast in Italien zwischen Emona (Laibach) und Aquileia. Letzter Zusammenschluss des Großrömischen Reichs.

395

ROM: Nach dem Tod Theodosius' I. endgültige Teilung des Reichs in Ost und West unter den Söhnen. Arcadius (–408) erhält das oströmische Reich mit der Hauptstadt Konstantinopel; Honorius regiert das weströmische Reich (–423). Hauptstadt ist zunächst Rom, ab 403 Ravenna, das leichter gegen die Germaneneinfälle zu verteidigen ist. Alarich I., König der Westgoten (–410), zieht plündernd durch die Balkanhalbinsel. **MAILAND:** Bischof Ambrosius † (*340). Werke u. a. „De officiis clericorum" („Über die Aufgaben der Geistlichen"). Außerdem war er ein Förderer des Kirchengesangs.

400

TOURS: Bischof Martin † (*um 316). Er gründete das erste Kloster in Gallien. Heute erinnert der St. Martinstag am 11. November an das segensreiche Wirken des Heiligen.

401

ROM: Der Einfall der Westgoten unter König Alarich I. in Oberitalien wird von Stilicho, dem Vormund des Kaisers Honorius, aufgehalten. Alarich verlegt sein Heer nach West-Illyrien.

403

RAVENNA: Der weströmische Kaiser Honorius macht die Stadt zur neuen Hauptstadt des weströmischen Reichs.

405

Die Ostgoten dringen bis nach Oberitalien vor. Kaiser Honorius verschanzt sich in Ravenna.

406

Im Zuge der Völkerwanderung verdrängen die Vandalen, Alemannen und Sueben, die aus den Donauländern kommen, die Franken am Rhein. Die Franken besiedeln das nördliche linke Rheinufer, die Alemannen besetzen das südliche Rheinufer. Die Burgunder gründen ein neues Reich am Mittelrhein mit der Hauptstadt Worms. **ROM:** Zum Schutz des Reiches müssen die Römer ihre Legionen aus den westlichen Provinzen (Britannica) abziehen. Aufgabe der Rheingrenze.

408

ROM: Feldherr Stilicho verbündet sich mit Alarich I., um Gallien vor den Germanen zu schützen. Das erkaufte Bündnis endet mit seiner Ermordung auf Befehl von Kaiser Honorius. **KONSTANTINOPEL:** Nach Tod des oströmischen Kaisers Arcadius wird der erst siebenjährige Theodosius II. (–450) dessen Nachfolger.

409

SPANIEN: Besiedlung durch die Vandalen, Alanen und Sueben, die aus Gallien einwandern.

410

ROM: Die Westgoten fallen unter Alarich I. in Rom ein und verwüsten die Stadt. Nach dreitägiger Besetzung ziehen sie in Richtung Süditalien weiter. Alarich I. stirbt und wird im Busento bei Cosenza bestattet.

411

Athaulf, Schwager des Königs Alarich I., zieht mit seinen Truppen nach Gallien. An einer Wiederherstellung des römischen Reichs interessiert, heiratet er Galla Placidia, die Tochter Theodosius' I.

415–418

Im Kampf gegen den römischen Feldhern Konstantius in Gallien wird der Westgote Athaulf mit seinen

418

Fünftes Jahrhundert

Die große, durch den Einbruch der Hunnen ausgelöste Völkerwanderung versetzt ganz Europa in Aufruhr. Nachdem die Hunnen bereits im letzten Jahrhundert das Reich der Ostgoten überrannt haben, kommt es zu folgenden Bewegungen: Die ebenfalls von den Hunnen vertriebenen christlichen Westgoten überschreiten die Donau und töten bei Adrianopel den römischen Kaiser Valens, der sie in seinem Reich ansiedeln wollte. Sie werden die Verbündeten von Kaiser Theodosius, der sie mit dem Schutz seiner Grenzen beauftragt.

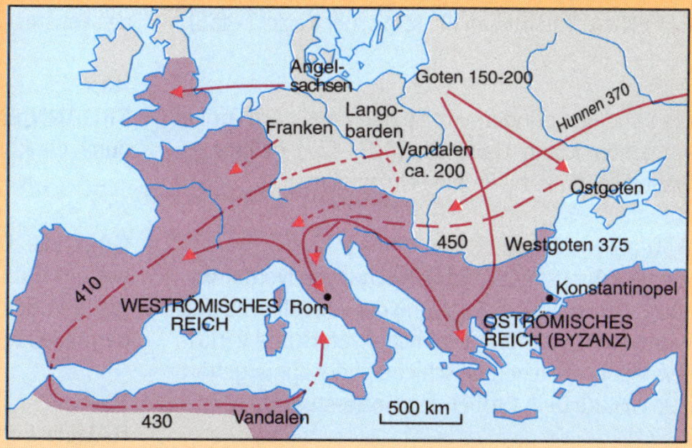

Verbreitungsgebiet der Germanen

Die Burgunder vertreiben die Alemannen zwischen Neckar und Taunus. Unter König Alarich I. fallen die Westgoten zum ersten Mal in Italien ein, können aber noch zurückgeschlagen werden. Der Ansturm der fremden Völker besiegelt das Ende des römischen Westreiches. Zum Schutz der östlichen Reichsgrenzen muss Rom die Rheingrenzen entblößen und seine Soldaten auch aus Britannien zurückziehen. Die Hauptstadt wird in das schwer einnehmbare Ravenna verlegt.

Die Volksstämme der Wandalen, Alemannen und Alanen dringen, aus den Donauländern kommend, gegen die Franken über den Rhein vor. Sie erreichen schließlich Spanien und lassen sich dort nieder. Die Franken besiedeln das nördliche Rheinufer, die Alemannen das südliche. Die Burgunder gründen am mittleren Rhein ihr Reich, das aber bereits 437 von den Hunnen zerstört wird. Die nach Spanien gezogenen Wandalen, Alanen und Sueben werden dort von den Westgoten vertrieben und nach Afrika gedrängt. Alarich I., König der Westgoten, erobert 410 Rom. Nach seinem Tod wird Athaulf, sein Schwager, König. Er führt die Westgoten nach Gallien und Spanien. Toulouse wird Hauptstadt des neuen Westgotenreiches. Die von den Hunnen erneut aus ihrem Reich vertriebenen Burgunder lassen sich in Savoyen, dem heute französischen Teil der Schweiz, nieder. Die Slawen beginnen, in die von den germanischen Völkern verlassenen Gebiete zwischen Elbe und Saale vorzudringen.

England wird derweil von den Angeln, Sachsen und Jüten erobert und besetzt. In Schottland und Wales bleiben die Kelten der herrschende Volksstamm.

Die Römer und die mit ihnen verbündeten Westgoten unter König Theoderich (beide haben den gleichen, christlichen Glauben) schlagen die Hunnen unter König Attila und treiben sie über den Rhein zurück. Die Franken beginnen das linke Rheinufer und das Moselgebiet zu erobern. Währenddessen besetzen die Wandalen Malta, Korsika und Sardinien.

476 ist das Ende des weströmischen Reiches gekommen: Odoaker, Führer der germanischen Söldnertruppen, stürzt den letzten weströmischen Kaiser Romulus Augustulus. Odoaker wird von dem König der Ostgoten, Theoderich, besiegt, der das Ostgotenreich in Italien begründet. Ende des Jahrhunderts treten an die Stelle der Weltordnung des Imperium Romanum neue politische und kulturelle Kräfte.

Truppen nach Nordspanien abgedrängt. Nach der Ermordung Athaulfs vernichtet sein Bruder Wallia die Vandalen, Alanen und Sueben, die sich in Spanien angesiedelt hatten.

418

Gründung eines Westgotenreichs in Süd- und Westgallien unter der Oberhoheit des römischen Kaisers Honorius. Theoderich I. (–451) erster König.

425

RAVENNA: Valentinian III., römischer Kaiser (–455).

429

Die Vandalen dringen von Spanien aus nach Afrika vor. Unter König Geiserich (427–477) gelingt es ihnen, die römische Provinz einzunehmen.

430

Aurelius Augustinus (*354), Bischof von Nordafrika, stirbt während der Belagerung der Vandalen. Zu den wichtigsten Schriften des Kirchenvaters und Verfassers der christlichen Geschichtsphilosophie gehört „De civitate Dei" („Über den Gottesstaat").

431

EPHESOS: Das dritte ökumenische Konzil wird von Theodosius II. einberufen. Es richtet sich gegen Nestorius († 450), Patriarch von Konstantinopel, der als Ketzer angeklagt ist.

437–443

Das Reich der Burgunder mit der Hauptstadt Worms wird von den Hunnen vernichtet. Mithilfe der Römer besiedeln die Burgunder sechs Jahre später Savoyen. Der Untergang des Burgunderreichs bildet den historischen Kern des Nibelungen- und Walthari-Liedes.

438

KONSTANTINOPEL: Kaiser Theodosius II. verfasst eine Gesetzessammlung (Codex Theodosianus).

439

KARTHAGO: Vandalenkönig Geiserich erobert die Stadt in Nordafrika. Gründung eines unabhängigen Reichs.

440

ROM: Papst Leo I. der Große († 461) erhebt Anspruch auf das päpstliche Primat.

445

Attila Alleinherrscher (–453) des Hunnenreichs, dessen Zentrum in der ungarischen Tiefebene liegt. **ROM:** Kaiser Valentinian III. bestätigt die Oberhoheit des Papstes über die abendländische Kirche.

449

BRITANNIEN: Nach Abzug der Römer Besetzung durch die Jüten, Angeln und Sachsen.

451

GALLIEN: Der römische Feldherr Flavius Aetius besiegt mithilfe der Westgoten die Hunnen unter Attila in der Schlacht auf den Katalaunischen Feldern. Theoderich, der König der Westgoten, fällt.

452

ITALIEN: Einfall der Hunnen in Oberitalien. Die Städte Aquileia, Mailand und Pavia werden zerstört. Nach Zahlung eines Lösegeldes durch Papst Leo I. verzichtet Attila auf einen Angriff auf Rom.

453

PANNONIEN: Nach dem Tod von König Attila zerfällt die Macht des Hunnenreichs. Ein großer Teil der Hunnen zieht nach Südrussland, während die Ostgoten das verlassene Pannonien (Ungarn) besiedeln.

455

ROM: Nach gewaltsamem Tod Valentinians III. folgen noch neun weströmische Kaiser (–476). Der Vandale König Geiserich setzt mit seiner Flotte von Nordafrika nach Rom über und plündert während einer zweiwöchigen Besatzung die Stadt.

457–58

Die Vandalen erobern nach Abzug aus Rom die Inseln Korsika und Sardinien.

471

Theoderich der Große wird König der Ostgoten.

476

ROM: Odoaker, Feldherr unter römischer Oberhoheit stehender germanischer Söldnertruppen, stürzt den letzten weströmischen Kaiser Romulus Augustulus. Odoaker macht sich selbst zum Herrscher.

481

Chlodwig I. aus dem Geschlecht der Merowinger wird König der Franken († 511).

486

FRANKENREICH: König Chlodwig I. erobert Gallien, das noch unter römischer Befehlsmacht steht. Beginn des mächtigen Frankenreichs, das von den Merowingern bis 751 regiert wird. Hauptstadt ist Paris (–508).

Theoderich der Große, Handschrift 12. Jahrhundert

489

ITALIEN: Der Ostgote Theoderich besiegt auf einem Feldzug durch Italien König Odoaker bei Verona. Belagerung der Stadt Ravenna. Nach Ermordung König Odoakers gründet König Theoderich der Große in Italien das Reich der Ostgoten, das bis 553 besteht. Theoderich bewahrt die römische Staatsfassung, doch die verschiedenen Religionen der Römer (Katholiken) und Goten (Arianer) verhindern eine wirkliche Annäherung. Es bleibt eine tiefe Kluft bestehen. Theoderich verbündet sich mit den Franken, Burgundern, Westgoten und Vandalen.

496

FRANKENREICH: König Chlodwig I. unterwirft Alemannien. Chlodwig tritt zum Christentum über.

507

FRANKENREICH: Chlodwig I. erobert das westgotische Gebiet zwischen Loire und Garonne.

511

FRANKENREICH: Nach dem Tod König Chlodwigs I. (*466) erfolgt die erste Teilung des Reichs. Seine vier Söhne erhalten die Höfe Soissons, Paris, Metz und Orléans.

Sechstes Jahrhundert

Byzantinische Kunst: Mosaik (Justinian I. mit Gefolge)

Das durch die Völkerwanderung in Aufruhr versetzte Europa kommt langsam wieder zur Ruhe. Es finden nur noch wenige Bewegungen statt. So dringen zum Beispiel die Bajuwaren, ein ursprünglich in Böhmen angesiedelter Stamm der Markomannen, nach Bayern ein, während das verlassene Gebiet von den Tschechen erobert wird. Die von den Angelsachsen aus England vertriebenen keltischen Bretonen lassen sich in der Bretagne nieder, während in Schottland die aus Nordirland kommenden Skoten eindringen. Der Frankenkönig Chlodwig gründet mit der Eroberung des westgotischen Gebietes zwischen Loire und Garonne ein selbstständiges Frankenreich. Als letzter großer Volksstamm machen sich die Langobarden in diesem Jahrhundert auf die Wanderung. Sie erobern zunächst Pannonien (Westungarn), ehe sie gemeinsam mit den Awaren das Gepidenreich der Goten an der unteren Weichsel vernichten. Während die Langobarden nach Italien weiterziehen, gründen die Awaren, ein asiatisches Nomadenvolk, in Ungarn/Niederösterreich ihr Reich.

Abgesehen von diesen letzten großen Bewegungen der Völkerwanderung wird das sechste Jahrhundert durch zwei Herrscherpersönlichkeiten bestimmt: durch den oströmischen Kaiser Justinian und den Ostgotenkönig Theoderich. Letzterer hatte bereits im fünften Jahrhundert sein Reich in Italien gegründet. Unter seiner Herrschaft entstanden in der Reichshauptstadt Ravenna prächtige Kirchen, die von Künstlern des oströmischen Reichs mit herrlichen Mosaiken ausgeschmückt wurden. Theoderich, der in der Sage als „Dietrich von Bern" fortlebt, bemüht sich, sowohl seinem Volk wie auch den Römern ein gerechter Herrscher zu sein. Unter seiner starken Hand kehrt nach jahrzehntelangen Kämpfen endlich wieder Friede in Italien ein. Kaiser Justinian, die zweite Herrscherpersönlichkeit dieses Jahrhunderts, schickt unter dem Feldherrn Belisar Truppen nach Italien, um es von den Goten zu befreien. Er kämpft zwei Jahrzehnte mit wechselndem Erfolg gegen die Goten. Erst sein Nachfolger Narses kann sie schließlich in der Nähe des Vesuvs vernichtend schlagen. Mit diesem Sieg endet Theoderichs Reich. Nach der Vernichtung der beiden germanischen Reiche der Wandalen und Ostgoten unter Kaiser Justinian und dem Rückgewinn der spanischen Küstengebiete Cadiz und Sevilla von den Westgoten erreicht das römische Reich fast wieder seine alte Größe. Unter dem oströmischen Kaiser wird das gesamte römische Recht in einem Gesetzbuch niedergeschrieben. Es wird im Mittelalter vielfach die germanischen Volksrechte verdrängen.

519
KONSTANTINOPEL: Kaiser Justinian I. erkennt das weströmische Dogma (Glaubenslehre) an (Streit seit 483).

523
RAVENNA: Theoderich der Große und die Könige des Frankenreichs bekämpfen Gundobad, König von Burgund.

524
Anicius Boëtius (*480), römischer Staatsmann und Philosoph am Hof Theoderichs I., wird wegen Hochverrats hingerichtet. Werke u. a. „Trost der Philosophie".

Grabmal Theoderichs in Ravenna

526
RAVENNA: Der Ostgoten-König Theoderich I. (*456) stirbt. Sein Reich löst sich nach seinem Tod in Italien, Dalmatien, Sizilien, Slawonien und der Provence auf. Theoderich lebt in der Sage als Dietrich von Bern fort. **Architektur:** Grabmal des Theoderich in Ravenna (zweistöckiger Rundbau), ein gutes Beispiel früheuropäischer Kunst im Mittelalter.

527
KONSTANTINOPEL: Kaiser Justinian I. (–565) ernennt seine Gemahlin Theodora zur Mitregentin des oströmischen Reichs. Theodora erweist sich als kluge Regentin und beeinflusst entscheidend die Politik Justinians I., die zum Höhepunkt des byzantinischen Kaiserreichs führt. Rechtsgelehrte unter Tribonian verfassen im Auftrag Justinians I. das Gesetzbuch „Corpus Juris civilis".

529
MITTELITALIEN: Gründung des Stammklosters der Benediktiner unter Benedikt von Nursia: Das Kloster Monte Cassino gilt als Ursprung des europäischen Mönchtums. **KONSTANTINOPEL:** Kaiser Justinian I. ordnet die Schließung der Philosophenschule in Athen an, die als heidnische Institution betrachtet wird.

Monte Cassino

531
FRANKENREICH: Eroberung des Hermundurenreichs in Thüringen. **PERSIEN:** Der Sassanide Chosrau I. Anoscharwan hat nach erfolgreichen Kämpfen sein Reich zwischen Indus und Mittelmeer, Schwarzem Meer und Arabien gefestigt. Höhepunkt des Reichs der Sassaniden.

532
FRANKENREICH: Niederlage der Burgunder in der Schlacht bei Autun.

534
KONSTANTINOPEL: Der oströmische Feldherr Belisar erreicht von Sizilien aus Karthago und zerstört das Reich der Vandalen. Afrika wird oströmisch.

535–538
ITALIEN: Auf dem Rückzug dringt Belisar von Sizilien bis Rom und schließlich nach Ravenna vor. Belisar vernichtet das Reich der Ostgoten in Italien.

537
KONSTANTINOPEL: Architektur: Bau der Hagia Sophia, der byzantinischen Kuppelbasilika.

540
PERSIEN: Chosrau I. erobert Antiochia (oströmischer Handelsplatz in Syrien) und überschreitet römische Grenzgebiete.

541
ITALIEN: In einem mehrjährigen Kampf erobern die Ostgoten unter Führung von Totila (Badvila) Italien mit Ausnahme von Ravenna zurück. Nach Feldherr Belisar, der nach Konstantinopel abberufen wird,

dringt Narses von der adriatischen Küste gegen die Ostgoten vor.

Ravenna: San Vitale

553
ITALIEN: Nach erneuter Niederlage der Ostgoten wird Italien eine oströmische Provinz. Statthalter ist der oströmische Feldherr Narses mit Sitz in Ravenna. **Architektur:** Bau der Kirche San Vitale (Ravenna). Die byzantinische Kirche enthält Mosaike, die Kaiserin Theodora mit ihrem Gefolge darstellen. Basilika San Apollinare in Classe di Ravenna, ebenfalls berühmt durch byzantinische Mosaikarbeiten.

558
FRANKENREICH: Chlotar I. ist Alleinherrscher (–561).

559
KONSTANTINOPEL: Feldherr Belisar schlägt die eindringenden Hunnen zurück.

561
FRANKENREICH: Nach dem Tod König Chlotars wird das Reich aufgeteilt in Austrasien (Reims, Metz), Neustrien (Soissons, Paris, Orléans, Tours) und Burgund.

563
SCHOTTLAND: Der irische Mönch Columban gründet ein Kloster auf den Hebriden.

565
KONSTANTINOPEL: Nachfolger Kaiser Justinians wird Kaiser Justinian II.

568
OBERITALIEN: Die Langobarden verlassen Pannonien, dringen über das Reich der Gepiden bis nach Oberitalien vor und gründen unter dem König Alboin ein Reich mit der Hauptstadt Pavia.

Siebtes Jahrhundert

Mekka

Im Jahre 609 gründet der Prophet Mohammed eine neue Religion, den Islam (= Ergebung in Gottes Willen). Die Anhänger dieser Religion nennen sich Muslem bzw. Moslem. Mohammed stößt bei seinen Landsleuten zunächst nur auf Verachtung und Ablehnung und muss schließlich mit seinen Gefolgsleuten nach Medina fliehen. Mit dieser Flucht (Hedschra 622) beginnt die Zeitrechnung der Mohammedaner. Nach langen Kämpfen kann Mohammed nach Mekka zurückkehren. Er stirbt 632 in Medina. Sein Todesort und Mekka werden nach seinem Tod die meistbesuchten Wallfahrtsorte der Araber, die inzwischen die von ihm verkündete Religion angenommen haben. Es entstehen großartige Moscheen (Gebetshäuser). Das größte Heiligtum aber bleibt die Kaaba (= Würfel) in Mekka, in deren Außenmauer sich ein schwarzer Meteorit befindet.
Zur Verbreitung ihrer neuen Religion unterwerfen die Araber in vielen Kriegszügen Westasien und Nordafrika und dringen über Spanien bis nach Südfrankreich vor. Im Osten des Mittelmeerraums besiegen die Araber Ägypten, Syrien und das Reich der Perser. Damaskus und Bagdad werden Zentren der mohammedanischen Herrschaft, in denen Wirtschaft und Kultur eine Blütezeit erleben. Durch die Araber kommen begehrte Artikel wie Gewürze (aus Indien), Seide (aus China) oder Damast (aus Damaskus) nach Europa. Wo immer sich die Araber niederlassen, entstehen neue Kulturen. Sie erweitern die von den Griechen und Römern gewonnenen mathematischen, medizinischen und astronomischen Erkenntnisse beträchtlich. Die arabischen Ziffern verdrängen allmählich die römischen Zahlen.

570

Die Awaren gründen ein Reich in Ungarn.

585

SPANIEN: Leovigild, der König der Westgoten, erobert Spanien. **Religion:** Übertritt vom Arianismus zum Katholizismus.

590

ROM: Papst Gregor I. (der Große) ist der erste Mönch auf dem Stuhle Petri. Förderer des Christentums in Britannien und der Kirchenmusik (gregorianischer Gesang).

594

FRANKENREICH: Bischof Gregor von Tours † (*540), er verfasste eine „Fränkische Geschichte".

614

PERSIEN: Chosrau II. (590–628) erobert Gebiete Kleinasiens, Syriens und Ägyptens.

615

ITALIEN: Agilulf, König der Langobarden †. Er führte das Christentum ein.

618

FRANKENREICH: Unter Chlotar II. von Neustrien wieder vereint. **CHINA:** Beginn der Tang-Dynastie. Die 300 Jahre dauernde Herrschaft (905) bringt China Macht und Ansehen. Das Reich dehnt sich bis zum Kaspischen Meer aus. Blütezeit der Kultur.

622

Mohammed (*570 in Mekka), Religionslehrer des Islam, flieht vor seinen Gegnern nach Medina. Hier gründet er die erste islamische Glaubensgemeinde. Beginn der mohammedanischen Zeitrechnung.

623

SLAWENREICH: Unter dem fränkischen Kaufmann Samo lösen sich die Slawen von den Franken und Awaren und gründen ein selbstständiges Reich, das sich von Magdeburg bis Passau erstreckt.

624

Mohammed heiratet die 10-jährige Aischa. Dies bleibt nicht die einzige Ehe, was nach Mohammeds Tod zu Intrigen innerhalb der Familie führt.

626

Die Awaren dringen bis Konstantinopel vor, wo sie zurückgeschlagen werden.

628

BYZANZ: Kaiser Heraklios I. erringt in der Schlacht bei Ninive einen entscheidenden Sieg gegen die Sassaniden, die gemeinsam mit den Awaren immer wieder die Grenzen des oströmischen Reichs überschreiten. **PERSIEN:** König Chosrau II. wird nach der Niederlage ermordet. Zerfall des mächtigen Sassaniden-Reichs. **INDIEN:** Brahmagupta, Mathematiker und Astronom (*598), verfasst „Brahma Siddhartha", ein mathematisches Lehrbuch u. a. über Trigonometrie, Zins- und Bruchrechnungen.

629

CHINA: Kaiser Tai-Tsung (627–650) macht Hsianfu zur Hauptstadt und Mittelpunkt des Handels. Aufnahme von Kontakten zum Westen. **FRANKENREICH:** König Dagobert I. († 638), letzter Merowinger, der neben dem Majordomus (Vorsteher des königlichen Hofes, seit der letzten Teilung des Reiches im Amt) noch selbstständig regiert. **BYZANZ:** Jerusalem, seit 614 im Besitz der Perser, wird zurückerobert.

630

Mohammed erobert Mekka. Nach Zerstörung der Götzenbilder erklärt er die Kaaba zum Heiligtum und Wallfahrtsort des Islam. Die Völkerstämme der arabischen Halbinsel bekennen sich zur Lehre Mohammeds.

632

Mohammed † (*570) in Medina. Sein Nachfolger ist Abu Bekr, der Schwiegervater Mohammeds. Er ist der erste Kalif, oberster Herrscher des Islam. Sein Sitz ist Medina. Fatima, die jüngste Tochter Mohammeds, gründet das Geschlecht der Fatimiden, der Nachfahren des Propheten.

634

MEDINA: Omar I., Berater Mohammeds, wird Nachfolger von Abu Bekr (–644). Während seiner Regierungszeit erobert das islamische Heer Syrien, Persien und Ägypten (635 Syrien; 637 Jerusalem; 639–641 Ägypten). Ein Brand zerstört die berühmte Bibliothek in Alexandria: Die Araber übernehmen das Kulturgut der antiken Stadt. 639–644 wird Persien erobert: Das bedeutet den Niedergang des Sassanidenreichs (seit 226). **Religion:** Die Lehre des Zarathustra wird in Persien langsam durch den Islam verdrängt.

641

BYZANZ: Constans II. oströmischer Kaiser (–668).

642

ÄGYPTEN: Omar I. gründet Kairo.

Koran

644

Nachfolger Omars I. ist Kalif Othman (–656). Er stellt den Koran, das Heilige Buch des Islam, zusammen, das 114 Suren (Hauptstücke) enthält.

656

Nach Ermordung Othmans wird Ali, der Schwiegersohn des Propheten, Kalif.

660

DAMASKUS: Kalif Muawija, Nachkomme der Omaija (Verwandte Mohammeds), gründet die Dynastie der Omaijaden (–750). **Religion:** Spaltung der Mohammedaner. Schiiten, Anhänger Alis, erkennen nur die Verwandten des Propheten als rechtmäßige Kalifen an. Sunniten, die große Mehrheit der Muslime, Anhänger der Omaijaden. Neben dem Koran ist für sie auch die Sunna, eine ausführliche Aufzeichnung mündlich überlieferter Vorschriften Mohammeds, von Bedeutung.

661–663

ITALIEN: Die Langobarden sind unter Herzog Grimwald von Benevent siegreich gegen die Franken, Slawen und das oströmische Reich.

667

SIZILIEN: Wird ohne Erfolg von den Arabern angegriffen.

668

NORDAFRIKA: Die Araber erobern Tunesien.

672–678

KONSTANTINOPEL: Erfolglose Belagerung der Stadt durch Kalif Muawija. König Konstantin IV. (668–685) zwingt die Araber zum Abzug. Friedensschluss zwischen Byzanz und Kalif Muawija.

681

ENGLAND: Theodor von Tarsus, Erzbischof von Canterbury (669–690), gründet die englisch-römische Kirche.

687

FRANKENREICH: Pippin (der Mittlere), Majordomus von Austrasien, stellt die Einheit des Reichs her.

692–695

Die Araber unternehmen einen Feldzug in Kleinasien und Armenien. **Architektur:** Bau der Omar-Moschee (Felsendom) in Jerusalem.

697

Bei einem weiteren Feldzug der Araber in Nordafrika wird Karthago zerstört.

698

FRANKENREICH: Pippin ernennt Willibrord, Apostel der Friesen, zum Bischof von Utrecht. Gründung der Benediktiner-Abtei in Echternach.

Achtes Jahrhundert

Arabische Reiter

Dieses Jahrhundert wird durch vier wichtige Ereignisse geprägt: Die Araber setzen sich endgültig in Spanien fest, von wo aus sie erst im 16. Jahrhundert vertrieben werden. Sie befreien dort die Juden von der Verfolgung der Westgoten. Als Folge entwickelt sich hier eine hohe jüdische Kultur (Blütezeit ist das 11. Jahrhundert). Die arabische Kultur, die in Spanien einen ihrer Höhepunkte erreicht, wird durch die dort gewonnenen Erkenntnisse in Medizin, Astronomie, Mathematik, Alchimie und Optik später auch für die Entwicklung der abendländischen Kultur wichtig. Zu den arabischen Gelehrten in Spanien kommen Lernende aus ganz Europa. Das zweite wichtige Ereignis ist die Trennung des Islam in verschiedene Glaubensrichtungen, von denen sich zwei (die Sunniten und Schiiten) bis heute erhalten und die islamische Glaubenswelt wie das Christentum (Katholiken und Protestanten) in zwei Hauptlager teilen. Im Abendland findet das dritte wichtige Ereignis statt. Nach fränkischer Sitte teilen die merowingischen Könige ihr Reich jeweils unter ihren Söhnen auf. Die Folge sind politische Intrigen und ständige Kämpfe. Der ewigen Auseinandersetzungen müde, übernehmen die Hausmeier der Merowinger (major domus = oberste Staats- und Hofbeamte) unter Pippin selbst die Macht und begründen damit eine neue Herrscherfamilie: die Karolinger. In diesen Konflikt greift auch die Kirche ein, die Pippin unterstützt. Zum Dank dafür schenkt der neue Frankenkönig dem Papst Rom und Ravenna und begründet so den Kirchenstaat, der in wechselnder Ausdehnung und Größe bis 1870 steht und 1929 – in stark verkleinerter Form – als Vatikanstadt seine Fortsetzung erfährt. Mit dem Kirchenstaat aber wird das Papsttum neben der geistlichen auch eine weltliche Macht – ein Ereignis, dessen Auswirkungen bis weit in das Mittelalter reichen und den Lauf der Geschichte mitbestimmen. Das vierte Ereignis schließlich ist die Christianisierung der Sachsen, die unter ihrem Führer Widukind verbissen um ihren „heidnischen" Glauben kämpfen. Über dreißig Jahre dauert der Kampf der Sachsen gegen Karl den Großen, einen Sohn Pippins, ehe es dem Frankenkönig gelingt, die Sachsen zu befrieden und zu christianisieren. Mit dieser Entwicklung geht auch die Gründung zahlreicher Klöster im ganzen Reich einher. In diesen Klosterschulen werden insbesondere Geistliche und Fürstenkinder in Grammatik, Rhetorik und Dialektik ausgebildet. Diese Klosterschulen sind Vorläufer der heutigen Internate. In ihnen wird die geistige und politische Elite der damaligen Zeit auf ihre späteren Aufgaben als Herrscher (geistlich wie weltlich) vorbereitet, was den Einfluss der Kirche verstärkt.

710–711

WESTGOTENREICH: König Roderich unterliegt in der Schlacht bei Xeres de la Frontera dem arabischen Feldherrn Tarik. Dies bedeutet das Ende des (spanischen) westgotischen Reichs. Die Araber erobern und besiedeln Südspanien. Die Juden, die bisher verfolgt wurden, führen unter der arabischen Herrschaft ein freies Leben. Es entsteht ein arabisches Reich von hoher kultureller und wirtschaftlicher Bedeutung.

710

JAPAN: Kultur: Beginn der Nara-Zeit, einer Kunstepoche, die die Literatur, Malerei und Architektur des Landes sehr stark beeinflusst. Bau großer buddhistischer Tempelanlagen, u.a. des Horyuji-Tempels in Nara. **Kunst:** Buddha-Fresken.

712

ITALIEN: Unter König Liutprand steht das Reich der Langobarden (Lombardei) auf seinem Höhepunkt.

SAMARKAND (Usbekistan): Besetzung durch die Araber, die Usbekistan zu einem Zentrum des Islam ausbauen. **SPANIEN:** Die Araber erobern Sevilla, um 720 die Pyrenäen zu überschreiten und in Südfrankreich (Narbonne) einzuziehen.

714
FRANKENREICH: Karl Martell (–741) wird nach dem Tod Pippins Majordomus des Reichs. Er besiegt Raganfried von Neustrien und stellt die Einheit des Landes wieder her.

717
BYZANZ: Leon III. der Isaurier (–741) wird vom Heer zum Kaiser gewählt. Der Herrscher syrischer Abstammung erlässt Reformen im Verwaltungswesen, beim Militär und in der Rechtsprechung. Leon III. kann die Araber nach längerer Belagerung der Stadt zum Abzug zwingen. Vernichtende Niederlage der Araber. **Kirche:** Bonifatius (675–754), ein angelsächsischer Mönch, gründet auf Anordnung des Papstes während seiner Missionsarbeit in Thüringen, Hessen, Bayern und Friesland die Klöster Kitzingen und Ochsenfurt sowie die Bistümer Salzburg, Regensburg, Passau, Freising, Erfurt und Würzburg. Bonifatius hält sehr engen Kontakt zur katholischen Kirche in Rom. Die von ihm gegründeten Klöster und Kirchen unterstehen dem Papsttum.

726
BYZANZ: Kaiser Leon III. ist ein entschiedener Gegner der religiösen Wandmalerei in den Kirchen und Klöstern. Er erlässt ein Verbot. **ROM:** Gegner dieses Verbots ist Papst Gregor II. Es kommt im Bilderstreit zur Machtprobe zwischen Byzanz und Rom.

Karl Martell (Miniatur, 15. Jahrhundert)

732
FRANKENREICH: Karl Martell kann in der Schlacht von Tours und Poitiers die vordringenden Araber besiegen. Damit ist dem Vormarsch der Araber Einhalt geboten.

737
FRANKENREICH: In der Schlacht von Berry kann Karl Martell die Araber bis nach Narbonne zurückdrängen. Er wird Herrscher von Burgund.

740
BYZANZ: Rückeroberung Kleinasiens von den Arabern. Damaskus, seit 660 Residenz der Kalifen, verliert an Bedeutung und wird durch Bagdad abgelöst.

741
FRANKENREICH: Pippin III. (der Kleine), Sohn Karl Martells, wird fränkischer Hausmeier (–751). **BYZANZ:** Kaiser Konstantin V. (–775). Erfolgreiche Verteidigung der nördlichen Reichsgrenze gegen die Bulgaren.

747–748
Vorstoß der Araber nach China und Indien.

750
Nach Ermordung des Kalifen Merwan II. (Omaijaden) geht die Vormachtstellung an die Dynastie der Abbasiden, die Nachkommen eines Oheims des Propheten Mohammed.

751
FRANKENREICH: Pippin III. aus dem Geschlecht der Karolinger wird in Soissons zum König gewählt. Childerich III., letzter Merowinger, geht ins Kloster. Pippin vereinigt das Reich.

754
FRANKENREICH: Pippin unternimmt ersten Krieg gegen die Langobarden. Er erfüllt damit ein Schutzversprechen an Papst Stephan II., der wiederholt von König Aistulf in Rom und Ravenna bedroht wurde. Nach Herausgabe der Städte Ravenna und Perugia erkennt Aistulf fränkische Oberhoheit an. **SPANIEN:** Gründung des Kalifats von Córdoba.

756
FRANKENREICH: 2. Krieg gegen die Langobarden. Sieg über König Aistulf und Einnahme der Stadt

Pavia. Als Schenkung übergibt Pippin III. dem Papst Ravenna. Beginn des Kirchenstaats.

759

FRANKENREICH: Narbonne wird von den Arabern zurückerobert.

768

FRANKENREICH: Nach dem Tod Pippins III. erfolgt eine Teilung des Reichs unter den zwei Söhnen Karlmann (–771) und Karl I. (dem Großen) (–814).

771

Karl der Große wird nach dem Tod seines Bruders Alleinherrscher.

772

Karl der Große unternimmt einen Feldzug gegen die Sachsen. Eroberung der Eresburg und Zerstörung der Irminsul (heilige Irmensäule), Heiligtum der Sachsen.

774

FRANKENREICH: Auf Hilferuf des Papstes Hadrian I. (772–795) bekämpft Karl der Große die Langobarden. König Desiderius, ehemaliger Schwiegervater des Franken, wird abgesetzt; Karl wird zum König der Langobarden gekrönt.

775–777

Karl der Große bekämpft erneut die Sachsen.

777

FRANKENREICH: Erster Reichstag Karls des Großen in Paderborn nach der Unterwerfung der Sachsen. Bekehrung zum Christentum.

778

FRANKENREICH: Karl der Große überquert die Pyrenäen und versucht vergeblich, die Araber in Spanien zurückzuschlagen. Auf dem Rückzug Überfall der Basken auf die Nachhut des Heeres im Tal von Roncesvalles. Tod des Ritters Roland (Hruodlandus), Graf der Bretagne (Rolandslied).

782

Kriegsgericht in Verden: Nach erneutem Aufstand der Sachsen lässt Karl der Große an der Aller 4500 Sachsen hinrichten.

783–785

In der Schlacht bei Detmold besiegt Karl der Große die Sachsen und stößt bis an die Elbe in Sachsen vor. Sachsenherzog Widukind unterwirft sich endgültig. Sachsen wird in Grafschaften aufgeteilt. Die Sachsen treten zum Christentum über. Gründung des Erzbistums Köln.

786

BAGDAD: Zentrum von Kunst und Wissenschaft unter dem Kalifen Harun al Raschid (–809), beliebt beim Volk durch seinen Sinn für Gerechtigkeit (Märchen aus „Tausend und eine Nacht").

Karolingische Renaissance

Innenansicht der Aachener Pfalzkapelle

Karl der Große holt die bedeutendsten Gelehrten seiner Zeit an seinen Hof und begründet damit die karolingische Renaissance, eine Blütezeit der Kunst und Wissenschaft. So verpflichtet er – vom Beispiel der antiken Welt angeregt, die er auf seinen Rom-Fahrten kennen und schätzen gelernt hatte – den angelsächsischen Theologen und Dichter Alkuin (735–804) und ernennt ihn zum Leiter der Aachener Hofschule („Academia Palatina"). Latein wird die Gelehrtensprache. Neben Alkuin holt Karl der Große auch Paulus Diaconus (728–797), den langobardischen Historiker und Mönch von Monte Cassino, Petrus von Pisa, den Grammatiker Theodulf und den fränkischen Dichter Einhard, der eine Biografie Karls des Großen schreibt.

Normannen: in Stein gemeißeltes Wikingerschiff

Neuntes Jahrhundert

Der wichtigste Herrscher dieses Jahrhunderts ist Karl der Große, der sich 800 in der Peterskirche zu Rom zum Kaiser krönen lässt. Karl regiert sein Reich nicht von einer Hauptstadt, sondern von verschiedenen Pfalzen aus, die über das ganze Reich verteilt liegen. So hält er sich oft in den Pfalzen Aachen, Ingelheim und Nimwegen auf. In Beratung mit seinen Feldherren, mit Bischöfen und Äbten entstehen neue Gesetze, die aufgeschrieben und gesammelt werden. Sie beziehen sich sowohl auf den weltlichen wie auch auf den geistlichen Bereich. Karl der Große teilt das Reich in Grafschaften auf und ernennt Grafen als Beauftragte des Kaisers. Die Bevölkerung besteht fast ausschließlich aus Bauern, da es kaum Städte gibt. Karl führt auch das Lehnswesen ein: Für besondere Verdienste können freie Männer Ländereien erhalten. Diese sind jedoch kein Geschenk, sondern nur geliehen. Wenn die Lehnsmänner beim Herrscher in Ungnade fallen, müssen sie ihr Lehen zurückgeben. Die Lehnsleute sind keine Knechte des Kaisers, sondern freie Männer. Karls große Liebe gilt der Wissenschaft, Kunst und Literatur. So sammelt er eine große Hofbibliothek und holt sich Gelehrte aus Italien und England an den Hof. In Aachen, seiner bevorzugten Pfalz, lässt er die Marienkirche, das heutige Münster errichten. Kurz vor seinem Tod ernennt er seinen Sohn Ludwig zum Mitkaiser und Erben des Reichs. In Karl dem Großen sehen sowohl die Franzosen wie auch die Deutschen den Begründer ihres Reiches. Unter Ludwig dem Frommen zerfällt die Macht, die sich Karl der Große aufgebaut hatte. Erst die drei Söhne Ludwigs nehmen nach dessen Tod eine klare Teilung des Reichs vor. Im Vertrag von Verdun erhält Lothar das Mittelreich mit Italien und der Kaiserwürde, während Karl der Kahle das fast ausschließlich romanische Westfranken und Ludwig der Deutsche das germanische Ostfranken als Herrschaftsgebiet bekommen. Lothars Geschlecht stirbt schnell aus und Karl und Ludwig einigen sich im Vertrag von Mersen über das Gebiet Lothringen, das sie aufteilen: Die Region mit der romanisch (französisch) sprechenden Bevölkerung kommt zu Westfranken, die Region mit der Deutsch sprechenden Bevölkerung zu Ostfranken. Bei einer dritten Teilung wird Ostfranken über die Maas hinaus bis zur Schelde vergrößert, was im Wesentlichen der Deutschen Reichsgrenze bis 1648 entspricht. Ebenfalls in dieses Jahrhundert fallen die Eroberungszüge der Wikinger (Normannen). In ihrer Heimat Skandinavien wegen Übervölkerung an einer natürlichen Expansion behindert, dringen sie auf ihren leichten Schiffen mit den berüchtigten Drachenköpfen am Bug nach Europa vor. Sie plündern die Küstengebiete und gelangen auf dem Rhein bis nach Worms, auf der Mosel nach Trier und Metz und auf der Seine nach Paris. Ihr Weg wird durch Raub, Plünderungen und Brände gekennzeichnet. An der französischen Küste setzen sie sich schließlich fest. 880 beherrscht der Waräger Fürst Rurik das Land von Nowgorod bis zur Düna und Wolga.

788

BAYERN: Das letzte Stammesherzogtum wird von Karl dem Großen vereinnahmt, nachdem Tassilo von Bayern den Lehnseid gegenüber den Franken bricht.

792

FRANKENREICH: Auf der Kirchenversammlung zu Frankfurt verurteilt Karl der Große den Bilderstreit. Er stellt sich damit deutlich vor den Papst.

794

JAPAN: Nach Nara (seit 710) wird Heian (Kyoto) neue Hauptstadt. Beginn der Heian-Kunstepoche (Holzplastiken). Nara bleibt jedoch Mittelpunkt der buddhistischen Kultur.

795

IRLAND: Normannen wandern in das Land ein und gründen in der Folge Niederlassungen.

796

FRANKENREICH: König Pippin, Sohn Karls des Großen, unterwirft die Awaren und gründet die awarische Mark (Kärnten, Steiermark). Ludwig von Aquitanien, Sohn Karls des Großen, kann einen neuerlichen Vorstoß der Araber abwehren.

800

Karl der Große lässt sich in Rom von Papst Leo III. zum römischen Kaiser krönen. **Kultur:** Bau der Kaiserpfalz in Ingelheim, Bau des Fuldaer Doms und des Aachener Münsters mit dem byzantinischen Rundbau der Pfalzkapelle Karls des Großen. **SKANDINAVIEN:** Beginn der Wanderung und der Eroberungszüge der skandinavischen Normannen (Wikinger), die den streitbaren Volksstamm nach Europa führen.

801

FRANKENREICH: Ludwig, Sohn Karls des Großen, erobert Barcelona. Gründung der spanischen Mark.

803

Die Bulgaren erweitern ihr Reich bis zur Theiß.

804–806

FRANKENREICH: Karl der Große sichert die Reichsgrenzen durch Marken. Er unterwirft die Sorben zwischen Elbe und Saale (Sorbische Mark) und verpflichtet die Böhmen zur Tributzahlung.

806

Karl der Große teilt sein Reich zwischen den drei Söhnen auf. Ludwig erhält Aquitanien, Pippin Italien, Karl den restlichen Teil des Reiches.

810

Tod Pippins, Sohn von Karl dem Großen (Italien). **DÄNEMARK:** Um die Grenzen gegen die Franken zu sichern, baut Godfred, der König der Dänen, einen Schutzwall (Danewerk).

811

Karl der Große schließt Frieden mit den Dänen. Tod Karls, Sohn von Karl dem Großen.

812

BYZANZ: Kaiser Michael I. erkennt Karl den Großen als Kaiser des weströmischen Reichs an.

813

FRANKENREICH: In der Reichsversammlung zu Aachen ernennt Karl der Große seinen Sohn Ludwig zum Mitregenten und krönt ihn. **BYZANZ:** In der Schlacht bei Adrianopel unterliegt Kaiser Michael I. den Bulgaren. Auch die Araber unternehmen verschiedene Feldzüge gegen Byzanz. Dem abgesetzten Michael I. folgt Leon V., ein Armenier (–820).

814

FRANKENREICH: Nach dem Tod Karls des Großen (*742) in Aachen wird sein Sohn Ludwig der Fromme Karls Nachfolger (–840). **Kultur:** Wessobrunner Gebet (Schöpfungsgeschichte in althochdeutschen Stabreimen).

815

Gründung des Bistums von Hildesheim.

816

In Reims wird Ludwig der Fromme von Papst Stephan IV. (–817) noch einmal gekrönt. **Kultur:** Abt Gosbert richtet im Kloster von St. Gallen eine Bibliothek ein.'

817

Ludwig der Fromme nimmt eine Teilung des Frankenreichs unter seinen drei Söhnen vor. Lothar I., der älteste Sohn, wird Mitregent und zu Aachen gekrönt. Ludwig der Deutsche erhält Bayern und Pippin Aquitanien. **Kultur:** Bau des romanischen Klosters Corvey.

820

Bau der Michaeliskirche in Fulda.

824

Lothar I. übernimmt die Regierungsgeschäfte in Italien und wird von Papst Paschalis noch einmal zum Kaiser gekrönt.

826
Ansgar (Apostel des Nordens) reist auf Befehl Ludwigs des Frommen nach Dänemark und Schweden, um dort das Christentum zu verbreiten.

827
Die Araber erobern Sizilien.

829
FRANKENREICH: Die Reichsaufteilung führt zu Streitigkeiten zwischen Ludwig und seinen Söhnen. Karl der Kahle, der Sohn Ludwigs aus zweiter Ehe, erhält Schwaben aus dem Gebietsanteil seines Stiefbruders Ludwig. **Kultur:** „Heliand", altsächsische Evangeliengeschichte (Christus als germanischer Heerführer). Die Sammlung altgermanischer Heldenlieder, die Karl der Große seinerzeit zusammenstellte, lässt Ludwig der Fromme vernichten.

831
Gründung des Erzbistums Hamburg durch Ansgar.

833
Im Streit um die Gebietsaufteilung unterliegt Ludwig der Fromme seinen Söhnen Lothar I., Karl II. und Ludwig dem Deutschen bei Colmar, nachdem das kaiserliche Heer vor der Schlacht auf dem „Lügenfeld" zu den Aufständischen überwechselt. Ludwig muss vorübergehend abdanken.

834
WIKINGERREICH: Die Normannen dringen bis zur Loire vor.

836
Einfall der Normannen in England.

837
FRANKENREICH: Nach dem Tod Pippins neuerliche Reichsteilung zwischen Ludwig und Lothar I.

840
Tod Ludwigs des Frommen (*778). Lothar I. strebt die Alleinherrschaft an. Seine beiden Brüder, Ludwig der Deutsche und Karl der Kahle, dagegen sind für eine Gleichstellung der drei Könige.

841–842
Der Bruderkrieg endet in der Schlacht bei Fonteney mit einer Niederlage für Lothar I. Ludwig der Deutsche und Karl II. schließen ein Bündnis („Straßburger Eide"), das in althochdeutscher und altfranzösischer Sprache abgefasst ist.

843
Endgültige Reichsteilung, bestätigt durch den Vertrag von Verdun. Lothar I. (–855) erhält außer der Kaiserwürde Italien, Burgund sowie das linke Rheinufer um Mosel und Maas bis nach Friesland. Ludwig der Deutsche (–876) erhält Ostfranken und Bayern, Karl II. (–877) das westfränkische Reich, Aquitanien und Neustrien. **BYZANZ:** Kaiserin Theodora beendet den Bilderstreit. In dem Konzil zu Nicäa tritt sie für die Ikonen-Verehrung ein (Beginn der Glaubenskämpfe 726 unter Leon III.).

Theodora von Byzanz

845
WIKINGERREICH: Die Normannen dringen auf ihren Raubzügen bis zum Mittelmeerraum vor. Zerstörung Hamburgs. Bremen wird neues Bistum.

846
Rom wird von den Arabern geplündert.

850
ITALIEN: Papst Leo IV. krönt Ludwig II., den Sohn von Lothar I., zum Kaiser.

855
Kaiser Lothar I. † (*795). Teilung des Reichs unter den drei Söhnen. Kaiser Ludwig II. (–875) Italien; König Lothar II. (–869) Lothringen; König Karl (–863) Burgund. Hrabanus Maurus † (*784), deutscher Gelehrter (u. a. „De rerum natura", Enzyklopädie),

außerdem Abt von Fulda (berühmt seine Klosterschule) und Erzbischof von Mainz.

858

ITALIEN: Papst Nikolaus I. (–867) kämpft um die Vormachtstellung der Kirche gegenüber dem Kaisertum.

861

WESTFRANKEN: Paris wird zum dritten Mal von den Normannen erobert und geplündert. Den Abzug muss Karl der Kahle mit einer Tributzahlung erkaufen.

862

Die Waräger verlassen Schweden und stoßen unter Rurik über die Ostsee bis nach Nowgorod vor. Von dort ziehen sie weiter ins Innere Russlands bis zum Schwarzen Meer.

863

ITALIEN: Papst Nikolaus I. lässt Photios, den Patriarchen von Konstantinopel, absetzen.. Die Kluft zwischen der römischen und byzantinischen Kirche wird immer tiefer.

864

BULGARIEN: Fürst Boris I. tritt mit seiner Gefolgschaft zum Christentum über. Nachdem ihm der Papst ein eigenes Patriarchat verbietet, schließen sich die Bulgaren der Kirche von Byzanz an.

869

LOTHRINGEN: Lothar II. †. Teilung des Landes zwischen Ludwig dem Deutschen und Karl dem Kahlen. Laut Vertrag von Mersen (870) fällt der östliche Teil des Reichs mit den Städten Aachen und Metz an Ludwig. **Kultur:** Evangeliar (goldenes Buch) Karls des Kahlen mit karolingischer Buchmalerei aus der Schule von St. Denis; „Kirst", althochdeutsche Evangeliendichtung von Otfried von Weißenburg.

871

ENGLAND: Alfred der Große, König von Wessex, besiegt die Dänen. Neben einer geordneten Verwaltung setzt er sich für das Rechts- und Schulwesen seines Landes ein.

Alfred der Große

874

Die Norweger besiedeln die Insel Island.

875

WESTFRANKEN: König Karl der Kahle erobert nach dem Tod von Kaiser Ludwig II. Italien und lässt sich von Papst Johannes VIII. zum Kaiser krönen.

876

OSTFRANKEN: Tod Ludwigs des Deutschen (*804). Er gilt als erster deutscher König (seit 843). Teilung des Reichs unter den Söhnen Karlmann, Ludwig III. und Karl dem Dicken.

877

WESTFRANKEN: König Ludwig II. der Stammler (–879), Sohn Karls des Kahlen. **Kultur:** Johannes Scotus Eriugena † (*810), irischer Scholastiker in Paris. Werke u. a. „Über die Einteilung der Natur".

878

Die Araber erobern Sizilien mit der Hauptstadt Palermo. Die fast zweihundertjährige Zeit der Besetzung bringt Sizilien kulturell und wirtschaftlich eine Blütezeit.

880

OSTFRANKEN: König Ludwig III. erhält laut Vertrag von Ribémont den westfränkischen Teil von Lothringen. Damit wird die Grenze, die das ganze Mittelalter hindurch bindend ist, zwischen Ost- und Westfranken festgelegt. **SPANIEN:** Gründung des Benediktiner-Klosters auf dem Montserrat.

881

OSTFRANKEN: Karl III. (der Dicke) wird als erster deutscher König vom Papst zum Kaiser gekrönt (–887). Ihm gelingt es, das Frankenreich wie zur Zeit

Karls des Großen zu vereinigen (885). **Kultur:** Ludwigslied in Althochdeutsch. Loblied auf den Sieg Ludwigs III. über die Normannen.

882–885

Die Städte Aachen, Köln und Trier werden von den Normannen überfallen und geplündert. Auch Paris wird von den Normannen besetzt. Durch eine Lösegeldzahlung kann Kaiser Karl III. ihren Abzug erkaufen.

887

Kaiser Karl III. wird deswegen von den ostfränkischen Fürsten zum Rücktritt gezwungen. Er stirbt 888. Sein Nachfolger ist König Arnulf von Kärnten (– 899), ein Sohn Karlmanns. Er schlägt die Normannen bei Löwen (891).

895

UNGARN: Die Magyaren, aus Weißrussland vertrieben, besetzen unter der Führung von Fürst Arpad Ungarn. **OSTFRANKEN:** Auf seinem zweiten Feldzug nach Italien krönt Papst Formosus Arnulf von Kärnten zum Kaiser.

900

OSTFRANKEN: Ludwig IV., das Kind, wird nach dem Tod Arnulfs deutscher König (– 911). Er regiert unter der Vormundschaft von Erzbischof Hatto von Mainz. **WESTFRANKEN:** Ludwig III., König von Niederburgund, besetzt Italien und wird 901 zum Kaiser in Rom gekrönt. Er stirbt 905.

908

UNGARN: Beutezüge der Magyaren führen nach Ostfranken und Oberitalien. Eroberung und Zerstörung des slawischen Mähren.

910

NORDAFRIKA: Die Nachkommen Mohammeds, die Fürsten-Dynastie der Fatimiden, errichten ein Kalifat in Nordafrika. **WESTFRANKEN:** Gründung der Benediktinerabtei Cluny im Herzogtum Burgund. Im 11. Jahrhundert wird sie Ausgangspunkt der Kongregation der Kluniazenser.

911

NORDAFRIKA: König Karl der Einfältige schenkt dem Normannen Rollo ein Lehen an der Seinemün-

Zehntes Jahrhundert

Der Zerfall des karolingischen Reiches (die Karolinger sterben aus) bringt eine Veränderung des Königtums mit sich. Das Wahlkönigtum wird eingeführt. Erster Wahlkönig ist der Frankenherzog Konrad I., der die selbstständige Entwicklung Deutschlands entscheidend beeinflusst.

Unter ihm schließen sich die Stämme der Franken, Sachsen, Schwaben, Bayern und Thüringer zusammen. Es kommt zu langen Auseinandersetzungen zwischen dem jeweiligen König und den mächtigen Stammesfürsten. Erst Otto I., Nachfolger von Heinrich I. (gilt als Gründer des Deutschen Reichs), kann die Macht der Stammesfürsten brechen, und zwar mithilfe einer neuen, von ihm eingesetzten Fürstenschicht: den geistlichen Fürsten.

Otto I., der den Beinamen „der Große" erhält, lässt sich als erster deutscher König in Rom vom Papst zum Kaiser krönen. Damit beginnt das „Heilige Römische Reich Deutscher Nation", das mehrere Jahrhunderte dauern wird. Die durch die morgenländische Kirche beeinflussten „Mysterien", eine Art geistliche Schauspiele, entstehen. Sie werden in lateinischer Sprache von Geistlichen bei Gottesdiensten in Deutschland, Frankreich und England aufgeführt. Ursprünglich ein Wechselgesang bei den Weihnachts- und Osterfeiern, erhalten sie im Laufe der Zeit immer mehr weltliche Elemente und werden schließlich von der Kirche ins Freie verlegt. Sie gelten als die Vorläufer der Oster-, Passions- und Weihnachtsspiele. Die Musikinstrumente Pauke, Trompete, Dudelsack, Fiedel, Hackbrett und Horn gelangen nach Europa.

Krone Ottos I.

dung. Gründung des Herzogtums Normandie mit der Hauptstadt Rouen. **OSTFRANKEN:** Durch den Tod Ludwigs IV. stirbt das Geschlecht der deutschen Karolinger aus. Zum Nachfolger wird der Frankenherzog Konrad I. (–918) gewählt. Innenpolitische Kämpfe durch den Widerstand der mächtigen Stammesfürsten von Bayern, Sachsen und Schwaben.

915

Auf der Synode von Hohenaltheim unterstützen die Vertreter der Kirche Konrad I. gegen die aufrührerischen Herzöge.

917–920

BULGARIEN: Zar Simeon (–927) erobert Griechenland und belagert Konstantinopel. Er gründet ein selbständiges Patriarchat. Höhepunkt der Macht des altbulgarischen Reichs.

918

OSTFRANKEN: Kurz vor seinem Tod ernennt Konrad I. seinen Widersacher Heinrich, den Herzog von Sachsen, zum Nachfolger.

919

Heinrich I. (–936) gilt als Gründer des Deutschen Reichs. Das Geschlecht der Sachsen regiert bis 1024.

924

DEUTSCHES REICH: König Heinrich I. handelt mit den Ungarn, die fortwährend in Franken und Sachsen einfallen, einen neunjährigen Waffenstillstand aus.

925

Heinrich I. erobert Lothringen und gliedert es dem Deutschen Reich an.

928

Eroberung des slawischen Brenabor (Brandenburg).

929

Heinrich I. gründet die Burg Meißen. **SPANIEN:** Córdoba wird ein selbstständiges Kalifat. Das spanische Maurenreich erlebt mit Unterstützung der Juden wirtschaftlich und kulturell eine Blütezeit. Neben neuartigen Bewässerungsanlagen für die Landwirtschaft macht Córdoba mit 3000 Moscheen, 80 Schulen und 300 Bädern von sich reden.

Moschee in Córdoba

933

Sieg Heinrichs I. über die Ungarn an der Unstrut.

936

Tod Heinrichs I. (*876), der in Quedlinburg beigesetzt wird. Nachfolger und deutscher König wird Otto I. der Große (–973), ein Sohn Heinrichs I. Er wird im Münster zu Aachen zum König gekrönt. Gründung des reichsfürstlichen Damenstifts Quedlinburg durch Mathilde I., die Heilige, Gemahlin Heinrichs I. und Mutter Ottos I.

937

Mithilfe von Hermann Billung und Markgraf Gero errichtet Otto I. die nördliche und südöstliche Grenzmark gegen vordringende Slawen. Erneute Verwüstung in Franken, Schwaben und Lothringen durch die Ungarn.

938
Otto I. kann den Aufstand (–941) der Stammesherzöge von Franken, Bayern und Lothringen niederschlagen.

940
Otto I. unternimmt einen Feldzug gegen Ludwig IV. von Frankreich, der die Herzöge unterstützt.

946
Gründung der Bistümer Havelberg und Brandenburg.

947
Heinrich, ein Bruder Ottos I., erhält das Herzogtum Bayern.

950
Otto I. übergibt seinem Sohn Liudolf das Herzogtum Schwaben.

951
Otto I. unternimmt den ersten Feldzug nach Italien. Er besiegt die Gegner, heiratet die jugendliche Witwe König Lothars und lässt sich zum König der Langobarden krönen.

953
Den Aufstand der Herzöge Liudolf von Schwaben und Konrad des Roten von Lothringen kann Otto I. niederschlagen. Er entzieht seinem Sohn Liudolf das Herzogtum, Lothringen erhält Bischof Bruno I. von Köln, ein Bruder des Königs.

954
Um die Macht der Stammesfürsten zu brechen, verbündet sich Otto I. immer stärker mit den geistlichen Fürsten des Landes. Schenkungen von Ländereien an die Klöster, erweiterte Rechte im Zoll- und Münzwesen sowie militärische Befugnisse stärken das Ansehen der Bischöfe und bilden ein sicheres Gegengewicht gegen den weltlichen Adel. **FRANKREICH:** König Lothar (–986) versucht vergeblich, das Herzogtum Lothringen zurückzugewinnen.

955
In der Schlacht auf dem Lechfeld bei Augsburg siegt Otto I. über die Ungarn. Das Heer der Ungarn wird völlig vernichtet. In der Schlacht an der Recknitz wird ein Aufstand der Slawen erfolgreich beendet.

956
Die Salinenstadt Lüneburg (Salzgewinnung) gewinnt als Handelsstadt an Bedeutung.

960
DEUTSCHES REICH: Markgraf Gero gründet das Nonnenkloster Gernrode. Stiftskirche, frühromanische Basilika. **CHINA:** Machtübernahme der Sung-Dynastie (–1279). Abfall der Khitan-Tungusen und Gründung des Khitan-Reichs im Norden. **Kultur:** Blütezeit der glasierten Töpferei.

961
Zweiter Italienfeldzug Ottos I. (–965). Er nimmt seinen Gegner, Berengar von Ivrea, gefangen und schickt ihn in die Verbannung.

962
Papst Johannes XII. krönt Otto I. zum Kaiser. Beginn des „Heiligen Römischen Reichs Deutscher Nation".

963
Markgraf Gero (†965) unterwirft Mieszko I., Herzog von Polen. Das Oder-Warthe-Gebiet wird tributpflichtig.

965
BYZANZ: Nikephoros Phokas erobert Cypern und Syrien von den Arabern zurück.

966
Dritter Italienzug Ottos I. (–967). Kaiserkrönung seines Sohns Otto II.

969
BYZANZ: Kaiser Johannes Tzimiskes (–976) drängt die Araber zurück und sichert die Grenzen bis zum Euphrat und Tigris.

971

BYZANZ bezwingt das ostbulgarische Reich an der Donau.

Ottonische Kunst: vergoldeter Einband

972

Otto II. vermählt sich in Rom mit Theophano, der Tochter des byzantinischen Kaisers Tzimiskes. Während Apulien, Kalabrien, Neapel und Salerno weiterhin zu Byzanz gehören, fallen die Gebiete Capua und Benevent unter deutsche Herrschaft. **Kultur:** Höhepunkt der ottonischen Buchmalerei in Reichenau. Gero-Codex, Egbert-Codex.

973

Nach dem Tod von Otto I. (*912) wird Otto II. römisch-deutscher Kaiser. Otto I. wird im Dom zu Magdeburg beigesetzt. Gründung des Bistums von Prag.

976

BYZANZ: Kaiser Basilios II. (–1025) besiegt die Bulgaren.

978

ENGLAND: König Ethelred erobert die dänischen Gebiete zurück und erhebt eine Steuer, das Danegeld.

979

Otto II. unternimmt einen Feldzug gegen König Lothar von Frankreich, um Lothringen nicht zu verlieren.

980

KIEW: Wladimir I. Swjatoslawitsch, der Heilige (–1015), unterwirft seine Brüder und gründet das Fürstentum Kiew.

981–983

Otto II. stößt bis nach Süditalien vor und erobert Bari und Tarent von den Sarazenen (Arabern).

982

In der Schlacht bei Cotrone muss Otto II. eine vernichtende Niederlage gegen die Sarazenen hinnehmen.

983

Nach dem Tod Ottos II. (er stirbt in Rom und wird in der Peterskirche beigesetzt) wird sein Sohn Otto III. von den deutschen und italienischen Fürsten zum König gewählt. Die Regentschaft für das Kind Otto III. führen zunächst seine Mutter Theophano (–991) und seine Großmutter Adelheid (–995). Durch einen Aufstand der Slawen östlich der Elbe gehen die Bistümer Havelberg und Brandenburg dem Deutschen Reich verloren. Die neue Grenze verläuft entlang der Elbe und Eider.

984

Der Normanne Erik der Rote entdeckt und besiedelt Grönland (Grünland) .

987

FRANKREICH: Mit dem Tod König Ludwigs V. endet die Dynastie der Karolinger. Nachfolger wird Hugo Capet (–996) aus dem Haus der Kapetinger, die bis 1328 das Westfrankenreich regieren.

988

KIEW: Fürst Wladimir heiratet Anna, die Tochter Basilios II. von Byzanz, und wird Christ. Kiew wird unter seiner Herrschaft Zentrum Russlands.

994

SKANDINAVIEN: Olaf Skötkonung, König von Schweden (–1022), tritt zum Christentum über. Auch Olaf I. Tryggvason (Trygvesson), König von Norwegen (–1000), nimmt den christlichen Glauben an.

996–999

Otto III. unternimmt zwei Feldzuge nach Rom, wo er von Papst Gregor V., einem Deutschen, zum Kaiser gekrönt wird. Otto III., Vertreter einer Kirchenreform, beseitigt seine Gegner unter den Adeligen Roms. Sein Ziel ist es, das römische Reich zu erneuern und

Ottonische Kunst: St. Michael in Hildesheim

zum Mittelpunkt seines Imperiums zu machen. **Kunst:** Die Baukunst der ritterlich-aristokratischen Epoche erreicht – von den geistlichen und weltlichen Herrschern gefördert – ihren Höhepunkt. Die Klöster entwickeln als geistige und wirtschaftliche Macht ihren eigenen Baustil (romanisch). Die Araber führen die Handpauke und Trompete in Europa ein. Zu dieser Zeit tauchen außerdem Dudelsack, Fidel und andere Instrumente auf.

Elftes Jahrhundert

In den Städten entwickeln sich die Handwerksberufe, die später als Zünfte große Bedeutung erlangen. Neben dem immer noch vorherrschenden Holzbau beginnt sich der Steinbau bei den Wohnhäusern durchzusetzen. Das gilt insbesondere für die Wohnhäuser der oberen Stände. Diese Wohntürme aus Stein, auch von vielen Adeligen als Stadtwohnung genutzt, sind alle nach dem gleichen Schema gebaut: Im Erdgeschoss ist der Stall untergebracht; im ersten Stock befindet sich ein heizbarer Wohnraum, der über eine Außentreppe zugänglich ist; darüber liegen die Schlafräume.

Eine weitere, wichtige soziale Entwicklung wird durch die Erblichkeit der Lehen eingeleitet (ein Gesetz von Kaiser Konrad II.). Durch die „Constitutio de feudis" geht auch die Angehörigkeit zum Ritterstand vom Vater auf den Sohn über. Das ermöglicht die Institutionalisierung des Ritterstandes, der in den nächsten Jahrhunderten zur wichtigen Macht werden wird. Für die Erziehung zum Ritter kristallisieren sich feste Bräuche heraus. So wird der Rittersohn mit sieben Jahren bei einem anderen Fürsten Edelknabe; mit vierzehn wird er Knappe, ehe er als 21-Jähriger in Gegenwart von zwei ritterlichen Zeugen bei einer Abendmahlfeier zum Ritter geschlagen wird. Ritterliche Tugenden bilden sich heraus und bestimmen die Geisteshaltung mehrerer Jahrhunderte.

Investiturstreit: Heinrich IV. und Gregor VII.

Durch die Einführung des Rittertums, mit dem der Bau von rund 10.000 Burgen im deutschen Sprachgebiet einhergeht (Beginn der romanischen Zeit) werden auch die Kreuzzüge möglich, zu denen Papst Urban II. beim Konzil zu Clermont aufruft. Die Kreuzzugsbewegung, die bis 1291 dauert, findet nicht nur bei den Rittern (ritterliche Ideale), sondern auch bei den armen Bauern (Hungerjahre) und den Städten mit Handelsinteressen im Orient großen Anklang. Für viele landlose oder verschuldete Ritter bedeutet sie außerdem die Möglichkeit, wieder Reichtum zu erwerben (Beute).

Gleichzeitig beginnt in diesem Jahrhundert der europäische Fernhandel, der bis Mitte des 15. Jahrhunderts zu einem engen Verkehrs- und Handelsnetz führen wird, das sich nicht nur auf Europa, sondern auch darüber hinaus erstreckt. Mit dieser Entwicklung geht auch das Entstehen des Raubritterwesens einher. Diese Ritter, die sich nicht den ritterlichen Idealen verschrieben haben, schädigen den Handel von ihren Burgen aus durch Überfälle und Erhebung von hohen Wegzöllen.

1000

Im 11. Jahrhundert ist zwar die deutsche Kaisermacht auf ihrem Höhepunkt, verliert aber in der zweiten Hälfte stark an Einfluss gegen das Papsttum, das unter Nikolaus IL die Wahl des Papstes durch die Kardinäle (bislang deutscher Kaiser und römischer Adel) durchsetzen kann. Es kommt zum Investiturstreit zwischen der Kirche und dem Kaisertum, der erst 1122 durch das Wormser Konkordat beendet werden kann. Die geistliche Macht, durch den Papst repräsentiert, beansprucht für sich das Recht, Bischöfe einzusetzen (seit dem neunten Jahrhundert ein Recht der weltlichen Herrscher). Zum ersten Mal wird ein Deutscher Kaiser mit dem Bann belegt.

Während das Papsttum auf weltlichem Gebiet Erfolge feiern kann, verliert es im geistlichen Bereich an Macht. Es kommt zur endgültigen Trennung der morgenländischen (orthodox-anatolisch) christlichen Kirche von der römisch-katholischen. Im Unterschied zur Kirche Roms gibt es hier mehrere Patriarchen, die höchste Autorität genießen. Obwohl in der Lehre des Christentums kaum Unterschiede bestehen, entwickelt sich eine starke Gegnerschaft zum Papsttum, die bis ins 20. Jahrhundert reicht. Im Gegensatz zu der christlichen und islamischen Religion, die sich in verschiedene Richtungen aufspalten, welche sich konträr gegenüberstehen, sind in China der Konfuzianismus, Buddhismus und Taoismus um Toleranz und Angleichung bemüht. Der Gedankenaustausch der verschiedenen Religionen wird durch die Ausbreitung des im siebten Jahrhundert erfundenen Buchdrucks gefördert.

1000

Otto III. unternimmt ein Wallfahrt an das Grab Adalberts, des Bischofs von Prag. Gründung des Erzbistums Gnesen. **Kultur:** Bau der Michaelis-Kirche (frühromanisch) in Hildesheim. Roswitha von Gandersheim † (*935). Die Dichterin und Nonne verfasste Heiligengeschichten. **Religion:** Verbreitung des Chiliasmus (Glaube an das tausendjährige Reich, an die Herrschaft Christi auf Erden und das jüngste Gericht).

1001

UNGARN: Stephan von Ungarn erhält von Papst Sylvester II. die Königskrone. Die Ungarn nehmen den christlichen Glauben an. Gründung des Erzbistums Gran.

1002

Nach dem misslungenen Versuch, in Rom einen Aufstand niederzuschlagen, stirbt Otto III. und wird im Aachener Münster beerdigt. Nachfolger und König wird Heinrich II., Herzog von Bayern (–1024). Durch ein Bündnis mit den Slawen gewinnt er die 991 verlorenen Gebiete östlich der Elbe zurück. Durch umsichtige Politik festigt Heinrich II. das innerlich zerrüttete Deutsche Reich.

1004

Heinrich II. unterwirft auf seinem ersten Italienzug seine Gegner und lässt sich zum König der Lombarden krönen.

1007

Gründung des Bistums Bamberg. **POLEN:** Boleslaw I. erhält nach längerem Kampf von Heinrich II. die Lausitz als Lehen.

1014

Auf seinem zweiten Italienzug wird Heinrich II. von Papst Benedikt VIII. zum Kaiser gekrönt. **DÄNEMARK:** König Knut von Dänemark (–1035) erobert England, Norwegen und Schottland. Er vertreibt Olaf den Heiligen von Norwegen.

1018

Kaiser Heinrich II. schließt mit Boleslaw I. von Polen den Friedensvertrag von Bautzen. Polen behält die Gebiete östlich der Elbe, verliert aber Böhmen. **Kultur:** Thietmar † (*975), Bischof von Merseburg. Er schrieb eine Chronik der Reichsgeschichte von 908–1017 in acht Büchern. **BYZANZ:** Zerstörung des Westbulgarischen Reichs (Ende des Ostbulgarischen Reichs 971) und Rückeroberung von Makedonien.

1019
Gründung des Münsters in Basel durch Heinrich II. **KIEW:** Jaroslaw (der Weise), Sohn Fürst Wladimirs, wird Herrscher (–1054). Vermählung mit der Tochter des Schwedenkönigs Olaf. Auf Jaroslaws Veranlassung erscheint die Gesetzessammlung „Russkaja Prawda".

1020
Die Einweihung des Bamberger Doms nimmt Papst Benedikt VIII. vor, der Heinrich II. bei einem Besuch in Deutschland um Hilfe bittet.

1021
Bei seinem dritten Italienzug (–1022) sichert Heinrich II. die Stellung des Papstes in Rom. Außerdem unterwirft er in Unteritalien Gebiete, die unter byzantinischer Oberhoheit stehen.

1022
Kultur: Notker III. † (*950). Der deutsche Mönch von St. Gallen übersetzte lateinische Texte ins Althochdeutsche.

1024
Mit Heinrichs II. Tod erlöscht die sächsische Kaiser-Dynastie. Heinrichs Nachfolger ist Konrad II. (–1039), ein Franke aus dem Hause der Salier. Das Geschlecht der Salier herrscht bis 1125. Konrad II. unternimmt nach seiner Krönung zum König in Mainz einen Ritt durch das Deutsche Reich und zwingt seine Gegner zum Gehorsam. **POLEN:** Boleslaw I. (der Tapfere) nimmt den Titel eines Königs an. Nach seinem Tod fallen unter König Mieczyslaw II. (1034) die Gebiete von Mähren an den Herzog von Böhmen und Oberlausitz an Konrad II.

1026
Konrad II. unternimmt einen Feldzug nach Italien und wird nach missglückter Unterwerfung der alten Hauptstadt Pavia in Mailand zum König gekrönt. Huldigung der italienischen Fürsten. Aufstand des Herzogs von Schwaben wegen Streit um Erbnachfolge in Burgund.

1027
Kaiserkrönung Konrads II. in Rom. Heinrich III., designierter Nachfolger Konrads II., erhält von seinem Vater das Herzogtum Bayern.

1028
König Knut der Große von Dänemark und England wird auch zum König von Norwegen ernannt.

1030
In Unteritalien entsteht ein normannisches Reich, die Provinz Neapel.

1031
CÓRDOBA: Ende der arabischen Dynastie der Omaijaden, der Kalifen von Córdoba. Das einst mächtige Reich zerfällt.

1032
FRANKREICH: Nach dem Tod Rudolfs III. fällt das Königreich Burgund an das Deutsche Reich (–1384).

1033
Konrad II. wird bei einer Versammlung im Dom zu Genf vom deutschen, italienischen und französischen Adel als König von Burgund anerkannt. Damit fällt auch die Schweiz an das Deutsche Reich. **POLEN:** Niederlage König Mieczyslaws gegen Deutsche und Russen. Verzicht auf den Königstitel, Verlust der Lausitz an das Deutsche Reich.

1035
Nach dem Tod des Königs Knut von Dänemark Auflösung seines Großreiches. **SPANIEN:** König Sanchos III. teilt sein Reich in Kastilien, Navarra und Aragon. Das Königreich Kastilien unter Ferdinand I. bekämpft die Mauren.

1036
Während des zweiten Italienzugs Konrads II. unterstützt der Kaiser die Ritterschaft gegen den Bischof von Mailand im Streit um die Erblichkeit der Lehen. Er verfügt ein neues Lehensgesetz (Constitutio de feudis), das auch eine Erbfolge bei kleineren Besit-

zen vorsieht. **Kultur:** Bau der Dome zu Würzburg und Speyer. Letzterer, eine frühromanische Kreuz-Basilika, wird die Kaisergruft der Salier. Handschrift „Das goldene Evangeliar", ein Kunstwerk aus Trier.

Avicenna

1037
Wissenschaft: Avicenna (Ibn Sina) † (*980), arabischer Arzt und Philosoph. U. a. „Canon medicinae". Er gilt als Vermittler der griechischen Wissenschaft im Mittelalter.

1038
Alhazen † (*965), arabischer Physiker. Entwickelte die Optik.

1039
Tod Konrads II. zu Utrecht, Beisetzung im Dom zu Speyer. Heinrich III., sein Sohn, wird Nachfolger (1056). Unter ihm erreicht das Kaisertum seine Blütezeit.

1040
Macbeth, König von Schottland (–1057).

1042
Unter Heinrich III. wird zunächst Böhmen, dann Ungarn (1044) deutsches Lehen.

1043
Die Normannen besetzen in Unteritalien Apulien, bisher ein byzantinisches Gebiet.

1046
Auf der Synode in Sutri erwirkt Heinrich III. die Absetzung der drei Päpste Sylvester III., Gregor VI. und Benedikt IX. Heinrich III., ein Verfechter der cluniazensischen Reformen, nominiert Bischof Suidger von Bamberg zum Papst Clemens II. (†1047). Dieser krönt Heinrich III. in Rom zum Kaiser.

1048
Religion: Papst Leo IX. (–1054) tritt für die Reformbewegung des Klosters Cluny ein. Er nimmt an den Synoden in Frankreich, Italien und Deutschland teil. Er bekämpft die Simonie (Ämterkauf) und verurteilt die Priesterehe. Abt Odilo von Cluny † (*962). Förderer der Reformbewegung, die sich gegen die Verweltlichung der Kirche ausspricht. **Kultur:** Bau der Klosterkirche St. Maria in Reichenau. Welfenkreuz: goldenes, mit Edelsteinen und Perlen verziertes Reliquienkreuz.

Reste der Klosteranlage von Cluny

1050
Kultur: Einführung der mittelhochdeutschen Sprache (–1350). Bau des Münsters in Konstanz (zunächst romanisch, 16. Jahrhundert gotisch); Kirche St. Maria im Kapitol in Köln; Burg Rolandseck am Rhein. **Religion:** Die Sekte der Katharer breitet sich im südlichen und westlichen Europa aus. **KIEW:** Bau der Höhlenklöster. **NOWGOROD:** Bau der Sophienkathedrale.

1053
Kirche: Papst Leo IX. muss in Süditalien bei Civitate eine Niederlage gegen die Normannen hinnehmen.

1054
Religion: Die Uneinigkeit um kirchlichen Totalitätsanspruch führt zur endgültigen Trennung der griechisch-orthodoxen Kirche in Byzanz von der römisch-katholischen Kirche in Rom. Hermann der Lahme †(*1013). Chronist und Mönch im Kloster Reichenau.

1056
Nach dem Tod Heinrichs III. (*1017) folgt sein unmündiger Sohn Heinrich IV. auf den Thron (–1105). Die Regentschaft übernehmen zunächst seine Mutter Agnes und die Erzbischöfe Anno von

Köln und Adalbert von Bremen. **Kultur:** Bau der Kaiserpfalz in Goslar.

1058

Kirche: Papst Nikolaus II. (–1061), ein Vertreter der cluniazensischen Bewegung aus Burgund, fordert eine Neuordnung der Papstwahl. Die Wahl, die bisher vom Einfluss des deutschen Kaisers und dem römischen Adel abhängig war, soll ausschließlich in der Hand der Kurie liegen. **Kultur:** Bau des Doms zu Parma (lombardisch-romanisch).

Parma: Dom von B. Antelami (Relief)

1059

ITALIEN: Der Normanne Robert Guiscard erhält vom Papst Apulien und Kalabrien als Lehen. **Kirche:** Die Lateransynode von Rom, an der 118 Bischöfe teilnehmen, beschließt eine neue Regelung der Wahl des Papstes. Das Stimmrecht erhalten sieben Kardinäle. Sie nominieren den Papst, dessen Amt vom deutschen Kaiser nur mehr formell bestätigt werden muss.

1066

ENGLAND: Wilhelm, Herzog der Normandie unterwirft in der Schlacht von Hastings den englischen König Harold. Er erhält den Königstitel in London. England wird bis 1154 von normannischen Königen regiert. **ITALIEN: Kultur:** Wiederaufbau des Klosters Cassino, das 994 von den Arabern zerstört worden war. Von großer Bedeutung sind das Archiv und die Bibliothek des Klosters.

1070

Heinrich IV. übergibt das Herzogtum Bayern an Welf von Este, den Spross einer italienischen Dynastie. **Kirche/Religion:** Gründung des Benediktiner-Klosters Banz. Der Johanniterorden wird ins Leben gerufen. **Kultur:** Gabirol (Salomon ben Jehuda ibn) † (*1021), jüdischer Philosoph. Der erste in Europa (Spanien) lebende Philosoph jüdischer Abstammung schrieb „Der Lebensquell" und hatte Einfluss auf die Scholastik. Gründung des Johanniterorden in Jerusalem durch Kaufleute aus Amalfi. Die Mitglieder setzen sich aus Rittern, Priestern und dienenden Brüdern (zur Krankenpflege) zusammen. Die Ordenskleidung: schwarzer Mantel mit weißem Kreuz.

1072

SIZILIEN: Der Normanne Robert Guiscard erobert Palermo, eines der letzten byzantinischen Gebiete in Süditalien.

1073

Kirche: Gregor VII., der als Mönch Hildebrand und Anhänger der Reformbewegung großen Einfluss auf die Kirchenversammlung 1058 hatte, wird Papst (–1085). Er ist ein Gegner Heinrichs IV. Gregor VII. ist gegen das Mitspracherecht der weltlichen Herrscher bei Vergabe von Ämtern für Geistliche und für den alleinigen Machtanspruch des Papstes über die römisch-christliche Kirche. Er verbietet Laieninvestitur und Simonie (Kauf von geistlichen Ämtern) und fordert das Zölibat (Ehelosigkeit der Priester).

Schlacht von Hastings (Wandteppich von Bayeux, ca. 1077)

1074

Aufständische Sachsen unter Führung Ottos von Northeim erheben sich gegen Heinrich IV., zerstören die Harzburg und zwingen den König zur Flucht.

1075

Heinrich IV. schlägt den Sachsenaufstand nieder. **Kirche:** Papst Gregor VII. verfasst in 27 Lehrsätzen die Rechte des Papstes (Dictatus papae). Beginn des Investiturstreits zwischen dem Papst und dem König, der erst 1122 mit dem Wormser Konkordat unter Heinrich V. beendet wird.

1076

Kirche. Auf dem Konzil in Worms wird Papst Gregor VII. von den deutschen Bischöfen abgesetzt. Papst Gregor VII. verhängt auf der Fastensynode in Rom den Bann über König Heinrich IV. In Tribur bestehen die deutschen Fürsten auf einer Absetzung Heinrichs IV., falls der päpstliche Bann nicht innerhalb eines Jahres aufgehoben werden sollte.

Canossagang (Miniatur)

1077

Heinrich IV. unternimmt den Bußgang nach Canossa, wo ihn Papst Gregor VII. vom Bann freispricht. Dennoch beharren die deutschen Fürsten auf der Absetzung Heinrichs IV. und stellen als Gegenkönig Rudolf von Schwaben auf (–1080). **Kultur:** Bau der Feste Hohensalzberg.

1078

Das Herzogtum Schwaben fällt an die Dynastie der Staufer (1268).

1080

Heinrich IV. bekämpft seine Gegner innerhalb Deutschlands. Papst Gregor VII. belegt den deutschen König zum zweiten Mal mit dem Bann und erkennt Rudolf von Schwaben als Gegenkönig an. In der Schlacht von Hohenmölsen fällt Rudolf von Schwaben. **Kirche:** Auf den Synoden zu Mainz und Brixen beschließt der königstreue Klerus die Absetzung Papst Gregors VII. und ernennt Erzbischof Wilbert von Ravenna (Klemens III., –1100) zum Gegenpapst.

1081

Heinrich IV. unternimmt ersten Italienzug. Er wird begleitet von Papst Klemens III. Während der Abwesenheit Heinrichs IV. wählen die deutschen Fürsten erneut einen Gegenkönig, Graf Hermann von Salm. **Kultur:** Bau des Doms zu Mainz (romanische dreischiffige Basilika). **BYZANZ:** Die Dynastie der Komnenen (1057–1185) übernimmt die Macht. Unter Führung von Alexios Komnenos (–1118) werden die von den Normannen (Thessalien) und Seldschuken (Kleinasien) bedrohten Grenzen erfolgreich verteidigt.

1084

Nach mehr als zweijähriger Belagerung kann Heinrich IV. Rom einnehmen. Papst Gregor VII. flieht auf die Engelsburg (Grabmal des Kaisers Hadrian). Der Gegenpapst Klemens III. krönt Heinrich unterdes-sen zum Kaiser. Die Normannen, Lehnsleute Papst Gregors, dringen von Süditalien her in Rom ein und befreien Papst Gregor VII. von seiner Belagerung auf der Engelsburg. Der Kirchenfürst muss jedoch wieder fliehen, nachdem die Normannen die Stadt plündern. Gregor VII. stirbt 1085 als Verbannter in Salerno. **Religion:** Gründung des Kartäuserklosters La Grande Chartreuse bei Grenoble unter Bruno von Köln.

1085

Heinrich IV. verkündet in Mainz den „Gottesfrieden". Fehdeverbot an den Tagen Donnerstag bis Montag. **SPANIEN:** König Alfonso VI. von Kastilien kann Toledo von den Arabern zurückerobern. **BYZANZ:** Mithilfe Venedigs kann Alexios Komnenos die Normannen aus Thessalien verdrängen. **VENEDIG:** Die Dogenrepublik erhält für ihre Hilfe von

Byzanz Handelsprivilegien. Beginn der Seemacht Venedigs.

1086

SPANIEN: Mithilfe der Almoraviden gelingt es den spanisch-maurischen Emiren, König Alfonso VI. von Kastilien bei Salaka zu schlagen und die arabischen Gebiete zurückzugewinnen. **ENGLAND:** Wilhelm der Eroberer, Herzog der Normandie, ordnet die Aufzeichnung des „Domesday-Book" (Grundbesitzbuch, bis ins 17. Jahrhundert unverändert) an. **CHINA:** Sema Kuang † (*1009). Durch Bodenreformen, Enteignung der großen Privatgüter und Verpachtung des Kronbesitzes gelang es dem Staatsmann, die seit acht Jahrhunderten dauernde Agrarkrise zu beenden. China wird ein Kleinbauernstaat.

1087

Heinrich IV. designiert seinen Sohn Konrad zum Nachfolger und lässt ihn in Aachen zum deutschen König krönen. **ENGLAND:** Nach dem Tod Wilhelms des Eroberers (*1027), seit 1066 König von England, tritt sein Sohn Wilhelm II. die Nachfolge an.

1088

Kirche: Papst Urban II. (–1099). Der Anhänger der Reformbewegung betreibt die Politik seines Vorgängers, des Papstes Gregor VII., verzichtet aber auf die Untertänigkeit des Staates. Urban II. fordert die Absetzung des Gegenpapstes Klemens III. Beginn der Kreuzzüge. **Religion:** Berengar von Tours † (*1000). Der scholastische Theologe bestreitet in seiner Lehre die Gegenwart Christi beim Abendmahl. Er wird von der Kirche nicht anerkannt.

1089

Die Wettiner erhalten den Titel Markgrafen von Meißen.

1090

Zweiter Italienzug Heinrichs IV. (–1097). In der Schlacht bei Canossa unterliegt Heinrich IV. dem Gegner. Zusammenschluss der lombardischen Städte gegen den Kaiser.

1093

Konrad, Sohn Heinrichs IV., erhebt sich gegen den Kaiser und stellt sich auf die Seite des Papstes. In Mailand wird Konrad zum König der Lombarden gekrönt. **Religion:** Pfalzgraf Heinrich II. gründet das Kloster Maria Laach.

1095

BYZANZ: Kaiser Alexios bittet den Papst um Unterstützung gegen die Seldschuken (Türken). **Kirche:** Das Konzil zu Clermont unter Papst Urban II. gibt den Anstoß zum ersten Kreuzzug. Dem Aufruf des Papstes, das Heilige Land von den heidnischen Seldschuken zu befreien, folgen Tausende von verarmten Rittern und Bauern. Nicht nur religiöse Ziele, sondern auch wirtschaftliches Interesse (Landgewinn) und Unabhängigkeitsstreben bewegen sie zur Teilnahme.

1096

Kirche: Eine Vorhut unter Führung des Asketen und Predigers Peter von Amiens zieht von Frankreich über Deutschland und Ungarn bis nach Konstantinopel, wo sie geschlagen wird. Erster Kreuzzug (–1099) zur Befreiung von Jerusalem. Er wird geführt von Gottfried von Bouillon, dem Herzog von Nieder-Lothringen. Die Kreuzfahrer erreichen Konstantinopel zum Teil übers Land, zum Teil über die Adria. In der Schlacht von Dorylaion unterliegen die Seldschuken, Nicäa wird erobert.

1097

Heinrich IV. kehrt nach siebenjährigen Kämpfen um die Herrschaft geschlagen aus Italien zurück.

1098

Religion: Gründung des Zisterzienserordens in Frankreich. Bau des Klosters Citeaux.

1099

Heinrich IV. lässt seinem ungetreuen Sohn Konrad die Krone absprechen und dessen Bruder Heinrich zum deutschen König ernennen. **Kirche:** Das Kreuzfahrerheer erobert nach längerer Belagerung Jerusa-

Zwölftes Jahrhundert

Der Kampf zwischen Papsttum und deutschen Kaisern geht weiter. Unbeeinflusst davon bleiben die Kreuzzüge, die für Europa viele Veränderungen mit sich bringen. So nimmt zum Beispiel Heinrich IV. die unter den Kreuzfahrern stark leidenden Juden in Schutz. Doch auch er kann nicht vermeiden, dass die Juden mehr und mehr aus den „ehrlichen Berufen" (Handwerk) verdrängt werden und sich auf Berufe wie „Geldverleiher" verlegen müssen. Dadurch wird eine Entwicklung eingeleitet, die den Juden auf der einen Seite mehr Macht und Einfluss ermöglicht, ihnen auf der anderen Seite aber mehr Feinde verschafft. Außerdem bringen die Kreuzfahrer die schwarze Ratte nach Europa mit, deren Flöhe die Pest übertragen. Diese Seuche, auch als „Menschheitsgeißel" bezeichnet, dezimiert die Bevölkerung des Mittelalters erheblich und ermöglicht geistiges Sektierertum, da viele in der Pest ein Strafgericht Gottes sehen. Während der Kreuzzüge entstehen ritterliche Krankenpflege und Orden, die Krankenhäuser bauen.

Im Hochmittelalter dehnt sich das feudale Lehnswesen auch auf den Niederadel (Ministerialen) und das städtische Patriziat aus. Dadurch wird das gesamte gesellschaftliche Leben entscheidend geprägt. In Deutschland entwickeln sich die städtischen Gemeindeverfassungen. Es gibt keine grundherrliche Hörigkeit mehr. Die Städte erhalten eine eigene Gerichtsbarkeit mit Schöffen, dürfen sich teilweise selbst verwalten und bekommen das Marktrecht. Als äußeres Zeichen ihrer Unabhängigkeit beginnen viele Städte mit dem Bau von Stadtmauern. Städtesiegel entstehen. In Frankreich zur Blüte entwickelt, gelangt das Turnier als ritterliches Kampfspiel nach ganz Europa. Es ist ein äußeres Zeichen für die Blüte des Rittertums, das in diesem Jahrhundert seine Verherrlichung durch die höfische Dichtung erfährt. Um sich besser voneinander unterscheiden zu können, verbreitet sich im Rittertum der Gebrauch von Wappen, die aus dem Schutzschild mit Erkennungszeichen entstehen. Gleichzeitig mit dieser Entwicklung werden in Deutschland auch die Familiennamen üblich. Die Nachnamen entstehen oft aus den Berufs- und Herkunftsbezeichnungen.

Die erzählende Ritterdichtung, die von Nordfrankreich aus ihren Weg nach ganz Europa nimmt, führt in der ritterlichen Blüte staufischer Dichtung zur Ausbildung einer deutschen Hochsprache. Das ritterliche Liebesverhältnis nimmt die Form des „Minnedienstes" an, der seinen Höhepunkt Mitte des 13. Jahrhunderts erreicht. Einer der bekanntesten Dichter dieser Zeit, Walther von der Vogelweide, preist als „fahrender Spielmann" die „niedere Minne", die Liebe zur Frau aus dem Volk. Dieses frühe Zeichen kündet die beginnende Auflösung der streng höfisch-feudalen Gesinnung an. In Paris entsteht durch einen Zusammenschluss der geistlichen Schulen eine Universität, die den Beginn des Universitätswesens einleitet. In der römisch-christlichen Philosophie entwickelt sich die Hochscholastik, die unter Benutzung aristotelischen Gedankenguts den Glauben weitgehend mit Vernunftgründen zu erklären sucht.

Ritterturnierszene (Miniatur, 15. Jahrhundert)

In der Baukunst wird das 12. Jahrhundert durch die Romanik und die Frühgotik geprägt. Die Romanik, die der ottonischen Stilrichtung folgt, ist im Wesentlichen eine Schöpfung der germanischen Völker trotz des etwas irreführenden Namens. Die Romanik besticht durch ihren monumentalen Charakter, der sich am besten in den romanischen Kirchen zeigt: Grundgestalt des Kirchenbaus ist die kreuzförmige Basilika. Die Hauptmerkmale sind der Rundbogen, die körperhaft gegliederten starken Mauern, der ernste wuchtige Innenraum und die Monumentalplastiken im Inneren. Zu Ende des 12. Jahrhunderts wird die Romanik durch die Frühgotik bzw. Gotik abgelöst. Der gotische Stil, der seinen Ursprung in Nordfrankreich hat, hat als Hauptkennzeichen die durch kühne Konstruktionen (Strebewerk) scheinbare Schwerelosigkeit des Steins, wie sie zum Beispiel bei der Pariser Kathedrale Notre-Dame zutage tritt. Eines der wichtigsten Mittel ist der Spitzbogen. In der Plastik übernimmt die Kleidung die Vorherrschaft über den Körper. In der Malerei ersetzt die Glasmalerei vielerorts das Fresko. Abgelöst wird die Gotik etwa Mitte des 14. Jahrhunderts durch die Renaissance.

Kreuzzug: Kampf um Jerusalem (Miniatur, 15. Jahrhundert)

lem. Verfolgung und Hinrichtung der Mohammedaner und Juden. Gründung des christlichen Königreichs unter Gottfried von Bouillon. In der Schlacht von Ascoln besiegen die Kreuzfahrer die Ägypter. Papst Paschalis II. (–1118). Er beendet den Investiturstreit in England und Frankreich. **SPANIEN:** Cid (Rodrigo Díaz) † (*1045), spanischer Nationalheld. Er eroberte 1094 von den Arabern Valencia zurück und verteidigte es gegen die Almoraviden.

1100

ENGLAND: Heinrich I., jüngster Sohn Wilhelms des Eroberers, wird nach Tod des Bruders König (1135). **Kirche:** Gegenpapst Clemens III. stirbt.

1103

In Mainz beschließt Heinrich IV. einen auf vier Jahre befristeten Landfrieden. Er beendet damit die Judenverfolgung, die mit der Kreuzfahrerbewegung einsetzte.

1104

Heinrich V. trotzt Heinrich IV., der erneut vom Papst mit einem Bann belegt wurde.

1105

Auf Beschluss des Fürstentags zu Ingelheim muss Heinrich IV. abdanken. Er stirbt in Lüttich und wird 1111 im Dom zu Speyer beigesetzt. Heinrich V. (–1125) wird sein Nachfolger.

1108

FRANKREICH: Ludwig VI. der Dicke wird König. Mithilfe der Kirche und des Volkes verliert der Adel an Macht, während das Königshaus an Ansehen erheblich dazugewinnt.

1109

ENGLAND: Kultur: Anselm von Canterbury † (*1033). Der Erzbischof und Philosoph gilt als „Vater der Scholastik" (Philosophie und Theologie des Mittelalters). Er stellte den ontologischen Gottesbeweis auf.

1110

Graf von Schaumburg erhält Holstein (–1459).

1111

Heinrich V. unternimmt einen Feldzug nach Rom. Papst Paschalis II. gerät in Gefangenschaft. Unter Zwang krönt er Heinrich V. zum Kaiser und bewilligt ihm das Investiturrecht.

1112

Kirche: Papst Paschalis II. widerruft die Zugeständnisse an Heinrich V.

1114

KIEW: Großfürst Vladimir Monomach (–1125) kann durch Handelsbeziehungen zu Ungarn, Byzanz und Schweden seine Macht unter den russischen Fürstentümern festigen und große Teile Russlands einigen.

1115

Heinrich V. wird von den aufständischen Sachsen unter Herzog Lothar bei Mansfeld geschlagen. **Kirche:** Papst Paschalis II. erneuert das Investiturverbot und belegt Heinrich V. mit dem Kirchenbann. Gründung des Augustiner Chorherrenstifts in Klosterneuburg. **ITALIEN:** Markgräfin Mathilde von Toskana † (*1046). Sie vererbt ihre Ländereien und Güter der Kirche. Heinrich V. erhebt gegen dieses Vermächtnis Einspruch und besetzt die fraglichen Gebiete. Beginn eines fast hundert Jahre dauernden Streits zwischen

Papst und Kaiser. Erst unter Otto IV. (–1209) kann der Papst die Güter einziehen.

1116

KIEW: Kultur: Der Mönch Nestor verfasst die Chroniken der Kiewer Rus („Erzählungen der vergangenen Jahre") von 850–1110 aus dem Dnjeprgebiet. **FRANKREICH: Religion:** Gründung des Zisterzienserklosters Clairvaux. Abt Bernhard von Clairvaux.

1117

Heinrich V. unternimmt einen Romzug, verjagt Papst Paschalis II. und ernennt als Gegenpapst Gregor VIII.

1118

SPANIEN: König Alfons von Aragon erobert Saragossa von den Mauren.

1119

Kirche: Papst Calixtus II. (–1124) wird von dem cluniazensischen Klerus gewählt. Heinrich V. wird erneut mit dem Bann belegt. Gründung des Templer-Ordens zum Schutz des Heiligen Grabes in Jerusalem.

1121

Auf dem Fürstentag zu Würzburg spricht sich der deutsche Adel für den Reichsfrieden aus und dient als Vermittler zwischen Papst und Kaiser.

1122

Mit dem Wormser Konkordat endet der Investiturstreit (seit 1075). Der Papst erhält das alleinige Recht, Äbte und Bischöfe einzusetzen und die Bischöfe mit dem Symbol Ring und Stab zu belehnen, während der Kaiser die geistlichen Fürsten vor ihrer Wahl mit weltlichem Besitz belehnen darf. Dieses Recht trifft aber nur für die deutschen Bischöfe zu, die italienischen und burgundischen Geistlichen unterstehen nicht dem Kaiser. Der Investiturstreit hat die Macht des Kaiserhauses geschwächt und den Einfluss der weltlichen Fürsten entscheidend gefestigt. **Kultur:** Bau des Freiburger Münsters (spätromanisch). Bau des Doms in Piacenza (lombardisch-romanisch).

1124

Herzog Wratislaw von Pommern-Stettin tritt zum Christentum über.

Heinrich V.

1125

Kaiser Heinrich V. stirbt in Utrecht. Er ist der Letzte aus dem Geschlecht der Salier. Beisetzung im Dom zu Speyer. Zum Kaiser wird Lothar III. von Sachsen aus der Dynastie der Welfen gewählt. Der von Heinrich V. bestimmte Nachfolger, der Staufer Friedrich von Schwaben, unterliegt bei der Wahl. **Kultur:** „Alexanderlied" von Lamprecht dem Pfaffen, erste deutsche Dichtung weltlichen Inhalts. Cosmas von Prag † (*1045), er verfasste die böhmische Chronik.

1126

Herzog Heinrich der Stolze von Bayern erhält von seinem Schwiegervater Kaiser Lothar III. das Herzogtum Sachsen.

1127

Der Staufer Konrad von Schwaben wird zum Gegenkönig von Lothar III. gewählt. Beginn des Zerwürfnisses zwischen Staufern und Welfen. **Kultur:** Ava (Frau Ava) †, schrieb religiöse Gedichte. Wilhelm IX., Herzog von Aquitanien und Graf von Poitiers †, ein Troubadour und Minnesänger, der bäuerlich-erotische Lyrik verfasste und als ältester bezeugter Troubadour gilt. **CHINA:** Vertreibung der Sung-Dynastie in den Süden durch die tungusischen Kin. Neue Hauptstadt Hang-tschou.

1129

Kultur: Bau des Doms zu Quedlinburg (romanische, dreischiffige Basilika).

1130

SIZILIEN: Der Normanne Roger II. einigt Unteritalien und Sizilien und lässt sich von Papst Anaklet II. zum König krönen. **Kirche:** Anaklet II. (–1138) gilt als Gegenpapst zu Innozenz II. (–1143). Er erhält Unterstützung von den Normannen und vertreibt Innozenz II. nach Frankreich. **Kultur:** Bau der Kathedralen zu Sens und Chartres (französische Gotik).

1133

Papst Innozenz II. kehrt auf Betreiben von Abt Bernhard von Clairvaux nach Rom zurück. Kaiserkrönung Lothars III. im Lateran, da die Peterskirche von Anhängern des geflohenen Gegenpapstes Anaklet II. besetzt ist. **Kultur:** Bau der Kirche Giovanni degli Eremiti in Palermo (Kuppelbau in normannisch-romanischem Stil). Notre Dame in Paray (französisch-romanisch).

1134

Lothar III. belehnt Albrecht den Bären (Askanier) mit der Nordmark und ernennt ihn zum Markgrafen.

England: König Stephan

1135

Kaiser Lothar III. versöhnt sich mit den Staufern. Konrad III. verzichtet auf sein Amt als Gegenkönig. **ENGLAND:** Stephan von Blois (–1154) wird König. Mathilde, Tochter des letzten englischen Königs, widersetzt sich dieser Thronfolge.

1136

Auf seinem zweiten Italienzug unterwirft Lothar III. die oberitalienischen Städte und eilt Papst Innozenz II., der von den Normannen in Apulien bedrängt wird, zu Hilfe. Roger II. zieht sich nach Sizilien zurück. Albrecht der Bär, Markgraf der Nordmark, erobert von den Wenden Prignitz und Havelland, wo er niederdeutsche Siedler ansiedelte und nimmt den Titel Markgraf von Brandenburg an. Der Wettiner Konrad von Meißen erhält die Niederlausitz.

1137

Kaiser Lothar III. stirbt auf dem Rückzug von Italien und wird im Kloster Königslutter beigesetzt. **FRANKREICH:** König Ludwig VII. (–1180). **Kultur:** Bau der Kirche von St. Denis (französische Gotik).

1138

Konrad III. (Miniatur, 15. Jh.

Konrad III. (–1152) aus dem Geschlecht der Staufer, bis 1135 Gegenkönig, wird der Nachfolger von Lothar III., Heinrich der Stolze von Bayern, der sich ebenfalls zur Wahl stellte, kann sich nicht durchsetzen. Die Hohenstauferkaiser herrschen in Deutschland bis 1254. Albrecht der Bär erhält vorübergehend das Herzogtum Sachsen. **ENGLAND:** Stephan von Blois schlägt die eindringenden Schotten zurück. Innenpolitische Machtkämpfe mit dem Adel.

1139

Heinrich der Stolze, von Konrad III. geächtet, verliert das Herzogtum Bayern. Er stirbt, seine Nachfahren setzen den Streit zwischen Welfen und Staufern fort. **SIZILIEN:** Der Normanne Roger II. schließt Frieden mit Papst Innozenz II. und wird mit Neapel belehnt.

1140

Religion: Gründung des Klosters La Trappe in der Normandie, reformierter Zweig der Zisterzienser.

1141

Heinrich II., Markgraf von Österreich, bestimmt Wien zu seiner Residenz.

1142

Frieden zu Frankfurt. Sachsen fällt an Heinrich den Löwen, Bayern an Heinrich II. von Österreich. **Kultur:** Peter Abaelard † (*1079), französischer Mönch und führender Vertreter der Scholastik, wird wegen seiner Liebe zu Héloise, der Nichte des Abtes Fulbert, entmannt. Die Lehre des Rationalisten Abaelard baut auf der Logik auf und wird von der katholischen Kirche abgelehnt.

1143

Graf Adolf von Holstein gründet Lübeck.

1145

Kirche: Papst Eugen III. (–1154) schließt mit Konrad III. sowie Kaiser Manuel von Byzanz ein Bündnis gegen den mächtigen König Roger II., der durch Vorstöße versucht, Sizilien zu vergrößern. Aufruf von Eugen III. zu einem zweiten Kreuzzug. **FRANKREICH:** Durch seine Predigten begeistert Bernhard von Clairvaux König Ludwig VII. für einen Kreuzzug.

1147

Die Eroberung des christlichen Edessa durch den Emir von Mosul ist der Grund für den zweiten Kreuzzug (–1149). Konrad III. bricht in Begleitung des Herzogs von Schwaben (späterer Kaiser Friedrich I. Barbarossa) und Erzbischof Otto von Freising mit einem 70.000 Mann starken Heer nach Kleinasien auf. Konrad wird bei Doryleion von den Türken vernichtend geschlagen, sein Heer zersprengt. **FRANKREICH:** Auch Ludwig VII. unternimmt einen Kreuzzug, stößt auf Konrad III. und das restliche deutsche Heer bei Smyrna und wird ebenfalls besiegt. **PORTUGAL:** König Alfons I. erobert Lissabon von den Arabern. **SPANIEN:** Die Almohaden, eine maurisch-islamische Dynastie aus Nordafrika, dringen nach Spanien vor. Sevilla wird Hauptstadt und Mittelpunkt der kulturellen und wissenschaftlichen Blütezeit der Almohaden.

1150

UNGARN: König Geza II. erlaubt den Sachsen, Siebenbürgen zu besiedeln.

1152

König Konrad III. † (*1093) wird im Dom zu Bamberg beerdigt. Nachfolger ist sein Neffe Friedrich I., Herzog von Schwaben (–1190). Während seiner Regierungszeit gewinnt das Reich wieder an Macht und Ansehen. **Religion:** Hildegard von Bingen gründet das Benediktiner-Kloster Rupertsberg. **Kultur:** Bau der Wartburg in Thüringen. In Paris entsteht die erste abendländische Universität.

1153

Kirche: Papst Eugen III. schließt mit Friedrich I. ein Bündnis, wobei der deutsche König dem Papst in Rom seinen Schutz zusagt. Bernhard von Clairvaux † (*1091). Als Abt des Klosters Clairvaux verbreitete er die Bewegung der Zisterzienser (an die 68 Klöster) und war als Scholastiker (Marienverehrung) ein entschiedener Gegner Abaelards.

1154

ENGLAND: König Heinrich II. (Dynastie Anjou-Plantagenet) erhält durch Heirat und Erbschaft größere Gebiete Frankreichs, darunter u. a. die Bretagne, Anjou, Maine, Touraine, Poitou und die Gascogne. Das Geschlecht der Anjou-Plantagenet herrscht in England bis 1399.

Friedrich I. Barbarossa

1155

Auf dem ersten Italienzug Kaiserkrönung Friedrichs I. in Rom durch Papst Hadrian IV. **Religion:** Gründung des Karmeliter-Ordens (Bettelmönche) in Palästina. **SIZILIEN:** Wilhelm I., der Nachfolger von Roger II., kann seine Grenzen vor dem Einmarsch Friedrichs I. sichern. **Religion:** Hinrichtung von Arnold von Brescia in Rom, einem Gegner der weltlichen Macht des Papsttums.

1156

Hochzeit Kaiser Friedrichs I. mit Beatrix, der Erbin von Burgund. Ernennung Rainald von Dassels (–1167), Erzbischof von Köln, zum Reichskanzler. Das Herzogtum Bayern geht an den Welfen Heinrich den Löwen. Österreich wird ein selbstständiges Herzogtum und fällt an die Dynastie der Babenberger.

1157

Der Reichstag zu Besançon führt zu Missstimmungen zwischen Friedrich I. und Hadrian IV., der entschieden zu verstehen gibt, die Kaiserkrone sei ein päpstliches Lehen. **POLEN:** Boleslaw IV. unterwirft sich dem deutschen Kaiser und erkennt dessen Oberhoheit an.

1158

Auf dem zweiten Italienzug belagert und unterwirft Friedrich I. Mailand. Italien fällt wieder unter kaiserliches Herrschaftsrecht. In den Roncalischen Beschlüssen erzwingt Friedrich I. die Herausgabe der Regalien (politische und steuerliche Hoheitsrechte u. a. beim Zoll-, Münz- und Marktwesen sowie im Jagd- und Bergrecht). Gründung von München unter Herzog Heinrich dem Löwen. Die Stadt erhält das Markt- und Münzrecht. **Kultur:** Bischof Otto von Freising † (*1114), verfasste „Chronicon sive historia de duabus civitatibus" („Geschichte der beiden Reiche").

1159

Kirche: Papst Hadrian ficht den Beschluss von Roncaglia an und schließt ein Bündnis mit den oberitalienischen Städten Mailand, Brescia und Piazenza. Nach dem Tod Papst Hadrians IV. werden zwei Nachfolger-Päpste gewählt. Victor IV. (–1164) steht dem Kaiser nahe, Alexander III. (1181) ist ein entschiedener Gegner Friedrichs I.

1160

Kirche: Das Konzil von Pavia, dem auch Friedrich I. beiwohnt, bestätigt die Wahl Victors IV. und schickt Alexander III. in die Verbannung. Dieser geht nach Frankreich und belegt seine Gegner mit dem Bann. Die europäischen Kirchenfürsten schließen sich mit Ausnahme der deutschen Bischöfe dem kaiserfeindlichen Papst an. Gründung des Marktortes Stendal durch Albrecht den Bären. **Kultur:** Petrus Lombardus †, Bischof von Paris. Der Vertreter der Scholastik und Schüler Abaelards verfasste „Sententiarum libri IV" (philosophische Erläuterungen von Glaubenssätzen der Kirchenväter).

1162

Friedrich I. zwingt Mailand nach längerer Belagerung zur Kapitulation und zerstört die Stadt. Anerkennung der Roncalischen Beschlüsse. **FRANKREICH:** Ein Treffen Ludwigs VII. und Friedrichs I. zur Beilegung des Kirchenstreites an der Saonebrücke scheitert. **ENGLAND:** Thomas Becket, seit 1155 Kanzler, wird von König Heinrich II. zum Erzbischof von Canterbury ernannt. Er löst sich von der Politik und setzt sich für die Rechte der Kirche ein, entzweit sich mit Heinrich II. und schließt sich in Frankreich Alexander III. an.

1163

Kirche: Rainald von Dassel setzt sich nach dem Tod Papst Victors IV. für die Wahl Paschalis III. in Lucca ein. Der Konflikt zwischen Papst Alexander III. und Friedrich I. vertieft sich.

1165

ENGLAND: König Heinrich II. verbündet sich mit Friedrich I. im Kirchenkonflikt gegen Papst Alexander III.

1166

Der vierte Italienzug Friedrichs I. Barbarossa (–1168) endet mit der Unterwerfung Roms. Das deutsche Heer wird von einer Seuche befallen und muss sich zurückziehen, Kanzler und Erzbischof Rainald von Dassel stirbt an der Seuche. **Kultur:** Idrisi † (*1100). Der arabische Geograph fertigte, auf die Lehre des Ptolemäus gestützt, eine Erdkarte für Roger II. von Sizilien an.

1167

ITALIEN: Die lombardischen Städte schließen sich zu einem Bündnis gegen den deutschen Kaiser zusammen. Sie erkennen die Regalien nicht an. Mailand wird wieder aufgebaut. Papst Alexander III. steht auf der Seite der lombardischen Fürsten.

1168

DÄNEMARK: König Waldemar I., der Große (1157–1182) erobert die Insel Rügen und zwingt die

Wenden unter dänische Oberhoheit. Zerstörung des heidnischen Heiligtums, des Tempels Swantewit in Arkona. Die slawischen Fürsten treten zum Christentum über.

1169

Auf dem Reichstag zu Bamberg ernennt Friedrich I. seinen erst vierjährigen Sohn Heinrich VI. zum Nachfolger und lässt ihn in Aachen zum König krönen.

Ermordung Thomas Beckets

1170

Einführung des Soester Stadtrechts in Lübeck. Das „Lübische Recht", wie es genannt wird, setzt sich hundert Jahre später auch in Kiel, Reval, Memel, Danzig und Wismar durch. Albrecht der Bär † (*1100), Markgraf der Nordmark. **ENGLAND:** Heinrich II. versöhnt sich mit Becket, dem Erzbischof von Canterbury. Der Gegner der Kirchenpolitik entzweit sich jedoch erneut mit dem König und wird ermordet. **BYZANZ:** Handelsvertrag mit den italienischen Städten Genua, Pisa und Venedig. **Kultur:** Bau der Abteikirche St. Remi in Reims.

1171

ENGLAND: Heinrich II. erobert Irland (–1175) **ÄGYPTEN:** Sultan Saladin (–1193) aus dem Geschlecht der Ajjubiden erweitert sein Reich um Syrien und Mesopotamien und unterwirft die Seldschuken in Kleinasien. **BYZANZ:** Kaiser Manuel verhandelt erfolglos mit der Dogenrepublik Venedig um eine Einschränkung der Handelsrechte im Osten.

1172

Heinrich der Löwe unternimmt eine Pilgerfahrt (–1173) nach Jerusalem. Nach seiner Rückkehr beschließt er den Bau des Doms zu Braunschweig (–1195). **Kultur:** Bau des Doms zu Lübeck.

1173

ENGLAND: Heinrich II. unterwirft die aufständischen Schotten unter König Wilhelm.

1174

Fünfter Italienzug Friedrichs I. (–1177). Belagerung der von Papst Alexander III. gegründeten Stadt Alessandria.

1176

Nach Weigerung Heinrichs des Löwen, den Kaiser in Italien mit seinem Heer zu unterstützen, unterliegt Friedrich I. in der Schlacht bei Legnano gegen die lombardischen Städte. Friedrich I. ändert seine Politik. Anerkennung der Selbstverwaltung der oberitalienischen Städte und Verzicht auf die Regalien. **Kirche:** In der Verhandlung von Anagni erkennt Friedrich I. Papst Alexander III. als Oberhaupt der Kirche an. **Kultur:** Neubau des Münsters zu Straßburg (spätromanisch, frühgotisch).

1177

In Venedig kommt es zum Friedensschluss und zur Aussöhnung zwischen Friedrich I. und Papst Alexander III.

1179

Belegung Heinrichs des Löwen mit der Reichsacht wegen Verweigerung der Heerfolge in Italien. Heinrich verliert seine Herzogtümer Sachsen und Bayern. **Kirche:** Das dritte Lateran-Konzil in Rom beschließt, dass die Papstwahl nur dann Gültigkeit hat, wenn sich zwei Drittel der Kardinäle für einen Kandidaten entscheiden. **Kultur:** Hildegard von Bingen † (*1155). Die Äbtissin und erste deutsche Ärztin verfasste naturwissenschaftliche und medizinische Schriften.

1180

Nach Ächtung Heinrichs des Löwen Teilung des Herzogtums Sachsen. Das Herzogtum Westfalen fällt an den Erzbischof von Köln, das restliche Sachsen an Bernhard von Askanien, einen Sohn Albrechts des Bären. Otto von Wittelsbach erhält das Herzogtum Bayern. Die Steiermark wird unter Ottokar I. selbstständiges Herzogtum. **FRANKREICH:** Philipp II. August (–1223) König und Nachfolger Ludwigs VII. **Kultur:** Die Kunst der provenzalischen Minnesänger und Dichter (Troubadours) greift auf Deutschland und Italien über. Berühmte französische Troubadours: Guillem de Poitou, Bernard de Ventadorm, Peire Vidal, Bertrand de Born. **ENGLAND: Kultur:** Johann von Salisbury † (*1120), englischer Philosoph und Historiker. Verfasste ein Werk über Thomas Becket, den Reichskanzler und Erzbischof von Canterbury.

Walther von der Vogelweide: Abbildung aus der Mannesischen Liederhandschrift

1181

Heinrich der Löwe unterwirft sich dem Kaiser, wird begnadigt und darf die Erbländer Braunschweig und Lüneburg behalten. Er verbringt die dreijährige Verbannung am englischen Hof.

1183

Der Friede von Konstanz bestätigt die geforderten Rechte der lombardischen Städte. Die deutsche Oberhoheit wird gebilligt.

1184

Heirat Heinrichs VI., Sohn Friedrichs I., mit Konstanze, der Tochter des Normannen Roger II. und Erbin des Reichs in Süditalien. Heinrich VI. wird König von Italien. Auf dem Pfingstfest zu Mainz schlägt Friedrich I. Barbarossa die zwei ältesten Söhne, Friedrich von Schwaben und Heinrich, zu Rittern. **Kultur:** Bau der Kaiserpfalz in Kaiserwerth.

1186

SIZILIEN: Durch die Heirat mit Konstanze sichert Friedrich I. seinem Sohn den Anspruch auf das normannische Königreich, verärgert durch diesen Schachzug aber das einflussreiche Papsttum.

1187

ÄGYPTEN: Sultan Saladin erobert das Königreich Jerusalem und nimmt den König sowie die Großmeister der Templer und Johanniter gefangen.

1188

Die Einnahme Jerusalems ist für die Machthaber Deutschlands, Frankreichs und Englands der Grund, einen dritten Kreuzzug zu unternehmen. **Kultur:** Das Magdeburger Stadtrecht, spätere Rechtsgrundlage für die deutschen Städte in Mitteleuropa, wird aufgezeichnet. **FRANKREICH:** Philipp II. versöhnt sich mit Heinrich II. von England. Beide erheben zur Finanzierung des Kreuzzuges den „Saladinzehnten".

1189

Dritter Kreuzzug (–1192). Kaiser Friedrich I. Barbarossa bricht mit seinem 100.000 Mann starken Heer in Regensburg auf und wählt den Landweg. Seine Mitstreiter, König Philipp II. August von Frankreich und Richard I. Löwenherz, König von England (–1198) – sein Vater Heinrich II. stirbt kurz vor dem Aufbruch – entscheiden sich dagegen für den Seeweg. Heinrich der Löwe kehrt aus England zurück und versucht, seine verlorenen Herzogtümer zurückzuerobern. **SIZILIEN:** Nach dem Tod Wilhelms I., König des süditalienischen Normannenreichs, wird trotz Erbfolge des Deutschen Heinrich VI. (1186) Thankred von Lecce zum König gewählt.

1190

Das deutsche Kreuzfahrerheer unter Friedrich I. zieht über Ungarn und Thrakien bis nach Kleinasien und unterwirft die Seldschuken. In der Schlacht bei Iconium ertrinkt Kaiser Friedrich I. Barbarossa in dem Fluss Saleph und wird in Tyrus beerdigt. Sein Sohn, Friedrich von Schwaben, übernimmt die Führung des deutschen Heeres und belagert die von Sultan Saladin eroberte Stadt Akkon. Heinrich VI. wird Kaiser des deutsch-römischen Reichs (–1197).

1191

Heinrich VI. wird in Rom von Papst Coelestin III. (–1198) zum Kaiser gekrönt. Auf einem Kriegszug nach Unteritalien versucht Heinrich vergeblich, seine Erbansprüche auf Sizilien durchzusetzen. **AKKON:** Richard Löwenherz erreicht mit seinem Kreuzfahrerheer kurz nach dem Franzosen Philipp II. August die Stadt Akkon. Nach fast zweijähriger Belagerung fällt Akkon an die Kreuzritter. Richard I. Löwenherz übernimmt die alleinige Führung des dritten Kreuzfahrerzugs, Friedrich von Schwaben stirbt und König Philipp II. zieht sich gekränkt zurück. **Religion:** Gründung der deutschen Spitalbrüderschaft in Akkon, dem späteren (–1198) Ritterorden. **Kultur:** Mittelhochdeutsche Ritterdichtung. Der Minnesänger Hartmann von Aue verfasst „Erek" nach der Vorlage von Chrétien de Troyes. Chrétien de Troyes † (*1145), bedeutendster Vertreter des höfischen Versromans, Romandichter am französischen Hof. Er verfasste u. a. „Parzival", „Lancelot" und „Wilhelm von England".

Richard Löwenherz gegen Sultan Saladin

1192

Richard I. Löwenherz schließt nach erfolglosem Versuch, Jerusalem zu erobern, einen Friedensvertrag mit Sultan Saladin. Die Christen erhalten die Erlaubnis, das Heilige Land und die Grabstätte Christi ungehindert zu besuchen. Auf dem Rückzug von Palästina gerat Richard Löwenherz in Gefangenschaft Kaiser Heinrichs VI. Er wird auf der Burg Trifels eingekerkert. **CYPERN:** Seit 395 unter byzantinischer Oberhoheit, wird Cypern unabhängig. Es bleibt bis 1489 Lehnsstaat und wird regiert vom Geschlecht der Lusignan. **MITTELAMERIKA:** Zweite Blütezeit der Maya-Kultur. **Kultur:** Nach Zerstörung des Bamberger Doms entsteht ein Neubau (romanisch-frühgotisch).

1194

Heinrich VI. entlässt Richard Löwenherz nach Zahlung eines Lösegeldes sowie Leistung des Lehnseids aus der Gefangenschaft. Auf dem zweiten Italienzug unterwirft Heinrich VI. Sizilien und lässt sich zum König krönen. Er setzt deutsche Beamte ein. Der Versuch, Sizilien mit dem Deutschen Reich zu vereinigen, scheitert jedoch. Heinrich der Löwe, ehemals Herzog von Sachsen und Bayern, versöhnt sich kurz vor seinem Tod (1195) mit Kaiser Heinrich VI. Der Besitz der Welfen kommt unter seinen Söhnen Heinrich, Otto und Wilhelm zur Aufteilung.

1196

Friedrich II., erst zweijähriger Sohn Heinrichs VI., wird zum deutschen König ernannt.

1197

Heinrich VI. schlägt den Aufstand der Normannen gegen die deutsche Herrschaft in Sizilien grausam nieder. Bei der Vorbereitung eines Kreuzzuges stirbt Heinrich VI. am Sumpffieber in Messina und wird im Dom von Palermo beigesetzt. Seine Frau Konstanze übernimmt zunächst die Regentschaft in Sizilien.

Averroes

1198

Unter Nichtbeachtung des rechtmäßigen Thronfolgers Friedrich, des Sohnes von Heinrich VI., erfolgt in Deutschland eine Doppelwahl. Anhänger der Staufer ernennen Herzog Philipp von Schwaben, den Bruder Heinrichs VI. (–1208), zum König. Die Welfen dagegen einigen sich auf Otto IV., den Sohn Heinrichs des Löwen (–1215). **Kirche:** Nach dem Tod von Königin Konstanze übernimmt Papst Innozenz III. als Vormund die Regentschaft des vierjährigen Friedrich. Unter Innozenz (–1216) wird das Papsttum zu einer der bedeutendsten politischen Mächte des Mittelalters. Zwischen der Kirche und dem Kaiser entbrennt ein neuer Streit um die Vorherrschaft. **BÖHMEN:** Ottokar I. Premysl von Schwaben (–1230) wird durch Philipp zum böhmischen König ernannt. **Kultur:** Der Minnesang, ritterlich-höfische Lyrik, findet immer größeren Anklang in Deutschland. Die berühmtesten Vertreter: Dietmar von Aist, Heinrich von Veldeke, Friedrich von Hausen, Walther von der Vogelweide, Reinmar der Alte und Wolfram von Eschenbach. Averroes (Ibn Ruschd) † (*1126), arabischer Arzt und Philosoph aus Cordoba. Seine Lehre, die sich an Aristoteles' Werke anlehnt, beeinflusst die mittelalterliche Weltanschauung. Die katholische Kirche lehnt ihn ab.

1199

ENGLAND: Nach dem Tod Richards I. Löwenherz wird Johann ohne Land König von England (–1216). Er ist ein entschiedener Gegner Philipps II. August von Frankreich.

13. Jahrhundert

In Deutschland entstehen die dem Kaiser unmittelbar unterstellten Reichsstädte (1248). In Süddeutschland gibt es rund 70 Reichsstädte, in Norddeutschland etwas weniger. 1254 gründen über 50 Städte den Rheinischen Städtebund zur Erhaltung des Landfriedens und zum Schutz gegen_das Rittertum, das, verarmt und heruntergekommen, die freie Entfaltung der Städte durch Abgaben und Überfälle behindert. In den Städten bildet sich eine neue Schicht: das Patriziertum. Das Jahrhundert, in dem das Ritterturn und die ritterliche Dichtung ihren Höhepunkt erreichen, wird durch die Kreuzzüge geprägt, die aber nicht den erhofften Erfolg bringen (4. bis 7. Kreuzzug). Die Ritter schleppen von den Kreuzzügen die Lepra nach Europa ein. Etwa in der Mitte des Jahrhunderts endet die Blütezeit des mittelalterlichen Kaisertums. Die Kaiser müssen immer mehr von ihrer Macht an die Fürsten und Städte abgeben (Höhepunkt in der „Goldenen Bulle" 1356).

Wesentlich geprägt wird das 13. Jahrhundert durch die Mongolen, die mordend und plündernd ganz Europa mit Schrecken überziehen. Angeführt werden sie zunächst von Dschingis-Khan, der 1206 zum Oberhaupt gewählt worden war und die Stammesstreitigkeiten beendet hatte. Er erobert Peking, Turkestan und Samarkand. Anschließend dringen die Mongolen in Südrussland bis zum Dnjepr vor. Auf der Flucht vor den wilden Scharen aus der Mongolei wandern rund 50.000 seldschukische Türken von Nordostpersien nach Westen. Unter ihrem Führer Suleiman bilden sie den Kern des 1228 entstehenden osmanischen Reiches. Unter dem Großkhan Ügedei, dem Nachfolger Dschingis-Khans, gelangen die Mongolen bis nach Breslau. 1278 erreicht das Mongolenreich unter Kublai-Khan, einem Enkel des legendären Heerführers, seine größte Ausdehnung. Es erstreckt sich von China bis Polen, von Sibirien bis zum Himalaja. Kublai-Khan lässt sich 1280 in Peking zum ersten chinesischen Kaiser krönen.

1200

SÜDAMERIKA: Gründung des Inka-Reiches durch Manco-Capac (–1532). Das Priesterkönigtum, das dem Sonnengott huldigt, herrscht über Peru sowie über weite Gebiete Ecuadors und Chiles. Die Inkas sind ein wirtschaftlich und kulturell hoch entwickeltes Volk.

1201

Kirche: Papst Innozenz III. unterstützt den von der Welfenpartei aufgestellten deutschen König Otto IV.

1202

Religion: Erzbischof Albert I. gründet den Orden der „Schwertbrüder". Riga wird Bistum und Sitz des Ordens in Livland. **Kultur:** Bau der Marienkirche (romanisch) in Lübeck. Baubeginn des Münsters (–1536) zu Freiburg (zunächst im spätromanischen Stil). **VENEDIG:** Der vierte Kreuzzug (–1204) steht unter Führung der Dogen und dient mehr politischen als christlichen Zielen. Die Kreuzfahrer erobern und zerstören Konstantinopel. Es kommt zur Gründung eines Lateinischen Kaiserreichs (–1261). Das Amt eines Venezianers als römischer Patriarch sowie die Besetzung der ionischen Inseln und Kretas sichern den mächtigen Seefahrerstädten Venedig, Pisa und Genua die Seewege in den Osten und begünstigen den Orienthandel. Der Kreuzfahrerzug löst sich auf. **BYZANZ:** Der vertriebene Kaiser Konstantin XI. Laskaris verschanzt sich in Nicäa. **FRANKREICH:** König Philipp II. August besetzt und enteignet die englischen Gebiete in Westfrankreich, die Normandie, Poitou und Anjou. König Johann flieht nach England.

Dschingis-Khan

1206

Kirche: Der Abt des Klosters St. Gallen erhält das Amt eines Reichsfürsten. **MONGOLEI:** Dschingis-Khan (–1227), mongolischer Stammesfürst, einigt das Reich und wird Alleinherrscher. Von Karakorum aus beginnt er seine Kriegs- und Eroberungszüge nach Sibirien, China und Samarkand.

1207

Kultur: Auf der Wartburg in Thüringen findet ein Wettstreit unter den Minnesängern statt; historisch nicht belegt.

1208

Herzog Philipp von Schwaben, deutscher König nach seinem Sieg über den Welfen Otto IV., wird in Bamberg vom Pfalzgrafen Otto von Wittelsbach ermordet. Als Nachfolger erhält Gegner Otto IV. die Königswürde. **Religion:** Der päpstliche Gesandte wird in Frankreich von Anhängern der Sekte der Albigenser ermordet. Beginn der Albigenser-Kriege (–1229).

1209

Otto IV. wird in Rom von Papst Innozenz III. zum Kaiser gekrönt. Er übereignet die Mathildischen Güter (Streitobjekt seit 1115) der Kirche. **Kirche:** Papst Innozenz III., ein entschiedener Gegner der Katharer- und Waldenserbewegung, nach der Stadt Albi in Südfrankreich kurz Albigenser genannt, ruft zu einem Kreuzzug gegen die ketzerische Sekte auf. **Religion:** Die Lehre der Albigenser, einer streng asketischen Sekte, richtet sich gegen die Unsittlichkeit des katholischen Klerus, verwirft die Sakramente und greift auf das östliche Glaubensgut der Urkirche zurück. **Kultur:** Bau des Doms zu Magdeburg (–1263). Erster rein gotischer Bau in Deutschland.

1210

Kaiser Otto IV. versucht, das Königreich Sizilien zu erobern und wird von Papst Innozenz III. mit dem Bann belegt. **Kirche:** Papst Innozenz III. bestimmt Friedrich II., für den er seit 1198 die Regentschaft in Sizilien führt, zum Gegenkönig. **Religion:** Hermann von Salza erhält den Titel eines Hochmeisters des Deutschen Ordens (–1239). Unter ihm beginnt die Eroberung Preußens. **Kultur:** Es entsteht die mittelhochdeutsche Dichtung um Tristan und Isolde, zunächst von Gottfried von Straßburg in Fragmenten nach einer französischen Vorlage verfasst und später von Ulrich von Thürheim und Heinrich von Freiburg ergänzt.

1211

Religion: Der Deutsche Orden gründet Kronstadt in Siebenbürgen. **MONGOLEI:** China wird von den Mongolen unter Dschingis-Khan erobert.

1212

Friedrich II., König von Sizilien, bricht nach Deutschland auf. In Mainz wählen und krönen die Fürsten, die aufseiten der Staufer stehen, den Sohn Heinrichs

Reims: Kathedrale

VI. zum deutschen Gegenkönig. Friedrich II., der Sizilien als päpstliches Lehen anerkennt, wird von Papst Innozenz III. und dem französischen König Philipp II. August unterstützt. Der Welfe Kaiser Otto IV. schließt ein Bündnis mit dem König von England. **Religion:** Der Kinderkreuzzug, von Fanatikern in Frankreich und Deutschland zusammengestellt, endet für die meisten Teilnehmer in der Sklaverei. Der Wanderprediger Franziskus von Assisi gründet eine Bruderschaft, den späteren Orden der Franziskaner. **Kultur:** Bau der Kathedrale von Reims im hochgotischen Stil (–1295). **SPANIEN:** Die Heere von Kastilien und Aragon unterwerfen in der Schlacht bei Tolosa die maurischen Almohaden.

1213

Kaiser Friedrich II. verzichtet auf die kaiserlichen Rechte des Wormser Konkordats von 1122 (Einflussnahme bei Wahl der deutschen Kirchenfürsten). **ENGLAND:** König Johann von England versöhnt sich mit Papst Innozenz III., der ihn im Streit um die Wahl des Erzbischofs von Canterbury (1205) mit dem Bann belegte. Johann versucht vergeblich die verlorenen Gebiete in Frankreich zurückzuerobern.

1214

In seiner Politik gegen die Welfen übereignet Friedrich II. die Rheinpfalz, seit 1155 im Besitz der lothringischen Pfalzgrafen, an Herzog Otto von Bayern. Im Vertrag zu Metz überschreibt Friedrich II. die deutschen Gebiete Holstein und Mecklenburg an Waldemar von Dänemark. **FRANKREICH:** König Philipp II. August besiegt in der Schlacht von Bouvines den Welfenkaiser Otto IV. und dessen Verbündeten, König Johann von England. Ende des Thronstreits. Otto IV. verzichtet auf sein Recht. Er stirbt 1218.

1215

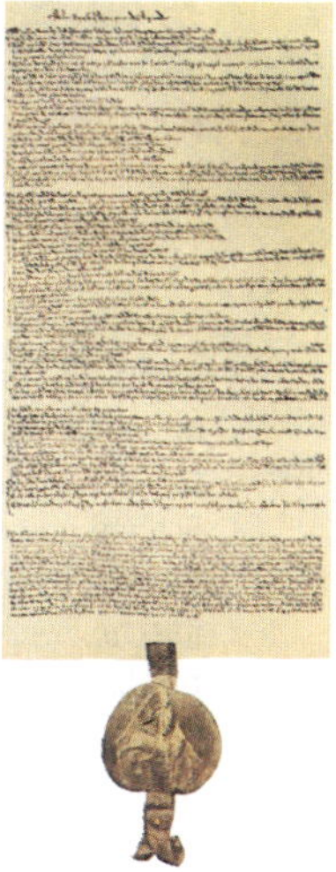
Magna Charta

Friedrich II. von Hohenstaufen wird in Aachen zum König gekrönt. Er bleibt gleichzeitig König beider Sizilien. Nördlingen wird freie Reichsstadt. **Kirche:** Viertes Laterankonzil in Rom. Papst Innozenz III. ruft zur Verfolgung der Sekten auf, die im Widerspruch zur Lehre der römisch-katholischen Kirche stehen (Inquisition). Erlass verschiedener Dogmen und Erhebung einer Kreuzzugssteuer. **Kultur:** Hartmann von Aue † (*1165). Der mittelhochdeutsche Dichter verfasste u. a. „Gregorius auf dem Steine" und „Der arme Heinrich". Bertram de Born † (*1140), französischer Troubadour, der am Hof des englischen Königs Heinrich II. lebte. **ENGLAND:** König Johann wird vom Adel gezwungen, ein Staatsgrundgesetz, die „Magna Charta", zu erlassen. Die Magna Charta, später Grundstein für die englische Parlamentsverfassung, beinhaltet Lehensrechte sowie Verbürgung der persönlichen Freiheit und des Eigentums. **MONGOLEI:** Dschingis-Khan erobert Peking. Beginn des mongolischen Weltreichs (1278).

1216

Kirche: Papst Innozenz III. stirbt (*1161). Unter ihm erreichte die geistliche und weltliche Macht des Papsttums ihren Höhepunkt. Sein Nachfolger ist Papst Honorius III. (–1227). **ENGLAND:** Nach dem Tod Johanns ohne Land, während dessen Herrschaft England seine Gebiete in Frankreich verlor, wird Heinrich III. König (–1272). **Religion:** Domenikus aus Spanien gründet in Toulouse eine Bruderschaft, den späteren Bettelorden der Dominikaner.

1217

NORWEGEN: Hakon V. (–1263) erhält nach Beendigung des Thronstreits den Königstitel. **Wissen-**

schaft: Gründung der Universität Salamanca in León.

1218

Rostock übernimmt das „Lübische Stadtrecht". **Kultur:** Walther von der Vogelweide unterstützt mit politischen Schriften und „Sprüchen" Kaiser Friedrich II. gegen den Papst.

1219

Nürnberg, seit 1215 freie Reichsstadt, wird mehr und mehr zu einer beliebten Residenz für die deutschen Könige. **DÄNEMARK:** Waldemar II. erobert Estland und gründet Reval. **MONGOLEI:** Dschingis-Khan unterwirft auf seinem Eroberungszug das islamische Reich Choresmien mit den Städten Turkestan, Samarkand und Buchara, die überrannt und niedergebrannt werden.

1220

Kaiserkrönung Friedrichs II. in Rom. Heinrich VII., der Sohn Friedrichs II., wird deutscher König. Die Regentschaft übernimmt zunächst sein Vormund Bischof Engelbert von Köln. **Wissenschaft:** Gründung der Universität Oxford. Gründung einer medizinischen Fakultät in Montpellier unter Papst Honorius III. **Kultur:** Wolfram von Eschenbach † (*1170). Er verfasste das mittelhochdeutsche Epos „Parzival" nach der Verserzählung des französischen Hofdichters Chrétien de Troyes († 1191) sowie „Titurel", ein unvollendetes Epos um den ersten Gralskönig. Saxo Grammaticus † (*1150). Der dänische Historiker schrieb „Historia Danica" und „Gesta Danorum". Bau der Kathedrale in Burgos (spanisch-gotisch) und der Kathedrale von Amiens (französische Hochgotik). Typisch der plastische Bilderschmuck, der Szenen aus dem Leben darstellt. Im Dom zu Hildesheim entsteht das Taufbecken (romanische Bronzearbeit).

1221

Wien erhält Stadtrecht.

1222

Gründung der Universität Padua.

1223

FRANKREICH: Ludwig VIII., der Sohn Philipps II. August, wird König (–1226). Eroberung des Gebiets zwischen Dordogne und Loire von den Engländern. Einführung der Erbfolge im Königshaus. Krönungsstadt ist Reims. **KIEW:** Das Fürstentum verliert an Macht. Es entstehen die Teilfürstentümer Wladimir und Nowgorod. **MONGOLEI:** Dschingis-Khan erreicht über Nordpersien und Armenien Russland und besiegt das Heer der Fürsten von Kiew. **Wissenschaft:** Friedrich II. gründet die Universität von Neapel.

1225

Passau erhält Stadtrecht. **Kultur:** Bau des Stephansdoms zu Wien (–1450).

1226

Friedrich II. beauftragt Hermann von Salza, den Hochmeister des Deutschen Ritterordens, mit der Eroberung Preußens. Lübeck wird freie Reichsstadt. **FRANKREICH:** Ludwig IX. (–1270), auch der Heilige genannt, wird König. Die Regentschaft des Minderjährigen übernimmt zunächst seine Mutter Blanca von Kastilien.

1227

Friedrich II. beschließt einen Kreuzzug, den eine Seuche vorzeitig beendet. **Kirche:** Papst Gregor IX. (–1241) ein Gegner des Kaisers, belegt Friedrich II. wegen der Aufgabe des Kreuzzugs mit dem Bann. Erneuter Machtkampf zwischen Kaiser und Papst um die Vorherrschaft in Italien und die Autorität der Kirche. **Religion:** Der Dominikaner Konrad von Marburg wird vom Papst zum Inquisitor in Deutschland ernannt (Ketzergericht). **Kultur:** Der Bau der Burg und Domkirche in Reval wird begonnen. **DÄNEMARK:** Waldemar II. erleidet in der Schlacht von Bornhöved eine Niederlage gegen die deutschen Fürsten und die Reichsstadt Lübeck. Verlust der Gebiete zwischen Oder und Elbe. Er behält Estland und Rügen. **MONGOLEI:** Nach dem Tod des Mongolenfürsten Dschingis-Khan (*1155) wird das riesige Reich unter seinen drei Söhnen aufgeteilt.

Franz von Assisi (Fresko)

1228

Friedrich II. führt den fünften Kreuzzug (–1229), der kampflos in Akkon endet. **Religion:** Heiligsprechung des Franziskus von Assisi.

1229

Friedrich II. erhandelt ein Abkommen mit dem Sultan von Ägypten. Die Christen erhalten die Städte Jerusalem, Bethlehem und Nazareth. Friedrich krönt sich selbst zum König, von Jerusalem. **Religion:** Um Sektenbildungen zu verhindern, erlässt die Synode von Toulouse das Verbot, die Bibel in der jeweiligen Landessprache zu lesen. **Wissenschaft:** Gründung der Universität Toulouse. **Kultur:** Bau des Doms zu Siena (1350). **FRANKREICH:** Ende der Albigenser-Kriege unter Ludwig IX. Die ketzerischen Sekten der Katharer und Waldenser werden im Verlauf der Verfolgung (seit 1209) ausgerottet.

1230

Kirche: Papst Gregor IX. spricht Friedrich II. vom Bann frei. **Kultur:** Walther von der Vogelweide † (*1170). Der deutsche Minnesänger trat auf seinen Wanderfahrten für die Politik der Könige Philipp I. und Otto IV. sowie des Kaisers Friedrich II. ein. **Kunst:** Bamberger Dom: Die Standbilder Kaiser Heinrichs II. und seiner Gemahlin Kunigunde entstehen. Georgenchor-Schranken (romanische Bildhauerarbeit). **EUROPA:** Durch die Kreuzfahrer wird eine Lepraepidemie in Europa eingeschleppt. **BÖHMEN:** Wenzel I. (–1253) wird König. **SPANIEN:** Unter Ferdinand III. Vereinigung der Königreiche Kastilien und León.

1231

Friedrich II. erlässt Gesetze für das Verwaltungs- und Rechtswesen in Süditalien. Die fortschrittlichen „Konstitutionen von Melfi" prägen das Königreich Sizilien. Im Zuge der Ostkolonisation gründet der Deutsche Orden Kulm und Thorn, die beide das Kulmische Stadtrecht erhalten. Uri wird, trotz Widerstand der Herzöge von Habsburg, reichsunmittelbar. Minden, seit 798 Bischofssitz, erhält Stadtrecht. **Kultur:** Elisabeth, Landgräfin von Thüringen † (*1207). Die Tochter des ungarischen Königs erhielt wegen ihrer großherzigen Einstellung gegenüber Unterprivilegierten den Beinamen „Heilige". Bau der Klosterkirche Neuwerk (romanisch) zu Goslar.

1232

Kaiser Friedrich II. verlegt seinen Hof nach Palermo auf Sizilien, den Mittelpunkt kulturellen und wissenschaftlichen Lebens. Der Monarch, der seine Vorliebe für Unteritalien nie verleugnete, betraut die geistlichen und weltlichen Fürsten in Deutschland mit kaiserlichen Hoheitsrechten. Durch diese Politik verliert das Deutsche Reich an Macht, während der Einfluss der einzelnen Herzogtümer wächst. Innsbruck erhält die Stadtrechte. **Kirche:** Papst Gregor IX. beauftragt den Orden der Dominikaner mit der Inquisition. Dieses geistliche Gerichtsverfahren gegen Ketzer, das Bestrafungen wie Vermögensenteignung, Kerker, Folter und Feuertod vorsieht, wird in Deutschland zur Reformation abgeschafft, während es in Italien bis 1808 und in Spanien bis 1834 durchgeführt wird. **Kultur:** Friedrich II. schreibt ein Buch über die Falkenjagd.

1234

Heinrich VII. erhebt sich gegen seinen Vater Friedrich II. Als Gegner der Inquisition in Deutschland verbündet er sich mit den kaiserfeindlichen Lombarden. Stralsund erhält Stadtrecht. **CHINA:** Mit dem Mongoleneinfall endet die Herrschaft der Kin-Dynastie im Norden Chinas.

1235

Friedrich II. besiegt seinen aufständischen Sohn und nimmt Heinrich VII. in Apulien in Gefangenschaft. Auf dem Reichstag zu Mainz erlässt der Kaiser ein Landfriedensgesetz in deutscher Sprache. Das Gesetz bestätigt das Amt eines Reichshofrichters als kaiserlichen Vertreter und oberste Rechtsinstanz in Deutschland und ermächtigt die Landesfürsten, für ihre Gebiete Zölle zu erheben. **Kultur:** Ritter Eike von Repkow zeichnet das um 1220 geltende sächsische Gewohnheitsrecht auf. Es gilt als das älteste und in seiner Zeit bedeutendste deutsche Rechtsbuch („Sachsenspiegel") und war Vorlage für mehrere oberdeutsche Rechtsbücher.

1236

Friedrich II. bekämpft die aufständischen lombardischen Städte (–1237), seit jeher Gegner des Staufer-Kaisertums. Er besiegt sie bei Cortenuova. Es kommt jedoch zu keinem Friedensabschluss, da die lombardischen Städte den Einsatz kaiserlicher Beamten ablehnen. **SPANIEN:** König Ferdinand von Kastilien erobert von den Arabern Córdoba zurück.

1237

Der Deutsche Orden schließt sich mit dem Schwertbrüderorden zusammen und beherrscht neben Kurland auch Livland. **SPANIEN:** Die Königreiche Kastilien und Aragon vereinigen sich. **MONGOLEI:** Ugedai, Sohn des Dschingis-Khan, dringt mit seinem Mongolenheer bis in das obere Wolgagebiet vor.

1238

SPANIEN: Jakob I. von Aragon (–1276) befreit Valencia von den Arabern. **GRANADA:** Die Hauptstadt des selbstständigen arabischen Reichs in Spanien erlebt kulturell und wissenschaftlich ihre Blütezeit.

1239

Friedrich II. übereignet sich Gebiete des Kirchenstaates und bildet eine kaiserliche Zentralverwaltung in Italien. **Kirche:** Papst Gregor IX., der Unterstützung von den lombardischen Städten erhält, belegt Friedrich II. abermals mit dem Bann.

1240

NOWGOROD: Alexander Newskij, der Sohn des Großfürsten von Nowgorod, schlägt die vorstoßenden Schweden an der Newa zurück. **MONGOLEI:** Unter Batu, dem Enkel des Dschingis-Khan, lassen sich die Mongolen an der unteren Wolga nieder und fordern von den dort lebenden Rurikiden Tributzahlungen. **Kultur:** Grabmal Heinrichs des Löwen und seiner Gemahlin Mathilde im Dom (spätromanisch) zu Braunschweig. Figurenschmuck (gotisch) am Straßburger Münster. **Wissenschaft:** König Alfons X. von Kastilien lädt 50 Gelehrte der Astronomie nach Toledo ein. Der wissenschaftliche Kongress befasst sich mit dem Weltsystem des Erd- und Sternenforschers Ptolemäus (die Erde ist Mittelpunkt des Weltalls, die Sonne dreht sich um die Erde) und ergänzt es durch neue Beobachtungen des Planetenumlaufs. Es entstehen die „Alfonsinischen Tafeln".

1241

Heinrich VII., der Sohn Friedrichs II. und deutscher König, stirbt. **Kirche:** Papst Gregor IX., entschiedener Gegner des Kaisers Friedrich II. und Verfechter des Papsttums als Weltmacht, stirbt in Rom. **MONGOLEI:** Die Mongolen dringen nach der Verwüstung Russlands über Ungarn und Polen bis nach Schlesien vor. Auf ihren Eroberungszügen werden Kiew, Budapest und Breslau zerstört. Heinrich II. von Schlesien wird bei Liegnitz vernichtend geschlagen. Der Tod des Großkhan Ugedai hält die Tataren vor weiteren Eroberungszügen in Europa zurück.

1242

Kiel übernimmt das „Lübische Stadtrecht" und schließt sich dem neu gegründeten Städtebund zwischen Hamburg und Lübeck an. **NOWGOROD:**

Großfürst Alexander Newskij schlägt das deutsche Heer des Schwertbruderordens am Peipussee. **ENGLAND:** König Heinrich III. versucht vergeblich, die an Frankreich verlorenen Gebiete zurückzuerobern.

1243

Stettin übernimmt das „Magdeburger Stadtrecht". **Kirche:** Nachfolger Papst Gregors IX. ist Papst Innozenz IV. (–l254). Auch er kann sich nicht mit Friedrich II. einigen. Die Fronten zwischen der weltlichen und der kirchlichen Macht verhärten sich. Papst Innozenz sucht vor Friedrich II. Schutz in Frankreich. **Religion:** Thomas von Aquino, Scholastiker aus Italien, bekennt sich zum Dominikaner-Orden.

1244

ÄGYPTEN: Der Sultan besiegt mithilfe der türkischen Chowaresmier die christlichen Ordensbrüder im Heiligen Land und erobert Jerusalem.

1245

Kirche: Auf dem Konzil zu Lyon belegt Papst Innozenz IV. Friedrich II. mit dem Bann. Auf seine Veranlassung hin erfolgt die Absetzung des Kaisers, den Innozenz als Feind der Kirche ansieht. **Kultur:** Alexander von Hales † (*1175), Der englische Philosoph, ein Vertreter des Aristotelismus, verfasste das Werk „Summa universae theologiae". Bau der Londoner Westminster-Abtei im hochgotischen Stil (–1760). **NOWGOROD:** Großfürst Alexander Newskij besiegt die Deutschen Ordensbrüder bei Nowgorod und hindert sie daran, weiter nach Russland vorzudringen.

Castel del Monte

1246

Die geistlichen Fürsten entscheiden sich für den deutschen Gegenkönig Landgraf Heinrich Raspe von Thüringen. Nach einem Sieg über Konrad IV., den Sohn Friedrichs II., stirbt König Heinrich Raspe. Er ist der letzte männliche Erbe aus dem Geschlecht der Ludovinger. Thüringen fällt an die Markgrafen von Meißen. **Kultur:** Friedrich II. veranlasst den Bau des Jagdschlosses Castel del Monte in Apulien.

1247

Neuer Gegenkönig der Staufer wird Wilhelm von Holland (–1256) .

1248

Das Heer Friedrichs II. erleidet bei Panna gegen die lombardischen Städte eine Niederlage. Die Reichsstädte (Freie Reichsstädte) erhalten durch Gesetz das Münz-, Zoll-, Wehr- und Geleitrecht und gewinnen mehr und mehr an Macht innerhalb des Deutschen Reichs. Zur Wahrung ihrer Rechte schließen sich immer mehr Städte in Schutzbündnissen zusammen. **FRANKREICH:** König Ludwig IX. (der Heilige) unternimmt den sechsten Kreuzzug (1254). Er wählt den Seeweg über Zypern nach Ägypten. **SPANIEN:** König Ferdinand III. von Kastilien erobert Sevilla von den Arabern. Das maurische Königreich Granada fällt unter die Oberhoheit Kastiliens. **Kultur:** Baubeginn des Kölner Doms (–1880). Bau der Sainte Chapelle (gotisch) in Paris. In Granada entsteht die Alhambra, ein Palast der maurischen Herrscher, im islamischen Stil.

Alhambra: Innenhof

1249

FRANKREICH: König Ludwig IX. erobert mit dem Heer der Kreuzfahrer vorübergehend Damiette. Nach seiner Gefangennahme in der Nähe von Kairo muss er das eroberte Gebiet zurückgeben und sich freikaufen. Er kehrt nach Frankreich zurück.

1250

Kaiser Friedrich II. (*1194), König von Sizilien, stirbt in Apulien. Er wird im Dom zu Palermo beigesetzt. Er gilt als der letzte große Herrscher des Kaiserreichs im Mittelalter. Konrad IV. (–1254), Sohn Friedrichs II., zieht mit einem deutschen Heer nach Italien. Zu seinem Stellvertreter in Deutschland ernennt er Otto von Bayern. **Wissenschaft:** Leonardi Pisano Fibonacci † (*1175). Der italienische Gelehrte führte die arabischen Ziffern ein.

1251

Kirche: Papst Innozenz IV. kehrt aus Frankreich nach Rom zurück. Eine Aussöhnung mit den Staufern findet nicht statt. **BÖHMEN:** Ottokar II. erhält das Herzogtum Österreich. **NOWGOROD:** Großfürst und Feldherr Alexander Newskij bezwingt das russische Fürstentum Wladimir und übernimmt die Herrschaft.

1252

Ein Aufstand gegen das regierende Haus der Staufer in Süditalien wird von Manfred, einem Halbbruder Konrads IV., niedergeschlagen. **Kultur:** Rudolf von Ems † (*1200). Der Dichter schrieb u. a. das Epos „Alexander". Reimar von Zweter † (*1198). Der Vagant war ein Vertreter der politischen Spruchdichtung. **SPANIEN:** Alfons X. (–1284) König von Kastilien. Er ist ein Enkel von Friedrich II.

1253

Konrad IV. nimmt das Königreich Sizilien ein. Die Orte Frankfurt a. d. Oder und Glogau erhalten das Stadtrecht, Nordhausen wird freie Reichsstadt. **BÖHMEN:** Ottokar II. wird König (–1278). Während seiner Regierungszeit vergrößert er sein Reich um die Herzogtümer Steiermark (1261) und Kärnten (1269). **Kultur:** Johann von Carpini † (*1182). Der Franziskaner, der im päpstlichen Auftrag in das Land der Mongolen reiste, schrieb u. a. die Werke: „Liber Tatarorum" („Tataren-Buch") und „Historia Mongolorum" („Geschichte der Mongolen"). Der niederländische Gesandte Wilhelm von Rubruk (1225–1270) unternimmt eine wissenschaftliche Reise an den Mongolenhof in Karakorum in Zentralasien.

1254

König Konrad IV. stirbt nach erfolglosem Versuch, das staufische Kaisertum in Süditalien gegen die päpstliche Machtpolitik zu erhalten. Gründung des Rheinischen Städtebundes, dem sich rund fünfzig Städte anschließen. **Kirche:** Papst Alexander IV. (–1261) wird Vormund des minderjährigen Sohns Konrads IV. **Wissenschaft:** Durch Robert de Sorbonne entsteht in Paris eine Theologenschule.

1255

Die Rheinpfalz und Oberbayern werden dem Herzogtum Bayern unter Ludwig II. (dem Strengen) zugeeignet. München ist Residenz des Herzogtums. **BÖHMEN:** Ottokar II. unternimmt einen Kreuzzug gegen die Preußen. Gründung von Königsberg.

1256

Wilhelm von Holland, 1247 Gegenkönig in Deutschland, stirbt. Beginn des „Interregnums" (Zeit ohne Könige mit effektiver Macht) in Deutschland (–1273). Es setzt sich das Wahlkönigtum durch. Während die rheinischen Fürsten Richard von Cornwall, einen Bruder des englischen Monarchen Heinrich III., zum deutschen König ernennen, entscheiden sich die Großen der Stauferpartei fur den Spanier Alfons X. von Kastilien. Manfred, der Halbbruder Konrads IV., wird König von Sizilien (–1266).

1259

ENGLAND: Im Friedensabkommen zu Paris verzichtet König Heinrich III. auf ehemalige englische Gebiete in Frankreich (siehe 1154). Er behält nur das Herzogtum Guyenne, erkennt aber die französische Lehnshoheit an. **BAGDAD:** Ende des arabischen Kalifats nach Belagerung und Zerstörung durch die Mongolen. Sitz der mohammedanischen Dynastie der Abbasiden seit 750.

1260

Kirche: Papst Alexander IV. fordert von König Manfred erneut die Ausweisung der Sarazenen aus Unteritalien sowie Anerkennung der päpstlichen Lehenshoheit. Nach Ablehnung wird Manfred mit dem Bann belegt. **Kultur:** Im Dom zu Naumburg werden die Stifterfiguren u. a. des Ekkehard und der Uta geschaffen. **MONGOLEI:** Kublai-Khan (–1294). Der mongolische Herrscher dehnt sein Weltreich auf die östlichen Gebiete Birma, Annam und Tibet aus.

1261

Kirche: Papst Urban IV. (–1264). Er schließt ein Bündnis mit dem Franzosen Karl von Anjou und bietet ihm Sizilien als Lehen an. **BYZANZ:** Kaiser Michael VIII. (–1282) erobert Konstantinopel und löst das „Lateinische Kaiserreich" (seit 1204) auf.

1262

Straßburg, bisher Bistum, wird freie Reichsstadt. **NORWEGEN:** Durch Eroberung fallen Island und Grönland an König Hakon V.

1264

ENGLAND: Der Adel erhebt sich gegen Heinrich III., der zu hohe Abgaben fordert. Der König wird gefangen genommen. **Kirche:** Papst Clemens IV. (–1268). Von ihm erhält Karl von Anjou, Bruder des französischen Königs, das staufische Normannenreich in Süditalien als Lehen.

1266

Manfred, der Sohn Friedrichs II. und König von Sizilien, stellt sich gegen den päpstlichen Protégé aus Frankreich und fällt in der Schlacht bei Benevent.

1267

FRANKREICH: Karl von Anjou beginnt seine Herrschaft mit grausamen Verfolgungen der Staufer-Anhänger. **Kultur:** Marmorkanzel (romanisch, gotisch) von Niccolo Pisano im Dom zu Siena.

1268

Konradin, Sohn Konrads IV., verlässt Deutschland und versucht, das staufische Erbe in Süditalien zurückzuerobern. Er unterliegt dem Heer Karls von Anjou, gerät in Gefangenschaft und wird in Neapel hingerichtet. Das bedeutet das Ende der Herrschaft der deutschen Kaiser in Italien.

1269

BÖHMEN: König Ottokar II. erhält die Gebiete Kärnten und Krain.

1270

König Ludwig IX., der Heilige

FRANKREICH: König Ludwig IX. unternimmt den siebten Kreuzzug, erreicht über den Seeweg Nordafrika, erliegt jedoch in Tunis einer Seuche. Auf dem Thron folgt ihm Philipp III., der Kühne (–1285). **Kultur:** Tannhäuser † (*1205), süddeutscher Minnesänger und Vagant.

1271

FRANKREICH: König Philipp erhält durch Erbe die Grafschaft Toulouse. **Kultur:** Marco Polo aus Venedig bereist Ostasien und schildert in seinen Berichten Leben und Sitten der Völker im Fernen Osten. **Kirche:** Papst Gregor X. (–1276) plant einen Kreuzzug. Da er auf die Unterstützung eines handlungsfähigen deutschen Königs hofft, setzt er bei den Fürsten eine Neuwahl durch.

1273

In Frankfurt wird Rudolf I., Graf von Habsburg, zum deutschen König (–1291) ernannt. Die Wahl bedeutet das Ende des Interregnums (seit 1257). Die mächtigen deutschen Fürsten erklären sich mit Ausnahme Ottokars von Böhmen einstimmig für den König. **Kultur:** Djalal ad-Din Rumi † (*1207). Der persische Dichter schrieb mystische Erzählungen, u. a. „Diwan" und „Mesnewi". Er gründete den islamischen Orden der Derwische, genannt Mewlewi (Bettelmönche), die nach asketischen Vorschriften leben und als Heilige angesehen werden.

1274

Beim Reichstag zu Nürnberg erhält Rudolf I. das Recht, ehemalige Reichsgüter zu enteignen und einzuziehen. Der König will durch diese Politik die Macht des Königshauses, das durch das Interregnum

Dominikaner: Thomas von Aquin (Gemälde von F. Traini)

wesentlich an Ansehen eingebüßt hat, wieder ausbauen und gleichzeitig die Macht der Kurfürsten einschränken. **MONGOLEI:** Kublai-Khan, mongolischer Fürst, versucht vergeblich, auf seinen Eroberungszügen im Fernen Osten Japan zu unterwerfen. **Kultur:** Bonaventura † (*1221). Der Franziskaner und Theologe, Vertreter der augustinischen Scholastik, war ein Gegner des Thomas von Aquino. Thomas von Aquino † (*1225). Der italienische Philosoph, einer der bedeutendsten Scholastiker, vereinigt in seiner Lehre christliche Theologie mit der Philosophie des Aristoteles. Als Schüler des Kirchengelehrten Albertus Magnus lehrte er in Paris und Köln.

1275

Bei einem Treffen in Lausanne zwischen Rudolf I. und Papst Gregor X. stimmt der König einem Kreuzzug zu. Die Kaiserkrönung wird auf 1276 festgesetzt. Papst Gregor X. stirbt. **SCHWEDEN:** Magnus I. wird König (–1290). Er unterwirft Finnland. **Kultur:** Herausgabe des „Schwabenspiegels", eines dem „Sachsenspiegel" ähnlichen Rechtsbuches in süddeutscher Mundart. Es beinhaltet u. a. Lands- und Lehensrechte. Bau des St. Peter-Doms (hochgotisch) in Regensburg.

1276

König Rudolf I. unternimmt einen Feldzug gegen Ottokar II. von Böhmen, um die ehemals badenbergischen Besitzungen Kärnten und Krain wieder dem Deutschen Reich anzugliedern. Er belegt Ottokar II., der ihm seine Stimme bei der Wahl verweigerte, mit der Reichsacht. Augsburg, bisher Bistum, wird freie Reichsstadt. **Kultur:** Bau der gotischen Westfassade des Münsters zu Straßburg. Baumeister ist Erwin von Steinbach. Bau der Nikolai-Kirche (norddeutsche Backsteingotik) in Stralsund.

1277

Kirche: Papst Nikolaus III. (–1280). Der Kirchenfürst und Staatsmann widersetzt sich den Plänen des Franzosen Karl von Anjou, Konstantinopel zu erobern.

1278

In der Schlacht auf dem Marchfeld in der Nähe von Wien besiegt Rudolf I. den böhmischen Herrscher Ottokar II., der auf der Flucht stirbt. Die Herzogtümer Österreich und Steiermark erhalten die Söhne Rudolfs als Lehen, Kärnten und Krain Graf Meinhard von Görtz-Tirol. Diese Landaufteilung stärkt die Hausmacht Rudolfs I. **BÖHMEN:** König wird Ottokars Sohn Wenzel II. (–1305). Er behält Böhmen und Mähren. Die Regentschaft des Minderjährigen übernimmt zunächst Markgraf Otto von Brandenburg.

1279

Die Grafen des Rheingaus beugen sich dem Druck des Kurfürsten und Erzbischofs von Mainz und ernennen ihn zum Landesherrn. Stuttgart wird Residenz des Grafen Eberhard I. von Württemberg. **PORTUGAL:** Diniz der Gerechte wird König (–1325). Der Förderer der schönen Künste (u. a. schrieb er ein Liederbuch) unterstellt seine Macht nicht der römischen Kirche. **MONGOLEI:** Kublai-Khan unterwirft mit seinem Mongolenheer ganz China, verlässt Nanking und macht Peking zu seiner neuen Residenz und Hauptstadt.

Albertus Magnus

1280

CHINA: Kublai-Khan, Herrscher über das mongolische Weltreich, das Gebiete von China bis Polen und von Sibirien bis zum Himalaja umfasst, wird König von China (–1294). Beginn der Yüan-Dynastie (–1368). Der Mongolenherrscher toleriert verschiedene Kulturen und Religionen seines Reiches. Um auch Tibet in sein Reich einzugliedern, tritt er zum Buddhismus über. **Kultur:** Albertus Magnus † (*1193). Der Philosoph und Naturforscher übernahm Lehrsätze der Philosophie des Aristoteles und vereinigte sie mit den christlichen Richtlinien der Theologie seiner Zeit. Bau der Kirche St. Maria sopra Minerva. Sie ist das einzige Gotteshaus Roms, das im gotischen Stil errichtet ist.

1281

Kirche: Papst Martin IV. (–1285), ein Franzose, der sein Amt in den Dienst des französischen Imperialismus stellt. Er belegt Kaiser Michael Palaiologos von Byzanz mit dem Bann, um die Eroberungspläne Karls von Anjou zu unterstützen.

1282

SIZILIEN: In Palermo kommt es zu einem Aufstand („Sizilianische Vesper") gegen den Franzosen Karl von Anjou und seine Anhänger. Peter III. von Aragon unterstützt den Kampf der Sizilianer mit seinem Heer.

1283

Die Hansestadt Lübeck schließt sich mit den Städten des Ostsee-Gebietes Rostock, Stralsund und Riga zusammen. Der Städtebund zählt neben Köln, Brügge und London zu den mächtigsten Handelszentren. **SIZILIEN:** Peter III. von Aragon krönt sich in Palermo zum König. Das Reich ist nicht der Lehenshoheit des Papstes unterstellt. **ENGLAND:** König Eduard I. unterwirft das Herzogtum Wales und gliedert es seinem Reich an. Seit Anfang des 14. Jahrhunderts erhält der jeweilige Thronfolger den Titel „Prince of Wales". **Kultur:** Saadi † (*1184). Der persische Volksdichter schrieb Erzählungen, u. a. „Rosengarten", sowie Gedichte wie „Diwan".

1284

ITALIEN: Nach einem entscheidenden Sieg über Pisa besetzt Genua Korsika und Elba und übernimmt die Vorherrschaft der Handelsstädte am Mittelmeer. **Kultur:** Einer Sage zufolge entführt der „Rattenfänger" mithilfe seiner Flöte die Kinder der Stadt Hameln.

1285

Philipp IV. von Frankreich

FRANKREICH: König Philipp IV., der Schöne (–1314). Durch Heirat erhält er die Gebiete Navarra und Kampagne, wodurch die Krondomänen erheblich erweitert werden. **Kultur:** Die mittelhochdeutsche Sagendichtung „Lohengrin" entsteht. Die Geschichte des Sohnes von Parzival und Sagenhelden aus dem Gralskreis ist vermutlich das Werk eines thüringischen Vaganten.

1288

Ein Aufstand gegen den Erzbischof von Köln beendet die Oberhoheit des Kirchenfürsten. Köln wird reichsunmittelbar.

1289

Rudolf I. unternimmt einen Feldzug gegen den Pfalzgrafen Otto IV. von Burgund. Er erhält das Herzogtum Besançon. **OSMANISCHES REICH:** Türkische Seldschuken, 1225 durch die Mongolen aus Nordpersien vertrieben, gründen in Kleinasien ein Reich. Unter Sultan Osman I. (–1326) gewinnt der Staat zunehmend an Bedeutung. **BÖHMEN:** Die Könige aus dem Geschlecht der Premysliden erhalten den Titel eines Kurfürsten. **Wissenschaft:** Gründung der Universität Montpellier in Frankreich.

1291

Rudolf I. (*1218) stirbt und wird im Dom zu Speyer begraben. Die drei Waldorte Uri, Schwyz und Unterwalden schließen sich zur Wahrung der Reichsunmittelbarkeit gegenüber den Habsburgern zu einem „ewigen Bund" zusammen. Luzern (Benediktiner-Abtei) fällt durch Verkauf an die Dynastie der Habsburger. **PALÄSTINA:** Akkon, Tyros und Sidon – Gebiete, die im Zuge der Kreuzfahrerbewegung erobert wurden – gehen an die aufständischen Mamelucken verloren.

1292

Die deutschen Fürsten sind gegen einen starken König. Nachfolger Rudolfs I. wird nicht sein Sohn Albrecht, sondern Adolf von Nassau (–1298).

Roger Bacon

1294

Lübeck gründet die Städte-Hanse zur Förderung des Handels und schafft damit eine wirtschaftliche Großmacht. **ENGLAND:** Im Kampf gegen die Ausdehnungspolitik der Franzosen schließt Adolf von Nassau ein Bündnis mit König Eduard I. **Kultur:** Roger Bacon † (*1219). Der Naturwissenschaftler und Philosoph aus England galt als Kritiker der Kirchenlehre seiner Zeit.

1295

Paderborn und Minden schließen sich der Hanse an. **SIZILIEN:** Jakob von Aragon einigt sich im Frieden von Anagni mit dem Papst. Er gibt das Lehen an die Kirche zurück und erhält dafür die Inseln Sardinien und Korsika. **POLEN:** Herzog Przemyslaw II. (–1296) versucht vergeblich, das Reich zu einigen. Er wird ermordet. Das Herzogtum wird in Pommern-Wolgast und Pommern-Stettin (–1478) geteilt. **ENGLAND:** König Eduard I. beruft eine Versammlung von Adeligen, Kirchenfürsten und Bürgern ein. Bei den Verhandlungen kommt es zur Bildung eines großen Rates, Grundlage des späteren Parlaments (Unter- und Oberhaus). **Kultur:** Jacob van Maerlant † (*1235). Der Lyriker aus den Niederlanden verfasste u. a. Lehrgedichte über die Naturwissenschaft, die Geschichte, das Staatswesen und die Bibel.

1296

Kirche: Papst Bonifaz VIII. (–1303). Erteilt durch die Bulle „Cleris laicos" den weltlichen Fürsten ein Verbot, den Klerus mit Steuern zu belegen. Durch die Vetternwirtschaft des Bonifaz VIII. kommt es zum offenen Streit zwischen den mächtigen römischen Familien Orsini und Colonna. **Kultur:** Baubeginn des Doms zu Florenz.

1297

König Adolf von Nassau bestätigt den „ewigen Bund" der Waldorte Uri, Schwyz und Unterwalden. In Mainz setzen die deutschen Fürsten Adolf von Nassau ab und wählen Albrecht von Österreich, den Sohn Rudolfs I., zum König. **ENGLAND, SCHOTTLAND:** Die schottischen Grundherren rebellieren gegen die Benennung John de Balliols zum schottischen König. Sieg der Schotten unter dem Volkshelden William Wallace in der Schlacht von Stirling.

1298

In der Schlacht bei Göllheim unterliegt Adolf von Nassau dem Heer Albrechts von Österreich und fällt im Kampf. Albrecht I., deutscher König (–1308). **Kirche:** Durch die Vermittlungspolitik von Papst Bonifaz VIII. kommt es zwischen England und Frankreich nach der französischen Besetzung Flanderns zu einem Friedensschluss. Bei der Gebietsverteilung bleibt Schottland bei England, während Flandern an Frankreich fällt. **ENGLAND, SCHOTTLAND:** Die Engländer besiegen in der Schlacht von Falkirk die Schotten unter William Wallace.

1299

König Albrecht I. verbündet sich mit Frankreich. Die mächtigen rheinischen Kurfürsten lehnen sich gegen die Politik Albrechts I. auf und drängen auf seine Absetzung. **Kultur:** Mechthild von Hackeborn † (*1241). Die Benediktinerin aus dem Kloster Helfta bei Eisleben verfasste mystische Schriften.

1300

Kirche: Papst Bonifaz VIII. ordnet das „Heilige Jahr" an: erstes Jubeljahr in Rom. **BÖHMEN:** König Wenzel II. wird in Gnesen zum König von Polen gekrönt. **Kultur:** Bau der gotischen Rathäuser in Lübeck und Reval. Baubeginn der Lorenz-Kirche zu Nürnberg (–1472).

1301

Unter ihrem Heerführer, dem Fürsten Osman, unterwerfen die Türken Kleinasien und erobern die byzantinischen Gebiete.

14. Jahrhundert

Die bislang eher feudale Gesellschaftsordnung weicht einer mehr ständischen. Unberücksichtigt von der Aufwertung der ständischen Volksschicht bleiben die Landbewohner, die sich überwiegend in wirtschaftlicher und persönlicher Abhängigkeit zu den adligen und klerikalen Grundbesitzern befinden. Sie haben so gut wie gar keine Rechte. Die im 11. Jahrhundert eingeführten Familiennamen haben sich weitgehend durchgesetzt. Interessant: Biblische Namen werden bei der Bevölkerung und insbesondere bei den Armen immer beliebter und verdrängen die indoeuropäischen (aus zwei Wortstämmen bestehend), die sich oft nur als Rufnamen erhalten. In der Mitte des 14. Jahrhunderts bricht in Europa eine schwere Pestepidemie aus, die zwei Jahre dauert. Über 25 Millionen Menschen (rund 25 Prozent der Gesamtbevölkerung) sterben. Die schwere Seuche wird teils als göttliches Strafgericht und teils als Folge von angeblichen Brunnenvergiftungen durch die Juden angesehen. Der Verdacht, in den das jüdische Volk so gerät, führt zu grausamen Judenverfolgungen. Dem göttlichen Strafgericht versucht man durch Selbstkasteiung (Flagellantenzüge, die durch ganz Europa ziehen) begegnen zu können. Papst Klemens V. verlegt seinen Sitz von Rom nach Avignon und wird so von der französischen Krone abhängig. Die „Babylonische Gefangenschaft" der Kirche dauert 67 Jahre. Im 14. Jahrhundert kommt es zum ersten Krieg von Städtebünden, die glauben, sich vereinigt besser gegen Fürsten und andere Städte verteidigen zu können. Der erste, „Süddeutsche", Städtekrieg kann erst beigelegt werden, als die Städte die Reichsfreiheit bestätigt bekommen. Dann wird ihnen die Reichsunmittelbarkeit zugestanden, d. h. sie sind direkt dem König unterstellt und von den jeweiligen Landesfürsten unabhängig. Als Gegenleistung für dieses Recht verzichten sie auf ihre Sonderbündnisse. Ebenfalls in das 14. Jahrhundert fällt auch der Aufstieg des neuen Osmanenreiches, das von Osman I. (er war Ende des vorigen Jahrhunderts vor den Mongolen geflohen) gegründet wird. Sein Sohn kann Nikaia erobern und gründet die Janitscharentruppe, die aus den Gefangenen christlicher Völker besteht. Damit stehen zum ersten Mal Christen unter der Gefolgschaft eines „heidnischen" Herrschers. Der Expansionsdrang des neuen Reiches wird im Osten durch die Mongolen gestoppt. Die Hinwendung zum Westen als mögliches Territorium zur Machtvergrößerung führt zu unzähligen Auseinandersetzungen mit europäischen Ländern, die in den Türkenkriegen ihren Höhepunkt finden.

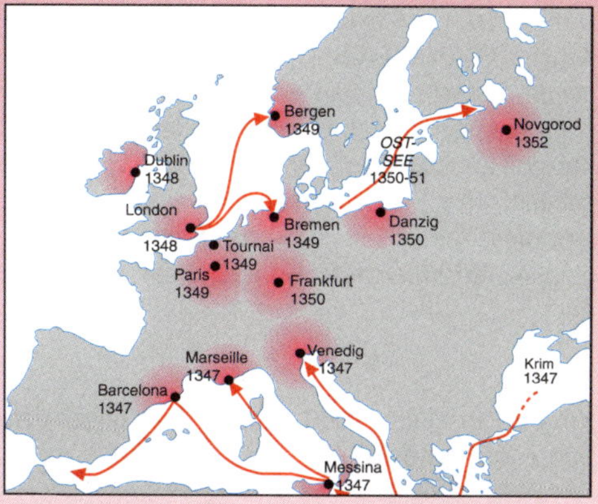

Verbreitung der Pest

1302

König Albrecht I. setzt sich gegen die aufständischen rheinischen Kurfürsten durch. **Kirche:** Mit der Bulle „Unam sanctam" tritt Papst Bonifaz VIII. für die Oberhoheit der Kirche gegenüber den weltlichen Fürsten ein. **FRANKREICH:** König Philipp IV., der Schöne lehnt die päpstliche Bulle ab und beruft zur Unterstützung seiner Politik erstmals die Generalstände nach Paris. **FLANDERN:** Die Bürger der mächtigen Handelsstädte Brügge und Ypern besiegen das französische Heer bei Kortrijk („Sporenschlacht") und erhalten ihre Selbstständigkeit (siehe 1298). **Kultur:** Der italienische Dichter Alighieri, Prior von Florenz, wegen papstfeindlicher Gesinnung zum Tode verurteilt, zieht nach Verona.

1303

Albrecht I. wird von Papst Bonifaz VIII. (nach dessen Weigerung 1297) endlich als deutscher König anerkannt. **Kirche:** Papst Bonifaz VIII. stellt Albrecht I. die

Kaiserkrönung in Aussicht, um sich damit dessen Unterstützung gegen den König von Frankreich zu sichern. **FRANKREICH:** Wilhelm von Nogaret, Gegner des herrschsüchtigen, unmoralischen Papsttums, klagt Bonifaz vor den Generalständen in Paris der Ketzerei an. Nachdem König Philipp IV. vom Papst gebannt wird, überfällt Nogaret Bonifaz in Anagni. Der Papst kann fliehen und stirbt, vom Wahnsinn befallen. **Wissenschaft:** Gründung der Universität Rom.

1304

Kirche: Papst Benedikt XI. löst den Bann gegen den französischen König.

Avignon: Papstpalast

1305

Kirche: Papst Klemens V. (–1314). Der Erzbischof aus Bordeaux zieht nicht nach Rom, sondern verlegt den Sitz der Kurie nach Avignon (Südfrankreich). Beginn des Avignonesischen Papsttums (–1377).

1306

BÖHMEN: König Wenzel III. wird ermordet. Sein Reich fällt auf Drängen von König Albrecht I. als Lehen an das Deutsche Reich zurück. **Kultur:** Jacopone da Todi † (*1230). Der italienische Dichter, ein überzeugter Gegner Papst Bonifaz VIII., verfasste Satiren und volkstümliches Liedgut.

1307

BÖHMEN: Der aufständische Adel widersetzt sich Albrecht I. und wählt Heinrich von Kärnten, einen Schwiegersohn Wenzels III., zum König. **ENGLAND:** Eduard II. wird König (–1327). **FRANKREICH:** Beginn der Auflösung des geistlichen Ritterordens der Templer, 1119 in Akkon gegründet. Philipp IV. zieht die Güter des reichen Ordens ein und verurteilt die Ordensbrüder als Ketzer zum Tode.

1308

Nach Ermordung Albrechts I. wird Heinrich VII., Graf von Luxemburg, deutscher König. Durch die Heirat seines Sohnes Johann mit der jüngsten Tochter Wenzels III. (1310) fällt Böhmen als Lehen an Heinrich VII. und stärkt seine Hausmacht. **UNGARN:** Nach dem Aussterben der Dynastie der Arpaden (seit 895) wird Karl I. Robert von Anjou König (–1342). Als Vertreter des Feudalismus bringt er Ungarn zu Macht und Ansehen. **Kultur:** Johannes Duns Scotus † (*1266). Der Scholastiker aus Schottland, als Lehrer in Paris, Oxford und Köln tätig, entschied sich für eine Philosophie des Willens gegenüber der des Verstandes (Thomas von Aquino).

1309

König Heinrich VII. bestätigt die Reichsunmittelbarkeit der Waldorte Schwyz, Uri und Unterwalden. **Kirche:** Avignon wird Papstsitz: „Babylonische Gefangenschaft der Kirche". Der Deutsche Orden unterwirft die Pommerellen mit der Hauptstadt Danzig. Die Marienburg wird nach Verlust von Akkon (1291) Sitz des Hochmeisters des Deutschen Ordens. **Kultur:** Bau des Dogenpalasts in Venedig.

1310

Heinrich VII. unternimmt einen Feldzug nach Italien. Er vermittelt zwischen den verfeindeten Familien der Ghibellinen und Guelfen und lässt sich zum König der Lombarden krönen. **BÖHMEN:** Johann von

Luxemburg, Sohn Heinrichs VII., wird König (–1346). Die Dynastie der Luxemburger regiert in Böhmen bis 1437. **Kultur:** Fassade des Doms (italienisch-gotisch) zu Orvieto.

1311

Kirche: Während des Konzils von Vienne muss Papst Klemens V. auf Druck König Philipps IV. den Orden der Templer endgültig auflösen. Die seit 1307 bestehende Verfolgung des Ritterordens endet 1314 mit der Verbrennung des Großmeisters Jakob von Molay und anderen Würdenträgern.

1312

König Heinrich VII. wird durch Kardinäle, die vom Papst dafür ausersehen sind, in Rom im Lateran zum Kaiser gekrönt. Heinrich VII. versucht vergeblich, Florenz, das von der Dynastie der Guelfen beherrscht wird, zu unterwerfen.

1313

Der geplante Feldzug im Bündnis mit Friedrich von Sizilien gegen den König von Neapel scheitert am Tod Heinrichs, der im Dom zu Pisa begraben wird.

1314

Ludwig IV., der Bayer (–1347) wird auf Betreiben der pro Luxemburg gesinnten Kurfürsten von Mainz, Trier, Sachsen-Lauenburg, Brandenburg und Böhmen zum König ernannt. Gegenkönig wird Friedrich der Schöne von Österreich (–1330). Ihn unterstützen die Kurfürsten von Köln, Sachsen-Wittenberg, Pfalz. **FRANKREICH:** Nach dem Tod Philipps IV. folgt zunächst sein ältester Sohn, Ludwig X. der Zänker (–1316). **SCHOTTLAND:** In der Schlacht bei Bannockburn unterwirft Robert Bruce (schottischer König seit 1306) den englischen König Eduard II. und erreicht die Unabhängigkeit. **Kultur:** Bau des Palazzo Vecchio in Florenz.

1315

Der Sieg über das Heer Leopolds von Österreich, einem Bruder König Friedrichs, besiegelt endgültig die Reichsunmittelbarkeit der Schweizer Waldstätte Uri, Schwyz und Unterwalden. Dem „ewigen Bündnis" schließen sich später Luzern, Zürich, Glarus, Zug und Bern an. Die Stadt Antwerpen schließt sich der Hanse an.

1316

Meißen erhält das Stadtrecht. **LITAUEN:** Großfürst Gedimin (–1341) stößt mit seinem Heer bis Kiew vor und erobert weitere Gebiete bis zum Schwarzen Meer. **FRANKREICH:** Philipp V., zweitältester Sohn Philipps des Schönen, wird König (–1322). **Kirche:** Papst Johannes XXII. (–1334). Auch er führt sein Amt von Avignon aus. Er vermehrt die päpstlichen Einnahmen durch kuriale Pfründe und Abgabesysteme. **Kultur:** Raimundus Lullus † (*1235). Der katalanische Scholastiker, ein Gegner des islamischen Denkers Averroes, arabisch Ibn Ruschd (1126–1198), kämpfte in Afrika gegen die Verbreitung der Lehre des Islams. Umbau der Marienkirche (im hochgotischen Stil) in Lübeck.

1317

Religion: Die Missionsreise des Mönchs Oderich von Pordenone führt nach Persien, Indien, Sumatra, Peking und Tibet. **Kultur:** Beginn der Freskenmalerei. Giotto di Bondone (1266–1337) malt in der Bardikapelle und der Peruzzi-Kapelle der Kirche St. Croce (Florenz) „Das Leben des Heiligen Franziskus und der beiden Johannes".

1320

POLEN: Wladislaw I. Lokietek aus der Dynastie der Piasten wird König (–1333). Hauptstadt des neu geeinten Reichs ist Krakau (–1550). **Kultur:** Giovanni Pisano † (*1245). Der italienische Bildhauer gilt als Begründer des frühgotischen Stils seiner Heimat. Henri de Mondeville † (*1260), französischer Chirurg. Er lehrte in Montpellier und ging neue Wege, die sich von der bisher praktizierten klassischen Medizin unterscheiden. **CHINA:** Fertigstellung des

G. Pisano: Madonna mit Kind

Baus des Kaiser-Kanals (seit 540) zwischen Peking im Norden und Hang-tschou im Süden des Landes.

Dante Alighieri

1321

Religion: Monte Cassino wird zum Bistum erhoben. **Wissenschaft:** Gründung der Universität Florenz. **Kultur:** Dante Alighieri † (*1265). Der größte italienische Dichter schrieb das Epos „Göttliche Komödie" (Weg der sündigen Seele zum Heil: Inferno–Purgatorio–Paradiso) und „Das neue Leben" (Gedichte, die Darstellung seiner Jugendliebe zu Beatrice).

1322

In der Schlacht bei Mühldorf unterliegt König Friedrich der Schöne seinem Gegner König Ludwig dem Bayern. Friedrich wird gefangen genommen. **FRANKREICH:** Karl IV. wird König (–1328). Der dritte Sohn Philipps IV. ist der letzte männliche Erbe aus der Dynastie der Kapetinger. **Kultur:** Chao Meng-fu † (*1254). Chinesischer Maler, seit 1274 Minister und Berater am Kaiserhof der ersten mongolischen Herrscher.

1323

König Ludwig übergibt die durch das Aussterben des Geschlechts der Askanier frei gewordene Mark Brandenburg an seinen ältesten Sohn Ludwig I., den Älteren. **Kirche:** Papst Johannes XXII. erkennt die Wahl Ludwigs zum deutschen König nicht an. Erneuter Kampf zwischen dem weltlichen und kirchlichen Imperium. Ludwig wird mit dem Bann belegt.

1325

Gegenkönig Friedrich wird nach seiner Verzichtserklärung aus seinem Gefängnis auf der Burg Trausnitz (Niederbayern) entlassen. Nachdem sein Bruder Leopold den ausgehandelten Vertrag nicht anerkennt, ernennt Ludwig der Bayer den Habsburger Gegenkönig zu seinem Mitregenten. **MOSKAU:** Iwan Kalita Großfürst von Moskau (–1341). Der Sitz des Metropoliten wird von Wladimir nach Moskau verlegt. **RÜGEN:** Das Fürstentum, bisher unter dänischer Oberhoheit, fällt an das Herzogtum Pommern-Wolgast.

1326

SCHOTTLAND: König Robert I. aus der Dynastie der Bruce gründet ein Parlament. Er sucht bei Adel und Städten finanzielle Hilfe für den Krieg gegen England. **OSMANISCHES REICH:** Sultan Osman I., Gründer des Osmanenreichs 1298, stirbt. Die Nachfolge tritt sein Sohn Urchan an, der das Gebiet Brussa in Westkleinasien dazugewinnt.

1327

König Ludwig IV. der Bayer unternimmt einen Italienzug (–1330). Bündnis zwischen ihm und Friedrich III. von Sizilien gegen den geächteten König Robert von Neapel und Papst Johannes XXII. Eroberung Pisas. **ENGLAND:** König Eduard II. muss unter dem Druck des Parlaments abdanken. Sein Nachfolger wird Eduard III. (–1377). **Kultur:** Meister Eckart (Eckehart) † (*1260). Der Dominikaner und bedeutendste deutsche Mystiker, der in Paris, Straßburg und Köln lehrte, verbreitete in seinen Schriften die Lehre des Einswerdens der Seele mit Gott. Seine Werke sind für die Entwicklung der deutschen Sprache von großem wissenschaftlichem Wert.

1328

König Ludwig IV. erhält in Mailand die lombardische Königskrone und wird in Rom (Peterskirche) in Abwesenheit des Papstes von vier römischen Stadtsyndici zum Kaiser gekrönt. **Kirche:** Papst Johannes XXII. wird durch Volksbeschluss abgesetzt und wegen Ketzerei zum Tode verurteilt. Nikolaus V. wird zum Gegenpapst ernannt. **FRANKREICH:** Philipp VI. wird König (–1350). Er stammt aus dem Geschlecht der Valois, einer Nebenlinie der Kapetinger, regierende Dynastie bis 1589. **NEAPEL:** König Robert I. stößt bis Ostia vor und zwingt Kaiser Ludwig zum Rückzug. **RUSSLAND:** Unter Iwan I. (–1341) wird Moskau Hauptstadt und Sitz der russischen Großfürsten (–1712) sowie der Metropoliten (Oberhaupt der russischen Kirche).

1331

SERBIEN: König Stefan Duschan (–1355). Er gilt als Begründer des Großserbischen Reichs. **BYZANZ:** Verlust der Stadt Nicäa durch eindringende Türken.

1332

Die Straßburger Zünfte erhalten Mitspracherecht und Sitze in der Stadtregierung.

1333

POLEN: Kasimir III. (der Große) wird König (–1370). Während seiner Regierungszeit fällt Westpreußen an den Deutschen Orden. Auf seinen Eroberungszügen gewinnt er Galizien, Wolhynien und Podolien (1337). Er verfasst das erste geschriebene polnische Gesetz und unterstützt die Bauern und Juden seines Reichs.

1334

Kirche: Papst Benedikt XII. (–1342). Ohne die päpstliche Approbation erkennt er den Königstitel Ludwigs des Bayern nicht an. Papst Benedikt XII. gilt als Erbauer des päpstlichen Palastes in Avignon.

1335

Das Herzogtum Österreich wird mit Kärnten belehnt. **POLEN:** König Kasimir III. verzichtet auf Schlesien, das unter die Oberhoheit des Königs von Böhmen fällt (Vertrag von Vysegrad 1338).

1336

In Zürich erheben sich unter Rudolf Brun die Zünfte und beenden die Vorherrschaft der Großkaufmannsfamilien. In einem neugewählten Rat stimmen 13 Zunftmeister und 13 Vertreter des Großbürgertums über die Rechte ab.

1337

König Ludwig der Bayer schließt ein Bündnis mit dem Engländer Eduard III. Er begegnet damit dem politischen Ränkespiel des französischen Monarchen Philipp VI., der die deutsche Kurie für sich gewinnt und sich den Forderungen Papst Benedikts XII. (–1334) anschließt.

1338

Die deutschen Kurfürsten einigen sich mit Ludwig. Der Kurverein von Rhense erlässt das Reichsrecht: Ein von deutschen Kurfürsten ernannter König bedarf keiner päpstlichen Approbation zu seiner Wahl.

1339

Beginn des „Hundertjährigen Kriegs" zwischen England und Frankreich. Der Anlass: König Eduard III. erhebt Anspruch auf den französischen Thron, da die Guyenne, ein englischer Besitz in Frankreich, verloren zu gehen droht. Frankreich bestreitet den Thronanspruch. Der erste Vorstoß Eduards nach Nordfrankreich bleibt erfolglos.

1340

ENGLAND: König Eduard III. beendet die Seeschlacht von Sluys siegreich und vernichtet die französische Flotte. **DÄNEMARK:** Waldemar IV. Atterdag wird König (–1375). **Kultur:** Johannes Hadlaub † (*um 1300). Der Schweizer Minnesänger widmete sich der bäuerlichen Dichtung.

1342

Dem Herzogtum Bayern und der Mark Brandenburg wird durch Heirat Ludwigs des Älteren (einem Sohn des deutschen Königs) mit Margarete Maultasch Tirol angegliedert. Dieser Landerwerb führt zu Streitereien mit den Luxemburgern.

1343

POLEN: Im Frieden von Kalisch übereignet Kasimir III. die Pommerellen und das Kulmerland dem Deutschen Orden.

1344

UNGARN: Ludwig von Anjem-Neapel wird König (–1382). Er bindet die Lehensgebiete auf der Balkanhalbinsel an sein Reich. **Kirche:** Papst Klemens VI. (–1352) belegt König Ludwig wegen kirchlicher Vergehen und Unterstützung von Ketzerei mit dem Bann. **Kultur:** Bau der Klosterkirche (norddeutsche Backsteingotik) von Chorin. Baubeginn des St. Veit-Doms zu Prag.

1346

Karl IV. aus der Dynastie der Luxemburger wird trotz des Reichsgesetzes von Rhense auf Drängen der Kurfürsten von Köln, Trier, Mainz, Böhmen und Sachsen zum päpstlichen Gegenkönig ernannt. Der Deutsche Orden erwirbt Estland durch Kauf von Dänemark. **ENGLAND:** In der Schlacht bei Abbéville (Crécy) erringen die Engländer einen entscheidenden Sieg über die Franzosen. **BÖHMEN:** Johann von Luxemburg, König seit 1310, fällt im Kampf als Verbündeter der Franzosen. **SERBIEN:** König Duschan erobert Südmakedonien und Albanien (1348 auch Thessalien). Er nimmt den Titel eines Zaren an. Unter ihm erlebt das serbische Reich seine Blütezeit. Zerfall des Reiches in Einzelstaaten nach dem Tod König Duschans (1355).

1347

Kaiser Ludwig IV., der Bayer stirbt und wird in München in der Frauenkirche beigesetzt Karl IV. von Luxemburg, seit 1346 Gegenkönig, wird von den deutschen Fürsten als Thronfolger bestätigt. Er regiert bis 1378. Die Dynastie der Luxemburger bleibt bis 1437 regierendes Haus. Karl IV. ist auch König von Böhmen. **ENGLAND:** Das Heer Eduards III. erobert Calais. **ITALIEN:** Cola di Rienzi, römischer Volksführer, versucht, im päpstlichen Rom einen Freistaat nach altrömischem Vorbild zu gründen. Er scheitert und wird 1354 ermordet.

Der schwarze Tod

1348

König Karl IV. macht die Prager Neustadt in Böhmen zu seiner Residenz. Ganz Europa wird von der Pest (schwarzer Tod) heimgesucht. Es stirbt fast ein Drittel der Bevölkerung an dieser aus Asien eingeschleppten Epidemie. Um Gott zu versöhnen – das Volk betrachtet die Seuche als göttliches Strafgericht – ziehen die Menschen in Bußprozessionen durch das Land. **Wissenschaft:** Gründung der Universität von Prag.

1349

FRANKREICH: König Philipp VI. erwirbt die Dauphiné, ein Gebiet zwischen Rhône und Durance (Burgund). **Kirche:** Papst Clemens VI. verbietet die Geißlerzüge. **Kultur:** Wilhelm von Occam † (*1290). Der englische Philosoph gilt als Führer des spätscholastischen Nominalismus.

1350

Azteken: Steinfigur

BÖHMEN: König Karl IV. teilt das Reich. Böhmen mit der Oberlausitz und Gebiete Schlesiens verbleiben beim Königreich. Karls Brüder erhalten Mähren und Luxemburg. Karl IV. gilt als Förderer von Wissenschaft, Kunst und Handel. **FRANKREICH:** Johann II., der Gute, wird König (–1364). **ENGLAND:** Das Parlament teilt sich in Oberhaus (House of Lords) und Unterhaus (House of Commons). **MEXIKO:** Das Reich der Azteken (Indianer) entsteht. Hauptstadt ist Tenochtitlan. Das hoch entwickelte Kulturvolk unterwarf die vorher dort ansässigen Tolteken. Die kriegerischen Azteken huldigen dem Stammesgott Huitzilopochtli, indem sie ihm lebende menschliche Opfer darbringen. **Kultur:** Bau des Doms zu Wetzlar (romanisch, frühgotisch). Till Eulenspiegel †, bäuerlicher Schalknarr. Seine Narrengeschichten werden im 15. Jahrhundert in dem Werk „Volksbuch von E." aufgezeichnet. Die Burg Eltz an der Mosel wird errichtet. König Eduard III. lässt Schloss Windsor erbauen. Die Alhambra (Granada), eines der bedeutendsten Bauwerke des Islam, wird durch den heute noch erhaltenen Hauptteil ergänzt. **Wissenschaft:** Die mittelhochdeutsche Sprache wird allmählich durch die neuhochdeutsche Sprache ersetzt.

1351

Der Deutsche Orden erlebt unter Hochmeister Winrich von Kniprode (–1382) wirtschaftlich und politisch seinen Höhepunkt. Dem eidgenössischen „Ewigen Bund" treten bis 1553 Zürich, Glarus, Zug und Bern bei.

1355

König Karl IV. wird während seines Italienzugs in Mailand zum König der Lombarden und in Rom von einem päpstlichen Legaten zum Kaiser gekrönt. **Kultur:** Karl IV. stiftet die Frauenkirche (gotisch) in Nürnberg.

1356

Die „Goldene Bulle" wird auf den Reichstagen zu Nürnberg und Metz bestätigt. Sie regelt die Wahl des deutschen Königs durch sieben Kurfürsten. Die Rangfolge: Mainz, Trier, Köln (Erzbischöfe), Böhmen, Pfalz, Sachsen, Brandenburg (weltliche Fürsten). Dieses Gesetz gilt bis 1806. Wahlort ist die Bartholomäuskirche in Frankfurt, Krönungsort Aachen. **ENGLAND:** Sieg über das französische Heer bei Maupertius. Gefangennahme von Johann II. **OSMANISCHES REICH:** Die Türken stoßen nach Thrakien vor.

Hanse

1357

Der Städtebund zur Förderung des deutschen Handels nennt sich selbst „Städte der Deutschen Hanse". **FRANKREICH:** Ein Bauernaufstand im Norden des Landes gegen die adeligen Familien wird niedergeworfen.

1360

ENGLAND: Der Friedensvertrag von Brétigny beendet zunächst den Krieg mit Frankreich. König Eduard III. verzichtet auf den französischen Thron und erhält die Gebiete Guyenne, Poitou, Gascogne und Calais. **MONGOLENREICH:** Timur Leng dringt mit seinem Heer nach Mittelasien vor und errichtet dort ein zweites Reich.

1361

Danzig wird Hansestadt. **DÄNEMARK:** König Waldemar erobert die Hansestadt Wisby. Grund für einen Krieg mit der deutschen Hanse.

1362

DÄNEMARK: Sieg über die deutsche Hanseflotte bei Helsingborg. **Kultur:** Großfürst Demetrius Iwanowitsch Donskoi (–1389) lässt den Kreml in Moskau errichten.

1363

Durch den Vertrag von Brünn fällt Tirol an die Habsburger.

1364

FRANKREICH: Karl V., der Weise wird König (1380). **Wissenschaft:** Der polnische König Kasimir III. gründet die Universität von Krakau.

1365

König Karl IV. reist nach Avignon, um Papst Urban V. (–1370) zur Rückkehr nach Rom zu bewegen. Er lässt sich in Arles zum König von Burgund krönen. **Wissenschaft:** Gründung der Universität von Wien.

1366

OSMANISCHES REICH: Der türkische Sultan Murad I. unterwirft Adrianopel (1361) und macht es zur Hauptstadt seines Reichs. **Kultur:** Heinrich Seuse † (*1295). Der deutsche Mystiker sah die Nachfolge Christi vor allem in einem asketischen Lebensstil und verfasste u. a. das „Büchlein der ewigen Weisheit" und das „Büchlein der Wahrheit". Er war ein Schüler des Meister Eckart.

1367

Kirche: Papst Urban V. kehrt aus Avignon nach Rom zurück.

1368

Vase aus der Ming-Zeit

1368

Zweiter Italienzug Karls IV. (–1369). Um Rom als Sitz des obersten Kirchenfürsten zu festigen, versucht Karl IV., zwischen Papst Urban und seinem mächtigen Gegner Visconti von Mailand zu vermitteln. Der Versuch scheitert. **BÖHMEN** erwirbt die Niederlausitz. **CHINA:** Mithilfe der Kleinbauern erobert der buddhistische Mönch Chu-Yüan-shung die Stadt Peking und beendet die Dynastie der Mongolen (Yüan). Chu lässt sich zum Kaiser krönen (–1398). Das Geschlecht der Ming regiert bis 1644. Unter Chu erlebt China eine Agrarreform. Ausbau der großen Mauer. **MOSKAU:** Großfürst Donskoi stößt mit seinem Heer bis zur Wolga vor und kann die Angriffe der Litauer auf Moskau abwehren.

1369

FRANKREICH: König Karl V. erkennt den Frieden von Brétigny nicht an, was zu einem erneuten Krieg mit England führt. **FLANDERN:** Durch Einheirat wird Philipp der Kühne von Burgund Herrscher über die Gebiete von Flandern (–1384).

1370

Mit dem Frieden von Stralsund endet der Krieg zwischen der Hanse und dem dänischen König Waldemar IV. Der Vertrag beinhaltet Handelsrechte, die die Macht der deutschen Ostseestädte und ihre Interessen erheblich ausdehnen. Der Deutsche Orden besiegt unter Führung Winrichs von Kniprode die Litauer bei Rudau. **Kirche:** Papst Urban V. kehrt nach Avignon zurück. **POLEN:** Nach dem Tod von König Kasimir III. stirbt die Dynastie der Piasten aus. Ludwig der Große von Anjou-Neapel, König von Ungarn seit 1342, übernimmt die Thronfolge. **MONGOLENREICH:** Timur wird Herrscher (–1405), Samarkand Hauptstadt des Reichs.

1374

Kultur: Francesco Petrarca † (*1304). Der italienische Dichter gilt als Begründer des Humanismus, einer geistigen Renaissance, die im Widerspruch zu der doktrinären Starrheit der letzten Jahrhunderte steht. Rückkehr zu den Tugenden des klassischen Altertums. Ibn al Chatib † (*1313) Der arabische Historiker zeichnete die Geschichte der mohammedanischen Herrschaft in Spanien auf.

1376

Karl IV. lässt seinen Sohn Wenzel zum deutschen König (–1400) wählen und in Aachen krönen.

1377

Die schwäbischen Städte schließen sich zu einem Städtebund zusammen. **Kirche**: Papst Gregor XI. (1370–78) kehrt von Avignon nach Rom zurück. Ende der „Babylonischen Gefangenschaft der Kirche". Die neue Residenz des Papstes ist der Vatikan (vorher Lateran). **Kultur:** Guillaume de Machaut † (*1300). Der französische Dichter und Komponist verfasste Liebesballaden. Ibn Battuta † (*1304). Der arabische Forscher bereiste Asien, Indien, China, Sumatra und Ostafrika. Baubeginn des Münsters zu Ulm (gotische, fünfschiffige Basilika). Die Arbeiten an dem berühmten Bauwerk werden 1529 zunächst unterbrochen und erst 1890 abgeschlossen.

1378

Kaiser Karl IV. stirbt in Prag (*1316). Nachfolger ist sein Sohn Wenzel (siehe 1376). **Kirche:** Papst Urban VI. (–1389). Er wird von den Kardinälen in Rom gewählt. Das französische Kardinalskolleg in Avignon bestimmt Klemens VII. (–1394) zum Gegenpapst. Großes abendländisches Schisma (Kirchenspaltung, –1417).

1380

FRANKREICH: Karl VI. (der Wahnsinnige) wird König (–1422). Der erst zwölfjährige Monarch hat die Herzöge von Anjou, Burgund und Berry zum Vormund. **DÄNEMARK** und **NORWEGEN:** Olaf V. wird König (–1387) der beiden Reiche. **MOSKAU:** Großfürst

Timur Leng

Donskoi unterwirft die Don-Tataren. Vereinigung der beiden Reiche (–1814). **MONGOLENREICH:** Timur unternimmt den ersten seiner 35 Feldzüge, die ihn zunächst nach Persien und später nach Georgien, Russland, Mittelasien, Hindustan, Damaskus und Bagdad führen.

1381

Der Rheinische Städtebund schließt sich mit dem Schwäbischen Städtebund zusammen, um den Machenschaften der Fürsten und Adeligen zu begegnen. Auch Konstanz, Bern und Luzern treten diesem Bündnis bei. **ENGLAND:** Unter Führung von Wat Tyler erheben sich die Bauern gegen die adeligen Großgrundbesitzer. Der Aufstand wird niedergeschlagen. **VENEDIG:** Ende des „Hundertjährigen Kriegs" gegen Genua. Die Vorherrschaft Venedigs als Seemacht und damit das Monopol über den Handel mit dem Orient und Fernen Osten macht die Lagunenstadt zu einer der mächtigsten Städte am Mittelmeer.

1382

Triest fällt an das Herzogtum Österreich. **FLANDERN:** Das Volk, das sich gegen den Adel erhebt, wird mithilfe französischer Truppen besiegt. **ENGLAND:** König Richard II. heiratet die Tochter Karls IV. von Böhmen. **Religion:** Das Konzil von London distanziert sich von der Lehre des Reformators Wiclif, der vom Papst eine unabhängige Nationalkirche fordert und Ohrenbeichte, Ablass und Transsubstantiation beim Abendmahl verwirft.

1384

FRANKREICH: Herzog Philipp von Burgund regiert Flandern und Artois. **Kultur:** John Wiclif † (*1328). Der Lehrer in Oxford und Gegner des Papstes übersetzte die Bibel in die englische Sprache. Er gilt als Förderer der heimischen Schriftsprache, nachdem bislang vorherrschend französisch gesprochen wurde. Wiclif wird 1415 zum Ketzer erklärt. Seine Anhänger werden verfolgt.

1386

Herzog Leopold III. von Österreich unterliegt in der Schlacht von Sempach den Schweizer Eidgenossen. Leopold fällt im Kampf. Graf von Schaumburg-Holstein erhält Schleswig als dänisches Lehen. **POLEN:** Großfürst Jagiello von Litauen wird durch Heirat mit Königin Jadwiga von Polen Herrscher des Reichs (–1434). Er nennt sich König Wladislaw II. Die Dynastie der Jagiellonen bleibt bis 1572 regierendes Haus. **Wissenschaft:** Gründung der Universität Heidelberg.

1387

UNGARN: Sigismund, Bruder des regierenden deutschen Königs Wenzel, wird durch Heirat König von Ungarn (–1437). Das Geschlecht der Luxemburger regiert in Ungarn bis 1415. **DÄNEMARK:** König Olaf V. stirbt. Den Thron besteigt seine Mutter, Königin

Margarete (–1412). **Kultur:** Bau des Rathauses zu Brügge (hochgotisch). Nach 52-jähriger Bauzeit wird der Campanile des Doms zu Florenz fertig gestellt.

1388

Der Städtekrieg gegen Bayern und Württemberg endet mit dem Sieg des Grafen Eberhard des Greiners in der Schlacht bei Döffingen. Der Rheinische Städtebund unterliegt Kurfürst Ruprecht II. von der Pfalz. **Wissenschaft:** Gründung der Universität von Köln.

1389

Durch den Landfrieden zu Eger endet der Städtekrieg, Auflösung des Rheinischen und Schwäbischen Städtebunds. König Wenzel gewährt den Städten Reichsfreiheit. Nach der verlorenen Schlacht von Näfels bestätigt das Herzogtum Österreich unter der Dynastie der Habsburger endgültig den eidgenössischen „Acht Orten" ihre Unabhängigkeit. **SERBIEN:** In der Schlacht auf dem Amselfeld wird das serbische Heer von vordringenden Türken besiegt.

1392

FRANKREICH: König Karl VI. wird wahnsinnig. Ludwig von der Tourraine, ein Bruder des Königs, übernimmt die Regentschaft. Beginn des Machtkampfes zwischen den Häusern Orléans und Burgund. **Wissenschaft:** Gründung der Universität von Erfurt.

1393

König Wenzel lässt Johannes von Nepomuk, den Generalvikar des Erzbischofs von Prag, ermorden. Durch seine Härte und Trunksucht erwachsen dem König immer mehr Feinde. Die Kurfürsten erwagen seine Absetzung.

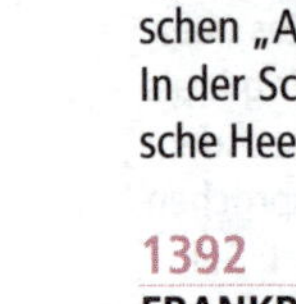

Visconti: Wappen der Familie

1395

Gegen die Habsburger Vorherrschaft bildet sich in Graubünden der „Graue Bund". **ITALIEN:** Gian Galeazzo Visconti, Abkomme einer der mächtigsten Familien von Mailand, kauft von König Wenzel den Herzogtitel. Seiner Ausdehnungspolitik fallen die Städte Verona, Padua, Bologna, Pisa, Siena und Perugia zum Opfer.

1396

UNGARN: König Sigismund unterliegt bei Nikopolis den Türken.

1397

DÄNEMARK: Königin Margarete vereint durch die Kalmarer Union die Länder Dänemark, Norwegen und Schweden. Die Union, die einen König für die drei Reiche ernennt und außenpolitisch gemeinsame Ziele, innenpolitisch aber auf das einzelne Land bezogene Interessen verfolgt, besteht bis 1523. **MONGOLENREICH:** Timur unterwirft Delhi. Abschaffung der mohammedanischen Herrscher (seit 1206) in Nordindien. **Kultur:** Francesco Landino † (*1325). Der italienische Organist und Komponist, seit früher Jugend erblindet, schrieb Madrigale und Balladen.

1398

Bei einem Treffen zwischen König Wenzel und dem französischen Monarchen Karl VI. zu Reims einigt man sich auf die Absetzung der beiden Päpste. Diese scheitert jedoch am Widerstand der Kurfürsten.

1399

ENGLAND: König Richard II. wird von Herzog Heinrich von Lancaster gefangen genommen. Heinrich IV. besteigt nach dem Sturz seines Vetters den englischen Thron (–1413). **Kultur:** Peter Parler † (–1330), deutscher Bildhauer. Seine Werke sind u. a. der Altstädter Brückenturm (Prag), der Chor der Bartholomäuskirche (Kollin) und die Barbarakirche (Kuttenberg).

1400

König Wenzel wird auf Drängen der Kurfürsten abgesetzt. Als Nachfolger wird Kurfürst Ruprecht III. von der Pfalz zum deutschen König gewählt (–1410). **ENGLAND:** Der gestürzte König Richard II. stirbt im Tower. **Kultur:** Neubau der Marienkirche (spätgotisch, –1502) zu Danzig.

15. Jahrhundert

Die Einführung der Feuerwaffen verändert das Heereswesen in Europa. An die Stelle der alten Ritterheere als Lehnspflichtige treten immer mehr die Landsknechte-Söldner-Heere. Eine Folge dieser Veränderung ist die Entpersönlichung des Krieges und des Soldatenwesens. Einfache Bürger werden vielfach zum Söldnerdienst gezwungen, während der Adel nach wie vor die höheren Dienstgrade einnimmt. Die Polen beginnen ihren Widerstand gegen die deutsche Besiedlung und können im Kampf gegen deutsche Heere erste Erfolge verzeichnen. Obwohl sich beide Parteien im Frieden von Thorn einigen können, bleibt ein Spannungsverhältnis bestehen, das in späteren Jahrhunderten immer wieder aufflammen wird (Teilungen Polens, Einmarsch im Zweiten Weltkrieg). In Deutschland besteigt mit Albrecht II. zum ersten Mal ein Habsburger den Königsthron. Seine Nachkommen werden bis ins 19. Jahrhundert fast ununterbrochen die Könige stellen. Zwischen England und Frankreich wird die schon seit Jahrhunderten andauernde Auseinandersetzung im „Hundertjährigen Krieg" fortgeführt. In Böhmen beginnt der Reformator Hus seinen Kampf gegen die Verweltlichung der Kirche. Die Vorreformation scheitert jedoch (Hussitenkriege). Erst im folgenden Jahrhundert wird sich die Reformation durchsetzen können (Luther, Zwingli und Calvin).

Mit dem Krieg der Hanse (eine Städtevereinigung) gegen England führt zum ersten Mal eine politische und wirtschaftliche Gruppe eine kriegerische Auseinandersetzung gegen eine fremde Macht, ohne dass es deswegen zu einem Krieg zwischen England und dem deutschen König kommt. Kriegsgrund ist das Streben um die Monopolstellung im Seehandel.

Habsburg: Wappen

Mit der Machtübernahme von Mohammed II. (dem Großen) in der Türkei beginnt eine neue Blütezeit des türkischen Reiches: Der Herrscher kann seinen Machtbereich erheblich vergrößern. In Spanien verlieren die Araber mit Granada ihren letzten Stützpunkt auf der Halbinsel. Spanien steigt dadurch zur europäischen Großmacht auf. Portugal, das in diesem Jahrhundert den Handel mit Negersklaven beginnt, macht durch seine Entdeckungen von sich reden. Vasco da Gama, Diaz und Kolumbus sind die bekanntesten Männer, die im Auftrage der portugiesischen Krone neue Schifffahrtsrouten und Länder suchen. Portugal begründet mit seinen entdeckten Ländern seinen Reichtum und die politische Macht, die es in den nächsten Jahrhunderten haben wird.

Mit dem Tode von Timur, dem Herrscher des Mongolenreiches, beginnt das Ende einer fast 250-jährigen Herrschaft dieses Volkes über große Teile Asiens und Europas. Mit der Befreiung von den „Goldenen Horden" durch Iwan III. betritt Russland die politische Bühne als europäische Großmacht.

1401

Italienzug König Ruprechts III. (1402). Niederlage gegen den Herzog von Visconti in Mailand. Die Freibeuter und Anführer der Vitalienbrüder, Klaus Störtebeker und Godeke Michels, die im Nord- und Ostseegebiet ihr Unwesen treiben, werden gefangen genommen und hingerichtet. **MONGOLENREICH:** Auf einem Eroberungszug zerstört Timur Damaskus. Er gilt als grausamer Verfolger der Christen und Mohammedaner. **POLEN** schließt mit Litauen eine Union und vereint Litauen, Weißrussland und die Ukraine.

1402

Der Deutsche Orden kauft vom Markgrafen von Brandenburg, auch König von Ungarn, die Neumark (Gebiet zwischen Livland und Preußen). **ITALIEN:** Der mächtige Herzog von Mailand, Gian Galeazzo, stirbt. Zerfall der Dynastie der Visconti. **MONGOLENREICH:** In der Schlacht von Ankara besiegt Timur die Osmanen.

1403

ENGLAND: Ein Aufstand der Adeligen wird von König Heinrich IV. mithilfe der Kirche niedergeschlagen. Verfolgung der Anhänger des Reformators Wiclif († 1384).

1405

Appenzell löst sich nach einem Aufstand vom Kloster St. Gallen. **MONGOLENREICH:** Vor einem Eroberungszug nach China stirbt Timur Leng (*1336). Zerfall des Großreichs, zu dem Persien, Mittelasien, Turkestan, Indusland, Syrien und Teile Russlands gehörten. **CHINA:** Kaiser Tscheng-Tsu (–1424) erobert Ceylon.

1406

Kultur: Ibn Chaldun † (*1332). Der arabische Historiker verfasste eine Weltgeschichte.

1407

FRANKREICH: Im Bürgerkrieg ermordet Johann von Burgund, der Sohn Philipps des Kühnen, Ludwig von Orléans, einen Bruder des Königs.

Jan Hus

1409

Kirche: Das Konzil von Pisa erklärt die beiden Päpste Gregor XII. und Benedikt XIII. für abgesetzt und ernennt den Erzbischof von Mailand (Alexander V.) zum Papst (–1410). Die Kirchenspaltung bleibt jedoch bestehen, da einige Reichsfürsten sowie König Ruprecht auf der Seite von Papst Gregor XII., Spanien, Portugal und Schottland aber auf der Seite von Benedikt XIII. stehen. **Religion:** Jan Hus, tschechischer Prediger und Anhänger des englischen Reformators Wiclif vertreibt durch seine Lehre die deutschen Professoren und Studenten aus der Universität Prag; die deutschen Gelehrten wandern nach Leipzig ab. **Wissenschaft:** Gründung der Universität zu Leipzig.

1410

Sigismund, Sohn Karls IV., wird deutscher König (–1437). Der König von Ungarn (seit 1387) und Markgraf von Brandenburg ist entschlossen, das Schisma zu beenden. **POLEN:** In der Schlacht zu Tannenberg besiegt König Jagiello den Deutschen Orden. Die Belagerung der Marienburg endet jedoch erfolglos. **BÖHMEN:** Der Reformator Jan Hus wird vom Erzbischof von Prag mit dem Bann belegt. **Kultur:** Jean Froissart † (*1337). Der französische Dichter und Historiker verfasste u. a. „Chroniques de France, d'Angleterre, d'Espagne" (Chroniken über Frankreich, England und Spanien).

Marienburg

1411

Im Frieden von Thorn verpflichtet sich der Deutsche Orden unter Heinrich von Plauen zu einer finanziellen Wiedergutmachung gegenüber Polen sowie zur Abtretung des Gebiets Schamaiten (Westlitauen).

1412

DÄNEMARK, SCHWEDEN, NORWEGEN: Nach dem Tod der Königin Margarete wird Erich XIII., der Pommer zum Unions-König (–1439) gewählt. Er gilt als Gegner der deutschen Hanse.

1413

ENGLAND: Heinrich V. wird König (–1422). Er erhebt Anspruch auf den französischen Thron. Der Hundertjährige Krieg bricht erneut aus. **Religion:** Die Aufstände der Lollharden (Anhänger des Reformators Wiclif) werden niedergeschlagen.

1414

Das Konzil von Konstanz (–1418) steht unter der Oberhoheit König Sigismunds. Die Kirchenversammlung, zu der zahlreiche Fürsten und Geistliche erscheinen, beendet das Schisma, fordert eine Kirchenreform und verurteilt die Ketzerei. Heinrich von Plauen, Hochmeister des Deutschen Ordens, plant einen erneuten Krieg gegen Polen. Er wird abgesetzt.

1415

Der tschechische Reformator Jan Hus kommt gegen Zusage eines freien Geleits nach Konstanz, um die anwesenden Kirchenvertreter von seiner Lehre zu überzeugen. Er wird verhaftet und als Ketzer verbrannt. Die Lehre des Engländers Wiclif, richtungsweisend für Jan Hus (siehe 1382), wird ebenfalls verboten, Wiclif (†1384) zum Ketzer erklärt. **ENGLAND:** König Heinrich V. besiegt in der Schlacht bei Azincourt das französische Heer.

1416

Religion: Hieronymus von Prag, ein Freund des Reformators Hus, wird als Ketzer verbrannt. **FRANKREICH:** Johann von Burgund huldigt dem englischen König. Dies führt zu bürgerkriegsähnlichen Auseinandersetzungen zwischen dem regierenden Königshaus und den Anhängern des Herzogs von Burgund.

1417

König Sigismund kann auf dem Konzil zu Konstanz die Beendigung der Kirchenspaltung (Schisma) durchsetzen. Friedrich von Hohenzollern, Burggraf von Nürnberg, wird von König Sigismund mit der Mark Brandenburg belehnt und erhält den Titel eines Kurfürsten. **Kirche:** Papst Martin V. (–1431). Unter ihm erhält der Kirchenstaat in Rom Macht und Ansehen. Er schließt drei Konkordate mit Deutschland, Frankreich und England.

1419

BÖHMEN: Sigismund wird nach dem Tod seines Bruders Wenzel zum König gekrönt. Allerdings muss er als „Mörder" des Reformators Hus (siehe 1414/15) Böhmen verlassen. Beginn der Hussitenkriege (–1436). Die betont nationalen Anhänger des Jan Hus richten sich sehr stark gegen das deutsche Bürgertum in Böhmen und zetteln einen blutigen Aufstand an. Unter Führung von Johann Ziska und Prokop dem Kahlen greifen die Hussiten mit ihrem Heer auch die Nachbarländer, u. a. Österreich, Franken, Bayern und Schlesien, an und verwüsten sie. **Wissenschaft:** Gründung der Universität Rostock.

1420

FRANKREICH: Im Vertrag von Troyes bestätigt Philipp der Gute, Herzog von Burgund (–1467), den englischen König Heinrich V. als französischen Thronanwärter. Das Abkommen erhält die Zustimmung der französischen Generalstände. Heinrich V. vermählt sich mit Katharina, der Tochter Karls VI.

1422

Das Heer König Sigismunds wird bei Prag von den Hussiten (unter der Führung von Ziska von Trocnow) vernichtend geschlagen. **ENGLAND:** Heinrich VI. wird König (–1461). **FRANKREICH:** Karl VII. zum König ernannt. In verschiedenen Gebieten wird auch der Engländer Heinrich VI. als französischer König anerkannt (siehe 1420). **OSMANISCHES REICH:** Belagerung Konstantinopels durch die vorstoßenden Truppen des Sultans Murad II. (–1451).

1423

Friedrich Markgraf von Meißen (Dynastie der Wettiner) erhält das Kurfürstentum Sachsen-Wittenberg. **VENEDIG:** Der Doge Francesco Foscari erwirbt nach erfolgreichen Kämpfen mit dem letzten Herzog aus dem Hause Visconti (Mailand) die Städte Padua, Brescia und Pisa.

1424

ENGLAND: Herzog von Bedford besiegt die Franzosen bei Verneuil. **OSMANISCHES REICH:** Sultan Murad II. erobert Smyrna in Kleinasien. **Kultur:** Bronzetüren am Baptisterium in Florenz (Bildhauer Lorenzo Ghiberti 1378–1455). Meister Franke erschafft den Thomasaltar zu Hamburg.

L. Ghiberti: Tür des Baptisteriums (Florenz)

1427

Die Taboriten, radikale Hussiten, erringen einen Sieg bei Mies. **SCHOTTLAND:** König Jakob I. holt sich Vertreter des niedrigen Adels und der Städte als Gegenstimmen zu den mächtigen Fürstenhäusern ins Parlament. **Kultur:** In Florenz entstehen die berühmten Fresken in den Kirchen St. Maria del Carmine und St. Maria Novella, gemalt von Masaccio (1401–1428). Er gilt als Begründer der italienischen Renaissance.

1428

ENGLAND: Der Herzog von Bedford belagert Orléans.

1429

FRANKREICH: Jeanne d'Arc, die Jungfrau von Orléans (1412–1431), kommt an den Hof Karls VII., um Frankreich von der englischen Besetzung zu befreien (ihrer Aussage nach durch himmlische Stimmen dazu beauftragt). Sie erhält ein Heer, zwingt die Engländer zum Rückzug und begleitet Karl VII. zur Krönung nach Reims. Herzog Philipp von Burgund gründet den „Orden vom Goldenen Vlies".

1430

FRANKREICH: Jeanne d'Arc erobert Compiégne, gerät in Gefangenschaft der Burgunder und wird an die Engländer ausgeliefert. **OSMANISCHES REICH:** Sultan Murad II. führt erfolgreiche Eroberungszüge nach Saloniki, Makedonien und Epirus.

Gefangenennahme der Jeanne d'Arc

1431

Jeanne d'Arc auf dem Scheiterhaufen

FRANKREICH: Die Jungfrau von Orléans wird in Rouen vor ein Kirchengericht gestellt und wegen Ketzerei zum Tod auf dem Scheiterhaufen verurteilt. Fast 600 Jahre später (–1920) wird Jeanne d'Arc heilig gesprochen. **Kirche:** Papst Eugen IV. (–1447). Konzil zu Basel (–1449). Papst Eugen, Asket und Politiker, versucht erfolglos, die Versammlung der Kirchenfürsten, die gegen eine uneingeschränkte Macht des Papstes sind, abzubrechen. Das Konzil einigt sich auf mehrere Reformen, die die päpstlichen Vorrechte erheblich einengen. **FRANKREICH:** Heinrich VI., König von England, wird mit der Unterstützung des Herzogs von Burgund in Paris zum französischen König gekrönt. Sein Gegner, König Karl VII., verschanzt sich auf seinen Besitzungen an der Loire.

1433

Kirche: Das Konzil zu Basel schließt einen Vergleich mit den gemäßigten Hussiten (Kalixtinern, Utraquisten), den so genannten Prager „Kompaktaten". Die radikalen Hussiten kämpfen weiter und werden 1434 vernichtend geschlagen. **FRANKREICH:** Das Herzogtum Burgund wird immer mächtiger. Es erobert Holland, Seeland und Hennegau. Namur wird durch Kauf erworben, Brabant und Limburg fallen durch Erbschaft an das Herzogtum.

1434

ITALIEN: Cosimo de Medici, ein mächtiger Adeliger aus Florenz, verhilft Francesco Sforza als Nachfolger der Visconti zum Herzogtum Mailand. Er selbst herrscht in Florenz bis 1464. Cosimo gilt als Förderer der Kunst und Wissenschaft des Mittelalters.

1435

Der Frieden von Brest beendet den Krieg zwischen dem Deutschen Orden und Polen. **POLEN** unterwirft im Kampf um die Unabhängigkeit die ukrainischen Fürstentümer. **FRANKREICH:** König Karl VII. beendet seine Feindschaft mit dem Herzog von Burgund durch den Frieden von Arras.

1436

BÖHMEN: König Sigismund wird als König von Böhmen anerkannt.

1437

König Sigismund (*1368), der Letzte aus dem Geschlecht der Luxemburger, stirbt. **SCHOTTLAND:** König Jakob I., ein Förderer des Bürgertums, wird ermordet. **Kirche:** Differenzen beim Konzil zu Basel (–1449) veranlassen Papst Eugen IV., ein Gegenkonzil in Ferrara einzuberufen.

1438

Albrecht II. aus der Dynastie der Habsburger wird deutscher König (–1439). Durch seine Heirat mit der Tochter Kaiser Sigismunds erbt er auch den Königstitel von Böhmen und Ungarn. Albrecht II. ist der erste Regent aus dem Hause Habsburg, das bis 1806 die deutschen Könige durch Erbfolge stellt. Dies bedeutet das Ende des Wahlkönigtums (seit 1257). **FRANKREICH:** Mit den Pragmatischen Sanktionen von Bourges schützt König Karl VII. die „Gallikanischen Freiheiten" und regelt die Rechte der französischen Kirche gegenüber dem Papsttum. **BYZANZ:** Kaiser Johann VIII. tritt zum römisch-katholischen Glauben über. Er hofft, durch diese Maßnahme westliche Verbündete gegen die vorstoßenden Türken zu finden. **INKAREICH:** Der Herrscher Pachacute (–1471) forciert die Ausdehnungspolitik der Inkas und gründet Alt-Peru.

1439

König Albrecht II. stirbt auf einem Feldzug gegen die Türken. **DÄNEMARK, SCHWEDEN, NORWEGEN:** Christoph III., der Neffe Erichs des Pommern, wird König (–1448). **Kirche:** Das Konzil zu Basel lehnt das von einer päpstlichen Minderheit einberufene Konzil von Ferrara ab und wählt Felix V. zum Gegenpapst (–1449).

1440

Friedrich III., Herzog von Steiermark und Kärnten, wird deutscher König (–1493). Als Gegner des Baseler Konzils stellt er sich auf die Seite des Papstes.

1441

Kultur: Gründung des Eton College in England. Cosimo von Medici übergibt die erste öffentliche Bibliothek in Florenz.

1442

Kurfürst Friedrich II., der Eiserne (–1470) zwingt Berlin und Köln, aus der Hanse auszutreten. Die märkischen Städte verlieren ihre Selbstständigkeit. **SPANIEN:** König Alfons V. von Aragon besiegt das Königreich Neapel (seit 1266 unter der Dynastie Anjou) und vereint es mit Sizilien. Neapel wird Regierungssitz von Alfons V., großer Förderer des Humanismus.

1443

FRANKREICH: Nach dem Tode König Sigismunds stirbt die Linie der Luxemburger aus. Das Herzogtum fällt an Burgund, das durch seinen Landgewinn (siehe 1433) immer mächtiger wird.

1444

FRANKREICH: Das Söldnerheer unter Führung des Dauphin Ludwig (Graf von Le Dauphiné und Thronfolger) unterliegt als Bündnispartner von Zünich den Schwyzer Eidgenossen. **OSMANISCHES REICH:** Sultan Murad II., zunächst von einem polnisch-ungarischen Kreuzzugsheer geschlagen, besiegt die Ungarn in der Schlacht von Warna. Ende des Kreuzzugs gegen die Türken.

1445

ENGLAND: Vermählung König Heinrichs VI. mit Margarete von Anjou. Sie spielt als Anhängerin des Hauses Lancaster eine wichtige Rolle in den Rosenkriegen (1455–1485). **PORTUGAL:** Auf den Eroberungsfahrten an der afrikanischen Westküste erreichen die portugiesischen Seefahrer das Kap Verde. **Kultur:** Oswald von Wolkenstein † (*1377), deutscher Dichter. **Wissenschaft:** Johannes Gutenberg

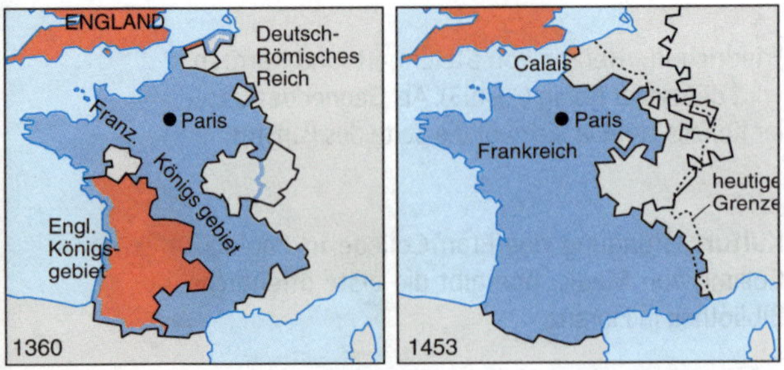

Veränderungen durch den Hundertjährigen Krieg

(*1400, † 1468) erfindet in Mainz das Drucksystem mit beweglichen Lettern. Das erste Werk: „Gedicht vom Weltgericht".

1447

Kirche: Papst Nikolaus V. (–1455). **Kultur:** Konrad Witz († 1395). Der deutsche Maler der oberrheinischen Schule schuf fast ausschließlich Altarwerke. **POLEN:** Kasimir IV., Großfürst von Litauen, wird König (–1492).

1448

Kirche: Papst Nikolaus V. schließt das Wiener Konkordat mit Friedrich III. **DÄNEMARK, SCHWEDEN, NORWEGEN:** Christian I. wird König (–1481). **OSMANISCHES REICH:** Sieg über ein ungarisches Heer in der Schlacht auf dem Amselfeld.

1449

Wissenschaft: Ulug-Beg † (*1394). Der Großfürst und Astronom ließ in Samarkand eine Sternwarte erbauen. Gestützt auf das Weltsystem des Ptolemäus, bestimmte er mit größter Präzision die Stellung von über 1000 Sternen.

1450

ITALIEN: Der Söldnerführer Francesco Sforza wird durch Heirat mit der Tochter des letzten Erben der Visconti Herzog von Mailand. **OSMANISCHES REICH:** Die eindringenden Türken verjagen die Genueser Handelsleute von der Krim, die dort seit dem 13. Jahrhundert eine Niederlassung hatten.

1451

OSMANISCHES REICH: Mohammed II. (der Große) übernimmt die Macht (–1481).

1452

König Friedrich III. wird in Rom von Papst Nikolaus V. zum Kaiser gekrönt. Er ist der letzte deutsche Herrscher, dem die Kaiserkrönung in Rom zuteil werden soll.

1453

Unter Kaiser Friedrich III. erhält Österreich den Titel eines Erzherzogtums. **ENGLAND:** Die Niederlage in der Schlacht bei Castillon beendet den Hundertjährigen Krieg mit Frankreich (seit 1339). England verliert alle Besitzansprüche in Frankreich (außer Calais). **OSMANISCHES REICH:** Mohammed II. unterwirft Konstantinopel. **BYZANZ:** Die Eroberung Konstantinopels durch die Türken bedeutet das Ende des byzantinischen Reichs. Der letzte byzantinische Kaiser, Konstantin XI. Palaiologos, fällt im Kampf. **Kultur:** Bronzenes Reiterstandbild des Feldherrn Gattamelata zu Padua von David Donatello, einem florentinischen Bildhauer.

1454

POLEN: Die Macht geht nach Errichtung einer Magnatenkammer immer mehr auf den Adel über. Verzichtserklärung des Königs Kasimir IV. auf wichtige Rechte.

1455

Kurfürst Friedrich II. von Brandenburg erwirbt die Neumark vom Deutschen Orden. **ENGLAND:** Beginn der englischen Rosenkriege (–1485) um die Thronfolge zwischen den Häusern Lancaster (rote Wappenrose) und York (weiße Wappenrose). In diesen Kriegen wurde der machtgierige Hochadel fast gänzlich ausgerottet. **Kirche:** Papst Kalixt III. (–1458). **Kultur:** Fra Angelico † (*1387). Der Dominikaner und italienische Maler aus Fiesole schuf religiöse Bilder. Lorenzo Ghiberti † (*1378). Der italienische Bildhauer fertigte u. a. die Bronzetüren des Baptisteriums zu Florenz.

1456

OSMANISCHES REICH: Die Türken versuchen vergeblich, Belgrad einzunehmen.

1457

Der Deutsche Orden verlegt (nach Verlust der Marienburg an Polen) seinen Sitz nach Königsberg.

1458

Kirche: Papst Pius II. (–1464). Durch ihn erhält der Vatikan Macht und Ansehen, Er macht sich als Wissenschaftler und Dichter einen Namen. **BÖHMEN:** Der Hussit Georg von Podiebrad erhält den Königstitel (–1471). **UNGARN:** Matthias I. Corvinus wird König (–1490). Die Gebiete Mähren, Schlesien und die Lausitz fallen an Ungarn. **Kultur:** Sterzinger Altar, ein Werk des schwäbischen Bildhauers und Malers Hans Multscher (1400–1467).

1459

OSMANISCHES REICH: Die Türken unterwerfen Serbien. **Wissenschaft:** Gründung der „Accademia Platonica" (Schule der Platoanhänger) durch Cosimo de Medici. Stiftung der Universität zu Basel durch Papst Pius II. **Kultur:** Bau des Palazzo Pitti (Florentiner Renaissance) in Florenz.

1460

Die Habsburger müssen auf den Besitz Thurgau verzichten (fällt an die Schweizer Eidgenossen). Zum neuen Landesherrn des Herzogtums Schleswig und der Grafschaft Holstein wird (nach Aussterben der Schaumburger Dynastie) König Christian I. von Dänemark ernannt. Er stammt aus dem Geschlecht der Oldenburger. Bedingung der Stände: die Unteilbarkeit der beiden Gebiete zu sichern.

1461

FRANKREICH: Ludwig XI. wird König (–1483). Während seiner Regierungszeit gewinnt das Königshaus an Macht und Ansehen. **ENGLAND:** Nach dem Sturz König Heinrichs VI. aus der Dynastie der Lancaster kommt Eduard IV. aus dem Hause York an die Macht (–1483). Der Kampf zwischen den verfeindeten Adelsfamilien (siehe 1455) geht unerbittlich weiter. **OSMANISCHES REICH:** Das Kaiserreich Trapezunt (seit 1204) wird von Mohammed II. erobert. **PORTUGAL:** Auf ihren Entdeckungsfahrten erreichen die portugiesischen Seefahrer Liberia. Beginn der Kolonialmacht Portugals.

Mohammed II.

1462

MOSKAU: Großfürst Iwan III. (–1505). Er vereint die russischen Teilfürstentümer und ernennt sich zum Zaren von Russland.

1463

VENEDIG führt Krieg gegen die Türken (–1479), die die griechischen Niederlassungen der italienischen Mittelmeerstadt besetzen. Argos geht verloren, Korfu und Kandia bleiben im Besitz Venedigs.

1464

Kirche: Papst Paul II. (–1471). Er ist der Erbauer des Palazzo Venetia. **Kultur:** Cosimo de Medici † (*1389), aus einem geadelten Kaufmannsgeschlecht. Der Herrscher ohne Titel von Florenz galt als Förderer von Kunst (Frührenaissance) und Wissenschaft. Nikolaus von Kues † (*1401). Der deutsche Bischof und Philosoph war ein entschiedener Gegner der Scholastik. Der Wissenschaftler zeichnete eine Landkarte von Mitteleuropa. Rogier van der Weyden (*1400). Der niederländische Maler schuf u. a. das Altargemälde „Kreuzabnahme".

1466

POLEN: König Kasimir IV. beendet durch einen Sieg den „Dreizehnjährigen Krieg" mit dem Deutschen Orden. Mit dem zweiten Frieden von Thorn verzichtet der Deutsche Orden auf die Gebiete Pommerellen, Errnland, Marienburg und Kulmerland. Polen erhält außerdem die Oberhoheit über die restlichen Gebiete Ostpreußens. **Kultur:** Donatello † (*1386), Bildhauer der Frührenaissance.

1467

FRANKREICH: Karl der Kühne, Herzog von Burgund (–1477). Er weigert sich, die Oberhoheit König Ludwigs XI. anzuerkennen und sucht ein Bündnis mit den Engländern.

Gemälde von Filippo Lippi

1469

Beginn des Seekriegs zwischen der Deutschen Hanse und England. Der Stahlhof, Niederlassung der Hanse in London, wird vorübergehend geschlossen. **SPANIEN:** Ferdinand V. von Aragon vermählt sich mit Isabella, der Thronfolgerin (1474) von Kastilien. **ITALIEN:** Lorenzo de Medici, der Prächtige (–1492), wird Stadtherr von Florenz. Wie sein Großvater Cosimo der Alte fördert auch er großzügig die Kunst und den Humanismus. **Kultur:** Fra Filippo Lippi † (*1406). Der Karmelitermönch und italienische Maler war ein weltfreudiger Vertreter der Frührenaissance.

1470

Nach dem Tod von Friedrich II. (*1413), Kurfürst von Brandenburg, wird Albrecht III., Markgraf von Ansbach und Bayreuth (–1486), Landesherr. **ENGLAND:** Im Rosenkrieg entthront Heinrich VI. (Dynastie Lancaster) vorübergehend König Eduard IV. (Dynastie York).

1471

Kirche: Papst Sixtus IV. (–1484). Während seiner Amtszeit wird die Verweltlichung des Papsttums immer deutlicher. Sixtus fördert den Nepotismus (Vetternwirtschaft) und die Simonie (Ämterkauf). Der Erbauer der Sixtinischen Kapelle in Rom ist ein großer Förderer von Kunst und Wissenschaft. **ITALIEN:** Ferrara, Sitz der Herzöge von Este (–1598), wird zum kulturellen Mittelpunkt der Renaissancezeit. **BÖHMEN:** Wladislaw, Sohn des polnischen Monarchen Kasimir IV., wird König (–1516). **PORTUGAL:** Eroberung von Tanger.

1472

MOSKAU: Durch die Heirat Iwans III. mit Sophia Palaiologa, der Nichte des nach Rom geflüchteten letzten oströmischen Kaisers Zoe, erhebt Russland Anspruch darauf, Zentrum der orthodoxen Kirche zu sein. Der Großfürst führt das byzantinische Hofzeremoniell sowie den Doppeladler in Russland ein.

1473

Wissenschaft: Gründung der Universität von Trier.

1474

Verzichtserklärung des Herzogs Sigismund von Tirol gegenüber den Schweizer Eidgenossen auf die ehemals habsburgischen Gebiete durch das Abkommen „Ewige Richtung". Der Frieden von Utrecht beendet den Krieg der Hanse gegen England. Die Hanse, die König Eduard IV. wieder zum Thron verhilft (siehe 1470), erhält von diesem verschiedene Handelsprivilegien bestätigt.

1475

FRANKREICH: Karl der Kühne, Herzog von Burgund, eignet sich gewaltsam Lothringen an. **INKAREICH:** Huaina Kapach wird Herrscher (1525). Während seiner Regierungszeit vergrößert er sein Reich um Ekuador und Chile. Höhepunkt der Kunst und Kultur in Alt-Peru. **Kultur:** Peter Luder † (*1415), machte sich als erster deutscher Lehrer des Humanismus einen Namen. Altar der Pfarrkirche Gries bei Bozen von Michael Pacher (1435–1498). Hochaltar der Jakobskirche in Straubing. Ein Werk der älteren Nürnberg-fränkischen Schule.

1476

Der Bauernaufstand des sozialrevolutionären Pfeifers von Niklashausen wird vom Bischof von Würzburg niedergeschlagen. Sieg der Schweizer Eidgenossen über Herzog Karl den Kühnen von Burgund bei Grandson und Murten. **GRANADA:** Die Mauren, seit 1246 unter Oberhoheit Kastiliens, verweigern die Tributzahlung. Beginn eines Krieges (–1491). **Wissenschaft:** Regiomontanus, eigentlich Johannes Müller † (*1436). Der deutsche Mathematiker und Astronom stellte ebene und sphärische Trigonometrie dar und gab einen astronomischen Kalender heraus. Papst Sixtus IV. holte ihn 1475 nach Rom, um eine Reform des Kalenders durchzuführen. **Kultur:** Portinari-Altar, niederländische Tafelbilder, ein Werk des Malers Hugo van der Goes (1440–1482).

1477

Maximilian, der Sohn Kaiser Friedrichs III., vermählt sich mit der Erbtochter Maria von Karl dem Kühnen. Die Niederlande und die Freigrafenschaft Burgund (Hauptstadt Döle) verstärken als Zugewinn die Hausmacht der Habsburger. **FRANKREICH:** Karl der Kühne unterliegt in der Schlacht bei Nancy gegen ein Schweizer-lothringisches Heer unter Führung von Herzog René von Lothringen und stirbt auf der Flucht. Das Herzogtum Burgund (Hauptstadt Dijon) wird von Ludwig XI. für die französische Krone eingezogen. **MOSKAU:** Iwan III. erobert die russischen Fürstentümer Nowgorod und Twer und gliedert sie seinem Reich an. Die Niederlassung der Hanse in Nowgorod beginnt sich aufzulösen (–1494). **Kultur:** Francesco del Cossa † (*1435). Der Maler aus Ferrara schuf Fresken und Tafelbilder. Veit Stoß, Bildhauer aus Nürnberg, beginnt in Krakau mit dem Hochaltar für die Marienkirche. In Florenz wird der Johannesaltar des Baptisteriums (Goldschmiedearbeit) vollendet.

1478

ITALIEN: Eine Verschwörung der Familie Pazzi gegen die herrschenden Medici endet mit dem Mord an Giuliano, dem Bruder des Lorenzo de Medici.

1479

SPANIEN: Die Königreiche Aragon unter Ferdinand V. und Kastilien unter Isabella I. (der Katholischen) vereinigen sich. Beginn des spanischen Nationalstaats. **Wissenschaft:** Gründung der Universität zu Kopenhagen. **Kultur:** Bau der Mariä-Himmelfahrts-Kirche zu Moskau. Hochalter für den Dom zu Aarhus. Die spätgotische Schnitzarbeit ist ein Werk von Bernt Notke.

Münze: Isabella I.

1480

UNGARN: König Matthias I. Corvinus erobert Niederösterreich und Wien (1485). **MOSKAU:** Iwan III. befreit sein Reich von der Mongolenherrschaft. Die Tataren-Khans, untereinander zerstritten, unterliegen dem Heer des Großfürsten.

1481

Dem Bündnis der Schweizer Eidgenossen treten Freiburg im Üchtlande und Solothurn bei. **FRANKREICH:** Nach dem Tod des Herzogs von Anjou fallen die Gebiete Anjou, Maine und Provence an die französische Krone. **Kultur:** Die Maler Botticelli, Perugio und Ghirlandajo folgen der Aufforderung des Papstes Sixtus IV. nach Rom, um die Sixtinische Kapelle mit Fresken auszuschmücken. In St. Wolfgang am Abersee entsteht unter Michael Pacher der spätgotische Hochaltar.

1482

SPANIEN: Beginn der Inquisition, einem blutigen Kampf gegen die Glaubens- und Geistesfreiheit. Königin Isabella I. ernennt 1483 den Dominikaner Thomas de Torquemada zum Generalinquisitor in Spanien.

1483

Richard III.

FRANKREICH: Karl VIII. wird, erst 13-jährig, König (–1498). Die Regentschaft übernehmen Peter von Beaujeu (Bourbon) und seine Schwester Anna. **ENGLAND:** Richard III. wird König (–1485). Der Mord an dem Thronfolger Eduard V. (Dynastie York) verhilft ihm zum Titel des Regenten. **PORTUGAL:** König Johann II. widersetzt sich dem Wunsch des Entdeckungsreisenden Christoph Kolumbus (seit

1476 in Portugal), eine westliche Seeroute nach Indien zu suchen. Der Italiener reist nach Spanien. **Kultur:** Es erscheint ein Buch, das die Schwänke des bäuerlichen Schalknarr Till Eulenspiegel (†1350) enthält.

1484

Kirche: Papst Innozenz VIII. (–1492). Die Veröffentlichung einer Hexenbulle führt zu zahlreichen Hexenverfolgungen.

1485

Das Herzogtum Sachsen wird geteilt. Fürst Ernst Wettin erhält Wittenberg, Thüringen und Vogtland. Er führt den Titel eines Kurfürsten. Fürst Albrecht regiert Meißen, Leipzig und Nordthüringen als Herzogtum. **ENGLAND:** Ende der Rosenkriege. Heinrich VII. aus dem Hause Tudor und letzter Erbe des ausgerotteten Adelsgeschlechts der Lancaster besiegt König Richard III. in der Schlacht bei Bosworth und besteigt den Thron (1509). **Kultur:** Rudolf Agricola, eigentlich Huysman, † (*1443). Der bedeutendste deutsche Humanist lehrte an der Universität Heidelberg.

1486

Maximilian I. wird König (–1519). **Kultur:** Bau des Palazzo della Cancellaria, eines päpstlichen Amtssitzes in Rom. Der Palast entsteht im Stil der Renaissance (–1495).

1487

PORTUGAL: Bartolomeo Diaz umsegelt zum ersten Mal das Kap der guten Hoffnung.

1488

Zum Schutz des Landfriedens entsteht der Schwäbische Bund, dem sich sowohl der Adel als auch die Städte anschließen. Der Bund steht unter der Führung von Graf Eberhard V. im Bart von Württemberg. **Kultur:** Andrea del Verrocchio (*1436). Der italienische Bildhauer und Maler war einer der führenden Künstler der florentinischen Frührenaissance. Werke u. a. das Reiterdenkmal des Bartolomeo Colleoni in Venedig. Der Altar der Fran-Kirche zu Venedig, ein Werk des Malers Giovanni Bellini (1430–1516).

1489

VENEDIG erwirbt Zypern. **Religion:** Auf päpstliches Betreiben entsteht der „Hexenhammer" der Inquisition, die Grundlage für viele Hexenprozesse.

Hexenverbrennung (Holzschnitt, 16. Jh.)

1490

Kaiser Friedrich III. vereint den Habsburger Besitz, der 1379 unter drei Linien der Dynastie aufgeteilt worden war. **UNGARN:** Wladislaw, König in Böhmen seit 1471, besteigt nach dem Tod Matthias I. Corvinus den ungarischen Thron (–1516). Er muss sich aus Wien und Niederösterreich zurückziehen. **Kultur:** Kirchenväter-Altar im Dom zu Brixen, ein spätgotisches Werk von Michael Pacher. Altar der Pfarrkirche in Münnerstadt (spätgotisch) von Tilman Riemenschneider. In Florenz entstehen die Fresken von Santa Maria Novella, Werke des Florentiners Ghirlandajo. Bilderzyklus der Ursula-Legende von Vittore Carpaccio (1455–1526).

1491

Kultur: Martin Schongauer † (*1445). Der deutsche Kupferstecher und Maler fertigte u. a. das Tafelbild „Maria im Rosenhag" (Colmar) sowie die Altarflügel der Antoniterkirche zu Isenheim.

1492

Kirche: Papst Alexander VI. (–1503). Er ist der Vater von Cesare und Lukretia Borgia. **SPANIEN:** Das Königreich Granada, einer der letzten Stützpunkte der Araber, unterliegt dem Heer von Königin Isabella I. Spanien erhebt sich zur Großmacht. **Religion:** Die Inquisition verfolgt Mauren und Juden in Spanien. **Wissenschaft:** Christoph Kolumbus (1451–1506) erhält vom spanischen Hof den Auftrag, einen Seeweg nach Indien zu erforschen. Auf seiner Reise geht er auf der Insel Guanahani, dem heutigen San Salva-

Kolumbus' Ankunft in Indien (Stich von T. de Bry)

dor, vor Anker. Auf derselben Fahrt entdeckt er noch Cuba und Haiti. Kolumbus ist der festen Überzeugung, Indien erreicht zu haben. Insgesamt unternimmt er vier Reisen.

1493

Kaiser Friedrich III. † (*1415). Er wird im Stephansdom zu Wien beigesetzt. Maximilian I., Sohn Friedrichs III., wird deutscher Kaiser. Er lässt sich nicht in Rom zum Kaiser krönen, sondern nennt sich „erwählter römischer Kaiser" (–1519). **ITALIEN:** Vertreibung des herrschenden Adelsgeschlechts der Medici zu Florenz durch den Bußprediger Girolamo Savonarola. Der Asket und Fanatiker errichtet in Florenz eine Art „Gottesstaat" und gilt als Verfolger der weltlichen Kunst. **FRANKREICH:** König Karl VIII. bemächtigt sich vorübergehend des Königreichs Neapel. Der Widerstand des deutschen Kaisers Maximilian, des Papstes, der Könige Ferdinand II. und Isabella I. von Spanien sowie des Herzogtums Mailand und der Dogenresidenz Venedig veranlassen ihn zum Rückzug. **Kultur:** Pico von Mirandola † (*1463). Der italienische Humanist gilt als Vertreter einer neuen „Würde des Menschen". Ghirlandajo, eigentlich Domenico de Tomaso Bigordi † (*1449). Der Italiener war Porträtist der vornehmen Bürger von Florenz (z. B. „Bildnis eines Mädchens"). Hans Memling † (*1435), niederländischer Maler deutscher Herkunft. Werke u. a. „Jüngstes Gericht" und „Maria mit dem Kind".

1495

Reichstag zu Worms. Die durch Maximilian I. erwirkte Reichsreform beschließt einen „Ewigen Landfrieden" sowie die Einrichtung eines Reichskammergerichts mit dem Sitz in Frankfurt/Main, der später nach Speyer und ab 1693 nach Wetzlar verlegt wird.

1496

Philipp der Schöne, der Sohn Kaiser Maximilians I., vermählt sich mit Johanna der Wahnsinnigen, der Erbin Spaniens. Durch diese Ehe wird die Hausmacht der Habsburger erheblich gestärkt.

1497

Kirche: Papst Alexander VI. verleiht dem spanischen Herrscherpaar Ferdinand II. und Isabella I. den Titel „katholische Majestät". **Kultur:** Da Vincis „Abendmahl", eine seiner berühmtesten Fresken, entsteht im Kloster Santa Maria della Grazia zu Mailand.

1498

Vasco da Gama

FRANKREICH: Ludwig XII. wird König (–1515). **ITALIEN:** Der florentinische Bußprediger Girolamo Savonarola kritisiert das lasterhafte Leben des Papstes Alexander VI. Er wird mit dem Bann belegt und auf dem Scheiterhaufen verbrannt. **PORTUGAL:** Vasco da Gama (1469–1524) erreicht als erster Europäer Indien auf dem Seeweg.

1499

Mit dem Ende des „Schwabenkriegs" erhalten die Schweizer Eidgenossen die Unabhängigkeit vom Deutschen Reich. Im Frieden von Basel festgelegt, wird der Beschluss erst 1648 endgültig anerkannt. **FRANKREICH:** König Ludwig XII., ein Enkel des letzten Herzogs Visconti, schickt sein Heer nach Mailand. Die Stadt fällt an Frankreich.

Große Entdecker: Christoph Kolumbus und Vasco da Gama

Christoph Kolumbus

Der Übergang vom Mittelalter in die Neuzeit wird von mehreren Daten markiert, die alle das Heraufziehen des neuen Zeitalters und das Ende des „finsteren Mittelalters" – das in der neueren Forschung nicht mehr als so finster erscheint – ankündigen. In der Summe sind es jedoch wohl vor allem die großen Entdeckungsfahrten, die der (europäischen) Welt eine völlig neue Weltsicht eröffnet haben. So wird der Beginn der Neuzeit auch oft an einer Jahreszahl festgemacht: Der Entdeckung Amerikas durch Christoph Kolumbus 1492.

Kolumbus (*1451, †1506), einer der größten Seefahrer seiner Zeit, hat selbst nie erfahren, dass er Amerika entdeckte. Der Sohn eines armen Webers aus Genua kam als Schiffbrüchiger nach Lissabon, wo er sich dem eingehenden Studium von Landkarten und von geografischen Schriften widmete, das ihn zur Erkundung eines Seewegs nach Indien von Westen her anregte. In Portugal fand sein Plan keine Unterstützung, deshalb übersiedelte er 1486 nach Spanien, wo er jahrelang vergeblich versuchte, die spanische Königin Isabella I. für sein Vorhaben zu gewinnen. Erst 1492 wurden ihm drei Karavellen (Segelschiffstyp im 15. und 16. Jahrhundert) zur Verfügung und die Position des Vizekönigs in den von ihm entdeckten Gebieten in Aussicht gestellt. Seine erste Entdeckungsfahrt ging mit den Schiffen „Santa Maria", „Niña" und „Pinta" am 3.8.1492 von Palos ab. Am 12.10.1492 erreichte Kolumbus die Bahamas, am 27.10.1492 Kuba und am 16.12.1492 Hispaniola (Haiti). In drei weiteren abenteuerlichen Fahrten entdeckte er auch die Kleinen Antillen, Jamaika, Puerto Rico und die Nordküste Südamerikas (Orinocomündung). Während seiner dritten Expedition (1498–1500) wurde Kolumbus, der ob seiner Politik bei Hofe in Ungnade gefallen und als Gouverneur abgesetzt worden war, gefangen genommen und in Ketten nach Spanien (1500) gebracht, jedoch bald rehabilitiert, ohne aber in sein altes Amt wieder eingesetzt zu werden. Auf seiner vierten Fahrt (1502–04) stieß er auf die mittelamerikanische Küste (Honduras, Nicaragua, Costa Rica). Dem Entdecker Amerikas und Begründer eines neuen Zeitalters blieben zu Lebzeiten Ruhm und Reichtum versagt. Er starb, ohne seine zugesicherten Privilegien wiedererlangt zu haben, in dem Glauben, er habe den westlichen Seeweg nach Indien entdeckt.

Vasco da Gama (*1469, †1524) steht in der langen Reihe der portugiesischen Seefahrer des 15. Jahrhunderts. Doch ihm sollte die Ehre zuteil werden, als erster Europäer Indien auf dem Seeweg zu erreichen. Im Jahre 1497 umschiffte Vasco da Gama im Auftrag König Emanuels I. mit drei Schiffen und 150 Mann Besatzung das Kap der Guten Hoffnung; weil zu diesem Punkt gerade Weihnachtszeit war, nannte er das Land östlich des Kaps Natal. Bei seiner Weiterfahrt an der Küste Ostafrikas entlang kam er in Konflikt mit arabischen Händlern, die in ihm einen künftigen Konkurrenten erkannten. Von indischen Händlern warb da Gama einen Lotsen ab, der seine Schiffe sicher nach Calicut im Südwesten Indiens führte. Dort angekommen, konnte da Gama jedoch keine portugiesische Handelsniederlassung gründen, da der Handel in den Händen der Araber lag, und musste sich schließlich sogar seinen Weg aus dem Hafen freikämpfen. Im Jahre 1499 gelangte er zurück nach Portugal, wo er mit allen Ehren empfangen wurde.

Sogleich nach da Gamas Wiederkehr war Pedro Álvares Cabral mit einer großen Flotte nach Calicut entsandt worden, wo er eine Handelsniederlassung gründete. Als Nachrichten nach Portugal drangen, die dort stationierten Männer seien niedergemetzelt worden, brach da Gama wieder nach Indien auf. Auf seiner Reise begründete er portugiesische Kolonien in Ostafrika. In Calicut angekommen, unterwarf da Gama die Einheimischen und zwang den Radscha, den Herrscher, zum Friedensschluss. 1503 kehrte er heim. 20 Jahre fuhr er nicht mehr zur See; 1524 wurde er noch einmal nach Indien geschickt, um gegen die Korruption der Behörden dort vorzugehen. Nur drei Monate nach seiner Ankunft starb er in Cochin (Südwestindien).

16. Jahrhundert

Im „Zeitalter der Entdeckungsfahrten" ändert sich das Weltbild der Europäer entscheidend. Zum einen machen die fremden Kontinente und Länder jenseits der bekannten Schifffahrtsrouten deutlich, dass die Erde weitaus größer ist als bislang angenommen; zum anderen erschließen sich durch die Kolonien neue Handelsmöglichkeiten, die von den europäischen schifffahrenden Nationen sofort genutzt werden. Durch die Entdeckungen verändert sich freilich auch das Selbstverständnis der in diesem Jahrhundert lebenden Menschen: Sie werden neuen Ideen gegenüber aufgeschlossener. Diese Änderung im Denken ermöglicht denn auch die durch Luther 1517 eingeleitete Reformation. Luther, der die göttliche Herkunft des Papsttums und die Unfehlbarkeit der Konzile bestreitet, wird sofort mit dem päpstlichen Bann belegt. Was früher undenkbar gewesen wäre: Er findet Hilfe bei einem deutschen Fürsten und kann in aller Ruhe die Bibel übersetzen (die 131. deutsche Bibelübersetzung). Der zweite Reichstag von Speyer erneuert das Wormser Edikt gegen die Reformation (1529). Dies führt zum Protest der evangelischen Stände (daher die Bezeichnung „Protestanten"). Die von vielen Menschen geforderte Glaubensfreiheit führt zu einer Änderung in der Kirche. In der Schweiz reformiert Zwingli, in Frankreich führen die Hugenotten einen Glaubenskrieg, und Heinrich VIII. löst die englische Kirche von Rom und gründet die anglikanische Staatskirche (1534), wenn auch nur aus dem Grund, dass ihm der Papst eine Ehescheidung verweigerte.
Auch in der Politik findet eine einschneidende Entwicklung statt. Der Deutsche Kaiser lässt sich von den Fuggern Kriege finanzieren und begibt sich dadurch in eine Abhängigkeit, die schließlich sogar den öffentlichen Widerstand gegen die Handelsmonopole scheitern lässt. Das Haus Fugger, das auch den Ablasshandel in seine Gewalt gebracht hat, finanziert Kaiser Karl V. die Wahl. Er ist der letzte deutsche Kaiser, der sich vom Papst krönen lässt. Erwähnenswert auch noch die Entwicklung der Buchdruckerkunst: Seit der Erfindung der beweglichen Drucklettern durch Gutenberg (1445) sind über 1000 Druckereien in Europa entstanden.

1500

Wissenschaft: Bartolomeo Diaz † (*1450). Der portugiesische Entdeckungsreisende umsegelte als erster Europäer das Kap der guten Hoffnung. Gründung der Universität von Valencia.

1501

NEAPEL: Das Königreich wird von den Verbündeten Ludwigs XII. von Frankreich und Ferdinands II. von Spanien erobert.

1502

Bauernaufstand in Speyer unter dem Symbol des „Bundschuh". **Wissenschaft:** Die vierte Reise des Christoph Kolumbus führt nach Mittelamerika.

1503

Kirche: Der zügellose Papst Alexander VI. (Geschlecht der Borgia) wird vergiftet. Sein Nachfolger auf dem Stuhle Petri ist Julius II. (–1513). Er ist einer der bedeutendsten Renaissancepäpste und gilt als Begründer des neuzeitlichen Kirchenstaats und als Förderer des Bildhauers und Malers Michelangelo. **Kultur:** Die spätgotische Kathedrale von Canterbury wird fertig gestellt.

1504

FRANKREICH: Nach einem Streit um das Königreich Neapel unterliegen die Franzosen in der Schlacht von Garigliano dem spanischen Heer. Frankreich zieht sich aus Neapel zurück. **Kultur:** Filippino Lippi † (*1457), italienischer Maler und Schüler Botticellis.

1505

Kultur: Michelangelo Buonarroti, Bildhauer, Maler und Baumeister in Florenz, wird von Papst Julius II. nach Rom gerufen. Er erhält den Auftrag für das Grabmal Papst Julius' II. (blieb unvollendet).

1506

PORTUGAL: Gründung der Kolonien in Südasien (–1515) durch Francisco d'Almeida und Afonso d'Albuquerque. Das Monopol des Gewürzhandels

L. da Vinci: Mona Lisa

bringt Portugal zu Reichtum und Ansehen. **Wissenschaft:** Christoph Kolumbus † (*1451). Der Genueser stirbt im Glauben, Ostindien auf dem Seeweg entdeckt zu haben. Gründung der Universität Frankfurt an der Oder. **Kultur:** Andrea Mantegna † (*1431). Der italienische Künstler wurde als Kupferstecher und Freskenmaler bekannt. Baumeister Donato Bramante beginnt mit dem Neubau der Peterskirche in Rom. Der Italiener Leonardo da Vinci beendet eines seiner berühmtesten Gemälde, die „Mona Lisa". Der deutsche Maler Albrecht Dürer vollendet den Rosenkranzaltar.

1507

PORTUGAL: Eroberung der Ostküste Afrikas. Cesare Borgia † (–1475). Der Sohn des Papstes Alexander VI. galt als einer der rücksichtslosesten Gewaltmenschen der italienischen Renaissance. Der Geschichtsschreiber Macchiavelli wählte ihn zum Vorbild für sein Buch „Principe" (Fürst). **Wissenschaft:** Martin Behaim † (*1459). Der Seefahrer und Geograph schuf den ersten Erdglobus.

1508

Kaiser Maximilian I., Ludwig XII. von Frankreich, Ferdinand II. von Spanien und Papst Julius II. schließen die „Liga von Cambrai" gegen den Dogenstaat Venedig. **Kultur:** Konrad Celtis † (*1459), deutscher Dichter und Humanist. Michelangelo beginnt mit dem Ausmalen der Sixtinischen Kapelle zu Rom (–1512).

1509

ENGLAND: Heinrich VIII. wird König (–1547). **PORTUGAL:** Der Dominikaner Las Casas veranlasst, dass Sklaven aus dem schwarzen Afrika nach Amerika gebracht werden. **Kultur:** Adam Kraft † (*1460), Bildhauer der Spätgotik aus Nürnberg. Werke u. a. das Sakramentshaus in St. Lorenz. Bernd Notke † (*1440). Der Bildschnitzer und Maler schuf u. a. das Werk „Kampf des heiligen Georg mit dem Drachen" (Stockholm).

1510

Hamburg wird Freie Reichsstadt. **PORTUGAL:** Eroberung der Kolonie Goa, später einer der wichtigsten Stützpunkte der Portugiesen in Indien. **Kultur:** Botticelli, eigentlich Sandro Filipepi, † (*1444). Der italienische Maler, ein Vertreter der Frührenaissance, schuf u. a. die Werke „Venus", „Geburt der Venus", „Maria mit dem Kind und singenden Engeln" sowie 92 Federzeichnungen zu Dantes „Göttlicher Komödie". Giorgione da Castelfranco † (*1478), italienischer Maler der Renaissance. In Creglingen entsteht der Marienaltar von Tilman Riemenschneider.

1511

Kirche: Papst Julius II. gründet gegen Frankreich die „Heilige Liga", der Venedig, Spanien, England und das Deutsche Reich beitreten. **Kultur:** Der Isenheimer Altar, ein Werk des Malers Matthias Grünewald, entsteht.

1512

Auf dem Reichstag zu Köln wird das Deutsche Reich in zehn Landfriedenskreise aufgeteilt. Davon ausgeschlossen sind Böhmen und die Schweiz. **FRANKREICH:** Sieg über das päpstliche Heer bei Ravenna. **ITALIEN:** Die Familie der Medici kehrt nach Florenz zurück (siehe 1494). **PORTUGAL:** Eroberung der Molukken (Gewürzinseln). **OSMANISCHES REICH:** Selim I., der Strenge wird Sultan (1520). **Wissenschaft:** Amerigo Vespucci † (*1451). Der italienische Entdeckungsreisende erforschte die Küste Südamerikas (1499–1502). Nach ihm wurde Amerika benannt.

1513

Im Breisgau kommt es zu einem Bauernaufstand. **FRANKREICH:** Nach einer Niederlage bei Novara verlässt das französische Heer Italien. **Kirche:** Papst Leo X. (–1521). Der Kirchenfürst, Sohn des Lorenzo de Medici, gilt als großer Kunstliebhaber. Um den Bau der Peterskirche zu finanzieren, schreibt er Ablässe aus, die später den Anstoß für die Reformation geben. **Wissenschaft:** Núñez de Balboa erreicht von Panama aus den Stillen Ozean. Juan Poncé erobert Florida.

Peterskirche

1514

Der Erzbischof von Mainz, Albrecht von Brandenburg, gibt sich als Befürworter des Ablasshandels für die Baukosten der Peterskirche. **UNGARN:** Der Woiwode Johann Zapolya aus Siebenbürgen schlägt einen Bauernaufstand nieder. **OSMANISCHES REICH:** Sultan Selim I. erreicht mit seinem Heer Persien und erobert Täbris. **Kultur:** Donato Bramante † (*1444), italienischer Baumeister. Neubau der Peterskirche.

1515

Der Friede von Brüssel zwingt Kaiser Maximilian I., das Herzogtum Mailand an Frankreich und Verona an den Dogenstaat Venedig abzutreten. Maria, die Tochter Maximilians I., vermählt sich mit Ludwig, dem Thronerben von Böhmen und Ungarn. **FRANKREICH:** Franz I. wird König (–1547). Er setzt sich entschieden für die Rückeroberung Italiens ein.

1516

BÖHMEN UND UNGARN: Ludwig II. wird König (–1526). **SPANIEN:** Karl, ein Enkel des Kaisers Maximilian I., wird König (–1519). Zu seinem Erbe gehören die Gebiete Neapel-Sizilien sowie die Niederlande. **Kirche:** Papst Leo X. schließt mit dem französischen König Franz I. ein Konkordat. Der Monarch erhält das Recht der Bischofswahl, bestätigt aber dem Papst das Primat gegenüber dem Konzil. **Wissenschaft:** Übersetzung des griechischen Urtextes des Neuen Testaments in die lateinische Sprache durch den Humanisten Erasmus von Rotterdam (1466–1536). Martin Luther dient dieses Werk als Grundlage für die deutsche Übersetzung. **Kultur:** Baubeginn des Louvre in Paris. Im Münster zu Freiburg entsteht der Hochaltar, ein Werk des Malers Hans Baldung (*1484,†1545).

1517

Bauernaufstand im Gebiet des Oberrheins. **Kirche:** Beginn der Reformation im Deutschen Reich. Der Augustinermönch und Theologe Martin Luther (1483–1546) schlägt seine 95 Thesen an die Tür der Schlosskirche zu Wittenberg. Anlass ist der Ablassstreit mit dem Dominikanermönch Johann Tetzel. **Kultur:** Der Reichsritter und Humanist Ulrich von Hutten erhält von Kaiser Maximilian den Titel eines „Dichterkönigs". Fra Bartolomeo, eigentlich Baccio della Porta, † (*1472). Der italienische Maler, ein typischer Vertreter der Hochrenaissance, war ein Freund und Förderer Raffaels. **OSMANISCHES REICH:** Unter Sultan Selim I. fällt Ägypten an die Türken.

1518

Kirche: Martin Luther weigert sich, in Augsburg seine Lehre zu widerrufen. Der Ketzerei angeklagt, flieht er. **SCHWEIZ:** Unter dem Prediger Huldreich (Ulrich) Zwingli beginnt die Reformation in Zürich.

1519

Kirche: In einem Streitgespräch mit Johann Eck in Leipzig stellt Martin Luther die göttliche Herkunft des Papstes in Frage und deutet an, dass auch ein Konzil Fehlentscheidungen treffen kann. Er wird von der Kirche mit dem Bann belegt. Kaiser Maximilian I. stirbt (*1459). Er wird in Wien-

Augsburg: Fuggerei

Neustadt beigesetzt. Karl V., ein Enkel Maximilians I. und König Spaniens (siehe 1516) und sein Bruder sind die Erben des Habsburger Reichs. Karl V. wird deutscher Kaiser (–1556). Seine Wahl wird durch die Fugger finanziert. Der Gegenkandidat König Franz I. aus Frankreich muss seine Kandidatur zurückziehen. Nach einem Überfall auf die Reichsstadt Reutlingen wird Herzog Ulrich von Württemberg vom Schwäbischen Städtebund verjagt. In Augsburg entsteht die „Fuggerei", ein Wohnviertel für die Armen. Es ist eine Stiftung der Familie Fugger, die heute noch besteht. **PORTUGAL:** Fernão de Magellanes bricht zur ersten Weltumseglung (–1522) auf. Er selbst stirbt auf den Philippinen. Nur eines seiner fünf Schiffe kehrt nach Portugal zurück. **MEXIKO:** Der Spanier Fernando Cortéz unterwirft das mächtige Reich der Azteken (1521). Nach blutiger Ausrottung wird er Statthalter (1547) in Mexiko. **Kultur:** Domenico Fancelli † (*1469). Der italienische Bildhauer, ein Vertreter der Renaissance, wirkte hauptsächlich in Spanien. Michael Wolgemutt † (*1434). Der deutsche Maler und Holzschnitzer war ein Lehrer Albrecht Dürers.

1520

Kirche: Martin Luther veröffentlicht drei Reformationsschriften: „An den christlichen Adel deutscher Nation von des christlichen Standes Besserung", „Von der babylonischen Gefangenschaft der Kirche" und „Von der Freiheit des Christenmenschen". Luther bricht mit Rom. In Wittenberg verbrennt er öffentlich die Bannbulle des Papstes Leo X. **SCHWEDEN** wehrt sich unter Führung von Gustav Wasa gegen die Kalmarer Union (seit 1397) mit Dänemark und Norwegen. Beginn eines Bauernaufstandes. **DÄNEMARK:** König Christian II. ist nicht gewillt, Schweden aus der Union zu entlassen und verübt ein schreckliches Blutbad in Stockholm. **OSMANISCHES REICH:** Eroberung von Mesopotamien und Syrien. Nach dem Tod des erfolgreichen Selim I. (*1467) übernimmt Suleiman II., der Große (–1566) die Macht. **Religion:** Beginn der schwärmerischen Bewegung der „Wiedertäufer" (–1535) unter Thomas Müntzer. **Kultur:** Raffael, eigentlich Raffaelo Santi, † (*1483). Der italienische Maler und Baumeister der Renaissance wurde durch seine Madonnenbilder, u. a. „Sixtinische Madonna", sowie seine Gemälde und Fresken in den Stanzen des Vatikans berühmt.

1521

Martin Luther

Kirche: Auf dem Reichstag zu Worms weigert sich Martin Luther in Gegenwart von Kaiser Karl V., seine Lehre zu widerrufen. Er wird mit der Reichsacht belegt. Der sächsische Kurfürst Friedrich der Weise verbirgt Martin Luther auf der Wartburg. Hier beginnt Luther mit der Übersetzung des Neuen Testaments in die deutsche Sprache, der Grundlage für das Neuhochdeutsche. Im Wormser Edikt bestätigt Kaiser Karl V. die Acht gegen Luther und befiehlt die Verbrennung seiner Schriften. Karl V. vertraut die Habsburger Erblande im deutschen Reich seinem Bruder Ferdinand I. an. Beginn des Kriegs gegen Frankreich unter König Franz I. (–1526). Während Kaiser Karl V. Anspruch auf die Herzogtümer Mailand und Burgund erhebt, fordert König Franz I. die Gebiete Navarra und Neapel. **OSMANISCHES REICH:** Sultan Suleiman II. stößt erfolgreich bis Belgrad vor. **Religion:** Bildersturm zu Wittenberg unter Karstadt (Andreas Bodenstein), einem Vorkämpfer der Reformation. **Kultur:** Fernão de Magellanes † (*1480). Der portugiesische Seefahrer entdeckte 1520 die Magellan-Straße zwischen dem südamerikanischen Festland und Feuerland, überquerte den Stillen Ozean und erreichte die Philippinen, wo er ermordet wurde.

1522

Der deutsche Ritterstand unter Führung von Franz von Sickingen erhebt sich gegen die immer mächtiger werdenden weltlichen, besonders aber gegen die geistlichen Fürsten. Ihm zur Seite steht Ulrich von

Hutten, Humanist und Mitstreiter Luthers für die Reformation. **FRANKREICH:** Rückzug aus Mailand. Karl von Bourbon verlässt das französische Heer und läuft zu Karl V. über. **Kirche:** Papst Hadrian VI. (–1523). Er ist der ehemalige Lehrer von Karl V. und letzter deutscher Papst. Die Johanniter verlegen nach jahrelanger Bedrängnis durch die Türken den Sitz des Ordens von Rhodos nach Malta. **Kultur:** Johann Reuchlin † (*1455). Der deutsche Humanist und Förderer der griechischen und hebräischen Sprache galt als entschiedener Gegner der Reformation.

1523

Der Ritterkrieg endet nach vergeblicher Belagerung von Trier mit dem Tod von Franz von Sickingen auf seiner Burg zu Landstuhl. Ulrich von Hutten flieht nach Zürich, wo er wenig später stirbt. **SCHWEDEN:** Vertreibung der Dänen aus Schweden, das sich aus der Kalmarer Union löst. Gustav I. aus der Dynastie der Wasa wird König (–1560). **DÄNEMARK:** König Christian II. wird abgesetzt. Sein Nachfolger ist Friedrich von Holstein. **SCHWEIZ:** Der Rat von Zürich stellt sich öffentlich hinter die Lehre des Reformators Huldreich Zwingli. **Kirche:** Papst Clemens VII. (–1534) aus dem Hause Medici. **Kultur:** Adolf Daucher † (*1460). Der Bildhauer aus Augsburg war ein Meister der Renaissance. Perugione, eigentlich Pietro Vannucci, † (*1446). Der italienische Maler schuf u. a. die Fresken „Schlüsselübergabe in der Sixtinischen Kapelle" zu Rom. Er war ein Lehrer Raffaels. Luca Signorelli † (*1441). Der Italiener machte sich einen Namen als Aktmaler.

1524

Beginn des Bauernkriegs. **Kirche:** Martin Luther, der sich zunächst für die Bauern und ihre sozialen Anliegen verwendet, distanziert sich von den Aufständischen, um das Evangelium rein zu halten. Der Schweizer Reformator Zwingli verbietet in Zürich die katholische Messe. **Kultur:** Hans Holbein der Ältere † (*1465), deutscher Maler und Zeichner aus Augsburg. U. a. das Gemälde „Brunnen des Lebens". Vasco da Gama † (*1469). Der Portugiese entdeckte den Seeweg nach Indien.

Bauernkrieg

1525

Großer deutscher Bauernkrieg in Franken, Thüringen, Schwaben, Elsaß und Tirol. Die Anführer sind Florian Geyer, Thomas Müntzer und Michael Gaismair. In den so genannten „12 Artikeln" fordern sie außer Besserung ihrer sozialen und wirtschaftlichen Lage die Aufhebung der Leibeigenschaft, die Rechte für die Jagd und Fischerei sowie freie Wahl des Pfarrers durch die Gemeinde. Die Heere der Fürsten beenden den Aufstand der Bauern bei Mühlhausen durch einen vernichtenden Sieg. Während nach diesen blutigen Kämpfen die Macht und das Ansehen der einzelnen Landesherren wächst, haben die Bauern ihr Recht auf bessere Lebensbedingungen verloren. Albrecht von Brandenburg, Hochmeister des Deutschen Ordens, bekennt sich zur protestantischen Lehre und macht den Ordensstaat Preußen zum weltlichen Herzogtum. Als Herzog von Preußen untersteht er der Lehnshoheit Polens. Der Kurfürst von Sachsen, Friedrich der Weise, Beschützer Martin Luthers, stirbt. Karl V. besiegt in der Schlacht bei Pavia den französischen König Franz I. und nimmt ihn gefangen. Martin Luther heiratet die frühere Nonne Katharina von Bora. Luther hat mit seiner Frau sechs Kinder. **Religion:** Huldreich Zwingli greift in seiner Reformationssschrift „Über die wahre und falsche Religion" Martin Luther an. Unter Menno Simons (†1561) entsteht die Sekte der Mennoniten, die ihr Zentrum in den Niederlanden hat. Ihre Lehre setzt sich für die Erwachsenentaufe, Eidverweigerung und Toleranz ein.

1526

Durch den Frieden von Madrid fallen die Gebiete Mailand, Genua, Neapel und Burgund an Kaiser Karl V. Der Reichstag von Speyer ermächtigt mit Zustimmung Karls V. die jeweiligen Landesfürsten, sich für oder gegen die Reformation zu entscheiden. Unter diesen Beschluss fällt auch das Wormser Edikt (1521). Karl V., ein Gegner der Kirchenspaltung, muss sich auf die Außenpolitik seines Weltreichs konzentrieren. Die Gebietsstreitigkeiten mit Frankreich sowie die Gefahr der Türken, die auf Europa vorrücken, zwingen ihn zu dieser Politik. Die Reformation breitet sich in ganz Europa aus. **FRANKREICH:** König Franz I. verbündet sich in der „Liga von Cognac" mit Papst Klemens VII. sowie den Städten Mailand, Venedig und Florenz und erklärt den Frieden von Madrid als erzwungen und daher nichtig. **UNGARN:** König Ludwig II. unterliegt in der Schlacht von Mohácz dem Heer der Türken und fällt. Erbberechtigter Nachfolger ist Ferdinand I. von Habsburg, ein Bruder Karls V. Der ungarische Adel dagegen ernennt Johann Zapolya zum König eines nationalen Staates unter der Oberhoheit der Türken. Gründung der Stadt Buda. **INDIEN:** Baber, ein Nachkomme des mongolischen Khans Timur, gründet das mohammedanische Reich der Großmoguln (–1739). Hauptstadt ist Delhi.

1527

Karl V. führt erneut Krieg gegen Frankreich (–1529). **SPANIEN:** Francisco Pizarro erobert Peru. **Kirche:** Kaiserliche Truppen erobern und plündern Rom. Papst Klemens VII., ein Verbündeter Frankreichs, verschanzt sich auf der Engelsburg. **Wissenschaft:** Gründung der ersten protestantischen Universität zu Marburg auf Veranlassung des Landesherrn Philipp von Hessen.

1528

Karl V. ermächtigt das Augsburger Handelshaus der Welser, Venezuela zu kolonisieren. **Kultur:** Albrecht Dürer † (*1471), Maler, Kupferstecher und Zeichner für Holzschnitte. Der deutsche Künstler bereiste Italien und die Niederlande. U. a. schuf er Selbstbildnisse, „Die vier Apostel" und „Adam und Eva". Mathis Neithardt, genannt Grünewald, † (*1465). Er zählt neben Dürer zu den größten deutschen Meistern des Spätmittelalters. Seine Werke u. a. der „Isenheimer Altar", „Stuppacher Madonna" und „Erasmus und Mauritius". Palma Vecchio † (*1480), italienischer Maler der Renaissance.

1529

Der Friede von Cambrai beendet den zweiten Krieg zwischen Karl V. und König Franz I. von Frankreich. Letzterer verzichtet auf seine Ansprüche in Italien. **OSMANISCHES REICH:** Die Türken belagern unter Sultan Suleiman II. Wien. **Kirche:** Der zweite Reichstag zu Speyer spricht sich generell gegen die Kirchenreformen aus und erneuert das Wormser Edikt. Die evangelischen Reichsstände, denen der Kurfürst von Sachsen, der Herzog zu Braunschweig-Lüneburg, der Landgraf Philipp von Hessen, der Fürst Anhalt, Georg von Brandenburg sowie 14 Städte angehören, legen gegen dieses Verbot Protest ein. Es entsteht so die Bezeichnung „Protestanten". Eine Begegnung zwischen Martin Luther und dem Schweizer Reformator Zwingli zu Marburg bringt die beiden Theologen einander nicht näher. Luther widersetzt sich insbesondere der neuen Form des Abendmahls. Luther verfasst den Katechismus. **Kultur:** Peter Vischer der Ältere † (*1455), Erzgießer aus Nürnberg.

1530

Karl V. wird in Bologna zum Kaiser gekrönt. Dies ist die letzte Krönung eines deutschen Kaisers durch den Papst. **Kirche:** Auf dem Reichstag zu Augsburg überreichen die Protestanten Kai-

Karl V.

ser Karl V. die „Augsburgische Konfession" (Confessio Augustana), ein Bekenntnis der lutherischen Kirche, die Melanchthon in lateinischer und deutscher Sprache verfasste.

Ermordung des letzten Inkaherrschers Atahualpa

1531

Der Schmalkaldische Bund, ein Zusammenschluss der protestantischen Fürsten und Städte, stellt sich gegen die Religionspolitik Kaiser Karls V. **SCHWEIZ:** In der Schlacht bei Kappeln unterliegen die Züricher dem Heer der katholischen Eidgenossen. Zwingli, der Schweizer Reformator, fällt (*1484). Der Friede von Kappeln verhindert, dass die Reformation sich über die ganze Schweiz ausbreitet. **SPANIEN:** Francisco Pizarro unterwirft das Volk der Inka in Peru. Er lässt den letzten Herrscher hinrichten und zerstört die hoch entwickelte einheimische Kultur des Indianerstammes (–1533). **Kultur:** Tilman Riemenschneider † (*1460). Der deutsche Bildhauer und -schnitzer zählt zu den bedeutendsten der Spätgotik. Als Anhänger der Bauernkriege wurde er gefoltert. U. a. Werke wie die Schnitzaltäre in Rothenburg o. d. Tauber, Creglingen, Dettwang sowie die Steinplastik von „Adam und Eva". Hans Burgkmaier † (*1473), deutscher Maler (religiöse Bilder und Porträts) aus Augsburg.

1532

Die drohende Gefahr der Türken, die immer weiter nach Europa vordringen, zwingt Karl V. zum Religionsfrieden von Nürnberg. Bis zur Einberufung eines Konzils wird das Wormser Edikt aufgehoben, die Protestanten können frei ihre Religion ausüben.

1533

Der Bürgermeister Jürgen Wullenweber, ein Anhänger der Reformation, versucht in Lübeck, den Einfluss der Patrizier einzuschränken. Der Versuch, eine demokratische Regierung durchzusetzen, misslingt durch den Widerstand der Nachbarländer. Wullenweber wird besiegt und 1537 hingerichtet. **ENGLAND:** König Heinrich VIII. läßt sich von Katharina von Aragon scheiden. Da Papst Klemens VII. diesen Schritt nicht billigt, trennt Heinrich VIII. durch die „Suprematsakte" (1534) die englische Kirche von Rom und macht sich selbst zum Oberhaupt der neu gegründeten Anglikanischen Staatskirche. Heinrich VIII. vermählt sich in zweiter Ehe mit Anna Boleyn, der Mutter von Königin Elisabeth I. **RUSSLAND:** Iwan IV., der Schreckliche wird Zar (–1584). Er dehnt das Reich nach Westen, Osten und Süden aus, erobert Kasan, Kasachstan und annektiert Sibirien. Er herrscht als Despot gegenüber dem russischen Adel, den Bojaren. **Kultur:** Das erste deutsche Strafgesetzbuch „Carolina" (Peinliche Halsgerichtsordnung) entsteht. Veit Stoß † (*1450), deutscher Bildschnitzer aus Nürnberg. Er schuf u. a. den Marienaltar zu Krakau. Lukas van Leyden † (*1494). Der Holländer ist neben Dürer einer der bedeutendsten Kupferstecher seiner Zeit. Er schuf u. a. den nach ihm benannten Flügelaltar mit „Jüngstem Gericht".

Heinrich VIII.

1534

Nach der Rückkehr des Landesherrn Ulrich von Württemberg (siehe 1519) wird das Herzogtum protestantisch. **Kirche:** Papst Paul III. (–1549). **Religion:** Gründung des Jesuitenordens „Societas Jesu" durch den Spanier Ignatius von Loyola. Beginn der Gegenreformation. Die Sekte der „Wiedertäufer" errichtet unter Johann Matthys und Johann van Leyden zu Münster ein sozialrevolutionäres Reich. Das „Königreich Zion" besteht nur ein Jahr. **Kultur:** Antonio Allegri da Correggio † (*1489). Der italienische Maler gilt als Vorläufer des Barock. U. a. „Maria Himmelfahrt", Kuppelfresken im Dom zu Parma sowie Gemälde wie „Die Heilige Nacht" und „Leda mit dem Schwan". Erste Ausgabe der vollständigen Bibelübersetzung erscheint.

1535

Karl V. unternimmt einen Kriegszug gegen einen Seeräuberstaat in Nordafrika, erobert Tunis und befreit christliche Sklaven aus der mohammedanischen Gewaltherrschaft. **ENGLAND:** Heinrich VIII. geht entschieden gegen die Gegner der „Suprematsakte" (siehe 1533) vor. Prominentestes Opfer ist der Staatsmann Thomas Morus, den er enthaupten lässt.

Johann Calvin

1536

Karl V. führt einen dritten Krieg (–1538) gegen König Franz I. aus Frankreich. **ENGLAND:** König Heinrich VIII. trennt sich von seiner zweiten Frau Anna Boleyn und lässt sie hinrichten. **FRANKREICH:** König Franz I. schließt mit Sultan Suleiman II. ein Bündnis. **Kirche:** Johann Calvin (1509–1564). Der Reformator beginnt von Genf aus mit der Verbreitung seiner Lehre, dem Calvinismus. Zusammen mit Zwingli gilt er als Begründer der Reformierten Kirche. Die Lehre, in deren Mittelpunkt die Prädestination (die Vorbestimmung des Menschen zum Guten oder Bösen) steht, findet Anhänger im Deutschen Reich, den Niederlanden, Frankreich (Hugenotten) und England (Puritaner). Die Reformation findet Eingang in Norwegen und Dänemark. In den „Schmalkaldischen Artikeln" grenzt Luther deutlich den protestantischen Standpunkt gegen die Reformierten ab. **Kultur:** Erasmus von Rotterdam † (*1465), bedeutender Humanist und entschiedener Gegner der Lehre Luthers. Bau des Renaissance-Schlosses Chambord (seit 1523) in Frankreich.

1538

Durch Vermittlung des Papstes Paul III. endet der dritte Krieg zwischen Karl V. und Franz I. von Frankreich. Die katholischen Reichsstände schließen sich zu einem Bündnis zusammen. **Kirche:** Calvin wird wegen allzu strenger Kirchenzucht aus Genf verbannt. **Kultur:** Albrecht Altdorfer † (*1480). Der Maler, Kupferstecher und Baumeister aus Regensburg schuf als erster Künstler reine Landschaftsbilder. „Die Alexanderschlacht" ist eines seiner berühmtesten Gemälde.

1539

Kurfürst Johann II. führt in Brandenburg die Reformation ein.

1540

Kirche: Papst Paul III. bestätigt den Orden der Jesuiten, der sich zum Gehorsam gegenüber dem Papst verpflichtet hat. Die Jesuiten unterstützen die päpstliche Gegenreformation. **Kultur:** Hans Brüggemann † (*1480). Der deutsche Bildschnitzer schuf den Schreinaltar im Schleswiger Dom.

1541

SPANIEN: Francisco Pizarro, Eroberer und willkürlicher Regent in Peru, wird ermordet. Pedro de Valdivia unterwirft Chile und gründet die Stadt Santiago. Das Reich der Maya in Yucatan unterliegt den spanischen Eroberern. **OSMANISCHES REICH:** Die Türken stoßen bis nach Ofen (Buda) in Ungarn vor. **FRANKREICH:** Während der Kolonisation in Kanada erreicht Cartier den St.-Lorenz-Strom. **Kirche:** Unter John Knox wird der Calvinismus in Schottland eingeführt. **Religion:** Karlstadt, eigentlich Andreas Bodenstein, † (*1480). Der deutsche Theologe galt als Anhänger Luthers, seine Lehre gab Anlass zur Bilderstürmerei. **Wissenschaft:** Paracelsus, eigentlich Theophrastus von Hohenheim, † (*1493). Der Naturforscher und Arzt setzte sich für die anorganisch-chemische Heilmittellehre ein. **Kultur:** Rosso Fiorentino † (*1494), stattete mit seinen Gemälden, die typisch für die Zeit des Manierismus sind, das Schloss Fontainebleau aus.

1542

Im vierten Krieg (–1544) zwischen Karl V. und Franz I. von Frankreich wird der deutsche Kaiser von den protestantischen Reichsständen unterstützt, auf Seite des Franzosen kämpfen die Türken. **Kirche:** Papst Paul III. setzt sich verschärft für die Inquisition (siehe 1232) ein. **SPANIEN:** Gründung eines spanischen Vizekönigreiches, dem Peru, Chile, Paraguay angehören. Hauptstadt ist Lima. **PORTUGAL:** Der Seefahrer Pinto entdeckt Japan.

1543

Religion: Johann Eck † (*1486), deutscher Theologe und Gegner der lutheranischen Lehre. Sebastian Franck † (*1499). In seinen Schriften setzte sich Franck ganz entschieden für eine freie Religionsgemeinschaft ein. **Kultur:** Hans Holbein der jüngere † (*1497). Der deutsche Maler, der seit 1532 in London als Hofmaler Heinrichs VIII. lebte, schuf u. a. „Madonna des Bürgermeisters Meyer", „Heilige Frau mit Kindern" sowie den Holzschnitt „Totentanz". Ludwig Senfl † (*1492), Komponist und Kirchenmusiker. **Wissenschaft:** Nicolaus Kopernikus, eigentlich Niklas Koppernigk, † (*1473). Der Astronom aus Polen stellte die Theorie des heliozentrischen Weltsystems auf, wobei die Erde als Planet um die Sonne kreist. Er löste damit die Ptolemäische Theorie (der Sterndeuter lebte von 90 bis 160 n. Chr.) ab, die die Erde in den Mittelpunkt des gesamten Weltalls gestellt hatte.

1544

Der Friede von Crépy beendet den vierten Krieg zwischen Karl V. und Franz I. Mailand bleibt Reichslehen, Neapel gehört weiterhin zu Spanien. In einem Geheimvertrag verpflichtet sich Franz zur Mithilfe bei der Beseitigung kirchlicher Missstände. **Wissenschaft:** Gründung der ersten preußischen Universität zu Königsberg durch Herzog Albrecht von Preußen.

1546

Kirche: Das Tridentinische Konzil (–1547), Kirchenversammlung zu Trient zur Erneuerung der katholischen Kirche. U. a. wird nur die lateinische „Vulgata" als Bibelübersetzung autorisiert. Martin Luther † (*1483), Reformator und Begründer des deutschen Protestantismus. Der Professor der Philosophie und Theologie schlug 1517 seine gegen den Ablassprediger Tetzel gerichteten Thesen an die Schlosskirche zu Wittenberg. Nachdem er 1519 das Primat des Papstes und die Unfehlbarkeit der Konzile bestritt, war der Bruch mit der Kirche in Rom endgültig. Mit den beiden Katechismen (1929), der Bibelübersetzung (1522, 1534) und seinen Kirchenliedern wie „Eine feste Burg" war er ein großer Förderer der deutschen Sprache. Mittelpunkt seiner Lehre: „Das Wort Gottes als Gesetz und Evangelium". Das Priestertum als Mittler zwischen Gott und dem Menschen scheint nach Luthers Lehre unwichtig. **Kultur:** Pierre Lescot † (*1510). Der Künstler begann mit dem Bau des Louvre in Paris.

Titelseite einer Lutherbibel

1547

Der Schmalkaldische Krieg, den Kaiser Karl V. gegen die verbündeten protestantischen Fürsten und Städte (siehe 1530) führt, endet in der Schlacht bei Mühlberg a. d. Elbe mit einem Sieg des Kaisers. Kurfürst Johann Friedrich von Sachsen und Landgraf Philipp von Hessen werden gefangen genommen. Moritz von Sachsen, der auf der Seite von Karl V. kämpfte, erhält die Kurwürde von Sachsen. Die Kosten für den Schmalkaldischen Krieg bezahlt die Bankiersfamilie der Fugger, deren Vermögen auf rund vier Millionen Gulden geschätzt wird. **FRANKREICH:** Nach dem Tod von Franz I. folgt Heinrich II. auf dem Thron (–1559). Er vermählt sich mit Katharina von Medici. **ENGLAND:** Nachfolger Heinrichs VIII. (er war mit sechs Frauen verheiratet, zwei davon ließ er hinrich-

Katharina von Medici

ten) ist Eduard VI. (–1553). **ITALIEN:** Erfolglose Verschwörung des Gian Luigi dei Fieschi (Fiesco) gegen die Herrschaft des Adeligen Andrea Dona. **Kirche:** Gründung der Englischen Hochkirche (High Church), die sich der protestantischen Lehre bedient und die die Bischofsverfassung und die Form des katholischen Gottesdienstes vereint. **Kultur:** Der Bau des Schlosses Hohenschwangau (seit 1538) wird vollendet. Michelangelo erhält den Auftrag, die Peterskirche in Rom weiterzubauen. Er entwirft den Kapitolplatz in Rom.

1548

Beim Reichstag zu Augsburg versucht Kaiser Karl V., durch Zugeständnisse wie Priesterehe und Laienkelch die Potestanten für den Katholizismus zurückzugewinnen. **POLEN:** Sigismund II. König (–1572).

1549

Kirche: Herzog Wilhelm IV. von Bayern beruft den Orden der Jesuiten an die Universität Ingolstadt. Die Calvinisten und Anhänger Zwinglis, durch den Reformator und Nachfolger Bullinger vertreten, einigen sich in der Streitfrage um die Abendmahlslehre. In England beeinflusst die Liturgie das „Book of Common Prayer" von Thomas Crammer, dem Erzbischof von Canterbury. Die Jesuiten arbeiten als Missionare in Japan und Südamerika. **Kultur:** Margarete von Navarra † (*1492), französische Dichterin der Frührenaissance.

1550

Herzog Albrecht V., der Großmütige von Bayern vertreibt die Protestanten aus seinem Land. **Kirche:** Papst Julius III. (–1555).

1551

Wissenschaft: Loyola, Gründer des Jesuitenordens, ruft das „Collegium Romanum" als päpstliche Universität in Rom ins Leben. Zweites Tridentinisches Konzil (–1552). Es bejaht die Abendmahlsverwandlung von 1215. **Kultur:** Baldassare Peruzzi † (*1481). Der italienische Baumeister errichtete den Palazzo Massimi in Rom.

1552

Kurfürst Moritz von Sachsen löst sein Bündnis mit Kaiser Karl V. und schließt sich dem französischen König Heinrich II. an. Durch Überlassen der Bistümer Metz, Toul und Verdun erhält Moritz von Sachsen Finanzhilfe und kann Karl V. bei Reutte besiegen. Der Passauer Vertrag garantiert den Protestanten Religionsfreiheit bis zu einem nächsten Reichstag. Aufhebung des Augsburger „Interim". Karl V. wird aus Innsbruck vertrieben. **Wissenschaft:** Sebastian Münster † (*1489). Der Reformator aus Basel verfasste die „Cosmographica universalis", eine geographische Aufzeichnung mit 26 Karten und 471 Holzschnitten.

Lucas Cranach d. Ä.: Irdisches Paradies

1553

Herzog Moritz von Sachsen fällt in der Schlacht gegen den Markgrafen Albrecht von Brandenburg. **ENGLAND:** Maria I., die Katholische wird Königin (–1558). Die Tochter Heinrichs VIII. und Katharinas von Aragon heiratet Philipp II. von Spanien. **Kultur:** François Rabelais † (*1494). Der französische Schriftsteller schrieb u. a. den derbhumoristischen Roman „Gargantua und Pantagruel". Lucas Cranach der Ältere † (*1472). Der deutsche Maler und Zeichner, einer der bedeutendsten Künstler der Spätgotik, schuf vornehmlich religiöse Bilder, Holzschnitte, Kupferstiche und Tafelmalerei.

1555

Kirche: Der Religionsfriede von Augsburg gewährt die Religionsfreiheit: „Cuius regio, eius religio" – der jeweilige Landesfürst bestimmt die Religion (katholisch oder lutheranisch) seines Territoriums. Gegner dieses Beschlusses können auswandern. **Religion:** Die Lehre der drei Reformatoren Luther, Zwingli und Calvin verbreitet sich in ganz Europa. Norddeutschland und die skandinavischen Länder bekennen sich zu Luther, England, Schottland, Frankreich und die Niederlande zu Calvin und ein Teil der Schweiz zu Zwingli. Die Länder Italien, Spanien und Portugal bleiben überwiegend katholisch.

1556

Kaiser Karl V. dankt in Brüssel zugunsten seines Bruders Ferdinand I. und seines Sohnes Philipp II. ab. Während Ferdinand I. deutscher Kaiser wird (–1564), erhält Philipp II. Spanien und die Niederlande. Burgund ist bereits seit 1555 in seinem Besitz. Das ist die letzte Teilung des abendländischen Großreichs. Karl V. verbringt seinen Lebensabend in der Nähe des Klosters San Jeronimo de Yuste in Spanien, wo er 1558 stirbt. **INDIEN:** Akbar wird Großmogul (1605). Unter seiner Regierung erlebt das Land eine Blütezeit in Kunst und Wissenschaft. Versöhnungsversuch zwischen der Religion der Hindus und der Moslems. **Kirche:** Thomas Cramer, Erzbischof von Canterbury und englischer Reformator, wird unter Königin Maria I. öffentlich hingerichtet.

1558

Kaiser Karl V. stirbt (*1500). **ENGLAND:** Elisabeth I., Tochter Heinrichs VIII. und Anna Boleyns, wird Königin (–1603). Calais, der letzte englische Besitz auf französischem Festland, geht verloren. **Kirche:** Unter Elisabeth I. Ende der Verfolgung der Anglikanischen Kirche. **Wissenschaft:** Gründung der Universität zu Jena. **Kultur:** Bau des Lustschlosses Belvedere zu Prag (seit 1536).

El Escorial: Schloss San Lorenzo

1559

POLEN: König Sigismund II. verbündet sich mit dem Orden der Schwertbrüder von Livland gegen den Ansturm des russischen Zaren Iwan IV. des Schrecklichen. **FRANKREICH:** Nach dem tödlichen Unfall Heinrichs II. auf einem Turnier wird Franz II., ein Sohn der Katharina von Medici, König (–1560). Er vermählt sich mit Maria Stuart, Tochter Jacobs V. von Schottland. Der Friede von Câteau-Cambrésis zwingt Frankreich, auf seine Ansprüche in Italien und Burgund gegenüber Spanien zu verzichten. **DÄNEMARK, NORWEGEN:** König Friedrich II. stößt nach Dithmarschen vor und unterwirft die Bauern. **Kirche:** Papst Pius IV. (–1565). **Kultur:** Bau des Klosterpalastes Escorial nordwestlich von Madrid. **Wissenschaft:** Adam Riese † (*1492). Der Gelehrte verfasste eines der ersten mathematischen Lehrbücher.

1560

FRANKREICH: Karl IX. wird König (–1574). Die Regentschaft des erst Zehnjährigen übernimmt zunächst seine Mutter, Katharina von Medici. **SCHWEDEN:** Nach dem Tod Gustavs I., des Förderers der Reformation, wird Erich XIV. König (–1568). **Kultur:** Philipp Melanchthon † (*1497). Der Humanist galt als einer der bedeutendsten Mitarbeiter Martin Luthers. Er verfasste die „Augsburger Konfession" (siehe 1530). Melanchthon machte sich auch um das deutsche Schulwesen sehr verdient. Baccio Bandinelli † (*1493), italienischer Bildhauer der Renaissance.

1561

Der deutsche Ordensstaat im Baltikum löst sich auf. Kurland wird protestantisches Herzogtum unter Ordensmeister Kettler und steht unter Lehnshoheit von Polen. Livland fällt an Polen, Estland an Schweden. **SCHOTTLAND:** Maria Stuart kehrt nach dem Tod ihres Mannes, König Franz II. von Frankreich († 1560), nach Schottland zurück und übernimmt dort die Regierungsgeschäfte. Von dort macht sie ihre Ansprüche auf den englischen Thron geltend. Maria Stuart gilt als Gegnerin der Reformierten Kirche. **Kultur:** Alonso Berruguete † (*1480). Der spanische Maler und Bildhauer war ein Schüler Michelangelos.

1562

Kirche: In der letzten Periode des Tridentinischen Konzils wird das katholische Dogma bestimmt und das Primat des Papstes bestätigt. **FRANKREICH:** Beginn der Hugenottenkriege (–1598). Die Anhänger des Calvinismus kämpfen unter Führung der Bourbonen Ludwig von Condé und Heinrich von Navarra sowie Admiral Gaspard de Coligny gegen die katholische Partei. Der Führer der Katholiken, Franz von Guise, wird ermordet.

1564

Maximilian II. wird nach dem Tod seines Vaters Ferdinand I. deutscher Kaiser (–1576). Teilung der Habsburger Erblande. Es entsteht eine österreichische, eine steirische, eine tiroler Linie. **NIEDERLANDE:** Der Adel erhebt sich gegen die spanischen Herrscher. Margarete von Parma, Statthalter und Halbschwester von König Philipp II., entlässt ihren Ratgeber, den Kardinal Granvella. **Kirche:** Papst Paul IV. bestätigt die Beschlüsse der drei Tridentinischen Konzile. Dies führt zu einer Verhärtung der Beziehungen zwischen Katholiken und Protestanten. **Religion:** Johann Calvin † (*1509). Er gilt zusammen mit Zwingli als Begründer der reformierten Kirche. Der Calvinismus, in dessen Mittelpunkt die Prädestinationslehre steht, fördert das Kaufmannstum (Reichtum gilt als Zeichen der Gunst Gottes). **Wissenschaft:** Andreas Vesalius † (*1514). Der Leibarzt Karls V. und Philipps II. gilt als Begründer der neuzeitlichen Anatomie. **Kultur:** Michelangelo Buonarrotti † (*1475). Der italienische Baumeister, Bildhauer und Maler ist eines der größten Genies der abendländischen Kunst. Er schuf Bildwerke wie die Pietà, David, Moses, Gemälde wie die Fresken in der Sixtinischen Kapelle zu Rom (Schöpfungsszenen, Sintflut, Propheten, jüngstes Gericht); die Bauwerke Biblioteca Laurenziana (Florenz), Kuppel der Peterskirche zu Rom. – Bau der Tuilerien in Paris.

Sixtinische Kapelle: Fresko von Michelangelo

1565

NIEDERLANDE: Um die unter Kaiser Karl V. ausgehandelten Sonderrechte zu schützen, schließen sich Bürger und Adel unter Führung von Wilhelm von Oranien und Graf Egmont gegen die spanische Herrschaft zusammen. Einer der wichtigsten Gründe: Philipp II., ein Gegner des Protestantismus, fördert die Inquisition.

1566

NIEDERLANDE: Anhänger des Calvinismus reichen bei der Statthalterin Margarete von Parma ein Gesuch ein, in dem sie um Religionsfreiheit und Anerkennung der Generalstände bitten. Mit dem Spottnamen „Gneusen" (Bettler) erfolglos abgewiesen, bilden sie die Partei der Gneusen. Margarete von Parma dankt ab, ihr Nachfolger wird Herzog Alba. **OSMANISCHES REICH:** Sultan Suleiman II.

dringt nach Ungarn vor, wird bei Sziget aufgehalten und fällt im Kampf. Unter seiner Regentschaft erreichte die Ausdehnung des Türkenreichs ihren Höhepunkt. Syrien, Mesopotamien, Arabien, Kaukasien, Kleinasien, Ägypten, Nordafrika und Ostungarn gehören zu den eroberten Gebieten. **Kirche:** Papst Pius V. (–1572). Er gilt als Förderer der Gegenreformation. **Wissenschaft:** Nostradamus, eigentlich Michel de Notredame, † (*1503). Der französische Sterndeuter, Leibarzt Karls IX., prophezeite das baldige Ende der katholischen Kirche. **Wirtschaft:** Gründung der Börsen zu London und Köln.

1567

NIEDERLANDE: Herzog Alba, mit besonderen Vollmachten versehen, kommt mit einem spanischen Heer in die Niederlande. Wilhelm von Oranien, der Führer der Protestanten, flieht nach Deutschland. **FRANKREICH:** Die Hugenotten erhalten die Zusicherung der Religionsfreiheit. Admiral de Coligny, Führer der calvinistischen Bewegung, wird zum politischen Berater der Regentin Katharina von Medici ernannt. **SCHOTTLAND:** Im Bürgerkrieg unterliegt Königin Maria Stuart. Sie dankt zugunsten ihres Sohnes Jakob VI. ab und flieht nach England.

1568

Das Herzogtum Braunschweig wird protestantisch. **NIEDERLANDE:** Beginn des Freiheitskampfes gegen die spanische Herrschaft (–1648). Herzog Alba lässt zwei Vertreter des niederländischen Aufstands, Graf Egmond und Graf Hoorn, in Brüssel hinrichten. Mithilfe von deutschen Truppen versucht Wilhelm von Oranien vergeblich, das Heer Herzog Albas zu schlagen. **SPANIEN:** Don Carlos wird von seinem Vater, König Philipp II., wegen Fluchtgefahr gefangen genommen. **ENGLAND:** Königin Elisabeth nimmt die schottische Königin Maria Stuart in Gewahrsam. **Kultur:** Bau der Jesuitenkirche „Il Gesu" in Rom von Giacomo Barozzi da Vignola.

1569

Kultur: Peter Brueghel der Ältere † (*1520). Der niederländische Maler schuf Landschaftsbilder sowie Gemälde aus dem Leben der Bauern. U. a. „Hochzeitstanz im Freien", „Jäger im Schnee" und „Heimkehr der Rinder".

1570

DÄNEMARK: Der Friede von Stettin beendet den erfolglosen Krieg, den Dänemark gemeinsam mit Lübeck seit sieben Jahren gegen Schweden führt. **FRANKREICH:** Die Hugenotten erhalten vier Sicherheitsplätze, u. a. La Rochelle, wo sie ihrer Religion nachgehen können.

1571

Kaiser Maximilian II. gewährt den Fürsten, Herzögen und Grafen seines Reichs die Religionsfreiheit. **OSMANISCHES REICH:** In der Schlacht bei Lepanto unterliegen die Türken der miteinander verbündeten spanisch-venetianischen Flotte. Ende der türkischen Seemacht im Mittelmeerraum. **NIEDERLANDE:** Der nördliche Teil des Reichs weigert sich, die spanische Vorherrschaft anzuerkennen und setzt Wilhelm von Oranien als Statthalter ein.

1572

Bartholomäusnacht (zeitgenössische Darstellung)

Kirche: Papst Gregor XIII. (–1585). Er erneuert den Kalender (1582 gregorianischer Kalender) und ist ein unnachgiebiger Verfechter der Gegenreformation. **FRANKREICH:** In der Bartholomäusnacht werden auf Betreiben der katholischen Partei Tausende von Hugenotten umgebracht („Pariser Bluthochzeit"): Katharina von Medici hatte ihren Berater und Führer der Hugenotten, Admiral de Coligny, mit seinen Anhängern zur Hochzeit ihrer Tochter Margarete mit Heinrich von Navarra nach Paris eingeladen. Coligny wird ermordet. **POLEN:** Mit dem Tod des Königs Sigismund II. stirbt die Dynastie der Jagiellonen aus. Polen wird Wahlkönigtum. **Kultur:** Galeazzo Alessi † (*1512), Baumeister aus Genua. Er errichtete u. a. die Villa Castiglione.

1574

FRANKREICH: Heinrich III. wird König (–1589). Er beendet durch Zugeständnisse an die Hugenotten die Religionskriege.

1575

NIEDERLANDE: Nach der Abberufung Herzog Albas besiegt sein Nachfolger Luis de Requesens die Gneusen. **POLEN:** Stefan Bathory, Herrscher von Siebenbürgen, wird zum König (–1585) gewählt. **Wirtschaft:** Der Staat Spanien ist zum zweiten Mal (1557) bankrott. **Wissenschaft:** Gründung der Universität von Leyden.

Tizian: Karl V.

1576

Nachfolger von Kaiser Maximilian II. wird sein Sohn Rudolf II. (– 1612). **Kirche:** Die überzeugten Katholiken schließen mit Unterstützung Philipps II. von Spanien eine „Heilige Liga" gegen die Reformierten. **Kultur:** Hans Sachs † (*1494). Der Dichter und Vorsitzende der Meistersingerschule zu Nürnberg schrieb neben den fast 4000 Meistergesängen Erzählungen und dramatische Werke. Tiziano Vecelli(o) (Tizian) † (*1477). Der Meister der venezianischen Renaissance malte u. a. Werke wie „Die ruhende Venus", „Kaiser Karl V." oder „Dornenkrönung".

1577

ENGLAND: Königin Elisabeth beauftragt Francis Drake, die Vorherrschaft der Spanier im Pazifik zu beenden.

1579

POLEN: König Stephan Bathory unterwirft in drei Kriegszügen (–1582) Zar Iwan den Schrecklichen. Livland bleibt bei Polen. **NIEDERLANDE:** Statthalter Alessandro Farnese, ein Sohn der Margarete von Parma, kann durch politische Zugeständnisse die katholischen Provinzen im Süden des Landes für Spanien zurückgewinnen. Unter Führung Wilhelms von Oranien schließen sich die nördlichen Provinzen zur „Utrechter Union" zusammen. **Wissenschaft:** Mit Unterstützung des Herzogs Albrecht V. von Bayern entstehen in München die Staatsbibliothek, das Münzkabinett, das Antiquarium und die Kunstkammer.

1580

SPANIEN: Durch Erbfolge erhält König Philipp Portugal.

1581

NIEDERLANDE: Unabhängigkeitserklärung der sieben nördlichen Provinzen, Lossagung von Spanien.

1582

Kirche: Die Universität zu Würzburg wird unter Bischof Julius Echter von Mespelbrunn ein Zentrum der Gegenreformation. **RUSSLAND:** Jermak, Kosakenführer unter Iwan dem Schrecklichen, dringt mit seinem Heer bis nach Sibirien vor.

1584

NIEDERLANDE: Der Anführer der protestantischen Partei, Wilhelm von Oranien, wird in Delft von einem Katholiken ermordet. Die Nachfolge übernimmt der Sohn, Moritz von Oranien. **RUSSLAND:** Nach dem Tod Iwans IV. des Schrecklichen folgt Fjodor I. (–1598). Die Regierungsgeschäfte führt Boris Godunow, da Fjodor schwachsinnig ist.

1585

ENGLAND: Königin Elisabeth I. gewährt den Niederländern militärische Hilfe und gerät dadurch in Konflikt mit König Philipp II. von Spanien. Gründung der Kolonie Virginia zu Ehren der Königin Elisabeth durch Sir Walter Raleigh. **FRANKREICH:** Beginn eines Bürgerkriegs (–1589) zwischen den Hugenotten und der katholischen Liga. **Kirche:** Papst Sixtus V. (–1590). **Kultur:** Pierre de Ronsard † (*1525). Der französische Dichter gilt als Begründer des Klassizismus. Er verfasste Oden und Sonette. Wenzel Jamnitzer † (*1508), bedeutender Nürnberger Goldschmied der Renaissance.

1586

Kirche: Die Gegner der Reformation schließen sich in der Schweiz zum „Borromäischen Bund" zur Wahrung des Katholizismus zusammen. **PERSIEN:** Abbas der Große wird Schah (–1628). Seiner Ausdehnungspolitik fallen Bagdad und Georgien zum Opfer.

1587

ENGLAND: Die ehemalige katholische Königin Maria Stuart von Schottland wird wegen Verdacht des Hochverrats hingerichtet. **POLEN:** Sigismund III., ein Sohn des schwedischen Königs Johann III. und der Katharina von Polen, wird König (–1632).

Sir Francis Drake

1588

ENGLAND: Vernichtung der spanischen Armada (Flotte) unter Sir Francis Drake im englischen Kanal. Dieser Sieg bedeutet das Ende der spanischen und den Aufstieg der englischen Seemacht. **DÄNEMARK, NORWEGEN:** Christian IV. wird König (–1648).

1589

FRANKREICH: Mit der Ermordung Heinrichs III. – er stellte sich gegen die katholische Liga – endet die Dynastie der Valois. Heinrich IV. von Navarra wird König (1610). Er stammt aus dem Haus Bourbon, das bis 1792 Frankreich regiert. **Kultur:** Paolo de Veronese, eigentlich Caliaria, † (*1528), italienischer Maler des Barocks. U. a. Fresken und Deckengemälde. **Kirche:** Die russische Kirche löst sich von dem Patriarchat in Konstantinopel.

1590

Kirche: Papst Urban VII. († 1590). Papst Gregor XIV. (–1591).

1591

RUSSLAND: Der Regent Boris Godunow, der für Zar Fjodor I. herrscht, lässt den Zarewitsch Demetrius ermorden.

1592

SCHWEDEN: Sigismund III., der König Polens (siehe 1587), wird Thronfolger (1604). Er unterstützt den katholischen Glauben im protestantischen Schweden. **JAPAN:** Die Eroberung des chinesischen Korea endet mit einem Misserfolg. In den folgenden sieben Jahren wird das Land durch anhaltende Kämpfe verwüstet.

1593

FRANKREICH: König Heinrich IV. von Navarra, bisher ein entschiedener Vertreter der Reformation (Führer der Hugenotten seit 1569), tritt zum katholischen Glauben über. Mit diesem Entschluss will er die französische Krone gegen dynastische spanische Pläne sichern. Das Edikt von Nantes gewährt seinen ehemaligen Glaubensgenossen bedingte Religionsfreiheit. **Kultur:** Christopher Marlowe † (*1564). Der bedeutende englische Dramatiker und Vorläufer Shakespeares verfasste die Tragödien „Tamerlan" und „Doctor Faustus".

1594

Der Reichstag zu Regensburg sagt Kaiser Rudolf II. Unterstützung gegen die Türken zu. **Kultur:** Jean Cousin † (*1522). Der französische Künstler machte sich einen Namen als Maler von Glasfenstern und als Illustrator antiker Dichtung. Tintoretto, eigentlich Jacopo Robusti, † (*1518). Der Schüler Tizians war der letzte große Maler der venezianischen Renaissance. Er malte hauptsächlich biblische Themen. Berühmt sind seine Wand- und Deckengemälde im Dogenpalast zu Venedig. Giovanni Pierluigi Palestrina † (*1525). Der italienische Komponist gab durch seine Messen im klassisch-kirchlichen a-cappella-Stil der geistlichen Musik einen neuen Ausdruck. Er schrieb an die 100 Messen, 320 Motetten und 180 Madrigale. Durch das Tridentinische Konzil gebilligt (1562), wird sein Stil jahrhundertelang beispielhaft für die katholische Kirchenmusik.

1595

OSMANISCHES REICH: Niederlage bei Calugareni gegen die verbündeten Truppen Kaiser Rudolfs II. sowie des Fürsten der Walachei, Michael des Tapferen. Kultur: Torquato Tasso † (*1544). Der italienische Dichter verfasste „Das befreite Jerusalem".

1596

FRANKREICH: Mit den Verbündeten aus England und den Niederlanden unternimmt König Heinrich IV. einen erfolgreichen Kriegszug gegen die Spanier. **NIEDERLANDE:** Beginn der Kolonisation. Willem Barents (†1597) entdeckt auf einer Forschungsreise die Băreninsel und Spitzbergen. Erste Überwinterung in der Arktis.

1597

Kultur: Juan de Herrera † (*1530). Der spanische Baumeister der Renaissance errichtete den Escorial. **Kirche:** Beginn der Gegenreformation in der Steiermark und in Bayern.

Philipp II. von Spanien

1598

SPANIEN: Nach dem Tod Philipps II. wird Philipp III. König (–1621). Philipp II., Verfechter der Gegenreformation, hinterließ in Spanien Staatsschulden in Höhe von 100 Millionen Dukaten. **RUSSLAND:** Boris Godunow wird zum Zaren ernannt (–1605). Während seiner Regierungszeit werden die Bojaren (Adeligen) verfolgt. **Kultur:** Marnix van St. Aldegonde † (*1539). Der niederländische Schriftsteller religiöser Werke ist einer der bedeutendsten Reformatoren des Landes.

1599

ENGLAND: Kultur: Edmund Spenser † (*um 1552). Der englische Renaissancedichter trug maßgeblich zum großen Einfluss der englischen Literatur in Europa bei. Sein Hauptwerk waren die „Fünf Gesänge der Feenkönigin".

17. Jahrhundert

Dieses Jahrhundert gilt als Zeitalter des Rationalismus: Der Glaube an die Kraft der Vernunft greift um sich, der Mensch beginnt zu forschen. Namen wie Galilei, Kepler, Newton oder Leibniz verdeutlichen, welch rasante Entwicklung die verschiedenen Naturwissenschaften in diesem Jahrhundert erfahren. So werden u.a. entdeckt: die Schall- und Fallgeschwindigkeit, die Fallgesetze, das Lichtbrechungsgesetz, das Fernrohr, die Mikroskopie, die mikroskopische Anatomie. Die Kirche sieht diese rasche Entwicklung menschlichen Erfindergeistes nur ungern, da sie ständig einen weiteren Machtverlust durch neue wissenschaftliche Erkenntnisse befürchtet. So ist es nicht verwunderlich, dass Galilei wegen „kopernikanischer Irrlehren" der Ketzerei angeklagt wird: Ein heliozentrisches Weltbild widersprach der kirchlichen Auffassung, die die Erde als Mittelpunkt der Schöpfung betrachtete. Auch in der Wirtschaft der europäischen Staaten ändert sich viel. Die Kolonialmächte gehen dazu über, von Sklaven gewonnene Rohstoffe zu importieren, während sie selbst gewinnbringend Fertigwaren exportieren. Im Zusammenhang mit dem Handelsausbau setzt sich die Geldwirtschaft immer stärker gegen die Naturalwirtschaft durch. Die Staatsform dieses Jahrhunderts ist der Absolutismus, besonders in Frankreich unter Ludwig XIV.: Das Zentrum des Staates ist der König, er vereint alle Staatsgewalt und Macht in sich. Gleichzeitig aber beginnt in England die Entwicklung zum Verfassungsstaat. Das Parlament lässt sich in der Petition of Rights seine Kontrollfunktion bestätigen, die Habeaskorpusakte sichert die persönliche Freiheit, und die Declaration of Rights verwirklicht eine Volkssouveränität, wie sie vorher nicht denkbar war. In Deutschland führt der Dreißigjährige Krieg (Religionskrieg) zu immensen Verwüstungen. Pest und Hungersnöte dezimieren die Bevölkerung von 17 Millionen (1618) um über die Hälfte auf acht Millionen (1648). Wichtige Persönlichkeiten dieses Jahrhunderts auf kulturellem Sektor sind Shakespeare und Molière. Kultureller Mittelpunkt Europas ist das unter Ludwig XIV. ausgebaute und modernisierte Paris, wo sich neben den Schönen Künsten auch die französische Küche zu ihrem heute noch anerkannten Niveau entwickelt.

1600

ENGLAND: Gründung einer Handelsgesellschaft in Ostindien. **IRLAND:** Nach jahrelangen Unruhen und Aufständen gegen die protestantischen Engländer ist das Land zerstört, die Bevölkerung leidet an Hunger. **Religion:** Der italienische Philosoph und Dominikaner Giordano Bruno (*1548) wird wegen seiner Lehre, die eine Welt unbegrenzt von Zeit und Raum und mit unzähligen Sonnen aufzeichnet, als Ketzer hingerichtet. Der Jesuit Luis Molina aus Spanien verkündet eine umstrittene Prädestinationslehre.

1601

ENGLAND: Wegen Verrats lässt Königin Elisabeth ihren ehemaligen Günstling und Berater Robert Essex hinrichten. Einführung eines Armengesetzes, das besonders die Arbeiter der gewerblichen Großbetriebe unterstützt. **Wissenschaft:** Tycho Brahe † (*1546). Der dänische Astronom, Lehrer Johannes Keplers, verbesserte vor Erfindung des Fernrohrs sehr wesentlich die Beobachtungstechnik für das Weltall. Johannes Kepler wird zum kaiserlichen Hofastronom in Prag ernannt.

1602

NIEDERLANDE: Gründung der Niederländisch-Ostindischen Kompanie in Batavia, die mit 6,5 Millionen Gulden Grundkapital eine der ersten Aktiengesellschaften ist. In Südafrika entsteht die Kapkolonie.

Elisabeth I. von England

1603

ENGLAND: Mit dem Tod Elisabeths I. endet das Elisabethanische Zeitalter, das kulturell und wirtschaftlich von großer Bedeutung für England war. Ihr Nachfolger ist der aus dem schottischen Hause stammende Jakob I. (–1625). Die Dynastie der Stuarts herrscht bis 1714 als Könige von England und Irland. **JAPAN:** Die Schogun-Dynastie der Tokugawa übernimmt die Macht des Reichs (–1867). Tokio ist die Hauptstadt. Verfolgung der Christen. **Kultur:** Thomas Morley † (*1557). Der englische Komponist schrieb insbesondere Madrigale.

1604

SCHWEDEN: Sigismund III., ebenfalls König von Polen, wird nach dem Versuch, den Katholizismus wieder in Schweden einzuführen, abgesetzt. Sein Nachfolger ist sein Onkel Karl IX. **PERSIEN:** Schah Abbas I. gelingt die Rückeroberung der Gebiete Täbris, Kars und Erewan von den Türken. **FRANKREICH:** Gründung einer Handelsgesellschaft in Ostindien.

1605

Kirche: Papst Paul V. (–1621) aus der Dynastie der Borghese. Zu Beginn des 30-jährigen Kriegs steht er auf der Seite der Habsburger. **ENGLAND:** Die Pulververschwörung von fanatischen Katholiken gegen den zum Protestantismus übergetretenen König Jakob I. misslingt. **RUSSLAND:** Nach dem Tode Boris Godunows setzt sich der „Falsche Demetrius" (falscher Sohn des Zaren Iwan IV.) für ein Jahr auf Russlands Thron. Er wird ermordet.

1606

UNGARN: Mit dem Frieden von Wien erhält der Adel nach dem protestantischen Aufstand 1603 unter Stephan Bocskay Religionsfreiheit.

1608

Im Zuge der Gegenreformation schließen sich die protestantischen Fürsten zur Verteidigung ihres Glaubens zu einer Union zusammen. Kaiser Rudolf II. übergibt an seinen Bruder Matthias die Gebiete Österreich, Mähren und Ungarn. **FRANKREICH:** Gründung der Kolonialstadt Quebec in Kanada. **Kultur:** Domenico Fontana † (*1543). Der italienische Baumeister schuf u.a. den Lateranpalast. **Religion:** In Paraguay siedeln sich die Jesuiten an und errichten ein Schutzgebiet für die Indianer.

1609

Die Fürsten und Reichsstände schließen sich unter Führung von Herzog Maximilian von Bayern zu einer katholischen Liga zusammen. Nach dem Tod des Herzogs Jülich-Cleve-Berg kommt es zu einem Erbfolgestreit zwischen dem Kurfürsten von Brandenburg und dem Pfalzgrafen von Neuburg. Nach der Teilung von Xanten (1614) erhält die Mark Brandenburg die Gebiete Cleve, Mark und die Grafschaft Ravensberg, während Jülich und Berg an die Pfalz-Neuburg fallen. **BÖHMEN:** Religionsfreiheit für die Protestanten durch den Majestätsbrief von Kaiser Rudolf II. **NIEDERLANDE:** Ein 12 Jahre dauernder Waffenstillstand wird mit Spanien abgeschlossen. **Religion:** Mary Ward gründet den katholischen Orden der „Englischen Fräuleins". **Kultur:** Annibale Carracci † (*1557). Der Italiener aus Bologna gilt als Begründer des römischen Barock. Er malte u. a. Fresken im Palazzo Farnese.

1610

FRANKREICH: König Heinrich IV. wird von einem Katholiken ermordet (*1553). Sein Nachfolger auf dem französischen Thron ist Ludwig XIII. (–1643). Für den Minderjährigen führt zunächst seine Mutter Maria von Medici die Regierungsgeschäfte. **Religion:** Franz von Sales gründet gemeinsam mit Frau von Chantal den katholischen Orden der Salesianer, der sich hauptsächlich mit Erziehung und Seelsorge einen Namen machte. **Kultur:** Adam Elsheimer † (*1578). Der deutsche Maler wurde durch seine Landschaftsbilder bekannt. Michelangelo da Caravaggio † (*1573). Der Italiener entfernte sich durch naturnahe Sachlichkeit vom Manierismus. Er malte u. a. „Matthäus mit dem Engel".

1611

SCHWEDEN: Gustav Adolf II. wird König (1632). **Kultur:** Johannes Eccard † (*1553). Der deutsche Komponist verfasste vielstimmige Kirchenlieder.

1612

Nach dem Tod des geisteskranken Rudolf II. übernimmt dessen Bruder Matthias die Herrschaft (–1619). **Wissenschaft:** Wolfgang Ratke will mit der „Methodik des Schulunterrichts" im ganzen Reich eine einheitliche deutsche Schule einführen. **Kultur:** Giovanni Gabrieli † (*1557), italienischer Kirchenmusiker.

1613

Kurfürst Johann Sigismund von Brandenburg tritt zum Calvinismus über, um das jülich-clevische Erbe antreten zu können. **RUSSLAND:** Nach längeren innenpolitischen Unruhen kommt das Haus der Romanows an die Regierung (–1762). Michael Fedorowitsch wird Zar (–1645).

1614

NIEDERLANDE: Gründung der Kolonie Neu-Amsterdam, dem heutigen New York. **SCHWEDEN:** Beginn eines Krieges mit Russland (–1617). **Wirtschaft:** Zusammenbruch des Handelsunternehmens der Welser in Augsburg. **Kultur:** El Greco † (*1541). Der griechisch-spanische Maler bevorzugte neben Porträtmalerei biblische Motive und schuf u. a. Gemälde wie „Toledo im Gewitter", „Entkleidung Christi" und „Auferstehung".

1615

Wirtschaft: Die Fürsten von Thurn und Taxis erhalten als Lehen das Amt des Generaloberpostmeisters.

Don Quijote (Illustration)

1616

ENGLAND: Der Seefahrer William Baffin entdeckt auf einer Forschungsreise die Baffin-Bay. **Religion:** Die Schriften des Astronomen Kopernikus werden als Irrlehren auf den Index der verbotenen Werke gesetzt. **Kultur:** Miguel de Cervantes Saavedra † (*1547). Der spanische Dichter schrieb mit seinem Roman „Don Quijote" eines der großen Werke der Weltliteratur. Kunstwerke sind auch seine Novellen. **Wissenschaft:** Andreas Libavius † 1546). Der deutsche Alchimist entdeckte u. a. die Schwefelsäure (Salpeter und Schwefel).

1617

Erzherzog Ferdinand von Steiermark wird zum deutschen König ernannt. **FRANKREICH:** König Ludwig XIII. erhebt sich gegen die Regentschaft seiner Mutter Maria von Medici. Sie wird auf das Schloss Blois verbannt. **SCHWEDEN:** Ende des Kriegs mit Russland. Nach dem Frieden von Stolbowa bleiben die Gebiete Ingermanland und Ostkarelien bei Schweden. Nowgorod fällt an Russland und Smolensk an Polen.

1618

Beginn des 30-jährigen Kriegs in Deutschland (1648). Beginn des böhmischpfälzischen Kriegs (–1623). Durch die Nichteinhaltung des „Majestätsbriefs" (siehe 1609) kommt es zu einem Aufstand der Protestanten (Prager Fenstersturz). Ferdinand II. wird als König abgesetzt, als Vertreter der protestantischen Union wird Friedrich V. zum Gegenkönig gewählt (Winterkönig). Das Herzogtum Preußen, bisher unter polnischer Lehnshoheit, fällt durch den Tod Albrechts II. als Erbe an Brandenburg. **OSMANISCHES REICH:** Osman II. wird Sultan. **ENGLAND:** Der englische Seefahrer und Freibeuter Walter Raleigh, Gründer der ersten englischen Kolonie Virginia in Nordamerika, wird hingerichtet. Gründung der Westafrika-Kompanie.

1619

Ferdinand II. wird deutscher Kaiser (–1637). Zu seinen Verbündeten in der Gegenreformation zählt er die katholische Liga unter der Führung von Herzog Maximilian von Bayern sowie Spanien und Papst Paul V. Friedrich von der Pfalz bittet England um Hilfe, die ihm jedoch aus außenpolitischen Gründen wegen der Länder Spanien und Frankreich nicht gewährt wird. **NORDAMERIKA:** Sklavenhandel mit Schwarzen aus Afrika.

1620

Puritaner

König Friedrich V. von Böhmen unterliegt dem Feldherrn Tilly, der das Heer der katholischen Liga anführt, in der Schlacht auf dem Weißen Berg bei Prag. Friedrich V. flieht in die Niederlande. Der Kaiser belegt ihn und seine Verbündeten mit der Reichsacht. Für die Reformierten beginnt eine Zeit der Unterdrückung. **ENGLAND:** Die Puritaner, strenggläubige Protestanten, die die bischöfliche Verfassung der Anglikanischen Kirche bekämpfen, verlassen ihre Heimat. Auf der „Mayflower" segeln sie nach Nordamerika und gründen dort die Kolonie Neu-England.

1621

Nachdem England, die Niederlande und Dänemark der Union der Protestanten keine Unterstützung gewährt haben, löst sich diese auf. Friedrich V. von der Pfalz erhält Hilfe von Ernst von Mansfeld, Christian von Braunschweig und Georg Friedrich von Baden-Durlach. **SPANIEN:** Philipp IV. wird König (–1665). Trotz großer Bemühungen verliert das Reich unter ihm weiter an Ansehen und Macht. **SCHWEDEN:** Beginn eines Kriegs gegen Polen. **NIEDERLANDE:** Nach Ablauf des Waffenstillstandsabkommens wieder Aufleben der Feindseligkeiten mit Spanien. Gründung der Niederländisch-Westindischen Kompanie. **Kirche:** Papst Gregor XV. (–1623). Kardinal Robert Bellarmin † (*1542). Der Jesuit gilt als einer der großen Befürworter der Gegenreformation. **Kultur:** Michael Praetorius † (*1571). Der deutsche Musiker komponierte u. a. Choräle und Motetten und schrieb das Lehrwerk „Syntagma musicum".

1622

Das kaiserliche Heer unter Feldherr Tilly und spanische verbündete Truppen besetzen die Pfalz und

Heidelberg. Die Schlacht bei Wimpfen endet mit einer Niederlage des Heeres der Protestanten unter Georg Friedrich von Baden Durlach. Auch die Schlacht bei Höchst endet mit einer Niederlage der verbündeten Protestanten.

1623

Feldherr Tilly dringt bis nach Niedersachsen vor. Auf dem Fürstentag von Regensburg muss Friedrich V. von der Pfalz sein Land dem Herzog von Bayern überlassen, der die Kurwürde erhält. **OSMANISCHES REICH:** Murad IV. wird Sultan (–1640). Den Aufstand zu Bagdad und Erzurum legt er mit Gewalt bei. **Kirche:** Papst Urban VIII. (1644). **Kultur:** William Byrd † (*1543). Der englische Komponist schrieb fünfstimmige Madrigale und verfasste eine der ersten Klavierkompositionen.

1624

FRANKREICH: König Ludwig XIII. ernennt Kardinal Richelieu zu seinem ersten Minister. Unter ihm wird Frankreich zu einer gefestigten Monarchie. **Kultur:** Jakob Böhme † (*1575). Der Philosoph und Protestant verschmolz die Naturphilosophie mit der Mystik. Der Schuhmachermeister aus Görlitz und erster deutscher schreibender Philosoph beeinflusste sehr entscheidend die Epoche der Romantik.

1625

DÄNEMARK: König Christian IV. greift, von den Niederlandern unterstützt, in den deutschen Krieg ein (–1629). **ENGLAND, SCHOTTLAND:** Karl I. wird König (–1649). Er räumt den Katholiken besondere Rechte ein und ist ein Vertreter des Absolutismus. **Kultur:** Jan Brueghel der Ältere † (*1568), niederländischer Landschafts- und Blumenmaler. Orlando Gibbons † (*1583). Der Engländer zählt zu den bedeutendsten Komponisten seiner Zeit. U. a. „Fantasien für Violenorchester".

1626

Albrecht von Wallenstein erhält vom Kaiser den Auftrag, ein Heer zusammenzustellen. In der Schlacht bei Lutter am Barenberg besiegt Feldherr Tilly die Truppen König Christians IV. von Dänemark, während Wallenstein Ernst von Mansfeld an der Dessauer Elbbrücke vernichtend schlägt. Auf dem Rückzug über Schlesien und Mähren nach Ungarn stirbt Mansfeld in Bosnien. Die Unterdrückung der Protestanten in Oberösterreich führt zu einem großen Bauernkrieg. **FRANKREICH:** Verschwörung gegen Richelieu wird aufgedeckt. **ENGLAND:** Nach wiederholten Streitigkeiten um den Ein- und Ausfuhrzoll (Tonnen- und Pfundgeld) löst sich das Parlament unter Karl I. zum zweiten Mal auf. **Kultur:** Francis Baco (eigentlich Bacon) von Verulam † (*1561). Der englische Staatsmann und Philosoph verfasste u. a. „Nova Atlantis", die philosophische Beschreibung eines Idealstaates. Die Peterskirche im Stil der Renaissance und des Barock, seit 1506 im Bau und mit 45 Altären eines der größten Gotteshäuser der Welt, wird fertig.

Johann T. G. von Tilly

1627

Das kaiserliche Heer und die Truppen der katholischen Liga besetzen die Gebiete von Pommern, Mecklenburg, Schleswig und Holstein. **Kultur:** Uraufführung der ersten deutschen Oper „Dafne" in Torgau. Das Libretto stammt von Martin Opitz, die Musik von Heinrich Schütz.

1628

Wallenstein wird Herzog von Mecklenburg. Vergebliche Belagerung von Stralsund. Eroberung von Rostock und Wismar. **FRANKREICH:** Unter Kardinal Richelieu fällt La Rochelle. Damit verlieren die Hugenotten einen ihrer Sicherheitsplätze. Ihre Rechte bleiben zunächst bestehen. **ENGLAND:** Durch die Einführung der „Petition of Rights" gesteht König Karl I. dem Parlament nach dessen dreimaliger Auflösung zu, dass Steuerauflagen ohne Zustimmung des Parlaments und willkürliche Verhaftungen gesetzeswidrig sind. Zum Führer der Opposition wird neben John Hampden auch Oliver Cromwell ernannt. **Kultur:** John Bull † (*1563). Der englische Komponist gilt als einer der großen Cembalo-Musiker seiner Zeit.

1629

Mit dem Frieden zu Lübeck zieht sich der dänische König aus dem deutschen Krieg zurück. Kaiser Ferdinand II. erlässt das „Restitutionsedikt". Dieses sieht die Herausgabe der 1552 eingezogenen Kirchengüter vor und richtet sich gegen die protestantischen Kirchenfürsten im Norden Deutschlands. **SCHWEDEN:** Ende des achtjährigen Kriegs mit Polen. Livland und Polnisch-Preußen werden schwedisch. **ENGLAND:** Karl I. löst das Parlament auf und regiert als absoluter Monarch bis 1640. **FRANKREICH:** Mit dem Edikt von Nîmes erhalten die Hugenotten eine Zusicherung der Religionsfreiheit. **PERSIEN:** Serfi I. wird nach dem Tod Abbas' I. des Großen Schah von Persien (–1642). Das Reich mit der Hauptstadt Isfahan erreichte unter der Dynastie der Safawiden seinen Höhepunkt. Zerfall unter den Nachfolgern.

1630

Auf dem Kurfürstentag zu Regensburg zwingen die Reichsstände Kaiser Ferdinand II., den Feldherrn Wallenstein zu entlassen. Sie fürchten, dass die Macht des Kaisers zu groß werden könnte. **SCHWEDEN:** Unter König Gustav Adolf greift auch Schweden in den 30-jährigen Krieg ein (–1635). Zunächst vertreibt das schwedische Heer die kaiserlichen Truppen unter Wallenstein aus Pommern und Mecklenburg. Durch das Einschreiten Gustav Adolfs wird die Durchführung des Restitutionsedikts verhindert. **Kultur:** Johann Hermann † (*1586). Der deutsche Komponist verfasste frühbarocke Instrumental- und Vokalmusik. **Wissenschaft:** Johannes Kepler † (*1571). Der Naturforscher und Astronom entdeckte die nach ihm benannten Gesetze der Planetenbewegung. Er gilt auch als Erfinder des Fernrohrs.

1631

Feldherr Tilly unterwirft die Stadt Magdeburg. **SCHWEDEN:** Gustav Adolf schlägt Tilly und seine Truppen bei Breitenfeld zurück und dringt bis nach Mainz vor. Der Sieg bei Breitenfeld bedeutet die Wende des Krieges zugunsten der protestantischen Seite.

Gustav II. Adolf von Schweden

1632

In der Schlacht bei Rain am Lech unterliegt Feldherr Tilly mit dem Heer der katholischen Liga dem Schwedenkönig. Tilly erleidet eine tödliche Verwundung. Einzug der Schweden in München. Kaiser Ferdinand II. beruft erneut Wallenstein zum Feldhern des kaiserlichen Heers. In einer Schlacht bei Nürnberg siegt der Deutsche über die schwedischen Eindringlinge. Eine weitere Schlacht bei Lützen endet für Wallenstein mit einer Niederlage. König Gustav Adolf II. von Schweden fällt im Kampf. **SCHWEDEN:** Nach dem Tod Gustav Adolfs II. wird seine Tochter Christine Königin (–1654). Die Vormundschaft übernimmt bis 1644 der schwedische Reichskanzler Oxenstjerna. Den Krieg in Deutschland führt Graf von Horn. **AMERIKA:** Im Norden des Landes entsteht die Kolonie Maryland, ein Zufluchtsort für verfolgte Reformierte aus England.

1633

Im Heilbronner Bündnis schließen sich unter der politischen Führung des Schweden Oxenstjerna die süddeutschen protestantischen Fürsten zusammen. Herausragende Persönlichkeit ist Bernhard von Sachsen. Er besetzt die Oberpfalz. **FRANKREICH:** Kardinal Richelieu zahlt laut Abmachung mit König Gustav Adolf II. Hilfsgelder zur Unterstützung des Krieges weiter. Zur Absicherung seiner Forderungen Besetzung Lothringens. Richelieu erklärt Kaiser Ferdinand II. den Krieg. **Religion:** Gründung der Sekte der „Baptisten" in London. Nach einer Pestepidemie legen die Einwohner des oberbayerischen Oberammergau das Gelübde ab, von 1634 an alle zehn Jahre Passionsfestspiele durchzuführen.

Albrecht von Wallenstein

1634

Nach Kontaktaufnahme mit den Schweden wird Wallenstein erneut als Heerführer der kaiserlichen Truppen abgesetzt und ermordet. Entscheidender Sieg Kaiser Ferdinands II. gegen die Schweden und Sachsen bei Nördlingen. Eine Sturmflut (große Mandränke) verwüstet die nordfriesische Küste.

1635

Im Frieden von Prag sieht Kaiser Ferdinand II. von der Einhaltung des Restitutionsedikts ab. Herzog Bernhard von Sachsen sowie der Herzog von Brandenburg schließen sich dem Friedensabkommen an. Schwedische Truppen plündern und verwüsten die Mark Brandenburg. **SCHWEDEN:** Schließung eines Bündnisses mit den katholischen Franzosen. Der Krieg, der sich gegen die spanisch-habsburgische Macht richtet, dauert bis 1648. **FRANKREICH:** Forscher entdecken die Inseln Guadeloupe und Martinique. **Wissenschaft:** Kardinal Richelieu gründet die Académie Française. **Kultur:** Lope de Vega † (*1562). Der vielseitige spanische Dichter schrieb an die 470 dramatische Werke, zumeist Komödien. Außerdem Epen, Romane, geistliche und weltliche Lyrik. Wolfgang Ratke † (*1571). Der deutsche Pädagoge setzte sich für eine Schulreform ein.

1636

Bei Wittstock unterliegt das kaiserliche Heer mit den Sachsen den schwedischen Truppen unter Feldherr Banér. **AMERIKA:** Im Norden des Landes wird die Kolonie Rhode Island gegründet. **Wissenschaft:** Gründung der ersten Universität, dem Harvard-College, in Nordamerika. **Medizin:** Als Heilmittel gegen die sehr verbreitete Seuche des Malaria-Fiebers wird aus Amerika die Chinarinde eingeführt.

1637

Nach dem Tod Ferdinands II. kommt Kaiser Ferdinand III. an die Macht (–1657). **Wissenschaft:** Daniel Sennert † (*1572). Der deutsche Wissenschaftler beschäftigte sich mit dem Begriffsbild des „chemischen Elementes" sowie des „Atoms".

1638

Herzog Bernhard von Weimar, der auf der französischen Seite kämpft, erobert mit seinen Truppen Breisach. **SCHWEDEN:** Das Heer dringt bis nach Prag vor. **SCHOTTLAND:** Aufstand gegen den Versuch, die Anglikanische Kirche als Staatsreligion gegenüber der presbyterianischen durchzusetzen. **PERSIEN:** Verlust von Bagdad an den türkischen Sultan Murad IV. **Kultur:** Pieter Brueghel der Jüngere † (*1564). Der flämische Maler machte sich einen Namen durch seine Höllenbilder. Adrian Brouwer † (*1606). Der niederländische Vertreter des Barock malte vorwiegend Genrebilder. Das Nationaltheater in Amsterdam ist das erste Schauspielhaus in Europa.

1639

Bei dem Vormarsch auf Böhmen richten die schwedischen Truppen unter Feldherr Banér große Verwüstungen an. Bernhard von Weimar plant nach Nichteinhalten der Landversprechungen von Kardinal Richelieu für seine Hilfe gegen den deutschen

Kaiser die Gründung einer dritten Fürstenpartei. Er stirbt vor Durchführung seines Plans. **NIEDERLANDE:** Sieg über die spanische Flotte in der Seeschlacht bei Dover. **Kultur:** Thomas Campanella † (*1568). Der italienische Philosoph, Vertreter des Neuplatonismus und Gegner der Scholastik; er verkündete im „Sonnenstaat" einen utopischen christlich-kommunistischen Staat.

1640

Kurfürst Friedrich Wilhelm von Brandenburg (–1688), auch der große Kurfürst genannt, setzt sich für eine Amnestie ein. Als Basis für das Friedensabkommen gilt für ihn das Ausgangsjahr des Dreißigjährigen Krieges, 1618. **PORTUGAL:** Mit Johann IV. aus der Dynastie der Braganza hat Portugal wieder einen König (–1656). Aufstand gegen die spanische Besetzung. **ENGLAND, SCHOTTLAND:** Einberufung eines Kurzparlaments zur Bewilligung eines Kredits gegen die schottischen Aufständischen. Wenig später wird das so genannte „Lange Parlament" einberufen (–1653), durch das die englische Revolution ausgelöst wird. **TÜRKEI:** Ibrahim II., ein Bruder Murads IV., wird Sultan (–1648). **Religion:** Cornelius Jansen (*1583, †1638). Der niederländische Theologe ist der Verfasser der Schrift „Augustinus" und begründete den Jansenismus, eine Bewegung, die sich gegen die Jesuiten richtete.

1641

Auf dem Reichstag zu Regensburg einigt man sich auf das Jahr 1630 für die Wiederherstellung des weltlichen Besitzstandes, für die Restitution der geistlichen Güter auf 1627. Münster und Osnabrück werden als Vermittler für Friedensverhandlungen mit den Franzosen und Schweden bestimmt. **ENGLAND:** Ausbruch eines Bürgerkriegs zwischen dem Parlament und den Anhängern des Königs. König Karl I. sucht Unterstützung bei den Schotten. **IRLAND:** Ein Aufstand für die Beibehaltung des katholischen Glaubens wird von England unterdrückt. Ermordung einer Anzahl von Protestanten in Ulster. **NIEDERLANDE:** Eroberung von Java, das bisher unter portugiesischer Herrschaft stand.

1642

Frankreich: Kardinal Richelieu

Niederlage der kaiserlichen Truppen bei Breitenfeld gegen die Schweden. **FRANKREICH:** Kardinal Richelieu, Staatsmann und Wegbereiter des Absolutismus in der Monarchie, stirbt (*1585). Der Förderer der Kunst und Wissenschaft ernennt zu seinem Nachfolger Julio Kardinal Mazarin (–1662), der die Politik Frankreichs in seinem Sinne fortsetzen soll. **ENGLAND:** Oliver Cromwell, englischer Staatsmann und Anhänger der Puritaner, stellt bewaffnete Truppen gegen König Karl I. auf. Dieser flieht nach York. **Wissenschaft:** Einführung der Schulpflicht im Herzogtum Sachsen-Gotha. Es entstehen staatliche Volksschulen, die von Geistlichen geleitet werden. Der niederländische Forscher Abel Tasman entdeckt auf der Umsegelung von Australien die Insel Tasmanien. Ein Jahr später erreicht er Neuseeland und die Fidschiinseln. Galileo Galilei † (*1564). Der Italiener, der die Grundlage zur neuzeitlichen Mechanik, Akustik und Wärmelehre entwickelte, zählt zu den größten Naturforschern. Als Verfechter der Lehre des Kopernikus musste er zweimal vor ein Inquisitionsgericht. Einer seiner berühmtesten Aussprüche: „Und sie (die Erde) bewegt sich doch!"

1643

FRANKREICH: Ludwig XIV. wird König (1715). Die Regentschaft übernimmt zunächst seine Mutter Anna von Österreich. Der „Sonnenkönig" ist ein typischer Vertreter des Absolutismus. In der Schlacht von Rocroi verzeichnet das französische Heer unter Prinz von Condé gegen die Spanier einen Sieg. **DÄNEMARK:** In einem Krieg gegen Schweden (1645) unterliegt Dänemark und muss auf Jütland verzichten. **Kultur:** Claudio Monteverdi † (*1567). Der italienische Komponist gilt als der Begründer der Oper. Er schrieb u. a. „Orfeo", „Arianna". Zu seinen weiteren Werken zählen Messen, Madrigale und Motetten. Girolamo Frescobaldi † (*1583). Der Komponist und Organist aus Italien schrieb Fugen und Toccaten.

1644

ENGLAND: Das Heer Königs Karls I. wird von Truppen Cromwells geschlagen. **CHINA:** Ein Aufstand, der soziale Forderungen beinhaltet, beendet mithilfe der Dynastie der mongolischen Mandschu die Regierungszeit des Hauses Ming. Bis 1912 wird China von dem Geschlecht der Mandschu regiert. **Kirche:** Papst Innozenz X. (–1655).

1645

RUSSLAND: Alexeij Michailović wird Zar (–1676). Er holt viele Ausländer an seinen Hof. **VENEDIG:** Beginn eines Kriegs gegen die Türkei (–1669).

1646

Unter den Feldherren Wrangel und Turenne beginnt das schwedisch-französische Heer den Vormarsch auf Bayern.

1647

Nach dem Waffenstillstand von Ulm kommt es erneut zu einem Kampf zwischen den Schweden und den kaiserlichen Truppen bei Augsburg. Verwüstung Bayerns durch die Schweden. **ENGLAND, SCHOTTLAND:** König Karl I., der nach Schottland geflohen war, wird an das englische Parlament ausgeliefert.

Westfälischer Friede (zeitgenössisches Gemälde)

1648

Ende des Dreißigjährigen Kriegs durch den Westfälischen Frieden von Münster (mit den Franzosen) und Osnabrück (mit den Schweden). Mit der Anerkennung beider Konfessionen sowie Verzicht auf das Restitutionsedikt und der Bestätigung des Augsburger Religionsfriedens (1555) muss das Deutsche Reich laut Friedensabkommen einige Gebiete abtreten. **SCHWEDEN** erhält Vorpommern mit Stettin, Rügen, Usedom, Wollin, Wigmar und die Bistümer Bremen und Verdeun. **FRANKREICH** erhält Ober- und Unterelsaß, den Sundgau, Metz, Toul und Verdun. Aus dem Reichsverband scheiden die unabhängige **SCHWEIZ** und die **NIEDERLANDE** aus. **BAYERN** erhält die Oberpfalz sowie die Kurwürde. **BRANDENBURG** erhält Hinterpommern, das Erzbistum Magdeburg sowie die Bistümer Halberstadt und Minden; **MECKLENBURG** die Bistümer Schwerin und Ratzeburg; **HESSEN-KASSEL** die Abtei Hersfeld; **BRAUNSCHWEIG-LÜNEBURG** das Bistum Osnabrück; **SACHSEN** die Lausitz. **FRANKREICH:** Aufstand des Adels und des Parlaments gegen die absolute Politik des Kardinals Mazarin und Erhaltung der Standesvorrechte. **UKRAINE:** Mit dem Aufstand des Kosaken Bodyan Chmelnizkij gegen die polnische Herrschaft wird die Ukraine für kurze Zeit ein selbstständiger Staat. Später Anschluss an Russland (1654). **Kirche:** Papst Innozenz X. verurteilt die Anerkennung der Reformierten durch das Friedensabkommen.

1649

ENGLAND: König Karl I., ein Vertreter des Absolutismus, wird hingerichtet. Unter der Führung von Oliver Cromwell wird England eine Republik. **IRLAND:** Der Aufstand der Iren wird von Cromwell niedergeschlagen. **RUSSLAND:** Ein Gesetz macht den russischen Bauern zum Leibeigenen seines Gutsherrn.

1650

Abzug der französischen und schwedischen Truppen. **SCHOTTLAND:** Karl II. unterliegt dem Heer Cromwells. **ENGLAND:** Beginn eines Handelskriegs mit den Niederlanden. **Kultur:** René Descartes (auch

Renatus Cartesius) † (*1596). Der französische Mathematiker und Philosoph, erster kritischer Denker der Neuzeit, beeinflusste mit seiner Lehre, dem Kartesianismus („ich denke, also bin ich") die Philosophie Europas.

1651

ENGLAND: Durch den Erlass der „Navigationsakte" von Oliver Cromwell wird der niederländische Seehandel benachteiligt, während die englische Schifffahrt zu Reichtum und Ansehen kommt.

1652

FRANKREICH: Der Kampf gegen den Absolutismus weitet sich zu einem Bürgerkrieg aus. König Ludwig XIV. zieht in Paris ein. **Religion:** Der Patriarch von Moskau, der für eine Reformierung der russischen Kirche eintritt, kann die Loslösung der Altgläubigen, der Raskolniken, nicht verhindern.

1653

ENGLAND: Oliver Cromwell erhält den Titel eines Lordprotektors von England, Schottland und Irland. Auflösung des Parlaments. **SCHWEIZ:** Aufstand der Bauern unter Nikolaus Leusenberger. **FRANKREICH:** Sieg des Kardinals Mazarin über den französischen Adel („Fronde"). Damit wird der Absolutismus Staatsform in Frankreich.

1654

SCHWEDEN: Nachdem Königin Christine abdankt, wird Karl X. Gustav König (–1660). Königin Christine tritt zum Katholizismus über. **POLEN:** Verlust der Ukraine an den russischen Zar Alexeij. Beginn eines russisch-polnischen Kriegs (–1667). **NIEDERLANDE:** Anerkennung der Navigationsakte von Oliver Cromwell. **Kultur:** Samuel Scheidt † (*1587). Der deutsche Komponist verfasste Werke wie „Tabulatura nova", „Görlitzer Tabulaturbuch".

1655

SCHWEDEN erklärt Polen den Krieg, das auf seinen Anspruch auf den schwedischen Thron nicht verzichtet. Der Krieg, den Polen im Bündnis mit dem Kurfürsten von Brandenburg führt, dauert bis 1660. **Kirche:** Alexander VII. Papst (–1667). **Kultur:** Cyrano der Bergerac † (*1619), französischer Dichter. Er schrieb fantastische Erzählungen („Reise zum Mond"). Petrus Gassendi † (*1592). Der französische Philosoph und Naturforscher, ein Gegner des Rationalismus Descartes, vertrat eine empirio-materialistische Lehre.

1657

Der Kurfürst von Brandenburg wechselt im schwedisch-polnischen Krieg auf die Seite der Polen. Dafür verzichtet Polen auf die Lehensoberhoheit über Preußen. **DÄNEMARK:** Beginn eines Kriegs mit Schweden, den König Karl X. erfolgreich für sein Land beendet (1658). **ENGLAND:** Cromwell schließt ein Bündnis mit den Franzosen und stellt sich offiziell an die französische Seite im Krieg gegen Spanien.

1658

Leopold I. wird deutscher Kaiser (–1705). Bündnis der Rheinischen Allianz zwischen deutschen Fürsten und Frankreich zur Erhaltung des Friedensabkommens von Münster (1648). **ENGLAND:** Nach dem Tod von Oliver Cromwell wird sein Sohn Richard Lordprotektor. **DÄNEMARK:** Mit dem Frieden von Roeskilde Verzicht auf die Inseln Bornholm, Schonen und Blekinge.

Oliver Cromwell

1659

SPANIEN: Durch den Pyrenäenfrieden mit Frankreich verliert Spanien endgültig seine Vormachtstellung in Europa. Die Gebiete Roussillon, Artois und Teile Lothringens fallen an Frankreich.

1660

ENGLAND: Karl II. Stuart wird nach England zurückgerufen und nach der Abdankung von Oliver Cromwell König (–1685). **SCHWEDEN:** Karl XI. wird König (–1697). **POLEN:** Ende des Kriegs mit Schweden und endgültiger Verzicht auf den Thron Schwedens (berechtigt durch die katholische Linie der

Karl II.

Wasa). Mit dem Frieden zu Olivia fallen Livland und Estland an Schweden, während Preußen ein souveränes Herzogtum wird. **NIEDERLANDE:** Besiedelung von Südafrika, zumeist durch die Buren.

1661

FRANKREICH: Nach dem Tod des Kardinals Mazarin übernimmt König Ludwig XIV. die Macht. Der Monarch, der nur den Absolutismus in seinem Staat duldet, regiert ohne die Reichsstände. **Kultur:** Bau des Schlosses von Versailles.

1662

CHINA: Unter dem Mandschukaiser Kanghi (–1722) nimmt die soziale und kulturelle Entwicklung in China einen großen Aufschwung. Kanghi duldet christliche Missionare. **Kultur:** Blaise Pascal † (*1623). Der französische Mathematiker (u. a. Kegelschnitt, Pascalsches Dreieck) und Philosoph galt als Anhänger des Jansenismus und Gegner des Jesuitenordens.

1663

Einführung eines Reichstags als ständige Einrichtung in Regensburg (–1806). Er besteht aus acht Kurfürsten, 61 weltlichen und 33 geistlichen Fürsten, 51 Reichsständen, zwei Prälaten und vier Reichsgrafenkurien. Kaiser Leopold versucht, mit seinem Heer die vordringenden Türken aufzuhalten. Niederlage der Türken bei Parkany. **Kultur:** Bau des Schlosses Nymphenburg.

1664

Kaiser Leopold schließt ein Bündnis mit Papst Alexander VII., Polen und Venedig gegen die Türken. **ENGLAND:** Beginn des zweiten Handelskriegs gegen die Niederlande. **FRANKREICH:** Jean Baptiste Colbert, von Ludwig XIV. zum Generalkontrolleur des französischen Finanzwesens berufen, schafft die Binnenzölle ab und fördert durch kaufmännisches Geschick den Handel und die Industrie in Frankreich. Zur Sicherung seiner Wirtschaftspolitik gründet Colbert eine Handelsgesellschaft in Ost- und Westindien.

1665

Der Bischof zu Münster beginnt mit den Soldatenverkäufen, denen sich schon bald andere deutsche Fürsten anschließen. Das Herzogtum Österreich wird mit Tirol vereinigt. **TÜRKEI:** Der Frieden von Vasvar bestätigt die Oberhoheit der Türken über große Teile Ungarns.

1666

NIEDERLANDE: Sieg des Admirals de Ruyter über die englische Flotte. **Kultur:** Der Förderer der Wissenschaft, Fürst August der Jüngere von Braunschweig-Wolfenbüttel † (*1559). Er gründete eine Handschriften-Bibliothek zu Wolfenbüttel. Frans Hals † (*1580). Der niederländische Maler meist figürlicher Kompositionen schuf u. a. „Hille Bobbe" und Gruppenbilder. Adam Krieger † (*1634). Deutscher Liederkomponist.

1667

ENGLAND: Erneute Niederlage gegen die Holländer unter Feldherr de Ruyter, der bis zur Themseeinfahrt vordringt. Der Friede von Breda sichert Holland die Kolonien Surinam und England Neu-Amsterdam (New York). Die Navigationsakte (siehe 1651) hat nur noch teilweise ihre Gültigkeit. **FRANKREICH:** König Ludwig XIV. beginnt gegen Spanien einen Krieg (–1668), bei dem es um die Erbansprüche auf die spanischen Niederlande geht. **RUSSLAND:** Im Waffenstillstand von Andrussowo muss Polen auf die östliche Ukraine mit Kiew verzichten. **Kirche:** Papst Clemens IX. (–1669). **Kultur:** Johann Jakob Froberger † (*1616). Der deutsche Barockmusiker gilt als Schöpfer der neuen Suitenform.

1668

FRANKREICH: Mit dem Frieden zu Aachen werden Dünkirchen und Lille endgültig französisch. Die Marquise Françoise de Montespan wird die Geliebte (Mätresse) König Ludwigs XIV. **PORTUGAL:** Unter Druck von englischer Seite muss Spanien die Souveränität Portugals anerkennen. **Kultur:** Philipp Wouverman † (*1619). Der Künstler aus den Niederlanden malte zumeist Bildnisse von Tieren, insbesondere von Pferden.

Rembrandt: Selbstbildnis mit Saskia

1669

POLEN: Michael Wisnowiecki wird nach Verzicht der schwedischen Wasa König (–1676). **PERSIEN:** Safi II. (Soliman) wird Schah. Er macht den Islam zur Staatsreligion seines Reichs. **VENEDIG:** Mit dem Verlust der Insel Kreta an die Türken endet die Seemacht Venedigs. **Kultur:** Rembrandt Harmenszoon van Rijn † (*1606). Der niederländische Maler und Radierer (etwa 700 Gemälde, 300 Radierungen, über 1000 Zeichnungen) zählt zu den größten Künstlern der niederländischen Schule. Eines seiner berühmtesten Gemälde ist die „Nachtwache" (völlig neue Komposition und Konzeption von Gruppenbildnissen). Rembrandt schuf eine Szene von über 100 Selbstporträts. Antonio Cesti † (*1623). Der Italiener, Kapellmeister und Komponist der Oper von Venedig, war mit seiner lyrischen Musik richtungsweisend.

1670

ENGLAND: In einem Geheimvertrag mit Frankreich lässt Großbritannien den Franzosen in den Niederlanden freie Hand. Gründung der Hudson's-Bay-Handels-Kompanie. **FRANKREICH:** Besetzung Lothringens.

1671

RUSSLAND: Der Aufstand der Don-Kosaken unter der Führung Stephan Rasins wird blutig niedergeschlagen, Rasin gevierteilt. **DÄNEMARK:** Besetzung der westindischen Insel St. Thomas, die von den Dänen 1916 an Amerika verkauft wird.

1672

HOLLAND: Frankreich, Schweden und England führen gegen die Niederlande, Österreich, Spanien und Brandenburg den so genannten Holländischen Krieg (–1679). Wilhelm III. von Oranien bringt das gegnerische Heer mittels Durchbruch der Dämme zum Stehen. **Kultur:** Göran Stiernhielm † (*1598). Der als „Vater der schwedischen Dichtkunst" geltende Dichter verfasste antikisierende Gedichte und führte die Renaissance in Schweden ein. Heinrich Schütz † (*1585). Der deutsche Komponist gilt als Mitschöpfer des Oratoriums und eines neuen Stils in der protestantischen Kirchenmusik. Er verschmolz monodische und polyphone Elemente.

1673

Im Frieden von Vossem einigt sich der Große Kurfürst wegen der Gefahr eines schwedischen Angriffs auf Brandenburg mit Frankreich. Er erhält Cleve zurück und verspricht, keinen Feind der französischen Krone zu unterstützen. **HOLLAND:** Die Bündnispartner Österreich, Spanien, Niederlande und Lothringen zwingen Turenne zum Rückzug über den Rhein. **CHINA:** Kaiser Kanghi (1661–1722) kräftigt die

J.-B. P. Molière: Der Menschenfeind (Illustration)

zentrale Macht des Mandschu-Reiches und erobert die Mongolei und Tibet. **ENGLAND:** Durch die Testakte werden alle Katholiken von den Staatsämtern ausgeschlossen. Das englische Parlament spricht sich gegen eine Unterstützung Frankreichs aus. **Kultur:** Jean-Baptiste Poquelin, Molière genannt, † (*1622). Der französische Komödiendichter schrieb u. a. „Der Menschenfeind", „Der eingebildete Kranke" und „Tartuffe". In seinen Stücken verspottete er die gesellschaftlichen Auswüchse seiner Zeit. Er gilt als der Begründer der französischen Komödie.

1674

ENGLAND schließt mit Holland den Frieden von Westminster. **HOLLAND:** Wilhelm III. von Oranien wird zum Erbstatthalter der Niederlande erklärt. **Kultur:** John Milton † (*1608), bedeutender englischer Dichter. U. a. „Paradise lost".

1675

Der Einfall der Schweden in Brandenburg zwingt den Großen Kurfürsten zur Verteidigung seines Landes. Er besiegt schließlich das schwedische Heer bei Fehrbellin und erobert vorübergehend Vorpommern. Der Große Kurfürst wird durch die Erklärung des Reichskriegs gegen Frankreich an die habsburgischen Bundesgenossen gebunden. Im Gefecht von Sasbach fällt der französische Heerführer Turenne. Die Franzosen müssen das rechte Rheinufer räumen. Ludwig XIV. sorgt durch die Anstiftung zu Aufständen in Süditalien und Ungarn für Unruhe im österreichischen Kaiserreich. **POLEN:** König Johann III. Sobieski von Polen (seit 1674) besiegt in der Schlacht von Lemberg die Türken. Er versucht, Verbündete mit seiner Idee einer christlichen Liga gegen die Osmanen zu begeistern. **Kultur:** Fertigstellung der Theatinerkirche in München, mit deren Bau 1663 begonnen worden war. Jan Vermeer van Delft † (*1632), niederländischer Maler.

1676

RUSSLAND: Feodor Alexewitsch III. löst den verstorbenen Alexander auf dem Zarenthron ab. Der russische Machtbereich grenzt an China. **ENGLAND:** Mit Einfuhrverboten führt Großbritannien einen Wirtschaftskrieg gegen Frankreich. Der Kaiser möchte ebenfalls Einfuhren verbieten, scheitert jedoch mit seinem Vorhaben. **Kirche:** Innozenz XI. wird Papst (–1689). Er tritt ebenfalls für den Krieg gegen die Türken ein. Er ist ein erklärter Gegner der Jesuiten. **Kultur:** Hans Jakob Christoffel von Grimmelshausen † (*1621). Der deutsche Dichter erlangte durch sein Buch „Die Abenteuer des Simplizissimus" Weltruhm. Das Werk schildert in Form einer Satire das Leben während des 30-jährigen Krieges und gilt als einer der großen deutschen Erziehungsromane. Paul Gerhardt † (*1607), deutscher Kirchenliederdichter.

1677

Kultur: Johann Scheffler, auch Angelus Silesius genannt, † (*1624), deutscher Mystiker der Barockzeit. Der Dichter katholischer Sprüche war 1653 zum katholischen Glauben übergetreten. Baruch Spinoza † (*1632), niederländischer pantheistischer Philosoph. Sein Werk „Ethik nach der geometrischen Methode" gilt als Höhepunkt der rationalistischen Ethik.

1678

HOLLAND: Der Friede von Nimwegen beendet den Holländischen Krieg (seit 1672). Frankreich erhält von Spanien die Franche-Comté, muss aber alle holländischen Eroberungen zurückgeben. Es bekommt dafür Freiburg im Breisgau. **TÜRKEI:** Im Frieden von Konstantinopel verzichtet die Türkei auf die Oberhoheit über die Kosaken, erhält aber den größten Teil von Podolien. **Kultur:** Jakob Jordaens † (*1593). Der niederländische Maler machte sich besonders durch die Darstellung von Szenen des kleinbürgerlichen flämischen Lebens einen Namen. Das Hamburger Opernhaus wird als Aktienunternehmen gegründet.

1679

Der Große Kurfürst Friedrich Wilhelm bestätigt im Frieden von Saint-Germain-en-Laye den Frieden von Nimwegen. Er muss seine schwedischen Eroberungen Stettin, Stralsund und Rügen wieder herausgeben. **ENGLAND:** Das englische Parlament verfasst die „Habeaskorpusakte", mit der sich der einfache Bürger seine persönliche Freiheit gegen königliche Übergriffe sichern kann.

1680

FRANKREICH: Ludwig XIV. setzt die Reunionskammern ein, die linksrheinische Gebiete gewaltsam annektieren. **SCHWEDEN:** König Karl XI. entzieht mit Unterstützung der bürgerlichen Reichsstände die dem Adel verliehenen Krongüter (Reduktion), um so die Macht der Großen zu brechen. **ENGLAND:** Die englische Kolonialverfassung für alle Kronkolonien entspricht der englischen Demokratie. Das Sonntagsruhegesetz wird beschlossen (es wird später gemildert, bleibt aber bis ins 20. Jahrhundert gültig). **Kultur:** Gründung der „Comédie française" in Paris. Einführung des Balletts in Deutschland.

1681

FRANKREICH: Besetzung Straßburgs durch die „Reunionen". Die Franzosen besiedeln Louisiana am Mississippi. Das Handels- und Konsulatswesen wird durch die französische „Seeordnung" geregelt. **Kultur:** Pedro Calderon (de la Barca) † (*1600). Der spanische Dramatiker verfasste 121 weltliche und rund 70 geistliche Schauspiele. William Penn bringt die Quäkerbewegung nach Nordamerika.

1682

RUSSLAND: Feodor III., Zar von Russland, stirbt. Sofja, seine Tochter, wird Regentin für ihre minderjährigen Brüder Iwan V. (schwachsinnig) und Peter I. **AMERIKA:** Der englische Quäker William Penn gründet die indianerfreundliche und religiös tolerante Kolonie Pennsylvanien. **FRANKREICH:** Versailles wird königliche Residenz. **Kultur:** Die erste deutsche wissenschaftliche Zeitschrift „Acta eruditorum" wird gegründet.

1683

Johann Sobieski

BRANDENBURG gründet an der Guineaküste die Kolonie Groß-Friedrichsburg. **TÜRKEI:** Der große Türkenkrieg (–1699). Die Türken belagern Wien, Rüdiger Graf Starhemberg verteidigt die Stadt. Johann III. Sobieski, König von Polen, schließt mit Habsburg ein Bündnis gegen die Türken. In der Schlacht am Kahlenberg kann das vereinigte deutsche, österreichische und polnische Heer die Türken schlagen, Wien befreien und so die Türkengefahr von Deutschland abwenden. **CHINA:** Besetzung Formosas. **Kultur:** Guarino Guarini † (*1624), italienischer Barock-Baumeister, der das deutsche Spätbarock und Rokoko beeinflusste.

1684

Leopold I. und Ludwig XIV. schließen einen 20-jährigen Waffenstillstand. Straßburg bleibt bei Frankreich, die Franzosen besetzen außerdem Trier und Luxemburg. Österreich, Polen und Venedig gründen mit Unterstützung des Papstes Innozenz XI. die „Heilige Liga". **Kultur:** Pierre Corneille (*1606). Der französische Dramatiker gilt als Vollender des „klassischen Dramas". Werke u. a.: „Le Cid", „Horace", „Cinna".

1685

Friedrich Wilhelm von Brandenburg schickt Kaiser Leopold ein Hilfsheer. Der Kaiserliche General Caraffa besiegt das türkische Heer bei Gran. **FRANKREICH:** Aufhebung des Edikts von Nantes (Toleranzedikt seit 1598, das den Hugenotten in Frankreich Schutz gewährte). Die Auswanderung der Hugenotten aus Frankreich beginnt. **ENGLAND:** Jacob II. besteigt nach dem Tode seines Bruders Karl II. den englischen Königsthron (–1688). Die konservativen Tories und die liberalen und antikatholischen Whigs streiten sich als neu entstandene Parlamentsparteien um die englische Thronfolge. Es kommt zur bis heute letzten Schlacht (bei Sedgemoor) auf englischem Boden um die Thronfolge.

1686

Die Türken verlieren das 1541 eroberte Ofen (Budapest). Der deutsche Kaiser, Spanien, Schweden und Brandenburg schließen ein Bündnis gegen Frankreich.

1687

Der Landtag von Preßburg erklärt die Erblichkeit der ungarischen Krone zugunsten der Habsburger. Personalunion zwischen Österreich und Ungarn (–1918). **TÜRKEI:** Die Janitscharen entthronen Sultan Mohammed IV., der 1648 den türkischen Thron bestiegen hatte. Neuer Herrscher wird Suleiman III.

1688

Friedrich Wilhelm, der Große Kurfürst von Brandenburg †. Nachfolger wird sein Sohn Friedrich III. Nach dem Tod von Kurfürst Karl von der Pfalz erhebt Ludwig XIV. als Schwager Elisabeth Charlottes (Liselotte) von der Pfalz Anspruch auf das Kurfürstentum. Es kommt zum Pfälzischen Krieg (–1697). Französische Truppen unter der Führung Mélacs verwüsten die Pfalz und brennen Heidelberg, Worms, Mannheim und andere Städte nieder. **HOLLAND:** Wilhelm III. von Oranien stürzt mithilfe des englischen Parlaments seinen Schwiegervater Jacob II. von England.

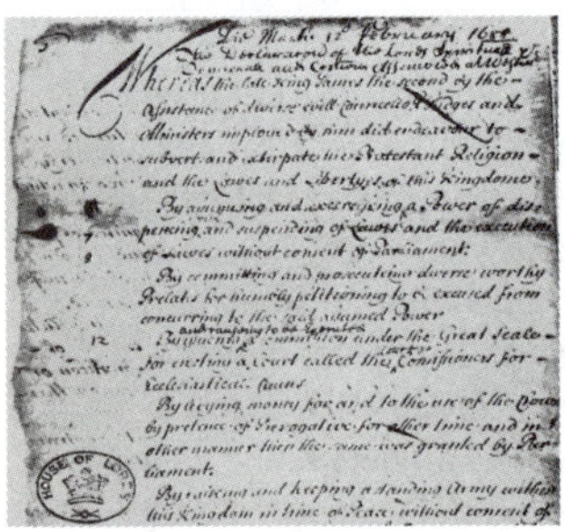

Bill of Rights

1689

Markgraf Ludwig Wilhelm von Baden besetzt die türkischen Gebiete Bosnien und Serbien. Er erhält den Spitznamen „Türkenlouis". **ENGLAND:** Gründung der konstitutionellen Monarchie in England durch die „Bill of rights". England und die Niederlande (Personalunion durch Wilhelm III.) treten dem Reichsbündnis gegen Frankreich bei. **SCHWEDEN:** Christine, die Tochter Gustav Adolfs, von 1632 bis 1654 schwedische Königin, † (*1626); hatte 1654 abgedankt und war katholisch geworden. **RUSSLAND:** Peter I., der Große wird Zar und verbannt seine Schwester ins Kloster. **Kirche:** Alexander VIII. wird Papst (–1691). **Kultur:** Philipp von Zesen † (*1619). Der deutsche Barockdichter gründete eine Sprachgesellschaft.

1690

Religion: Margareta Maria Alacoque † (*1647). Die französische Nonne gründete den mystischen Herz-Jesu-Kult.

1691

Kirche: Innozenz XII. wird Papst (–1700). **Wissenschaft:** Robert Boyle † (*1627). Der englische Physiko-Chemiker entdeckte das Gasgesetz und entwickelte die chemische Analyse.

1692

Herzog Ernst August von Braunschweig-Lüneburg wird 9. Kurfürst. **ENGLAND:** Die englisch-niederländische Flotte besiegt die französische am Kap de la Hague.

1693

Das Reichskammergericht siedelt von Speyer nach Wetzlar über.

1694

Friedrich August I., der Starke wird Kurfürst von Sachsen (–1733). Markgraf Ludwig von Baden hält den Vormarsch des französischen Heeres bei Heilbronn auf.

1695

Friedrich August I., der Starke, Kurfürst von Sachsen, erhält den Oberbefehl im Türkenkrieg, da Ludwig von Baden am Rhein mit den Kämpfen gegen die Franzosen gebunden ist. **TÜRKEI:** Mustafa II., türkischer Sultan, übernimmt den militärischen Oberbefehl. Krieg zwischen Russland und der Türkei. **Kultur:** Jean de Lafontaine † (*1621), französischer Fabeldichter. Pierre Mignard † (*1612). Der französische Maler von Kirchenfresken und Bildnissen war Führer der „Rubenisten". Henry Purcell † (*1658). Der englische Komponist gilt als Schöpfer der englischen Nationaloper. **Wissenschaft:** Christian Huygens † (*1629). Der niederländische Physiker und Mathematiker machte sich durch die Förderung der Wellentheorie des Lichts einen Namen.

1696

August der Starke verliert die Schlacht bei Temesvar gegen die Türken. **POLEN:** Johann III. Sobieski, König von Polen † **(*1624).** Besiegte die Türken mehrfach und wird polnischer Nationalheld. **RUSSLAND:** Iwan V., schwachsinniger Bruder des Zaren Peter I., stirbt. Peter der Große erobert mithilfe einer von Ausländern erbauten Flotte Asow.

Peter der Große

1697

FRANKREICH verliert im Frieden von Rijswyk Lothringen und seine rechtsrheinischen Eroberungen, darf aber Straßburg behalten. Verzicht auf die Pfalz. Herzog Leopold Josef von Lothringen wird wieder eingesetzt. Friedrich August der Starke, Kurfürst von Sachsen, wird König von **POLEN**, nachdem er zum Katholizismus übergetreten ist. **RUSSLAND:** Zar Peter der Große geht inkognito auf Europareise, um in England und den Niederlanden den Schiffsbau zu erlernen. **TÜRKEI:** Prinz Eugen von Savoyen, Großneffe Mazarins, wird von Ludwig XIV. als Offizier abgelehnt. Er tritt in kaiserliche Dienste und besiegt in der Schlacht bei Zenta das zahlenmäßig weit überlegene türkische Heer.

1698

Leopold von Anhalt-Dessau, Spitzname „Der alte Dessauer", führt im preußischen Heer Gleichschritt und eiserne Ladestöcke ein. **RUSSLAND:** Zar Peter I. schlägt einen Aufstand seiner Leibwache (Strelitzen-Regimenter) blutig nieder. **SPANIEN:** Karl II., König von Spanien, setzt wegen Kinderlosigkeit Joseph Ferdinand, den Kurprinzen von Bayern, zum Gesamterben ein. Im ersten Teilungsvertrag zur spanischen Erbfolge erhält Philipp von Anjou die Königreiche Neapel und Sizilien und Erzherzog Karl, der zweite Sohn Leopolds, das Herzogtum Mailand, während Joseph Ferdinand neben Spanien auch die spanischen Niederlande und alle Kolonien bekommt.

1699

Im Frieden zu Karlowitz verlieren die Türken Ungarn und Siebenbürgen an Österreich, während Russland Asow erhält. Endgültiger Rückzug der Türken aus Europa. Osterreich jetzt mehr südslawische Großmacht. In Deutschland gibt es etwa 100 Reichsfürsten und rund 1500 kleine, aber selbstständige Herrschaftsgebiete. Es kommt nach dem Tod des Kurprin-

Versailler Schloss

Schloss Versailles

Das Schloss von Versailles, von 1682 bis 1789 Residenz der französischen Könige, ist der kulturelle Mittelpunkt des späten 17. und 18. Jahrhunderts. Das prachtvolle Barockschloss mit seinem herrlichen Park wird zum Vorbild für viele spätere Anlagen wie etwa die Würzburger Residenz oder Nymphenburg. 1626 zunächst als Jagdschloss von Lemercier erbaut, wurde es von Louis le Vau und Jules Hardouin-Mansart um Schlosskapelle, Spiegelgalerie und Theater erweitert. Dazu kam dann noch der von Le Nôtre angelegte riesige Park mit seinen beiden Lustschlössern Grand Trianon und Petit Trianon. Wohl kaum ein anderes Bauwerk hat solch geschichtliche Bedeutung erlangt wie das Schloss von Versailles. Unter Ludwig XIV. – dem Sonnenkönig – galt der Hof von Versailles als Sinnbild absoluter Königsmacht, dessen glanzvolles Hofzeremoniell für viele europäische Fürstenhäuser zum Beispiel wurde. Hofhaltung und Mätressenwirtschaft haben hier ihren Ursprung.

zen von Bayern zu einem zweiten spanischen Teilungsvertrag. Erzherzog Karl erhält jetzt die spanische Krone, die spanischen Niederlande und alle Kolonien. Philipp von Anjou bekommt, wie im ersten Vertrag, die Königreiche Neapel und Sizilien sowie das Herzogtum Lothringen, während der Herzog von Lothringen das Herzogtum Mailand im Austausch erhält. **Kultur:** Jean Racine † (*1639). Der französische Dramatiker und Vollender der klassischen Tragödie beeinflusste die deutsche Aufklärung. Werke u. a.: „Andromaque", „Phèdre".

1700

SCHWEDEN: Der Nordische Krieg beginnt. Russland, Polen und Dänemark verbünden sich gegen Schweden wegen dessen Vorherrschaft im Ostseeraum. Zunächst Siege des schwedischen Königs Karl XII. **SPANIEN:** Karl II. † (*1661), König von Spanien seit 1665. Unter dem Druck Frankreichs und des Papstes setzte er den französischen Dauphin als Erben ein. Philipp V., ein Enkel Ludwigs XIV., wird König. Damit endet die Habsburgische Linie in Spanien. **Kirche:** Klemens XI. wird Papst als Nachfolger von

18. Jahrhundert

Das Jahrhundert lässt sich in viele verschiedene Abschnitte und Epochen einteilen, deren Ergebnisse und Resultate bis in unsere Zeit hineinwirken. So schreiben z. B. im Zeitalter der „Aufklärung" und des „Sturm und Drang" Leibniz, Berkeley, Lessing, Voltaire, Gottsched, Goethe, Rousseau und Schiller ihre Werke. Sie setzen sich für eine Vorurteilslosigkeit des Menschen anderen Auffassungen und neuen Erkenntnissen gegenüber ein und werden so zu den Verkündern einer neuen Menschlichkeit. Wohl kein anderes Jahrhundert bringt so viele bedeutende Musiker hervor wie das 18. So leben und wirken u. a. Händel, Bach, Haydn, Gluck, Mozart, Scarlatti, Telemann und Beethoven in dieser Epoche, deren Musik bis heute unerreicht bleibt. Die Kirche verliert weiter an Boden. Äußeres Symptom: In fast allen Ländern werden die Hexenprozesse verboten. Die politische Szene dieses Jahrhunderts ist vor allem durch die französische Revolution geprägt: der Absolutismus wird abgelöst. Besonders die übersteigerte Machtpolitik des „Sonnenkönigs" Ludwig XIV. und die von ihm geführten Kriege hatten die Staatsfinanzen vollkommen erschöpft und bereiteten so in Verbindung mit der „Aufklärung" den Nährboden für die Französische Revolution, die 1789 mit der Verkündung der Menschenrechte beginnt. Polen muss in diesem Jahrhundert drei Teilungen hinnehmen, während in Preußen der Beamtenstaat entsteht. Das Beamtenideal lautet: strenger Gehorsam gegenüber dem Staat. Amerika erklärt seine Unabhängigkeit von England und verkündet am 4. Juli 1776 die Menschenrechte. Im Versailler Frieden erkennt England 1783 die amerikanische Selbstständigkeit an, die bereits ihren Ausdruck in der Forderung der Quäker (1727) nach Abschaffung der Sklaverei fand. Neben der Französischen Revolution findet in diesem Jahrhundert auch die „industrielle" statt. Bürgerliche Freiheiten, Welthandelsbeziehungen, Textilmaschinen und die Einführung der Dampfkraft (von James Watt wurde die erste Dampfmaschine erfunden) verändern in England nicht nur das Wirtschaftssystem, sondern auch das Sozialgefüge. Die „industrielle Revolution" ergreift dann nach und nach auch die anderen Länder und führt auch hier zu tief greifenden Änderungen. Am Rande erwähnenswert: Die Deutschen entdecken in diesem Jahrhundert die Kartoffel als Nahrungsmittel.

Industrielle Revolution: Fabrikhalle

Papst Innozenz XII. **Wissenschaft:** In Berlin wird die Preußische Akademie der Wissenschaften gegründet. **Kultur:** John Dryden † (*1631), Schriftsteller. Der englische Dramatiker und Satiriker schuf Werke im Stil der „heroischen" französischen Dramen.

1701

Kurfürst Friedrich III. von Brandenburg krönt sich gegen Einspruch des Papstes als Friedrich I. zum „König in Preußen". Kaiser Leopold I. erhebt gegen Frankreich Erbansprüche für seinen Sohn, Erzherzog Karl. Er schickt ein Heer unter Prinz Eugen nach Italien. Der Spanische Erbfolgekrieg beginnt: England, Holland und der mit Preußen und Hannover verbündete Kaiser schließen eine große Koalition, um die Vereinigung Spaniens und Frankreichs unter einem Herrscher zu verhindern. Auf der Gegenseite kämpfen Frankreich, Bayern und Köln. **ENGLAND:** Die Thronfolge wird festgelegt: Die katholischen Stuarts werden ausgeschlossen, das protestantische Haus Hannover erhält Erbrecht.

1702

SCHWEDEN: Karl XII. besetzt Warschau und erzwingt die Absetzung von August dem Starken. **ENGLAND:** Wilhelm III. von Oranien † (*1650), König von England seit 1689 und Erbstatthalter der Niederlande seit 1674. Er war ein Gegner Ludwigs XIV. und dessen Vormachtstrebens in Europa. Königin von England wird seine Schwägerin Anna. Die Politik bestimmt weitgehend der Whig–Führer Herzog von Marlborough. **Kultur:** „Daily Courant", die erste englische Tageszeitung, erscheint.

1703

Im Spanischen Erbfolgekrieg tritt Viktor Amadeus von Savoyen der Großen Allianz bei. **RUSSLAND:** Zar Peter I. gründet den Regierungssitz Petersburg, das heutige Leningrad. **POLEN:** Stanislaus Leszczynski wird zum König von Polen gewählt. **Wissenschaft:** Isaac Newton wird zum Präsidenten der Londoner Akademie, der Royal Society, ernannt. **Kultur:** In London wird mit dem Bau des Buckingham-Palastes begonnen.

1704

John Locke

Prinz Eugen und der englische Herzog von Marlborough besiegen in Bayern die französisch-bayerischen Truppen und treiben sie über den Rhein zurück. Der österreichische Erzherzog Karl herrscht, von England gestützt, als spanischer Gegenkönig in Barcelona. Thronerbe Philipp V. herrscht in Kastilien. **Kultur:** John Locke (*1632), Philosoph. In „An Essay concerning human understanding" begründete er die Philosophie des englischen Empirismus. Seine Staatstheorie wurde grundlegend für die englische Demokratie.

1705

Leopold I. † (*1640), römisch-deutscher Kaiser seit 1658. Nachfolger wird sein ältester Sohn Joseph I. Oberbayerische Bauern erheben sich gegen die österreichische Besetzung seit dem Sieg der Großen Koalition über Bayern und Frankreich. Der Aufstand wird in der „Sendlinger Mordweihnacht" blutig niedergeschlagen. **Wissenschaft:** Edmund Halley prophezeit die Wiederkehr des nach ihm benannten Kometen für 1758. **Kultur:** Ninon de Lenclos † (*1620). Die französische Kurtisane verfasste berühmt gewordene Briefe an den Marquis von Sévigné. Ihr Salon war lange geistiger Sammelpunkt von Paris. Luca Giordano † (*1632), Maler. Der italienische Barockmaler wurde wegen seines Arbeitstempos „Fa presto" („Mach schnell") genannt.

1706

Im Frieden zu Altranstädt verzichtet der Sachsenkurfürst August der Starke auf die polnische Krone und gibt das Bündnis mit Russland auf. Prinz Eugen besiegt die französischen Truppen bei Turin. **ENGLAND:** Marlborough erobert die spanischen Niederlande. **Kultur:** Der Invalidendom in Paris ist fertig gestellt. Johann Pachelbel † (*1653), Komponist. Der deutsche Organist und Komponist schuf Fugen.

1707

Der Schwedenkönig Karl XII. marschiert in Sachsen ein und zwingt den Kaiser zu Zugeständnissen, die die schlesischen Protestanten betreffen. Nach der „Altranstädter Konvention" bekommen sie die bürgerliche Gleichberechtigung. **RUSSLAND:** Aufstand des Kosaken Mazeppa und seiner Leute gegen das Zarentum. **ENGLAND:** England und Schottland vereinigen sich zu Großbritannien. **Kultur:** Dietrich Buxtehude † (*1637), Komponist. Der Deutsche Barockkomponist verfasste zahlreiche Orgelwerke.

1708

Nach der Schlacht bei Oudenaarde vereinigen sich die Truppen von Prinz Eugen und Marlborough und schlagen die Franzosen bei Malplaquet. Norddeutschland erklärt seine Neutralität im Nordischen Krieg (Haager Erklärung). Preußen bekommt dadurch freie Hand im Spanischen Erbfolgekrieg. **Kultur:** In Halle wird die erste deutsche Realschule gegründet. Christian Weise (*1642), Dichter. Der Deutsche schrieb Romane („Die drei ärgsten Erznarren in der Welt") und Dramen im Geist der Aufklärung. Guiseppe Torelli † (*1658), Komponist. Er schrieb die ersten Violinkonzerte, außerdem zahlreiche Sinfonien und Suiten.

1709

RUSSLAND: In der Schlacht bei Poltawa vernichtet Zar Peter I. das schwedische Heer. Der Schwedenkönig Karl XII. flieht in die Türkei. **POLEN:** August der Starke vertreibt nach Karls XII. Niederlage Stanislaus Leszczynski wieder vom Thron. **Wissenschaft:** Ehrenfried Walther von Tschirnhaus stellt Hartporzellan her. **Kultur:** Abraham a Santa Clara † (*1644), Dichter und Prediger. Er hieß eigentlich Hans Ulrich Megerle und verfasste zahlreiche derb-kräftige Traktate und Sittenstücke („Judas der Erz-Schelm", „Wunderlicher Traum von einem großen Narrennest").

1710

RUSSLAND: Die Russen erobern die baltischen Staaten. **ENGLAND:** Der Whig-Führer Marlborough wird gestürzt. Englischer Außenminister wird der Tory Henry Lord Bolingbroke, ein Anhänger der vertriebenen Stuarts. **Wissenschaft:** In Berlin wird die Charité gegründet. **Kultur:** August der Starke gründet die Meissner Porzellanmanufaktur, deren Leiter der Porzellanmiterfinder Böttger wird. Die erste kritische Shakespeare-Ausgabe von Nicholas Rowe erscheint.

John Churchill (Herzog von Marlborough)

1711

Joseph I. † (*1678), deutsch-römischer Kaiser seit 1705. Sein Nachfolger wird der bisherige spanische Kronprätendent Erzherzog Karl VI. Er verliert die spanische Krone, da England angesichts der Gefahr einer österreichisch-spanischen Vereinigung seine Politik ändert und aus dem Spanischen Erbfolgekrieg ausscheidet. **RUSSLAND:** Die Türkei erklärt Russland den Krieg und besiegt den Zaren. Russland gibt Asow an die Türken zurück, das es 1696 erobert hatte. Verwaltungsreform in Russland: Diese wie andere Reformen gelten der Einführung der europäischen Kultur in Russland und der Installierung der absoluten Zarenmacht. **Wissenschaft:** Eine einfache Dampfmaschine wird konstruiert und zunächst für Grubenentwässerung oder Wasserspiele verwendet.

1712

Der Friedenskongress zu Utrecht soll den Spanischen Erbfolgekrieg beenden. **RUSSLAND:** Zar Peter I. heiratet seine bäuerliche Geliebte Katharina Aleksejewna.

1713

Der Friede zu Utrecht wird geschlossen zwischen Preußen, England, Holland, Savoyen (Kaiser Karl VI. bestätigt den Frieden erst 1714) und Frankreich. Dann wird Philipp V. von Anjou als spanischer König anerkannt. Er erhält die spanischen Kolonien, Kaiser

Friedrich Wilhelm von Preußen

Karl VI. die spanischen Nebenländer. England bekommt Gibraltar, Neufundland und Menorca. Frankreich erkennt den preußischen Königstitel sowie das protestantische Erbfolgerecht in England an. Durch die „Pragmatische Sanktion" versucht Kaiser Karl VI., die Unteilbarkeit der österreichischen Länder auch in der weiblichen Erbfolgelinie zu sichern. Friedrich I. † (*1657), selbst ernannter „König von Preußen" seit 1701. König von Preußen wird Friedrich Wilhelm I., genannt „der Soldatenkönig". **Kultur:** Arcangelo Corelli † (*1653), Komponist. Der italienische Geiger und Komponist war der Hauptmeister der italienischen Barockmusik.

1714

Im Frieden zu Rastatt und Baden bestätigt Kaiser Karl VI. die im Frieden zu Utrecht getroffenen Abmachungen. **ENGLAND:** Anna † (*1665), Königin von England seit 1702. Mit der Protestantin verlässt der letzte Stuart den englischen Thron. Zum neuen englischen König wird Georg I. aus dem Hause Hannover gewählt. Die Regierungspartei bilden die liberalen und fortschrittlichen Whigs. **Kultur:** Andreas Schlüter † (*1664), Baumeister und Bildhauer. Der Deutsche schuf mehrere berühmte Standbilder und leitete den Bau des Berliner Schlosses. **Religion:** In Preußen werden die Hexenprozesse aufgehoben.

1715

Preußen tritt in den Nordischen Krieg gegen Schweden ein und erobert Rügen. Schwedenkönig Karl XII. gibt Stralsund auf und kehrt nach Schweden zurück. **FRANKREICH:** Ludwig XIV. † (*1638), König von Frankreich seit 1643. Nachfolger des „Sonnenkönigs" wird sein Urenkel Ludwig XV. unter der Regentschaft des Herzogs Philipp von Orléans. **Kultur:** In Frankreich entsteht das Vaudeville, ein volkstümliches Singspiel.

Ludwig XIV. von Frankreich

1716

Im Streit um die Herrschaft in Ungarn erklärt die Türkei Österreich den Krieg. Prinz Eugen besiegt die Türken in Kroatien. **Kultur:** Gottfried Wilhelm Leibniz (*1646), Philosoph, Mathematiker, Jurist, Diplomat, Theologe, Physiker, Geschichts- und Sprachforscher. Als Philosoph entwarf er mit seiner „Monadenlehre" ein weltbejahendes Bild, bei dem die „Monaden", einfache lebendige Einheiten, an die Stelle der toten Atome treten.

1717

Prinz Eugen schlägt die Türken bei Belgrad und erobert die Stadt. **RUSSLAND:** Zar Peter I. besetzt Mecklenburg und verheiratet seine Nichte Katharina mit dem Herzog von Mecklenburg. **Wissenschaft:** In England wird die Pockenschutzimpfung durch Direktübertragung des Impfstoffes vom kranken auf den gesunden Menschen erfunden. **Kultur:** In London wird die erste Freimaurerloge gegründet. In Preußen wird die Schulpflicht eingeführt.

1718

ÖSTERREICH gewinnt im Krieg gegen die Türken. Im Frieden von Passarowitz bekommt es Serbien, die Kleine Walachei und Nordbosnien. **SCHWEDEN:** Karl XII. † (*1682), König von Schweden seit 1697. Er fällt bei Kämpfen in Norwegen. **RUSSLAND:** Zar Peter I. veranlasst seinen nach Wien geflohenen Sohn Alexej, der gegen die Reformpolitik des Vaters ist, nach Hause zu kommen, und lässt ihn hinrichten. **FRANKREICH:** In Nordamerika gründen die Franzosen New Orleans. **Religion:** Bannung der Jansenisten. Der Jansenismus, eine katholische Glaubensrichtung, wird vor allem von den Jesuiten heftig bekämpft.

1719
Im Frieden zu Stockholm erwirbt England für eine Million Taler das Herzogtum Bremen und Verden. Preußen behält für zwei Millionen Taler Stettin und Vorpommern. **SCHWEDEN:** Friedrich I. von Hessen-Kassel, Schwager des verstorbenen Königs, wird vom Reichstag zum neuen König von Schweden gewählt. **Wissenschaft:** Johann Friedrich Böttger † (*1682), Physiker, wirkte bei der Erfindung des europäischen Hartporzellans mit. **Kultur:** Der deutsche Komponist Georg Friedrich Händel wird Leiter der neuen Oper in London. **Religion:** In Russland werden die Jesuiten verboten.

1720
SCHWEDEN: Im Frieden zu Friedrichsburg einigen sich Schweden und Dänemark über gegenseitige Gebietsansprüche. Schleswig wird Dänemark verbunden und widerrechtlich dem dänischen Königsgesetz unterworfen. Im Frieden von Nystad einigen sich Schweden und Russland. Schweden tritt Gebiete wie Estland und Livland ab, erhält Finnland und eine Entschädigung von zwei Millionen Talern. **Kultur:** In Dresden gründet August der Starke das Kupferstichkabinett.

1721
Der seit 1700 tobende Nordische Krieg ist beendet. Schweden hat seine Großmachtstellung verloren. Der russische Zar Peter I. nimmt den europäischen Kaisertitel „Kaiser aller Reußen" an. **Kirche:** Innozenz XIII. wird Papst. Er ist der Nachfolger von Klemens XI., Papst seit 1700. **Kultur:** Antoine Watteau † (*1684), Maler. Der französische Maler des Rokoko bildete vorwiegend galante Feste der höfischen Gesellschaft oder Theaterszenen ab.

1722
ENGLAND: John Churchill, Herzog von Marlborough † (*1650). Der englische Politiker und Feldherr war ein heftiger Gegner Ludwigs XIV. **RUSSLAND:** In einem Handstreich überfallen Zar Peter I. und Sultan Achmed II. Persien. Russland erhält Baku und Teile Vorderpersiens. **Wissenschaft:** Die Osterinsel

Polynesien: Steinfiguren auf der Osterinsel

mit ihren riesigen polynesischen Steinfiguren wird entdeckt. **Kultur:** August der Starke gründet die Dresdner Gemäldegalerie. **Religion:** Graf von Zinzendorf gründet die pietistische Herrnhuter Brüdergemeinde.

1723
Wissenschaft: Antony van Leeuwenhoek † (*1632), Zoologe. Der Niederländer gilt als Begründer der mikroskopischen Biologie. **Kultur:** Johann Sebastian Bach wird Thomaskantor in Leipzig. Johann Bernhard Fischer von Erlach † (*1656), Baumeister. Der Österreicher schuf zahlreiche Barockbauten, vor allem in Salzburg und in Wien (so zum Beispiel die Kollegienkirche in Salzburg, die Karlskirche in Wien und das Winterpalais des Prinzen Eugen). Christopher Wren † (*1632), Baumeister. Der Engländer baute über 60 Kirchen. Sein Hauptwerk ist die Londoner St.-Pauls-Kathedrale.

1724
RUSSLAND: Zar Peter I. lässt seine Gemahlin Katharina zur Kaiserin krönen. **Kirche:** Benedikt XIII. wird Papst als Nachfolger von Innozenz XIII.

1725
RUSSLAND: Zar Peter I. † (*1672), genannt „der Große", Zar von Russland seit 1689. Er führte zahlreiche Reformen durch und versuchte, Russland in Kultur, Wissenschaft und Lebensart zu europäisieren. Seine Witwe wird als Katharina I. Zarin von Russland. Die Regierung überlässt sie Alexander Menschikow, dem engsten Berater von

Zar Peter I. **FRANKREICH:** König Ludwig XV. heiratet Maria Leszczynska, die Tochter des polnischen Titularkönigs Stanislaus Leszczynski. **Wissenschaft:** Zar Peter I. gründet die Petersburger Akademie. **Kultur:** Alessandro Scarlatti † (*1659), Komponist. Der Italiener ist der Schöpfer der neapolitanischen Oper mit italienischer Ouvertüre. In Paris finden erste öffentliche Konzerte statt.

1726

FRANKREICH: Der leitende Minister Kardinal Fleury behebt staatlichen Geldmangel durch Steuerverpachtungen. **Kultur:** Der englische Schriftsteller Jonathan Swift schreibt die Zeitsatire „Gullivers Reisen".

1727

ENGLAND: Georg I. † (*1660), König von England seit 1714, Kurfürst von Hannover seit 1698. Georg II. wird König von England. **RUSSLAND:** Katharina I. † (*1684), Zarin von Russland seit 1725. Menschikow ruft ihren unmündigen Sohn Peter II. unter seiner Regentschaft zum neuen Zaren aus. **Wissenschaft:** Isaac Newton † (*1643), Physiker und Mathematiker. Der englische Professor und Präsident der Royal Society veröffentlichte grundlegende Forschungsergebnisse auf den Gebieten der experimentellen Optik, der theoretischen Mechanik und der höheren Mathematik. **Kultur:** Die Neubersche Theatertruppe bringt erste Inszenierungen, mit denen sie in Deutschland den klassischen französischen Theaterstil pflegt.

1728

RUSSLAND: Alexander Menschikow wird gestürzt und nach Sibirien verbannt. Leiter des „Geheimen Rats" und damit Machthaber wird der Bojar Iwan Dolgoruki. Er betreibt die Heirat zwischen Peter II. und seiner Schwester. **Wissenschaft:** Bering durchfährt die nach ihm benannte Wasserstraße zwischen Nordamerika und Asien. **Kultur:** Christian Thomasius † (*1655), Philosoph. Der Deutsche kämpfte gegen Folter, Zaubereiprozesse und die Bestrafung der Häresie (Ketzerei).

1729

Friedrich II., Kronprinz von Preußen, flüchtet vor seinem Vater, der seine Heirat mit der englischen Prinzessin vereiteln will. **Wissenschaft:** Stereotypie zur Vervielfältigung von Druckplatten wird entwickelt. **Kultur:** Richard Steele † (*1672). Der Engländer gab die moralische Wochenschrift „Tatler" heraus.

1730

Friedrich II. wird gefasst und erhält Festungshaft. Sein Freund und Fluchthelfer, Leutnant von Katte, wird festgenommen und vom König zum Tode verurteilt. Katte wird vor dem Fenster des Kronprinzen erschossen, der Kronprinz begnadigt. **RUSSLAND:** Peter II. † (*1715), Zar von Russland seit 1727. Gegen das Erbrecht wird Anna Iwanowna, Nichte Peters des Großen, vom „Geheimen Rat" zur russischen Kaiserin ernannt. Sie stellt die absolute Zarenmacht wieder her. **Kirche:** Klemens XII. wird Papst.

1731

Der preußische Kronprinz Friedrich wird mit Elisabeth Christine von Braunschweig-Bayern verlobt. **Kirche:** Der Erzbischof von Salzburg vertreibt 26.000 Protestanten. Über die Hälfte von ihnen wird im von der Pest entvölkerten Preußen angesiedelt. **Wissenschaft:** Der Bau des Kanals zwischen der Ostsee und dem Kaspischen Meer wird begonnen. **Kultur:** Bartolomeo Christofori † (*1665), Erfinder des Hammerklaviers.

1732

Kronprinz Friedrich von Preußen wird zum Obersten ernannt. **Kultur:** John Gay † (*1685), Dichter. Der Engländer verfasste das satirische Singspiel „The Beggar's Opera", später Vorlage für Brechts „Dreigroschenoper".

1733

Friedrich August I. † (*1670), genannt „der Starke", Kurfürst von Sachsen seit 1694 und als August II. König von Polen seit 1697. Der Polnische Erbfolgekrieg beginnt. Als Kandidat für den polnischen

Thron wird Augusts Sohn von Österreich und Russland unterstützt. Der polnische Adel, Frankreich und Spanien stützen Stanislaus Leszczynski. In **PREUSSEN** wird das „Kantonierungssystem" eingeführt, ein Vorläufer der Wehrpflicht. Im Heer herrscht harter Drill. **Kultur:** François Couperin † (*1668), Komponist. Der Franzose galt als Vertreter des „galanten Stils" und komponierte vorwiegend Klaviermusik.

1734

Stanislaus Leszczynski von Polen flieht vor den anrückenden Russen nach Frankreich. Kurfürst Friedrich August II. von Sachsen, Sohn von August dem Starken, wird als August III. König von Polen. **Kultur:** Johann Sebastian Bach schreibt sein „Weihnachtsoratorium".

1735

Im Polnischen Erbfolgekrieg wird der Vorfriede zu Wien geschlossen. **Kultur:** Der englische Maler William Hogarth malt seinen Zyklus „Das Leben eines Wüstlings", der in Stichen vervielfältigt wird. Im Rom wird mit dem Bau der Trevi-Brunnen begonnen.

Prinz Eugen von Savoyen

1736

Der österreichisch-russische Türkenkrieg bricht aus. Prinz Eugen von Savoyen † (*1663). Der Feldherr wurde durch seine Siege gegen die Türken zum Volksheld („Prinz Eugen, der edle Ritter".) **Wissenschaft:** Gabriel Daniel Fahrenheit † (*1686), Erfinder des Quecksilberthermometers mit nach ihm benannter Gradeinteilung. **Kultur:** Giovanni Battista Pergolesi † (*1710), Komponist. Der Italiener schuf mit seinem Singspiel „La serva padrona" die Urform der komischen Oper.

1737

Die Tochter Karls VI., Maria Theresia, heiratet Herzog Franz Stephan von Lothringen. Er muss sein Stammland mit der Toskana vertauschen. **Kultur:** Theaterleiter Karoline Neuber verbannt den „Hanswurst" vom Theater, da er dem klassischen französischen Stil widerspricht. In Hamburg wird die erste deutsche Freimaurerloge gegründet. Antonio Stradivari † (*1644), italienischer Geigenbauer. Der Schüler von Amati gilt als der klassische Meister der Geigenbaukunst.

1738

Im Frieden zu Wien wird der Polnische Erbfolgekrieg beendet. August III. von Sachsen wird als polnischer König anerkannt. Leszczynski erhält Lothringen. Die spanischen Bourbonen bekommen von Österreich Neapel-Sizilien. Österreich erhält Parma und Piacenza. Kronprinz Friedrich von Preußen tritt der Freimaurerloge bei. **Kirche:** Der Papst erlässt einen Bannfluch gegen die Freimaurerei. **Religion:** Aus der anglikanischen Kirche trennt sich die „Methodisten"-Bewegung heraus. Mittelpunkt der nicht streng formulierten Lehre des Methodismus sind Freiheit und Vielfältigkeit in der Ausübung einer Religion sowie die Erlösung des Menschen von Sühne und Schuld.

1739

Kronprinz Friedrich von Preußen verfasst in französischer Sprache seinen „Antimacchiavell" und verkündet mit dem Wort „Der König ist der erste Diener seines Volkes" sein Programm des aufgeklärten Absolutismus. Der Krieg Österreich-Russlands gegen die Türkei ist beendet. Die österreichischen Truppen geben geschlagen den Kampf auf. **Kultur:** Cosmas Damian Asam † (*1686), Maler und Baumeister. Der Deutsche und sein Bruder Egid Quirin schufen vor allem im süddeutschen Raum Kirchen und Klöster. Meisterwerke: Die Nepomuk-Kirche in München und die Klosterkirche in Weltenburg.

1740

Karl VI. † (*1685), römisch-deutscher Kaiser seit 1711. Sein Nachfolger als römisch-deutscher Kaiser wird Karl VII. von Bayern. Die Nachfolge als König

Maria Theresia

von Ungarn tritt Maria Theresia an, gleichzeitig Erzherzogin von Österreich. Friedrich Wilhelm I. von Preußen † (*1688), genannt „der Soldatenkönig". Neuer König von Preußen wird der Kronprinz Friedrich II., der Große. Unter ihm wird Preußen europäische Großmacht. Um das habsburgische Erbe bricht Streit aus. Friedrich II. von Preußen beansprucht Teile Schlesiens und bietet als Gegenleistung Maria Theresia Waffenhilfe an. Als diese ablehnt, marschiert Friedrich in Schlesien ein und beginnt den „Ersten Schlesischen Krieg". **RUSSLAND:** Anna Iwanowna † (*1693), Zarin von Russland seit 1730. Sie ernennt ihren Günstling Biron von Kurland zum Regenten für ihren Nachfolger, den unmündigen Iwan VI. **Kirche:** Papst Benedikt XIV. wird Papst als Nachfolger von Klemens XII.

1741

Im „Österreichischen Erbfolgekrieg" verteidigt Maria Theresia ihre Erbfolge gegen Frankreich, Spanien, Preußen und Bayern. Mit ihr verbünden sich England und die Niederlande. Französisch-bayerische Truppen erobern Prag. **RUSSLAND:** Bei einer Palastrevolution wird Zar Iwan VI. gestürzt. Elisabeth, die Tochter von Zar Peter I., wird russische Zarin. Ernst Johann von Biron wird verbannt. **Wissenschaft:** Vitus Behring † (*1681). Der russische Seeoffizier und Entdecker starb kurz nach der Entdeckung der Küste Alaskas und der Aleuten. **Kultur:** Das Wiener Burgtheater wird gegründet. Jakob Christof Le Blon † (*1667), Erfinder des Mehrfarben-Kupferdrucks (1711).

1742

Im Österreichischen Erbfolgekrieg gewinnt Maria Theresia Böhmen zurück und marschiert in Bayern ein. **Wissenschaft:** Edmund Halley † (*1656), Astronom. Der Engländer entdeckte u. a. den nach ihm benannten „Halleyschen Kometen".

1743

Im Ersten Schlesischen Krieg erzwingt Preußen den Frieden zu Breslau und erhält Ober- und Niederschlesien. England (Verbündeter Österreichs) drängt die französischen Truppen über den Rhein zurück. **Kultur:** Antonio Vivaldi † (*1680), Komponist. Der italienische Geiger und Komponist verfasste vor allem Violinkonzerte. Sein bekanntestes Werk sind wohl „Die vier Jahreszeiten".

1744

Friedrich II. von Preußen verbündet sich mit Frankreich und Karl VII. und beginnt den Zweiten Schlesischen Krieg. **Wissenschaft:** Anders Celsius † (*1701), Astronom. Der Schwede führte die bis heute gebräuchliche Thermometerskala ein. **Kultur:** Der deutsche Barock-Baumeister Balthasar Neumann erbaut die Würzburger Residenz, die von Tiepolo ausgemalt wird.

1745

Karl VII. Albrecht von Bayern † (*1697), römisch-deutscher Kaiser seit 1740. Sein Nachfolger wird der Gemahl von Maria Theresia, Franz I. von Lothringen. Im Frieden zu Dresden wird der Zweite Schlesische Krieg beendet. Preußen erhält ganz Schlesien und erkennt Franz I. als Kaiser an. Im Frieden zu Füssen verzichtet Bayern auf das österreichische Erbe und auf die Kaiserkrone. **FRANKREICH:** Die Marquise de Pompadour wird Mätresse des Königs Ludwig XV. Sie beeinflusst ihn zunehmend politisch. **Kultur:** Jonathan Swift † (*1667), Dichter. Der Engländer verfasste Satiren. Sein Meisterwerk: der Roman „Gullivers Reisen".

1746

Graf Heinrich von Brühl wird Premierminister in Sachsen. Er betreibt eine antipreußische Politik. **RUSSLAND:** Russland und Österreich schließen ein antipreußisches Verteidigungsbündnis. **Kultur:**

Friedrich II. von Preußen verfasst in französischer Sprache die „Geschichte meiner Zeit".

1747

Wissenschaft: Johann Heinrich Schulze † (*1687). Der Entdecker der Lichtempfindlichkeit der Silbersalze schuf die Grundlagen der Fotografie. Der Zuckergehalt der Rübe wird entdeckt.

1748

Im Frieden zu Aachen wird der seit 1741 geführte Österreichische Erbfolgekrieg beendet. Die beteiligten Länder Österreich, England, Holland und Frankreich einigen sich auf den Status quo ante. Preußen wird als Besitzer Schlesiens bestätigt. **Kultur:** Das Bayreuther Opernhaus wird eröffnet.

1749

Kirche: In Würzburg findet die letzte Hexenhinrichtung in Deutschland statt. **Kultur:** In Frankfurt wird Johann Wolfgang Goethe geboren.

Johann Sebastian Bach

1750

Österreich und Frankreich versöhnen sich. England betrachtet misstrauisch den Aufstieg Preußens. **Kultur:** Johann Sebastian Bach † (*1685), Komponist. Der Deutsche hinterließ ein Mammutwerk von allein über 200 Kirchenkantaten, ferner Messen, Oratorien und weltliche Musik. Er gilt als einer der größten Komponisten aller Zeiten. Egid Quirin Asam † (*1692), Bildhauer und Baumeister. Er schuf zusammen mit seinem Bruder Cosmas Damian Kirchen und Klöster vor allem im süddeutschen Raum.

1751

Wissenschaft: In London wird die erste Irrenanstalt eröffnet. **Kultur:** In Berlin beginnt die „Vossische Zeitung" zu erscheinen. Gotthold Ephraim Lessing wird Kritiker.

1752

Wissenschaft: Benjamin Franklin erfindet den Blitzableiter.

1753

Kultur: Das Residenztheater in München wird eröffnet. Balthasar Neumann † (*1687), Baumeister. Der deutsche Barockbaumeister schuf zahlreiche Kirchen und Schlösser, darunter die bayerische Wallfahrtskirche Vierzehnheiligen, die Würzburger Residenz und Abteikirche Neresheim.

1754

Kultur: Christian Freiherr von Wolff † (*1679), Philosoph. Er war Wortführer der Aufklärung und verfasste eine Staatslehre im Geist des aufgeklärten Absolutismus.

1755

In einer geheimen Staatskonferenz zu Wien wird der Angriffskrieg gegen Preußen beschlossen. **ENGLAND:** England versucht, in Amerika die eigene Ostküste nach Westen auszudehnen. Frankreich leistet Widerstand. Der englisch-französische Kolonialkrieg bricht aus. **Kultur:** Charles de Montesquieu † (*1689), Philosoph. Der französische Staatsphilosoph begründete die Lehre von der Gewaltenteilung.

1756

Die Verständigung zwischen Österreich und Frankreich zwingt Preußen zum Präventivkrieg. Friedrich II. marschiert in Sachsen ein: Der Siebenjährige Krieg (auch „Dritter schlesischer Krieg") um Schlesien bricht aus. Preußen schließt mit England ein Neutralitätsabkommen.

1757

Nach mehreren Schlachten siegt Friedrich II. bei Leuthen über die Österreicher. **Wissenschaft:** René Réaumur † (*1683), Erfinder des Weingeistthermometers mit der nach ihm benannten Gradeinteilung. **Kultur:** Domenico Scarlatti † (*1685), Komponist. Der Italiener schuf eine Vorform der klassischen Sonate. Johann Stamitz † (*1717), Komponist. Der deutsche Anhänger der „Mannheimer Schule" bereitete entscheidend die moderne Sinfonik vor. **Religion:** Das moraltheologische Handbuch der Jesuiten wird in Toulouse wegen angeblicher Empfehlung des Fürstenmordes verbrannt. Kernsatz: „Wenn der Zweck erlaubt ist, sind auch die Mittel erlaubt."

1758

Zahlreiche Schlachten im Siebenjährigen Krieg. **Kirche:** Bendikt XIV. † (*1675), Papst seit 1740. Sein Nachfolger wird Papst Klemens XIII.

1759

Friedrich II. wird bei Kunersdoff von den Österreichern und den Russen vernichtend geschlagen und entgeht knapp der Gefangenschaft. Schwere Krise in Preußen. **Kultur:** Georg Friedrich Händel † (*1685), Komponist. Der sehr produktive deutsche Komponist wanderte nach London aus, wo er auch starb. Er schrieb unter anderem die „Wassermusik" und die „Feuerwerksmusik". In Marbach wird Friedrich Schiller geboren.

1760

Im Siebenjährigen Krieg besetzen russische Truppen Berlin und nehmen Plünderungen vor. Sie fliehen bei der Ankunft Friedrichs II. Dieser schlägt die Österreicher in der Schlacht bei Torgau. **ENGLAND:** Georg II. † (*1683), seit 1727 König von England. Sein Nachfolger wird König Georg III. **Kirche:** Nikolaus Ludwig Graf von Zinzendorf † (*1700). Der deutsche Geistliche war Begründer der pietistischen Herrnhuter Brüdergemeinde von 1722. **Kultur:** Friederike Karoline Neuber † (*1697). Die deutsche Wandertheater-Leiterin versuchte, den französisch-klassischen Theaterstil in Deutschland einzuführen und verbannte den Hanswurst als Figur von der Bühne. Jean Georges Noverre, französischer Tänzer und Ballettmeister, leitet mit seinen „Briefen über die Tanzkunst" eine französische Ballettreform ein, die entscheidend für die Entwicklung des modernen Balletts in Europa wird.

1761

Im Siebenjährigen Krieg fällt keine militärische Entscheidung. **Wissenschaft:** Stephen Hales † (*1677), Erfinder der exakten Blutdruckmessung. **Kultur:** Die Nymphenburger Porzellanmanufaktur wird gegründet.

1762

Russische Truppen kommen Friedrich zu Hilfe und verhelfen ihm zum Sieg in der Schlacht bei Burkersdorf. **RUSSLAND:** Elisabeth † (*1709), Zarin von Russland seit 1741. Ihr Nachfolger wird Zar Peter III. Der begeisterte Verehrer Friedrichs II. stellt den Krieg ein und schließt mit dem Preußenkönig ein Bündnis. Im Juli wird Zar Peter (*1728) ermordet. Nachfolgerin wird Zarin Katharina II. von Anhalt-Zerbst. **FRANKREICH:** Im Frieden zu Paris wird der Krieg der Seemächte beendet. England hat den größten Landgewinn in Kanada, Indien und Nordamerika; Frankreich verliert den Kanal an England, und Spanien muss an England Florida abgeben.

1763

Im Frieden zu Hubertusburg wird der Siebenjährige Krieg beendet. Österreich und Preußen einigen sich auf den Status quo ante. **Kultur:** Das „Generallandschulreglement" in Preußen führt die Schulpflicht für Kinder zwischen fünf und 13 Jahren ein. Franz Bustelli † (*1723), Porzellan-Bildner. Er schuf Figuren und Gruppen für die Nymphenburger Porzellanmanufaktur. Besonders berühmt: seine Commedia-del'arte-Figuren.

1764

FRANKREICH: Marquise de Pompadour † (Jeanne Antoinette Poisson, *1721). Die Geliebte Ludwigs XV. seit 1745 beeinflusste ihn auch in seiner Politik. **AMERIKA:** Die britischen Kolonien wehren sich gegen neue Zollgesetze, aus deren Einnahmen England die Kosten des Siebenjährigen Krieges hereinzuholen hofft.

Madame Pompadour

Kultur: William Hogarth † (*1697), Maler. Der Engländer schuf zahlreiche Gemälde und Sittenbildnisse, die zum Teil als Stiche vervielfältigt wurden. Jean Philippe Rameau † (*1683), Komponist. Französischer Begründer einer neuen Harmonielehre.

1765

Franz I. von Lothringen † (*1708), römisch-deutscher Kaiser seit 1745. Sein Nachfolger wird sein Sohn Joseph II. **Wissenschaft:** Die Kartoffel wird in ganz Deutschland als Nahrungsmittel eingeführt. James Watt erfindet die Dampfmaschine. Damit nimmt die industrielle Revolution ihre Anfänge.

1766

Frankreich erbt Lothringen vom verstorbenen deutschen Kaiser. **Kultur:** Johann Christoph Gottsched † (*1700), Gelehrter und Dichter. Er kämpfte für Klarheit in Sprache und Dichtkunst, was er in seinem „Versuch einer kritischen Dichtkunst" niederlegte.

1767

Kultur: Georg Philipp Telemann † (*1681), Komponist. Er schrieb über 600 Orchesterstücke. Gotthold Ephraim Lessing wird Dramaturg in Hamburg und verfasst seine „Hamburgische Dramaturgie".

1768

FRANKREICH: Frankreich kauft die Insel Korsika von Genua. **RUSSLAND:** Im Streit um polnische Fragen bricht ein russischtürkischer Krieg aus. **Wissenschaft:** Johann Joachim Winckelmann † (*1717), Archäologe. Der Deutsche gilt als Begründer der neueren Archäologie. **Kultur:** Lawrence Sterne † (*1713), Dichter. Der Engländer wurde vor allem durch seinen humorvollen Roman „Tristram Shandy" bekannt und beeinflusste mit seiner Erzähltechnik (Ironisierung des Lesers, die eigentlich angekündigte Geschichte wird im Roman nicht erzählt) u. a. Diderot. Antonio Canaletto † (*1697), Maler. Der Italiener malte besonders von Venedig architektonisch getreue Stadtansichten.

1769

FRANKREICH: Madame Dubarry wird die Mätresse von Ludwig XV. Auf Korsika wird Napoleon Bonaparte geboren. **Kirche:** Klemens XIV. wird neuer Papst als Nachfolger von Papst Klemens XIII. **Wissenschaft:** In England wird die Spinnmaschine erfunden. **Kultur:** Christian Fürchtegott Gellert † (*1715), Dichter. Der Deutsche schrieb Lustspiele und Romane wie „Das Leben der schwedischen Gräfin von G.".

1770

Marie Antoinette, eine Tochter von Maria Theresia, heiratet den französischen Dauphin, den späteren König Ludwig XVI. **Kultur:** François Boucher † (*1703), Maler. Er schuf galante Gemälde im Rokokostil. Giovanni Battista Tiepolo † (*1696), Maler. Der Venezianer schuf zahlreiche Fresken, kirchliche und weltliche Deckengemälde.

James Cook: Ankunft in Botany Bay (Australien) am 29. April 1770

1771

Österreich und die Türkei schließen ein Bündnis zum Schutz der Moldau und der Walachei vor den Russen. **ENGLAND:** James Cook entdeckt Australien und gründet für England an der Ostküste des Kontinents Neusüdwales.

1772

Erste Teilung Polens. Russland und Preußen teilen das Land auf, Österreich tritt dem Abkommen bei. Polen behält etwa zwei Drittel des Landes und die Hälfte der Bevölkerung. Durch die Gründung der

„Seehandlung“ wird der preußische Überseehandel monopolisiert

1773

AMERIKA: Bei der „Boston Tea Party“ werfen als Indianer verkleidete Kolonisten aus Protest gegen die Zollgesetze des englischen Mutterlandes eine Ladung Tee ins Meer. **Kirche:** Papst Klemens XIV. löst den Jesuitenorden auf. **Kultur:** Goethe schreibt den „Götz von Berlichingen“.

1774

RUSSLAND: Der russisch-türkische Krieg endet mit einem Sieg Russlands, das türkische Gebiete erhält. **FRANKREICH:** Ludwig XV. † (*1710), König von Frankreich seit 1715. Nachfolger wird sein Enkel Ludwig XVI. **AMERIKA:** Das englische Parlament verfügt die Sperrung des Hafens Boston und die Einschränkung der Verfassung von Massachusetts. Dort landen englische Truppen.

1775

AMERIKA: Beginn des nordamerikanischen Unabhängigkeitskriegs gegen England. George Washington wird zum Oberbefehlshaber der amerikanischen Truppen ernannt und bildet ein Heer. **Kirche:** Pius VI. wird Papst als Nachfolger von Klemens XIV. **Kultur:** Ignaz Günther † (*1725), Bildhauer. Der Deutsche ist der Hauptmeister der bayerischen Rokokoplastik. Johann Joachim Kändler † (*1706), Porzellanbildner. Er schuf berühmte Figuren und Gruppen für die Meißner Porzellanmanufaktur.

Amerikanische Unabhängigkeitserklärung

1776

AMERIKA: 13 Kolonien schließen sich zu den Vereinigten Staaten von Amerika (USA) zusammen und erklären am 4. Juli ihre Unabhängigkeit. Verkündung der Menschenrechte. Deutsche Söldner verstärken die englischen Truppen in Amerika auf 55.000 Mann.

1777

AMERIKA: Bei Saratoga siegen die Amerikaner über englische Söldner. Frankreich erkennt daraufhin die Vereinigten Staaten an. Am 6. Dezember überschreitet Washington den vereisten Delaware und schlägt die Engländer mehrfach.

1778

Der Bayerische Erbfolgekrieg bricht aus. Preußen kämpft gegen Joseph II., der Bayern zur Stärkung der Reichsmacht erwerben will. **AMERIKA:** Benjamin Franklin erreicht ein Bündnis der USA mit Frankreich. **Wissenschaft:** Carl von Linné † (*1707), Naturforscher. Der Schwede erforschte das nach ihm benannte Sexualsystem der Pflanzen. **Kultur:** Jean Jacques Rousseau † (*1712), Philosoph. Der französische Enzyklopädist und Pädagoge legte in seinen Schriften Theorien dar, die die Französische Revolution, die deutsche Romantik und noch Nietzsche beeinflussten. François de Voltaire † (*1694), Philosoph und Dichter. Der französische Aufklärungsphilosoph schrieb Werke in der analytischen Denkweise, mit den kämpferischen Vernunftideen und der Forderung nach mehr Menschlichkeit, wie sie für die Aufklärung typisch wurden. Die Mailänder Scala wird eröffnet.

1779

Im Frieden zu Teschen verzichtet Maria Theresia, eine Gegnerin der Außenpolitik ihres Sohnes Joseph II., auf Ansprüche in Bayern. **Wissenschaft:** James Cook † (*1728). Er entdeckte Australien (englischer Kronbesitz).

1780

Maria Theresia † (*1717), seit 1740 Herrscherin von Österreich-Ungarn, Gemahlin Kaiser Franz' I. und Mutter des deutschen Kaisers Joseph II. Er wird nach ihrem Tod auch Herrscher von Österreich. **Wissenschaft:** In Berlin wird erstmals Rübenzucker hergestellt. **Kultur:** Bernardo Canaletto, eigentlich Bernardo Ballotto, † (*1720), Maler und Radierer. Der Italiener wurde vor allem durch seine Bilder von Dresden berühmt.

1781

Kaiser Joseph II. führt Reformen durch: Religionsfreiheit, Abschaffung von Folter und Leibeigenschaft, Aufhebung der Klöster. **AMERIKA:** Washington besiegt mit französischer Hilfe die Engländer bei Yorktown. **Kultur:** Gotthold Ephraim Lessing † (*1729), Dichter. Er war Wegbereiter einer deutschen Nationalliteratur. Zu seinen Werken zählen „Nathan der Weise" und die „Hamburgische Dramaturgie".

1782

Kultur: Johann Christian Bach † (*1735), Komponist. Der Sohn von Johann Sebastian Bach schaffte es nicht, aus dem Schatten des Vaters herauszutreten. Goethe wird geadelt.

1783

AMERIKA: Im Frieden von Versailles erkennt England die Unabhängigkeit der USA an. Die Vereinigten Staaten geben sich eine Verfassung. Erster Präsident wird George Washington. **Wissenschaft:** Die Brüder Montgolfier lassen den ersten Heißluftballon aufsteigen.

1784

ENGLAND: Der englische Premierminister William Pitt unterstellt mit der „East India Bill" die ostindische Handelskompanie staatlicher Aufsicht. **Kultur:** Wilhelm Friedemann Bach † (*1710), Komponist. Der Sohn von Johann Sebastian Bach schuf Werke voll eigenen Ausdrucks. Denis Diderot † (*1713), Philosoph. Der Franzose war ein Vertreter der Aufklärung. Werke u. a. „Le Neveu de Rameau" (von Goethe übersetzt) und „Jacques le Fataliste" (Roman).

1785

Friedrich II. von Preußen gründet den „Deutschen Fürstenbund", um Kaiser Joseph II. am Erwerb Bayerns zu hindern. **FRANKREICH:** Der „Halsbandprozess", der Königin Marie Antoinette fälschlich in Verbindung zu dem sittenlosen Kardinal Rohan bringt, schwächt das Ansehen der französischen Krone. **Kultur:** Die englische Zeitung „The Times" wird gegründet.

Friedrich II., der Große

1786

Friedrich II. † (*1712), genannt „der Große", seit 1740 König von Preußen. Sein Nachfolger wird sein Neffe Friedrich Wilhelm II. **Kultur:** Moses Mendelsohn † (*1729), Philosoph. Der Deutsche unterstützte maßgeblich die Judenemanzipation.

1787

RUSSLAND: Im zweiten russisch- türkischen Krieg siegt Zarin Katharina II. Russland erhält die Krim und Schutzrechte über Donaufürstentümer. **Religion:** Alfonso de Liguori † (*1696), katholischer Moraltheologe und Gründer des Redemptoristen-Ordens (1732). **Kultur:** Christoph Willibald Ritter von Gluck † (*1714), Komponist. Der Deutsche begründete einen neuen dramatischen Opernstil.

1788

RUSSLAND: Schweden kämpft erfolglos gegen Russland um den Besitz der verlorenen Ostseeprovinzen und Finnlands. **FRANKREICH:** Die Unruhe im Volk wächst. Zahlreiche Schriften fordern „Freiheit und Gleichheit".

1789

FRANKREICH: Die Französische Revolution beginnt. Ludwig XVI. beruft die Generalstände ein und stellt sich unter den Schutz der Generalversammlung. 14. Juli: Sturm auf die Bastille. Verkündung der Menschenrechte. **AMERIKA:** George Washington wird offiziell erster Präsident der Vereinigten Staaten.

1790

Kaiser Joseph II. † (*1741), deutscher Kaiser seit 1765. Sein Nachfolger wird sein Bruder Leopold II. **FRANKREICH:** Der französische Adel beginnt zu fliehen. Ausgabe von Papiergeld (Assignaten) führt zur Inflation. **AMERIKA:** Benjamin Franklin † (*1706). Der amerikanische Staatsmann und Forscher hatte wesentlichen Anteil an der Unabhängigkeit der USA. Als Forscher erfand er den Blitzableiter.

1791

Der deutsche Kaiser und der preußische König drohen Frankreich, zugunsten der „Rechte des Souveräns" einzuschreiten. **FRANKREICH:** Frankreich erhält eine konstitutionelle Monarchie. Die Nationalversammlung wird aufgelöst und durch eine gesetzgebende Versammlung ersetzt. **Kultur:** Wolfgang Amadeus Mozart † (*1756), Komponist. Der Österreicher begann als musikalisches „Wunderkind" und schuf zahlreiche unverwechselbare Musikwerke. Er starb völlig verarmt, nachdem er seine Oper „Die Zauberflöte" fertig gestellt hatte. **Religion:** John Wesley † (*1703), Theologe. Der Engländer gründete um 1740 die Methodistenbewegung.

1792

Leopold II. † (*1747), deutscher Kaiser seit 1790. Sein Nachfolger wird der Enkel Maria Theresias, Franz II. **FRANKREICH:** Die gesetzgebende Versammlung erklärt Österreich, das von Preußen unterstützt wird, den Krieg. Sturm auf die Tuilerien. Frankreich wird zur Republik erklärt. Der König ist gefangen.

1793

England, Holland und Spanien unterstützen Österreich und Preußen im Krieg gegen Frankreich. **FRANKREICH:** Die gesetzgebende Versammlung, in die zwei Parteien Jakobiner und Girondisten gespalten, lässt Hunderte von Menschen verhaften und auf der Guillotine hinrichten. Darunter sind: Ludwig XVI. (*1754), König von Frankreich seit 1774; Marie Antoinette (*1755), Gemahlin Ludwigs XVI.; Gräfin Dubarry (*1743). Der Jakobiner Jean Paul Marat (*1744) wird im Bad erstochen. Der „Wohlfahrtsausschuss" übernimmt die Exekutive. In der Führung verdrängt Maximilien de Robespierre Georges Danton. **POLEN:** Zweite Teilung Polens zwischen Preußen und Russland. **Kultur:** Carlo Goldoni † (*1707), Dichter. Der Italiener schrieb rund 200 Lustspiele in Commedia-dell'arte-Manier.

1794

FRANKREICH: Während der „jakobinischen Blutherrschaft" unter Robespierre werden täglich rund 30 Menschen hingerichtet, darunter auch Georges Danton (*1759). Maximilien de Robespierre wird gestürzt und hingerichtet (*1758). **AMERIKA:** Friedrich Wilhelm von Steuben † (*1730), deutscher General im Unabhängigkeitskrieg unter Washington. **Kultur:** André Chénier † (*1762), Lyriker. Der Franzose, der als größter Lyriker seines Jahrhunderts galt, verfasste antirevolutionäre Gedichte und wurde hingerichtet.

1795

Der Friede zu Basel beendet den Krieg zwischen Frankreich und Preußen. Frankreich besetzt das linke Rheinufer. **FRANKREICH:** Die neue französische Verfassung setzt ein „Direktorium" als Exekutive ein. **POLEN:** Dritte Teilung Polens zwischen Preußen und Österreich.

1796

FRANKREICH: Napoleon Bonaparte schlägt einen Aufstand in Paris nieder und erhält den Oberbefehl über die Armee in Italien. Er schlägt die Italiener und die Österreicher. **RUSSLAND:** Katharina II. † (*1729), genannt „die Große", Zarin von Russland seit 1762. Nachfolger wird ihr Sohn Paul I. **Wissenschaft:** Die Pockenschutzimpfung wird eingeführt.

Katharina II.

1797

Friedrich Wilhelm II. † (*1744), König von Preußen seit 1786. Nachfolger wird sein Sohn Friedrich Wilhelm III. Im Frieden zu Campo Formio tritt Österreich Belgien und Luxemburg an Frankreich ab und erhält dafür Venedig. Österreich anerkennt die Abtretung des linken Rheinufers. Oberitalien wird eine von Frankreich abhängige Republik. Der Papst muss auf mehrere Städte und Landstriche verzichten.

1798

FRANKREICH: Napoleon unternimmt seinen Feldzug nach Ägypten. Der englische Admiral Lord Nelson besiegt die französische Flotte. Der Ausbruch der Pest zwingt Napoleon zum Rückzug. **Kultur:** Giacomo Girolamo Casanova † (*1725). Der italienische Abenteurer schrieb Memoiren.

1799

Im Zweiten Koalitionskrieg gegen Frankreich kämpfen Österreich, England, Russland und die Türkei, Neapel und der Kirchenstaat. Preußen bleibt neutral. **FRANKREICH:** Napoleon stürzt das Direktorium und wird zunächst auf zehn Jahre „Erster Konsul". **AMERIKA:** George Washington † (*1732), erster Präsident der USA seit 1789.

Die Französische Revolution

Die Revolution in Frankreich von 1789 bis 1799 stellt ein einschneidendes Ereignis in der europäischen Geschichte mit weitreichenden Folgen für die Entwicklung Europas in den späteren Jahrhunderten dar. Ausgelöst wurde sie durch die wachsende Unzufriedenheit weiter Volksschichten mit dem Ancien Régime, wirtschaftliche und finanzpolitische Krisen, die Forderung des Bürgertums nach Teilhabe an der Macht und die Ideen der Aufklärung, die den überkommenen Herrschaftsanspruch des Adels ablehnten. Die Revolution begann nach der Einberufung der Generalstände durch König Ludwig XVI. (zum ersten Mal seit 175 Jahren). Nach Streitigkeiten innerhalb der Generalstände erklärte sich der dritte Stand zur Verfassunggebenden Versammlung und setzte sich zum Ziel, eine Verfassung auszuarbeiten („Ballhausschwur" am 20. Juni). Den Widerstand des Königs gegen diese Maßnahme brach die Erstürmung der Bastille am 14. Juli 1789 durch die aufgehetzten Volksmassen. Daraufhin kam es im August zur Abschaffung des Feudalsystems und der Proklamation der Menschen- und Bürgerrechte und im weiteren Verlauf zur Ausarbeitung einer Verfassung. Die eigentlich zur Behebung der Finanzkrise erfolgende Verstaatlichung der Kirchengüter und die Ausgabe so genannter Assignaten, einer Art Ersatzwährung, die allerdings die Inflation in die Höhe trieb, führte jedoch zu einer weiteren Radikalisierung der Revolution. Weiterer Faktor in diesem Radikalisierungsprozess war der Ausbruch des 1. Koalitionskrieges 1792 (–1797), als sich Österreich und Preußen mit Großbritannien, den Niederlanden und Spanien gegen das revolutionäre Frankreich zusammenschlossen, um die Rechte der Königsfamilie zu wahren und ein Übergreifen der Revolution auf ihre Länder zu verhindern. Fast folgerichtig wurde die Verfassung aufgehoben und die im September 1791 ausgerufene konstitutionelle Monarchie in eine Republik umgewandelt. Ein Nationalkonvent wurde gewählt, in dem die radikalen Jakobiner unter Maximilien de Robespierre die Mehrheit innehatten; die königliche Familie wurde hingerichtet (21. Januar 1793), die gemäßigteren Girondisten, Gegner der Jakobiner in der Nationalversammlung, im Juli 1793 gestürzt. Der nunmehr diktatorisch regierende Wohlfahrtsausschuss übte eine Schreckensherrschaft aus, die erst mit dem Sturz und der Hinrichtung Robespierres im Juli 1794 endete. 1795 kam es zum Erlass einer neuen Verfassung und der Staatsleitung durch ein fünfköpfiges Direktorium, das sich jedoch als weitgehend unfähig erwies und deshalb, als der Ruf nach einem „starken Mann" immer lauter erschallte, 1799 durch den erfolgreichen General Napoleon Bonaparte gestürzt wurde. Dessen Machtübernahme beendete die Revolution.

Sturm auf die Bastille am 14. Juli 1789

1800

ENGLAND: Das „Vereinigte Königreich Großbritannien und Irland" wird errichtet. England besetzt Malta. General Kléber erobert Kairo zurück und wird dort im Juni ermordet. **FRANKREICH:** Bonaparte überquert die Alpen. Sieg über Österreich in Oberitalien. Im Waffenstillstand von Alessandria erhält er von Wien die Lombardei. Erneute Kriegsaufnahme nach Ablehnung der Separatsfriedenswünsche Napoleons mit Österreich. **Wissenschaft:** Herschel weist den ultraroten Teil des Sonnenspektrums („Wärmestrahlen") nach. **Sport:** Der Großglockner wird zum ersten Mal bestiegen.

1801

ENGLAND: Die englische Flotte bombardiert Kopenhagen. Der Grund: Dänemark hatte sich geweigert, aus dem Neutralitätsbund auszutreten. In der Seeschlacht bei Anegar zwingt Admiral Nelson die Dänen zu einem Waffenstillstand. In Ägypten erzwingt England die Ablösung der französischen Herrschaft durch den türkischen Statthalter Khedive. **FRANKREICH:** Im Frieden von Lunéville werden die Bedingungen von Campo Formio erneuert. Etsch und Rhein werden erneut als Grenzen der französischen Machtsphäre festgelegt. Frankreich erhält außerdem die Vorherrschaft in Italien, während Österreich von Bayern die Rheinpfalz bekommt. Napoleon Bonaparte bestätigt mit dem Abschluss des Konkordats die Aussöhnung der Revolution mit der Kirche. **Kirche:** Papst Pius VII. erneuert den Kirchenstaat: Die Besoldung des unteren und höheren Klerus übernimmt der Staat. Alle Konfessionen, wie auch die jüdische Religion, erhalten die gleichen bürgerlichen Rechte. **RUSSLAND:** Alexander I. wird Zar von Russland (–1825). Er löst damit Paul I. (*1754), den Sohn Katharinas II. der Großen, ab. Der neue Zar löst den Neutralitätsbund auf, um sich mit England aussöhnen zu können, ohne dabei seine guten Beziehungen mit Frankreich aufs Spiel zu setzen. Dieses Waffenbündnis war erst durch Paul I. erneuert worden, was zu verstärkten russisch-englischen Spannungen geführt hatte. **USA:** Thomas Jefferson, der Verfasser der amerikanischen Unab-

19. Jahrhundert

Der Beginn des neuen Jahrhunderts wird durch einen einzelnen Mann geprägt: Napoleon. Der französische Herrscher stürzt ganz Europa in einen Krieg, ehe er 1814 nach Elba verbannt wird. Bei den Friedensverhandlungen, die unter der Bezeichnung „Wiener Kongress" in die Geschichte eingehen, übernimmt Österreich zum ersten Mal die Rolle eines politischen Mittlers, die es seitdem immer wieder gespielt hat. Durch Revolutionen in Frankreich und Deutschland versuchen die Bewohner, demokratische Verfassungen durchzusetzen. Sie sind nur teilweise erfolgreich: Mal werden ihnen Verfassungen zugestanden, dann wieder weggenommen. In Schlesien kommt es zu dem berühmten Weberaufstand, in dem sich zum ersten Mal eine Arbeitergruppe gegen ihre wirtschaftliche Ausbeutung zur Wehr setzt. Deutschland und Frankreich führen noch einen zweiten Krieg in diesem Jahrhundert (1870/71), der mit dem Frieden von Frankfurt beendet wird. Nach dem Sieg der Nordstaaten über die Südstaaten (1865) rücken die USA 1898 in die Reihe der Weltmächte auf – eine Rolle, die sie bis heute nicht mehr abgegeben haben. In Dichtung und Musik kommt es zu einer Gegenbewegung zu der „Aufklärung" des letzten Jahrhunderts: zur Romantik, einer Epoche, in der alles verklärt wird. Die bekanntesten Dichter dieser Epoche sind E. T. H. Hoffmann, Eichendorff und Brentano. Berühmte Musiker sind Schumann und Schubert. In Forschung und Wissenschaft werden auf den Gebieten Chemie, Physik und Medizin große Fortschritte erzielt. Die Eisenbahn läutet den Beginn des „technischen Zeitalters" ein. Telegraf, Telefon, Grammofon und Radio bilden neue Kommunikationsmöglichkeiten. Die Welt wächst enger zusammen.

Napoleon I.

hängigkeitserklärung, wird zum 3. Präsidenten gewählt (–1809). **Kultur:** Novalis, eigentlich Friedrich Freiherr von Hardenberg, † (*1772). Der bedeutende Dichter der Romantik hat in seinen Werken, u. a. „Hymnen an die Nacht", „Fragmente" und „Heinrich von Ofterdingen" (Romanfragment) versucht, die Wirklichkeit zum Traum und den Traum zur Wirklichkeit zu machen.

Thomas Jefferson

1802

FRANKREICH: Frieden von Amiens zwischen England und Frankreich. England muss die meisten Kolonien abtreten, erhält aber von Spanien Trinidad und von Holland Ceylon. Napoleon Bonaparte Konsul auf Lebenszeit. Einführung des Ordens der Ehrenlegion. **ST. DOMINGO:** Die Freilassung der Negersklaven ermöglicht die Gründung einer Republik unter Führung des ehemaligen Sklaven Toussaint l'Ouverture. Dieser wird jedoch von Leclerc, dem Schwager Napoleons, nach Frankreich gelockt, wo er später im Gefängnis stirbt. **INDIEN:** Die kriegerischen Mahratten geraten in Abhängigkeit Englands. Der Nizam (Gouverneur) von Haiderabad tritt große Teile seines Reiches an Indien ab.

1803

Der Reichsdeputationshauptschluss wird gefasst. Grundlage ist der von Russland vorgelegte „Entwurf zur Verteilung des deutschen Landes". Er sieht die Säkularisierung der geistlichen Fürstentümer und der Reichsstädte vor. Die deutschen Fürsten werden für die linksrheinischen Gebietsverluste durch den Frieden von Lunéville entschädigt. **FRANKREICH:** England gibt Malta nicht heraus. Napoleon erklärt erneut den Krieg. Erste Seeschlachten. Besetzung Hannovers durch französische Truppen, die 26 Millionen Taler erpressen. **ENGLAND:** Großbritannien besetzt Delhi. Es fordert den Abzug der französischen Truppen aus der Batavischen Republik (Holland) und der Schweiz. Die Engländer besiedeln Tasmanien und machen es zur Strafkolonie. **Kultur:** Der Stil des Kaiserreichs in Frankreich zur Zeit Napoleons I. wird „Empire" genannt. Er wird überwiegend in der Innenausstattung verwendet und ist geradlinig und flächenhaft. Zur Verzierung werden Bronzebeschläge verwendet. Friedrich Gottlieb Klopstock † (*1724). Der deutsche Dichter der Vorklassik („Sturm und Drang") schuf u. a. das Versepos „Messias" in Hexametern sowie biblische Dramen und Oden. Johann Gottfried von Herder † (*1744), deutscher Dichter, Theologe und Philosoph. Seit 1770 ein Freund Goethes. Herder gilt als Bahnbrecher der „Sturm und Drang"-Bewegung. Er schrieb u. a. die Werke „Kritische Wälder", „Über den Ursprung der Sprache", „Stimmen der Völker in Liedern", „Auch eine Philosophie der Geschichte zur Bildung der Menschheit" und „Ideen zur Philosophie der Geschichte der Menschheit".

1804

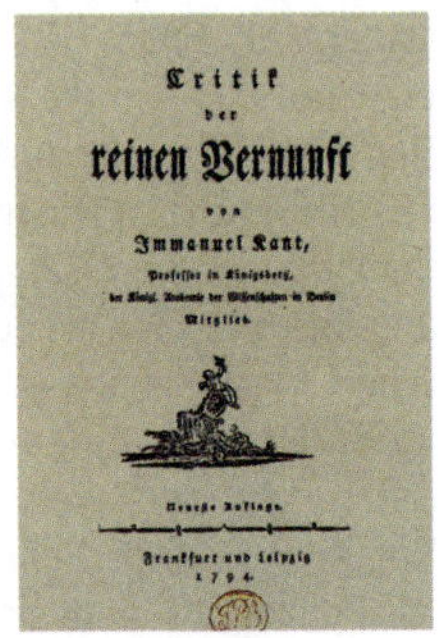
Critik
der
reinen Vernunft
von
Immanuel Kant,
Frankfurt und Leipzig
1794

I. Kant: Kritik der reinen Vernunft (Titelseite)

Kaiser Franz II. legt sich aus Rücksicht auf Österreich und dessen unabhängige Staaten den Titel „Österreichischer Kaiser" zu, während er den Titel eines erwählten deutschen Kaisers beibehält. Freiherr vom Stein wird in die preußische Regierung aufgenommen. Hardenberg wird preußischer Außenminister (–1808). **FRANKREICH:** Napoleon lässt sich zum erblichen französischen Kaiser krönen. Dieser Senatsbeschluss wird durch Volksabstimmung gebilligt. Die Umwandlung Frankreichs in ein erbliches Kaiserreich wird durch die Krönung Napoleons zum Kaiser durch Papst Pius VII. kirchlich sanktioniert. Die Ligurische Republik kommt zu Frankreich. Die „Bernadotte" wird französischer Marsch. Napoleon führt das Gesetzbuch „Code civil" ein. **USA:** Alexander Hamilton † (*1757) wird im Duell getötet. Der Finanzminister der USA (1789–1795) betrieb eine

Politik der starken Bundesgewalt und Schutzzölle. **Kultur:** Immanuel Kant † (*1724), deutscher Philosoph der Aufklärung und des Idealismus. Der Sohn eines Sattelmachers aus Königsberg wurde 1770 Professor an der Königsberger Universität. In seinen Werken vertrat er die philosophische Kritik an den Grenzen der Erkenntnis. Außerdem entwickelte er eine Kosmogenie und suchte nach neuen Formen des Zusammenlebens der Völker, die künftige Kriege unmöglich machen sollten. Seine bedeutendsten Werke sind: „Kritik der reinen Vernunft", „Kritik der praktischen Vernunft", „Kritik der Urteilskraft", „Metaphysik der Sitten", „Religion innerhalb der Grenzen der bloßen Vernunft" und „Zum ewigen Frieden".

1805

ÖSTERREICH: England, Russland, Schweden und Österreich verbünden sich gegen Napoleon I. **FRANKREICH:** Krönung Napoleons zum König von Mailand. Einfall in Süddeutschland. Kapitulation der Österreicher in Ulm. Blockade der französischen Häfen durch die Engländer. Die Seeschlacht bei Trafalgar gegen die spanisch-französische Flotte gewinnt Admiral Nelson. Der britische Feldherr stirbt während des Gefechts (*1758). Dreikaiserschlacht bei Austerlitz. Napoleon siegt. Frieden von Preßburg. Preußen schließt Schutz- und Trutz-Bündnis mit Napoleon („Schönbrunner Vertrag"). **ENGLAND:** Im Frieden von 1805 sichert der Herzog von Wellington in Indien die englische Herrschaft. Die Radschputenstaaten fallen an die Mahratten zurück. **Wirtschaft:** In Berlin wird das „Börsenreglement" königlich genehmigt. Der Wertpapierhandel war bereits 1785 erlaubt worden. **Kultur:** Friedrich von Schiller † (*1759). Der deutsche Dichter und Denker gilt zusammen mit Goethe als Hauptvertreter der deutschen Klassik. Leben und Werk lassen sich in drei Abschnitte untergliedern: Als junger Mann wird er von Herzog Karl Eugen von Württemberg gezwungen, die Militär- und Beamtenschule in Stuttgart zu besuchen, wo er zunächst Jura, dann Medizin studiert. Hier wird er vom Erfolg seines mit 20 Jahren geschriebenen Schauspiels „Die Räuber" überrascht. Es kommt deswegen zu einem Zerwürfnis mit seinem Landesherrn. Schiller muss nach Mannheim fliehen. Dort schreibt er u. a. „Kabale und Liebe". In dieser Periode ist er weitgehend vom „Sturm und Drang" und von Rousseau beeinflusst. In seiner zweiten, der so genannten philosophisch-ästhetisch-wissenschaftlichen Periode, muss er wegen seiner wirtschaftlichen Notsituation Zuflucht bei Christian Gottfried Körner suchen. Auf Veranlassung von Goethe wird er schließlich in Jena Professor für Geschichte und Philosphie. Die dramatische Dichtung dieser Zeit, etwa „Don Carlos", kennzeichnet bereits die Wandlung Schillers von den revolutionären zu den späteren, ausgereiften Versdramen. Von der Antike und Kant beeinflusst, schreibt er Gedichte wie „An die Freude" und „Die Götter Griechenlands". In seiner dritten, der „klassischen Periode", freundet er sich mit Goethe an (1794). 1797 gründet er die Zeitschrift „Die Horen" und den „Muselalmanach", in dem die mit Goethe gemeinsam verfassten „Xenien" erscheinen. 1799 siedelt er nach Weimar über, 1802 wird er in den Adelsstand erhoben. 1805 stirbt Schiller auf der Höhe seines Schaffens. 1827 werden seine Gebeine in die Weimarer Fürstengruft überführt. In seiner dritten Schaffensperiode entstanden u. a. die „Wallenstein-Trilogie", „Maria Stuart", „Die Jungfrau von Orléans", „Die Braut von Messina" und „Wilhelm Tell". Seine berühmtesten Gedichte und Balladen sind: „Der Ring des Polykrates", „Die Bürgschaft", „Die Kraniche des Ibykus", „Der Kampf mit dem Drachen" und „Das Lied von der Glocke".

Schlacht von Trafalgar

1806

Bayern und Württemberg erhalten den Königstitel mit Landessouveränität. Österreich wird mit Salzburg und Berchtesgaden entschädigt. Maximilian I. Joseph wird König von Bayern (1825). Deutsche Fürsten, darunter das neue Königreich Bayern, schließen sich zum Rheinbund zusammen, der den Süden und Westen Deutschlands vom Reich trennt. Unter dem Protektorat von Talleyrand und dem Kurfürsten-Erzkanzler Karl Theodor von Dalberg finden sich in dem Bund insgesamt 16 Reichsstände zusammen, die Frankreich mit einem 63.000 Mann starken Heer unterstützen. Kaiser Franz II. legt die deutsche Kaiserwürde nieder und nennt sich fortan nur noch Kaiser Franz I. von Österreich. Das bedeutet das Ende des Heiligen Römischen Reiches deutscher Nation. Isolierung und Grenzverletzungen veranlassen Preußen zum Protest. Krieg zwischen Frankreich und Preußen. Die Preußen verlieren die Schlacht bei Saalfeld (Prinz Louis Ferdinand fällt) und die Doppelschlacht bei Jena und Auerstedt. Einzug der Franzosen in Berlin. Napoleon schließt mit Sachsen den Frieden zu Posa. Die „Charlottenburger Konvention" wird von König Friedrich Wilhelm III. abgelehnt. **RUSSLAND:** Alexander I. von Russland stationiert zum Schutz der Weichselgrenze zwei Armeen in Ostpreußen. Erste Vorpostengefechte bei Pultusk und Mohrungen. **ENGLAND:** Großbritannien, von Napoleon mit einer Kontinentalsperre belegt (kein europäischer Seehafen darf englische Waren einführen), erobert Kapland. **FRANKREICH:** Napoleon errichtet das Königreich Holland.

1807

Danzig fällt an die Franzosen. Friedensvertrag zwischen Preußen und England. Verzicht Preußens auf Hannover. Im Vertrag von Bartenstein beschließen Preußen und Russland die Fortführung des Krieges gegen Napoleon. Französischer Sieg über die Russen bei Friedland. Im Frieden von Tilsit einigen sich Frankreich, Preußen und Russland. Preußen muss all seine Länder zwischen Elbe und Rhein an Frankreich abtreten. Das französische Heer fordert die Zahlung von 140 Millionen Francs, ehe es zum Abzug aus den

Verschleppung afrikanischer Sklaven

eroberten Provinzen bereit ist. Bayern, Baden und Württemberg treten dem Rheinbund bei. Unter König Max von Bayern Einführung französischer Verwaltungsgesetze. Eroberung von Stralsund und Rügen, den letzten schwedischen Besitzungen in Deutschland, durch die Franzosen. Karl Freiherr vom Stein (1757–1831) reformiert den preußischen Staat. **RUSSLAND:** Im Frieden von Tilsit schließen sich Russland und Preußen der Kontinentalsperre Englands an. Die Russen erobern Finnland und marschieren gen Schweden. **SCHWEDEN:** König Gustav IV. von Schweden (1792–1809) führt mit englischer Unterstützung den Krieg gegen Frankreich fort, nachdem seine früheren Bundesgenossen (Russland und Preußen) kapituliert haben. Er bricht seine diplomatischen Beziehungen zu beiden Ländern ab. Der russische Vormarsch auf Schweden führt zum Volksaufstand gegen König Gustav, der durch den schwedischen Reichstag abgesetzt wird. König wird sein Onkel, Karl XIII. (–1818). Er erhält die pommerschen Besitzungen unter der Auflage zurück, sich ebenfalls von England zu trennen und der Kontinentalsperre beizutreten. **ENGLAND:** Die Engländer besetzen die Insel Helgoland. Nach Ablehnung des englischen Bündnisantrages durch Dänemark wird Kopenhagen bombardiert. Diese völkerrechtswidrige Aktion der englischen Kriegsflotte treibt den regierenden Kronprinzen Friedrich (König Christian VII. ist geisteskrank) auf die Seite Frankreichs. England verbietet den Handel mit Negersklaven. **SPANIEN:** Godoy, durch die Gunst der sittenlosen Königin Marie Luise, der Gemahlin König Karls IV., Minister geworden, liefert Spanien an Napoleon aus. **PORTUGAL:** Nachdem sich Portugal nicht an der Kontinentalsperre beteiligen will, wird es vom französischen Heer unter der Leitung von Junot besetzt. **USA:** Mit dem Embargo Act versuchen die USA, den französisch-amerikanischen Seehandel vor der britischen Gegenblockade zu schützen. Die USA verbieten den Sklavenhandel zur See (die Quäker hatten bereits 1751 ihre Sklaven freigelassen). 1816 wird der französische, 1817 der spanische und 1823 der portugiesische Sklavenhandel verboten. **Kultur:** In Paris wird der „Arc de Triomphe" nach den Plänen von Chalgrin fertig gestellt.

1808

Freiherr vom Stein führt seine Reformen weiter. Er wird denunziert, entlassen und seiner Güter beraubt. Nachfolger wird Karl August von Hardenberg. **FRANKREICH:** Napoleon hebt die Inquisition auf. Ablehnung seines „Code napoléon" (Zivilehe) und der Abschaffung der Mönchsorden durch Papst Pius VII. Napoleon trennt Urbino und Ancona vom Kirchenstaat. **SPANIEN:** Volksaufstand in Spanien gegen den französischen Berater Godoy. König Karl IV. dankt zugunsten seines Sohnes Ferdinand VII. ab. Der neue König verzichtet unter französischem Druck auf den spanischen Thron. Aufstand in Madrid. Joseph Bonaparte, ein Bruder Napoleons, besteigt den spanischen Thron (Ende des Königshauses Barganza). Beginn des spanischen Befreiungskampfes gegen die französische Vorherrschaft. Die Engländer, die Spanien zu Hilfe eilen, müssen sich wieder nach Portugal zurückziehen. **RUSSLAND:** Graf Alexei Orlow † (*1737). Der russische Aristokrat erdrosselte 1762 Zar Peter III. **SÜDAMERIKA:** Die Mexikaner fordern Unabhängigkeit und schicken Iturrigarai, Vizekönig und Günstling Godoys, gefangen nach Europa zurück. Venezuela wird unter der Führung von Simon Bolivar von Spanien unabhängig. In Chile kommt es zum Aufstand gegen den Statthalter Carasco. **Wissenschaft:** John Dalton entwickelt die chemische Atomtheorie. **Kultur:** Friedrich Arnold Brockhaus (1772–1823) gibt das erste deutsche Konversationslexikon heraus, das auch von Goethe benutzt wird.

1809

Schlacht bei Wagram (Gemälde)

ÖSTERREICH: Kaiser Franz veröffentlicht eine Deklaration, die sich gegen die Bildung des Rheinbundes, die Dauerbesetzung Deutschlands und die Gewaltverfahren in Spanien richtet. **FRANKREICH:** Der Krieg Österreichs gegen Frankreich endet mit der Niederlage gegen die Rheinbundtruppen. Zweiter Einzug Napoleons in Wien. Nach der vernichtenden Niederlage der Österreicher bei Wagram kommt es zum Frieden von Wien-Schönbrunn. Österreich muss erhebliche Landeinbußen hinnehmen. **SCHWEDEN:** Karl XIII. wird König von Schweden (–1818). **RUSSLAND:** Alexander von Russland erobert im Krieg gegen Schweden Finnland. **USA:** James Madison neuer Präsident. Thomas Jefferson † (*1743), seit 1801 Präsident der USA. Thomas Paine † (*1737), Vorkämpfer für die Unabhängigkeit Amerikas. **Kirche:** Papst Pius VII. wird von Napoleon gefangen genommen und nach Savonna deportiert (–1814). Der Kirchenstaat wird mit französischem Gebiet vereinigt. **Kultur:** Joseph Haydn † (*1732). Der österreichische Komponist schrieb über 100 Symphonien, 70 Streichquartette, 30 Klaviersonaten, 19 Opern, 15 Messen sowie zwei Oratorien. Er gilt als Begründer der „Wiener Klassik".

1810

Die Auflagen der Kriegssteuern zum Unterhalt der in Preußen stationierten Truppen und die allgemeine

Notlage erzeugen Hass und Missstimmung gegen Napoleon. Die Hansestädte, Oldenburg und ein Teil Hannovers fallen unter französische Herrschaft. General Davoust macht sich durch seine harten Maßnahmen überall Feinde. Königin Luise von Preußen stirbt am 19. Juli. In Preußen werden Gewerbefreiheit und die allgemeine Gewerbesteuer eingeführt. In München findet das 1. Oktoberfest statt (im Mittelpunkt ein Pferderennen). **FRANKREICH:** Louis Bonaparte, König von Holland, spricht sich gegen die Durchführung der Kontinentalsperre aus und muss abdanken. Holland wird Frankreich zugeschlagen. Napoleon I. heiratet Marie-Louise, die Tochter von Kaiser Franz I. Der französische Herrscher fordert von den amerikanischen Kolonien Spaniens die Anerkennung Josephs als König. Die Franzosen besetzen Pommern und belagern Cadiz. Erneute Besetzung Andalusiens durch die Franzosen. **RUSSLAND:** Alexander von Russland besetzt Bessarabien und die Donaufürstentümer Moldau und Walachei. Er fordert die Räumung Preußens von der französischen Besatzung. **SCHWEDEN:** Der französische Marschall Jean Bapt. Bernadotte wird vom schwedischen Reichstag zum Kronprinzen und Nachfolger des kinderlosen Königs Karl XIII. gewählt. Bernadotte wird lutherisch und von Karl XIII. adoptiert. **HOLLAND:** Verlust der west- und ostindischen Besitzungen. **ENGLAND:** Mauritius wird englische Kolonie. Die Engländer besetzen auch Batavia, Java und Sumatra. Sie erobern von den Franzosen Guadeloupe, Isle de France und Isle Bourbon. **SÜDAMERIKA:** In Chile vertreiben die Kreolen den spanischen Generalkapitän und setzen eine selbstständige Junta ein. Der Kongress in Caracas erklärt Venezuela für unabhängig.

1811

Fürst von Hardenberg, preußischer Staatskanzler, veranlasst die Aufhebung der Zünfte und des Frondienstes. **FRANKREICH:** Höhepunkt des napoleonischen Kaisertums. Napoleon verleiht seinem gerade geborenen Sohn den Titel „König von Rom". **SCHWEDEN:** Bernadotte lehnt die Forderung Napoleons nach einem Bruch Schwedens mit England ab. **SÜDAMERIKA:** Uruguay, Paraguay, Kolumbien und Venezuela werden von Spanien unabhängig. **Kultur:** Heinrich von Kleist (*1777) begeht zusammen mit Henriette Vogel am Wannsee Selbstmord. Der deutsche Dichter, Dramatiker und Novellist war während der Revolutionskriege preußischer Offizier. Seine bekanntesten Werke sind „Der zerbrochene Krug", „Prinz Friedrich von Homburg" und „Michael Kohlhaas".

Heinrich von Kleist

1812

Russland erklärt Frankreich den Krieg, das von Preußen und Österreich unterstützt wird. Napoleon wird in der Fürstenversammlung in Dresden von Kaiser Franz und König Friedrich Wilhelm sowie den Rheinbundfürsten begrüßt. Gneisenau, Blücher, Boyen und Clausewitz nehmen als preußische Offiziere ihren Abschied. **RUSSLAND:** Die Russen brechen ihren Vorstoß nach Bulgarien ab. Alexander I. sichert Bernadotte die russische Unterstützung beim Erwerb Norwegens als Ersatz für Finnland zu. Im Frieden von Bukarest verzichtet Russland auf die große und kleine Walachei zugunsten der Türkei und erhält stattdessen Bessarabien und den Ostteil der Moldau. **FRANKREICH:** Die Hauptarmee Napoleons überschreitet den Njemen. Die Schlacht bei Smolensk endet unentschieden. Napoleon zieht gegen den Willen seines Kriegsrates nach Moskau. Die Russen brechen nach ungeheuren Verlusten auf beiden Seiten die Schlacht bei Borodino ab. Einzug Napoleons in Moskau am 14. September. Der Brand Moskaus vom 15.–20. September vernichtet 90 Prozent aller Häuser. Verzögerung der Friedensverhandlungen durch Zar Alexander. Rückzugsbefehl Napoleons am 19. Oktober. Er verliert die Schlacht bei Jaroslavetz. Durch den Einbruch des russischen Winters und ständige Angriffe kommt es zur Auflösung der „Großen Armee". Napoleon kann sich in der Schlacht bei Krasnoi den Rückweg freikämpfen und erreicht Ende Dezember allein Paris („Der Kaiser ist gesund, die Große Armee so gut wie vernichtet!"). **AMERIKA:** Die Vereinigten Staaten von Amerika erklären England den Krieg (–1814). Die kriegerische Auseinandersetzung um den Besitz Kanadas endet mit einem Patt. **Kultur:** In Preußen wird das humanistische Gymnasium als Vorschule der Universität aufgebaut.

Napoleonische Kriege

1813

Im Bündnis zu Kalisch verpflichtet sich Russland, die alten Grenzen von 1806 wiederherzustellen, während Preußen auf seine polnischen Besitzungen verzichtet. Beide Bündnispartner unterrichten Österreich und Schweden. In Ostpreußen setzt die Ständeversammlung unter Einfluss des zurückgekehrten Freiherrn vom Stein die allgemeine Volksbewaffnung (Landwehr und Landsturm) durch. Im März erlässt der von Potsdam nach Breslau übersiedelte König Friedrich Wilhelm III. den „Aufruf an mein Volk". Der Deutsche Befreiungskrieg gegen die Franzosen beginnt: Vertreibung der Franzosen aus Hamburg, Hannover und Oldenburg durch ein russisches Heer. Preußische Truppen unter Blücher befreien Dresden. Napoleon kann erneut einziehen. Kurzer Waffenstillstand durch Vermittlung Österreichs (von beiden Seiten zu neuem Wettrüsten genutzt). Nach erfolglosem Friedenskongress in Prag erklärt Österreich Frankreich den Krieg. In der Schlacht bei Großbeeren erste vernichtende Niederlage der Franzosen. Auch die Schlacht an der Katzbach (bei Wahlstatt) endet siegreich für die Verbündeten. Schlacht bei Dennewitz. Erneuter Sieg über die Franzosen. Im Vertrag von Ried verbündet sich Bayern gegen die Zusicherung der unbedingten Unabhängigkeit mit Preußen, Österreich und Russland gegen Napoleon. Völkerschlacht bei Leipzig. Niederlage Napoleons. Er muss sich zurückziehen. In der Schlacht von Hanau wird ihm der Rückzug versperrt. In Holland Aufstand gegen Frankreich. Preußen eilt zu Hilfe. Im Vertrag zu Treplitz beschließen die Verbündeten die Wiederherstellung des österreichischen und preußischen Staates auf die Grenzen von 1805. Auflösung des Rheinbundes. Rückgabe des Königreiches Hannover an die Welfen. Auflösung des Königreiches Westfalen. Der Kurfürst von Hessen und die Herzöge von Braunschweig und Oldenburg kehren zurück. In Hannover wird die Adels- und Beamtenherrschaft wiederhergestellt. Nach Auflösung des Rheinbundes und Gefangennahme Friedrich Augusts von Sachsen stellen Baden, Hessen-Darmstadt und Nassau ihre Truppen den verbündeten Monarchen zur Verfügung. In Sachsen wird ein Zentralverwaltungsrat unter Freiherr vom Stein eingesetzt, der diesen sowie die anderen herrenlosen deutschen Staaten bis zur Neuregelung verwalten soll. Ein erneutes Friedensangebot an Napoleon („natürliche" französische Grenzen gegen Anerkennung der Unabhängigkeit Deutschlands, Hollands, Italiens und Spaniens) beantwortet dieser mit verstärkter Rüstung. **ARGENTINIEN:** Der argentinische General Belgrano vertreibt die Spanier in zwei Schlachten aus dem La-Plata-Gebiet. **ENGLAND:** Verstärkte Opiumeinfuhr der Britisch-Ostindischen Kompanie nach Indien. Beginn der Erforschung des Inneren Australiens. **SPANIEN:** Wird von den Franzosen verlassen. **Kultur:** Christoph Martin Wieland † (*1733), deutscher Dichter. Theodor Körner † (*1791). Der deutsche Dichter fällt im Kampf. J. D. Falk kann in Weimar eine erste Anstalt für verwahrloste Kinder gründen. André Grétry † (*1742). Der Komponist gilt als Begründer der französischen Komischen Oper. **Wissenschaft:** Joseph Luis Lagrange † (*1736). Der französische Mathematiker begründete die Variationsrechnung und machte sich um die physikalische Mechanik verdient.

Wiener Kongress

1814

Rheinüberschreitung Blüchers bei Kaub, Mannheim und Koblenz (1. Januar). Im Vertrag von Kiel tritt Dänemark Norwegen an Schweden ab (Januar). Napoleon siegt im Gefecht bei Brienne über Blücher. In der Schlacht bei La Rothière Sieg Blüchers über Napoleon. Schlacht bei Barsur-Aube endet siegreich für die Verbündeten. Die Friedensverhandlungen in Châtillon (5. Februar–19. März) scheitern an den Forderungen Napoleons. England lässt die Gespräche abbrechen. Am 20. und 21. März kommt es zur Schlacht bei Arcissur-Aube, in der Napoleon vernichtend geschlagen wird. Englische Truppen dringen von Spanien aus in Südfrankreich ein. Im Gefecht von Fêre-Champenoise (25. Mai) werden die Generäle Marmont und Mortier geschlagen und nach Paris zurückgedrängt. Am 30. März erstürmen die Verbündeten den Montmartre. Einmarsch in Paris. Unter Talleyrand erklärt der französische Senat Napoleon für abgesetzt. Napoleons Vorhaben, Paris zu erstürmen, wird von seinen Generälen zurückgewiesen. General Wellington schlägt bei Toulouse die kaiserlichen Truppen (10. April). Am 2. April unterzeichnet Napoleon die unbedingte Thronentsagungsakte, nachdem er zuvor versucht hatte, den Thron für seinen Sohn zu retten. Die Verbündeten überlassen Napoleon die Insel Elba als Eigentum. Seine Gemahlin Marie-Luise erhält das Herzogtum Parma mit dem Erbrecht für ihren Sohn, den Herzog von Reichstedt. Am 20. April verabschiedet sich Napoleon in Fontainebleau von seinen Grenadieren und geht in die Verbannung nach Elba. Papst Pius VII. kehrt nach Rom zurück. Wiederherstellung des Jesuitenordens. Nach der Vertreibung der Franzosen aus Spanien wird Ferdinand VII. wieder König. Abschaffung der liberalen Verfassung. In Frankreich wird Ludwig XVIII., ein Bruder Ludwigs XVI., König (–1824). Am 30. Mai kommt es zum Ersten Pariser Frieden. Frankreich erhält die Festung Landau, Saarlouis und Saarbrücken, während ansonsten seine Grenzen von 1792 wiederhergestellt werden. Holland wird Königreich unter den Oraniern. Die deutschen Staaten, die föderativ untereinander verbunden bleiben, werden für unabhängig erklärt. Italien (außer die an Österreich fallenden Gebiete) bildet souveräne Staaten, die Schweiz bleibt selbstständig. England behält Malta und die eroberten französischen Kolonien, Spanien den französischen Teil von St. Domingo. Alle übrigen Kolonien fallen an Frankreich zurück. Gegenseitiger Verzicht auf Kriegsentschädigungen. Alexander I. von Russland und Friedrich Wilhelm III. von Preußen besuchen im Juni London. Die verbündeten Truppen verlassen Frankreich. Im November findet der Wiener Kongress statt. Die wichtigsten Gesandten und Verhandlungsführer sind: Österreich: Fürst Metternich, leitender Geschäftsführer als Präsident der acht Unterzeichnerstaaten des Pariser Friedens (Österreich, Russland, Preußen, England, Spanien, Portugal, Schweden und Frankreich); Russland: Nesselrode, Rasumowsky, Stackelberg; Preußen: Fürst Hardenberg, Wilhelm von Humboldt; England: Castlereagh, Wellington; Frankreich: Talleyrand, Dalberg. Beim Wiener

Kongress beraten Kaiser, Könige und Staatsmänner aus allen Nationen über eine Neuordnung der europäischen Verhältnisse. Das Zerwürfnis der Hauptpartner wird von Metternich geschürt und von Talleyrand ausgenützt. Das von Russland unterstützte Preußen fordert die Vereinigung mit Sachsen, Russland beansprucht für sich das Königreich Polen. **AMERIKA:** England und Amerika beenden den Krieg um Kanada, das britisch bleibt. **Kultur:** Johann Gottlieb Fichte † (*1862), deutscher Philosoph. **Wissenschaft:** In London wird die Straßengasbeleuchtung eingeführt. Bei der Zeitung „Londoner Times" wird zum ersten Mal eine Schnellpresse eingeführt.

1815

Österreich, England und Frankreich schließen einen militärischen Geheimvertrag gegen die preußisch-russischen Annexionsabsichten. Die am 8. Juni beschlossene Wiener Kongressakte bestimmt: Österreich erhält von Bayern Tirol und Salzburg, von Russland Ostgalizien und als Entschädigung für die an die Niederlande abgetretenen Gebiete Kärnten, Krain, Triest, Dalmatien und die lombardisch-venetianische Region. Preußen erhält die im Tilsiter Frieden abgetretenen Gebiete zurück, dazu Posen und Danzig, die Hälfte des Königreiches Sachsen, Kleve-Berg, die Länder am Mittel- und Unterrhein sowie das schwedische Vorpommern. Es übereignet dafür Ansbach-Bayreuth an Bayern sowie Goslar, Hildesheim und Ostfriesland an Hannover, das zum Königreich erhoben wird. Russland bekommt das Königreich Polen, das Herzogtum Warschau, Finnland, Bessarabien und einen Teil der Moldau. Die Niederlande, die aus der Republik der Niederlande (Holland) und dem österreichischen Belgien und Luxemburg bestehen, werden Königreich. England behält Malta, Helgoland, Gibraltar und die sieben ionischen Inseln. Dänemark erhält für das schwedische Vorpommern das Herzogtum Lauenburg. Erneute Landung Napoleons auf dem Festland. Die „Herrschaft der 100 Tage" beginnt. Murat, durch einen Vertrag mit Österreich als König von Neapel bestätigt, verbündet sich mit Napoleon. Der Wiener Kongress erklärt Napoleon zum „Feind und Störer des Weltfriedens" und ächtet ihn. Erneuter Aufzug der verbündeten Heere (500.000 Mann) an den französischen Grenzen. Niederlage der Franzosen in der Schlacht bei Tolentino. König Ferdinand IV. kehrt nach Neapel zurück und besteigt den Thron. Er regiert als Ferdinand I. auch beide Sizilien. In der Schlacht bei Ligny (Juni) wird Blücher von Napoleon besiegt und wird verwundet von seinem Adjutanten Nostitz gerettet. Friedrich Wilhelm von Braunschweig fällt im Kampf. Die Schlacht bei Belle-Alliance (Waterloo) endet mit einer Niederlage Napoleons. Am 22. Juni dankt Napoleon zugunsten seines Sohnes Napoleon II. ab. Im Juli ziehen die Verbündeten zum zweiten Mal in Paris ein. Blücher und Wellington werden dabei von König Ludwig XVIII. begleitet. In Rochefort bittet Napoleon die Engländer um Asyl und wird als Kriegsgefangener nach St. Helena gebracht. Das englische Kriegsschiff „Bellerophon" übergibt den prominenten Gefangenen dem englischen Statthalter auf St. Helena, Hudson Lowe. Bertrand und Las Casas teilen mit Napoleon freiwillig die Verbannung. Im September schließen Alexander I., Franz II. von Österreich und Friedrich Wilhelm III. von Preußen das unter dem Namen „Heilige Allianz" bekannt gewordene Bündnis, das die Bewahrung der „Vorschriften der Heiligen Religion", der „Vorschriften der Gerechtigkeit, Liebe und Friedseligkeit" zum Inhalt hat. Murat flieht nach Korsika und Kalabrien, wo er gefangen genommen und erschossen wird (Oktober). Im November kommt es zum zweiten Pariser Frieden. Frankreich muss Landau an Bayern, Saarlouis und Saarbrücken an Preußen und Savoyen an Sardinien abgeben. Auf Kosten Frankreichs werden an den Nord- und Ostgrenzen 150.000 Mann Besatzungstruppen für fünf Jahre stationiert. Außerdem muss Frankreich 700 Millionen Francs an Kriegskosten übernehmen. Gründung des Deutschen Bundes anstatt des früheren „Heiligen Römischen Reichs Deutscher

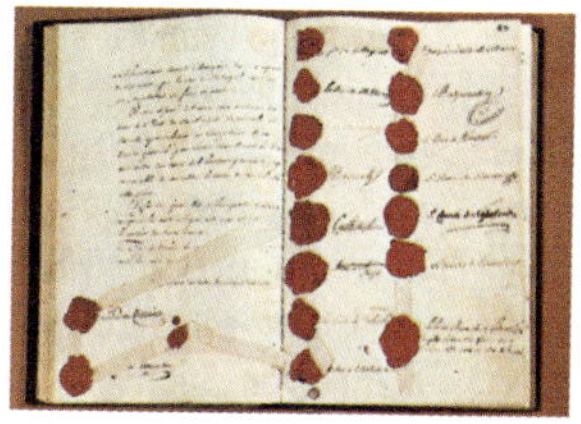
Vertrag des Wiener Kongresses

Nation" (Wahlkaisertum). Der Bundestag (Versammlung der Bundestagsgesandten) erhält seinen Sitz in Frankfurt. Die Bundesakte vom 8. Juni 1815 bildet das Grundgesetz des Deutschen Bundes, der aus 38 souveränen Bundesstaaten besteht: Kaiserreich Österreich, die Königreiche Preußen, Bayern, Hannover, Sachsen, Württemberg, Kurfürstentum Hessen-Kassel, Groß-Herzogtum Baden, Hessen-Darmstadt, Mecklenburg-Schwerin, Mecklenburg-Strelitz, Sachsen-Weimar, Luxemburg, Oldenburg sowie 10 Herzogtümer, 10 Fürstentümer, eine Landgrafschaft, vier freie Städte (Frankfurt, Bremen, Hamburg und Lübeck). Fremde Mitglieder im Deutschen Bund sind: der englische König für Hannover, der niederländische König für Luxemburg und Dänemark für Holstein. Dadurch wird die nationale Unabhängigkeit Deutschlands beeinträchtigt. **FRANKREICH:** Errichtung einer royalistischen Kam-

Napoleon auf der Fahrt nach St. Helena

mer; Verfassungsentwurf und Schaffung eines Staatsgrundgesetzes auf Betreiben von Talleyrand; Kirche und Emigranten wünschen Wiederherstellung ihrer alten Rechte. Fouché, vorübergehend französischer Polizeiminister unter Ludwig XVIII., muss nach Dresden fliehen. Frankreich muss auf Verlangen Blüchers alle von Napoleon geraubten Kunstschätze wieder herausgeben. In St. Helena diktiert Napoleon seine Erinnerungen. **SCHWEIZ:** Als „Helvetische Republik" aufgelöst, erhält die Schweiz die Kantone Wallis, Genf und Neuchâtel hinzu. Anerkennung beständiger Neutralität und republikanische Föderativ-Verfassung der 22 Kantone. **HOLLAND:** Wilhelm I. von Oranien wird König von Holland und Belgien. **SUMBAWA:** Vulkanausbruch mit mehr als 56.000 Toten. **Kultur:** Matthias Claudius † (*1740). Der deutsche Dichter verfasste u. a. das Volkslied „Der Mond ist aufgegangen". In Wien wird der Walzer neuer Gesellschaftstanz. In Deutschland entsteht die Romantik. Alte historische Stile werden wieder aktuell. In der Innenausstattung und beim Möbelbau wird vom „Biedermeierstil" gesprochen (zierliche, leichte Formen, nüchtern, einfach, streng und stets von der Zweckmäßigkeit der Form bestimmt). Gründung der Baseler Missionsgesellschaft (evangelisch). **Wirtschaft:** In England Nachkriegs-Wirtschaftskrise.

1816

Großherzog Karl August von Sachsen-Weimar gibt seinem Land als erstem deutschen Bundesland eine Verfassung. Förderung der Industrie. **Kultur:** Die Nazarener (Spottname für die Lukasbrüder von S. Isidoro in Rom; eine Gruppe der deutschen Maler Overbeck, Cornelius, von Carolsfeld, Schadow, Veit, Führch u. a. mit dem gemeinsamen Ziel sittlich-religiöser Lebensführung in klösterlicher Gemeinschaft und Erneuerung der christlich-vaterländischen Kunst) beginnen in Rom, die Casa Bartholdy mit Fresken aus der Josephslegende zu schmücken. Diese gelten als Hauptwerk der deutsch-römischen Malerei.

1817

Wartburgfest der deutschen Burschenschaften, die sich am 12. Juni 1815 in Jena aus den deutschen Landsmannschaften zusammengeschlossen haben. Anlass des Festes: 300-Jahr-Feier der Reformation auf der Wartburg und Gedenken der Völkerschlacht bei Leipzig. Verbrennung von Zopf, Korporalstock und Schnürleib als Zeichen der absolutistischen Zeit. Forderung nach Einheit Deutschlands unter den Farben Schwarz-Rot-Gold. Friedrich Wilhelm III. verkündet in Preußen die Union der Lutheraner und Reformierten.

1818

BAYERN und **BADEN** erhalten Verfassungen. Die Besatzungstruppen werden aus Frankreich zurückgezogen. **SCHWEDEN:** Karl XIV. (Johann Bernadotte, der Sohn eines französischen Juristen) wird König (–1844). **CHILE:** Unabhängigkeit von Spanien.

James Watt

1819

Die „Karlsbader Beschlüsse" gegen politische und geistige Freiheit in Deutschland verbieten Pressefreiheit, Burschenschaften und Turnen. In Mainz wird eine Zentraluntersuchungskommission errichtet. Fürst von Blücher † (*1742), preußischer Heerführer gegen Napoleon. Der Bundestag nimmt im September die im August gefassten „Karlsbader Beschlüsse" unter starkem Druck des reaktionären Preußens und Österreichs an. **AMERIKA:** Die USA erwerben von Spanien Florida. **KOLUMBIEN:** Simon Bolívar wird Präsident. Er betreibt die Befreiung Südamerikas von der spanischen Herrschaft und vereinigt bis 1827 Venezuela und Peru zur Republik Kolumbien. **ENGLAND:** Gründung von Singapur durch Raffles, den Gouverneur Sumatras. In Indien unterwirft England die Mahratten (1817–19). **Kultur:** August von Kotzebue † (*1761). Der deutsche Dichter war russischer Staatsrat und Herausgeber einer reaktionären Zeitschrift. Er wird von Karl Ludwig Sand ermordet. **Wissenschaft:** W. E. Parry erforscht die amerikanische arktische Inselwelt. Pelletier und Caverton entdecken das Chinin. James Watt † (*1736). Der englische Erfinder entwickelte die Dampfmaschine. Das erste Dampfschiff gelangt in nur 26 Tagen von den USA nach Europa. **Gesellschaft:** Verfolgung der deutschen Burschenschaften als „Demagogische Bewegung". Die Turnplätze des Turnvaters Jahn werden geschlossen und er selbst unter Polizeiaufsicht gestellt. In England wird der zwölfstündige Arbeitstag eingeführt. Ein Arbeitsverbot für Kinder wird zwar ausgesprochen, bleibt aber praktisch unwirksam.

1820

In Wien wird das Versprechen einer Verfassung widerrufen. **SPANIEN:** Liberale Erhebung erzwingt die Wiedereinführung der Verfassung von 1812. **ENGLAND:** England erkennt die Unabhängigkeit der ehemals spanischen Kolonien in Südamerika an. Beginn einer Auswanderungswelle nach Australien und Kanada. Georg III., König von England und Holland, † (*1738). Nachfolger wird Georg IV. (–1830). **RUSSLAND:** Ausweisung des Jesuitenordens. **CHINA:** Das Verbot der Einfuhr von Opium beeinträchtigt den englischen Handel erheblich.

1821

In einer provisorischen Bundeskriegs-Verfassung wird festgehalten, welche Länder Armeen zu stellen haben. Die Wahl des Bundesfeldherrn soll durch den Bundestag erfolgen. Hannover bleibt aufgrund der alten Landesverfassung unter dem Einfluss des Adels und der Beamtenschaft. Braunschweig erhält eine „revidierte Landschaftsordnung". Aufstände in Neapel und Piemont erzwingen den Einmarsch österreichischer Truppen, die die fürstliche Souveränität wiederherstellen können. **SPANIEN:** König Ferdinand wird von spanischen Aufständischen in Cadiz gefangen gehalten. **ST. HELENA:** Am 5. Mai stirbt Napoleon I. (*1769). **GRIECHENLAND** erklärt, durch europäische Freischaren unterstützt, seine Unabhängigkeit von der Türkei. **PERU** erringt nach langen Kämpfen seine Unabhängigkeit von Spanien. **BRASILIEN:** Die Nationalversammlung erklärt die Unabhängigkeit Brasiliens von Portugal. **LIBERIA:** Gründung des Staates durch ehemalige amerikanische Sklaven. **Wissenschaft:** Faraday findet die Grundlagen für einen Elektromotor.

Michael Faraday

1822

Karl August Fürst von Hardenberg † (*1750), preußischer Politiker. **GRIECHENLAND:** Ermordung von 20.000 Griechen durch die Türken. **BRASILIEN** wird unabhängig und Kaiserreich. Don Pedro I. erster Kaiser. **ECUADOR:** Befreiung von der spanischen Herrschaft durch Bolívar. **Kultur:** Ernst Theodor Amadeus Hoffmann (E. T. A. Hoffmann) † (*1776). Der deutsche Dichter, Komponist und Zeichner gilt als bedeutendste Gestalt der Romantik. Er schrieb u. a. „Die Elixiere des Teufels", „Der goldene Topf" und die Oper „Undine". Percy Bysshe Shelley † (*1792). Der englische romantische Dichter schrieb u. a. „Die Feenkönigin". **Kirche:** Die katholische Kirche hebt das Verbot kopernikanischer Schriften auf. **Wissenschaft:** Ampère findet heraus, dass der Magnetismus der Stoffe auf elektrischen Molekularströmen beruht. Friedrich Wilhelm Herschel † (*1738). Der englische Astronom deutscher Abstammung war Hersteller großer Teleskope und entdeckte als Hofastronom den Spiralnebel und den Uranus. Er erkannte die Struktur der Milchstraße. Erste Versammlung deutscher Naturforscher und Ärzte in Leipzig.

1823

SPANIEN: König Ferdinand wird mit französischer Hilfe befreit. Er errichtet ein Terrorregiment. **GRIECHENLAND:** Vernichtung der türkischen Flotte vor Chios. **MEXIKO** wird Republik. **AMERIKA:** US-Präsident Monroe proklamiert: „Amerika den Amerikanern" (die isolationistische „Monroe-Doktrin"). **Kultur:** Zacharias Werner † (*1768), deutscher Dichter. **Kirche:** Leo XII. Papst (–1829). Er bekämpft die Bibelgesellschaften und die Freimaurer und fördert die Jesuiten. **Wissenschaft:** Döbereiner erfindet das Wasserstoff-Platin-Feuerzeug. F. P. von Wrangel entdeckt die Wrangel-Insel vor Nordsibirien.

1824

Jülich-Cleve-Berg und das niederrheinische Gebiet von Preußen werden zur Rheinprovinz vereinigt. **FRANKREICH:** Karl X. König von Frankreich (–1830). **ENGLAND:** Aufhebung der Anti-Gewerkschaftsgesetze. **PERU:** Nach langem Kampf wird Peru unabhängig, Bolívar zum Diktator erhoben. **Kultur:** Lord George Byron † (*1788). Der englische Dichter unterstützte den griechischen Freiheitskampf und starb nach seiner Landung in Mesolongion am Fieber. Byron gilt als der „Dichter des Weltschmerzes". In London Gründung der „National Gallery"; erster Tierschutzverein. **Wissenschaft:** Sadi Carnot (*1796, †1832) entdeckt den Nutzeffekt von Wärmekraftmaschinen. L. A. Seeber stellt die erste Atomtheorie der Kristalle auf. Hancock erfindet das Kunstleder.

1825

Ludwig I. wird König von Bayern (dankt 1848 ab) und folgt damit dem verstorbenen Maximilian I. Joseph, der seit 1806 König von Bayern war, auf den Thron. **RUSSLAND:** Nikolaus I. Zar von Russland (–1855). Er folgt Alexander I. †, der seit 1801 Zar war. Der Dekabristen-Aufstand für eine Verfassung in Russland wird blutig niedergeschlagen. **USA:** John Quincey Adams (*1767, †1848) wird Präsident (–1829). Bildung einer demokratischen und einer republikanischen Partei. **BOLIVIEN:** Unter Präsident Bolívar unabhängige Republik. Damit Ende des spanischen Kolonialreiches in Südamerika. **Kultur:** Jean Paul (Friedrich Richter) † (*1763). Der deutsche Dichter schrieb erzählende Werke voller Fantasie und Tragik in einer unnachahmlich bildhaften Sprache (u. a. „Quintus Fixlein", „Siebenkäs", „Titan" und „Schulmeisterlein Wuz"). Jacques Louis David † (*1748), französischer Maler des Klassizismus. Antonio Salieri † (*1750), italienischer Opernkomponist im Stile Glucks. Er war ein Gegner Mozarts. **Wissenschaft:** Cooper entdeckt das Schwefelzündholz, Faraday Benzol im Leuchtgas. Erste deutsche technische Hochschule in Karlsruhe. Zwischen Stockton und Darlington (England) Eisenbahnverkehr mit Stephenson-Lokomotive. **Wirtschaft:** Pferdeomnibus in Berlin. Erneute Wirtschaftskrise in England (Aufstände der Baumwollarbeiter). Börsenverein der deutschen Buchhändler in Leipzig. In Amerika wird der 544 km lange Erie-Kanal zwischen Buffalo und Albany fertig gestellt (Baubeginn 1817).

Fürst Metternich

1826

PORTUGAL: Miguel König von Portugal. **TÜRKEI:** Die Türken erobern Mesolongion. **GRIECHENLAND:** England, Russland und Frankreich schließen sich zu einem Schutzbündnis für Griechenland zusammen. **ÖSTERREICH:** Fürst Metternich unterdrückt mit Polizeigewalt alle liberalen Strömungen. Bewegungen zur Belebung der ungarischen und slawischen Sprache lassen das Nationalbewusstsein wachsen. Das österreichische Staatsbewusstsein wird zerstört. **Kultur:** Johann Peter Hebel † (*1760). Der deutsche Dichter verfasste u. a. „Das Schatzkästlein". Johann Heinrich Voß † (*1751), deutscher Dichter und Übersetzer. Carl Maria von Weber † (*1786). Der deutsche Komponist und Dirigent gilt als Schöpfer der romantischen Oper. Er schuf den „Freischütz", „Euryanthe" und „Oberon".

1827

GRIECHENLAND: Die vereinigte russische, englische und französische Flotte besiegt im Unabhängigkeitskampf der Griechen die türkisch-ägyptische Flotte in der Seeschlacht bei Navarino. Französische Truppen besetzen Morea. **RUSSLAND:** Russische Truppen erobern das persische Eriwan und unterwerfen die Völker des Kaukasus. **Kultur:** Wilhelm Hauff † (*1802). Der deutsche Dichter schrieb historische Romane und Märchen (Hauffs Märchen). Johann Heinrich Pestalozzi † (*1746). Der Schweizer Pädagoge stellte die Entfaltung der geistigen Anlagen über den Erwerb von Wissen. Seine Erziehungsanstalt in Iferten wurde 1805–25 Mittelpunkt einer Erziehungsbewegung von europäischer Bedeutung, die auf die Volksschulen in verschiedenen Ländern großen Einfluss ausübte. Ludwig van Beethoven † (*1770). Der deutsche Komponist lebte seit 1792 in Wien und gilt als der letzte „Wiener Klassiker". Sein Werk umfasst neun Symphonien, fünf Klavierkonzerte, die Missa Solemnis, die Oper „Fidelio" und zahlreiche Sonaten. **Wissenschaft:** Pierre Simon Laplace † (*1749). Der französische Mathematiker und Astronom begründete die Wahrscheinlichkeitsrechnung und eine Himmelsmechanik. John Walker erfindet die Schwefelreibzündhölzer, Anton Löhner die Rollschuhe.

Ludwig van Beethoven

1828

Karl August, Großherzog von Sachsen Weimar, † (*1757). Er war Freund und Gönner Goethes. Der mitteldeutsche Handelsverein zwischen Hannover, Kurhessen, Sachsen, Braunschweig, Nassau, Frankfurt (Main), Bremen und thüringischen Kleinstaaten wird gegründet, um das preußische Monopol zu brechen. Zollverein zwischen Preußen und Hessen-Darmstadt. Süddeutscher Zollverein zwischen Bayern und Württemberg. **RUSSLAND:** Russische Truppen besetzen die Donaufürstentümer im russisch-türkischen Krieg. **URUGUAY:** Selbstständige Republik. **Religion:** „Rheinische Missionsgesellschaft" gegründet. **Kultur:** Francisco de Goya † (*1746). Der spanische Maler schuf bedeutende Werke mit Szenen aus dem spanischen Volksleben, Porträts und Radierungen. Er machte vor allem auch Elend und Krieg zum Gegenstand seiner Bilder („Schrecken des Krieges", „Die Erschießung Aufständischer"). Jean Antoine Houdon † (*1741), französischer Bildhauer. Franz Schubert † (*1797). Der österreichische Komponist schrieb über 600 Lieder, aus den Zyklen „Die schöne Müllerin" und „Winterreise" stammen berühmte Lieder (z. B. „Am Brunnen vor dem Tore"), verschiedene Streichquartette (u. a. „Der Tod und das Mädchen" oder „Das Forellenquintett") und die Sinfonien „in h-Moll" („Unvollendete") und „in C-Dur" (die „Große"). **Wissenschaft:** Berzelius entdeckt das Element Thorium. Heilmann erfindet die Stickmaschine. Friedrich Wöhler (*1800, † 1882) gelingt die erste Synthese eines organischen Stoffes aus anorganischen Stoffen. Der rätselhafte Findling Kaspar Hauser wird gefunden. Er stirbt 1833 an den Folgen eines Mordanschlags. Die Herkunft Kaspar Hausers ließ sich bis heute nicht aufklären.

1829

RUSSLAND: Im Frieden von Adrianopel vereinbaren Russland und die Türkei, dass die Inseln der Donaumündung und das Gebiet südlich des Kaukasus russisch werden. Die Donaufürstentümer Moldau, Walachei und Serbien bleiben türkisch, erhalten aber das Recht, eigene (christliche) Statthalter zu wählen. **GRIECHENLAND** wird von der Türkei unabhängig. Das neue Königreich wird von Otto von Bayern regiert (1832–62). **AMERIKA:** Andrew Jackson amerikanischer Präsident. **Kirche:** Pius VIII. Papst (–1830). In England erhalten die Katholiken das Recht auf öffentliche Gottesdienste. **Kultur:** Friedrich Schlegel † (*1772). Der deutsche Dichter und Gelehrte schuf die Grundlagen der frühromantischen Welt- und Kunstanschauung und war als Sprachforscher auf dem Gebiet der Indologie und der vergleichenden indogermanischen Sprachwissenschaft tätig. Werke: „Geschichte der alten und neuen Sprachen" und „Über die Sprache und Weisheit der Inder". Johann Heinrich Wilhelm Tischbein † (*1751), deutscher Historien- und Bildnismaler. Gehörte zum „Goethekreis". Wiederaufführung der Matthäuspassion von Johann Sebastian Bach durch die Berliner Singakademie unter der Leitung von Mendelssohn-Bartholdy (Erstaufführung am Karfreitag 1729 in der Thomaskirche von Leipzig). Die Engländer verbieten die Witwenverbrennung in Indien. **Wissenschaft:** J. Ressel erprobt Schraubenschiff. Gründung des Deutschen Archäologischen Instituts in Rom. Erster Ruderwettkampf zwischen Oxford und Cambridge.

Andrew Jackson

1830

Unruhen in Braunschweig, Kurhessen und Sachsen um die Verfassungen. Demagogenverfolgungen werden in **PREUSSEN** verstärkt. Ludwig York von Wartenburg † (*1759), preußischer Heerführer. **FRANKREICH:** Juli-Revolution in Paris wegen Verletzung politischer Rechte. König Karl X. muss abdanken. Nachfolger wird Louis Philippe, der „Bürgerkönig" (–1848). Talleyrand wird französischer Botschafter in London (–1834). Frankreich erobert Algerien. **ENGLAND:** Die Londoner Konferenz bestätigt die Unabhängigkeit Griechenlands. Wilhelm IV. wird König von Großbritannien. **BELGIEN:** Belgier erheben sich gegen die Niederlande wegen nationaler und konfessioneller Gegensätze, die beim Wiener Kongress nicht berücksichtigt worden waren. Der Nationalkongress erklärt Belgien für unabhängig. König wird Leopold von Sachsen-Coburg. **SCHWEIZ:** Die Schweizer Kantone führen demokratische Verfassung ein. **POLEN:** Vergeblicher Aufstand gegen Russland. **Kirche:** Gregor XVI. Papst (–1846). Stärkt Papsttum und fördert Jesuiten. **Kultur:** Thomas Lawrence † (*1769), britischer Maler. Auflösung der „Nazarener-Schule" in Rom. **Wissenschaft:** R. Brown entdeckt den Zellkern. Jean Baptiste Fourier † (*1768), gab seinen Namen dem Theorem der Schwingungen. Eisenbahn verkehrt zwischen Liverpool und Manchester. Dies gilt als Beginn des modernen Eisenbahnverkehrs. In London fahren 26 Dampfstraßenwagen. Zwischen Koblenz und Berlin existiert eine optische Telegrafenlinie. Beginn der amtlichen Wetteraufzeichnungen in Berlin, die eine Grundlage für Wettervorhersagen bilden.

1831

SACHSEN erhält eine Verfassung. Neidhardt von Gneisenau (*1760), nationaler und liberaler preußischer Heerführer, stirbt an der Cholera. Karl Freiherr vom und zum Stein † (*1757), liberaler Staatsminister in Preußen. **FRANKREICH:** Gründung einer Fremdenlegion für Nordafrika. **TÜRKEI:** Verliert Syrien an Ägypten. **Kultur:** Achim von Arnim † (*1781), deutscher Dichter. Georg Wilhelm Friedrich

Hegel † (*1770). Der deutsche Philosoph gilt als Begründer des dialektischen Idealismus. Zu seinen Werken zählen u. a. „Logik" und „Philosophie des Rechts". **Religion:** W. Miller gründet in den USA als Baptistenprediger die Adventisten-Sekte (seit dem Tode Christi gibt es mehr als 175 Sekten, die seine unmittelbare Wiederkunft erwarten). **Wissenschaft:** Liebig entwickelt einen Apparat zur Elementaranalyse organischer Verbindungen. John Ross (*1777, †1856) entdeckt den magnetischen Südpol im Nordpolargebiet. **Gesellschaft:** Erste europäische Cholera-Pandemie. Wiederaufleben des Fußballspiels in England (urkundlich zum ersten Mal im 12. Jahrhundert in England erwähnt). In Bremen letzte öffentliche Hinrichtung durch das Schwert vor 30.000 Zuschauern (die Giftmischerin Gesche Gottfried).

1832

Das „Hambacher Fest", eine Massenveranstaltung der süddeutschen Demokraten, auf der die föderative Vereinigung Deutschlands gefordert und die „Tyrannei der Fürsten" und „die Despotie der Beamten" angeklagt werden, führt zur Aufhebung der Presse- und Versammlungsfreiheit. Der Bundestag bewilligt die „sechs Artikel", von Österreich und Preußen vorgelegt. **ITALIEN:** Gründung des republikanischen Geheimbundes „La giovane Italia" (junges Italien) durch Giuseppe Mazzini, der 1834 zum „jungen Europa" ausgeweitet wird. **ENGLAND:** Ausdehnung des Wahlrechts auf das wohlhabende Bürgertum durch eine Parlamentsreform. **AMERIKA:** Erster Parteikonvent der demokratischen Partei nominiert Jackson zum Präsidenten. **Kultur:** Johann Wolfgang von Goethe (*1749) stirbt am 22. März in Weimar. Der deutsche Dichter und Denker war Naturwissenschaftler und Staatsminister. Sein Werk stellt einen Höhepunkt der bürgerlichen Kultur dar und hat die gesamte europäische Geistesgeschichte (Goethe-Zeit) stark geprägt. Goethe beeinflusste damit auch die gesamte Literatur und trug entscheidend zur Entwicklung der deutschen Sprache bei. Seine Werke sind u. a. „Götz von Berlichingen", „Wanderers Sturmlied", „Leiden des jungen Werthers", „Iphigenie", „Egmont", „Römische Elegien", „Hermann und Dorothea", „Reinecke Fuchs", „Wilhelm Meisters Lehrjahre", „Wilhelm Meisters Wanderjahre", „Wahlverwandtschaften", „Italienische Reise" „Westöstlicher Diwan", „Faust I und II" und „Dichtung und Wahrheit". Daneben war er als Übersetzer tätig und arbeitete an den „Propyläen" mit. Neben seiner Dichtkunst forschte Goethe in Chemie, Mineralogie, Anatomie (Zwischenkieferknochen), Optik (Farbenlehre) und Botanik (Metamorphose der Pflanzen). Nach ihm wurden das Goethe-Institut (Institut zur Pflege und Verbreitung der deutschen Sprache im Ausland, 1932 gegründet) und das Goetheanum (Zentrum der anthroposophischen Bewegung) benannt. Walter Scott † (*1771), schottischer Dichter. Jeremy Bentham † (*1748), englischer Philosoph des Utilitarismus („größtmögliches Glück der größtmöglichen Zahl"). Louis Philibert Debutcourt † (*1755), französischer Maler und Kupferstecher von Pariser Sittenbildern. Er stellte auch Achtfarbendrucke her. Karl Friedrich Zelter † (*1758), deutscher Liederkomponist und Goethe-Freund. Er gründete die erste „Liedertafel". **Wissenschaft:** Georges Cuvier † (*1769), französischer Naturforscher und Begründer der Paläontologie der Wirbeltiere. Der Forscher hemmte durch seine „Katastrophentheorie" den biologischen Entwicklungsgedanken. Johann Friedrich Kammerer erfindet die Phosphorstreichhölzer.

Johann Wolfgang von Goethe

1833

Gründung des deutschen Zollvereins durch Preußen unter Zusammenschluss der Süddeutschen Zollvereinigung mit dem mitteldeutschen Handelsverein. Österreich tritt nicht bei. **Kultur:** P. J. Anselm Feuerbach † (*1775), deutscher Strafrechtler. Lafayette gründet den „Verein der Menschenrechte". **Reli-**

gion: Johann Hinrich Wichern gründet das „Rauhe Haus" in Hamburg, das erste evangelische Waisenhaus und Internat. Außerdem gilt er als der Begründer der deutschen evangelischen Inneren Mission. **Wissenschaft:** Gauß und Wilhelm Weber (*1804, †1891) bestimmen das absolute Maßsystem der Physik auf cm, g und sek. **Gesellschaft:** Aufhebung der Sklaverei im britischen Reich.

1834

SPANIEN: Liberale Verfassung. Erster Karlistenkrieg um die Thronfolge. **Religion:** Friedrich Schleiermacher † (*1768), bedeutender deutscher Theologe. In Preußen bilden sich gegen die staatlich geförderte „Union" die „Altlutheraner". In Spanien wird die Inquisition aufgehoben. **Kultur:** François Adrien Boieldieu † (*1775), französischer Opernkomponist. **Wissenschaft:** Gabelsberger entwickelt die Stenografie.

1835

Ferdinand I. wird österreichischer Kaiser (–1848). Franz I., letzter römisch-deutscher Kaiser (bis 1806) und österreichischer Kaiser bis 1804, stirbt (*1768). Verbot der liberalen Bücher des „jungen Deutschland". Das Verbot gilt bis 1842. **Kultur:** August Graf von Platen † (*1796), deutscher Dichter. Wilhelm von Humboldt † (*1767). Der deutsche Staatsmann und Gelehrte verfasste u. a. „Ideen zu einem Versuch, die Grenzen der Wirksamkeit des Staates zu bestimmen". Auf der Strecke Nürnberg-Fürth verkehrt die erste deutsche Eisenbahn (mit stündlicher Zugfolge). **Wissenschaft:** Colt erfindet den Revolver.

1836

FRANKREICH: Karl Ludwig Napoleon III., ein Neffe Napoleons I., will sich in Straßburg zum Kaiser von Frankreich machen. Er wird nach Amerika verbannt, kehrt 1837 zurück und geht nach London. **Kultur:** Christian Dietrich Grabbe † (*1801), deutscher Dichter. James Mill † (*1773), englischer Nationalökonom, Geschichtsschreiber und Psychologe. **Wissenschaft:** Dreyse erfindet das Hinterlader-Zündnadelgewehr. Pentzoldt erfindet die Zentrifuge.

1837

Ernst August wird nach dem Tod des Bruders Wilhelm IV. von England König von Hannover (–1851), hebt die 1833 verkündete Verfassung auf und stellt die alte ständische Verfassung wieder her. Er entlässt die „Göttinger Sieben" (Professoren), die dagegen Einspruch erheben. **ENGLAND:** Wilhelm IV. † (*1765), König von England und Hannover. Neue Königin wird Viktoria (–1901). „Viktorianisches Zeitalter" des Bürgertums. Ende der Personalunion mit Hannover (nach Salischem Recht können nur männliche Erben den Thron besteigen). **SPANIEN:** Verkündung der Cortes-Verfassung. **Kultur:** Georg Büchner † (*1813), deutscher Dichter. Wichtigstes Werk ist die Tragödie „Woyzek". Alexander Sergejewitsch Puschkin † (*1799), bedeutender russischer Dichter. John Constable † (*1776), englischer Maler. François Gérard † (*1770), französischer Maler. John Field † (*1782), englischer Komponist. Verfasste u. a. „Nocturnes" für Klavier. **Wissenschaft:** Samuel Morse (*1791, †1872) erfindet den Schreibtelegrafen auf elektromagnetischer Basis.

Opiumkrieg: In Kanton stationierte englische Truppen

1838

CHINA: England beginnt einen Krieg mit China, um die Interessen seines Handels zu schützen (hauptsächlich Opiumhandel, daher: „Opiumkrieg"). **Wissenschaft:** Johann Andreas Schubert entwickelt die erste deutsche Lokomotive.

1839

BELGIEN: Das Londoner Protokoll garantiert die Neutralität Belgiens. Nord-Luxemburg kommt zu Belgien. **Kultur:** Gründung der „Société d'Ethnologie" in Paris. Damit Trennung der Völkerkunde von der Anthropologie. Joseph Anton Koch † (*1768), deutscher Maler. **Wissenschaft:** Goodyear entwickelt die Kautschuk-Vulkanisation. C. A. Steinheil baut die erste elektrische Uhr. J. L. Stephens entdeckt die Maya-Kultur.

1840

Friedrich Wilhelm III. König von Preußen stirbt (*1770). Sein Nachfolger wird Friedrich Wilhelm IV. (–1858). 1. Londoner Konvention. England, Russland, Österreich und Preußen treten für die Türkei ein. Frankreich unterstützt Ägypten im Kampf gegen die Türkei. **NIEDERLANDE:** Nach Abdankung seines Vaters wird Wilhelm II. König der Niederlande (–1849). **ENGLAND:** Königin Viktoria heiratet Herzog Albert von Sachsen-Coburg-Gotha. **SCHWEIZ:** Die Kantone führen demokratische Verfassungen ein. **Kultur:** Karl Immermann † (*1796), deutscher Dichter. Karl Blechen † (*1798), deutscher frühimpressionistischer Landschaftsmaler. Caspar David Friedrich † (*1774). Der Landschaftsmaler gilt als der bedeutendste romantische Maler Deutschlands. Niccolo Paganini † (*1782), italienischer Violinvirtuose und Komponist. **Wissenschaft:** Erste Briefmarken in England. Samuel Morse erfindet das nach ihm benannte Telegraphen-Alphabet.

1841

FRANKREICH: Endgültige Eroberung Algeriens. **TÜRKEI:** Der Dardanellen-Vertrag verbietet allen nichttürkischen Schiffen die Durchfahrt durch die Dardanellen und den Bosporos. Der Vertrag zwischen den fünf Großmächten und der Türkei öffnet dagegen das Rote Meer und den Persischen Golf der freien Schifffahrt. Die Großmächte garantieren die Unabhängigkeit der Türkei. **ENGLAND:** Afghanischer Krieg. **Kultur:** Johann Friedrich Herbart † (*1776), deutscher Pädagoge und Philosoph. Johann Heinrich Dannecker † (*1758), deutscher Bildhauer. Gründung des Vereins Berliner Künstler. **Wissenschaft:** Genaue Bestimmung der Erdgestalt durch Bessel. Braid entdeckt die Hypnose. Voigtländer entwickelt die fotografische Metallkamera mit Petzval-Objektiv.

1842

Charles Darwin

AFRIKA: Die Buren gründen den Oranje-Freistaat (–1848 Transvaal). **CHINA:** Im Frieden von Nanking muss China Hongkong an England abtreten und seine fünf Häfen öffnen. Bis 1880 steigt der Opiumhandel-Umsatz gegenüber 1800 um ein 20faches. **Kultur:** Clemens Brentano † (*1778). Der deutsche Dichter der Romantik verfasste u. a. „Des Knaben Wunderhorn". Stendhal, eigentlich Henri Beyle, † (*1783), französischer Romanschriftsteller („Le Rouge et le Noir", „La Chartreuse de Parme"). **Wissenschaft:** Bischoff untersucht die periodische Eireifung. Darwin verfasst seine Abstammungslehre (Veröffentlichung 1859). **Gesellschaft:** Friedrich Wilhelm IV. von Preußen stiftet den „Pour le Mérite"-Orden. Polka wird Gesellschaftstanz.

1843

Große Feiern zum 1000-jährigen Bestehen des Deutschen Reiches. **SPANIEN:** Isabella II. von Spanien (–1868). **Kultur:** Friedrich Hölderlin (*1777) stirbt in geistiger Umnachtung in Tübingen („Hölderlin-Turm"). Der deutsche Dichter gilt als einer der bedeutendsten Lyriker. Friedrich de la Motte-Fouqué † (*1777), deutscher romantischer Dichter. Gründung der englischen liberalen Wirtschaftszeitschrift „The Economist".

1844

Aufstand der Weber in Schlesien. Marx und Engels lernen sich in Paris kennen, wo sie ihre Zusammenarbeit beginnen. **SCHWEDEN:** Oskar I. König von Schweden und Norwegen (–1859). **GRIECHENLAND:** Parlamentarische Verfassung. **ENGLAND:**

Per Gesetz bekommt die Bank von England das ausschließliche Recht der Ausgabe von Banknoten. **CHINA** schließt Handelsverträge mit Frankreich und den USA. **Religion:** George Williams gründet in London den YMCA und 1855 den Weltbund der Christlichen Vereine junger Männer. **Wissenschaft:** John Dalton † (*1766), Begründer der chemischen Atomtheorie aus England. H. Graßmann entwickelt die vier- und mehrdimensionale Geometrie. Huc und Gabet durchqueren Tibet. Friedrich G. Keller entwickelt das Holzschliff-Papier. **Gesellschaft:** In Preußen wird das Turnen in den höheren Schulen eingeführt.

August Wilhelm von Schlegel

1845

DÄNEMARK: Christian VIII., König von Dänemark, verkündet in einem „offenen Brief" die Unlösbarkeit Schleswigs von Dänemark. **AMERIKA:** Texas wird Bundesstaat. **Kultur:** August Wilhelm Schlegel † (*1767), deutscher Gelehrter und Dichter. Henrik Wergeland † (*1808), norwegischer Dichter.

1846

ENGLAND: Aufhebung der Kornzölle im Interesse des Freihandels. **AMERIKA:** Krieg zwischen den USA und Mexiko (–1848). **Kirche:** Pius IX. Papst (–1878). Gründung der „Evangelischen Allianz" in London, einer Vereinigung evangelischer Christen aller Länder. **Wissenschaft:** E. Howe erfindet die Doppelstich-Nähmaschine, die I. M. Singer 1851 verbessert und produziert. Carl Zeiss (*1816, † 1888) gründet optische Zeisswerke in Jena. In Berlin erstmals Pferdeomnibusbetrieb.

1847

Im „Patent vom 3. Februar 1847" verkündet Friedrich Wilhelm IV. von Preußen die Einberufung der acht Provinziallandtage zum „Vereinigten Landtag". **SCHWEIZ:** Katholischer Sonderbund (die Ultramontanen) bekämpft die Ausweisung der Jesuiten. Die Bundestruppen besiegen den „Sonderbund" trotz diplomatischer Intervention der Großmächte. **FRANKREICH:** In so genannten „Reformbanketten" wird der Regierung Korruption vorgeworfen. Sie werden deshalb verboten. Algerien wird französische Provinz. **AMERIKA:** Oregon wird Bundesstaat. **Kultur:** Friedrich Gärtner † (*1792). Der deutsche Baumeister wirkte überwiegend in München (Bau der Ludwigskirche; Teile der Ludwigsstraße; Universität und Feldhernhalle). Johann Christian Reinhart † (*1761), deutsch-römischer Maler heroischer Landschaften. Felix Mendelssohn-Bartholdy † (*1809), deutscher Komponist. **Wissenschaft:** Siemens entdeckt die Guttapercha-Isolierung für Kabel. Gründung der Elektrofirma Siemens & Halske. Simpson praktiziert die erste Chloroform-Narkose in England. **Wirtschaft:** Krupp fertigt Achsen, Räder und Federn aus Gussstahl. Ausgabe der Mauritius-Briefmarken in kleiner Auflage. Verkehr: Gründung der Hamburg-Amerika-Schifffahrtslinie (HAPAG).

1848

Marx und Engels veröffentlichen ihr „kommunistisches Manifest", die Grundlage des „wissenschaftlichen Sozialismus". Märzrevolution in **DEUTSCHLAND** und **ÖSTERREICH**. Das Ziel sind demokratische Verfassungen. Die „Karlsbader Beschlüsse" von 1819 werden aufgehoben. Metternich muss aus Österreich nach England fliehen. Die deutsche Nationalversammlung in der Frankfurter Paulskirche arbeitet eine Verfassung aus. Erzherzog Johann von Österreich wird Reichsverweser. Maximilian II. Joseph wird König von Bayern (–1864). Oktoberrevolution in Österreich. Ferdinand I. dankt zugunsten von Franz Joseph I. ab, der neuer Kaiser wird (–1916). Der Reichstag in Wien beschließt die Aufhebung jeglicher Untertänigkeit von Bauern. Joseph von Radetzky (*1766, † 1858) schlägt den Aufstand der Italiener gegen die österreichische Herrschaft in Oberitalien nieder. **FRANKREICH:** Nach der Februarrevolution in Paris dankt König Louis Philippe ab. Errichtung der zweiten Republik Frankreichs unter dem Präsidenten Prinz Karl Ludwig Napoleon, einem Neffen Napoleons I. Der sozialistische Juniaufstand in Paris wird blutig niedergeschlagen. **ENGLAND:** Eine Niederlage der Chartisten (Englische Arbeiterbewegung) besiegelt das endgültige Schicksal dieser Bewegung, die 1850 aufgelöst wird. **SCHWEIZ:** Wird Bundesstaat. **AMERIKA:** Die USA können den Krieg gegen Mexiko gewinnen, das Arizona, Neu-Mexiko und Kalifornien an die Vereinigten Staaten abtritt. **Kirche:** Erster deutscher Katholikentag in Mainz. Wichern gründet den „Central-Ausschuß für die Innere Mission der deutschen evangelischen Kirche". **Kultur:** Annette von Droste-Hülshoff † (*1797), gilt als größte deutsche Dichterin. François René Châteaubriand † (*1768), frühromantischer Dichter aus Frankreich. Frederick Marryat † (*1792). Der englische Dichter wurde besonders durch seine Seeromane berühmt. Bernhard Bolzano † (*1781). Der böhmische Mathematiker und Philosoph katholischen Glaubens schrieb u. a. „Die Paradoxien des Unendlichen" (mathematische Logik). Gründung der ersten deutschen Frauenzeitschrift durch Luise Otto-Peters. Gaetano Donizetti † (*1797), italienischer Komponist. Das politisch-satirische Blatt „Kladderadatsch" erscheint erstmalig. **Wissenschaft:** Jakob Berzelius † (*1779). Der schwedische Chemiker entdeckte zahlreiche Elemente und bestimmte deren genaue Atomgewichte. Ferner entwickelte er die chemische Zeichensprache. Berzelius führte die chemische Bindung auf elektrische Kräfte und organische Prozesse auf die Katalyse zurück. Duchenine de Boulogne benutzt erstmalig elektrische Ströme zu Heilzwecken und gilt deshalb als Erfinder der Elektrotherapie. Die erste Blinddarmoperation wird von Hancock durchgeführt. Sebastian Kneipp (katholischer Priester) führt in Wörishofen ein Wasserheilverfahren ein, das nach ihm benannt in die Medizingeschichte eingeht. **Wirtschaft:** Die von Hale und Bernett gegründete erste Nachrichtenagentur wird die spätere Associated Press, New York. Gründung der konservativen „Neuen Preußischen Zeitung" durch Bismarck. Marx gründet die „Neue Rheinische Zeitung". Goldfunde in Amerika lösen eine Massenwanderung aus. In Deutschland wird der Zwölf-Stunden-Arbeitstag gefordert. Üblich (auch für Jugendliche) ist eine Arbeitszeit von 14–16 Stunden.

1849

Edgar Allan Poe

Ablehnung der deutschen Kaiserkrone durch König Friedrich Wilhelm IV. von Preußen. Das Frankfurter Parlament vollendet die Reichsverfassung. Demokratischer Maiaufstand in Dresden. **ÖSTERREICH:** Österreich besiegt mithilfe Russlands die aufständischen Ungarn. Die österreichischen Frauen erhalten das Wahlrecht. Radetzky schlägt Karl Albrecht von Sardinien. Dieser dankt zugunsten seines Sohnes Viktor Emanuel II. ab. **FRANKREICH:** Französische Truppen sorgen für die Wiederherstellung der päpstlichen Herrschaft in Rom und besiegen Garibaldi. **Kultur:** Edgar Allan Poe † (*1809), bekannter nordamerikanischer Dichter, Vertreter der amerikanischen Romantik. Alexander Petöfi † (*1823). Der ungarische Dichter fällt im Unabhängigkeitskampf seines Volkes gegen Österreich. Frédéric Chopin † (*1810), Klaviervirtuose aus Polen und Komponist, der überwiegend in Frankreich lebte. Johann Strauß (Vater) † (*1804), österreichischer Musiker und Komponist. **Religion:** Wichern beruft den ersten deutschen evangelischen Kirchentag nach Wittenberg ein. **Wissenschaft:** Pollender entdeckt den Milzbranderreger. **Wirtschaft:** Telegrafenleitung zwischen Berlin und Frankfurt. P. J. von Reuter setzt zu Pressezwecken Brieftauben ein und schließt so Lücken des Telegrafennetzes. Erste deutsche Briefmarken für Bayern. Bau der Pariser Markthallen („Halles"). **Gesellschaft:** Der „Deutsche Turnerbund" wird aufgelöst.

1850

Preußen erhält eine Verfassung. Das Dreiklassenwahlrecht wird eingeführt. Preußen und Österreich bemühen sich um die Vorherrschaft im Erfurter Parlament und Bundestag in Frankfurt am Main. Mithilfe Russlands kann sich Österreich behaupten. Wiederherstellung des Deutschen Bundes durch den Vertrag zu Olmütz. **ÖSTERREICH:** macht Ungarn zum österreichischen Kronland. **AUSTRALIEN** erhält eine parlamentarische Selbstregierung. **DÄNEMARK** kann im Krieg gegen den Deutschen Bund seinen Besitz Schleswig-Holstein bewahren. **Kultur:** Honoré de Balzac † (*1799), französischer Dichter, Begründer des soziologischen Realismus im modernen Roman. Er schuf die über 40 Romane umfassende „Comédie Humaine". Nikolaus Lenau (von Strehlenau) † (*1802), deutscher Dichter. Adam Gottlieb Öhlenschläger † (*1779), romantischer dänischer Dichter. Gustav Schwab † (*1792), deutscher Dichter (griechische Heldensagen). William Wordsworth † (*1770), englischer Dichter und bedeutender Vertreter der europäischen Romantik („Lyrical Ballads"). Karl Rottmann † (*1798), deutscher Landschaftsmaler des Klassizismus. Johann Gottfried Schadow † (*1764), deutscher Bildhauer. **Wissenschaft:** Heinrich Barth unternimmt Sahara- und Sudan-Expedition. Wilhelm Bauer (*1822, † 1875) startet erste Tauchbootversuche in Kiel. Robert Wilhelm Bunsen (*1811, †1899) erfindet den Gasbrenner („Bunsenbrenner"). **Wirtschaft:** Gründung der ersten kleingewerblichen Kreditgenossenschaften durch Franz Hermann Schulze-Delitzsch.

1851

Bismarck wird preußischer Gesandter im Deutschen Bundestag. **FRANKREICH:** Staatsstreich durch Präsident Karl Ludwig Napoleon und Auflösung der Nationalversammlung. **Kultur:** William Turner † (*1775), englischer Maler. Albert Lortzing † (*1801), deutscher Komponist. **Wissenschaft:** I. M. Singer verbessert und produziert Nähmaschinen. **Wirtschaft:** Gründung der „New York Times". Berlin erhält die erste Berufsfeuerwehr. **Gesellschaft:** Preußen verbietet die Gründung von Kindergärten.

1852

Gründung einer „Katholischen Fraktion" im Preußischen Abgeordnetenhaus. Preußen lehnt die Aufnahme Österreichs in den Zollverein ab. **FRANKREICH:** Karl Ludwig Napoleon lässt sich als Napoleon III. zum erblichen Kaiser wählen. Beginn des zweiten Kaiserreiches (–1870). **Kultur:** Nikolai Gogol † (*1809), russischer Dichter. Thomas Moore † (*1779), irischer Dichter. Friedrich Fröbel (*1782), deutscher Pädagoge und Gründer des Kindergartens. **Wissenschaft:** Sam Fox erfindet das Stahlgestell für Regenschirme.

Napoleon III.

1853

TÜRKEI: „Krimkrieg" Russlands gegen die Türkei, die von Frankreich und England unterstützt wird (–1856). **CHINA:** Eroberung Nankings durch die christlich beeinflusste chinesische Taiping-Sekte. Durch den von 1850 bis 1856 dauernden Aufstand wird Chinas Macht gegenüber Europa entscheidend geschwächt. **Kultur:** Ludwig Tieck † (*1773), deutscher Dichter. Pierre Fontaine † (*1762), französischer Baumeister. **Wissenschaft:** Ph. M. Fischer erfindet das Tretkurbel-Fahrrad. Pravaz verwendet zum ersten Mal eine Injektionsspritze.

1854

Der Deutsche Bundestag erlässt ein allgemeines Koalitionsverbot, mit dem alle Arbeitervereine verboten werden. **ENGLAND:** Anerkennung des 1842 gegründeten Oranje-Freistaates. **AMERIKA:** Gründung der Republikanischen Partei, die sich gegen Sklaverei und für Hochschutzzölle ausspricht. **Kultur:** Jeremias Gotthelf (Albert Bitzius) † (*1797), Schweizer Dichter. Friedrich Wilhelm Schelling † (*1775), deutscher Philosoph. Vertreter des transzendentalen Idealismus. Karl Begas † (*1794), Berliner Maler. **Kirche:** Verkündung des Katholischen Dogmas von der unbefleckten Empfängnis Mariä. **Wissenschaft:** H. Brehmer gründet die erste Heilstätte für Tbc-Kranke in Göbersdorf.

1855

RUSSLAND: Nikolaus I., Zar von Russland seit 1825, stirbt (*1796). Nachfolger auf dem Zarenthron wird sein Sohn Alexander II. (–1881). Unter ihm kommt es u. a. zur Aufhebung der Leibeigenschaft. Die Engländer und Franzosen erobern Sewastopol, während die Russen die Türkei besiegen. **Kirche:** Ein Konkordat mit Österreich beseitigt die Reformen Josephs II. **Kultur:** Sören Kierkegaard † (*1813). Der dänische, stark religiös orientierte Philosoph, ein Gegner Hegels, bekämpfte die Institution „Kirche" zugunsten eines persönlichen Verhältnisses zu Gott. Sören Kierkegaard wurde somit zu einem Vorläufer der Existenzphilosophie des 20. Jahrhunderts. **Wirtschaft:** Gründung des ersten Warenhauses in Paris.

Karte der Krim

1856

TÜRKEI: Der Friede von Paris beendet den „Krimkrieg". Die Türkei erhält einen Teil Bessarabiens, das Schwarze Meer bleibt neutral, Russland verliert seine Vormachtstellung an Frankreich. Der Balkan wird zum Spannungsfeld zwischen Österreich und Russland. **CHINA:** Englisch-Französischer Krieg gegen China. **Kultur:** Heinrich Heine † (*1797). Der deutsche Dichter arbeitete seit 1831 als Journalist in Paris. Seine wichtigsten Werke: „Buch der Lieder", „Deutschland, ein Wintermärchen" und „Romanzero". Robert Schumann † (*1810). Der deutsche Komponist der Romantik schrieb u. a. Liederzyklen wie „Frauenliebe und -leben". Er stürzte sich 1854 in geistiger Umnachtung in den Rhein, konnte aber gerettet werden. Er starb schließlich in der Heilanstalt Erdenich. **Wirtschaft:** Leopold Sonnemann gründet die „Frankfurter Zeitung". Schwarzwaldbahn (40 Tunnels). Das deutsche „Zollpfund" mit 500 g wird eingeführt.

1857

König Friedrich Wilhelm IV. übergibt seinem Bruder Wilhelm I. wegen geistiger Erkrankung die Regierungsgeschäfte und zieht sich aus dem politischen Leben zurück. **ENGLAND:** Niederschlagung eines Aufstands in Indien. England besetzt zusammen mit Frankreich Kanton. **Kultur:** Alfred de Musset † (*1810), französischer Dichter der Romantik. Auguste Comte † (*1798). Der französische Philosoph gilt als der Begründer des Positivismus und der wissenschaftlichen Soziologie. Christian Daniel Rauch † (*1777), deutscher Bildhauer. Michael Glinka † (*1804), russischer Komponist, der als „Vater der russischen Musik" in die Geschichte einging. **Wissenschaft:** Pasteur veröffentlicht seine Arbeiten über die Milchsäure und Alkoholgärung und begründet damit die französische Bakteriologie. **Wirtschaft:** Erste, durch die USA ausgelöste Weltwirtschaftskrise. Reuter gründet sein englisches Pressebüro.

1858

Friedrich Wilhelm IV., seit 1840 König von Preußen, dankt ab. Prinz Wilhelm von Preußen übernimmt die Regentschaft (wird 1861 König). **ENGLAND:** Aufhebung der ostindischen Kompanie und Übernahme der Regierungsmacht durch einen Britischen Vizekönig in Indien. **PERSIEN:** Es entstehen immer größer werdende Spannungen zwischen Russland und England um Persien. **Gesellschaft:** Robert Owen † (*1771), englischer Industrieller. Er führte in seinem Betrieb soziale Reformen durch und bereitete so dem Genossenschaftswesen den Weg.

1859

Bismarck wird preußischer Gesandter in Petersburg. Der Deutsche Nationalverein wird gegründet. Er strebt einen liberalen deutschen Bundesstaat unter preußischer Führung an. **ITALIEN:** Befreiungskrieg gegen Österreich. Eine führende Rolle dabei spielt

Guiseppe Garibaldi

Guiseppe Garibaldi (*1807, †1882). Österreich verliert die Lombardei im Krieg gegen Italien und Frankreich. Sardinien überlässt Frankreich Nizza und Savoyen. **ÖSTERREICH:** Clemens Fürst Metternich † (*1775). Der österreichische antiliberale Staatsmann wurde besonders durch den Wiener Kongress bekannt. **RUSSLAND:** Eroberung des Kaukasus. **Kultur:** Wilhelm Grimm † (*1786), deutscher Philologe. Gab zusammen mit seinem Bruder „Grimm's Märchen" heraus. **Gesellschaft:** Der Schweizer H. Dunant gewinnt auf dem Schlachtfeld von Solferio Eindrücke, die ihn später das Rote Kreuz gründen lassen, eine internationale Hilfsorganisation für Unglücksfälle, Notstände, Verwundetenbetreuung und Krankentransport. **Kirche:** Endgültige Beseitigung der Inquisition in Italien. **Wissenschaft:** Alexander von Humboldt † (*1769). Der deutsche Naturforscher begründete und förderte die Wissenschaften und galt wegen seines umfassenden Wissens als einmalig in seiner Zeit. Niemann entdeckt das Kokain. **Wirtschaft:** Die Erdölgewinnung in Pennsylvanien (USA) und im Kaukasus (Russland) macht die Petroleumbeleuchtung möglich.

1860

ITALIEN: Der Kirchenstaat verliert Emilia, Marken und Umbrien an das Königreich Sardinien. **CHINA:** England und Frankreich besetzen Peking. Beanspruchung von Sonderrechten durch die beiden weißen Besatzungsmächte. **AMERIKA:** Abraham Lincoln wird Präsident (–1865). Als Republikaner ist er ein Gegner der Sklaverei. **RUSSLAND:** Gründung Wladiwostoks. Bauernaufstand. **Kultur:** Ernst Moritz Arndt † (*1769), deutscher Dichter. Arthur Schopenhauer † (*1788), deutscher Philosoph und Begründer des „pessimistischen Voluntarismus". Alexander Gabriel Decamps † (*1803), französischer Maler. Friedrich Silcher † (–1789). Der deutsche Komponist machte sich besonders um das deutsche Volkslied verdient. Sammlung deutscher Volkslieder. **Wissenschaft:** Bullock erfindet die Rotationsschnellpresse, die hohe Zeitungsauflagen ermöglicht.

Abraham Lincoln

1861

König Friedrich Wilhelm IV. stirbt (*1795). Sein Bruder Wilhelm I. neuer König (–1888). Gründung der „Deutschen Fortschrittspartei" in Preußen durch Virchow. **ÖSTERREICH:** Neue Verfassung. **ENGLAND:** Prinz Albert von Sachsen-Coburg-Gotha, Gemahl und Vetter der englischen Königin Viktoria, stirbt. **ITALIEN:** Viktor Emanuel II. wird König des vereinigten Italien mit Hauptstadt Florenz. Nur Rom und Venedig gehören nicht zu seinem Herrschaftsbereich. **RUSSLAND:** Die Aufhebung der Leibeigenschaft in Russland betrifft mehr als 45 Millionen Bauern. **AMERIKA:** Beginn des Bürgerkrieges zwischen den Nord- und Südstaaten. **KOLUMBIEN** erhält eine Zentralregierung. **JAPAN:** Ein Bürgerkrieg ersetzt die Feudalordnung durch zentrale Kaisergewalt. **TÜRKEI:** Vereinigung der Moldau und der Walachei zu Rumänien. **Kultur:** Augustin Eugène Scribe † (*1791). Der französische Dichter gründete eine literarische Werkstatt, in der über 400 Schauspiele und mehr als 60 Operntexte verfasst wurden. **Wissenschaft:** Philipp Reis erfindet das Telefon für elektrische Tonübertragung.

1862

Bismarck wird preußischer Ministerpräsident und Außenminister (–1890). Er führt eine Heeresverstärkung gegen die liberale Mehrheit des Abgeordnetenhauses durch, was zu einem Verfassungsstreit führt, der erst 1866 beigelegt werden kann. **ITALIEN:** Garibaldi versucht vergeblich, Rom den Franzosen wegzunehmen. **POLEN:** Vergeblicher Aufstand gegen Russland. **GRIECHENLAND:** Prinz Otto von Bayern als König abgesetzt. Nachfolger wird Georg von Dänemark (–1913, ermordet). **Kultur:** Johann Nestroy † (*1801), österreichischer Possendichter („Lumpazivagabundus"). **Wirtschaft:** Adam Opel (*1837, †1895) gründet eine Nähmaschinenfabrik, in der ab 1898 Autos produziert werden.

1863

Als erster deutscher Staat regelt Baden die Verwaltungsgerichtsbarkeit. Lassalle gründet den „Allgemeinen deutschen Arbeiterverein" in Leipzig. Sein Ziel: allgemeines, direktes und gleiches Wahlrecht und Produktivgenossenschaften. **MEXIKO:** Großbritannien, Frankreich und Spanien setzen den österreichischen Erzherzog Maximilian als Kaiser ein (–1867). **Kultur:** Jacob Grimm † (*1785), deutscher Sprachforscher. Schrieb und sammelte mit seinem Bruder deutsche Volksmärchen. Friedrich Hebbel † (*1813), deutscher Dichter. Eugène Delacroix † (*1798), französischer Maler des Realismus. Heinrich Heß † (*1798), deutscher Kirchenmaler. **Wissenschaft:** Thomas H. Huxley (*1825, †1895) postuliert die Abstammung des Menschen vom Affen.

1864

Ludwig II. wird König von Bayern (– 1886). Der Mäzen Wagners ließ zahlreiche Schlösser bauen. Der „Märchenkönig" ertrank im Starnberger See. Bismarck initiiert den Krieg Preußens und Österreichs gegen Dänemark um den Besitz Schleswig-Holsteins. Dänemark verliert. Schlacht bei den Düppeler Schanzen. **ENGLAND:** Marx gründet die „Erste Internationale" in London. **Kirche:** Päpstliche Enzyklika gegen den Pantheismus, Naturalismus, Rationalismus und Liberalismus als „hauptsächlichste Irrtümer der Zeit". **Gesellschaft:** Von Henry Dunant veranlasste „Genfer Konvention" über die Behandlung von verwundeten und kranken Kriegsgefangenen. **Wirtschaft:** Friedrich Wilhelm Raiffeisen (*1818, †1888) gründet die erste deutsche ländliche Darlehenskasse.

1865

BELGIEN: Leopold II. König von Belgien (–1909). **AMERIKA:** Ende des Bürgerkrieges durch den Sieg der Nordstaaten. Abschaffung der Sklaverei. Andrew

Mitglieder des Ku-Klux-Klans

Johnson (–1869) wird Nachfolger des ermordeten Präsidenten Lincoln. Die ersten negerfeindlichen Ku-Klux-Klan-Geheimbünde werden gegründet (1871 verboten). **PARAGUAY:** Erfolgreicher Krieg Argentiniens, Brasiliens und Uruguays gegen Paraguay (–1870). **Kultur:** Otto Ludwig † (*1813), deutscher Dichter. Pierre Joseph Proudhon † (*1809). Der französische gesellschaftskritische Schriftsteller gilt als Mitbegründer des Anarchismus. **Wissenschaft:** Mendel stellt „Versuche über Pflanzenhybriden" (mit der Mendelschen Vererbungslehre) an, die jedoch erst ab 1900 beachtet werden.

1866

Bismarck beginnt, mit Italien verbündet, einen Krieg gegen Österreich und den Deutschen Bund. Siegreiche Schlacht bei Königgrätz. Friede zu Prag. Schleswig-Holstein, Hannover, Kurhessen, Nassau und Frankfurt/M. kommen zu Preußen, Venedig zu Italien. Ende des Deutschen Bundes. Trennung Österreichs von Deutschland. **RUMÄNIEN:** Prinz Karl von Hohenzollern wird Fürst von Rumänien. **Kultur:** Friedrich Rückert † (*1788), deutscher Dichter und Orientalist. **Wirtschaft:** Inbetriebnahme des Nordatlantik-Kabels.

1867

Bismarck wird erster Bundeskanzler im Norddeutschen Bund, dem 22 Staaten nördlich des Mains angehören. Abspaltung der „Freikonservativen Partei" von der „Konservativen Partei" Preußens. **ÖSTERREICH/UNGARN:** Franz Joseph I. wird König von Ungarn. Bis 1916 (†) österreichisch-ungarische Doppelmonarchie. **ITALIEN:** Garibaldi unternimmt zweiten vergeblichen Versuch, Rom zu befreien. **LUXEMBURG:** erklärt seine Neutralität. **ENGLAND:** Wahlrechts- und Parlamentsreform. Kanada wird Britisches Dominion. **AMERIKA:** Kauf Alaskas von den Russen für insgesamt 7,2 Millionen Dollar. **MEXIKO** wird wieder Republik. Kaiser Maximilian wird erschossen. **JAPAN:** Ende des Bürgerkriegs. **Kultur:** Charles Baudelaire † (*1821), französischer Dichter („Les Fleurs du Mal"). Reclams Universal-Bibliothek mit Goethes „Faust I." eröffnet. Gründung des Bayerischen Nationalmuseums in München. Peter von Cornelius † (*1783), deutscher Maler. Christian Morgenstern † (*1805), deutscher Maler und Großvater des Dichters Christian Morgenstern. Théodore Rousseau † (*1812), französischer Maler. **Wissenschaft:** Michael Faraday † (*1791), englischer Physiker, machte zahlreiche bedeutende Erfindungen und Entdeckungen auf den Gebieten Physik und Chemie (Forschungen in der Elektrizität, dem Magnetismus, der Elektrochemie u. a.). Nobel erfindet das Dynamit. Sholes entwickelt die Schreibmaschine.

1868

König Ludwig I. von Bayern (1825–1848) stirbt (*1786). Der Förderer der Künste und Wissenschaft war zunächst liberal, bekämpfte aber ab 1830 die Liberalen. Wegen seiner Beziehung zu der Tänzerin Lola Montez brach 1848 in München eine Revolution aus. **ENGLAND:** Der liberale Gladstone wird Britischer Premier (–1874). **SPANIEN:** Sturz der Königin Isabella II. von Spanien durch liberale Generäle. **RUSSLAND** gewinnt Usbekien. **KUBA:** Aufstand gegen Spanien (–1878). **AMERIKA:** Die Farbigen erhalten Stimmrecht, das im Süden allerdings oft unwirksam bleibt. **Kultur:** Adalbert Stifter † (*1805). Der österreichische Dichter begeht Selbstmord. Gioacchino Rossini † (*1792), italienischer Opernkomponist. **Religion:** In der „Allgemeinen lutherischen Konferenz" schließen sich die strengen Lutheraner zusammen. **Wissenschaft:** Louis D. de Hauron (*1837, †1920) entdeckt das Prinzip der Drei-Farben-Photographie.

Suezkanal

1869

Gründung der „Sozialdemokratischen Arbeiterpartei" in Eisenach durch A. Bebel und W. Liebknecht. Anschluss an die „Erste Internationale" und Annahme des marxistischen „Eisenacher Programmes". Rudolf Gneist (*1816–1895), liberaler preußischer Politiker, vergleicht die englische mit der deutschen Verwaltung. Er fördert die Einführung der Verwaltungsgerichtsbarkeit. **AMERIKA:** Ulysses Simpson Grant wird Präsident (–1877). Rücksichtslose republikanische Parteiherrschaft. **Kirche:** 20. Allgemeines Konzil im Vatikan (1870). **Kultur:** Carl Gustav Carus † (*1789), deutscher Maler, Arzt und Psychologe. Hector Berlioz † (*1803), französischer Komponist. Karl Loewe † (*1796), deutscher Komponist. Schrieb über 400 Balladen. **Wissenschaft:** Alfred E. Brehm (*1829, † 1884) schreibt sein „Tierleben", gründet das Berliner Aquarium. O. Liebreich erfindet das erste künstliche Schlafmittel. **Wirtschaft:** Fertigstellung des 1859 begonnenen Suezkanals durch Ferdinand de Lesseps. Eisenbahnbau von Ost nach West in Amerika. Napoleon III. regt die Herstellung von Margarine aus Rindertalg an.

1870

Beginn des deutsch-französischen Kriegs (–1872). Prinz Leopold von Hohenzollern-Sigmaringen verzichtet wegen des Widerspruchs Frankreichs auf die angebotene Thronfolge in Spanien. Die „Emser Depesche", durch Bismarck veröffentlicht, gibt in stark verkürzter und sehr scharfer Form Auskunft über die Verhandlungen zwischen dem französischen Botschafter Benedetti und König Wilhelm I. Sie ist der Grund für die Kriegserklärung Frankreichs. Nach dem Zusammenschluss der süddeutschen Staaten mit dem Norddeutschen Bund ergreift die deutsche Heeresleitung unter Führung von General von Moltke mit drei Armeen die Offensive. Sieg der Deutschen bei Metz, Vionville, Mars de la Tour und Gravelotte. In der Schlacht bei Sedan gerät Kaiser Napoleon III. in deutsche Gefangenschaft. Frankreich kapituliert. **FRANKREICH:** Sturz des Kaisertums. In Frankreich wird die Republik ausgerufen. Trotz heftiger Kämpfe um Paris kann das französisch-republikanische Heer der deutschen Belagerung nur kurze Zeit Widerstand bieten. **Kirche:** Auf dem Vatikanischen Konzil wird in dem Dogma „ex cathedra" die Unfehlbarkeit des Papstes bestätigt. Widerspruch bei den Altkatholiken. **Kultur:** Charles Dickens † (*1812), englischer Dichter und Verfasser von Werken wie „Oliver Twist" und. „David Copperfield". Alexandre Dumas der Ältere † (*† 1802). Der Franzose schrieb so berühmte Abenteuerromane wie „Die drei Musketiere" und „Der Graf von Monte Christo".

1871

König Wilhelm I. wird im Spiegelsaal des Schlosses Versailles zum Deutschen Kaiser ausgerufen. Gründung des Deutschen Reichs ohne Österreich, aber unter Führung Preußens. Wilhelm I. wird Deutscher Kaiser (–1888). Der Deutsche Reichstag nimmt die Verfassung an. Otto von Bismarck erhält das Amt des 1. Reichskanzlers (–1890). Er strebt eine Außenpolitik an, die einen Krieg mit den Großmächten ausschließen soll. Bismarck ist gegen die Übernahme von Elsaß und Lothringen. Der Vorfriede von Versailles zwingt Frankreich, auf die Gebiete Elsaß und Lothringen (mit Metz) zu verzichten. Als Kriegsentschädigung ist eine Summe von 5 Millionen Francs angesetzt. **FRANKREICH:** Die Natio-

Kaiserkrönung Wilhelms I. im Spiegelsaal von Versailles

nalversammlung wählt in Bordeaux Adolphe Thiers zum 1. Präsidenten (1873). **RUSSLAND:** Die Aufhebung der Neutralität des Schwarzen Meers auf der Pontus-Konferenz zu London berechtigt Russland, seine Kriegsflotte dort zu stationieren. **Kultur:** Moritz von Schwind † (*1804), deutscher Maler. Daniel Auber † (*1782). Der französische Komponist schrieb zahlreiche Opern, u. a. „Stumme von Portici", sowie Instrumentalkonzerte und Kammermusik.

1872

Deutsch-österreichisches Treffen der Kaiser in Salzburg und Berlin. Auch Alexander II. von Russland kommt nach Berlin. Bismarck beginnt den Kulturkampf gegen die katholische Kirche in Preußen. Gründung des „Vereins für Sozialpolitik", der für Reformen eintritt. **FRANKREICH:** Einführung der

Wehrpflicht. **Religion:** In Bethel entsteht eine Anstalt der Inneren Mission. Der Gründer dieses Hauses für Epileptiker ist Pastor Friedrich von Bodelschwingh. **Kultur:** Franz Grillparzer † (*1791). Der österreichische Bühnendichter, dessen Werke von der Romantik, aber auch von der deutschen Klassik beeinflusst sind, schrieb Trauerspiele wie „Das goldene Vließ", „Die Ahnfrau" und „König Ottokars Glück und Ende". Ludwig Feuerbach † (*1804). Der deutsche Philosoph, dessen Erkenntnislehre und Religionsphilosophie sehr stark durch Hegel beeinflusst wurde und wiederum Vorbild für Marx und Engels war, schrieb „Das Wesen des Christentums". Julius Schnorr von Carolsfeld † (*1794). Der deutsche Maler, Vertreter der Romantik und Nazarener, schuf religiöse und geschichtliche Bilder.

John Stuart Mill

1873

Das Deutsche Reich, Österreich und Russland schließen sich zu einem Bündnis in Berlin zusammen (–1887). **FRANKREICH:** Patrice Maurice Mac-Mahon wird Präsident (–1879). Napoleon III., letzter Kaiser, stirbt in England (*1808). **Kultur:** John Stuart Mill † (*1806). Der englische Philosoph bekennt sich in seinen „Grundsätzen der politischen Ökonomie" zum vormarxistischen Sozialismus.

1874

Die so genannten Maigesetze, die die Rechte beider Konfessionen einschränken, vertiefen den Kulturkampf. Attentat auf Bismarck durch einen Katholiken. Einführung der Zivilehe durch das Gesetz in Preußen, ab 1875 für das ganze Deutsche Reich gültig. Ein Impfgesetz macht die Schutzimpfung für Pocken zur Regel. **SPANIEN:** Alfons XII. wird König (–1885). **ENGLAND:** Besetzung der Fidschiinseln im Stillen Ozean. **Kultur:** August Heinrich Hoffmann von Fallersleben † (*1798), deutscher Dichter. Fritz Reuter † (*1810), Dichter der plattdeutschen Mundart. Peter von Cornelius † (*1824). Der deutsche Komponist schrieb die Oper „Der Barbier von Bagdad", außerdem Lieder.

1875

Deutsch-französische Spannungen durch die Rüstungspolitik der Franzosen führt zur Krise „Krieg in Sicht". Die „Sozialistische Arbeiterpartei" vereinigt die Lassalleaner und Marxisten in Gotha. **CHINA:** Kuang-sü wird Kaiser (–1908). Die Regentschaft übernimmt zunächst die Kaiserinwitwe Tse-Hi (–1889). **Kultur:** Hans Christian Andersen † (*1805), dänischer Dichter und Märchenerzähler. Friedrich Albert Lang † (*1828), deutscher Philosoph. Camille Carot † (*1796). Der französische Maler liebte zarte Luft- und Lichteinwirkungen. Jean François Millet † (*1814). Der französische Maler und Grafiker schuf Bilder über die bäuerlichen Menschen seiner Heimatlandschaft. Georges Bizet † (*1838). Der französische Komponist schrieb die berühmte Oper „Carmen".

1876

Gründung der „Deutschen Konservativen Partei". **SPANIEN:** Nach Beendigung des zweiten Carlistenkrieges um die Thronfolge erlässt König Alfons XII. eine neue Verfassung. **ENGLAND:** Königin Viktoria erhält den Titel „Kaiserin von Indien". **BULGARIEN:** Aufstand gegen die Türken. **Kultur:** Eröffnung des Bayreuther Festspielhauses mit der Aufführung „Der Ring der Nibelungen". Ferdinand Freiligrath † (*1810). Der deutsche liberale Dichter, der seiner politischen Einstellung wegen Deutschland mehrmals verlassen musste, erneuerte die deutsche Lyrik mit exotischen Gedichten wie „Der Mohrenfürst". George Sand, eigentlich Amantine Dudevard † (*1804). Die Geliebte von Alfred de Musset und Frédéric Chopin schrieb gesellschaftskritische Romane.

1877

Russland greift in die Balkankrise ein und führt mit der Hilfe von Rumänien Krieg gegen die Türkei. Russischer Vorstoß bis nahe vor Konstantinopel. **ENGLAND:** Das burische Transvaal in Südafrika wird britische Kolonie. **Wissenschaft:** Erfindung des Walzenphonographen durch den Amerikaner Thomas Alva Edison.

1878

Auf Kaiser Wilhelm I. wird ein Attentat verübt. Bismarck erlässt das Sozialistengesetz, das ein Verbot sozialistischer Vereine und Versammlungen vorsieht. Durch das starke Engagement der deutschen Sozialdemokraten wird das Gesetz 1890 nicht mehr verlängert. Unter Vorsitz Otto von Bismarcks findet in Berlin ein Kongress zur Beilegung der Feindseligkeit zwischen Russland auf der einen Seite und England sowie Österreich-Ungarn auf der anderen Seite statt. Der Friede von San Stefano, der den russisch-türkischen Krieg (siehe 1877) beendet, wird durch die Großmächte anerkannt. Die Balkanstaaten Bulgarien, Montenegro, Rumänien und Serbien erhalten die Unabhängigkeit. **ÖSTERREICH, ITALIEN:** Besetzung von Bosnien und Herzegowina. Umberto I. wird König (–1900). **ENGLAND:** Kriegserklärung gegen Afghanistan. Die militärische Auseinandersetzung dauert bis 1880. **CYPERN**, vorher Türkei, kommt zu England. **Kirche:** Papst Leo XIII. (–1903). **Religion:** Gründung der Heilsarmee in London durch William Booth. **Wissenschaft:** Julius Robert Mayer † (*1814). Der Arzt und Naturforscher entdeckte das Gesetz von der Erhaltung der Energie.

1879

Das Deutsche Reich schließt mit Österreich einen Zweibund, der den Interessen der Verteidigung gilt. Späterer Eintritt Italiens (1882) in den Zweibund. Gründung eines Reichsgerichts in Leipzig. Einführung von Schutzzöllen in Deutschland. **FRANKREICH:** In Äquatorialafrika entsteht französisches Kolonialgebiet. Jules Grévy wird Präsident (–1887). **RUSSLAND:** Drei Attentate auf Zar Alexander II. durch Anarchisten. **CHILE:** Beginn des „Salpeterkriegs" mit Bolivien und Peru (–1884), der mit einem Sieg Chiles endet. **Kultur:** Charles de Coster † (*1827), flämischer Erzähler. Gottfried Semper † (*1803). Der deutsche Baumeister schuf u. a. das Burgtheater von Wien.

1880

ENGLAND: Russland muss im Krieg um Afghanistan zurückstecken. **FRANKREICH:** Gründung der Sozialistischen Partei. **ARGENTINIEN:** Innere Unruhen führen zum Bürgerkrieg. **Wissenschaft:** Der Staatssekretär des Reichspostamts, Heinrich Stephan, setzt die ersten Fernsprecher der deutschen Post ein. **Kultur:** Anselm Feuerbach † (*1829). Der deutsche Maler war ein Vertreter des Klassizismus. Jacques Offenbach † (*1819). Der deutsch-französische Opern- und Operettenkomponist verfasste u. a. „Hoffmanns Erzählungen". Konrad Duden gibt „Orthographisches Wörterbuch der deutschen Sprache" heraus.

1881

Alexander II.

Deutschland, Österreich und Russland schließen einen geheimen Neutralitätsvertrag für die Dauer von drei Jahren. **ENGLAND:** Der ehemalige Ministerpräsident (1874–1880) Benjamin Disraeli, eigentlich Lord Beaconsfield, stirbt (*1804). Gründung einer sozialdemokratischen Vereinigung. **RUSSLAND:** Zar Alexander II. fällt einem Attentat zum Opfer. Sein Nachfolger ist Alexander III. (–1894). Auch er ist ein Vertreter des Absolutismus. Gründung der Geheimpolizei Ochrana. **FRANKREICH:** Tunis fällt unter französische Schutzherrschaft. **ITALIEN:** Eroberung von Eritrea und Somaliland. **BELGIEN:** König Leopold II. gründet den Staat Kongo. **Wissenschaft:** Der Deutsche Hermann von Wissmann bereist Afrika von Westen nach Osten. Louis Pasteur, französischer Chemiker und Biologe, stellt erstmals Impfstoff gegen die Tollwut, Milzbrand und Rotlauf her. **Kultur:** Hermann Lothe † (*1817), deutscher Philosoph. Modest Mussorgskij † (*1839). Der russische Komponist schrieb u. a. die Oper „Boris Godunow". Berühmt geworden ist auch das Klavierstück „Bilder einer Ausstellung".

1882

Deutsches Reich und Österreich-Ungarn erweitern den Zweibund um Italien. **ÄGYPTEN:** Nach einer Militärrevolte unter Arabi Pascha Besetzung durch England, die bis 1922 in Form einer Schutzmacht andauert. **SERBIEN:** Milan Obrenović wird erster

Darwin, Zeitgenössische Karikatur

König (1889). **Verkehr:** Die Eisenbahn durchfährt den St. Gotthard-Tunnel in der Schweiz. **Kultur:** Joseph Arthur Graf Gobineau † (*1816). Der französische Dichter und Geschichtsphilosoph verherrlichte das Germanentum und schrieb u. a. die episch-dramatischen Szenen „Renaissance". Ralph Waldo Emerson † (*1803). Der amerikanische Philosoph und Dichter ließ sich in seiner Lehre von Kant beeinflussen. Dante Gabriel Rossetti † (*1828), englischer Maler und Dichter. **Wissenschaft:** Robert Koch, Begründer der Bakteriologie, entdeckt den Erreger des Tuberkelbazillus. Charles Darwin † (*1809). Der englische Naturforscher, führender Vertreter der Abstammungslehre (Darwinismus), schrieb u. a. das Werk „Die Abstammung des Menschen und die geschlechtliche Zuchtwahl".

1883

Erlass des Gesetzes der Krankenversicherung durch Bismarck. Hierdurch sind die Arbeiter gegen Krankheit, Unfall, Invalidität und Arbeitsunfähigkeit versichert. **ENGLAND:** Besetzung des Betschuanalands. **RUMÄNIEN:** Es kommt zu einem Bündnisschluss mit dem Deutschen Reich und Österreich-Ungarn. **Wissenschaft:** Bau der Dampfturbine durch Carl Gustav de Laval. Hiram Stevens Maxim macht die Erfindung des Maschinengewehrs. Gottlieb Daimler lässt seine Erfindung, den Automotor, patentieren. **Kultur:** Iwan Turgenjew † (*1818). Der russische Dichter schrieb u. a. den Roman „Väter und Söhne". Edouard Manet † (*1832). Der französische Maler und Begründer des Impressionismus schuf die Bilder „Im Gartenlokal" und „Frühstück im Freien". Richard Wagner † (*1813). Der deutsche Opernkomponist verfasste Musikdramen wie „Tannhäuser", „Der Ring der Nibelungen" und „Tristan und Isolde", die dichterisch und musikalisch eine Neuerung in der Geschichte der Oper bedeuteten. 1872 legte er den Grundstein zum Bayreuther Festspielhaus, das seiner Idee des Gesamtkunstwerks entgegenkam.

1884

Beginn der deutschen Kolonialpolitik. Kamerun, Togo und Deutsch-Südwestafrika werden von Gustav Nachtigal, Franz Lüderitz und Carl Peters erworben. Zur Erneuerung des Neutralitätsvertrags (seit 1881) Treffen der drei Kaiser, Wilhelm I. (Deutsches Reich), Franz Josef I. (Österreich), Alexander III. (Russland). **RUSSLAND:** Die Gebiete Kurland, Livland und Estland fallen an das russische Reich. **Wissenschaft:** Gregor Mendel † (*1822), Vererbungsforscher aus Böhmen. **Kultur:** Emanuel Geibel † (*1815). Der deutsche Dichter setzte sich für die Einigung des Deutschen Reichs ein. Ludwig Richter † (*1803), deutscher romantischer Maler.

1885

Imperialismus: Britische Soldaten

In Berlin findet die Kongo-Konferenz statt, die mit der Verabschiedung der so genannten Kongo-Akte die Unabhängigkeit des Staates Kongo unter dem belgischen König Leopold II. anerkennt. **PORTUGAL:** Angola in Afrika wird portugiesische Kolonie. **FRANKREICH:** Annam und Tongking in Hinterindien werden französisch. **BULGARIEN:** Um das Gebiet Ost-Rumelin Krieg mit Serbien, der im Frieden zu Wien beendet wird.

1886

König Ludwig II. von Bayern (seit 1864), für geisteskrank erklärt und entmündigt, ertrinkt im Starnberger See. Nachfolger (Regent) wird Prinz Luitpold von Bayern. **ENGLAND:** Verzicht Chinas auf Burma:

Angliederung an Britisch-Indien. Nigeria wird eine Britische Kolonie. **JAPAN:** Ministerpräsident wird Hirobumi Ito. Er regiert mit einigen Unterbrechungen bis 1900. **Religion:** Ramakrischna † (*1834), indischer religiöser Lehrer. Er gründete einen hinduistischen Reformorden. Seine Lehre berief sich auf die Gleichheit und Wahrheit aller Religionen. **Kultur:** Leopold von Ranke † (*1795). Der deutsche Historiker schrieb u. a. „Deutsche Geschichte im Zeitalter der Reformation" und „Weltgeschichte". Franz von Liszt † (*1811). Der ungarische Pianist und Komponist, ein Förderer der Werke von Richard Wagner, schrieb u. a. sinfonische Dichtungen, Rhapsodien und Etüden.

1887

Ende des Dreikaiserbündnisses (seit 1874). Bismarck schließt einen so genannten Rückversicherungsvertrag mit Russland, um nicht durch die Balkanpolitik Österreichs in einen Krieg verwickelt zu werden. Gegenseitige Neutralität wird zugesichert. **ÖSTERREICH:** Der Reichstag bewilligt eine Vergrößerung des Heeres, was zu erhöhten Spannungen mit Russland führt. Österreich, Italien und England erklären sich mit der Auflösung des Orient-Dreibundes dazu bereit, die Interessen der Türkei gegenüber Russland zu wahren. **FRANKREICH:** Carnòt wird Präsident (–1894), hält freundschaftlichen Kontakt zu Russland. Wird von Anarchisten ermordet. **ENGLAND:** Die Kolonie Britisch-Ostafrika entsteht. **Kirche:** Papst Leo XIII. beendet den Kulturkampf. **Kultur:** Johann Jakob Bachofen † (*1815), Geschichtsphilosoph aus der Schweiz. Friedrich Theodor Vischer † (*1807), deutscher Dichter und Philosoph. Hans von Marées † (*1837). Der deutsche Maler schuf u. a. Landschaften mit Reitern und mythologischen Gestalten.

1888

Nach dem Tod Kaiser Wilhelms I. (*1797) tritt zunächst sein Sohn Friedrich III. die Nachfolge an. An Kehlkopfkrebs erkrankt, stirbt der liberal denkende Monarch noch im selben Jahr. Wilhelm II., ein Enkel Friedrich Wilhelms I., wird deutscher Kaiser (–1918). Ein Aufstand der Araber in Deutsch-Ostafrika wird von Hermann von Wissmann niedergeschlagen. Im Deutschen Reichstag wird das Landwehr- und Landsturmgesetz geändert. Verlängerung der Landwehr bis zum 39., des Landsturms bis zum 45. Lebensjahr. **Wirtschaft:** Friedrich Wilhelm Raiffeisen † (*, 1818), Gründer des ländlichen Genossenschaftswesens, besonders der Spar- und Darlehenskassen. **Wissenschaft:** Fridtjof Nansen aus Norwegen durchquert auf einer Polarexpedition Südgrönland. **Kultur:** Theodor Storm † (*1817). Der deutsche Dichter verfasste u. a. Werke wie „Der Schimmelreiter", „Immensee" und „Pole Poppenspäler".

Fridtjof Nansen

1889

ÖSTERREICH: Kronprinz Rudolf, einziger Sohn Kaiser Franz Josephs, begeht in Mayerling Selbstmord. **FRANKREICH:** In Paris wird die „Zweite Internationale" der Sozialdemokraten ins Leben gerufen. Bei der Tagung, an der auch 81 Deutsche teilnehmen, wird der 1. Mai zum Tag der Arbeit erklärt. **ENGLAND:** Rhodesien wird britische Kolonie. **BRASILIEN** wird nach einem Aufstand um die Befreiung der Sklaven Republik. **ABESSINIEN:** Menelik (–1913) wird durch die Unterstützung Italiens Kaiser von Äthiopien. Der Protektoratsvertrag scheitert 1896. **JAPAN:** Einführung der konstitutionellen Monarchie. Mit der Verfassung erhält Japan ein Parlament, das aus Ober- und Unterhaus besteht. **Kultur:** Ludwig Anzengruber † (*1839). Der Österreicher schrieb Romane und Volksstücke wie „Der Gewissenswurm". Jules Dupré † (*1811), französischer Maler. **Religion:** Albrecht Ritschl † (*1822), protestantischer Theologe.

1890

Kaiser Wilhelm II. entlässt den Reichskanzler und preußischen Ministerpräsidenten Otto von Bismarck. Er erhält den Titel eines Herzogs von Lauenburg. Gründe für diesen Schritt sind die Russland-

V. van Gogh: Nachtcafé

politik, das „Sozialistengesetz" und die Selbstständigkeit des Reichskanzlers im Umgang mit den Parteiführern. Leo von Caprivi wird sein Nachfolger (–1894). Caprivi ist preußischer General. Ende des deutsch-russischen Rückversicherungsvertrags. Das Nichtzustandekommen einer Verlängerung geht auf das Konto Fritz von Holsteins, dem Berater des auswärtigen Amtes von Kaiser Wilhelm. Durch einen deutsch-englischen Vertrag fällt Helgoland an das Deutsche Reich, Sansibar und Witu werden englisch. Der Reichstag erneuert das Sozialistengesetz (seit 1878) nicht. Umbenennung der Sozialdemokratischen Arbeiterpartei in „Sozialdemokratische Partei Deutschlands". **RUSSLAND:** Die Auflösung des Rückversicherungsvertrags vertieft den Kontakt zu Frankreich. **NIEDERLANDE:** Wilhelmina wird Königin (–1948). **Kultur:** Gottfried Keller † (–1819). Der Schweizer Dichter schrieb u. a. die Romane „Der grüne Heinrich", „Martin Salander" und die Erzählungen „Züricher Novellen". Vincent van Gogh † (*1853). Der niederländische Maler gilt als Bahnbrecher für den Expressionismus. Er malte besonders Landschaftsbilder und Stillleben. Van Gogh wählte in geistiger Umnachtung den Freitod. César Franck † (*1822). Der belgische Komponist schrieb Oratorien, Orchester und Kammermusik. Heinrich Schliemann † (*1822), deutscher Archäloge. U. a. Ausgrabung von Mykene und der Königsgräber.

1891

Gründung des „Alldeutschen Verbandes", der den Imperialismus vertritt. Helmut von Moltke † (*1800). Der preußische Generalfeldmarschall übernahm die Kriegsführung 1866 und 1870/71. Man nannte ihn „den großen Schweiger". Ludwig Windthorst † (*1812). Mitglied des preußischen Abgeordnetenhauses und seit 1871 Führer der Zentrumspartei, war er einer der größten Gegner Bismarcks. **SCHWEIZ:** In Bern gründet Bertha von Suttner das Internationale Friedensbüro. **Kirche:** In der Enzyklika „Rerum novarum" setzt sich Papst Leo XIII. für eine Lösung der Arbeiterfrage im Geiste des Christentums ein. Er verurteilt die revolutionären Lösungen des Sozialismus. **Kultur:** Georges Seurat † (*1859), französischer Maler. Leo Delibes † (*1836), französischer Komponist. Er schrieb komische Opern und Ballette.

1892

Auflösung des Reichstags. Grund ist eine Militärvorlage. Trotzdem kommt es zu einer Heeresverstärkung. In Berlin wird die „Deutsche Friedensgesellschaft" gegründet. Choleraepidemie in Hamburg. **RUSSLAND** und **FRANKREICH:** schließen zur Absicherung eines eventuellen Angriffs des Dreibundes (siehe 1887) eine Militärkonvention. **Kultur:** Gründung der Wochenzeitschrift „Die Zukunft" durch Maximilian Harden. Die Zeitschrift besteht bis 1922. Alfred Tennyson † (*1808). Der englische Lord und Dichter verfasste u. a. Verserzählungen wie „Enoch Arden". Walt Whitman † (*1819). Der nordamerikanische Dichter setzte sich in seinen Werken für die amerikanische Demokratie und Brüderschaft unter den Menschen ein. Gründung der Münchner Sezession durch die Maler und Bildhauer Fritz Uhde, Franz Stuck u. a. Pearl S. Buck *, Dichterin. Sie erhielt 1938 den Nobelpreis. **Wirtschaft:** Werner von Siemens † (*1816), deutscher Ingenieur und Unternehmer. Er gilt als Begründer der Elektroenergietechnik.

1893

Konservativer „Bund der Landwirte". **ENGLAND:** Gründung der „Unabhängigen Arbeiterpartei". **CHINA:** Sun Yat-sen macht sich für eine Regierung auf republikanischer Grundlage stark. Vorstufe zur Kuomintang-Partei. **Wissenschaft:** In Russland wird mit dem Bau der Transsibirischen Bahn begonnen. Fridtjof Nansen startet eine dreijährige Nordpolfahrt auf der Fram. **Kultur:** Charles Gounod † (*1818). Der französische Komponist schrieb u. a. die Oper „Margarethe" (Figur aus „Faust"). Peter

Tschaikowski † (*1840). Der russische Komponist schrieb u. a. die Oper „Eugen Onegin" sowie Sinfonien, Kammer- und Klaviermusik und Ballette („Schwanensee", „Dornröschen").

Cinq Centimes

ERNEST VAUGHAN

L'AURORE

Littéraire. Artistique. Sociale

J'Accuse...!

LETTRE AU PRÉSIDENT DE LA RÉPUBLIQUE

Par ÉMILE ZOLA

LETTRE
A M. FÉLIX FAURE

Zeitungsausschnitt der Kampfschrift „J'accuse" von Zola (1898)

1894

Fürst Chlodwig zu Hohenlohe-Schillingsfürst wird deutscher Reichskanzler (–1900). **FRANKREICH:** Beginn des Dreyfus-Prozesses. Wegen angeblichen Landesverrats wird der jüdische Offizier Alfred Dreyfus zu lebenslänglicher Haft auf Cayenne verurteilt. Die „Affäre Dreyfus" erschüttert Frankreich. Dreyfus wird 1899 begnadigt und 1906 rehabilitiert. Einer seiner großen Fürsprecher ist Emile Zola, der sich mit dem berühmten Brief „J'accuse" (ich klage an) gegen das Unrecht wendet. Casmit-Périer wird Präsident (–1895). **RUSSLAND:** Nikolaus II. wird Kaiser (–1917). Der Zar vermählt sich mit einer Prinzessin von Hessen (Alexandra Fjodorowna). **JAPAN:** Führt mit China Krieg (–1895) um Korea. **ENGLAND** übernimmt Protektorat für Uganda. **Kultur:** Robert L. Stevenson † (*1850). Der englische Romanschriftsteller schrieb u. a. die Abenteuergeschichte „Die Schatzinsel". Anton Rubinstein † (*1829), russischer Pianist und Komponist. **Wissenschaft:** Hermann von Helmholtz † (*1821). Der deutsche Naturforscher erfand den Augenspiegel.

1895

Während der Deutsche Reichstag und die Berliner Stadtverordnetenversammlung ein Glückwunschtelegramm zum 80. Geburtstag an den ehemaligen Reichskanzler Bismarck ablehnen, stimmt das preußische Abgeordnetenhaus dafür. Einweihung des Nord-Ostsee-Kanals. **JAPAN:** Ende des Kriegs mit China. Korea wird unabhängig. Japan erhält durch den Frieden von Shimonoseki Formosa. **ITALIEN:** Beginn eines Kriegs gegen Abessinien (–1896). Vernichtende Niederlage Italiens bei Adua. Mit dem Friedensvertrag von Addis Abeba verzichtet Italien auf das Protektorat. **ENGLAND:** Kenia wird britische Kronkolonie. **Wissenschaft.** Louis Pasteur † (*1822). Der französische Chemiker und Biologe gilt als Begründer der Bakteriologie und stellte erstmals Impfstoffe gegen die Tollwut, Milzbrand und Rotlauf her. **Kultur:** Friedrich Engels † (*1820). Der deutsche Sozialist war ein Freund von Karl Marx, neben dem er als wichtigster Begründer des Marxismus gilt. Luise Otto-Peters † (*1819). Sie gründete den ersten „Allgemeinen deutschen Frauenverein". Nikolai Leskow † (*1831), russischer Dichter. Alexandre Dumas (der Jüngere) † (*1824). Der französische Schriftsteller schrieb u. a. den Roman „Die Kameliendame". Gustav Freytag † (*1816). Der deutsche Kulturhistoriker und Schriftsteller verfasste u. a. den Roman „Soll und Haben" sowie „Die verlorene Handschrift".

1896

Kaiser Wilhelm II. schickt an den Präsidenten der burischen Transvaal-Republik in Südafrika (seit 1842) eine Depesche, in der er seinen Glückwunsch zum misslungenen Angriff der Engländer mitteilt. Dies führt zu einer politischen Verstimmung mit Großbritannien. **ÖSTERREICH:** Franz Ferdinand, Sohn des Erzherzogs Karl Ludwig, wird zum Thronfolger ernannt. **RUSSLAND:** Bei der Inthronisation von Zar Nikolaus II. kommt es zu einer Katastrophe unter den Zuschauern, bei der an die 3000 Menschen zu Tode getrampelt werden. **TÜRKEI:** Der Krieg mit Griechenland um die Insel Kreta endet durch Einflussnahme der Großmächte. Kreta wird selbstständig, bleibt aber unter türkischer Oberhoheit. **Kultur:** Anton Bruckner † (*1824). Der österreichische Komponist schrieb u. a. drei „Große

Flugversuch Otto Lilienthals in Berlin 1893

Messen" und neun Sinfonien. Clara Schumann, geb. Wieck † (*1819), Ehefrau des Komponisten Schumann und Pianistin. Paul Verlaine † (*1844), französischer Lyriker der Bohème. In München wird die politisch-satirische Wochenschrift „Simplizissimus" von Albrecht Langen und Theodor Heine herausgegeben (–1944). **Wissenschaft:** Alfred Nobel † (*1833). Der schwedische Chemiker, Erfinder des Dynamits und der Sprenggelatine, richtete die Nobelpreisstiftung für verdiente Männer und Frauen aller Länder ein. Erste Verleihung des Nobelpreises 1901. Die schwedische Akademie in Stockholm verleiht den Preis für Physik, Chemie, Heilkunde und Literatur. Den Friedensnobelpreis überreicht das norwegische Storting in Oslo. Otto Lilienthal † (*1848). Der Ingenieur und Flugtechniker vermittelte mit seinen Segelflügen sowohl der Fliegerei als auch dem Flugzeugbau wertvolle Erkenntnisse.

1897

Kaiser Wilhelm II. besetzt das Reichsmarineamt mit Alfred von Tirpitz. Unter Führung des Staatssekretärs Gründung des Deutschen Flottenvereins. Der Ausbau der Deutschen Flotte führt zu einer weiteren Verstimmung mit England. **AMERIKA:** William McKinley Präsident (–1901). Er wird ermordet. **SCHWEIZ:** In Basel tagt der erste Zionistenkongress. Die Vorlage gefälschter Dokumente durch den russichen Geheimdienst verstärkt den Antisemitismus: Die „Protokolle der Weisen von Zion" proklamieren eine angebliche Weltherrschaft der Juden. **PERSIEN:** Schah Nassir ed-din wird ermordet. **Kultur:** Jacob Burckhard † (*1818). Der Schweizer Kunst- und Kulturhistoriker verfasste u. a. Werke wie „Die Kultur der Renaissance in Italien", „Cicerone" und „Griechische Kulturgeschichte". Wilhelm Heinrich Riehl † (*1823). Der Kulturgeschichtsforscher und Direktor des Bayerischen Nationalmuseums war Mitbegründer der deutschen Soziologie. Johannes Brahms † (*1833). Der Komponist und Klassiker schrieb u. a. vier Sinfonien, Kammermusik, Klavierstücke und Lieder. **Wissenschaft:** Heinrich Stephan † (*1831), Gründer der Deutschen Reichspost und des Weltpostvereins. Zuletzt Staatssekretär des Reichspostamtes.

1898

Die Bündnisgespräche mit England verlaufen ergebnislos. Erstes Flottengesetz vom Reichstag angenommen. Fürst Otto von Bismarck, Reichskanzler von 1871–90, stirbt (*1815). Sein Werk „Gedanken und Erinnerungen" wird nach seinem Tod veröffentlicht. **ÖSTERREICH:** Kaiserin Elisabeth, Gemahlin von Franz Joseph I., wird in Genf von Anarchisten ermordet. **ENGLAND:** Mit dem Sudan-Vertrag enden die Streitigkeiten zwischen England und Frankreich um die Besitzrechte am Sudan und Oberen Nil. **AMERIKA:** Nach dem Aufstand in Kuba kommt es zu einem Krieg zwischen den USA und Spanien. Im Frieden von Paris wird Kuba selbstständig, allerdings unter Protektorat der USA ab 1901. Die Philippinen und Puerto Rico fallen an die Vereinigten Staaten. **CHINA:** Kaiserinwitwe Tse-Hi zwingt durch ihre starre Haltung Kaiser Kuang-sü, auf Reformen zu verzichten. Mittels eines Pachtvertrags tritt China den Hafen Kiatuschou an das Deutsche Reich ab. **Wissenschaft:** Entdeckung des Radiums und des Poloniums durch die französischen Physiker Pierre und Marie Curie. Gründung des ersten deutschen Landerziehungsheims in Ilsenburg durch den Pädagogen Hermann Lietz. **Kultur:**

Theodor Fontane † (*1819). Der deutsche Dichter schrieb insbesondere Romane aus der märkischen und Berliner Gesellschaft des Adels und Bürgertums, so „Effi Briest" und „Der Stechlin". Conrad Ferdinand Meyer † (*1825) aus Zürich, verfasste u. a. Gedichte, Novellen und Romane wie „Die Versuchung des Pescara" und „Jürg Jenatsch". Gründung der „Berliner Morgenpost" durch Leopold Ullstein.

Burenkrieg

1899

Die Karolinen und Marianen werden deutsche Kolonien. Mithilfe der Deutschen Bank erhalten deutsche Firmen die Konzession für den Bau der Bagdadbahn zwischen Istanbul und dem Persischen Golf. Der Ruf nach Reformen innerhalb der Sozialdemokratie wird deutlich. Eduard Bernsteins „Voraussetzungen des Sozialismus und die Aufgaben der Sozialdemokratie". **NIEDERLANDE:** Gründung des Haager Schiedsgerichtshofes zur Beilegung internationaler Streitigkeiten. **ENGLAND:** Der Krieg in Südafrika (–1902) gegen die Buren, zunächst erfolgreich für die Gegner, endet mit einem Sieg der Engländer. **Wissenschaft:** Der englische Physiker Ernest Rutherford entdeckt die Alpha- und Beta-Strahlen radioaktiver Atome. 1908 erhält er dafür den Nobelpreis. **Kultur:** Alfred Sisley † (*1839). Der englisch-französische Maler, typischer Vertreter des Impressionismus, schuf insbesondere Landschaftsgemälde. Johann Strauß (Sohn) † (*1842), österreichischer Komponist. Karl Millöcker † (*1842). Der österreichische Operettenkomponist schrieb u. a. „Der Bettelstudent".

Fürst Otto von Bismarck

Otto von Bismarck

Otto von Bismarck, am 1. April 1815 (–1898) in Schönhausen in der Altmark geboren, entstammt altem, märkischen Adel. Auch als Kanzler hat Bismarck nie die Natur des preußischen Junkers verleugnet, der in seinem Kreise zu befehlen gewohnt ist, aber seinem Herrn und König in ritterlicher Treue ergeben ist. Von seiner Mutter, die aus einer Gelehrten- und Beamtenfamilie kommt, hat er sein gewandtes Auftreten, seine Feinnervigkeit, aber auch seine Reizbarkeit geerbt. 1847 zum Abgeordneten berufen beginnt er seine politische Laufbahn. Bereits 1862 beruft Wilhelm I. den sechssprachigen Edelmann zum Ministerpräsidenten. Zeitlebens achtet Bismarck die Rechte der Volksvertretungen gering, während er seinem König in unbedingter Loyalität ergeben ist. Sein Hauptziel sieht er in der Sicherung des Friedens und der deutschen Einheit. Dafür ist ihm jedes Mittel recht. So legt er zum Beispiel den Staatshaushalt mit den Ausgaben für das Heer – für ihn ein entscheidendes Instrument der Macht in Krieg und Frieden – dem Abgeordnetenhaus für drei Jahre gar nicht mehr zur Genehmigung vor. Der geschickte Diplomat gründet den Norddeutschen Bund, für den er die Verfassung selbst entwirft (sie wurde 1871 als Reichsverfassung fast unverändert übernommen und galt bis 1918). 1870 kommt es zum deutsch-französischen Krieg, der von Bismarck in vielerlei Hinsicht gewünscht worden war, wenn auch nur mit dem Ziel, das Deutsche Reich zu vereinen, und zwar unter der Führung Preußens. Am 18. Januar 1871 hat er sein Ziel erreicht: König Wilhelm wird im Spiegelsaal des Schlosses von Versailles zum neuen Deutschen Kaiser ausgerufen. Bismarck selbst wird Reichskanzler des Bundesstaates, dem 25 Einzelstaaten, 22 Monarchien und drei „freie Städte" angehören. In den 80er-Jahren führt er den „Kulturkampf" gegen den politischen Katholizismus (Zentrumspartei). 1878 setzt er das Sozialistengesetz durch, 1879 die Sozialgesetze (Kranken- und Unfallschutz, Schutz für Alter und Todesfall). 1884/85 erwirbt er für Deutschland die erste Kolonie. 1887 schließt Bismarck mit Russland den Geheimen Rückversicherungsvertrag, der eine gegenseitige „wohl wollende Neutralität" vorsieht. Nach dem Tode Wilhelms I. und seines Sohnes Friedrich III. übernimmt dessen Sohn Wilhelm II. die Regierung. Der junge Kaiser sieht in der Regierungsweise des alten Staatsmanns eine Bevormundung und entlässt ihn deshalb 1890 mit dem Titel eines Herzogs von Lauenburg. Nach seiner Entlassung zerreißt das von Bismarck so kunstvoll gesponnene Bündnisnetz sehr schnell.

20. Jahrhundert

UNO: Emblem

Das letzte Jahrhundert hat in den vergangenen Jahrzehnten viele Gesichter gezeigt. Königreiche sind untergegangen, Republiken sind entstanden, Revolutionen haben die Welt verändert. Besonders wichtig in diesem Zusammenhang ist die russische Revolution, die die Herrschaft der Zaren beseitigt und ein neues Regime an die Macht bringt: die kommunistische Partei Russlands. Weltwirtschaftskrisen und zwei Weltkriege haben deutlich gemacht, wie klein unsere Erde geworden ist. Jedes regionale, nationale Ereignis kann Auswirkungen auf das politische Kräfteverhältnis der Welt haben. Nach dem Zweiten Weltkrieg wird Deutschland in zwei Staaten aufgeteilt: in die Bundesrepublik Deutschland (West) und die Deutsche Demokratische Republik (Ost). Berlin wird geteilte Stadt (Mauerbau). Ebenso ist die Welt in zwei Machtblöcke und die so genannte Dritte Welt aufgeteilt: in die USA mit ihren Verbündeten und in die Sowjetunion mit ihren Satellitenstaaten. Die Staaten der beiden Machtblöcke sind durch verschiedene Bündnisse zusammengeschlossen. Im kommunistischen Machtbereich ist dies der Warschauer Pakt, im Westen sind es die Nato und die EG (früher EWG). Alle Staaten sind in der UNO vertreten, einem Völkerbund mit Hauptsitz in New York, der künftige Kriege verhindern soll. Durch das Vetorecht einzelner Staaten aber bleibt die Macht dieses Bundes äußerst beschränkt: Die UNO kann regionale Kriege wie etwa den Vietnamkrieg nicht verhindern oder verbieten. Erst in den 90er-Jahren wird die strenge Blockbildung durch weitgehend unblutige Revolutionen in den Staaten des ehemaligen Ostblocks aufgelöst; dafür entstehen neue, national oder religiös motivierte Konflikte. Auto und Flugzeug werden zu den Fortbewegungsmitteln des 20. Jahrhunderts. Da beide auf Kraftstoff angewiesen sind, der aus Rohöl hergestellt wird, gewinnen die Erdöl fördernden Staaten (OPEC) in der zweiten Hälfte des Jahrhunderts ständig an Macht. Ende der 60er-Jahre kommt es zu einer Ölkrise, die auf die Menschen der westlichen Hemisphäre wie ein Schock wirkt. Auf der Suche nach neuen Energiequellen greift man auf die Atomkraft zurück, was zu großen gesellschaftlichen Auseinandersetzungen in vielen Staaten der Erde führt. Die Unterhaltungsindustrien Film, Fernsehen, Radio und Schallplatte bringen neue, eher unpolitische Idole hervor. In der Musikszene etwa sind dies die Beatles, Rolling Stones, Elvis Presley. Einige von ihnen (z. B. Bob Dylan, Joan Baez) setzen sich gezielt für den Frieden in der Welt ein. Die Kirche, die sich immer stärker auf die Rationalität zurückgezogen und den mystischen Bereich vernachlässigt hatte, sieht sich plötzlich einem Gläubigenschwund ausgesetzt, während verschiedene Sekten ungeheuren Zulauf haben. Die moderne Medizin ist in der Lage, fast alle Krankheiten zu heilen. Dadurch erhöht sich die allgemeine Lebenserwartung erheblich. 1980 ist fast in der ganzen westlichen Welt die 40-Stunden-Woche eingeführt. Das hat zur Folge, dass die Freizeitindustrie einen großen Aufschwung erlebt und als Industrie mit großer Zukunft gilt. Nicht zuletzt sorgen die Globalisierung der Weltwirtschaft und die sich stetig weiterentwickelnden Kommunikationsmöglichkeiten (u. a. das Internet) dafür, dass die Welt immer näher zusammenrückt.

1900

Fürst Bernhard von Bülow wird deutscher Reichskanzler. Ein zweites deutsches Flottengesetz sieht die starke Erweiterung der Seestreitkräfte vor. **ITALIEN:** Umberto I., König von Italien (*1844), stirbt bei einem anarchistischen Anschlag. Sein Nachfolger wird Viktor Emanuel III. (–1946). **CHINA:** Die europäischen Großmächte schlagen den antieuropäischen Aufstand des Geheimbundes der „Boxer" blutig nieder. Kaiserin-Witwe Tse-Hi steht auf der Seite der Boxer. Die europäischen Großmächte, Japan und die USA vereinbaren in China eine Politik der „offenen Tür". **Kultur:** Friedrich Wilhelm Nietzsche † (*1844). Der Professor der klassischen Philologie wurde 1889 geisteskrank. Zunächst war er stark von Schopenhauer und Wag-

Boxeraufstand

ner beeinflusst. Nach seinem Bruch mit Wagner versuchte er, eine „Umwertung aller Werte" vorzunehmen: Er stellt den „Übermenschen", der den Willen zum Leben und zur Macht verkörpert, als moralisches Postulat dem zeitgenössischen Bildungsphilister entgegen und übt Kritik an der christlichen Moral. Nietzsches Philosophie wurde später durch Hitler und den Nationalsozialismus pervertiert. Nietzsches Hauptwerke sind: „Also sprach Zarathustra" und „Ecce Homo" (eine Selbstbiographie, in der Nietzsche die Summe seiner Erkenntnisse niederschreibt). Oscar Wilde † (*1856). Der englische Dichter schrieb Gesellschaftsstücke. So „Das Bildnis des Dorian Gray", „Ein idealer Gatte" und „Lady Windermeres Fächer" sowie Märchen und Gedichte. **Wissenschaft:** Knorr erfindet die Luftdruckbremse. Mit der Formel für die Strahlung schwarzer Körper begründet Max Planck die Quantentheorie und leitet damit einen entscheidenden Wandel in der Physik und der allgemeinen Naturanschauung ein. Erste Zeppelinfahrt; in Paris wird die erste Rolltreppe vorgeführt sowie der Bau der U-Bahn begonnen. **Gesellschaft:** Das Bürgerliche Gesetzbuch tritt in Kraft. Der Deutsche Fußballbund wird gegründet.

1901

Die Wiederaufnahme der deutsch-englischen Bündnisverhandlungen scheitert u. a. an der deutschen Forderung, England in den Dreibund einzubeziehen. Viktoria † (*1840). Die älteste Tochter der englischen Königin Viktoria heiratete 1858 den Prinzen Friedrich Wilhelm von Preußen, den späteren Kaiser Friedrich III. Viktoria beeinflusste ihren Mann stark. Ihre entschieden liberale Haltung brachte sie wiederholt in Konflikt mit Bismarck. Auch ihr Verhältnis zu ihrem Sohn Kaiser Wilhelm II. war sehr gespannt. In München gründen die russischen Revolutionäre Lenin und Plechanow die Zeitschrift „Iskra" („Der Funke"). **ENGLAND:** Viktoria † (*1819), seit 1837 Königin von Großbritannien. Eduard VII., ihr Sohn, wird König. **USA:** McKinley † (*1843), Präsident der USA. Er wird von einem Anarchisten ermordet. McKinleys Nachfolger wird Theodore Roosevelt. **Wissenschaft:** Max von Pettenkofer † (*1818), Arzt. Der Mediziner, seit 1853 Professor in München, schuf die Grundlagen der neuzeitlichen Hygiene. Er forderte, die Umwelt des Menschen zu erforschen, um die für die Gesundheit nützlichen oder schädlichen Faktoren herauszufinden. In Sibirien wird zum ersten Mal ein vollständig erhaltenes Mammut im gefrorenen Boden gefunden. **Kultur:** Der Bundesstaat Baden lässt Frauen zum Studium zu. 1903 folgt Bayern, 1904 Württemberg, 1906 Sachsen und Thüringen und 1908 Preußen. Arnold Böcklin † (*1827), Maler. Der Schweizer malte Bilder in klaren Formen und leuchtenden Farben, die meist südliche Landschaften mit Götter- und Fabelwesen darstellen. Henri de Toulouse-Lautrec † (*1864), Maler. Der Franzose gilt als Begründer der Plakatkunst. Besonders gern und vollendet arbeitete er mit der Technik der Farblithographie. Toulouse-Lautrec wurde durch einen zweimaligen Beinbruch zum Krüppel. Der Spross aus ältestem französischen Adel fand seine Motive vor allem in der Welt der Cafés, der Dirnen und der Cabarets, auf Rennplätzen und im Zirkus. Guiseppe Verdi † (*1813), Komponist. Der Italiener gelangte zu Weltruhm mit Opern wie „Aida", „Rigoletto", „Othello" und „La Traviata". Verdis Grundsatz war die Unterordnung des Wortes unter die Musik, womit er im Gegensatz zu Richard Wagner stand.

H. de Toulouse-Lautrec: „Moulin Rouge"

Königin Viktoria von England

Königin Viktoria von England

Das einzige Kind des Herzogs Eduard von Kent und einer Prinzessin von Sachsen-Coburg (*1819, † 1901) bestieg 1837 den Thron. Drei Jahre später heiratete sie ihren Vetter Albert von Sachsen-Coburg-Gotha. Nach seinem Tod im Jahre 1861 zog sich Viktoria ganz aus der Öffentlichkeit zurück. Sie besorgte die Regierungsgeschäfte aber bis zu ihrem Tod. Die Königin war zwar deutschfreundlich, stand aber Bismarck feindselig gegenüber. Nach ihr wurde die zweite Hälfte des 19. Jahrhunderts, die Blütezeit des englischen Bürgertums, „viktorianisches Zeitalter" genannt.

1902

ENGLAND: England schließt ein Bündnis mit Japan, das sich gegen das russische Vordringen in Ostasien richtet. Dieses Bündnis wird 1905 und 1911 erneuert. Im Burenkrieg kommt es zum endgültigen Friedensschluss zwischen England und den südafrikanischen Burenstaaten Transvaal und Oranje-Freistaat. Die Burenrepubliken verlieren ihre Unabhängigkeit und werden in das Britische Empire aufgenommen. **ITALIEN:** Italien schließt einen geheimen Rückversicherungsvertrag mit Frankreich (Zusicherung der Neutralität im Kriegsfall). **SPANIEN:** Alfons XIII. wird König von Spanien. Er löst damit seine Mutter, die österreichische Erzherzogin Maria Christina ab, die bis zum 16. Lebensjahr ihres Sohnes die Regentschaft führte. **RUSSLAND:** Der Sozialist Leo Trotzki flüchtet aus ostsibirischer Verbannung nach London. **Wissenschaft:** Der Geograf Erich von Drygalski entdeckt auf einer Antarktis-Expedition mit der „Gauß" das „Kaiser-Wilhelm-Land". Rudolf Virchow † (*1821), Arzt. Der Mediziner war der Begründer der Zellularpathologie, die das Wesen einer Krankheit in Lebensstörungen der Zellen sucht. Außerdem war Virchow Mitglied des preußischen Abgeordnetenhauses, Gründer der liberalen Fortschrittspartei (1861) und heftiger Gegner Bismarcks. **Kultur:** Das Gesetz über das Urheberrecht an Werken der Literatur und der Tonkunst tritt in Kraft. Der spanische Maler Pablo Picasso malt in seiner so genannten „Blauen Periode" Bilder aus dem Leben der Gaukler und der Einwohner von Paris. Emile Zola † (*1840), Schriftsteller. Der Hauptvertreter des französischen literarischen Naturalismus schuf u. a. den zwanzigbändigen Romanzyklus „Die Rougon-Macquart", der den Verfall einer Familie im Zweiten Kaiserreich thematisiert. 1898 musste er für ein Jahr nach England ins Exil, weil er sich mit der Schrift „J'accuse" („Ich klage an") gegen die Verurteilung von Alfred Dreyfus wandte, der wegen angeblichen Landesverrates 1894 auf die Teufelsinsel geschickt wurde.

1903

ÖSTERREICH: Bei einem Treffen des österreichischen Kaisers Franz Joseph I. mit dem russischen Zaren Nikolaus II. in Mürzsteg einigen sich Österreich und Russland bezüglich der mazedonischen Fragen auf die Erhaltung des Status quo auf dem Balkan. **SERBIEN:** Alexander † (*1876), König von Serbien. Er wird zusammen mit seiner Frau ermordet. Sein Nachfolger wird König Peter I. Karageorgewitsch. **ENGLAND:** Auf ihrem Londoner Parteitag spalten sich die russischen Sozialisten in die radikalen Bolschewisten (Mehrheit) unter der Führung Lenins und die gemäßigten Menschewisten (Minderheit) unter Plechanow. **USA:** Nachdem Panama von Kolumbien unabhängig geworden ist, gibt der neu gegründete Freistaat die Kanalzone mit den Hoheitsrechten an die USA ab. **RUSSLAND:** Judenverfolgung. **Wissenschaft:** In München gründet Oskar von Miller das „Deutsche Museum der Naturwissenschaft und Technik". In die deutsche und englische Kriminalistik wird die Daktyloskopie, das Fingerabdruck-Verfahren, eingeführt. Die Brüder Orville und Wilbur Wright unternehmen den ersten erfolgreichen Flug mit einem Motorflugzeug (zwölf Sekunden über eine Entfernung von 50 m). **Kultur:** Theodor Mommsen † (*1817), Historiker und Jurist. Der Sohn eines schlesischen Pfarrers war Professor für römisches Recht und für alte Geschichte, Mit-

P. Gauguin: Siesta auf Tahiti

glied des preußischen Abgeordnetenhauses und Gegner Bismarcks. 1881 bis 1884 gehörte er dem deutschen Reichstag an. Mommsen erhielt 1902 den Nobelpreis für Literatur. Paul Gauguin † (*1848), Maler. Der französische Bankangestellte wandte sich erst 1883 ganz der Kunst zu. Er versuchte, ähnlich wie sein Vorbild van Gogh, die formauflösende Malerei des Impressionismus zu überwinden. Seine reifsten Werke entstanden in der Südsee. **Religion:** Leo XIII. † (*1810). Der italienische Gelehrte war seit 1878 Papst. Er veröffentlichte zahlreiche Enzykliken über soziale, kirchliche und wissenschaftliche Fragen. Sein Nachfolger wird Papst Pius X.

1904

FRANKREICH: Frankreich und Großbritannien schließen die „Entente cordiale", was so viel wie „herzliches Einvernehmen" bedeutet, und einigen sich über verschiedene Reibungspunkte. So bestätigt Großbritannien die französische Schutzherrschaft über Marokko; Frankreich verzichtet auf Einfluss in Ägypten. **AFRIKA:** Aufstände der Herero und der Hottentotten in Deutsch-Südwestafrika, die erst 1908 endgültig niedergeschlagen werden. **JAPAN:** Japan fordert von Russland die Räumung der während des Boxerkrieges besetzten Mandschurei. Russland lehnt ab. Japan erklärt Russland den Krieg. Die Japaner feiern mehrere Siege und setzen die russische Flotte durch einen Überraschungsangriff außer Gefecht. **CHINA:** Der chinesische Staatsmann Sun Yat-sen gründet die Nationalpartei der Kuomintang. Er fordert die Einführung einer demokratischen Republik und soziale Reformen. **Wissenschaft:** Nach Verbot des Phosphors wird in Deutschland das Sicherheitszündholz eingeführt. Die Gebrüder Wright unternehmen ihren ersten Kurven-Motorflug. Henry Morton Stanley † (*1841), Afrikaforscher. Er unternahm zahlreiche Forschungsreisen durch Afrika (einer seiner Flüge galt der Suche nach dem verschollenen Forscher David Livingstone). Stanley schrieb mehrere Bücher über seine Reisen und wurde 1899 von der englischen Königin geadelt. **Kultur:** Franz von Lenbach † (*1836), Maler. Der Münchner Maler galt als der erfolgreichste Porträtmaler seiner Zeit. Kennzeichen seiner Porträts sind der scharf beobachtete Kopf, während die anderen Teile oft nur skizzenhaft behandelt werden. Eduard Hanslick † (*1825), Musikkritiker. Der Wiener galt als gefürchteter Musikkritiker und war ein Gegner Richard Wagners. Anton Dvorák † (*1841), Komponist. Der Tscheche wurde nach schwierigen Lehrjahren als Orchestergeiger Leiter des New Yorker, später des Prager Konservatoriums. Seine Musik vereint romantische Einflüsse deutscher Komponisten wie Brahms mit Elementen der tschechischen Volksmusik. Eines seiner bekanntesten Werke ist die Sinfonie „Aus der neuen Welt". Anton Tschechow † (*1860), Schriftsteller. Der russische Arzt und Prosadichter war einer der größten Meister der Kurzgeschichte. Er schrieb auch mehrere Dramen, die wie die Erzählungen handlungsarm sind und vorwiegend die innere Vereinsamung der Menschen, Lebensangst und Lebensmüdigkeit behandeln.

Sir Henry Morton Stanley

1905

Kaiser Wilhelm II. landet in Tanger und fordert „gleiche Rechte wie andere Handel treibende Nationen". Dieser Besuch führt zur ersten „Marokkokrise" (–1906). Vor Finnland trifft sich Kaiser Wilhelm II. mit Zar Nikolaus II. Sie schließen einen persönlichen Vertrag, ein deutsch-russisches Verteidigungsbündnis, das aber nie in Kraft tritt, da in beiden Ländern Einspruch erhoben wird. Anlässlich der Deutschen Städteausstellung in Dresden wird der „Deutsche Städtetag" gegründet, die Dachorganisation aller kreisfreien und zum Teil auch der kreisangehörigen Städte. Diese Gründung gilt als

Beginn einer modernen Kommunalpolitik. **ENGLAND:** In England wird die konservative durch eine liberale Regierung abgelöst. **NORWEGEN:** Norwegen hebt die seit 1814 bestehende Union mit Schweden auf. Haakon VII. wird zum König gewählt. **IRLAND:** Gründung der „Sinn-Fein"-Bewegung („Wir für uns"), die für die Unabhängigkeit Irlands von England kämpfen soll. **JAPAN:** Japan siegt im Krieg mit Russland. Unter Vermittlung des amerikanischen Präsidenten Theodore Roosevelt wird der Friede von Portsmouth geschlossen. Japan bekommt Süd-Sachalin und Port Arthur. Korea wird als japanisches Einflussgebiet anerkannt. **RUSSLAND:** Aufgrund des unglücklichen russisch-japanischen Krieges bricht in Russland eine Revolution aus. Der Zar erlässt das „Manifest über die Freiheiten" und gibt dem Land eine konstitutionelle Verfassung. Er stimmt der Bildung einer Duma, eines Parlaments, zu. **Wissenschaft:** In Berlin findet der erste internationale Röntgenkongress statt. Der Physiker Albert Einstein veröffentlicht seine grundlegende Arbeit zur speziellen Relativitätstheorie. **Kultur:** Siegfried Jacobsohn gründet die theaterkritische Zeitschrift „Die Schaubühne". Max Reinhardt übernimmt das Deutsche Theater in Berlin. Jules Verne † (*1828), Schriftsteller. Der französische Romancier wurde besonders durch seine utopischen Abenteuerromane bekannt (u. a. „Die Reise um die Erde in 80 Tagen"). In Dresden wird die expressionistische Künstlervereinigung „Brücke" gegründet. Ihr gehören u. a. Maler wie Heckel, Kirchner, Schmidt-Rottluff, später auch Nolde an. Die Mitglieder der „Brücke" lehnen das konventionelle Schönheitsideal und die klassische akademische Malweise ab und sind auf der Suche nach der „Großen Einfachheit der Form".

1906

Die erste Marokkokrise wird auf der Konferenz in Algeciras beigelegt. Ausgelöst wurde sie 1905 durch den Besuch Wilhelms II. in Tanger, der eine Kundgebung gegen die französische Vormachtstellung sein sollte. Auf der Konferenz ist Deutschland isoliert, da England und Italien aufgrund von Verträgen mit Frankreich (Entente cordiale und französisch-italienischer Geheimvertrag) für eine Anerkennung der französischen Vormachtstellung in Marokko eintreten. Kaiser Wilhelm II. verkündet nach dieser Niederlage Steuererhöhungen und treibt die Aufstockung der Kriegsflotte voran. Der deutsche Reichstag wird aufgelöst, da er die Mittel für einen Kolonialkrieg in Südwestafrika nicht bewilligt. Deutschland erwirbt als Kolonien die Gebiete Deutsch- Neuguinea und Deutsch-Samoa (Verhandlungen seit 1884). Die SPD gründet eine Parteischule in Berlin. **ENGLAND:** Die 1900 entstandene britische Arbeiterpartei gibt sich den Namen „Labour Party". **RUSSLAND:** Die erste Duma tritt zusammen und wird wegen radikaler Forderungen wieder aufgelöst. **DÄNEMARK:** Friedrich VIII. wird König von Dänemark. **FRANKREICH:** Alfred Dreyfus (1859–1935), französischer Offizier, wird freigesprochen. Er war wegen angeblichen Landesverrats 1894 auf die Teufelsinsel verschickt worden. Sein Freispruch gilt als Erfolg der humanitären gegenüber den reaktionären Kräften in Frankreich. Georges Clemenceau wird Ministerpräsident. **Wissenschaft:** In Heidelberg und Frankfurt findet die erste internationale Konferenz für Krebsforschung statt. In London erhält die moderne Vererbungsforschung auf dem 3. Internationalen Kongress für Pflanzenzüchtung den Namen „Genetik". In England wird das Schlachtschiff „Dreadnought" gebaut, mit dem der Großkampfschiffbau beginnt. Pierre Curie † (*1859), Physiker. Der Franzose entdeckte 1883 die Druckelektrizität von Kristallen. Mit seiner Ehefrau Marie Curie entdeckte er 1898 das Radium und das Polonium. 1903 erhielt er den Nobelpreis. **Kultur:** In Berlin gründet Max Reinhardt die ersten Kammerspiele, das „Kleine Haus" des Deutschen Theaters. Henrik Ibsen † (*1828), Dichter. Der Norweger wurde vor allem durch seine Gesellschaftsdramen („Gespenster", „Die Wildente", „Hedda Gabler") bekannt. Immer wiederkehrende Themen sind die Entlarvung der

Marie und Pierre Curie

Lebenslüge und die Bewertung und Rolle der Frau in der Gesellschaft. Paul Cézanne † (*1839), Maler. Der Franzose markierte den Übergang vom Impressionismus zum Expressionismus. Seine späten Werke gelten als wegbereitend für die moderne Malerei.

1907

Neuwahlen zum deutschen Reichstag enden mit einem Sieg der konservativen und der liberalen Parteien. **NIEDERLANDE:** In Den Haag findet die Zweite Haager Friedenskonferenz statt. 47 Staaten nehmen teil und beraten über das Neutralitätsrecht. **ÖSTERREICH:** Das allgemeine Wahlrecht wird eingeführt. **SCHWEDEN:** Oskar II. † (*1829), König von Schweden. Er hatte vergebens versucht, die Union mit Norwegen aufrechtzuerhalten, die sich 1905 auflöste. Sein Nachfolger wird Gustav V. **RUSSLAND:** Die zweite Duma tritt zusammen und wird wieder aufgelöst. Am Zarenhof gewinnt der angebliche Wundertäter Rasputin einen starken Einfluss auf die Zarin, die von ihm Hilfe für ihren an der Bluterkrankheit leidenden Sohn erhofft. Im Abkommen von Petersburg grenzen Russland und England ihre Interessengebiete im Vorderen Orient ab. **USA:** In den USA herrscht eine schwere Wirtschaftskrise. Es kommt zu Streiks. **Wissenschaft:** Ernst von Bergmann † (*1836), Arzt. Der deutsche Chirurg erwarb sich besondere Verdienste auf dem Gebiet der Asepsis, dem Fernhalten von Krankheitserregern von Wunden, und gilt als einer der Begründer der Hirnchirurgie. Sir William Thomson † (*1824), Physiker. Der Engländer, seit 1892 Lord Kelvin of Largs, arbeitete auf dem Gebiet der Thermodynamik. Er stellte wissenschaftlich strenge Definitionen der absoluten Temperatur auf, die dann in Kelvingraden angegeben wurde. **Kultur:** Paula Modersohn-Becker † (*1876), Malerin. Die deutsche Expressionistin malte vorwiegend Porträts, Stillleben und Selbstbildnisse. Die italienische Ärztin und Pädagogin Maria Montessori eröffnet ihr erstes Kinderhaus für drei- bis sechsjährige Arbeiterkinder. **Religion:** Papst Pius X. wendet sich in einer Enzyklika gegen den „Modernismus" in der Kirche und betont die Pflicht zur kirchlichen Eheschließung.

1908

Kaiser Wilhelm II. äußert sich in einem Interview mit der englischen Zeitung „Daily Telegraph" taktlos über das Verhältnis Deutschlands zu England. Der Kaiser wird im In- und Ausland deshalb heftig kritisiert. Der an dieser Veröffentlichung mitschuldige Reichskanzler Bernhard von Bülow deckt den Kaiser nur ungenügend und verliert dessen Vertrauen. Die Anliegerstaaten von Nord- und Ostsee grenzen ihre Interessen und Gebiete gegeneinander ab. **ÖSTERREICH:** Nachdem Bosnien und die Herzegowina 30 Jahre lang unter österreichischer Verwaltung gestanden hatten, annektiert Österreich-Ungarn diese Gebiete. Durch Unterstützung Deutschlands allgemeine Anerkennung der Annexion. Vorher hatte Österreich Russland versprochen, die Dardanellen für russische Kriegsschiffe zu öffnen. Dieser Plan scheitert jedoch an dem Widerstand Englands. Russlands Groll richtet sich daraufhin sowohl gegen Österreich als auch gegen das helfende Deutschland. **Wissenschaft:** Durch einen Brand wird das Luftschiff „Graf Zeppelin" in Echterdingen bei Stuttgart zerstört. Mithilfe einer „Volksspende" wird die Luftschiffbau Zeppelin GmbH errichtet. Wilbur Wright stellt mit 110 Metern einen Weltrekord im Höhenflug auf. **Kultur:** Wilhelm Busch † (*1832), Zeichner und Dichter. Der Deutsche wurde durch seine satirischen Bildergeschichten bekannt, in denen er Scheinmoral, Frömmelei und Selbstgerechtigkeit entlarvte. Zu seinen bekanntesten Werken zählen „Max und Moritz", „Die fromme Helene" und „Hans Huckebein". In der Malerei taucht erstmals der Begriff „Kubismus" auf; seine Begründer und hervorragendsten Vertreter sind Picasso und Braque. Nikolai Rimskij-Korsakow †

W. Busch: Max und Moritz (Illustration)

(*1844), Komponist. Der Russe war Marineoffizier, bevor er 1871 Kompositionslehrer in Petersburg wurde. Seine Musik weist Elemente der russischen Volks- und Kirchenmusik auf. Der Komponist ist der Schöpfer der ersten russischen Sinfonie.

1909

Reichskanzler Bernhard von Bülow tritt zurück. Sein Nachfolger wird Theobald von Bethmann-Hollweg. Die Deutschen müssen neue Verbrauchssteuern bezahlen. In Deutschland wird ein Gesetz über den Kraftfahrzeugverkehr erlassen. **USA:** Der amerikanische Präsident Theodore Roosevelt wird abgelöst durch William Howard Taft, in dessen Amtszeit die Antitrustgesetze erlassen werden. **Wissenschaft:** In Frankfurt/Main findet die 1. Internationale Luftfahrtausstellung statt. Erste deutsche Motorflüge werden durchgeführt. John Rockefeller gründet eine Stiftung für wissenschaftliche Forschung, der der Großindustrielle bis 1924 über 500 Millionen Dollar zur Verfügung stellt. **Kultur:** Detlev von Liliencron † (*1844), Dichter. Als Lyriker war er der konsequenteste Vertreter des deutschen Impressionismus. Er verfasste auch Balladen, Erzählungen und Dramen. Die um 1901 gegründete „Wandervogel"-Bewegung erhält ein eigenes Liederbuch, den von Hans Breuer herausgegebenen „Zupfgeigenhansl".

1910

Ein Besuch des Zaren Nikolaus II. in Potsdam endet mit dem eher unverbindlichen Abkommen, keine feindliche Bündnispolitik zu betreiben. **ENGLAND:** Eduard VII. † (*1841), seit 1901 König von Großbritannien. Sein Nachfolger wird Georg V. **PORTUGAL:** König Emanuel II. wird gestürzt. Portugal wird zur Republik. **AFRIKA:** Vier Kolonien schließen sich zur Union von Südafrika zusammen, die als britisches Dominion gegründet wird. Aus mehreren Einzelkolonien wird Französisch-Äquatorial-Afrika gebildet. **Wissenschaft:** Robert Koch † (*1843), Arzt. Der deutsche Mediziner entdeckte 1882 den Tuberkelbazillus. 1905 bekam er den Nobelpreis. Der erste Dieselmotor wird für Kraftwagen verwendet. **Kultur:** Die Kunstrichtung des „Jugendstils" geht zu Ende. Sie bekam ihren Namen nach der 1896 gegründeten Münchner Zeitschrift „Jugend". Wilhelm Raabe † (*1831), Erzähler. Der deutsche Erzähler des poetischen Realismus bevorzugte als Figuren Sonderlinge und schrullige Käuze. Seine Erzählungen und Romane sind zwar von Pessimismus geprägt, entbehren aber nicht eines hintergründigen Humors, der besonders in Raabes berühmtester Erzählung „Stopfkuchen" zum Ausdruck kommt. Josef Kainz † (*1858), Schauspieler. Besonders berühmt war seine Darstellung des Hamlet. Kainz wirkte bis 1899 am Deutschen Theater in Berlin und ging dann an das Wiener Burgtheater. Henri Dunant † (*1828), Philantrop. Der Schweizer schilderte in einem Buch das Elend der Kriegsverwundeten. Er war der Gründer des Roten Kreuzes und erhielt 1901 den Friedensnobelpreis. Leo Nikolajewitsch Tolstoi † (*1828), Schriftsteller. Der Russe wurde mit seinen Romanen einer der größten Schriftsteller der Weltliteratur. Auch als Dramatiker, Kulturkritiker und religiöser Denker übte er stärksten Einfluss aus. Zu seinen bekanntesten Werken zählen „Krieg und Frieden" und „Anna Karenina". Mark Twain † (*1835), Schriftsteller. Der amerikanische Humorist schuf sein Meisterwerk mit dem Roman „Die Abenteuer des Huckleberry Finn". Der russische Maler Wassily Kandinsky malt das erste abstrakte Bild, dessen theoretische Untermauerung er mit „Über das Geistige in der Kunst" nachlieferte. Henri Rousseau † (*1844), Maler. Der französische Zollbeamte begann als Autodidakt in seiner Freizeit zu malen. 1884 ließ er sich pensionieren und machte zwei Jahre später seine erste Ausstellung. Seine Bilder erfassen „naiv" jede Einzelheit und sind sehr farbenfroh. **Religion:** Papst Pius X. greift in einer Enzyklika den Protestantismus an. In Berlin tagt der Religionskongress mit Vertretern verschiedener Religionen.

1911

Das deutsche Kanonenboot „Panther" erscheint vor Agadir und löst die zweite Marokkokrise aus. Die darauf folgenden Verhandlungen mit Frankreich enden mit dem Marokko-Kongo-Abkommen:

Henri Dunant

Henri Dunant

Der Schweizer (*1828, † 1910), der allgemein als Philantrop, als Menschenfreund galt, ist der geistige Vater des „Roten Kreuzes". Durch die Schilderung des Elends von Kriegsgefangenen in seinem Buch „Un Souvenir de Solférino" dazu angeregt, entstanden die Genfer Konvention von 1864 zum Schutz der Verwundeten und Kranken im Felde und das „Rote Kreuz". 1901 erhielt Henri Dunant dafür den Friedensnobelpreis.

Deutschland verzichtet auf Einfluss in Marokko und bekommt dafür einen Teil der französischen Kongokolonien. Elsaß-Lothringen wird per Verfassung annähernd den deutschen Bundesstaaten gleichgestellt. Der Sozialist Karl Liebknecht verfasst die Schrift „Militarismus und Antimilitarismus", mit der er sich gegen den deutschen Imperalismus wendet. Die Reichsversicherungsanstalt für Angestellte wird gegründet. **ENGLAND:** Der Staatsmann Winston Churchill wird zum Marineminister ernannt. Der Einfluss des Britischen Oberhauses wird stark eingeschränkt. **ITALIEN:** Italien führt Krieg gegen die Türkei und verlangt die Abtretung von Tripolis. **USA:** Auflösung des Standard Oil Trusts durch das neue Antitrustgesetz. **CHINA:** Unter der Führung von Sun Yat-sen, dessen militärischer Mitarbeiter Tschiang Kai-schek ist, kommt es in China zur Revolution. Die seit 1644 herrschende Mandschu-Dynastie dankt ab, der letzte Herrscher flieht. Sun Yat-sen ruft die Republik aus. **Wissenschaft:** Der norwegische Polarforscher Roald Amundsen erreicht als Erster den Südpol. **Kultur:** In München wird die expressionistische Künstlervereinigung „Blauer Reiter" gegründet. Ihr gehören Maler wie Kandinsky, Klee, Macke, Feininger, Marc und der Komponist Schönberg an. Goethes „Urmeister" wird gefunden. Wilhelm Dilthey † (*1833), Philosoph. Der Deutsche war Professor in Basel und Berlin. Von ihm geht eine geisteswissenschaftlich orientierte Schule der Philosophie aus. Gustav Mahler † (*1860), Komponist. Er war u. a. Direktor der Hofoper in Wien. Der österreichische Komponist und Dirigent hinterließ ein umfangreiches Werk von Liedern und Symphonien. **Religion:** Katholische Geistliche werden zur Ablegung des Antimodernisten-Eids verpflichtet.

1912

Der Dreibund von 1882 zwischen Deutschland, Österreich und Italien wird erneuert. Die deutsch-britischen Verhandlungen über die Flottenpolitik scheitern an der Frage des deutschen Flottenbaus. Deutschland plant bis 1920 eine Flotte von 41 Linienschiffen, 20 großen und 40 kleinen Kreuzern. Durch die Reichstagswahlen werden die Sozialdemokraten mit 110 Sitzen die stärkste Fraktion im Reichstag. **SCHWEIZ:** Der internationale Sozialisten-Kongress in Basel erlässt ein Manifest gegen den Krieg. **FRANKREICH:** Raymond Poincaré wird französischer Ministerpräsident. Er besucht Russland und schließt in Petersburg ein Marineabkommen. **DÄNEMARK:** Friedrich VIII. † (*1843), seit 1906 König von Dänemark. Sein Nachfolger wird König Christian X. **MARROKO:** Frankreich schließt mit dem Sultan von Marokko einen Vertrag, in dem das französische Protektorat offiziell begründet wird. Tanger wird internationalisiert und entmilitarisiert (1923). Es steht unter britischer, französischer, spanischer und ab 1928 italienischer Verwaltung. **ITALIEN:** Im italienisch-türkischen Krieg erobert Italien Tripolis. **RUSSLAND:** Ein Flottengesetz mit Bauprogrammen für die Ostsee- und die Schwarzmeerflotte wird verabschiedet. Die russischen Bolschewisten beteiligen sich nicht am internationalen Sozialisten-Kongress in Wien und trennen sich endgültig von den Sozialdemokraten. Stalin wird in das Zentralkomitee gewählt. Lenin übernimmt die Leitung der bolschewistischen Zeitschrift „Prawda" („Wahrheit"). **BALKAN:** Mit dem Einverständnis Russlands wird der Balkanbund zwischen Serbien, Montenegro, Bulgarien und Griechenland gegründet. Im Oktober erklärt der Balkanbund der Türkei den Krieg. Das schlechtorganisierte und obendrein durch eine Choleraepidemie geschwächte türkische Heer ist seinen Gegnern unterlegen. **PERSIEN:** Die persische Regierung erkennt die russisch-britischen Interessengebiete in Persien an. **CHINA:** Sun Yat-sen gründet die chinesische Nationalpartei, die Kuomintang. Tibet trennt sich von China. **Wissenschaft:** Der Passagierdampfer „Titanic" kollidiert mit einem Eisberg und sinkt. Dabei kommen 1517 Passagiere ums Leben. Diese Katastrophe hat u. a. zur Folge, dass fortan Hindernisse im Meer mit Ultraschall geortet werden. Robert Falcon Scott † (*1868), Polarforscher. Der Engländer versuchte, im Wettlauf mit Amundsen zum Südpol zu gelangen. Scott erreicht den Pol einen Monat später als der Norweger. Auf dem Rückweg erfriert er mit vier Begleitern. **Kultur:** In Köln findet die Sonderbund-Kunstausstellung statt, die als erste umfassende Schau der europäischen Moderne gilt. Beteiligt sind u. a. Mitglieder der Münchner Vereinigung „Blauer Reiter", der Neuen Sezession Berlin und Maler wie Munch, van Gogh, Picasso und Cézanne. Rudolf Steiner gründet die „Anthroposophische Gesellschaft". Felix Dahn † (*1834), Schriftsteller. Er schrieb vorzugsweise historische Romane. Den größten Erfolg hatte er mit seinem Roman über den Untergang des Ostgotenreiches „Ein Kampf um Rom". Karl May † (*1842), Schriftsteller. Der deutsche Erzähler begann mit Dorfgeschichten und verlegte sich dann auf das Schreiben von Abenteuerbüchern, die meist im Orient oder in Nordamerika spielen. Er wurde zum viel gelesenen Jugendschriftsteller. May hinterließ ein 65 Bände umfassendes Werk, von dem die Romane „Winnetou", „Der Schut" und „Der Schatz im Silbersee" zu den bekanntesten zählen. August Strindberg † (*1849), Dichter. Der Schwede schuf symbolistisch-surrealistische Bühnenwerke, Romane und Dramen, die Machtkämpfe zwischen Menschen zum Thema haben. Strindberg gilt als der bedeutendste schwedische Dramatiker. Zu seinen Werken zählt u. a. „Totentanz". Jules Massenet † (*1842), Komponist. Der Franzose schuf vorwiegend Opern. Zu seinen bekanntesten Werken zählt „Manon". Henri Poincaré † (*1854), Mathematiker und Philosoph. Der Franzose verfasste mehrere Bücher über die Grundlagen der Wissenschaften.

1913

Fürstentreffen zwischen dem deutschen Kaiser, dem englischen Königspaar und dem russischen Zaren in Berlin. Anlass ist die Hochzeit der Kaisertochter Viktoria Luise mit dem Prinzen Ernst August von Cumberland. In Deutschland wird eine Heeresverstärkung vorgenommen. Alfred von Schlieffen † (*1833). Der Lehrer des deutschen Generalstabs entwarf den „Schlieffenplan", in dem er im Falle eines Zwei-Fronten-Krieges einen Angriff auf Frankreich durch Belgien mit einem starken rechten Flügel vorschlägt. August Bebel † (*1840). Der Mitbegründer und Leiter der deutschen Sozialdemokratie war Drechsler. Später wurde er Reichstagsabgeordneter und gründete zusammen mit Wilhelm Liebknecht 1869 die sozialdemokratische Arbeiterpartei. Vorsitzender der SPD wird Friedrich Ebert. **ENGLAND:** Die Suffragetten-Bewegung zum Kampf für das Frauenstimmrecht ist auf dem Höhepunkt ihrer Aktivitäten. Die Vorsitzende Sylvia Pankhurst wird mehrfach festgenommen. **FRANKREICH:** Raymond Poincaré wird französischer Staatspräsident. **BALKAN:** Bei der Aufteilung der vormals türkischen Gebiete nach dem ersten Balkankrieg kommt es erneut zu Auseinandersetzungen zwischen den beteiligten Ländern. Der zweite Balkankrieg bricht aus. Bulgarien verliert Mazedonien an Serbien, Kreta und Epirus an Griechenland. Die Türkei verliert alle europäischen Provinzen bis auf Adrianopel. **Wissenschaft:** Rudolf Diesel † (*1858), Ingenieur. Der Deutsche erfand 1893 den Schwerölmotor (Dieselmotor). **Kultur:** Die Münchner Künstlervereinigung „Brücke" wird aufgelöst. Gabriel von Seidl † (*1848), Architekt. Der Münchner schuf Bauten in historisierendem Stil, unter anderem die Lenbach-Villa und das Deutsche Museum in München. Die Aufführung des russischen Balletts „Le sacre du printemps" nach der Musik von Igor Strawinsky löst in Paris einen Skandal aus.

Franz Ferdinand mit seiner Frau Sophia

1914

Der Erste Weltkrieg bricht aus. In der Weltpolitik gärt es durch ungelöste orientalische, serbische, elsaß- lothringische und italienische Fragen. So weitet sich der Krieg auch auf die Kolonien und auf die Weltmeere aus und bleibt nicht auf Europa beschränkt. **ÖSTERREICH-UNGARN:** Serben, Kroaten und Tschechen verlangen die Autonomie oder einen Nationalstaat. Thronfolger Franz Ferdinand (*1863) will den Völkern die Autonomie gewähren. Dennoch werden er und seine Frau am 28. Juni in Sarajewo von serbischen Nationalisten ermordet. Am 23. Juli richtet Österreich-Ungarn ein Ultimatum an Serbien. Es verlangt die Teilnahme österreichischer Polizisten an den Untersuchungen auf serbischem Gebiet, um die Hintermänner des Mordanschlags zu finden. Deutschland billigt dieses Vorgehen. Wilhelm II. gibt Österreich-Ungarn eine „Blanko-Vollmacht" für seine Entscheidungen. Österreich-Ungarn erklärt Serbien am 28. Juli den Krieg. **RUSSLAND** macht am 30. Juli mobil. **ÖSTERREICH-UNGARN** macht am 31. Juli seine gesamte Armee mobil. **FRANKREICH** macht am 1. August mobil. **DEUTSCHLAND** macht ebenfalls am 1. August mobil und erklärt Russland den Krieg. Am 3. August erklärt Deutschland Frankreich den Krieg. Im deutschen Reichstag werden die Kriegskredite widerstandslos bewilligt. Es herrscht der Glaube vor, Deutschland führe einen Verteidigungskrieg. Man beschließt den politischen Burgfrieden. Am 3. und 4. August marschieren deutsche Truppen, wie es der Schlieffen-Plan vorsieht, in Belgien ein, obwohl Belgien den Durchmarsch ablehnt. **ENGLAND** erklärt Deutschland wegen der Verletzung der belgischen Neutralität den Krieg. **BELGIEN** erklärt Deutschland den Krieg. **SERBIEN** erklärt Deutschland den Krieg. **ÖSTERREICH** erklärt Russland den Krieg. **ENGLAND** erklärt Österreich-Ungarn den Krieg. **JAPAN** erklärt Deutschland den Krieg. **TÜRKEI** schließt sich nach Kriegsausbruch den Mittelmächten Deutschland, Österreich-Ungarn, später auch Bulgarien an. Russland, England und Frankreich erklären der Türkei den Krieg. **DEUTSCHLAND:** Antikriegsdemonstrationen unter der Führung von Karl Liebknecht in Berlin werden von der Polizei zerstreut. Karl Liebknecht wird verhaftet. **DEUTSCH-RUSSISCHE FRONT:** An der deutsch-russischen Front kommt es zwischen den deutschen und den in Ostpreußen eingedrungenen russischen Truppen zur Schlacht bei Tannenberg. Unter dem Kommando des neuen Oberbefehlshabers Paul von Hindenburg und seines Generalstabschefs Erich Ludendorff werden die Russen im August geschlagen. Bei der im September folgenden Schlacht an den Masurischen Seen siegen ebenfalls die deutschen Truppen. **WESTFRONT:** Im Westen dringen die deutschen Truppen schnell durch Belgien und Nordfrankreich bis über die Marne vor. Der Vormarsch der Deutschen endet im September nach der Marne-Schlacht, bei der die französischen Truppen einen großen Gegenangriff starten. Eine militärische Entscheidung fällt nicht, unter anderem deshalb, weil Generalstabschef Helmuth von Moltke einen übereilten Rückzugsbefehl gibt. Am 14. September gibt Moltke sein Amt ab. Der deutsche Kriegsplan mit einer schnellen Entscheidung im Westen ist somit gescheitert. **ÖSTERREICH-UNGARISCH-RUSSISCHE FRONT:** Hier verzeichnen die Russen Erfolge. Der Krieg erstarrt zum Stellungskrieg. **ENGLAND** blockiert die Nordsee auf der Höhe der Shetland-Inseln. **AFRIKA:** Fast alle deutschen Kolonien gehen verloren. Nur General von Lettow-Vorbeck kann sich in Ostafrika bis Kriegsende verteidigen. Alle deutschen Kriegsschiffe in überseeischen Gewässern gehen verloren. **USA:** US-Truppen besetzen mexikanisches Gebiet. **INDIEN:** Mahatma Gandhi, seit 1893 der politische Führer der Inder in Südafrika, kehrt nach Indien zurück und nimmt den waffenlosen Kampf gegen die Britische Herrschaft in

Indien auf. Er verkündet den „bürgerlichen Ungehorsam". **Wissenschaft:** Der Panamakanal wird eröffnet. Er ist 80 km lang, hat sechs Doppelschleusen und wurde von den USA seit 1906 mit einem Kostenaufwand von 366 Millionen Dollar erbaut. **Kultur:** Paul Heyse † (*1830), Dichter. Der gebürtige Berliner war am bedeutendsten als Novellist. 1910 erhielt er den Nobelpreis für Literatur. Hermann Löns † (*1866), Dichter. Der deutsche Schriftsteller schrieb Werke wie „Mümmelmann" und „Der Wehrwolf". Er fällt bei Reims. Christian Morgenstern † (*1871), Dichter. Er schrieb Gedichte, mit denen er die Welt „durch groteske Komik entspannen" wollte. Er hinterließ Werke wie die „Galgenlieder", „Palmström" und „Palma Kunkel". Ernst Stadler † (*1883), Dichter. Der deutsche Literaturprofessor und Dichter hatte großen Einfluss auf den Expressionismus. Symptomatisch für seine Sprache ist die Gedichtsammlung „Der Aufbruch". Stadler fällt in Belgien. August Macke † (*1887), Maler. Das Mitglied der Münchner Künstlervereinigung „Blauer Reiter" malte als Vertreter des Expressionismus in leuchtenden, starken Farben Szenen aus dem Alltag. Macke fällt in Frankreich. Bertha von Suttner † (*1843), Schriftstellerin. Die gebürtige Tschechin, die durch Heirat zur Österreicherin wurde, erregte Aufsehen durch ihren Roman „Die Waffen nieder". Diese 1889 entstandene Kundgebung der modernen Friedensbewegung wurde in viele Sprachen übersetzt. Bertha von Suttner erhielt 1905 den Friedensnobelpreis. In Deutschland wird eine eigene deutsche Film-Wochenschau produziert. **Religion:** Papst Pius X. † (*1835). Er wird 1954 heilig gesprochen. Sein Nachfolger wird Papst Benedikt XV. Er versucht, im I. Weltkrieg vermittelnd einzugreifen, aber seine Friedensbemühungen bleiben vergebens.

1915

OSTFRONT: Bei der Winterschlacht in Masuren vernichten die Truppen von General Hindenburg eine russische Armee. Die Mittelmächte erobern Polen, Litauen und Kurland. **WESTFRONT:** In Cypern wird bei einer deutschen Angriffsschlacht erstmals Giftgas angewendet. **USA:** Das Verhältnis zwischen Deutschland und den USA wird zunehmend gespannter, nachdem ein deutsches U-Boot an der Südküste Irlands den amerikanischen Passagierdampfer „Lusitania" versenkt hat. Dabei ertrinken 139 Amerikaner. **ITALIEN:** Am 23. Mai erklärt Italien Österreich-Ungarn den Krieg. Die Alliierten hatten Italien vorher im Londoner Geheimvertrag territoriale Gewinne wie Südtirol, Triest und Istrien zugesichert. Die Kämpfe gegen Italien beginnen an der Isonzofront. **DEUTSCHLAND:** Deutsche Luftschiffe greifen Paris und London an. **BULGARIEN:** Bulgarien tritt am 14. September an der Seite der Mittelmächte in den Krieg ein. Ganz Serbien wird erobert. **GRIECHENLAND:** Englische und französische Truppen landen in Griechenland und bilden eine Front bei Saloniki. Griechenland protestiert vergebens gegen diese Neutralitätsverletzung. **DEUTSCHLAND:** Die Antikriegszeitschrift „Die Internationale", herausgegeben von Rosa Luxemburg, Karl Liebknecht und Franz Mehring, wird nach Erscheinen der ersten Nummer sogleich beschlagnahmt. **Wissenschaft:** Paul Ehrlich † (*1854), Arzt, Der deutsche Mediziner ist der Schöpfer der neuzeitlichen Chemotherapie. Er entdeckte ein Medikament gegen die Syphilis und erhielt 1908 den Nobelpreis für Medizin. **Kultur:** In Genf wird die „Internationale Frauenliga für Frieden und Freiheit" gegründet. Georg Trakl † (*1887), Dichter. Der Österreicher gilt als einer der bedeutendsten deutschsprachigen Lyriker des frühen Expressionismus. Seine schwermütigen Gedichte in freien Rhythmen haben meist Leid, Untergang und

Nach einem Gasangriff erblindete britische Soldaten

Stellungskrieg an der Westfront: Schlacht an der Somme

Tod zum Thema. Trakl, im I. Weltkrieg Sanitäter, nahm sich seine Erlebnisse bei einer Schlacht so zu Herzen, dass er Selbstmord beging. Alexander Nikolajewitsch Skrjabin † (*1872), Komponist und Pianist. Der Russe komponierte Werke, die zugleich als Ton- und als Farbpartitur konzipiert waren. Mithilfe eines Farblichtklaviers sollten diese Farben auf eine Leinwand projiziert werden. Er hinterließ Klavierkompositionen, Symphonien und Tondichtungen wie „Prometheus".

1916

Als Folge der alliierten Blockade muss im Laufe des Jahres in Deutschland die Lebensmittelrationierung eingeführt werden. Unter Karl Liebknecht und Rosa Luxemburg bildet sich die radikale sozialistische Gruppe „Spartakusbund". Liebknecht wird wegen seines Kampfes gegen den Krieg zu zwei Jahren Zuchthaus verurteilt. Nach dem Einsatz von Gelbkreuzgas wird im deutschen Heer die Gasmaske eingeführt. **WESTFRONT:** Deutschland versucht, den Krieg an der Westfront zu entscheiden. Am 21. Februar beginnt der deutsche Angriff auf Verdun. Die „Hölle von Verdun" zieht sich bis in den Juli hinein, fordert auf beiden Seiten furchtbare Verluste, bringt aber keine Entscheidung, Bei einem Gegenangriff erobern die Franzosen zwischen Oktober und Dezember die verlorenen Festungswerke zurück. Am 24. Juni beginnt die Schlacht an der Somme. Der Angriff englischer und französischer Divisionen mit Fliegerunterstützung bringt nur einen geringen Geländegewinn. Die Schlacht dauert bis Ende November. Beim Einsatz deutscher Flieger-Jagdstaffeln über der Westfront fallen u. a. deutsche Kampfflieger wie Max Immelmann. **OSTFRONT:** Die Russen haben an der Ostfront mit der ersten Brussilow-Offensive Erfolg. Bei der zweiten jedoch werden sie zurückgeworfen, ebenso bei der dritten. **ITALIEN:** Italien erklärt Deutschland den Krieg. Weitere Isonzoschlachten verlaufen ohne entscheidendes Ergebnis. **PORTUGAL:** Portugal beschlagnahmt deutsche Schiffe und bekommt daraufhin von Deutschland den Krieg erklärt. **RUMÄNIEN:** Rumänien tritt am 27. August aufseiten der Entente in den Krieg ein. Die Mittelmächte besetzen daraufhin den größten Teil von Rumänien. Am 6. Dezember wird Bukarest eingenommen. **ENGLAND:** Vor dem Skagerrak findet eine Seeschlacht zwischen der englischen Grand Fleet und der deutschen Hochseeflotte statt. Sie verläuft ohne Entscheidung. Beide Seiten erleiden Verluste, Deutschland allerdings bedeutend mehr als England. Herbert Kitchener † (*1850), britischer Kriegsminister. Sein Schiff wird auf der Fahrt nach Russland von einer Mine getroffen und versenkt. **DEUTSCHLAND:** Generalfeldmarschall Paul von Hindenburg und Generalquartiermeister Erich Ludendorff übernehmen die deutsche Oberste Heeresleitung. Die Mittelmächte rufen ein Königreich Polen aus. **ÖSTERREICH:** Franz Joseph I. † (*1830), seit 1848 Kaiser von Österreich und seit 1867 König von Ungarn. Sein Nachfolger wird sein Großneffe Karl I. **IRLAND:** Der Versuch, beim sog. Osteraufstand im April eine unabhängige irische Republik auszurufen, scheitert. **RUSSLAND:** Grigori Jefimowitsch Rasputin † (*1871), angeblicher Wundertäter. Der russische Mönch, der großen Einfluss am Zarenhof hatte, wird von einigen Adligen für den drohenden Zusammenbruch Russlands verantwortlich gemacht. Sie bringen ihn daraufhin um. **DEUTSCHLAND:** Kaiser Wilhelm II. macht ein Friedensangebot. Die militärische Lage der Mittelmächte hat sich 1916 deutlich verschlechtert. Die Entente lehnt das Friedensangebot als völlig unzureichend ab. **USA:** Der amerikanische Präsident Woodrow Wilson schickt am 20. Dezember an alle Kriegsparteien eine Note und bittet um Bekanntgabe der Friedensbedingungen. Die Entente antwortet mit den Bedingungen, die sie auch 1919 stellen wird. Deutschland schlägt lediglich eine Konferenz aller kriegsführenden Nationen vor. Ein weiterer Vermittlungsversuch Wilsons einen Monat später scheitert ebenfalls. **Wissenschaft:** Der deutsche Chirurg Ferdinand Sauerbruch konstruiert Prothesen, die durch Gliedstumpf-Muskeln beweglich sind. Ilja Metschnikow † (*1845), Physiologe. Der Russe entdeckte, dass in den Körper eingedrungene Bakterien von weißen Blutkörperchen aufgenommen und vernichtet werden. Er erhielt 1908 den Nobelpreis. William Ramsay † (*1852), Chemiker. Der Engländer entdeckte die Edelgase und erkannte, dass beim Zerfall des Radiums Helium entsteht. Er erhielt 1904 den Nobelpreis für Chemie. **Kultur:** Franz Marc † (*1880), Maler. Der Künstler war einer der Gründer der Münchner Künstlervereinigung „Blauer Reiter". Er malte zunächst impressionistisch, fand aber später, beeinflusst von Macke, Kandinsky und dem Kubismus, zu einem eigenen Stil mit klaren Formen und symbolstarken Farben. Marc fällt vor Verdun. Max Reger † (*1873), Komponist. Der Kompositionslehrer in Leipzig und Universitäts-Musikdirektor gilt als einer der Wegbereiter für die zeitgenössische Musik. Er hinterlässt zahlreiche Orgel-, Orchester- und Chorwerke. Marie von Ebner-Eschenbach † (*1830), Dichterin. Die österreichische Erzählerin schrieb Geschichten voll leisen Humors und lebhafter sozialer Anteilnahme. Bekannt wurde von ihr u. a. die Hundegeschichte „Krambambuli". In der Schweiz kommt die neue Kunstrichtung des Dadaismus auf. Jack London † (*1876), Erzähler. Der Amerikaner führte ein abenteuerliches Leben. Er schrieb Goldgräber- und Südseegeschichten, Tiergeschichten, sozialistische Romane und Elendsschilderungen. Zu seinen bekanntesten Werken gehören „Lockruf des Goldes", „Ruf der Wildnis" und „Wolfsblut".

Gemälde von F. Marc

1917

In Deutschland herrscht Hungersnot. Der so genannte „Kohlrübenwinter" ist vor allem auf die Blockade durch England zurückzuführen. Der politische Burgfriede wird gebrochen, Streit um die Kriegsziele bricht aus. Im Reichstag beschließt die linke Mehrheit unter Matthias Erzberger im Juli eine Friedensresolution, in der ein Verständigungsfriede ohne Kriegsentschädigungen und Annexionen gefordert wird. Der Reichskanzler Theobald von Bethmann-Hollweg tritt zurück. Sein Nachfolger Georg Michaelis erklärt die Resolution zum Regierungsprogramm. In seiner so genannten Osterbotschaft verspricht Kaiser Wilhelm II. eine Reform des preußischen Wahlrechts, mit der das geheime und unmittelbare Wahlrecht eingeführt werden soll. Auf der Gothaer Konferenz der Sozialdemokraten kommt es zu einer Spaltung der SPD. Die USPD, Unabhängige Sozialdemokratische Partei, wird gegründet. Militärisch ist die folgenschwerste Entscheidung dieses Jahres der

Wilhelm II. (Mitte) mit den Generälen Hindenburg und Ludendorff

Beginn des uneingeschränkten deutschen U-Boot-Kriegs ab 1. Februar. Die Oberste Heeresleitung hält ihn für das einzige Mittel, mit dem England besiegt und der Kriegsausgang noch günstig beeinflusst werden könne. Sie setzt ihren Willen trotz erheblicher politischer Bedenken der Reichsführung durch. Der U-Boot-Krieg richtet sich gegen jeglichen Schiffsverkehr aus England und aus dem Mittelmeer und verschont auch die Neutralen nicht. **USA:** Nach Beginn des U-Boot-Kriegs bricht die USA ihre diplomatischen Beziehungen zu Deutschland ab. Am 6. April erklären die USA Deutschland den Krieg, am 7. Dezember Österreich-Ungarn. **WESTFRONT:** Englische und französische Truppen versuchen vergebens, die deutsche Front zu durchbrechen. Auch die Tankerschlacht bei Cambrai, bei der den Engländern der Durchbruch gelingt, bringt keine Entscheidung. **ENGLAND:** Die Briten erobern Bagdad und besetzen Jerusalem, das von den Türken geräumt wird. **ITALIEN:** Bei weiteren Isonzoschlachten durchbrechen die Deutschen die italienischen Linien. Frankreich kommt den Italienern zu Hilfe. Am Piave bildet sich eine neue Front. **ÖSTERREICH:** Österreich führt geheime Friedensverhandlungen mit der Entente. **FRANKREICH:** Im französischen Heer kommt es zu Meutereien, die durch Standgerichte und Verhaftungen unterdrückt werden. Mata Hari † (*1876), Tänzerin. Die Deutsche, die eigentlich Margarethe Zelle hieß, wird in Paris als deutsche Spionin erschossen, Georges Clemenceau wird Ministerpräsident. **GRIECHENLAND:** König Konstantin I. dankt ab. Griechenland tritt auf die Seite der Entente. **RUSSLAND:** Wegen des unglücklichen Kriegsverlaufs, des Versagens der Herrscher und wegen der Hungersnot in den Städten bricht am 12. März in Petersburg die Revolution aus. Zar Nikolaus II. dankt ab. Der Revolutionär Alexander Kerenski bildet eine Regierung, die den Krieg weiterführt. Diese republikanische Regierung kann sich nicht lange halten. Eine Offensive Kerenskis gegen die Mittelmächte bleibt ohne Erfolg. Die deutsch-österreichischen Truppen erobern im Gegenzug Galizien, die Bukowina und teilweise auch das Baltikum. Überall entstehen „Sowjets", Räte der Arbeiter und Bauern, gegen die die Regierung machtlos ist. Am 16. April kehrt Lenin aus dem Exil zurück. Er wird mit Billigung der deutschen Regierung in einem verplombten Eisenbahnwaggon von der Schweiz durch Deutschland nach Russland eingeschleust. Am 7. November findet die Revolution der Bolschewisten statt. Ihre Führer sind Lenin und Trotzki, der aus dem amerikanischen Exil nach Russland zurückkehrte. Diese nach dem russischen Kalender „Oktoberrevolution" genannte Revolte führt zum Sturz der Regierung Kerenski. Die Großgrundbesitzer werden enteignet. Russland erklärt seine Bereitschaft zum Frieden. Im Dezember kommt es zum Waffenstillstand und zu Friedensverhandlungen zwischen Russland und den Mittelmächten. **FINNLAND** erklärt seine Unabhängigkeit von Russland. **Wissenschaft:** Emil Behring † (*1854), Arzt. Der deutsche Mediziner begründete die Blutserumtherapie gegen Diphtherie und Tetanus. Er erhielt 1901 den Nobelpreis. Ferdinand Graf von Zeppelin † (*1838), Ingenieur. Der deutsche Offizier ist der Erfinder des Starrluftschiffes. **Kultur:** Max Reinhardt, Richard Strauss und Hugo von Hofmannsthal gründen die Salzbur-

Russische Oktoberrevolution

Ferdinand Graf von Zeppelin

ger Festspiele. Die Universum-Film AG (Ufa), das größte deutsche Filmindustrie-Unternehmen, wird gegründet. Der Übergang zur geometrisch-abstrakten Malerei wird u. a. durch einen Aufsatz von Piet Mondrian über „Die neue Gestaltung in der Malerei" markiert. Edgar Degas † (*1834), Maler. Der französische Impressionist bevorzugte als Motiv für seine Bilder besonders Tänzerinnen. Er gilt als hervorragender Zeichner besonders von Pastellen. Als er im Alter blind wurde, verlegte er sich auf das Modellieren von Plastiken. Auguste Rodin † (*1840), Bildhauer. Der Franzose wirkte mit seinen Werken auf die gesamte europäische Plastik. Die meisten seiner Werke sind im Pariser Rodin-Museum zu sehen. Zu seinen bekanntesten Schöpfungen zählen „Die Bürger von Calais" und „Der Denker". **Religion:** Das 1872 erlassene Verbot des Jesuitenordens in Deutschland wird vollständig aufgehoben.

1918

Deutschland schließt mit Russland den Friedensvertrag von Brest-Litowsk. Die Russen verzichten auf Polen und das Baltikum und erkennen den Sonderfrieden der Ukraine an. Russland zieht seine Truppen nach deutscher Intervention auch aus Finnland zurück. **WESTFRONT:** Am 21. März unternimmt Deutschland eine große Offensive, um den Durchbruch zu erzwingen. Nach einer Gegenoffensive der alliierten Truppen werden die deutschen Truppen am 8. August zum Rückzug gezwungen. **ITALIEN:** Eine Offensive der italienischen Truppen durchbricht die österreichisch-ungarischen Linien. **ENGLAND:** Die Engländer besetzen Palästina und Syrien. **TÜRKEI:** Die Türkei vereinbart einen Waffenstillstand mit den Alliierten. **DEUTSCHLAND:** Am 29. September verlangt die Oberste Heeresleitung aufgrund der militärischen Lage sofortige Waffenstillstandsverhandlungen. Prinz Max von Baden wird deutscher Reichskanzler. Er bildet eine demokratische Regierung, da die USA nur mit einer solchen verhandeln wollen. Die Waffenstillstandsverhandlungen werden eingeleitet. Als Basis dient den Amerikanern das 14-Punkte-Programm, das Präsident Wilson Anfang des Jahres verkündet hatte. Er fordert darin u. a. die Abschaffung geheimer internationaler Vereinbarungen, Freiheit der Meere und des Welthandels, Beschränkungen der Rüstung, ein Selbstbestimmungsrecht der Völker, Räumung der besetzten Gebiete und die Gründung des Völkerbunds. In der deutschen Hochseeflotte wird gemeutert. Am 4. November kommt es als Folge davon zur Revolution in Kiel, die sich rasch über das ganze Reich ausbreitet. Überall bilden sich Arbeiter- und Soldatenräte. Am 9. November ruft Karl Liebknecht in Berlin die Räterepublik aus. Er kann sich aber nicht durchsetzen. Der sozialdemokratische Abgeordnete Philipp Scheidemann ruft die deutsche Republik aus. Kaiser Wilhelm II. geht nach Holland und dankt ab. In ganz Deutschland treten alle Fürsten zurück. Der Vorsitzende der SPD, Friedrich Ebert, hat den Vorsitz in der neuen Regierung, die vom Rat der Volksbeauftragten übernommen wird. Das allgemeine Frauenstimmrecht wird eingeführt. Eine Grippeepidemie fordert unter den Deutschen, die durch die Mangelernährung geschwächt sind, fast 200.000 Tote. Am 11. November herrscht Waffenruhe an der Westfront: Deutschland hat die Waffenstillstandsbedingungen angenommen. Sie besagen unter anderem, dass besetzte Gebiete geräumt und Kriegsgefangene freigelassen werden müssen. Der I. Weltkrieg ist beendet. Er forderte von den Mittelmächten sieben Millionen Verwundete und 3,2 Millionen Tote. Bei den Alliierten waren es 13,8 Millionen Verwundete und 5,5 Millionen Tote. Die gesamten Kriegskosten betrugen rund 730 Milliarden Goldmark an direkten und rund 610 Milliarden Goldmark an indirekten Kosten. **ÖSTERREICH:** In Wien bricht die Revolution aus. Kaiser Karl tritt zurück und geht in die Schweiz. Die Donaumonarchie fällt auseinander. Österreich wird Republik. **TSCHECHOSLOWAKEI** und **UNGARN** werden Republiken. **JUGOSLAWIEN:** Serben, Kroaten und Slowenen schließen sich zum Königreich Jugoslawien zusammen. **BULGARIEN:**

Thomas W. Wilson

Zar Ferdinand I. von Bulgarien dankt ab. Sein Nachfolger wird Kronprinz Boris, der als Boris III. bis 1943 regiert. **POLEN, FINNLAND, LETTLAND, LITAUEN** und **ESTLAND** werden Republiken. **RUSSLAND:** In Russland bricht ein Bürgerkrieg aus. Die Bolschewisten bekämpfen die Gegenrevolutionäre, die Trotzkis „Roter Armee" eine „Weiße Armee" entgegenstellen. Die Bolschewisten erschießen die Zarenfamilie. **Wissenschaft:** Georg Cantor † (*1845), Mathematiker, Schöpfer der Mengenlehre. **Kultur:** In Deutschland wird die Theaterzensur aufgehoben. Für den Film bleibt sie allerdings noch erhalten. Max Dauthendey † (*1867), Dichter. Der Deutsche schuf eine sehr bilderreiche Lyrik. Für seine Novellen und Romane bevorzugte er als Thema Menschen und Landschaften aus Übersee. Er stirbt auf Java in der Internierung. Frank Wedekind † (*1864), Dichter. Der deutsche Dramatiker war u. a. Mitarbeiter des „Simplicissimus" und trat im Münchner „Überbrettl" als Kabarettist auf. Bevorzugtes Thema war für Wedekind die heuchlerische Doppelmoral des Bürgertums und das deutsche Spießertum, das er in seinen Werken heftig angriff. Besonders bekannt wurde seine Figur der männerverderbenden Kindfrau „Lulu". Peter Rosegger † (*† 1843), Volksschriftsteller. Der Sohn eines österreichischen Bergbauers schildert in seiner Prosa vorwiegend die steierische Landschaft und ihre Menschen. Ferdinand Hodler † (*1853), Maler. Der Schweizer malte besonders gern monumentale Wandgemälde, die er zunächst naturalistisch, später in einem strengen, durch klare Formen bestimmten Stil gestaltete. Claude Débussy † (*1862), Komponist. Der Franzose wurde zum führenden Künstler des französischen Impressionismus in der Musik. Er schrieb Opern, Ballette, Orchester- und Klaviermusik.

1919

Am 18. Januar beginnt die Friedenskonferenz in **VERSAILLES**, auf der die Alliierten ohne einen Vertreter der Besiegten verhandeln. Der Friedensvertrag wird am 28. Juni in Versailles unterzeichnet. Deutschland muss unter anderem auf Elsaß-Lothringen, Teile von Schlesien, Teile von Ost- und fast ganz

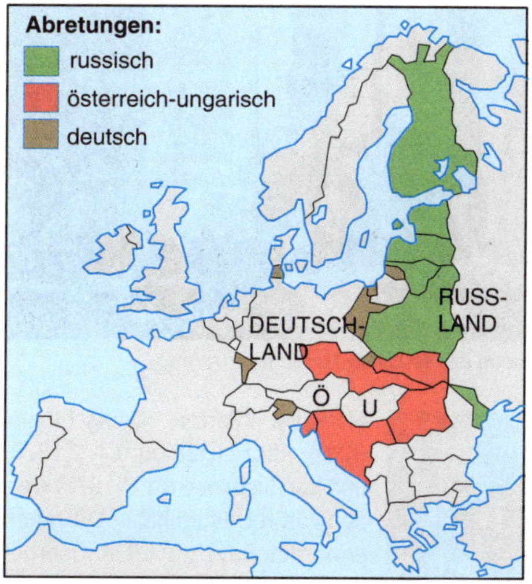

Gebietsverluste der unterlegenen Mächte

Westpreußen, Teile von Oberschlesien und die Kolonien verzichten. Das Saargebiet sowie die Städte Köln, Koblenz und Mainz kommen für 15 Jahre unter französische beziehungsweise alliierte Verwaltung. Das Saargebiet wird ebenfalls 15 Jahre besetzt, die Rohstoffquellen werden Frankreich überlassen. Alle wirtschaftlichen Rechte im Ausland (z. B. Handelsverträge) werden aufgehoben. Deutschland muss abrüsten und behält nur ein Berufsheer von 100.000 Mann. Hohe Reparationszahlungen sind zu leisten und Güter wie Handelsschiffe und Maschinen abzuliefern. Die deutsche Nationalversammlung wird gewählt und tritt in Weimar zusammen. Sie nimmt die neue Verfassung an, nach der Deutschland eine demokratische, parlamentarische Republik wird. Die Frauen erhalten das Wahlrecht. Deutschland wird zum Bundesstaat, dessen gesetzgebende Gewalt beim Reichstag liegt. Friedrich Ebert wird der erste Reichspräsident, Philipp Scheidemann Reichskanzler, nach dessen Rücktritt Gustav Bauer (alle SPD). Überall kommt es zu kommunistischen Unruhen, zu Generalstreiks in Berlin und im Ruhrgebiet und zum Spartakusaufstand in Berlin, der durch den Sozialdemokraten Gustav Noske niedergeschlagen wird. Aus dem Spartakusbund entsteht die Kommu-

Unterzeichnung des Versailler Friedensvertrages

Karl Liebknecht

nistische Partei Deutschlands (KPD). Rosa Luxemburg † (*1870) und Karl Liebknecht † (*1871) werden von rechtsradikalen Offizieren ermordet. Bayern wird vorübergehend Räterepublik, nachdem der bayerische Ministerpräsident Kurt Eisner (*1867), USPD, erschossen wurde. Reichswehr und SPD beseitigen die Räteregierung. Die „Deutsche Arbeiterpartei" (später NSDAP) wird gegründet. Das siebte Mitglied ist Adolf Hitler. Die Partei fordert den Zusammenschluss aller Deutschen zu einem Großdeutschland und die Gleichberechtigung der Deutschen gegenüber den anderen Völkern. **ÖSTERREICH:** Am 10. September schließt Österreich in St. Germain-en-Laye einen Friedensvertrag mit den Alliierten. Dabei fällt Südtirol bis zum Brenner an Italien; Triest, Istrien und Kärnten muss Österreich abtreten; Ungarn wird abgetrennt; Österreich muss die Selbstständigkeit von Polen, der Tschechoslowakei, Ungarn und Jugoslawien anerkennen und abrüsten. Der Anschluss an Deutschland wird verboten. **BULGARIEN:** In Neuilly schließt Bulgarien am 27. November einen Friedensvertrag mit der Entente. Bulgarien muss Gebiete abtreten und sein Heer verkleinern. **INDIEN:** Indien erhält eine Verfassung, was aber nicht zur Beruhigung im Lande beiträgt. Die Inder streben nach Unabhängigkeit von Großbritannien. Es kommt immer wieder zu schweren Unruhen. **USA:** In den USA wird das Prohibitionsgesetz (Alkoholverbot) erlassen. Theodore Roosevelt † (*1858), Präsident der USA von 1901 bis 1906. Der Republikaner setzte den Plan des Panamakanals durch und kämpfte gegen die Trusts. 1905 vermittelte er den russisch-japanischen Frieden von Portsmouth. Für diese Leistung erhielt er 1906 den Friedensnobelpreis. **SCHWEIZ:** Der Völkerbund wird nach der Idee des amerikanischen Präsidenten Woodrow Wilson gegründet und nimmt seinen Sitz in Genf. Wilson will mit dieser Institution die friedliche Zusammenarbeit der Völker fördern. **Wissenschaft:** Emil Fischer † (*1852), Chemiker. Der Deutsche erforschte den Aufbau von Zucker und Eiweißen und erfand das Schlafmittel Veronal. 1902 erhielt er den Nobelpreis. Die deutsche Luftpost unternimmt ihre ersten Dienstleistungen auf der Strecke Berlin-Weimar. **Kultur:** In Weimar wird das „Staatliche Bauhaus" gegründet, das sich zum Zentrum moderner Kunstauffassung entwickelt. Hier lehren u. a. Künstler wie Kandinsky, Klee, Gropius und Feininger. Ruggiero Leoncavallo † (*1858), Komponist. Der Italiener ist einer der Hauptvertreter der veristischen Oper, die Begebenheiten des täglichen Lebens thematisiert. Weltberühmt wurde seine Oper „Der Bajazzo". **Religion:** In Deutschland wird die Trennung von Staat und Kirche durchgeführt. Der Religionsunterricht an den Schulen und das Fortbestehen der theologischen Fakultäten an den Universitäten wird gesichert.

1920

Der ostpreußische Landschaftsdirektor Wolfgang Kapp putscht gegen die Reichsregierung. Diese flieht aus Berlin nach Stuttgart und verkündet den Generalstreik. Der Putsch scheitert am Widerstand der Gewerkschaften. Kapp wird verhaftet und stirbt zwei Jahre später in Untersuchungshaft. Deutscher Reichskanzler wird Hermann Müller, SPD, der von Konstantin Fehrenbach, Zentrumspartei, abgelöst wird. Die USPD löst sich auf. Der größte Teil der Mitglieder schließt sich der KPD an, der kleinere der SPD. Adolf Hitler verkündet im Münchner Hofbräuhaus sein 25-Punkte-Programm. Im Ruhrgebiet kommt es zu kommunistischen Unruhen. **ÖSTERREICH:** Österreich bekommt eine parlamentarische Verfassung. Es wird in den Völkerbund aufgenommen. Durch Volksabstimmung bleibt Kärnten bei Österreich. **SCHWEIZ:** Die Schweiz tritt in den Völkerbund ein, der im November zum ersten Mal in Genf tagt. Der Neutralitätsstatus der Schweiz wird festgelegt. **UNGARN:** Ungarn schließt einen Friedensvertrag mit der Entente, muss Gebiete abtreten, sein Heer beschränken und Reparationen bezahlen. **TÜRKEI:** Die Türkei schließt einen Friedensvertrag mit der Entente, durch den die Türkei aus Europa verdrängt wird. **INDIEN:** Der allindische Kongress gibt sich eine Verfassung und übernimmt einen Teil des Programms von Mahatma Gandhi. Gandhi beginnt öffentlich seinen Kampf gegen die britische Regierung, verweigert ihr den Gehorsam und wird mehrfach verhaftet. **USA:** Die USA weigern sich, dem Völkerbund beizutreten, den ihr Präsident Wilson gefordert hatte. Der Grund für die Verstimmung ist im Versailler Friedensvertrag zu suchen, der weitgehend nicht den Vorstellungen der Amerikaner entspricht. **Wissenschaft:** Der vormalige preußische Kultusminister Friedrich Schmidt-Ott (1917/18) gründet eine „Notgemeinschaft der deutschen Wissenschaft". Max Weber † (*1864), Soziologe. Der deutsche Volkswirtschaftler und Soziologe gilt als Begründer der Religions- und Musiksoziologie und als Mitschöpfer der Politikwissenschaft. **Kultur:** Die Tänzerin Mary Wigman gründet in Dresden eine Schule, die einen eigenen Stil des Ausdruckstanzes begründet. Richard Dehmel † (*1863), Dichter. Der deutsche Lyriker bevorzugte als Themen die Macht des Eros und den Widerstreit zwischen Trieb und Vernunft. Er bekämpfte die verlogene bürgerliche Sexualmoral und stellte sich damit in die Nähe Wedekinds. Ludwig Ganghofer † (*1855), Schriftsteller. Der deutsche Erzähler schilderte in seinen Romanen besonders Landschaft und Bauerntum in Oberbayern. Max Klinger † (*1857), Maler und Bildhauer. Der Deutsche schuf zahlreiche Büsten, Monumentalmalereien und Radierungen. Max Bruch † (*1838), Komponist. Der Deutsche hinterließ zahlreiche Orchester- und Violinkonzerte sowie Chorwerke. Zu seinen bekanntesten Schöpfungen zählt das „Lied von der Glocke". Amadeo Modigliani † (*1884), Maler. Der Italiener malte vorwiegend Porträts und Akte und arbeitete auch als Bildhauer. **Religion:** In Deutschland treten über 300.000 Menschen aus der Kirche aus.

1921

Joseph Wirth von der Zentrumspartei wird deutscher Reichskanzler. Seine Politik der Erfüllung des Versailler Vertrags stößt auf Widerstand. Auf einer Konferenz in London wird über die Höhe der Reparationen verhandelt, die Deutschland bezahlen soll. Die USA verlassen unter Protest die Kommission. Nach Sanktionen wie Besetzung deutscher Städte und einem Ultimatum der Kommission erkennt der Reichstag eine Reparationssumme von 132 Milliarden Goldmark an. Vor dem Leipziger Reichsgericht finden Prozesse wegen Kriegsverbrechen statt. Es kommt zu kommunistischen Unruhen. Der Reichsfinanzminister Matthias Erzberger † (*1875) wird ermordet. Er setzte sich während des Krieges für dessen friedliche Beendigung ein. Der Kölner Oberbürgermeister Konrad Adenauer, Zentrum, wird Präsident des Preußischen Staatsrats. Abstimmungen in Oberschlesien, Tirol und Salzburg ergeben große Mehrheiten für den Anschluss an Deutschland. **TSCHECHOSLOWAKEI**, **RUMÄNIEN** und **JUGOSLAWIEN** schließen ein Bündnis, die so genannte „Kleine Entente". **IRLAND:** Durch den Dominion-Vertrag zwischen Großbritannien und Irland wird der Freistaat Irland als Britisches Dominion geschaffen. Nordirland bleibt bei Großbritannien. **RUSSLAND:** In Russland herrscht eine schwere Hungersnot. Unter dem Druck der Umstände erfolgt der Übergang vom Kriegskommunismus zur „Neuen ökonomischen Politik", die eine beschränkt freie Wirtschaft zulässt. **USA:** Die USA lehnen den Friedensvertrag von Versailles ab und schließen einen Sonderfriedensvertrag mit Deutschland. Warren Harding wird Präsident der USA. In Washington tagt eine Abrüstungskonferenz. **CHINA:** Die Kommunistische Partei Chinas wird gegründet. **Wissenschaft:**

Enrico Caruso

Albert Einstein erhält den Nobelpreis für Physik. Der Engländer Frederick Soddy erforscht die Radioaktivität und erhält den Nobelpreis für Chemie. Der kanadische Arzt Frederick G. Banting und Charles H. Best gewinnen das Hormon der Bauchspeicheldrüse Insulin und verwenden es als Heilmittel gegen die Zuckerkrankheit. **Kultur:** Ludwig Thoma † (*1867), Dichter. Der Jurist und Satiriker war Mitarbeiter der Zeitschriften „Jugend" und „Simplizissimus", schuf Erzählungen und Dramen. Seine bevorzugten Themen waren Kritik an moralischer und klerikaler Heuchelei, am Preußen- wie am Spießertum. Zu seinen bekanntesten Werken zählen die „Lausbubengeschichten", die Filser-Briefe und die Komödie „Moral". Engelbert Humperdinck † (*1854), Komponist. Der Deutsche schrieb Orchesterstücke, Lieder und Opern, von denen „Hänsel und Gretel" zu den bekanntesten zählt. Enrico Caruso † (*1873), Operntenor. Der italienische Sänger war der berühmteste Operntenor seiner Zeit. Er bestach durch seine Stimme ebenso wie durch sein schauspielerisches Talent.

1922

Deutschland und Russland schließen als Ergebnis der Weltwirtschaftskonferenz in Genua einen Vertrag mit wirtschaftlichem Schwerpunkt (Rapallo-Vertrag). Unter anderem verzichten die beiden Länder auf gegenseitigen Ersatz der Kriegskosten und -schäden. Der Vertrag begründet ein neues freundschaftliches Verhältnis. Rechtsradikale ermorden den deutschen Außenminister Walter Rathenau (*1867). Daraufhin erlässt der Reichstag eine Verordnung zum Schutz der Republik. Das „Deutschlandlied" wird per Verordnung des Reichspräsidenten zur Nationalhymne. Die Reichsbank wird von der Regierung unabhängig. **ÖSTERREICH:** Die Genfer Protokolle garantieren die Unabhängigkeit Österreichs. **ITALIEN:** Benito Mussolini marschiert mit den Faschisten nach Rom. Er erzwingt den Rücktritt des Kabinetts und wird nach diesem Staatsstreich von König Viktor Emanuel mit der Regierungsbildung beauftragt. Er wird italienischer Ministerpräsident und baut eine nationalistische Einparteien-Herrschaft auf. **UNGARN** wird in den Völkerbund aufgenommen. **GRIECHENLAND** muss nach seit 1921 andauernden kriegerischen Auseinandersetzungen mit der Türkei Gebiete abtreten. König Konstantin I. dankt ab. Sein Nachfolger wird Georg II. **ÄGYPTEN** wird ein unabhängiges Königreich. England behält sich jedoch militärische Vorrechte am Suezkanal vor. **POLEN, LETTLAND, ESTLAND** gründen die „baltische Entente" gegen die UdSSR. **RUSSLAND:** Die Union der Sozialistischen Sowjetrepubliken, UdSSR, wird gegründet. Sie wird als föderalistischer Staatenbund gebildet. **USA:** Die Abrüstungskonferenz in Washington endet mit einem Abkommen über die Flottenstärken zwischen den USA, Großbritannien, Frankreich, Japan und Italien und in einem Pazifikabkommen, das den Besitzstand zwischen USA, Großbritannien, Frankreich und Japan garantiert. **INDIEN:** Gandhi wird von den Briten zu sechs Jahren Gefängnis verurteilt. **Wissenschaft:** Der Archäologe Howard Carter entdeckt das Felsengrab des ägyptischen Königs Tutench-Amun mit seinen Schätzen und macht damit die Archäologie populär. **Kultur:** Der Komponist Amold Schönberg erfindet die

Russland: Basiliuskirche (Moskau)

Zwölfton-Musik. In London wird der PEN-Club, eine internationale Literatenvereinigung, gegründet. **Religion:** Benedikt XV. † (*1854), Papst von 1914 bis 1922. Er bemühte sich vergeblich um eine Friedensvermittlung im I. Weltkrieg. Sein Nachfolger wird Papst Pius XI.

1923

Nachdem es immer wieder zu Streitigkeiten mit Frankreich wegen der Reparationen gekommen war, wird das Ruhrgebiet aufgrund einer angeblichen Stockung der deutschen Kohlelieferungen von französischen und belgischen Truppen besetzt. Die Bevölkerung leistet passiven Widerstand. Die Inflation ist in Deutschland auf dem Höhepunkt. Ein Dollar hat einen Gegenwert von 4,2 Billionen Mark. Gustav Stresemann, DVP (Deutsche Volkspartei), wird deutscher Reichskanzler. Er lässt den passiven Widerstand im Ruhrkampf abbrechen und überwindet die

Simplicissimus: Gustav Stresemann wird Reichskanzler der Großen Koalition

Inflation. Im November tritt Stresemann als Reichskanzler zurück und wird deutscher Außenminister. Sein Nachfolger wird Wilhelm Marx, Zentrumspartei. Im Rheinland kommt es zu separatistischen Bewegungen, außerdem in verschiedenen Teilen Deutschlands zu kommunistischen Unruhen und in München zu einem Putschversuch Adolf Hitlers. Alle werden niedergeschlagen, Hitler wird zu Festungshaft verurteilt. Die „Schwarze Reichswehr" begeht auch nach ihrem offiziellen Verbot weiterhin Fememorde. Die Reichsregierung überwirft sich mit dem bayerischen Generalstaatskommissar Gustav von Kahr, der sich weigert, den „Völkischen Beobachter", das Organ der NSDAP, zu verbieten. Die NSDAP wie auch die KPD werden verboten. **ENGLAND:** Die Macht der Labour-Party wächst nach Neuwahlen. Auf der Empire-Konferenz in London werden die Rechte und die Selbstständigkeit der Dominions erweitert. Der Völkerbund billigt das Britische Mandat über Palästina. Daraufhin verstärkt sich die Einwanderung von Juden. **TÜRKEI:** Kemal Pascha (Atatürk) wird der erste Präsident der türkischen Republik. Der Friede von Lausanne bestätigt den Besitzstand der Türkei. Griechen verlassen die Türkei. **USA:** Calvin Coolidge wird Präsident der USA. **Wissenschaft:** Wilhelm Röntgen † (*1845), Physiker. Der Deutsche entdeckte 1895 die Röntgenstrahlen, die er selbst „X-Strahlen" nannte und mit deren Hilfe beispielsweise ein menschlicher Körper durchleuchtet und das Skelett sichtbar gemacht werden kann. Röntgen erhielt 1901 den Nobelpreis.

1924

Langsam stabilisiert sich die politische und wirtschaftliche Lage in Deutschland. Der deutsche Reichstag nimmt den „Dawes-Plan" an, in dem die deutschen Reparationszahlungen festgelegt werden. Danach soll Deutschland 5,4 Milliarden Mark bis 1928 zahlen, später 2,5 Milliarden Mark pro Jahr. Adolf Hitler wird vorzeitig aus der Festung Landsberg entlassen. Während der Haft schrieb er die Hauptschrift des Nationalsozialismus, „Mein Kampf". In Berlin finden die erste Funkausstellung und die erste Automobilausstellung statt. **ENG-**

LAND: Nach dem Wahlsieg der Labour-Party wird James McDonald der erste britische Labour-Ministerpräsident. Es folgt ein Wahlsieg der Konservativen. Stanley Baldwin wird Ministerpräsident. Außenminister wird Austen Chamberlain, Finanzminister wird der Liberale Winston Churchill, nachdem er zu den Konservativen übergetreten ist. **ITALIEN:** Der italienische Sozialist Giacomo Mateotti † (*1885) wird von Faschisten ermordet. Daraufhin treten die meisten nicht-faschistischen Abgeordneten zurück. **UDSSR:** Wladimir Iljitsch Lenin † (*1870). Der revolutionäre Staatsmann war der Begründer des Bolschewismus, die entscheidende Gestalt bei der russischen Revolution und der Begründer der Sowjetrepublik. Nach seinem Tode entbrennen heftige Kämpfe um die politische Führung. Bei dem Machtkampf gewinnt Stalin: Er schmiedet ein Komplott gegen Trotzki, der abgesetzt und verbannt wird. **USA:** Woodrow Wilson † (*1856), amerikanischer Präsident von 1913 bis 1921. Der Professor der Geschichte und der Staatswissenschaften war ein Anhänger idealistischer Weltfriedenspläne. Auf seinen Vorschlag geht die Gründung des Völkerbundes zurück. Er nahm persönlich an der Friedenskonferenz in Paris teil und erhielt 1919 den Friedensnobelpreis. **Wissenschaft:** Die Weltkraftkonferenz in London hat die internationale Energieerzeugung und -verteilung zum Thema. In Deutschland wird die Melkmaschine eingeführt. **Kultur:** Feininger, von Jawlensky, Kandinsky und Klee bilden die expressionistische Künstlergruppe „Die Blauen Vier". Max Reinhardt übernimmt die Leitung der Salzburger Festspiele und die des Theaters in der Wiener Josefstadt. Franz Kafka † (*1883), Dichter. Der Österreicher ist einer der bedeutendsten Erzähler des 20. Jahrhunderts. Seine Prosa ist formal wie inhaltlich einzigartig und keiner literarischen Strömung zuzuordnen. Seine Hauptthemen: Menschliche Beziehungslosigkeit, religiöse Verzweiflung und ein gebrochenes, von Paradoxien erschüttertes Weltverständnis. Zu seinen Hauptwerken gehören „Die Verwandlung", „Der Prozess" und „Das Urteil". Eleonora Duse † (*1859), Schauspielerin. Die Italienerin verzeichnete große Erfolge in ihrem Heimatland wie im Ausland. Sie gilt als eine der größten Menschendarstellerinnen ihrer Zeit. Anatole France † (*1844), Dichter. Der Franzose schrieb Lyrik, Dramen, hauptsächlich aber Romane. Der Erzähler, der sich immer wieder mit französischer Geschichte und Gesellschaftskritik befasste, erhielt 1921 den Nobelpreis. Giacomo Puccini † (*1858), Opernkomponist. Der Italiener gilt als einer der Hauptvertreter der italienischen veristischen Oper. Seine Opern mit ihren gefälligen Melodien und der dramatischen Handlung wurden weltberühmt. Dazu zählen u. a. „La Bohème", „Madame Butterfly" und „Manon Lescau". Puccini stirbt kurz vor der Vollendung seiner Oper „Turandot". In der Malerei Pablo Picassos beginnt die abstrakte Periode. Im deutschen Rundfunk werden erstmals Konzerte und Opern übertragen. So entsteht auf breiter Basis ein ganz neues Verhältnis zur Musik.

Franz Kafka

Wladimir Iljitsch Lenin

Lenin

Der Sohn eines Adligen namens Uljanow (*1870, †1924) kam schon während seiner Schulzeit mit der revolutionären Bewegung in Berührung: Sein Bruder Alexander wurde als Verschwörer hingerichtet. Zunächst studierte Lenin Jura und wirkte dann in Petersburg als Advokat. Als seine Vorbereitungen zur Revolution bekannt wurden, musste er in die Verbannung nach Sibirien. Hier entwickelte er die theoretischen Grundlagen seines revolutionären Programms. Später ging Lenin ins Ausland und gründete in München die für Russland bestimmte Zeitung „Iskra" (Der Funke). Lenin wurde Führer der Bolschewiki.

1917 konnte er sich mit deutscher Hilfe nach Russland einschleusen, wo er in den Jahren des Bürgerkriegs zum Gründer der Sowjetunion wurde.

1925

Friedrich Ebert † (*1871), Reichspräsident seit 1919. Nachfolger des Sozialdemokraten wird nach mehreren Wahlgängen Generalfeldmarschall von Hindenburg. Der Parteilose Hans Luther wird Reichskanzler. Die in Deutschland besetzten Gebiete werden allmählich geräumt (die Räumung ist 1930 beendet). In den Genfer Protokollen wird das Verbot des chemischen und des bakteriologischen Krieges festgelegt. Auf der Konferenz von Locarno werden Abmachungen zur Friedenssicherung zwischen Deutschland, Frankreich, Großbritannien, Italien und Belgien abgeschlossen. Die NSDAP wird neu gegründet. Bildung der nationalsozialistischen „Schutzstaffel" (SS). **UDSSR:** Stalin wendet sich zunächst von dem Gedanken einer kommunistischen Weltrevolution, wie sie Trotzki fordert, ab und beginnt damit, den „Sozialismus in einem Land" zu verwirklichen. Die UdSSR schließt einen Nichtangriffspakt mit der Türkei. **PERSIEN:** Ministerpräsident Risa Khan wird zum erblichen Schah und als Reza Schah Pahlewi König von Persien. **CHINA:** Sun Yat-sen † (*1866), chinesischer Republikaner. Seine Volkspartei Kuomintang stürzte 1911 das chinesische Kaisertum. Sein Nachfolger wird Tschiang Kai-schek. Er erobert ganz Nordchina. **Wissenschaft:** Die deutsche Fernseh-Entwicklung beginnt. Die ersten öffentlichen Ausstellungen finden 1928 statt. Der Neubau des „Deutschen Museums" in München durch Oskar von Miller wird eröffnet. Es enthält anschauliche Darstellungen aus der Technik und der Naturwissenschaft. Das Erdöl gewinnt zunehmend an Bedeutung. Bücher und Standardwerke über diesen Stoff werden veröffentlicht. In London tagt der internationale Radiologen-Kongress, eine Tagung der Strahlenforscher. **Kultur:** Walter Gropius, der Gründer des „Staatlichen Bauhaus" in Weimar, siedelt das Bauhaus nach Dessau um. Lovis Corinth † (*1858), Maler. Der Deutsche schuf zunächst Bilder in einem dem Impressionismus verwandten Stil. Wichtigstes Ausdrucksmittel seines Altersstils war die Farbe. Von seinen Spätwerken sind die Walchensee-Landschaften besonders bekannt. Leo Fall † (*1873), Komponist. Der österreichische Operettenkomponist war ein Vertreter der klassischen Wiener Operette. Der „King of Jazz" Louis Armstrong gründet seine Combo „Hot Five". Charlie Chaplin dreht seinen Film „Goldrausch". **Religion:** Der Verband evangelischer Theologinnen Deutschlands wird ins Leben gerufen.

Friedrich Ebert

Friedrich Ebert

Der gelernte Sattler (*1871, † 1925) schloss sich der Sozialdemokratischen Partei bereits in jungen Jahren an und wurde schließlich 1913 ihr Vorsitzender. Am 9. November 1918 wurde Ebert Reichskanzler, und am 2. Februar 1919 wählte ihn die Weimarer Nationalversammlung zum ersten Reichspräsidenten der neu gegründeten Republik Deutschland, ein Amt, das er bis 1925 bekleidete. In seine Amtszeit fielen so schwere Krisen wie Kommunistenunruhen, der Kapp- und Hitlerputsch. Der SPD-Politiker konnte diese Krisen mithilfe seiner verfassungsmäßigen Machtbefugnisse meistern.

1926

Reichskanzler Luther tritt wegen eines Streits um die Führung von Reichs- und Handelsflaggen zurück. Sein Nachfolger wird Wilhelm Marx, Zentrum. Deutschland wird in den Völkerbund aufgenommen und erhält einen ständigen Ratssitz. Deutschland und die UdSSR schließen einen Freundschafts- und Neutralitätsvertrag in Berlin. Josef Goebbels wird nationalsozialistischer Gauleiter. Die Hitlerjugend wird gegründet. **SCHWEIZ:** In Genf findet eine Seeabrüstungskonferenz zwischen Großbritannien, den USA und Japan statt. Sie verläuft ohne Ergebnis. **FRANKREICH:** Raymond Poincaré wird französischer Ministerpräsident. Außenminister ist Aristide Briand. **ITALIEN:** Mussolini, „Duce del Fascismo", baut seine Macht aus. Die parlamentarische Verantwortlichkeit und das kollegialische Kabinett werden aufgehoben. **POLEN:** Józef Pilsudski verübt in Polen einen Staatsstreich. Er errichtet eine diktatorische

Regierung. **CHINA:** Die Kantonarmee unter der Führung von Tschiang Kai-schek beginnt ihren Feldzug zur Einigung Chinas. **JAPAN:** Prinzregent Hirohito wird Kaiser von Japan. **Wissenschaft:** In Berlin wird der 120 m hohe Funkturm eröffnet. Auf der Strecke Hamburg-Berlin gibt es Zugfunk-Telefon. Roald Amundsen und Umberto Nobile unternehmen einen erfolgreichen Flug mit ihrem Luftschiff „Norge" über den Nordpol. **Kultur:** Rainer Maria Rilke † (*1875), Dichter. Die Werke des Deutschen mit ihrer eigentümlichen musikalischen und sehr virtuosen Sprache sind gekennzeichnet von Fragen nach der menschlichen Existenz, nach Gott und Tod. Bekannt sind unter anderem die „Aufzeichnungen des Malte Laurids Brigge", mit denen Rilke die Abwendung von der gefühlvollen Illusion versucht, die „Duineser Elegien" und Rilkes Briefe, die Bestandteil seines Werkes geworden sind. Siegfried Jacobsohn † (*1881), Journalist. Der gebürtige Berliner gründete 1905 die Theaterzeitschrift „Schaubühne", die er nach dem I. Weltkrieg in die politisch-literarische Wochenschrift „Weltbühne" umwandelte. Claude Monet † (*1840), Maler. Der Franzose begann als Karikaturist und ging später zu impressionistischen Landschaftsmalereien über. Besonders fasziniert war er vom Spiel des Lichts in der Natur. Rudolf Valentino † (*1895), Schauspieler. Der amerikanische Schauspieler italienischer Herkunft war einer der größten Publikumslieblinge seiner Zeit. Zur Beisetzung des Filmstars strömten Hunderttausende von Menschen. Neben Filmen, die ihn als Helden zeigen, drehte er eigene Produktionen, die von Humor und ironischer Überlegenheit geprägt sind. **Religion:** Stigmatisierung der Therese Neumann in Konnersreuth. Sie soll regelmäßig in Visionen die Leidensgeschichte Christi erlebt haben.

1927

Deutschland tritt dem internationalen Schiedsgerichtshof im Haag bei und schließt mit Frankreich einen Handelsvertrag ab. **ITALIEN:** Nach Attentaten auf Mussolini und den italienischen König wird die Todesstrafe wieder eingeführt. **ÖSTERREICH:** Es kommt zu Arbeiterunruhen in Wien. Der Justizpalast brennt. **UDSSR:** Unter der Führung von Stalin werden in der Sowjetunion die ersten Fünfjahrespläne aufgestellt. Russland soll systematisch industrialisiert werden. Das bäuerliche Eigentum wird verstaatlicht und zum Kollektiveigentum. **CHINA:** In Nanking bildet General Tschiang Kai-schek eine Regierung. Die Kommunisten werden aus der Kuomintang ausgeschlossen. **Wissenschaft:** Der amerikanische Flieger Charles Lindbergh überquert als Erster allein den Ozean. Er fliegt die rund 6000 km lange Strecke New York–Paris in 33 Stunden. Die erste Funksprechverbindung nach Übersee wird eingerichtet. In den USA findet zum ersten Mal eine Fernsehübertragung statt.

Charles Lindbergh

Kultur: Die Stadt Frankfurt am Main stiftet den mit 10.000 Mark dotierten und jährlich vergebenen Goethepreis. Zu den Preisträgern zählen unter anderem Stefan George, Thomas Mann und Gerhart Hauptmann. Der Architekt Le Corbusier baut sein Haus für die Weißenhofsiedlung in Stuttgart. Diese Ausstellung von neuzeitlichen Wohnhäusern, bei der Architekten wie Mies van der Rohe, Gropius und Poelzig beteiligt sind, wird für die Zukunft richtungsweisend. Den Baustil nennt man „Neue Sachlichkeit". Houston Stewart Chamberlain † (*1855), Philosoph. Der Deutsch-Engländer, Schwiegersohn von Richard Wagner, gilt als Vorläufer der nationalsozialistischen Rassenideologie. Maximilian Harden † (*1861), Schriftsteller. Er gab die Wochenzeitschrift „ Die Zukunft" heraus, in der die Politik Wilhelms II. scharf bekämpft wurde. Harden war auch ein gefürchteter Literatur-Kritiker, der für den Naturalismus eintrat. Der Film „Der Jazzsänger" von Al Jonson markiert den Beginn der Tonfilmära.

1928

Die deutschen Reichstagswahlen bringen einen Wahlsieg für die Linken. Hermann Müller, SPD, bildet eine Regierung der großen Koalition. Scharfe Oppositionspolitik betreibt die Deutschnationale Volkspartei mit Alfred Hugenberg an der Spitze. 15 Staaten, darunter Deutschland und Frankreich, nehmen den so genannten „Kellogg-Pakt" an und unterschreiben ihn. Dieser Kriegsächtungspakt geht auf die Initiative des US-Außenministers Frank Kellogg zurück. **ÖSTERREICH:** Professor Wilhelm Miklas wird zum österreichischen Bundespräsidenten gewählt. **SCHWEIZ:** Der Völkerbund anerkennt bedingungslos die Neutralität der Schweiz. **Wissenschaft:** Roald Amundsen † (*1872), Polarforscher. Der Norweger, der den Südpol entdeckte, stirbt auf einem Rettungsflug für die Besatzung des Luftschiffes „Italia", das auf einer Polarfahrt unter Umberto Nobile verunglückte. Unter Mithilfe von Amateurfunkern, 16 Schiffen und 21 Flugzeugen wird die Besatzung gerettet. Amundsen gilt seit dem Rettungsflug als verschollen. Alexander Fleming entdeckt das Bakteriengift Penicillin. Der Fernschreiber wird erfunden. **Kultur:** Klabund † (*1890), Dichter. Der deutsche Schriftsteller, der eigentlich Alfred Hentschke hieß, betrachtete sich als späten Nachfahren des Vagantendichters François Villon. Bekannt wurde er auch durch seine Nachdichtungen aus dem Chinesischen. Franz von Stuck † (*1863), Maler. Der Deutsche malte erst allegorisch-symbolische Bilder und schuf zahlreiche Bronzeplastiken. Die von ihm entworfene Stuck-Villa in München ist heute Museum. Hermann Sudermann † (*1857), Dichter. Der deutsche Dramatiker und Romancier schuf zahlreiche sozial- und gesellschaftskritische Schauspiele und als bekanntesten Roman „Frau Sorge". **Religion:** In seiner Enzyklika „Mortalium animos" lehnt Papst Pius XI. die gesamt-christliche ökumenische Bewegung ab.

1929

In Deutschland herrscht Krisenstimmung. Der Young-Plan, der die deutschen Reparationszahlungen bis 1980 regeln soll, stößt auf heftige Kritik, und die Nationalsozialisten und die Deutschnationalen streben einen Volksentscheid gegen seine Annahme an. Der Volksentscheid verläuft für sie erfolglos, der Reichstag nimmt den Young-Plan an. Deutschland soll bis 1988 105 Milliarden Mark bezahlen. Das Defizit in der Reichskasse beträgt rund 1,7 Milliarden. Gleichzeitig wird durch einen Börsenkrach in New York die Weltwirtschaftskrise eingeleitet. Die daraus resultierende Arbeitslosigkeit ruft eine soziale Krise hervor. Heinrich Himmler wird „Reichsführer der SS". **FRANKREICH:** Raymond Poincaré tritt zurück. Es folgen Regierungen unter Briand und Tardieu. Georges Clemenceau † (*1841), französischer Staatsmann. Der mehrfache Ministerpräsident mit dem Spitznamen „Der Tiger" war deutschfeindlich und setzte bei den Verhandlungen um den Friedensvertrag von Versailles seine Politik durch. Er schrieb u. a. „Größe und Tragik eines Sieges". **USA:** Herbert Hoover wird Präsident der USA. Kursstürze an der New Yorker Börse lösen eine Weltwirtschaftskrise aus. **UDSSR:** Leo Trotzki wird aus der Sowjetunion ausgewiesen und reist in die Türkei. Der Parteisekretär Stalin ist jetzt praktisch Alleinherrscher. Die Kollektivierung der Landwirtschaft stößt bei den Bauern auf Widerstand. **Wissenschaft:** Hugo Eckener unternimmt mit dem Luftschiff „Graf Zeppelin" eine Weltreise über 49.000 km. In Berlin findet die erste Fernsehsendung statt. **Kultur:** Arno Holz † (*1863), Dichter. Der deutsche Naturalist gilt als der erste bedeutende Dichter und Theoretiker dieser Stilrichtung. Bahnbrechend war seine Einbeziehung der Umgangssprache und neuer Themen wie das der Großstadt in seine Werke. Trotz seines großen Einflusses wurde Holz aber nie sehr populär. Werner Finck eröffnet in Berlin das Kabarett „Die Katakombe". Heinrich Zille † (*1858), Zeichner. Der satirische Zeichner und hervorragende Fotograf wurde vor allem durch seine Blätter und Karikaturen bekannt, die das Berliner Arbeitermilieu skizzieren. „Melodie des Herzens" mit Willy Fritsch ist der erste vollständige deutsche Tonfilm. Hugo von Hofmannsthal † (*1874), Dichter.

Georges Clemenceau

Herbert C. Hoover

Hugo von Hofmannsthal

Der Österreicher gilt als der bedeutendste Lyriker, Dramatiker, Erzähler und Essayist aus der Donaumonarchie der Jahrhundertwende. Zusammen mit Richard Strauss schuf er eine neue Form des Musiktheaters mit literarisch anspruchsvollen Libretti. Von den italienischen Faschisten vertrieben, emigriert der Dirigent Arturo Toscanini in die USA. Sergej Diaghilew † (*1872), Tänzer und Choreograph. Er ist der Begründer des modernen russischen Balletts. In seiner weltberühmten Tanztruppe traten so legendäre Tänzer wie Vaclaw Nijinski und Anna Pawlowa auf. Walt Disney stellt seinen ersten Ton-Zeichentrickfilm mit „Micky Mouse" vor. **Religion:** Durch die Lateranverträge wird der Status Roms geregelt. Der Papst verzichtet auf Rom und Kirchenstaat. Die Vatikanstadt ist selbstständiges, neutrales Gebiet unter der Souveränität des Papstes. Der Gegensatz zwischen Faschismus und Kirche wird durch diese Verträge jedoch nicht gemildert.

1930

An der Frage der Beitragserhöhung zur Arbeitslosenversicherung, in Deutschland gibt es mittlerweile 4,4 Millionen Arbeitslose, scheitert die große Koalition unter Hermann Müller. Sein Nachfolger als Reichskanzler wird Heinrich Brüning, Zentrum. Er regiert mit Notverordnungen und einem Minderheitenkabinett, das vom Reichstag toleriert wird. Bei den Reichstagswahlen im September gewinnt die NSDAP 107 Sitze und wird damit zur zweitstärksten Partei nach der SPD im Reichstag. Wilhelm Franck wird in Thüringen erster nationalsozialistischer Minister und verschafft dem gebürtigen Österreicher Hitler die deutsche Staatsbürgerschaft. Die Rheinlandbesetzung ist endgültig beendet, die letzten Truppen ziehen ab. **ÖSTERREICH:** Auf der Haager Konferenz erreicht Österreich, dass fast alle seine Reparationsverpflichtungen aufgehoben oder stark reduziert werden. Österreich schließt mit Italien einen Freundschaftsvertrag. **FRANKREICH:** Frankreich baut gegen einen etwaigen Angriff durch Deutschland die Maginot-Linie auf. **SPANIEN:** Der Diktator Miguel Primo de Rivera wird abgelöst und geht ins Ausland. **Wissenschaft:** Der Schnelldampfer „Europa" des Norddeutschen Lloyd gewinnt das „Blaue Band" als schnellster Passagierdampfer. Die bayerische Zugspitzbahn und das Schneefernerhaus werden eröffnet. **Kultur:** Helene Lange † (*1848), Führerin der deutschen Frauenbewegung. Sie forderte eine Neuordnung des Schulwesens für Mädchen und andere Reformen des Bildungswesens. Sie schrieb zahlreiche Bücher und gründete die Zeitschrift „Die Frau". Cosima Wagner † (*1837), Ehefrau von Richard Wagner. Die Tochter von Franz von Liszt heiratete Wagner 1870. Von 1883 bis 1908 leitete sie die Bayreuther Festspiele. Siegfried Wagner † (*1869), Komponist. Der Sohn Richard Wagners löste Cosima Wagner 1908 in der Leitung der Bayreuther Festspiele ab. Nach seinem Tod übernimmt seine Frau Winifred die Festspielleitung. Unter der Regie von Josef Sternberg wird der Film „Der blaue Engel" mit Marlene Dietrich gedreht. Wladimir Majakowski † (*1893), Dichter. Der Russe zeigte sich in seinem Werk stark beeindruckt von Revolution und Bolschewismus. So verherrlicht er in einem Gedicht Lenin als Helden des Proletariats. Seine letzten Werke zeigen bereits stark parodistische Züge, die auf die Oktoberrevolution, auf Spießertum und Bürokratismus in der Sowjetunion gemünzt sind. Arthur Conan Doyle † (*1859), Schriftsteller und Arzt. Der Engländer wurde weltberühmt durch die von ihm geschaffene Romanfigur des Detektivs Sherlock Holmes. Otto

A. C. Doyle: Sherlock Holmes und Dr. Watson (Zeichnung)

Müller oder Mueller † (*1874), Maler. Der deutsche Expressionist gehörte zur Künstlergemeinschaft „Brücke" und malte mit Vorliebe herbe Gestalten von zigeunerhaftem Typ.

1931

Hitler und die Nationalsozialisten schließen sich mit den Deutschnationalen und dem Stahlhelm zur „Harzburger Front" zusammen. Nach einer Ansprache vor deutschen Industriellen beschließen diese, Hitler zu unterstützen. Zur Abwehr der extremistischen Kampforganisationen SA und SS, Stahlhelm und Roter Frontkämpferbund (KPD) schließen sich die SPD, „Reichsbanner Schwarzrotgold" und die Gewerkschaften zur „Eisernen Front" zusammen. Deutschland und Österreich planen eine Zollunion, was am Widerstand Frankreichs scheitert. Der Haager Gerichtshof verkündet die Unzulässigkeit dieser Zollunion. Die Österreichische Kreditanstalt und die Darmstädter sowie die Nationalbank brechen zusammen. Die Banken werden zeitweilig geschlossen. Der amerikanische Präsident Hoover verkündet das Hoover-Moratorium, durch das alle internationalen Zahlungsverpflichtungen, auch die Reparationen Deutschlands, für ein Jahr aufgeschoben werden. **SPANIEN:** Durch einen Wahlsieg der Republikaner wird in Spanien die Monarchie gestürzt. König Alfons XIII. dankt ab, Spanien wird Republik. Ministerpräsident wird Manuel Azana. **ÖSTERREICH:** In Österreich scheitert ein Aufstand der steirischen Heimwehren. **INDIEN:** Gandhi verhandelt mit dem englischen König. Die Konferenz verläuft erfolglos, und Gandhi setzt seine Politik des Ungehorsams fort. **Wissenschaft:** Toni und Franz Schmid ersteigen erstmals die Nordwand des Matterhorns. Thomas Alva Edison † (*1847), Ingenieur. Der amerikanische Erfinder war sehr produktiv: Er erfand die Glühlampe, einen Vorläufer des Telefons, das Kohlekörnermikrofon, den Eisen-Nickel-Akkumulator u. v. m. **Kultur:** In München brennt der Glaspalast ab. Er war 1854 als Palast für Kunstausstellungen erbaut worden. In New York wird das Empire State Building, mit 381 m das damals höchste Bauwerk der Erde, eingeweiht. Arthur Schnitzler † (*1862), Dichter. Der Österreicher galt als scharfer Beobachter der Wiener Gesellschaft seiner Zeit. Zu seinen bekanntesten Werken gehören die Novellen „Fräulein Else" und „Leutnant Gustl" und die Schauspiele „Anatol" und der „Reigen". Anna Pawlowa † (*1885), Tänzerin. Die Russin, die mit der Ballettruppe von Sergej Diaghilew Triumphe in aller Welt feierte, wurde besonders berühmt durch das von ihr kreierte Ballett „Der sterbende Schwan". **Religion:** Papst Pius XI. legt in seiner Enzyklika „Quadragesimo anno" die katholische Soziallehre dar.

Thomas Alva Edison

Arthur Schnitzler

1932

Franz von Papen

Der 84-jährige Paul von Hindenburg wird im zweiten Wahlgang gegen die Kandidaten Hitler, NSDAP, und Thälmann, KPD, wieder zum Reichspräsidenten gewählt. Im April werden SA und SS verboten. Am 30. Mai wird Brüning gestürzt, da ihm Hindenburg das Vertrauen entzieht. Reichskanzler wird Franz von Papen, Zentrum. Sein Kabinett hat keine Mehrheit im Reichstag. Dieser wird am 4. Juni aufgelöst. Im Juni wird das SA-Verbot wieder aufgehoben. Vor den Reichstagswahlen kommt es zu einem Staatsstreich in Preußen: Von Papen setzt die SPD-Regierung Braun-Severing ab und wird Reichskommissar für Preußen. Bei der Reichstagswahl steigt der Anteil der NSDAP-Stimmen auf 37,8 Prozent. Hitler lehnt die angebotene Vizekanzler-Position ab. Bei den Reichstagswahlen im November fällt der Anteil der nationalsozialistischen Stimmen auf 31 Prozent. KPD und NSDAP besitzen zusammen im Reichstag die Mehrheit. Doch die beiden Gruppen sind gegeneinander feindlich eingestellt, auch wenn sie beide die Weimarer Republik bekämpfen. Die Wirtschaftskrise ist auf ihrem Höhepunkt. In Deutschland gibt es über sechs Millionen Arbeitslose. In der ganzen Welt sind es rund 30 Millionen Menschen, die keine Arbeit finden. Auf der Konferenz von Lausanne im Sommer wird das Ende der deutschen Reparationszahlungen beschlossen. Die Wirtschaftskrise hat bewiesen, dass Zahlungen in dieser Höhe unmöglich sind. Deutschland hat bis dahin über 53 Milliarden Goldmark an Reparationen bezahlt. Im Dezember tritt von Papen als Reichskanzler zurück. Sein Nachfolger wird General Kurt von Schleicher, der aber keine Mehrheit im Reichstag besitzt. **SCHWEIZ:** In Genf findet eine Abrüstungskonferenz statt, die ergebnislos verläuft, da Deutschland eine allgemeine Abrüstung verlangt, Frankreich aber vorher Sicherheiten möchte. **FRANKREICH:** Aristide Briand † (*1862), Staatsmann. Briand war seit 1909 sechsmal französischer Ministerpräsident und längere Zeit Außenminister, als der er sich besonders um die deutsch-französische Verständigung bemühte. 1926 erhielt er den Friedensnobelpreis. Staatspräsident in Frankreich wird Albert Lebrun. **UDSSR:** Die Sowjetunion schließt einen Nichtangriffspakt mit Finnland, Polen, Estland, Lettland und Frankreich. In der UdSSR herrscht eine schwere Hungersnot. **CHINA:** Während kriegerischer Auseinandersetzungen zwischen China und Japan besetzt Japan die Mandschurei und bildet daraus den Staat Mandschuko. Präsident dieses japanischen Protektorats wird der letzte Herrscher der chinesischen Mandschu-Dynastie, Kang Teh. **Wissenschaft:** Der Konstrukteur Wernher von Braun beginnt mit der Entwicklung einer Flüssigkeitsrakete. Der Münchner Zoo versucht durch Rückkreuzungen, den ausgestorbenen Urochsen zu züchten. **Kultur:** Max Slevogt † (*1868), Maler. Der deutsche Maler und Grafiker gilt als einer der Hauptmeister des deutschen Impressionismus. Besonders schön sind die von ihm geschaffenen Buchillustrationen, beispielsweise zu „Rübezahl", „Lederstrumpf" oder „Sindbad". Eugéne d'Albert † (*1864), Komponist. Der Franzose, der Schüler von Franz von Liszt war und sich auch als Pianist einen Namen machte, schrieb 21 Opern, darunter „Tiefland" und „Der Golem". Der Schriftsteller Hans Fallada schreibt seinen Roman „Kleiner Mann, was nun?", der die Zeit der Arbeitslosigkeit zum Thema hat. Shirley Temple beginnt als vierjähriges Wunderkind, Filme zu drehen.

1933

Reichspräsident von Hindenburg ernennt Adolf Hitler am 30. Januar zum Reichskanzler. Vizekanzler und Reichskommissar von Preußen wird von Papen. Hugenberg, der später zurücktritt, aber Reichstagsabgeordneter bleibt, ist Wirtschaftsminister. Hermann Göring ist zunächst Minister ohne Geschäftsbereich, später für Luftfahrt. Josef Goebbels wird Reichsminister für Aufklärung und Propaganda. Am 27. Februar brennt der Reichstag in Berlin. Der Brand, den möglicherweise Nationalsozialisten gelegt haben, wird den Kommunisten in die Schuhe geschoben. Daraufhin wird die „Verordnung zum Schutz von Volk und Staat" erlassen, die Grundrechte werden aufgehoben. Zahlreiche Kommunisten werden verhaftet, die sozialistische Presse verboten. In den Reichstagswahlen vom März bekommt die NSDAP 43,9 Prozent der Stimmen. Das „Ermächtigungsgesetz", das „Gesetz zur Behebung der Not von Volk und Reich", durch das die Regierung die gesetzgebende Gewalt bekommt, erhält die Zustimmung aller im Reichstag vertretenen Parteien mit Ausnahme der SPD. Die kommunistischen Abgeordneten sind zum Teil verhaftet, der Rest ist geflohen. Die Weimarer Republik ist beendet. Alle deutschen Länder erhalten Reichskommissare. Die Parteien und die Gewerkschaften werden aufgelöst, die NSDAP zur alleinigen Partei erklärt. Es kommt zu ersten antijüdischen Ausschreitungen. Für die Gegner des Nationalsozialismus werden Konzentrationslager errichtet. Die Zahl der Häftlinge bis 1945 wird auf mindestens acht bis zehn Millionen geschätzt, wovon mehr als die Hälfte ums Leben kommt. „Nichtarier" als Beamte werden entlassen. Das „Gesetz zur Verhütung erbkranken Nachwuchses" wird verabschiedet. Hermann Göring wird preußischer Ministerpräsident. Er beseitigt den Landtag und vereinigt fast alle Ministerien mit den Reichsministerien. Durch das „Reichsbankgesetz" wird die

Autonomie der Reichsbank aufgehoben. Reichsbankpräsident Horace Hjalmar Schacht hat die Aufgabe, Arbeitsbeschaffung z. B. durch den Bau von Autobahnen und Aufrüstung zu finanzieren. Deutschland verlässt den Völkerbund und die zweite Abrüstungskonferenz. Das Deutsche Reich schließt ein Konkordat mit dem Vatikan. **ÖSTERREICH:** Bundeskanzler Engelbert Dollfuß schaltet mithilfe von Notverordnungen den österreichischen Nationalrat aus und errichtet ein autoritäres Regime. Er hofft so, die kommunistischen und nationalsozialistischen Bewegungen in Österreich niederzuhalten. **ITALIEN:** Mussolini regt einen Viererpakt zwischen Italien, Deutschland, Frankreich und England an, der unter anderem eine Revision der Friedensverträge und die politische Zusammenarbeit der unterzeichnenden Mächte vorsieht. **USA:** Franklin D. Roosevelt wird Präsident der USA. Er startet das Gesetzwerk „New Deal", das eine staatliche Wirtschaftsplanung zur Überwindung der Wirtschaftskrise vorsieht. Die Prohibition, das seit 1919 herrschende Alkoholverbot, wird aufgehoben. **Kultur:** Stefan George † (*1868), Dichter. Als Mittelpunkt des exklusiven George-Kreises verkündete er den sakralen und prophetischen Charakter der Kunst („Blätter für die Kunst", 1892–1919). Anlehnung an Nietzsche, die französischen Symbolisten und englischen Präraffaeliten. Exklusivität, Schönheitskult und Formstrenge seiner Dichtung manifestieren sich auch in der prachtvollen äußeren Aufmachung (z. T. selbstentworfene Schrift) seiner Werke (u. a. „Hymnen", „Algabal", „Das Jahr der Seele", „Der Stern des Bundes"). Die bildende Kunst in Deutschland wird zunehmend „ausgerichtet", das heißt auf einen oberflächlichen Realismus beschränkt. In Berlin werden Bücher „unerwünschter" Autoren verbrannt. Das bedeutet das Ende des freien Schriftstellertums in Deutschland. Fortan führt die „Reichsschrifttumskammer" eine zunehmende Gleichschaltung der deutschen Literatur durch. John Galsworthy † (*1867), Dichter. Der Engländer war der erste Präsident des PEN-Clubs. Er wurde berühmt durch seine Romantrilogie „Die Forsyte Saga" und erhielt 1932 den Nobelpreis für Literatur.

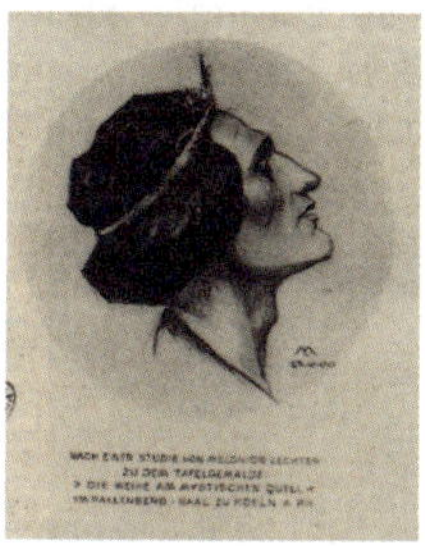

Stefan George

1934

Heinrich Himmler wird Chef der Gestapo, der Geheimen Staatspolizei in Preußen. Schacht wird Reichswirtschaftsminister. Wegen eines angeblich geplanten Putsches werden hohe SA-Führer auf Befehl Hitlers erschossen. Dazu zählen SA-Stabschef Ernst Röhm und andere politische Gegner. Die SA wird entmachtet. Hitler stützt sich nur auf die SS und die Reichswehr. Von Papen wird als Gesandter nach Wien geschickt. Paul von Beneckendorff und von Hindenburg † (*1847), deutscher Reichspräsident seit 1925. Der Generalfeldmarschall des Ersten Weltkrieges lebte bereits seit längerem im Ruhestand, als er auf den Posten des Reichspräsidenten berufen wurde. Hitler macht sich nach dem Tod Hindenburgs zum Diktator. Als „Führer und Reichskanzler" übernimmt Hitler auch die Befugnisse des Reichspräsidenten. Die Reichswehr wird auf den „Führer" persönlich vereidigt. Reichsrat und Länderparlamente werden aufgelöst, die Länder werden gleichgeschaltet. Deutschland und Polen schließen einen Freundschafts- und Nichtangriffspakt. Immer mehr Menschen fliehen aus Deutschland. Die Zahl der Emigranten, darunter führende Politiker, Künstler und Wissenschaftler, wird bis 1939 auf rund 60.000 geschätzt. **ÖSTERREICH:** Bundeskanzler Dollfuß ruft die „Vaterländische Front" ins Leben. Alle anderen Parteien werden verboten. Es kommt zu heftigen Unruhen. Eine autoritäre klerikalständische Verfassung wird verkündet. Nationalsozialisten ermorden Bundeskanzler Engelbert Dollfuß † (*1892). Österreichischer Bundes-

Paul von Hindenburg

Heinrich Himmler

kanzler wird Kurt Schuschnigg. **JUGOSLAWIEN:** Bei einem Staatsbesuch in Marseille wird König Alexander I. (*1888) von Jugoslawien ermordet. Nach diesem Mord, den mazedonische Nationalisten verüben, wird der minderjährige Sohn Alexanders, Peter II., König von Jugoslawien. **FRANKREICH:** Louis Barthou † (*1862), Außenminister. Er wird ebenfalls bei dem Attentat in Marseille erschossen. Durch seinen Tod wird ein „Ost-Locarno", ein Nichtangriffspakt der Oststaaten verhindert. Raymond Poincaré † (*1860), Staatsmann. Poincaré war von 1913 bis 1920 französischer Staatspräsident. **UDSSR:** Die Sowjetunion tritt dem Völkerbund bei. Die zweiten Fünfjahrespläne werden verkündet. **USA:** Die USA geben Rechte auf Kuba und auf Haiti auf. **CHINA:** Tschiang Kai-schek besiegt die kommunistischen Heere in Südchina. In ihrem legendären „Großen Marsch" ziehen die Kommunisten daraufhin nach Nordwestchina. **Wissenschaft:** Marie Curie † (*1867), Chemikerin und Physikerin. Sie entdeckte u. a. das radioaktive Radium und das Polonium. 1903 und 1911 erhielt sie Nobelpreise. Das Ehepaar Irène Curie und Frédéric Joliot entdeckt künstliche Radioaktivität. **Kultur:** Erich Mühsam † (*1878), Dichter und Politiker. Der Deutsche gilt als revolutionärer Lyriker, Dramatiker und Essayist. 1919 war er Mitglied der Münchner Räteregierung. Er starb im Konzentrationslager an den erlittenen Misshandlungen. Joachim Ringelnatz † (*1883), Dichter. Der Deutsche, der eigentlich Hans Bötticher hieß, machte sich einen Namen als Dichter und Kabarettist. Zu seinen Werken zählen die „Turngedichte", „Kuttel Daddeldu" und das „Kinderverwirrbuch". Hermann Bahr † (*1863), Dichter. Der Österreicher, dessen Stil zahlreiche Wandlungen vom Impressionismus über den Expressionismus durchmachte, hinterließ unter anderem das Lustspiel „Das Konzert" und zahlreiche Romane.

Konzentrationslager im 3. Reich

Zeitweise befanden sich bis zu 15 Millionen Menschen in den Konzentrationslagern, die die Nationalsozialisten nach ihrer Machtergreifung im Jahre 1933 zur Unterdrückung ihrer politischen Gegner eingerichtet hatten. Bis 1939 existierten die drei großen Lager Dachau, Buchenwald und Sachsenhausen sowie 25 kleinere Lager. Nach Kriegsausbruch stieg die Anzahl der KZs sprunghaft auf 85 an. Das Ausmaß der Gräuel, die hier geschahen, wurde durch Schweigegebote verschleiert. Den „Höhepunkt" nationalsozialistischen Terrors bildeten die Vernichtungslager, die zur „Endlösung der Judenfrage" gebaut wurden. Sie dienten ausschließlich dem Massenmord an Juden, politischen Regimekritikern und -gegnern sowie russischen Kriegsgefangenen. Allein die Zahl der in den eigens dafür eingerichteten Gaskammern getöteten Juden wird auf fünf bis sechs Millionen geschätzt.

Massengrab im Konzentrationslager Bergen-Belsen

1935

Durch eine Abstimmung mit 91 Prozent Pro-Stimmen kommt das Saarland wieder zum Deutschen Reich. Die allgemeine Wehrpflicht wird in Deutschland wieder eingeführt. Auch Arbeitsdienst wird zur Pflicht. Durch das so genannte „Blutschutzgesetz", die antisemitischen Nürnberger Gesetze, werden die Juden zu Bürgern zweiter Klasse erklärt. Die Verfolgung der Juden steigert sich heftig. Die Hakenkreuzflagge wird zur alleingültigen Reichsflagge erklärt. Der Journalist Carl von Ossietzky, der seit 1933 im Konzentrationslager sitzt, bekommt den Friedensnobelpreis. Hitler verbietet daraufhin die Annahme von Nobelpreisen für Deutsche. Hitler fordert anstelle von kollektiver Sicherheit den Abschluss bilateraler Nichtangriffsverträge. Deutschland schließt mit England einen Vertrag über die Flottenstärke. Danach darf Deutschland seine Flotte bis zu einem Umfang von 35 Prozent der englischen Flotte verstärken. Frankreich protestiert. **ITALIEN:** Italien annektiert Abessinien. Die Sanktionen, die der Völkerbund daraufhin gegen Italien beschließt, bleiben unwirksam.

Józef Pilsudski

POLEN: Józef Pilsudski † (*1867), Staatsmann. Der polnische Marschall übernahm 1926 die Macht in Polen als militärischer Diktator. **FRANKREICH:** Frankreich schließt mit der Sowjetunion einen Vertrag über gegenseitige militärische Hilfe ab. **UDSSR:** Der Weltkongress der Komintern in Moskau tritt für ein Bündnis mit den bürgerlichen Demokratien gegen den Faschismus ein. In Moskau beginnen die großen politischen Schauprozesse, in denen Stalin praktisch die ganze „alte Garde" aus der Zeit Lenins liquidieren lässt. Die nach dem Bergarbeiter Alexej Stachanow benannte Stachanow-Bewegung will durch die Erhöhung der Arbeitsnormen die Produktion in der Sowjetunion steigern. **Wissenschaft:** Orvil Anderson und Albert Steven stellen einen Höhenrekord im Stratosphärenballon mit 22.066 m Höhe auf. **Kultur:** Der deutsche PEN-Club wird verboten. Der Schriftsteller Thomas Mann schreibt seine Tagebuchblätter „Leiden an Deutschland". Kurt Tucholsky † (*1890), Schriftsteller. Der Deutsche, der unter zahlreichen Pseudonymen wie Peter Panther, Theobald Tiger und Ignaz Wrobel schrieb, war Satiriker und Zeitkritiker und vertrat einen linksgerichteten Pazifismus. Er gehörte zu den „unerwünschten" Autoren, deren Bücher von den Nationalsozialisten verbrannt wurden. Er nahm sich in der Emigration in Schweden das Leben. Alexander Moissi † (*1880), Schauspieler. Der Deutsche spielte unter anderem Theater unter Max Reinhardt. Max Liebermann † (*1847), Maler. Der Deutsche gilt als einer der bedeutendsten Vertreter des Impressionismus. Alban Berg † (*1885), Komponist. Der Österreicher war ein Schüler Schönbergs und wurde einer der bedeutendsten Vertreter der Zwölftonmusik. **Religion:** Thomas More († 1535) wird heilig gesprochen.

Alban Berg

1936

Hitler führt die zweijährige Wehrpflicht ein und lässt das entmilitarisierte Rheinland durch deutsche Truppen besetzen. Das Ausland protestiert nur schwach. Eine Abstimmung über die Remilitarisierung ergibt angeblich 99 Prozent Pro-Stimmen. Deutschland beginnt intensiv aufzurüsten. Deutschland und Japan schließen einen Anti-Komintern-Pakt ab, der dem gemeinsamen Kampf gegen die Kommunistische Internationale dienen soll. Deutschland und Italien schließen einen Vertrag über wirtschaftliche und politische Interessen. Mussolini spricht von der „Achse Berlin-Rom". Olympiade in Berlin. **ENGLAND:** Georg V. † (*1865), König von Großbritannien seit 1910. Sein Nachfolger wird Eduard VIII. Er dankt noch im gleichen Jahr ab, da er als König keine geschiedene Frau heiraten kann. Als Herzog von Windsor heiratet er die geschiedene Mrs. Simpson. König wird sein Bruder Georg VI. **ÄGYPTEN:** Durch ein englisch-ägyptisches Bündnis wird Ägypten fast unabhängig. Nur die Suez-Kanal-Zone bleibt besetzt. König Ägyptens wird Faruk. **FRANKREICH:** Der Sozialist Léon Blum wird Ministerpräsident und bildet eine Volksfrontregierung. **SPANIEN:** Die Armee in Spanien unter der Führung von General Francisco Franco erhebt sich gegen die spanische Volksfrontregierung und leitet damit den Bürgerkrieg ein. Italien und Deutschland unterstützen Franco. Deutschland entsendet den Freiwilligenverband „Legion Condor" nach Spanien. Die UdSSR unterstützt die Volksfront-

Benito Mussolini

regierung. **Wissenschaft:** Iwan Pawlow † (*1849), Physiologe. Der Russe entwickelte die Lehre von den bedingten Reflexen, die er in Tierversuchen („pawlowsche Hunde") nachwies. 1904 erhielt er den Nobelpreis für Medizin. **Kultur:** Der „Deutsche Künstlerbund" wird verboten. Das Reichspropagandaministerium verbietet Kunstkritik und lässt nur positive „Kunstberichte" zu. Federico Garcia Lorca † (*1899), Dichter. Der Spanier, der von den Faschisten ermordet wurde, hinterließ zahlreiche bedeutende Bühnenwerke wie „Bernarda Albas Haus". Maxim Gorki † (*1868), Dichter. Der Russe schilderte in seinen Werken mit stark marxistischer Tendenz die russische Arbeiterbewegung, das Leben von Wolgaschiffern und Landstreichern. Zu seinen bekanntesten Werken zählt der Roman „Die Mutter". Luigi Pirandello † (*1867), Dichter. Der Italiener gilt als einer der bedeutendsten Dramatiker Italiens im 20. Jahrhundert. 1934 erhielt er den Nobelpreis. Rudyard Kipling † (*1865), Dichter. Der englische Schriftsteller wurde vor allem mit seinen Tiergeschichten und Märchen berühmt. Zu seinen bekanntesten Werken zählen der Roman „Kim" und die beiden „Dschungelbücher".

Rudyard Kipling

1937

Nach dem so genannten Hoßbach-Protokoll legt Hitler dem Außenminister und den Oberbefehlshabern der Wehrmacht seinen Entschluss dar, einen Krieg zu führen, um neuen Raum zur „Sicherung und Erhaltung der Volksmasse und ihrer Vermehrung" zu gewinnen. Mussolini kommt zum Staatsbesuch nach Berlin. Schacht wird als Reichswirtschaftsminister entlassen und von Göring abgelöst. **ENGLAND:** Neville Chamberlain wird britischer Ministerpräsident. **ITALIEN:** Italien tritt aus dem Völkerbund aus. **UDSSR:** In der Sowjetunion ist die Säuberungswelle auf ihrem Höhepunkt. Sie ergreift jetzt auch die Rote Armee, wo ein Marschall und hohe Offiziere hingerichtet werden. **Kultur:** Die Nationalsozialisten machen eine Ausstellung mit „Entarteter Kunst", um die moderne Kunst in Misskredit zu bringen. Adele Sandrock † (*1864), Schauspielerin. Die Deutsche spielte an den großen Theatern alle klassischen Rollen. Später ging sie zum Fach der komischen Alten über und feierte damit vor allem im Film Triumphe. Picasso malt sein Gemälde „Guernica". Anlass ist die Bombardierung dieser spanischen Stadt durch die Faschisten. Maurice Ravel † (*1875), Komponist. Der Franzose, der durch seinen „Bolero" und andere Werke bekannt wurde, zählt zu den französischen Impressionisten. George Gershwin † (*1898), Komponist. Der Amerikaner, der zahlreiche Musicals und Filmmusiken schrieb, übernahm Stilmittel aus dem Bereich des Jazz. **Religion:** In einer Enzyklika wendet sich Papst Pius XI. gegen den Nationalsozialismus.

Maurice Ravel

George Gershwin

1938

Hitler gestaltet die Führung von Staat und Wehrmacht um: Er entlässt Reichskriegsminister von Blomberg, den Oberbefehlshaber des Heeres von Fritsch und Außenminister von Neurath. Hitler übernimmt selbst die Führung der Wehrmacht. Neuer Reichsaußenminister wird Joachim von Ribbentrop. Bei einem Besuch des österreichischen Bundeskanzlers Schuschnigg in Berchtesgaden wird er von Hitler gezwungen, den Nationalsozialisten Arthur Seyß-Inquart zum österreichischen Innenminister zu ernennen. Um die Unabhängigkeit Österreichs zu erhalten, ruft Schuschnigg zu einer Volksabstimmung auf. Hitler stellt ihm aber ein Ultimatum, und Schuschnigg tritt zurück. Im März marschieren deutsche Truppen in Österreich ein. „Anschluss" Österreichs an Deutschland. Reichsstatthalter wird Seyß-Inquart. In seiner Sportpalastrede fordert Hitler die Abtretung des Sudetenlandes an Deutschland und beteuert, dass er danach keine territorialen Forderungen mehr stellen werde. Der englische Premierminister Chamberlain reist zu Verhandlungen nach Deutschland, um eine friedliche Lösung zu erreichen. Im Münchner Abkommen stimmen England, Frankreich und Italien einer Abtrennung der Sudetengebiete von der Tschechoslowakei und ihrem Anschluss an Deutschland zu. Deutsche Truppen marschieren im Sudetenland ein. Gauleiter wird Konrad Henlein. Wegen Hitlers außenpolitischer Erfolge wird ein Plan hoher Offiziere vereitelt, die Hitler verhaften und vor ein Gericht stellen wollten. „Reichskristallnacht" (9. auf 10. November) und andere antisemitische Ausschreitungen wie Niederbrennen der Synagogen. Dieses staatlich organisierte Judenpogrom mobilisiert die Weltpresse gegen Deutschland. Die Nationalsozialisten verleihen das „Ehrenkreuz der deutschen Mutter" zur Hebung der Geburtenfreudigkeit an Mütter mit mehr als drei Kindern. In dem von Reichsführer SS Himmler gegründeten „Lebensborn" werden uneheliche SS-Kinder aufgezogen. **USA:** Nach dem Münchner Abkommen beginnen die USA mit einer verstärkten Aufrüstung. **TÜRKEI:** Kemal Atatürk † (*1881), Staatspräsident. Atatürk war seit 1923 türkischer Staatspräsident und gilt als Begründer der modernen Türkei. **Wissenschaft:** Otto Hahn und Fritz Straßmann entdecken die Spaltbarkeit von Uran und Thorium. Sie schaffen damit die Voraussetzung für die Auswertung der Atomenergie. Der Kunststoff „Nylon" wird erfunden. **Kultur:** Ernst Barlach † (*1870), Grafiker und Dichter. Der deutsche Expressionist schuf Holzplastiken mit wuchtigen Formen und schrieb mehrere Schauspiele. Ernst Ludwig Kirchner † (*1880), Maler. Der deutsche Expressionist war einer der Mitbegründer der Künstlervereinigung „Brücke". Sein Hauptthema waren Großstädte. Gegen Ende seines Schaffens näherte er sich der abstrakten Malerei. Konstantin Stanislawskij † (*1863), Schauspieler und Regisseur. Der Russe begründete das „Moskauer Künstlerische Theater". Er zählt zu den bedeutendsten russischen Theatertheoretikern und beeinflusste nachhaltig die Schauspielschule (Actors Studio) von Lee Strasberg. Thomas Wolfe † (*1900), Dichter. Der Amerikaner siedelte seine Romane in den Südstaaten an, die er sehr intensiv und eindringlich schilderte. Eines seiner bekanntesten Werke ist der Roman „Schau heimwärts Engel". Benny Goodman ist mit seinem Jazz-Swing-Stil auf dem Höhepunkt der Popularität.

Kemal Atatürk

1939

Deutsche Truppen besetzen im März die Tschechoslowakei, ungarische Truppen die Karpato-Ukraine. Hitler zerstört die Souveränität der Tschechoslowakei und gründet das „Protektorat Böhmen und Mähren", das er dem Deutschen Reich angliedert. Die Slowakei wird unter militärischem Druck ein selbstständiger Staat. Die Karpato-Ukraine kommt an Ungarn. Hitler fordert von Polen die Rückgabe Danzigs. Polen lehnt ab. Am 23. März besetzen deutsche Truppen das Memelgebiet, das seit 1924 unter litauischer Verwaltung stand. Mit ihrem Vorgehen in der Tschechoslowakei stoßen die Deutschen bei den Westmächten auf Widerstand, da die Besetzung gegen den Willen des tschechischen Volkes erfolgte und nichts mit der Revision des Versailler Vertrages zu tun hat. Der amerikanische Präsident Roosevelt

Deutsche Soldaten zerbrechen einen Grenzbaum in Polen

fordert Deutschland auf, die Sicherheit weiterer Staaten zu garantieren und schlägt eine allgemeine Konferenz vor. Hitler lehnt ab und bietet den kleinen Nachbarstaaten den Abschluss von Nichtangriffspakten an. Deutschland schließt mit Dänemark einen Nichtangriffspakt. Mit Italien schließt Deutschland den „Stahlpakt", ein Militärbündnis. Hitler kündigt den deutsch-englischen Flottenvertrag. Er kündigt ebenfalls den deutsch-polnischen Nichtangriffspakt und fordert Danzig sowie einen exterritorialen Korridor durch Polen nach Ostpreußen. **GROSSBRITANNIEN** und **FRANKREICH** geben Garantieerklärungen für Polen, Griechenland und Rumänien ab. Großbritannien, Frankreich und die **UDSSR** führen Verhandlungen über gegenseitige militärische Hilfe. Sie scheitern an der Frage des Durchmarschrechts für russische Truppen durch Polen. Großbritannien und **POLEN** schließen einen Beistandspakt. Hitler und Stalin schließen einen Nichtangriffspakt, den so genannten Hitler-Stalin-Pakt. Der Vertrag beinhaltet einen geheimen Zusatz, in dem beide Mächte ihre Interessengebiete im Osten abgrenzen. Deutschland beginnt nach einer Ablehnung seiner Forderungen seitens Polen am 1. September um 4.45 Uhr den Krieg. Deutsche Truppen marschieren ohne vorherige Kriegserklärung in Polen ein. Der II. Weltkrieg beginnt: England und Frankreich, außerdem **AUSTRALIEN, INDIEN, NEUSEELAND, KANADA** und **SÜDAFRIKA** erklären Deutschland den Krieg. Der II. Weltkrieg greift später auf fast alle Länder der Welt über. Neutral bleiben lediglich die **SCHWEIZ, SCHWEDEN, IRLAND, SPANIEN, PORTUGAL** und **AFGHANISTAN. ITALIEN** nimmt zunächst nicht am Krieg teil, da es noch nicht „kriegsbereit" ist. Zuvor, am 7. April, hatte Italien **ALBANIEN** besetzt und annektiert. Deutschland besiegt im Polenfeldzug innerhalb eines Monats die polnischen Streitkräfte. Warschau kapituliert daraufhin. Nachdem auch noch die Rote Armee in Ostpolen einmarschiert ist, wird Polen zerschlagen: Deutschland bekommt Danzig, Posen und Westpreußen. Hitler versucht in einer Reichstagsrede vergeblich, ein Friedensangebot an die Westmächte zu richten. Diese sollen Deutschlands Ostpolitik durch einen Friedensschluss anerkennen. Ernst Udet wird deutscher Generalluftzeugmeister. Die jungen deutschen Frauen und Mädchen werden zum Arbeitsdienst verpflichtet. Der Sicherheitsdienst der SS bildet das Sicherheitshauptamt, eine Zentrale für die Verfolgung politischer Gegner. Hitler lässt Auslandsdeutsche vom Balkan, aus Russland und dem Baltikum, außerdem noch Südtiroler nach Deutschland umsiedeln. Im Münchner Bürgerbräukeller missglückt ein Bombenattentat auf Hitler. Georg Elser, der Urheber des Attentats, kommt ins Konzentrationslager. **UDSSR:** Die Sowjetunion greift Finnland an, was zum russisch-finnischen Winterfeldzug führt. Die Sowjetunion wird daraufhin aus dem Völkerbund ausgeschlossen. Sowjetischer Außenminister ist Wjatscheslaw Molotow. **SPANIEN:** Mit deutscher und italienischer Hilfe gewinnen die Faschisten den spanischen Bürgerkrieg. General Franco wird diktatorischer Regierungschef. England und Frankreich anerkennen das Regime. Spanien tritt aus dem Völkerbund aus. **Wissenschaft:** Paul Müller entwickelt das hochwirksame Insektengift DDT. Sigmund Freud † (*1856), Arzt. Der österreichische Nervenarzt ist der Begründer der Psychoanalyse. Er stellte eine eigene Theorie über die Entstehung von Neurosen auf, befasste sich mit Traumdeutung und setzte einen Umdenkprozess in Gang, der das Triebleben des Menschen in völlig neuem Licht erscheinen ließ. **Kultur:** Ernst Toller † (*1893), Dichter. Der kommunistische Schriftsteller und Politiker war 1918 an dem politischen Umsturz in Bayern beteiligt. Seine expressionistischen Dichtungen und Dramen erregten großes Aufsehen. Toller nahm sich in der Emigration in New York das Leben. Bilder moderner deutscher Künstler werden in Luzern versteigert. Viele Werke, darunter solche von Barlach und von Corinth, werden ins Ausland verkauft. **Religion:** Pius XI. † (*1857), Papst seit 1922. Er ordnete

Sigmund Freud

die Stellung der katholischen Kirche in Mitteleuropa nach dem Ersten Weltkrieg neu. Sein Nachfolger wird Papst Pius XII., der als „politischer" Papst gilt.

1940

Im April besetzt die deutsche Wehrmacht die neutralen Länder Dänemark und Norwegen. Einer der Gründe ist die Sicherung der Einfuhr schwedischen Eisenerzes nach Deutschland. Es finden schwere Kämpfe statt, bei denen die deutsche Flotte drei Kreuzer verliert. Der norwegische König flüchtet nach England. Am 10. Mai beginnt der deutsche Feldzug im Westen, Rotterdam wird bombardiert; die Niederlande kapitulieren. Belgien kapituliert. Auch die Neutralität Luxemburgs als drittem neutralem Land wird verletzt. Deutsche Truppen besiegen Frankreich und besetzen Paris und den größten Teil Frankreichs. Hitler zwingt die in Compiègne neu gebildete französische Regierung unter Pétain, einen Waffenstillstand abzuschließen. Ein britisches Expeditionscorps muss bei Dünkirchen eine schwere Niederlage einstecken. Es rettet sich nach England zurück und lässt die schwere Ausrüstung auf dem Festland. Die geplante Invasion in England scheitert an dem heftigen englischen Widerstand gegen die deutsche Luftoffensive. Deutschland, Italien und Japan schließen einen Dreimächtepakt. Seyß-Inquart wird deutscher Reichskommissar in den Niederlanden. Hermann Göring wird „Reichsmarschall des Großdeutschen Reichs" und von Hitler als sein Nachfolger apostrophiert. Fritz Todt wird Reichsminister für Bewaffnung und Munition, Baldur von Schirach Reichsstatthalter und Gauleiter von Wien. Geisteskranke werden ohne Zustimmung der Angehörigen getötet. **ENGLAND:** Der Konservative Winston Churchill bildet in England eine Koalitionsregierung. **FRANKREICH:** Als „Gegenregierung" zu der des Marschalls Pétain, der mit der deutschen Besatzungsmacht zusammenarbeitet, bildet Charles de Gaulle das französische provisorische Nationalkomitee, das von England anerkannt wird. Es bekämpft Pétain. In Frankreich bildet sich die „Résistance", die Widerstandsbewegung, der Bürgerliche ebenso wie Kommunisten und Sozialisten angehören. **ITALIEN:** Italien greift Griechenland von Albanien aus an. Die Griechen leisten erfolgreich Widerstand. Kurz vor dem militärischen Zusammenbruch Frankreichs, im Juni, tritt Italien auf der Seite Deutschlands in den Krieg ein. **UDSSR:** Der russisch-finnische Winterfeldzug endet mit einer Niederlage Finnlands, das Grenzgebiete an die Sowjetunion abgeben muss. **Wissenschaft:** Karl Bosch † (*1874), Chemiker. Der deutsche Industrielle und Chemiker erhielt 1931 den Nobelpreis für Chemie. Die plastische Chirurgie wird entwickelt und bei Gesichtsverletzungen im Krieg angewandt. **Kultur:** Walter Hasenclever † (*1890), Dichter. Der deutsche Expressionist, der Lyrik und Dramen verfasste, nahm sich in der Emigration in Frankreich das Leben. Selma Lagerlöf † (*1858), Schriftstellerin. Die Schwedin begründete ihren Weltruhm vor allem mit ihrem Erstlingswerk, dem Roman „Gösta Berling". Sie bekam 1909 den Nobelpreis und wurde 1914 als erste Frau Mitglied der Schwedischen Akademie. Paul Klee † (*1879), Maler. Der Schweizer Grafiker und Maler arbeitete als Lehrer am Staatlichen Bauhaus im Weimar. Seit 1933 lebte er im Ausland. Charlie Chaplin dreht seine Hitler-Persiflage „Der große Diktator" und spielt selbst die Hauptrolle.

Hermann Göring

Selma Lagerlöf

1941

Ein deutsches Afrikakorps unter General Erwin Rommel kommt den Italienern zu Hilfe und schlägt die Engländer zurück. Nach wechselnden Kämpfen muss es endlich doch zurückweichen. Englische Truppen besetzen unter anderem Abessinien und beenden das italienische Imperium. Am 6. April beginnt der Balkanfeldzug. Deutsche Truppen marschieren gleichzeitig in Jugoslawien und in Griechenland ein. Kreta wird von deutschen Fallschirmjägern erobert. Am 22. Juni beginnt der deutsche

Angriff auf die Sowjetunion. Rumänische, italienische, slowakische, ungarische und finnische Truppen kämpfen auf deutscher Seite mit. Spanien unter dem Regime Francos stellt Freiwillige zum Kampf gegen die UdSSR, die so genannte „Blaue Division". Nach einem Überraschungsangriff der deutschen Truppen stoßen sie nach Leningrad vor. Die Heeresgruppe Mitte erreicht nach heftigen Kämpfen fast Moskau. Kiew und die Krim werden von deutschen Verbänden erobert. Als ein strenger Winter anbricht, bleibt der Angriff stecken. Nach Beginn der Krise des Ostheeres übernimmt Hitler den Oberbefehl über das Ostheer. Schwere Partisanenkämpfe beginnen. Reichsminister Rudolf Heß springt über England mit dem Fallschirm ab. Er will die Front der Gegner durch persönliche Verhandlungen schwächen. Heß wird gefangen genommen. In Deutschland wird der Judenstern eingeführt. Erste Vernichtungslager entstehen. In Auschwitz werden die ersten KZ-Häftlinge vergast. Wilhelm II. † (*1859), deutscher Kaiser 1888–1918. Nach seiner Thronbesteigung leitete er eine soziale Reformpolitik ein, die er nach wenigen Jahren wieder aufgab. Nach dem verlorenen Ersten Weltkrieg und dem Ausbruch der Revolution ging er nach Doorn in den Niederlanden, wo er auch starb. **FRANKREICH:** Unruhen im besetzten Frankreich beantwortet Hitler durch den „Nacht- und Nebel-Erlass": Politische Gegner werden ins Ungewisse verschleppt. **UDSSR:** Stalin erhält als Vorsitzender des Rates der Volkskommissare annähernd den Rang eines Ministerpräsidenten. **IRAN:** In Persien, das sich seit kurzem offiziell „Iran" nennt, wird Schah Reza Pahlewi zum Rücktritt gezwungen. Sein Nachfolger wird sein Sohn Mohammed Reza Pahlewi. **USA:** Der amerikanische Präsident Roosevelt und Churchill verkünden die „Atlantic Charta". Sie treten für Meinungs- und Religionsfreiheit aller Völker der Welt und für deren Freiheit von wirtschaftlicher Not und Gewalt ein. Die Charta beinhaltet die Forderung nach weltweiter Abrüstung. Ein japanischer Luftangriff auf den US-Flottenstützpunkt Pearl Harbor bezieht Amerika in den Zweiten Weltkrieg ein. Die USA erklären Japan den Krieg, woraufhin Deutschland und Italien den USA den Krieg erklären. In Washington findet daraufhin die erste Konferenz zwischen Churchill und Roosevelt statt. **Wissenschaft:** Walther Nernst † (*1864), Physiker. Der Deutsche ist einer der Begründer der physikalischen Chemie. Er erfand unter anderem die Nernst-Lampe, die in fast weißem Licht strahlt. 1920 erhielt er den Nobelpreis für Chemie. Hans Hass macht die neuartige Unterwasserforschung mit Taucherbrille, Flossen und Kamera populär. **Kultur:** Der französische Schriftsteller Albert Camus gründet „Le Combat", die französische Zeitung des Widerstandes. James Joyce † (*1882), Dichter. Der Engländer irischer Abstammung wurde besonders durch seinen Roman „Ulysses" berühmt, der wesentlich die Entwicklung des modernen Romans beeinflusste. Henri Bergson † (*1859), Philosoph. Der französische Philosoph und Psychologe kritisierte die Zeitlehre Kants und übte starken Einfluss auf die europäische Philosophie und Literatur aus. 1927 erhielt er den Nobelpreis für Literatur. Werke u. a. „Zeit und Freiheit".

James Joyce

1942

An der Ostfront erreichen deutsche Truppen den Kaukasus und die Wolga bei Stalingrad. Nach erbitterten Kämpfen schließt ein Angriff der sowjetischen Truppen die 6. Armee bei Stalingrad ein. Die deutschen Truppen in Afrika stoßen bis El Alamein vor. Ein englischer Gegenangriff drängt die Deutschen bis Tunis zurück. Amerikanische Truppen unter General Dwight D. Eisenhower landen in Algerien und in Marokko. Daraufhin marschieren deutsche Truppen in den bisher unbesetzten Teil Frankreichs ein. Vor Toulon kommt es zur Selbstversenkung französischer Kriegsschiffe. Bombenangriff durch englische und amerikanische Flugzeuge auf Großstädte und Rüstungszentren. Die Zivilbevölkerung ist stark betroffen. Auf der „Wannseekonferenz" werden Maßnahmen bestimmt, die zur „Lösung der Judenfrage" beitragen sollen. Millionen von Juden, insgesamt zwischen fünf und sechs Millionen, werden in den Gaskammern von Maidanek, Auschwitz, Belsen und an anderen Orten umgebracht. In Polen werden die Juden in Gettos gesperrt; Sondergruppen der SS verfolgen die Juden in den besetzten Gebieten. Die anfänglichen Erfolge deutscher U-Boote lassen allmählich nach, da die Entwicklung des Radars schnell voranschreitet. **ENGLAND:** In London schließen Großbritannien und die Sowjetunion ein Bündnis. **USA:** Im Krieg gegen Japan erhält General MacArthur den Oberbefehl. Die Anfangserfolge der Japaner haben damit ein Ende. MacArthur startet erfolgreich eine Gegenoffensive. **Wissenschaft:** In Amerika beginnt das Atomzeitalter durch die erstmalige Erzeugung von Atomenergie. In den USA wird das „Manhattan"-Projekt zur Entwicklung der Atombombe begonnen. Penicillin wird zum wirksamen Heilmittel entwickelt. **Kultur:** Stefan Zweig † (*1881), Dichter. Der vielseitige österreichische Erzähler, Lyriker und Dramatiker schrieb Werke wie „Sternstunden der Menschheit", „Ungeduld des Herzens" und „Schachnovelle". Er nahm sich im Exil in Brasilien das Leben.

Stefan Zweig

1943

Auf der Casablanca-Konferenz zwischen Roosevelt und Churchill fordern die Alliierten die bedingungslose Übergabe Deutschlands und seiner Verbündeten. An der Ostfront wird die unter General Paulus in Stalingrad eingeschlossene 6. deutsche Armee vernichtet. Damit sind über 140.000 deutsche Soldaten im Kessel von Stalingrad gefallen. Mit anderen deutschen Kriegsgefangenen und kommunistischen Emigranten bildet General Paulus in Moskau das „Nationalkomitee Freies Deutschland", das antifaschistische Propaganda in der deutschen Wehrmacht verbreiten soll. Sowjets erobern die Ukraine zurück. Sie rücken bis Kiew vor und öffnen einen Zugang zu dem seit 17 Monaten belagerten Leningrad. Hitler befiehlt die Strategie der „Verbrannten Erde" bei dem Rückzug aus der Sowjetunion: Sie bedeutet die Zerstörung von Ortschaften, Schienenwegen und Fabriken. General Rommel wird aus Afrika in die Normandie zurückbefohlen. Kurz darauf kapituliert das Afrikakorps nach einem Angriff von zwei Seiten. In einer Rede im Sportpalast proklamiert Propagandaminister Josef Goebbels den „Totalen Krieg". Alle Anstrengungen des deutschen Volkes sollen sich auf den Krieg und die Rüstung konzentrieren. Im Warschauer Getto kommt es zu einem Aufstand der Juden. Fast alle rund 40.000 Menschen werden getötet. Die Geschwister Sophie (*1921) und Hans Scholl (*1918) verteilen in München antifaschistische Flugblätter der Widerstandsgruppe „Weiße Rose". Sie werden verhaftet, verurteilt und am gleichen Tag hingerichtet. Es beginnen schwere, planmäßige Luftangriffe auf Berlin. Bei der Luftoffensive gegen Deutschland werden insgesamt durch schätzungsweise 1,3 Millionen Tonnen Bomben 450.000 Menschen getötet. 7,5 Millionen werden obdachlos. **ITALIEN:** Amerikaner und Engländer landen im Juli in Süditalien. Mussolini wird verhaftet und in einem Handstreich von deutschen Fallschirmjägern befreit. Unter der neuen Regierung Badoglio kapituliert Italien und erklärt Deutschland den Krieg. **JUGOSLAWIEN:** Der Partisanenführer Tito erhält englische und sowjetische Unterstützung. Er gründet den „antifaschistischen Rat für nationale Befreiung" und ernennt sich zum Marschall der „Nationalen Befreiungsarmee". **IRAN:** Auf der Konferenz von Teheran findet erstmals ein Treffen von Roosevelt und Churchill mit Stalin statt. Die Errichtung einer weiteren Front in Frankreich wird beschlossen und das sowjetische Interessengebiet abgegrenzt. **Wissenschaft:** Die Methode des Zellabstrichs zur Früherkennung von Gebärmutterkrebs wird entwickelt. **Kultur:** Max Reinhardt † (*1873), Regisseur. Reinhardt, der eigentlich Goldmann hieß, zählt zu den größten deutschen Regisseuren des 20. Jahrhunderts. Als Direktor des Deut-

Erwin Rommel

Sergej W. Rachmaninow

schen Theaters und der Kammerspiele in Berlin entwickelte er seine Theaterreform und schuf einen impressionistisch-magischen Raum auf der Bühne anstelle der bisher herrschenden naturalistischen Kulisse. 1933 emigrierte Reinhardt nach Österreich, dann nach Amerika. Oskar Schlemmer † (*1888), Maler. Der Deutsche lehrte zwischen 1920 und 1925 am Bauhaus. Bekannt sind unter anderem seine Entwürfe zu dem in neuerer Zeit rekonstruierten „Triadischen Ballett". Sergej Rachmaninow † (*1873), Komponist. Der Russe, der sich auch als Pianist einen Namen machte, schrieb zahlreiche Klavierkonzerte und Symphonien.

1944

Die Lage an den deutschen Fronten verschlechtert sich rapide. Die sowjetischen Truppen drängen die deutsche Wehrmacht so weit zurück, dass nicht einmal die alten Reichsgrenzen gehalten werden können. Ein großer Teil der Heeresgruppe Nord wird in Kurland eingeschlossen. Sowjetische Truppen dringen bis nach Warschau vor und besetzen Rumänien, Bulgarien und Ungarn. Jugoslawische Partisanen und sowjetische Soldaten erobern Belgrad. Die Deutschen marschieren aus Griechenland ab. Alliierte Truppen besetzen Rom und ganz Oberitalien. Am 6. Juni landen die Alliierten in Nordfrankreich. Mit einem bisher nicht gekannten technischen Aufwand gelingt dieses Unternehmen. Weitere Landungen erfolgen in Holland und in Südfrankreich. Eine überraschende deutsche Ardennenoffensive bringt die Alliierten vorübergehend in eine schwierige Lage, bleibt aber dann stecken. Die Generäle Charles de Gaulle und Dwight D. Eisenhower ziehen in das unzerstörte Paris ein. Frankreich ist für die Deutschen verloren. Der Einsatz deutscher V1- und V2-Waffen gegen England hat keinen wesentlichen Erfolg. Das Bombardement Deutschlands durch die Alliierten hält an. Am 20. Juli versucht Oberst Graf Schenk von Stauffenberg, Hitler durch eine eingeschmuggelte Bombe im Führerhauptquartier zu töten. Die Bombe verletzt Hitler nur leicht. Es beginnt eine Jagd auf die Verschwörer durch die SS und Gestapo. Ungefähr 5000 Verdächtige werden hingerichtet. General-Feldmarschall Rommel † (*1891), der sich schon seit längerem der Opposition gegen Hitler angeschlossen hatte und ihn von der Sinnlosigkeit der Fortsetzung des Krieges zu überzeugen suchte, wird von Hitler der Mitwisserschaft verdächtigt und zum Selbstmord gezwungen. Weitere hohe Offiziere begehen Selbstmord. Rudolf Breitscheid † (*1874) und Ernst Thälmann † (*1886), ersterer SPD-, letzterer KPD-Mitglied, werden im KZ Buchenwald ermordet. Aufruf zum „Deutschen Volkssturm", der nur mangelhaft mit Waffen und Gerät ausgerüstet und unter Heinrich Himmler und Martin Bormann eingesetzt wird. **FRANKREICH:** General Charles de Gaulle bildet eine provisorische französische Regierung. **USA:** Roosevelt lehnt den „Morgenthau-Plan" ab, nach dem Deutschland ver-

Landung der Alliierten in der Normandie am 6. 6. 1944

Claus Graf Schenk von Stauffenberg

kleinert und in ein reines Agrarland verwandelt werden sollte. **Wissenschaft:** Mit einem Modell-Uranbrenner in Berlin werden erste Atomversuche unternommen. Der Kriegsverlauf verhindert die weitere Entwicklung. **Kultur:** Jean Giraudoux † (*1882), Dichter. Der französische Dramatiker schuf für das Theater Werke voller Fantasie, Humor und Poesie wie „Die Irre von Chaillot" und „Undine". Romain Rolland † (*1866), Dichter. Der Franzose schrieb Romane, Dramen und Biografien großer Künstler wie Beethoven und Michelangelo. Antoine de Saint-Exupéry † (*1900), Dichter. Der Franzose behandelte in seinen Romanen und Erzählungen ein Hauptthema: das Fliegen. Das Flugzeug war für ihn ein Mittel zur Analyse modernen Lebens. Saint-Exupéry wurde in seinem Flugzeug abgeschossen. Piet Mondrian † (*1872), Maler. Der Holländer war einer der Wegbereiter der abstrakten Malerei. Er starb im Exil in Amerika. Edvard Munch † (*1863), Maler. Der Norweger schuf eindruckvolle Bilder („Der Schrei") in einer frühexpressionistischen Malweise. Wassily Kandinsky † (*1866), Maler. Der Russe war ein Vertreter der abstrakten Malerei (Farbkompositionen), gehörte zu den Gründern des „Blauen Reiters" und arbeitete am Bauhaus in Weimar und Dessau. Von großem Einfluss auf andere Künstler waren auch seine theoretischen Schriften.

1945

In der Konferenz von Jalta auf der Krim beschließen Roosevelt, Churchill und Stalin über das weitere Schicksal Deutschlands nach dessen Kapitulation. Die sowjetischen Truppen marschieren in Ostdeutschland ein. Diese Eroberung der Ostgebiete löst eine Massenflucht aus. Tausende von Menschen erfrieren und kommen um. Die alliierten Truppen überschreiten den Rhein. Deutschland wird von Westen und von Osten her völlig besetzt. Hitler erteilt den Befehl „Verbrannte Erde" auch für Deutschland. Seine Anordnungen, Industrieanlagen und Brücken zu sprengen, werden nur unvollkommen befolgt. Adolf Hitler (*1889), begeht Selbstmord im Bunker der Reichskanzlei in Berlin, zusammen mit Eva Braun. Der Begründer des Nationalsozialismus war seit 1933 Reichskanzler. Seit 1934 war er auch Staatsoberhaupt. Er beseitigte die Demokratie, herrschte diktatorisch und begann 1939 den Zweiten Weltkrieg. Josef Goebbels (*1897), deutscher Reichspropagandaminister und Heinrich Himmler (*1900), Reichsführer der SS, begehen Selbstmord. Am 9. Mai, 0 Uhr, tritt die Gesamtkapitulation der deutschen Wehrmacht in Kraft. Deutschland wird in vier Besatzungszonen aufgeteilt. Die Verwaltung übernimmt ein alliierter Kontrollrat. Berlin erhält einen Sonderstatus und wird unter Viermächtekontrolle in Sektoren aufgeteilt. Auf der Konferenz von Potsdam im August verhandeln US-Präsident Truman, Churchills Nachfolger Attlee und Stalin über die Politik nach der Kapitulation. Das nördliche Ostpreußen kommt unter die Verwaltung der Sowjetunion. Die Gebiete östlich der Oder und der Lausitzer Neiße

Adolf Hitler

Franklin D. Roosevelt

Der Zweite Weltkrieg in Zahlen

Insgesamt kamen 55 Millionen Menschen im Zweiten Weltkrieg ums Leben: 25 Millionen als Soldaten, 30 Millionen als Zivilisten (Männer, Frauen und Kinder). Auf deutscher Seite starben vier Millionen Soldaten und rund 2,5 Millionen Zivilisten (durch Luftangriffe und auf den Flüchtlingstrecks). Rund zwei Millionen Menschen blieben als Kriegsgeschädigte zurück. Rund 20 Millionen Menschen wurden im Zweiten Weltkrieg in Europa aus ihrer Heimat vertrieben, ausgesiedelt oder zur Flucht gezwungen. Aus den Ostgebieten flohen 4,3 Millionen vor den Russen; sechs Millionen wurden aus den Gebieten östlich der Oder-Neiße-Linie vertrieben; während der Kriegsjahre zwangsweise nach Deutschland umgesiedelt wurden 1,3 Millionen. Aus Polen wurden 4,2 Millionen Menschen nach Russland deportiert, aus der Tschechoslowakei 2,7 Millionen ausgewiesen.

werden von Polen verwaltet, die deutsche Bevölkerung ausgewiesen. Deutschland wird entmilitarisiert und entwaffnet. Reparationsansprüche wollen die Siegermächte aus den jeweils von ihnen besetzten Zonen decken. Der alliierte Kontrollrat erlässt u. a. eine „Aufhebung von Nazigesetzen" und ein „Kriegsverbrechergesetz". Die Entnazifizierung beginnt. Die Lebensmittel in Deutschland sind rationiert und sehr knapp. Es herrscht ein schwerer Mangel an allen Bedarfsgütern. Durch die Bombardierung Deutschlands sind Millionen von Menschen obdachlos. **ÖSTERREICH:** Österreich wird in den Grenzen von 1937 wiederhergestellt und in vier Besatzungszonen aufgeteilt. Ein alliierter Kontrollrat übernimmt die Verwaltung. Karl Renner wird österreichischer Bundespräsident. **FRANKREICH:** Pétain wird zum Tode verurteilt, dann zu lebenslanger Haft begnadigt. Charles de Gaulle wird zum Regierungschef gewählt. In Paris findet eine Reparationskonferenz statt, in der der Sowjetunion außer den Reparationen aus ihrer eigenen Besatzungszone noch rund ein Viertel der Reparationen aus den anderen drei Zonen zugestanden wird. **POLEN:** Seine Ostgebiete muss Polen an die Sowjetunion abtreten. **TSCHECHOSLOWAKEI:** Die tschechische Exilregierung kehrt nach Prag zurück. Beginn der Vertreibung der Sudetendeutschen. **USA:** Franklin D. Roosevelt † (*1882), Präsident der USA seit 1933. Sein Nachfolger wird Harry Truman. In San Francisco werden die Vereinten Nationen (UN) gegründet. 50 Nationen unterschreiben die Gründungsurkunde. Die wichtigsten Gründungsmitglieder sind die USA, die UdSSR, Großbritannien, Frankreich und China. Im amerikanisch-japanischen Krieg starten die Amerikaner eine schwere Luftoffensive auf Japan. Der Abwurf der ersten Atombombe auf Hiroshima entscheidet den Krieg. **JAPAN:** Die Atombombe tötet 150.000 Menschen und richtet verheerende Schäden an, die zum Teil erst Jahre später sichtbar werden. Amerikanische Truppen besetzen Tokio. **JUGOSLAWIEN:** In der „Föderativen Volksrepublik" Jugoslawien wird Josip Tito neuer Regierungschef. Der ehemalige Partisanenführer wird von den Westmächten anerkannt. **CHINA:** Der Bürgerkrieg zwischen den von den USA unterstützten Kuomintang-Truppen und den Kommunisten bricht wieder aus. **VIETNAM:** Ho Chi Minh wird in Indochina Präsident der von ihm ausgerufenen unabhängigen Republik Vietnam mit Hanoi als Hauptstadt. Er unterstützt die kommunistische Bewegung in diesem Teil Französisch-Indochinas. **Wissenschaft:** Nord-Kanada und Alaska werden erforscht und rasch erschlossen. **Kultur:** Else Lasker-Schüler † (*1869), Dichterin. Die deutsche Lyrikerin, die zuletzt in Jerusalem lebte, zählt zu den Vorläufern des Expressionismus. Franz Werfel † (*1890), Dichter. Der Österreicher glänzte vor allem durch seine schier unerschöpfliche Erfindungsgabe. Zu seinen bekanntesten Werken zählen „Der Abituriententag" und „Der Tod des Kleinbürgers". Paul Valéry † (*1871), Dichter. Der Franzose gilt als der bedeutendste französische Lyriker des 20. Jahrhunderts. 1925 wurde er Mitglied der Académie Française. Käthe Kollwitz † (*1867), Grafikerin. Die Deutsche schuf vorwiegend eindringliche Bilder aus dem Arbeiterleben. Anton von Webern † (*1883), Komponist. Der Österreicher war ein Schüler Schönbergs und wie dieser Komponist der Zwölftontechnik. Die Vereinten Nationen gründen die UNESCO, das Organ für Erziehung, Wissenschaft und Kultur.

1946

In der sowjetisch besetzten Zone werden die SPD und die KPD durch eine Zwangsvereinigung zur Sozialistischen Einheitspartei SED verschmolzen. In Berlin bleibt eine selbstständige SPD bestehen. In Ostdeutschland werden nationalisierte „Volkseigene Betriebe" (VEB) gegründet. Die „Freie Deutsche Jugend" (FDJ), eine kommunistische Jugendvereinigung, wird gegründet. Bei den mit den „Entnazifizierungsgesetzen" eingeleiteten Untersuchungen fallen die Geburtsjahrgänge bis 1919 unter die Jugendamnestie. In Nürnberg werden die Prozesse gegen Kriegsverbrecher des Zweiten Weltkriegs beendet. Zum Tode verurteilt werden: Göring (er begeht vorher Selbstmord), Ribbentrop, Seyß-Inquart, Bormann (in Abwesenheit) und andere. Heß wird zu lebenslänglich, Speer und Schirach zu 20 Jahren Zuchthaus verurteilt. Freisprüche gibt es für

Schacht, von Papen und Fritzsche. Konrad Adenauer wird Vorsitzender der Christlich-Demokratischen Union, der CDU. Kurt Schumacher wird Vorsitzender der SPD. **SCHWEIZ:** Der Völkerbund tagt zum letzten Mal und löst sich dann auf. Seine Funktionen gehen auf die Vereinten Nationen über. **FRANKREICH:** Auf der Pariser Friedenskonferenz kommen Verträge mit Italien, Ungarn, Finnland, Bulgarien und Rumänien zustande. In Frankreich wird mit einer neuen Verfassung die Vierte Republik gegründet. Ministerpräsident wird Georges Bidault. **ITALIEN:** König Viktor Emanuel III. dankt ab und Italien wird Republik. **GRIECHENLAND:** König Georg II. kehrt nach Griechenland zurück, die Monarchie wird wiederhergestellt. Der Bürgerkrieg wird fortgesetzt. **USA:** Auf Long Island tagt die erste Vollversammlung der Vereinten Nationen. Präsident wird der belgische Ministerpräsident Paul Henri Spaak. UN-Generalsekretär wird der Norweger Trygve Lie. Die in den USA gegründete CARE-Gesellschaft beginnt im Auftrag von Privatleuten, Pakete mit Lebensmitteln und anderen Gütern in das hungernde Europa zu verschicken. **Wissenschaft:** Der Amerikaner Richard Byrd unternimmt eine Antarktis-Expedition mit zwölf Schiffen und 4000 Expeditionsteilnehmern. Ein 5000 Meter hohes Gebirge wird entdeckt. **Kultur:** Gerhart Hauptmann † (*1862), Dichter. Der Deutsche schuf ein vielseitiges Werk mit wechselnden Stilrichtungen und Themen. Im Mittelpunkt seiner Dramen und Romane steht immer der unterdrückte, an der Teilnahmslosigkeit der Umwelt und an seiner eigenen Triebhaftigkeit zugrundegehende Mensch. Zu seinen bekanntesten Dramen zählen „Die Weber" und „Der Biberpelz". Paul Lincke † (*1866), Komponist. Der Operettenkomponist, der den Typus der Berliner Operette schuf, schrieb Werke wie „Frau Luna" und „Berliner Luft". Heinrich George † (*1893), Schauspieler. Der Deutsche, der als vitaler Charakterdarsteller berühmt war, drehte auch zahlreiche Filme und war zuletzt Intendant des Schillertheaters in Berlin. George starb im Internierungslager Sachsenhausen.

Gerhart Hauptmann

1947

Ein Kontrollratsgesetz löst gegen den Widerstand der UdSSR den Staat Preußen auf. Zwischen den Westmächten und der UdSSR treten zunehmend Spannungen auf, die den Beginn der Spaltung der Welt in ein westliches und ein östliches Lager signalisieren. Weder auf der Moskauer noch auf der Londoner Konferenz können sich die Außenminister über das Deutschland-Problem einigen. Lediglich die Entlassung der deutschen Kriegsgefangenen bis 1948 wird beschlossen. Bei einem Treffen ost- und westdeutscher Ministerpräsidenten in München verlassen die ostdeutschen Vertreter die Konferenz, weil ihre Forderung abgelehnt wird, die Frage der Einheit Deutschlands vorrangig zu behandeln. Deutsche Industrieanlagen werden abgebaut. In Ostdeutschland wird die Demontage für beendet erklärt. Aus der laufenden Produktion kommt es aber weiterhin zu starken Entnahmen durch die Besatzungsmacht. In Westdeutschland enthält die Demontageliste 918 Werke, von denen ein Teil später wieder gestrichen wird. Die amerikanische und die britische Zone schließen sich zu einem Wirtschaftsgebiet, der so genannten Bizone zusammen. In der britischen Zone wird eine Landtagswahl abgehalten. **ÖSTERREICH:** In Osterreich wird eine Währungsreform durchgeführt. **ENGLAND:** Großbritannien und Frankreich schließen ein Bündnis gegen deutsche Aggressionen. **USA:** In den USA wird die Truman-Doktrin verkündet, in der Amerika allen bedrohten freien Staaten Hilfe verspricht. Der Marshallplan, ein Hilfsprogramm zum Wiederaufbau des zerstörten Europa, wird von den USA gefasst. An dem Programm nehmen Österreich und Westdeutschland teil. Die Tschechoslowakei und Polen ziehen ihre anfängliche Zusage später wieder zurück. Henry Ford † (*1863), Industrieller. Der „Automobilkönig" Henry Ford hinterlässt das größte Vermögen Nordamerikas, 625 Millionen Dollar. **PALÄSTINA:** Die UN stimmt einer

Teilung Palästinas in einen jüdischen und einen arabischen Teil zu. Araber und Juden leisten Widerstand. **INDIEN:** Indien erklärt seine Unabhängigkeit. Durch sein 15. Fasten ermöglicht Gandhi diese Unabhängigkeitserklärung und versöhnt die zerstrittenen Hindus und Mohammedaner. Dennoch kann er die Teilung des Landes nicht verhindern: Es entstehen zwei Staaten, die indische Union und das mohammedanische Pakistan. Erster indischer Ministerpräsident wird Pandit Nehru. Beide Staaten bleiben Mitglied des britischen Commonwealth. **Wissenschaft:** Max Planck † (*1858), Physiker. Der Deutsche ist der Begründer der Quantenphysik. Er erhielt 1918 den Nobelpreis. In Palästina wird die bisher älteste Bibelhandschrift am Toten Meer gefunden. Der Norweger Thor Heyerdahl segelt in 101 Tagen mit einem Floß von Peru nach Polynesien, um eine mögliche vorgeschichtliche Einwanderung zu beweisen. **Kultur:** Hans Fallada † (*1893), Schriftsteller. Der Deutsche, der eigentlich Rudolf Ditzen hieß, schrieb realistische Romane, die das Schicksal kleiner Leute in der Zeit zwischen den Weltkriegen zum Thema haben. Zu seinen bekanntesten Werken gehören „Kleiner Mann, was nun?" und „Wer einmal aus dem Blechnapf frisst". Ricarda Huch † (*1864), Dichterin. Die deutsche Lyrikerin schrieb Gedichte voller Wehmut, mit Tod und Vergänglichkeit als Thema. Von den Romanen zählt das dreibändige Werk über den Dreißigjährigen Krieg „Der große Krieg in Deutschland" zu ihren wichtigsten Arbeiten. Hans Werner Richter gründet die literarische „Gruppe 47", der unter anderem Schriftsteller wie Ingeborg Bachmann, Heinrich Böll, Hans Magnus Enzensberger, Günter Grass und Martin Walser angehören.

H. Fallada: „Kleiner Mann, was nun?" (Illustration)

Mohandas Karamchand Gandhi

Mahatma Gandhi

Gandhi (*1899, † 1948), der den Ehrentitel „Mahatma" (= „große Seele") trug, war der Führer der indischen Unabhängigkeitsbewegung. Der Sohn einer angesehenen Hindufamilie studierte in England und ließ sich dann in Bombay als Rechtsanwalt nieder. 1893 ging er nach Südafrika und wurde der politische Führer der dort ansässigen Inder. Er kehrte 1914 nach Indien zurück. Seinen waffenlosen Kampf (Nichtbeteiligung an Einrichtungen der britischen Verwaltung) gegen die englische Herrschaft nahm er 1920 mit seinem Aufruf zum „bürgerlichen Ungehorsam" auf. Sein politisches Selbstverständnis, seine asketische Lebensweise und seine tief im Hinduismus wurzelnde Religiosität trugen viel zur Unabhängigkeit Indiens bei. Der erste „gewaltlose Revolutionär" wurde von den Engländern mehrfach verhaftet, musste aber immer wieder freigelassen werden. Die Teilung Indiens konnte er nicht verhindern. Gandhi, der die Hindus und Mohammedaner immer wieder zu versöhnen suchte, wurde 1948 von einem fanatischen Hindu erschossen.

1948

Die USA, Frankreich, Großbritannien und die Beneluxstaaten beschließen, eine verfassunggebende Versammlung für Westdeutschland einzuberufen und eine internationale Ruhrkontrolle zu errichten. Westdeutschland soll wirtschaftlich in Westeuropa einbezogen werden. Im Kontrollrat in Berlin kommt es zum Eklat, als der Vertreter der UdSSR, Marschall Sokolowski, gegen diese Beschlüsse protestiert, da die Sowjetunion darin eine Verletzung des Potsdamer Abkommens sieht. Der Kontrollrat tagt nicht wieder. Die Sowjets erlassen verschärfte Vorschriften für den Interzonenverkehr. Sie kontrollieren den ganzen Durchgangs- und Postverkehr von und nach Berlin. Unter dem Vorsitz Konrad Adenauers tritt der Parlamentarische Rat zusammen, um eine deutsche Verfassung auszuarbeiten. Am 20. Juni wird in Westdeutschland, in Berlin und in der sowjetisch besetzten Zone eine Währungsreform durchgeführt. Die sowjetische Besatzungsmacht verbietet die D-Mark-Währung für West-Berlin und sperrt den Interzonenverkehr. Die Blockade Berlins beginnt. Durch eine Luftbrücke mit amerikanischen und britischen Flugzeugen kann die Bevölkerung West-Berlins versorgt werden. In pausenlosen Tag- und Nachtflügen befördern die alliierten Flugzeuge bis zum 13. August rund 90.000 Tonnen Nahrungsmittel, Benzin und Heizmaterial nach Berlin. Die ostzonale Volkspolizei, die Vopo, baut am Potsdamer Platz einen Zaun aus Stacheldraht auf. Die Westberliner Bevölkerung demonstriert für ihre Freiheit. Das Ruhrstatut wird verkündet. Eine internationale Kontrollbehörde verteilt Kohle und Eisen. Durch den Anschluss der französischen Zone an die amerikanisch-britische Besatzungszone wird in Westdeutschland die Trizone geschaffen. Das Saargebiet wird Frankreich angegliedert. **UDSSR:** Die Sowjetunion erklärt die Entlassung deutscher Kriegsgefangener für beendet. Bis 1953 finden aber noch weitere Entlassungen statt. **NIEDERLANDE:** Nach dem Thronverzicht von Wilhelmina, Königin der Niederlande seit 1890, wird Juliana neue Königin. **JUGOSLAWIEN:** Die Politik Titos, der einen eigenen Weg zum Sozialismus gehen will, stößt auf den Widerstand der Sowjetunion. Vor allem die Wirtschaftspolitik weicht von der der UdSSR ab. Das führt zum Bruch mit der Sowjetunion. **TSCHECHOSLOWAKEI:** Eduard Benesch † (*1884), Staatspräsident von 1935 bis 1938 und wieder seit 1945. Neuer Chef einer vorwiegend kommunistischen Regierung wird Klemens Gottwald. **PALÄSTINA:** In Palästina wird nach dem Ende des britischen Mandats der jüdische Staat Israel gegründet. Staatspräsident wird Chaim Weizmann, Ministerpräsident David Ben Gurion. Israel wehrt sich erfolgreich gegen die Truppen der Arabischen Liga, die den neuen Staat bekämpfen. In den Unruhen wird der UN-Beauftragte Graf Folke Bernadotte ermordet. Zahlreiche Araber flüchten aus Israel. **INDIEN:** Mahatma Gandhi † (*1869). Der Asket und gewaltlose Kämpfer für die Unabhängigkeit Indiens wird von einem fanatischen Hindu ermordet. **CHINA:** Tschiang Kai-schek wird zum Präsidenten von China gewählt. Die kommunistische Volksarmee erobert den Norden Chinas. **Wissenschaft:** Amerikanische Physiker ersetzen Elektronenröhren durch Transistoren. Der Ultrakurzwellen-Rundfunk wird entwickelt. **Kultur:** Alfred Kerr † (*1867), Kritiker. Der deutsche Kritiker mit seinem eigenwilligen Stil galt als „Kritikerpapst" seiner Zeit. Er verfasste auch Gedichte und Reisebücher. Thomas Theodor Heine † (*1867), Maler. Der deutsche Maler und Grafiker machte sich vor allem als Mitarbeiter der satirischen Zeitschrift „Simplizissimus" einen Namen, die er 1896 zusammen mit Albert Langen gründete. Richard Tauber † (*1892), Sänger. Der Deutsche erwarb sich Weltruhm als lyrischer Tenor. Egon Erwin Kisch † (*1885), Journalist. Der gebürtige Tscheche führte ein abenteuerliches Leben als Reporter. Kisch, der sich in Deutschland als Journalist und Schriftsteller einen Namen machte („Der rasende Reporter"), emigrierte 1933. Der überzeugte Sozialist starb in Prag.

Eduard Benesch

Die Währungsreform

Die Währungsreform im Jahre 1948 wurde in Ost- (am 23. Juni) und Westdeutschland (am 20. Juni) getrennt vorgenommen. Insgesamt wurden die Sparguthaben der Deutschen, über 45 Milliarden Reichsmark, dadurch auf rund 2,2 Milliarden D-Mark abgewertet. In Westdeutschland durften pro Kopf 40, in Ostdeutschland 70 Reichsmark im Verhältnis 1:1 in die neue Währung umgetauscht werden. Alle Beträge darüber waren im Westen nur noch ein Zehntel ihres Nennwertes wert. In Ostdeutschland wurden Bankguthaben bis 1000 Reichsmark dagegen im Verhältnis 5:1, und erst ab 1000 Reichsmark 10:1 umgetauscht. Die ostdeutsche und Westdeutsche Mark entwickelten sich sehr rasch unterschiedlich. Bereits 1950 konnte man für eine DM-West fünf DM-Ost kaufen.

1949

Am 12. Mai heben die Sowjets die Blockade West-Berlins auf. In den 13 Monaten der Blockade haben alliierte Flugzeuge rund zwei Millionen Tonnen Versorgungsgüter nach West-Berlin geschafft. Westdeutschland bekommt ein Besatzungsstatut, in dem die Rechte der westlichen Besatzungsmächte aufgeführt sind. Die vorläufige Verfassung, das Grundgesetz der Bundesrepublik Deutschland, tritt in Kraft. Deutschland wird ein föderalistischer Bundesstaat mit elf Ländern und der Hauptstadt Bonn. Der erste deutsche Bundestag wird gewählt. Deutscher Bundespräsident wird Theodor Heuss, FDP (Freie Demokratische Partei). Deutscher Bundeskanzler wird Konrad Adenauer, CDU (Christlich Demokratische Union). In München wird der Deutsche Gewerkschaftsbund DGB gegründet. In der sowjetisch besetzten Zone wird am 30. Mai, eine Woche nach Gründung der Bundesrepublik Deutschland, die DDR gegründet. Für die Wahlen zum Volkskongress gibt es nur eine Einheitsliste. Die Westmächte erkennen die DDR nicht an, da sie nicht aus freien Wahlen hervorgegangen sei. Staatspräsident der DDR wird Wilhelm Pieck. Ministerpräsident der DDR wird Otto Grotewohl. **GRIECHENLAND:** Der Bürgerkrieg in Griechenland endet mit einem Sieg der griechischen königlichen Regierung. **FRANKREICH:** In Straßburg wird der Europarat gegründet. **UDSSR:** Die Ostblockstaaten gründen unter der Führung der Sowjetunion einen Rat für gegenseitige Wirtschaftshilfe, COMECON. **USA:** In Washington wird der Nordatlantikpakt NATO geschlossen, ein Verteidigungsbündnis zwischen den USA, Kanada und zehn westeuropäischen Staaten. **Wissenschaft:** Friedrich Bergius † (*1884), Chemiker. Der Deutsche erfand das Bergius-Verfahren zur Herstellung von flüssigen Kohlenwasserstoffen aus Kohle. 1931 erhielt er den Nobelpreis. **Kultur:** Bertolt Brecht und seine Frau Helene Weigel gründen in Ostberlin das „Berliner Ensemble", in dem „episches Theater" nach Brechts Vorstellungen realisiert werden soll. Richard Strauss † (*1864), Komponist. Der Deutsche, der zeitweise Generalmusikdirektor in Berlin und Leiter der Wiener Staatsoper war, schrieb Epoche machende Opern wie „Salome" und „Elektra", in denen er einen eigenen musikdramatischen Stil entwickelte.

Richard Strauss

1950

Wegen der Ost-West-Spannungen erwägen die Westmächte die Remilitarisierung Westdeutschlands. Die Regierung der Bundesrepublik wird von ihnen als einzige freie und gesetzlich konstitutierte Regierung bis zur Wiedervereinigung Deutschlands anerkannt. Bundeswirtschaftsminister Ludwig Erhard strebt für Westdeutschland eine weitgehend freie Marktwirtschaft an. Das ECA-Abkommen mit den USA über wirtschaftliche Zusammenarbeit wird geschlossen. Nach dem „Schuman-Plan" sollen die deutsche, die französische, die italienische und die Benelux-Schwerindustrie vereinigt werden. Auf der Maikundgebung demonstrieren 600.000 Berliner in West-Berlin für die Freiheit. 1,5 Millionen Deutsche werden noch vermisst. 1,5 Millionen Menschen in Westdeutschland sind arbeitslos. Es herrscht große Wohnungsnot. Die Lebensmittelrationierung wird aufgehoben. **DDR:** Die ostdeutsche Regierung lehnt gesamtdeutsche freie Wahlen ab. Das „Gesetz zum Schutze des Friedens" stellt politisch nicht genehme Meinungen unter schwere Strafen (bis zur Todesstrafe). Die DDR anerkennt die Oder-Neiße-Linie als Grenze zu Polen. **ENGLAND:** Der aus Deutschland emigrierte Atomphysiker Klaus Fuchs wird in England wegen Spionage zugunsten der UdSSR verhaftet und verurteilt. **FRANKREICH:** Léon Blum † (*1872). Der Sozialist war mehrfach Ministerpräsident. Während des Krieges saß er im Konzentrationslager. **SCHWEDEN:** Gustav V. † (*1858), König von Schweden seit 1907. Sein Nachfolger wird Gustav VI. Adolf. **VIETNAM:** In Indochina kommt es zu schweren Kämpfen zwischen französischen Truppen und aufständischen Vietminh. **INDONESIEN:** Nach langen Freiheitskämpfen gegen die Niederlande entsteht die Republik Indonesien. Präsident wird Achmed Sukarno. **KOREA:** Truppen des kommunistischen Nordkorea überschreiten den 38. Breitengrad und dringen nach Südkorea vor. Die UNO verurteilt diesen Angriff und fordert alle Mitgliedsstaaten auf, Südkorea zu unterstützen. Die UN-Hilfstruppen kämpfen unter General MacArthur, der die Angreifer hinter den 38. Breitengrad zurückschlägt. Die Kämpfe werden bis zum Waffenstillstand 1953 fortgeführt. **Wissenschaft:** Auf der Weltraumflug-Tagung in Paris wird eine Landung auf dem Mond noch für das 20. Jahrhundert angekündigt. **Kultur:** Zum ersten Mal wird der Friedenspreis des Deutschen Buchhandels vergeben. Heinrich Mann † (*1871), Dichter. Der Bruder des Schriftstellers Thomas Mann schrieb sozialkritische Romane und kämpfte für Pazifismus und eine radikale Demokratie. Zu seinen bekanntesten Werken gehören „Professor Unrat" und die Trilogie „Das Kaiserreich". Hedwig Courths-Mahler † (*1867), Schriftstellerin. Die sentimental-romantischen Romane der Deutschen erreichten Auflagen in Millionenhöhe. Max Beckmann † (*1884), Maler. Der deutsche Maler und Grafiker gelangte nach impressionistischen Anfängen zu einem eigenen, nüchtern-realistischen Stil, mit dem er die Fragwürdigkeit des modernen Daseins zur Darstellung brachte. Kurt Weill † (*1900), Komponist. Der Deutsche, der Jazz-Elemente verwendete, wurde besonders durch seine Musik zu Stücken von Bertolt Brecht wie „Die Dreigroschenoper" bekannt. George Bernard Shaw † (*1856), Dichter. Der irisch-englische Dichter und Sozialist schuf Dramen wie „Frau Warrens Gewerbe" und „Pygmalion". 1925 erhielt er den Nobelpreis. Die „Wiener Schule" des fantastischen Realismus mit Mitgliedern wie Erich Brauer und Ernst Fuchs macht von sich reden. **Religion:** Heiliges Jahr der katholischen Kirche. Papst Pius XII. veröffentlicht eine Enzyklika gegen „Irrlehren", womit er gegen wissenschaftliche Hypothesen über die Abstammung des Menschen angeht. Außerdem verkündet er als Dogma die leibliche Himmelfahrt Mariä.

Thomas und Heinrich Mann

George Bernard Shaw

1951

Auf ihrer Pariser Konferenz einigen sich die Außenminister von Frankreich, Großbritannien und den USA mit Bundeskanzler Adenauer über den Entwurf eines Generalvertrages, der an die Stelle des Besatzungsstatuts treten soll. Frankreich, Italien, die Benelux-Staaten und die Bundesrepublik Deutschland bilden die Montanunion, eine Europäische Gemeinschaft für Kohle und Stahl, die auf eine Idee des französischen Politikers Robert Schuman zurückgeht. Die Montanunion soll einen gemeinsamen Markt errichten. Bundeskanzler Adenauer übernimmt das Außenministerium. Er macht erste Staatsbesuche in Paris, Rom und London. Die Bundesrepublik wird gleichberechtigtes Mitglied im Ministerausschuss des Europarats. Durch eine Volksabstimmung wird aus den bisherigen Ländern Baden, Württemberg und Württemberg-Hohenzollern das Bundesland Baden-Württemberg. In Karlsruhe wird das Bundesverfassungsgericht eröffnet. Alfred Hugenberg † (*1865). Der deutsch-nationale Industrielle und Politiker, zeitweise Vorsitzender des Direktoriums der Firma Krupp, baute den Hugenberg-Konzern auf, einen Nachrichten-Konzern, der die Weimarer Republik bekämpfte und die Propaganda der politischen Rechten wirksam unterstützte. Nach Hitlers Machtübernahme war Hugenberg kurzzeitig auch Minister. **DDR:** Ministerpräsident Grotewohl macht Vorschläge für Beratungen auf gesamtdeutscher Ebene. **FRANKREICH:** Henri Philippe Pétain † (*1856). Der französische Marschall verteidigte Verdun im Ersten Weltkrieg. Im Zweiten Weltkrieg schloss er einen Waffenstillstand mit Hit-

Ernst F. Sauerbruch

ler und arbeitete mit der Besatzungsmacht zusammen. Er starb im Gefängnis. **BELGIEN:** König Leopold III. wird zum Abdanken gezwungen. Nachfolger wird sein Sohn Baudouin I. **ENGLAND:** Winston Churchill wird britischer Premierminister. **USA:** Die kommunistische Ideologie wird verboten. **Wissenschaft:** In den USA gibt es das erste Farbfernsehen. Ferdinand Sauerbruch † (*1875), Arzt. Der deutsche Chirurg verbesserte die Verfahren bei der Lungenchirurgie und konstruierte Kunstglieder, die mithilfe der Muskeln des Arm- oder Beinstumpfes willkürlich beweglich waren. **Kultur:** Das Berliner Schillertheater wird unter Boleslaw Barlog neu eröffnet. Arnold Schönberg † (*1874), Komponist. Der Österreicher ist der Schöpfer der atonalen Zwölftonmusik. Er übte einen großen Einfluss auf die moderne Musik aus. Sinclair Lewis † (*1885), Dichter. Der Amerikaner schrieb kritische, teils satirische Romane über die amerikanische Mittelklasse. 1930 erhielt er den Nobelpreis. André Gide † (*1869), Dichter. Der Franzose schrieb zahlreiche Romane und Erzählungen, die eine ständige Revolte gegen Geschichte, Moral und Kirche beinhalten. Seine kritische Geisteshaltung ist besonders gut in seinen Tagebüchern abzulesen. 1947 erhielt er den Nobelpreis. **Religion:** Der Papst erkennt als einzige Methode zur Geburtenkontrolle die Berechnung der unfruchtbaren Tage der Frau nach Knaus-Ogino an.

1952

Der „Deutschlandvertrag" wird in Bonn unterzeichnet. Durch ihn wird das Besatzungsstatut aufgehoben. Deutschland wird zum gleichberechtigten Mitglied in der europäischen Verteidigungsgemeinschaft. Die Bundesrepublik schließt mit Israel ein Abkommen über Wiedergutmachung des vom Hitlerregime an den Juden begangenen Unrechts. Der Bundestag verabschiedet das Betriebsverfassungsgesetz, das in größeren Betrieben Betriebsräte fordert. Das Lastenausgleichsgesetz wird verabschiedet. Die Marshall-Plan-Hilfe für Deutschland und andere europäische Länder wird eingestellt. Bundespräsident Heuss macht die dritte Strophe des Deutschlandliedes zur neuen Nationalhymne der Bundesrepublik. Kurt Schumacher † (*1895). Der Sozialdemokrat war während des Krieges im Konzentrationslager. 1946 gründete er die SPD neu. Seit 1949 war er Mitglied des Deutschen Bundestags und Oppositionsführer. Er setzte sich vor allem für die Wiedervereinigung Deutschlands ein. Sein Nachfolger als SPD-Vorsitzender wird Erich Ollenhauer. **DDR:** Die DDR-Volkskammer ersetzt die Länder durch Regierungsbezirke. West-Berliner dürfen nur noch mit Sondergenehmigung in die DDR reisen. Die Sowjetzonenpost unterbricht die Telefonverbindungen zwischen West- und Ost-Berlin. Immer mehr Menschen flüchten aus der DDR in den Westen. Im August erreicht der Flüchtlingsstrom die Rekordzahl von 16.000 Menschen. **ENGLAND:** König Georg VI. † (*1895), seit 1936 König von Großbritannien. Seine Tochter Elisabeth II. wird Königin von Großbritannien. **POLEN:** Polen erhält eine neue Verfassung. Dadurch wird der Staat in eine Volksrepublik umgewandelt. **USA:** Dwight D. Eisenhower wird zum neuen Präsidenten gewählt. Die USA bringen ihre erste Wasserstoffbombe zur Explosion. **ISRAEL:** Chaim Weizmann † (*1874). Der jüdische Politiker war seit 1948 Präsident des neu gegründeten Staates Israel. Sein Nachfolger wird Isaak Ben Zwi. **ARGENTINIEN:** Evita Perón † (*1919). Evita heiratete 1945 den argentinischen Diktator Perón. Sie hatte einen großen Einfluss auf die Sozialpolitik. Nach ihrem Tode wird sie sehr verehrt. **Wissenschaft:** Albert Schweitzer baut mithilfe des Friedensnobelpreises, der ihm verliehen wird, sein Urwaldlazarett in Lambarene aus. Sven Hedin † (*1865). Der schwedische Geograf erwarb sich besondere Verdienste bei der Erforschung von Zentralasien. **Kultur:** Das

Chaim Weizmann

erste deutsche Nachkriegsfernsehprogramm wird vom Sender NWDR ausgestrahlt. Waldemar Bonsels † (*1881), Schriftsteller. Der Deutsche wurde vor allem durch seine Tiergeschichten, allen voran die der „Biene Maja", bekannt. Knut Hamsun † (*1859), Dichter. Der Norweger schrieb Erzählungen und Romane voller Gefühl für die Natur und die Individualität des Menschen. 1920 erhielt er den Nobelpreis. Maria Montessori † (*1870), Ärztin. Die italienische Erzieherin und Ärztin schuf ein modernes Unterrichtsverfahren, das bereits im Vorschulalter die Selbstständigkeit der Kinder fördern soll. **Religion:** Michael von Faulhaber † (*1869). Der Erzbischof von München und Freising wurde 1921 zum Kardinal ernannt. Er galt als heftiger Gegner des Nationalsozialismus.

1953

Wiederbeginn der deutschen Aufrüstung. Die USA, Frankreich, Großbritannien und die UdSSR verhandeln über die deutsche Wiedervereinigung. Die Verhandlungen verlaufen ergebnislos. Ernst Reuter † (*1889), Oberbürgermeister von Berlin seit 1948. 1951 wurde er zum Regierenden Bürgermeister gewählt. Der Sozialdemokrat erwarb sich Verdienste vor allem während der Zeit der Blockade Berlins. **DDR:** Ein „neuer Kurs" wird angekündigt, der bessere Bedingungen für die Bevölkerung schaffen soll. Ein Streik der Bauarbeiter in Ost-Berlin wegen der Erhöhung der Arbeitsnormen weitet sich aus und entwickelt sich am 17. Juni zu einem politischen Aufstand gegen das herrschende kommunistische System. Die Arbeiterdemonstrationen werden mithilfe sowjetischer Panzer auseinander getrieben. Chemnitz wird in Karl-Marx-Stadt umbenannt. **ENGLAND:** Mary † (*1867), Königin von Großbritannien und Irland. Die Tochter des Herzogs Adolf von Teck heiratete 1893 den späteren König Georg V. Königin Elisabeth II. wird gekrönt. **UDSSR:** Jossif Wissarionowitsch Stalin † (*1879). Der russische Politiker und Bolschewist machte sich nach dem Tode Lenins zum diktatorischen Herrscher der Sowjetunion. Unter seine Ära fallen Verfolgungen und Hinrichtungen angeblicher und tatsächlicher politischer Gegner. Nach seinem Tod beginnt ein „neuer Kurs". Der Stalinkult wird 1956 von einem KPdSU-Parteitag verurteilt. Ministerpräsident der Sowjetunion wird Georgi M. Malenkow, Generalsekretär der KPdSU wird Nikita N. Chruschtschow. **KOREA:** Im Korea-Krieg kommt es zum Waffenstillstand. Das Land bleibt entlang des 38. Breitengrades geteilt in die nordkoreanische Volksrepublik und die südkoreanische Republik Korea. **SAUDI-ARABIEN:** Ibn Saud † (*1880), seit 1926 König von Saudi-Arabien. Er entwickelte sein Land mithilfe der 1933 gegründeten Arabian American Oil Company zu einem an westlicher Zivilisation und Industrialisierung orientierten Gebiet. Sein Nachfolger wird sein Sohn Saud, der die Linie seines Vaters beibehält. **Wissenschaft:** Auguste Piccard taucht mit seinem Tiefseeboot „Trieste" 3150 Meter tief. **Kultur:** Eduard Künneke † (*1885), Komponist. Der deutsche Operettenkomponist schrieb Werke wie „Der Vetter aus Dingsda" und „Glückliche Reise". Sergej Prokofjew † (*1891), Komponist. Der russische Komponist zahlreicher Ballette, Opern, Klavierkonzerte und Sinfonien wurde 1948 wegen seines „dekadenten westlichen Formalismus" verurteilt. 1951 erhielt er den Stalinpreis. Eugene O'Neill † (*1888), Dichter. Der amerikanische Dramatiker vereinigte in seinen Werken Sozialkritik, psychoanalytisches Denken und mystisches Gedankengut. Zu seinen Dramen zählen unter anderem „O Wildnis" und „Anna Christie", wofür er mit dem Pulitzer-Preis ausgezeichnet wurde. Raoul Dufy † (*1877), Maler. Der Franzose malte Bilder mit einem zeichnerisch betonten Stil, die sich durch ihre Farbenfreude auszeichnen.

Jossif W. Stalin

1954

Auf der Pariser Konferenz wird die Bundesrepublik in die NATO aufgenommen. Die Besatzungstruppen bleiben als Streitkräfte zur gemeinsamen Verteidigung in der Bundesrepublik stationiert. Auf der Berliner Viermächte-Konferenz zwischen Großbritannien, Frankreich, USA und UdSSR wird keine Einigung über die Frage der Wiedervereinigung Deutschlands erzielt. Eine Westeuropäische Union unter Einschluss Italiens und Westdeutschlands wird beschlossen. **DDR:** Der UdSSR-Außenminister Molotow besucht die DDR und schlägt vor, alle Besatzungstruppen abzuziehen. Er erklärt den Kriegszustand für beendet. **FRANKREICH:** Pierre Mendès-France wird französischer Ministerpräsident und Außenminister. In Algerien kommt es zu Aufständen gegen die französische Herrschaft, die sich über Jahre hinziehen. Auch in Französisch-Marokko kommt es zu schweren Unruhen. **USA:** Die USA gründen mit Großbritannien, Frankreich und fünf südöstasiatischen Staaten das Verteidigungsbündnis SEATO gegen kommunistische Aggressionen. **VIETNAM:** Die Vietnamesen erobern die französische Festung Dien Bien Phu. Der vietnamesisch-französische Krieg ist beendet. Vietnam wird in Nord- und Südvietnam geteilt. **ÄGYPTEN:** Gamal Abd el-Nasser wird Minister- und Staatspräsident. **CHINA:** Mao Tse-tung wird endgültig zum Präsidenten der Volksrepublik China gewählt, nachdem die Verfassung angenommen ist. **Wissenschaft:** Die USA bauen das erste Atom-U-Boot, die „Nautilus", mit Kernenergieantrieb. Amerikanische Wissenschaftler entdecken die pharmazeutische Grundlage der „Antibaby-Pille", die ab 1962 in der Bundesrepublik im Handel ist. **Kultur:** Bernhard Grzimek (*1909) plädiert mit seinem Buch „Kein Platz für wilde Tiere" für den Tierschutz in Afrika. Wilhelm Furtwängler † (*1886), Dirigent. Der deutsche Dirigent und Komponist leitete bis 1928 das Leipziger Gewandhaus-Orchester, später die Wiener und die Berliner Symphoniker. Françoise Saagan (*1935) schreibt den Roman „Bonjour tristesse", der das Lebensgefühl der jungen Generation zum Ausdruck bringt. Henri Matisse † (*11869), Maler. Der französische expressionistische Maler gilt als der Begründer des Fauvismus. Clemens Krauss † (*1893), Dirigent. Der Österreicher leitete seit 1924 abwechselnd die Frankfurter, die Wiener, die Berliner und die Münchner Oper. **Religion:** Papst Pius X., Papst von 1903 bis 1914, wird heilig gesprochen. Billy Graham veranstaltet in den USA Massen-Evangelisationen. Er bekommt wegen seiner Redeweise den Spitznamen „Maschinengewehr Gottes".

Gamal Nasser

Wilhelm Furtwängler

1955

Auf der Genfer Konferenz beraten die USA, die UdSSR, Großbritannien und Frankreich über europäische Sicherheitsfragen. Das Problem der Wiedervereinigung Deutschlands bleibt ungelöst. Bundeskanzler Adenauer macht einen Staatsbesuch in Moskau. Er erreicht die Rückführung der in der Sowjetunion zurückgehaltenen deutschen Kriegsgefangenen. Die Aufnahme diplomatischer Beziehungen wird vereinbart. Ein Interzonen-Handelsvertrag mit einem Volumen von einer Milliarde „Verrechnungseinheiten" Ost- beziehungsweise West-Mark wird geschlossen. **ÖSTERREICH:** Der österreichische Staatsvertrag wird abgeschlossen. Österreich erklärt seine bleibende Neutralität. Die vier Besatzungsmächte räumen das Land. **ENGLAND:** Winston Churchill tritt zurück. Er wird geadelt. Neuer britischer Premierminister wird Antony Eden. Prinzessin Margret verzichtet auf die Heirat mit Peter Townsend. Der Verzicht erfolgt vor allem unter Druck der Staatskirche, da Townsend geschieden war (wenn auch schuldlos). **UDSSR:** Im Warschauer Pakt schließen die UDSSR und die Ostblockstaaten ein Verteidigungsbündnis. Die Führung übernimmt die Sowjetunion. Erstmals wird in der UDSSR eine H-Bombe vom Flugzeug abgeworfen. **RUMÄNIEN:** Das Land tritt den Ostblockstaaten bei. **CHINA:** Während einer internationalen Krise um die Formosa-Straße kommt es zu militärischen Zwischenfällen zwischen der Volksrepublik China und der nationalchinesischen Regierung auf Formosa. **ARGENTINIEN:** Ein Militärputsch beseitigt die diktatorische Herrschaft von Juan Perón. **Wissenschaft:** Albert Einstein † (*1879), Physiker. Der Deutsche ist Begründer der Relativitätstheorie. Er leistet Großes auf dem Gebiet der Quantentheorie. Seit 1933 lebte Einstein in den

Sir Alexander Fleming

José Ortega y Gasset

USA. 1921 erhielt er den Nobelpreis für Physik. Alexander Fleming † (*1881), Bakteriologe. Der Engländer entdeckte das Penicillin. 1945 erhielt er den Nobelpreis. Erfindung einer Kamera mit Sofortentwicklung der Bilder. **Kultur:** Julius Bab † (*1881), Dramaturg. Der deutsche Schriftsteller und Dramaturg, der wesentliche theatertheoretische Schriften veröffentlichte, emigrierte 1933 in die USA. Thomas Mann † (*1875), Dichter. Der deutsche Romancier gilt als einer der größten Schriftsteller des 20. Jahrhunderts. Seine Romane wie „Buddenbrooks" oder „Die Bekenntnisse des Hochstaplers Felix Krull" wurden weltbekannt und in viele Sprachen übersetzt. 1934 emigrierte Mann und lebte seit 1953 in der Schweiz. 1929 bekam er den Nobelpreis. Paul Claudel † (*1868), Dichter. Der französische Katholik schrieb Werke, in denen er eine mystische Erkenntnislehre verbreitete. Heinrich Spoerl † (*1887), Schriftsteller. Der Deutsche wurde durch seine humoristischen Erzählungen wie „Die Feuerzangenbowle" bekannt. Willi Baumeister † (*1889), Maler. Der deutsche Kunstprofessor malte im abstrakten Stil. Wegweisend wurde seine Schrift „Das Unbekannte in der Kunst", die 1947 veröffentlicht wurde. Ortega y Gasset † (*1883), Philosoph. Der Spanier vertrat in seinen Schriften einen erkenntnistheoretischen Positivismus. Fernand Léger † (1881), Maler. Der Franzose gilt als ein hervorragender Vertreter des Kubismus. Maurice Utrillo † (*1883) Maler. Der Franzose malte vorwiegend Städtebilder. Er zählt zu den Impressionisten. Das Wiener Burgtheater wird neu eröffnet. **Religion:** Der Weltkirchenrat betont die christliche Verantwortung gegenüber Gebieten, die wirtschaftlich und sozial unterentwickelt sind.

Albert Einstein

Albert Einstein

Der deutsche Physiker (*1879, † 1955) wurde 1909 Professor für theoretische Physik an der Universität Zürich. 1914 wurde er nach Berlin berufen. Die Nationalsozialisten enthoben ihn nach der Machtergreifung 1933 aller Ämter und bürgerten in zwangsweise aus. Seine größten Leistungen vollbrachte Einstein mit seinen beiden Arbeiten zur Allgemeinen Relativitätstheorie. Mit seinen neuen entscheidenden Denkansätzen in der Quantentheorie schuf er außerdem wesentliche Grundlagen der modernen Atomphysik. Für seine quantentheoretischen Arbeiten erhielt Albert Einstein 1912 den Nobelpreis für Physik. Er wurde von vielen Universitäten zum Ehrendoktor und Ehrenprofessor ernannt.

1956

Die ersten Freiwilligen melden sich zur Bundeswehr. Der Bundestag verabschiedet das Wehrpflichtgesetz, das die Wehrpflicht auf zwölf Monate festsetzt. Deutschland und Frankreich einigen sich über die Rückgliederung des Saargebiets zu Deutschland, die stufenweise erfolgen soll. Das Bundesverfassungsgericht verbietet die Kommunistische Partei Deutschlands KPD. Zu den XVI. Olympischen Sommerspielen nach Melbourne entsenden Ost- und Westdeutschland eine gemeinsame Mannschaft. **DDR:** Die Volkskammer der DDR beschließt die Einrichtung einer „nationalen Volksarmee". **POLEN:** Der seit 1953 inhaftierte Kardinal Wyszynski ist wieder Primas von Polen. Ein Abkommen über das Verhältnis von Kirche und Staat in Polen wird getroffen. **ÄGYPTEN:** Da die USA sich weigern, Ägypten Kredite zum Bau des Assuanstaudammes zu gewähren, enteignet Präsident Nasser die Suezkanal-Gesellschaft. Die Einnahmen hieraus sollen den Bau des Staudammes finanzieren. England und Frankreich greifen Ägypten an. Israelische Truppen stoßen bis zum Suezkanal vor. Die UN entsenden eine Polizeitruppe, die die Kanalzone besetzt. Auf Aufforderung der UN und auf

Druck der UdSSR, die mit Eingreifen droht, werden die Kämpfe eingestellt. **UDSSR:** Auf dem XX. Parteitag der KPdSU kritisiert Chruschtschow die Stalinära scharf. **USA:** In den USA kommt es zu Rassenunruhen wegen Fragen der Gleichberechtigung der Farbigen. **JUGOSLAWIEN:** Tito und Chruschtschow unterzeichnen eine Erklärung, nach der verschiedene Wege zum Sozialismus möglich sind. **UNGARN:** Aus Studenten- und Arbeiterdemonstrationen entwickelt sich in Ungarn ein politischer Aufstand. Die revolutionäre Bewegung hat zunächst Erfolg. Imre Nagy wird ungarischer Ministerpräsident. Ungarn erklärt seinen Austritt aus dem Warschauer Pakt. Am 4. November rücken sowjetrussische Panzerstreitkräfte in Ungarn ein und schlagen den Aufstand blutig nieder. Ministerpräsident Imre Nagy wird verhaftet und hingerichtet. Der ungarische Kardinal Mindszenty flüchtet in die amerikanische Botschaft. Die USA warnen die UdSSR vor Aktionen gegen Österreich und West-Berlin und versetzen ihre Flotte in Alarmbereitschaft. Die UN-Vollversammlung verurteilt das Vorgehen der Sowjetunion in Ungarn. **MONACO:** Rainier von Monaco heiratet die amerikanische Filmschauspielerin Grace Kelly. **Wissenschaft:** Irène Joliot-Curie † (*1897), Physikerin. Sie entdeckte zusammen mit ihrem Mann 1934 die künstliche Radioaktivität. 1935 erhielt sie den Nobelpreis. **Kultur:** Gottfried Benn † (*1886), Dichter. Der deutsche Lyriker und Arzt strebte das „absolute Gedicht" an und hatte einen starken Einfluss auf die Jugend. Bertolt Brecht † (*1898), Dichter. Der deutsche Dramatiker war Regisseur und Dramaturg bei Max Reinhardt, besuchte 1928 die Marxistische Arbeiterschule und emigrierte 1933. Zuletzt lebte Brecht in der DDR. Zu seinen bekanntesten Werken zählen „Die Dreigroschenoper", „Trommeln in der Nacht" und „Mutter Courage und ihre Kinder". Lyonel Feininger † (*1871), Maler. Der deutsche Vertreter des Kubismus zählte zum Bauhaus-Kreis und lebte zuletzt in den USA. Emil Nolde † (*1867), Maler. Der deutsche Expressionist wurde besonders durch seine religiösen Bilder und seine Blumenaquarelle bekannt. Er war Mitglied der Künstlervereinigung „Brücke".

Bert(olt) Brecht

1957

Die Verträge über die Kernenergie-Gemeinschaft in Europa („Euratom") und über den Gemeinsamen Markt der Montanunion-Länder treten in Kraft. Das Saarland wird als zehntes Bundesland eingegliedert. Nachdem Jugoslawien die DDR anerkannt hat, bricht die Bundesrepublik Deutschland die diplomatischen Beziehungen zu Jugoslawien ab („Hallstein-Doktrin"). 18 führende Atomforscher warnen in ihrem „Göttinger Appell" vor der Ausrüstung der Bundeswehr mit Atomwaffen. Bei der dritten Bundestagswahl gewinnt wiederum die CDU die Mehrheit. Bundeskanzler Adenauer bildet ein Kabinett, dem unter anderem angehören: Vizekanzler und Wirtschaftsminister Ludwig Erhard (CDU), Finanzminister Franz Etzel (CDU), Außenminister Heinrich von Brentano (CDU), Innenminister Gerhard Schröder (CDU) und Verteidigungsminister Franz Josef Strauß (CSU). Willy Brandt (SPD) wird zum Regierenden Bürgermeister von Berlin gewählt. In verschiedenen Bereichen wird die Fünf-Tage-Woche mit 45 wöchentlichen Arbeitsstunden eingeführt. Der Bundestag verabschiedet ein Gesetz über die Gleichberechtigung von Mann und Frau. **DDR:** In der DDR findet ein Kirchenkampf statt, nachdem die staatliche „Jugendweihe" Konfirmation und Firmung ersetzen soll. **USA:** Eisenhower verkündet seine Doktrin der Verteidigung des Nahen Ostens gegen den Kommunismus („Eisenhower-Doktrin"). **UDSSR:** Die Sowjetunion kündigt die atomare Bewaffnung der Mitgliedsstaaten des Ostblocks an. Chruschtschow beteuert seinen Wunsch nach Koexistenz mit dem Westen. **Wissenschaft:** Der erste deutsche Kernreaktor wird in der Technischen Hochschule München in Betrieb genommen. In

Dwight David Eisenhower

Wien wird die Weltatombehörde gegründet. Das deutsche Segelschulschiff „Pamir" sinkt im Atlantik. 80 Seeleute ertrinken. Am 4. Oktober startet die Sowjetunion den ersten künstlichen Erdsatelliten „Sputnik 1". Am 3. November schickt sie „Sputnik 2" mit der Polarhündin Laika an Bord in eine Umlaufbahn um die Erde. Richard C. Byrd † (*1888), Polarforscher. Der Amerikaner überflog 1926 den Nordpol, 1929 den Südpol. **Kultur:** Alfred Döblin † (*1878), Schriftsteller. Der deutsche Romancier war Mitbegründer der expressionistischen Zeitschrift „Der Sturm" und wurde besonders bekannt durch seinen sozialkritischen Roman „Berlin Alexanderplatz". In der Bundesrepublik wird die Studentenförderung nach dem „Honnefer Modell" verbessert. Max Ophüls † (*1902), Regisseur. Der deutsche Filmautor und Regisseur wurde unter anderem durch seinen Film „Der Reigen" bekannt. Benjamino Gigli † (*1890), Sänger. Der italienische Tenor wurde als Nachfolger Carusos gefeiert. Jan Sibelius † (*1865), Komponist. Der Finne gilt als der größte nationale Komponist Finnlands. Er studierte in Deutschland und Österreich und entwickelte eine eigene Klangsprache, die in der finnischen Volksmusik wurzelt. Arturo Toscanini † (*1867), Dirigent. Der Italiener feierte an allen großen Opernhäusern der Welt Triumphe. 1937 übernahm er das Orchester der NBC. Sir Laurence Olivier (*1907), englischer Schauspieler, bekommt von der Universität Oxford für seine Shakespeare-Verfilmung die Ehrendoktor-Würde verliehen.

Alfred Döblin

1958

Die EWG, die Europäische Wirtschaftsgemeinschaft, tritt in Kraft. Das Europäische Parlament der drei Gemeinschaften Montanunion, EWG und Euratom konstituiert sich in Straßburg. Die Bundesrepublik und die Sowjetunion schließen einen Handelsvertrag. Der Bundestag stimmt (gegen SPD und FDP) einer eventuellen Ausrüstung der Bundeswehr mit taktischen Atomwaffen zu. Die SPD fordert eine Volksabstimmung, die vom Bundesverfassungsgericht als verfassungswidrig abgelehnt wird. Adenauer trifft in Frankreich mit Charles de Gaulle zusammen, der seinen Besuch erwidert. Damit wird der Grundstock für eine spätere intensive Zusammenarbeit gelegt. Am 27. November fordert Chruschtschow ultimativ die Aufhebung des Viermächte-Status für Berlin, die Aufhebung der Viermächte-Verantwortung und die Umwandlung Berlins in eine „Freie Stadt". Die NATO-Mächte bekräftigen ihre Garantieerklärungen für Berlin. **DDR:** In Strafergänzungsgesetzen werden Staatsverbrechen wie „Republikflucht" und „Abwerbung" unter schwere Strafen gestellt. **FRANKREICH:** Die französische Regierung Gaillard scheitert an der Algerienfrage. In Frankreich wird der Ausnahmezustand erklärt. Charles de Gaulle übernimmt die Regierung. Frankreich erhält eine neue Verfassung, die die Rechte von Parlament und Parteien einschränkt. Ein Volksentscheid billigt diese Verfassung. Die „Fünfte Republik" hat begonnen. **UDSSR:** Nikita Chruschtschow wird Ministerpräsident der UdSSR. **Wissenschaft:** Die USA starten ihren ersten Satelliten, den unbemannten „Explorer 1". Es folgt der SCORE-Satellit als erster Nachrichtensatellit. **Kultur:** Rudolf von Laban † (*1879), Tanzlehrer. Er schuf neue Ausdrucksformen des Tanzes, die zur Grundlage des modernen Tanzes wurden. Außerdem erfand er einen Tanzschritt zum Aufzeichnen von Balletten. Maurice de Vlaminck † (*1876), Maler. Der Franzose zählt zu den Vertretern des Fauvismus. **Religion:** Pius XII. † (*1876), Papst seit 1939. Sein Nachfolger wird Papst Johannes XXIII.

Pius XII.

1959

Das 1958 von der Sowjetunion verkündete Berlin-Ultimatum verstreicht ohne sichtbare Konsequenzen. Die UdSSR legt einen Friedensvertragsentwurf für Deutschland vor, der von zwei deutschen Staaten und einer „Freien Stadt" Berlin ausgeht. Die Bundesrepublik erklärt den Vertrag für unannehmbar. Sie fordert einen neuen mit einem ungeteilten Deutschland auf der Grundlage der Selbstbestimmung. Heinrich Lübke (CDU), vorher Bundesminister für Ernährung, wird zum Bundespräsidenten gewählt. Die SPD beschließt ihr Godesberger Grundsatzprogramm. In der Bundesrepublik herrscht Vollbeschäftigung: Es gibt weniger Arbeitslose als offene Stellen. **FRANKREICH**. De Gaulle gestattet Algerien das Recht auf Selbstbestimmung und leitet damit die entscheidende Wende in der französischen Algerien-Politik ein. **UDSSR:** Chruschtschow besucht US-Präsident Eisenhower in Camp David. Die dort geführten Gespräche gelten als Zeichen der Entspannung zwischen Ost und West. **USA:** John Foster Dulles † (*1888), Außenminister der USA von 1953 bis 1959, galt als Vertreter einer harten Politik gegenüber der UdSSR. **KUBA:** Auf Kuba siegt die Revolution unter Fidel Castro. Er wird neuer Ministerpräsident. **ZYPERN:** Durch ein griechisch-türkisches Abkommen wird Zypern zur unabhängigen Republik erklärt. Präsident wird Erzbischof Makarios. Großbritannien behält auf Zypern noch zwei Militärstützpunkte. **CHINA:** Liu Schao-tschi wird Präsident der Volksrepublik China. **Wissenschaft:** Die UdSSR schickt eine Rakete zum Mond, die auf der Mondoberfläche aufschlägt. Ein sowjetisches Raumschiff überträgt Bilder von der stets der Erde abgewandten Rückseite des Mondes zur Erde. Die USA setzen zwei Affen in eine Rakete und schicken sie in 480 Kilometer Höhe. Die Tiere kehren unversehrt zurück. Grantly Dick-Read † (*1890), Arzt. Der englische Geburtshelfer entwickelte ein System der angstfreien und schmerzarmen Geburt. **Kultur:** George Grosz † (*1893), Maler. Der Deutsche malte sozialkritische Bilder in einem aggressiven Stil. Seit 1932 bis kurz vor seinem Tod lebte er in den USA, wo sich sein Stil zu einem gemäßigten Realismus wandelte. Werner Krauss † (*1884), Schauspieler. Der deutsche Charakterdarsteller, der auch selbst Filme drehte, erhielt 1954 den Iffland-Ring. Er vermachte ihn testamentarisch an den österreichischen Schauspieler Josef Meinrad (*1913). Alfred Kubin † (*1877), Grafiker. Der Österreicher schuf vor allem Federzeichnungen und Lithografien. Besonders bekannt wurden seine Illustrationen zu den Werken von E. T. A. Hoffmann, Edgar Allan Poe und Dostojewski. Grock † (*1880), Clown. Der Schweizer Artist, der eigentlich Adrian Wettach hieß, wurde als Musical-Clown weltbekannt. Er leitete 1951 bis 1954 einen eigenen Zirkus. Berühmt war der Clown, der die Ehrendoktorwürde besaß, für seinen Ausruf „Nit möööglich". Mario Lanza † (*1921), Sänger. Der nordamerikanische Tenor italienischer Abstammung machte Karriere beim Film. Besonders bekannt wurde er durch seine Rolle als Caruso.

John Foster Dulles

1960

SCHWEIZ: Die Zehn-Mächte-Abrüstungskonferenz in Genf beginnt. **FRANKREICH:** Die Pariser Gipfelkonferenz scheitert an dem U 2-Zwischenfall: Ein amerikanisches Flugzeug des Typs U 2 wird bei einem Aufklärungsflug über der Sowjetunion abgeschossen, der Pilot verhaftet und wegen Spionage verurteilt. Die UdSSR verlangt eine offizielle Entschuldigung. Die USA erklären, keine derartigen Aufklärungsflüge mehr zu unternehmen. Frankreich beginnt mit dem Aufbau der „Force de frappe", einer Atomstreitmacht, und zündet in der Sahara seine erste Atombombe. In der Algerienfrage fordert und erhält de Gaulle für ein Jahr Sonderbefugnisse. Er beginnt Verhandlungen mit der algerischen Exilregierung über einen Waffenstillstand. De Gaulle kündigt ein „algerisches Algerien" an, was ihm heftige Proteste der in Algerien lebenden Franzosen einträgt. **DDR:** Wilhelm Pieck † (*1876), Politiker. Der Kommunist war seit 1949 Präsident der DDR. Nach seinem Tod wird das Amt des Präsidenten abgeschafft und durch einen Staatsrat ersetzt. Vorsitzender wird Walter Ulbricht. Die Zwangskollektivierung der Landwirtschaft in der DDR wird für abgeschlossen erklärt. **ISRAEL:** Adolf Eichmann, als SS-Führer für die „Endlösung der Judenfrage" während des Naziregimes verantwortlich, wird von israelischen

Agenten in Argentinien entdeckt und nach Israel entführt. Dort wird er verurteilt und 1962 hingerichtet. **UDSSR:** In der UN trommelt Chruschtschow mit seinem Schuh auf den Tisch und fordert energisch die Aufnahme der Volksrepublik China in die UN. Leonid Breschnew (*1906) wird Vorsitzender des Präsidiums des Obersten Sowjet. **KUBA:** Fidel Castro enteignet und verstaatlicht allen US-Besitz in Kuba und kündigt den Beistandspakt, der 1952 mit den USA geschlossen wurde. **AFRIKA:** 17 afrikanische Staaten werden unabhängig. In Südafrika, das nach dem Austritt aus dem Commonwealth Republik wird, kommt es zu schweren Unruhen wegen der Rassentrennungspolitik („Apartheid") der Regierung. **Kultur:** Curt Goetz † (*1888), Schriftsteller und Schauspieler. Er schrieb vorwiegend Lustspiele wie „Dr. med. Hiob Prätorius". Boris Pasternak † (*1890), Dichter. Der Russe, der unter anderem den Roman „Dr. Schiwago" schrieb, erhielt 1958 den Nobelpreis, den er auf Druck der UdSSR ablehnen musste. Albert Camus † (*1913), Dichter. Der französische Schriftsteller und Existenz-Philosoph („Der Fremde" und „Die Pest") gehörte während des Zweiten Weltkrieges der französischen Widerstandsbewegung an. 1957 erhielt er den Nobelpreis. **Religion:** Papst Johannes XXIII. empfängt den Erzbischof von Canterbury. Dies ist die erste Begegnung zwischen dem Oberhaupt der katholischen und dem der englischen Staatskirche seit der englischen Reformation von 1534.

Boris Pasternak

1961

Am 13. August errichtet die Regierung der DDR eine befestigte Mauer zwischen Ost- und Westberlin. Der Verkehr zwischen beiden Teilen der Stadt kommt fast völlig zum Erliegen. Die Berliner boykottieren die S-Bahn, die der DDR untersteht. Der amerikanische Präsident entsendet General Lucius Clay als seinen Sonderbeauftragten nach Berlin. In einer Erklärung fordern alle Parteien im deutschen Bundestag einen Friedensvertrag für Gesamtdeutschland. Franz Josef Strauß (*1915) wird zum Vorsitzenden der CSU gewählt. **ITALIEN:** In Südtirol kommt es zu terroristischen Sprengstoffanschlägen. Italien und Österreich verhandeln über die Südtiroler Probleme. **SCHWEDEN:** Dag Hammarskjöld † (*1905), Generalsekretär der UN seit 1953. Er stürzt mit dem Flugzeug ab. Sein Nachfolger in der UN wird der Burmese U Thant. **USA:** John F. Kennedy wird Präsident der USA. Als Reaktion auf sowjetische Aktivitäten verstärken die USA ihre Verteidigung und beginnen mit unterirdischen Atomversuchen. **UDSSR:** Die Sowjetunion erhöht ihre Verteidigungsausgaben und beginnt eine neue Serie von Kernwaffenversuchen. **Wissenschaft:** Der russische Raumpilot Juri Gagarin umkreist mit einem Raumschiff als erster Mensch

Der Mauerbau

Am 13. August 1961 errichten Arbeitskolonnen, geschützt von ostzonaler Volkspolizei und Einheiten der Volksarmee, aus Betonklötzen und Stacheldrahtverhauen eine Mauer zwischen den beiden Teilen Berlins. Der Regierende Bürgermeister von Berlin, Willy Brandt, bittet den amerikanischen Präsidenten John F. Kennedy in einem persönlichen Brief um Hilfe. Am 15. August protestieren die westalliierten Stadtkommandanten gegen den Mauerbau. Am 18. August protestiert der deutsche Bundestag in einer Sondersitzung. Am 22. August kommt Bundeskanzler Adenauer nach West-Berlin. Eine Bilanz im Jahr 1974 ergibt: Seit Errichtung der Trennmauer sind rund 34.000 Menschen aus der DDR geflüchtet. 164 Menschen fanden bei ihrem Fluchtversuch den Tod.

Berliner Mauer bei der Wiedervereinigung

Juri A. Gagarin

Ernest Hemingway

die Erde. Die USA führen ihren ersten bemannten Weltraumflug mit dem Astronauten Alan Shepard (*1923) durch. In Berlin eröffnet Vizekanzler Ludwig Erhard erstmals nach dem Krieg wieder eine Funkausstellung. **Kultur:** Die deutschen Bundesländer unterschreiben einen Staatsvertrag für ein zweites Fernsehprogramm. Anna Mary Robertson-Moses † (*1860), Malerin. Die Amerikanerin, die „Grandma Moses" genannt wurde, begann in ihrem 75. Lebensjahr als Amateurmalerin Bilder zu malen. Sie gilt als die „Erfinderin" der naiven Malerei. Ernest Hemingway † (*1898), Dichter. Der amerikanische Schriftsteller, Hauptsprecher der „verlorenen Generation" schrieb in seinem lakonischen Stil Werke wie „Der alte Mann und das Meer" und „Wem die Stunde schlägt". Hemingway kämpfte im spanischen Bürgerkrieg freiwillig aufseiten der Republikaner. 1953 erhielt er den Pulitzerpreis, 1954 den Nobelpreis. **Religion:** Der deutsche Evangelische Kirchentag findet in West-Berlin statt. Die DDR hindert die Synode der Evangelischen Kirche Deutschlands daran, in Ostberlin zu tagen.

1962

Die EWG-Länder beginnen eine gemeinsame Agrarpolitik. Durch den „Grünen Plan" soll in der Bundesrepublik die Agrarstruktur verbessert werden. Staatspräsident de Gaulle und Bundeskanzler Adenauer einigen sich auf eine beschleunigte Bildung einer politischen europäischen Union. Wechselseitige Staatsbesuche unter großer Anteilnahme der Bevölkerung dokumentieren die neue deutsch-französische Freundschaft. Die „Spiegel"-Affäre löst eine Regierungskrise aus. Wegen eines Artikels mit scharfen Angriffen auf Bundesverteidigungsminister Strauß in dem Nachrichtenmagazin „Der Spiegel" werden Redaktionsmitglieder und der Verleger Rudolf Augstein (*1923) verhaftet. Die Bundesregierung tritt zurück und Adenauer bildet ein neues Kabinett ohne Strauß. Sein Nachfolger im Verteidigungsministerium wird Kai-Uwe von Hassel (CDU). Die Bundesregierung verabschiedet die Notstandsgesetze. **DDR:** Ein Jahr nach Errichtung der Mauer sind mehr als 12.000 Menschen meist unter Lebensgefahr aus der DDR geflohen. Als Volkspolizisten an der Mauer den 18-jährigen Arbeiter Peter Fechter erschießen und hilflos verbluten lassen, entsteht eine politisch kritische Situation. **FRANKREICH:** Georges Pompidou wird zum Ministerpräsidenten gewählt. Französische Kernwaffenversuche in der Sahara führen zu zahlreichen Protesten. Verhandlungen mit Algerien führen zum Waffenstillstand und zur Unabhängigkeit Algeriens. **ALGERIEN:** Zum Ministerpräsidenten wird Ben Bella gewählt. **Wissenschaft:** In Darmstadt wird das erste Deutsche Rechenzentrum gegründet. Die elektronische Datenverarbeitung gewinnt zunehmend an Bedeutung. Mit ihrem Fernseh- und Nachrichten-Satelliten „Telstar" ermöglichen die USA direkte Fernsehübertragungen zwischen USA und Europa. Es wird bekannt, dass das Schlafmittel „Contergan", wenn es während der Schwangerschaft eingenommen wird, zu Missbildungen bei Neugeborenen führt. Die Anti-Baby-Pille kommt in den Handel. Auguste Piccard † (*1884), Forscher. Der Schweizer unternahm wesentliche Untersuchungen auf dem Gebiet der Tiefsee- und der Stratosphären-Forschung. **Kultur:** Hermann Hesse † (*1877), Dichter. Der Deutsche, der 1923 Schweizer Bürger wurde, erlangte Ruhm mit Romanen wie „Das Glasperlenspiel". 1946 erhielt er den Nobelpreis. Trygve Gulbranssen † (*1894), norwegischer Schriftsteller. Er schrieb u. a. den Heimatroman „Und ewig singen die Wälder" (1933). Charles Laughton † (*1899), Schauspieler. Der Engländer wurde für seine hervorragenden Leistungen als Schauspieler geadelt. Marilyn Monroe † (*1926), Schauspielerin.

Auguste Piccard

Marylin Monroe

Die Filmschauspielerin, die in Filmen wie „Manche mögen's heiß" und „Nicht gesellschaftsfähig" bekannt wurde, verübte vermutlich Selbstmord. **Religion:** Papst Johannes XXIII. eröffnet in Rom das II. Vatikanische Konzil. Es soll besonders der Vereinigung der christlichen Kirchen dienen.

1963

Der Vertrag über die Einstellung von Kernwaffenversuchen in der Atmosphäre wird von der Bundesrepublik, den USA, der UdSSR und Großbritannien sowie den meisten Staaten der Erde unterzeichnet. Frankreich und die Volksrepublik China lehnen den Vertrag ab. Zwischen Deutschland und Frankreich wird ein Freundschaftsvertrag geschlossen, der umfangreiche Kooperationen vorsieht. Die Bundesregierung verhängt über die Sowjetunion ein Röhren-Embargo: Die Ausfuhr von Röhren mit größerem Durchmesser in die UdSSR wird verboten, da man mit ihnen strategisch wichtige Kraftstoffleitungen bauen könnte. Konrad Adenauer tritt als Bundeskanzler zurück. Sein Nachfolger wird Ludwig Erhard (CDU). Vizekanzler wird Erich Mende (FDP). Der amerikanische Präsident Kennedy besucht Berlin und ruft vor dem Schöneberger Rathaus in West-Berlin aus: „Ich bin ein Berliner!" Beim Auschwitz-Prozeß stehen 22 SS-Leute dieses Konzentrationslagers vor Gericht. Die SPD feiert ihr hundertjähriges Bestehen. Theodor Heuss † (*1884), Politiker und Schriftsteller. Der liberale Politiker war von 1949 bis 1959 der erste Präsident der Bundesrepublik Deutschland. Erich Ollenhauer † (*1901), Politiker. Der Sozialdemokrat war seit 1952 Vorsitzender der SPD. Sein Nachfolger wird Willy Brandt. **USA:** Zwischen den USA und der UdSSR wird eine direkte Telefonleitung, der „Heiße Draht", installiert. Nach schweren Rassenunruhen legt Kennedy ein Programm vor, das die Integration der Farbigen fördern soll. John F. Kennedy † (*1917) wird in Dallas/Texas ermordet. Der vermutliche Mörder Lee Oswald wird von dem Nachtclubbesitzer Jack Ruby erschossen. **VIETNAM:** In Vietnam toben schwere Kämpfe. Die Spannungen zwischen Regierung und Buddhisten lösen eine innenpolitische Krise aus. Ministerpräsident Ngo Dinh Diem † (*1901) wird bei einem Militärputsch getötet. Die kommunistischen Vietkong, von Nordvietnam unterstützte Guerillas, werden immer aktiver. Die USA verstärken Ihre Streitkräfte in Vietnam. **Wissenschaft:** Die Rockefeller-Stiftung stellt 37 Millionen Dollar für die Forschung zur Verfügung. **Kultur:** Gustaf Gründgens † (*1899), Schauspieler und Regisseur. Seinen größten Erfolg feierte er mit seiner „Faust"-Inszenierung, in der er selbst den Mephisto spielte. Jean Cocteau † (*1892), Schriftsteller, Maler, Filmregisseur and Choreograph. Das französische Allround-Talent war sehr experimentierfreudig und schuf mit Vorliebe surrealistische Werke. Georges Braque † (*1881), Maler. Der Franzose gilt als einer der Väter des Kubismus. Edith Piaf † (*1916), Sängerin. Die französische Chanson-Sängerin erhielt von ihren Fans den Beinamen „Spatz von Paris". **Religion:** Die Konferenz der evangelischen Kirchenleitungen in der DDR grenzt sich gegen die kommunistische Ideologie ab. Johannes XXIII. † (*1881), Papst seit 1958. Er trat besonders für die Einheit der Christenheit ein. Sein Nachfolger wird Papst Paul VI.

Theodor Heuss

Jean Cocteau

1964

In der Bundesrepublik wird die rechtsextreme Nationaldemokratische Partei Deutschlands, NPD, gegründet. Sie gewinnt in den nächsten Jahren einige Landtagssitze. **DDR:** Willi Stoph (*1914) wird Ministerpräsident der DDR. Die DDR-Rentner dürfen einmal pro Jahr nach Westdeutschland oder West-Berlin reisen. Otto Grotewohl † (*1894), seit 1949 Ministerpräsident der DDR. **GRIECHENLAND:** Paul I. † (*1901), König von Griechenland seit 1947. Sein Nachfolger wird Konstantin II. (*1940). **ZYPERN:** Der Zypern-Konflikt zwischen Griechenland und der Türkei, die sich um die Insel streiten, bricht wieder aus. Eine UNO-Friedenstruppe wird auf Zypern eingesetzt. Sie soll für Ruhe sorgen. **UDSSR:** Nikita Chruschtschow wird gestürzt. Sein Nachfolger im Amt des Ministerpräsidenten wird Alexei Kossygin. Sein Nachfolger als Erster Sekretär des KPdSU-Zentralkomitees wird Leonid Iljitsch Breschnew (*1906). **USA:** Lyndon B. Johnson (*1908) wird zum neuen Präsidenten der Vereinigten Staaten von Amerika gewählt. Herbert Hoover † (*1874), Präsident der USA von 1929 bis 1933. **INDIEN:** Jawaharlal (Pandit) Nehru † (*1889), indischer Ministerpräsident seit 1947. Wegen seines Widerstandes gegen die britische Herrschaft über Indien war er mehrmals im Gefängnis. Er trug viel zur Unabhängigkeit Indiens bei. **CHINA:** Die Volksrepublik China bringt ihre erste Atombombe zur Explosion. **Wissenschaft:** Gerhard Domagk † (*1895), Chemiker. Der Deutsche entdeckte die Sulfonamide. Er erhielt 1939 den Nobelpreis für Medizin. Norbert Wieder † (*1894), Mathematiker. Der amerikanische Wissenschaftler gilt als der Begründer der Kybernetik. Der amerikanische Satellit „Ranger 7" funkt Bilder von der Mondoberfläche zur Erde, bevor er auf dem Mond aufschlägt und zerschellt. **Kultur:** Agnes Miegel † (*1879), Schriftstellerin. Die Deutsche schrieb zahlreiche Balladen und Erzählungen über ihre ostpreußische Heimat. Alexander Archipenko † (*1887), Bildhauer. Der Russe, der vor allem abstrahierte weibliche Akte schuf, lebte zuletzt in den USA. **Religion:** Papst Paul VI. empfängt in Rom den Patriarchen Athenogeras I. Spyridon. Dieses Treffen führt zur Aufhebung der gegenseitigen Bannung von katholischer und orthodoxer Kirche von 1054.

Nikita S. Chruschtschow

Jawaharlal Nehru

1965

Der Bundestag verlängert die Verjährungsfrist für NS-Verbrechen bis Ende 1969. Im Auschwitz-Prozeß kommt es zu sechs lebenslänglichen und elf begrenzten Zuchthausstrafen sowie drei Freisprüchen. Im Bundestag wird heftig über die Notstandsgesetzgebung diskutiert. Die SPD verhindert die von Innenminister Hermann Höcherl (CSU) eingebrachte Notstandsverfassung. Der Bundestag verabschiedet daraufhin die nichtverfassungsändernden Notstandsgesetze. Die Bundesrepublik nimmt diplomatische Beziehungen zu Israel auf. Das führt zum Abbruch aller diplomatischen Beziehungen arabischer Staaten mit der Bundesrepublik. **DDR:** 1,8 Millionen Rentner aus der DDR machten innerhalb eines Jahres von ihrem Besuchsrecht in der Bundesrepublik Gebrauch. **ENGLAND:** Winston Churchill † (*1874. Der konservative Politiker, der wiederholt hohe Staatsämter innehatte und zuletzt von 1951 bis 1955 Premierminister war, erwarb sich im Zweiten Weltkrieg große Verdienste um die Rettung Englands. **FRANKREICH:** Staatspräsident de Gaulle betont die Unabhängigkeit Frankreichs, kündigt das Ausscheiden Frankreichs aus der NATO für 1969 an und bleibt der SEATO-Konferenz wegen des Vietnamkrieges fern. Auch im EWG-Ministerrat kommt es durch Frankreich zu Spannungen. **RHODESIEN:** Ian Smith ruft die Unabhängigkeit Rhodesiens aus und verweigert den Afrikanern die politische Gleichberechtigung. Großbritannien verhängt wirtschaftliche Sanktionen über die bisherige Kolonie, um die Gleichberechtigung der schwarzen Bevölkerung zu erzwingen. **GRIECHENLAND:** Es kommt zu einer Regierungskrise, weil das Parlament gegen die Politik des Königs opponiert. **INDIEN:** Auf

Winston Churchill

dem Kaschmirgebiet kommt es zu Kämpfen zwischen Indien und Pakistan. Auf Veranlassung der UN legen beide Parteien die Waffen nieder. **VIETNAM:** In Südvietnam entstehen schwere innere Unruhen und heftige Kämpfe mit den Vietkong. USA beginnt mit Luftangriffen auf Nordvietnam und erklärt, diese seien als Vergeltung für Angriffe auf amerikanische Kriegsschiffe gestartet worden. **CHINA:** Zwischen der Armee und der kommunistischen Partei der Volksrepublik kommt es zu Spannungen. Als Antwort auf diese antikommunistischen Strömungen fordert Mao die „Kulturrevolution", die von Säuberungsaktionen begleitet wird. **Wissenschaft:** Russische und amerikanische Astronauten verlassen erstmals ihre Raumschiffe und verbringen einige Zeit schwebend im Weltraum. **Kultur:** Hans Magnus Enzensberger (*1929) gibt die politisch-literarische Zeitschrift „Kursbuch" heraus. In der „Aktion 1. Juli" demonstrieren Tausende von Studenten an den bundesdeutschen Hochschulen gegen den Bildungsnotstand. Albert Schweitzer † (*1875), Theologe, Arzt und Organist. Der gebürtige Elsässer ging 1913 als Missionsarzt nach Lambarene und gründete dort ein Urwald-Spital. 1951 erhielt er den Friedenspreis des Deutschen Buchhandels, 1952 den Friedensnobelpreis. William Somerset Maugham † (*1874), Schriftsteller. Der Engländer schrieb geistreiche bis zynische Gesellschaftssatiren. Le Corbusier † (*1887), Architekt, Maler und Bildhauer. Der Franzose hieß eigentlich Charles Edouard Jeanneret und war vor allem als Architekt berühmt. Als solcher schuf er neue Formen des Stahlbetonbaus. Wegweisend waren seine Entwürfe zur Städteplanung, die als Modell unter anderem teilweise in Paris und Berlin verwirklicht wurden.

Albert Schweitzer

1966

Ludwig Erhard wird zum Bundesvorsitzenden der CDU gewählt. Die Minister der FDP treten aus der Regierung Erhard aus (Ende der Regierungskoalition mit der CDU). Bundeskanzler Ludwig Erhard tritt zurück. Sein Nachfolger, Kurt Georg Kiesinger (CDU) (*1904), bildet eine Regierung der „Großen Koalition" aus CDU/CSU und SPD. Die FDP ist einzige Oppositionspartei. Vizekanzler und Außenminister wird Willy Brandt, Wirtschaftsminister Karl Schiller (SPD) und Finanzminister Franz Josef Strauß. Als Nachfolger von Willy Brandt wird Heinrich Albertz (*1915) (SPD) zum Regierenden Bürgermeister von Berlin gewählt. **HOLLAND:** Die Thronfolgerin Prinzessin Beatrix (*1938) heiratet den deutschen Diplomaten Claus von Amsberg (*1926). **VIETNAM:** Die Luftangriffe der USA werden auch auf die nordvietnamesische Hauptstadt Hanoi ausgedehnt. **UDSSR:** Die Sowjetunion bezeichnet die „Kulturrevolution" in der Volksrepublik China als Entehrung des Marxismus-Leninismus. **INDIEN:** Indira Gandhi (*1917), die Tochter Nehrus, wird indische Ministerpräsidentin. **Wissenschaft:** Eine Instrumentenkapsel der UdSSR landet weich auf dem Mond. Sie überträgt Bilder von der Mondoberfläche auf die Erde. Fünf Monate später gelingt den Amerikanern eine weiche Mondlandung. Beide Mächte bringen Satelliten auf Umlaufbahnen um den Mond. **Kultur:** Erwin Piscator † (*1893), Regisseur. Der Deutsche schrieb wegweisende theatertheoretische Schriften und war zuletzt Intendant an der Freien Volksbühne Berlin. Wieland Wagner † (*1917). Der Enkel von Richard Wagner leitete die Bayreuther Festspiele und nahm hierbei Reformen vor. André Breton † (*1896), Schriftsteller. Der Franzose gilt als Begründer des literarischen Surrealismus. Dieser richtet sich gegen jegliche Logik und Vernunft und versucht stattdessen, die eigentliche Wirklichkeit im Unbewussten, Irrationalen zu finden. Breton selbst hat den Surrealismus nicht als Stilrichtung, sondern vielmehr als Lebensweise betrachtet („Surrealistische Manifeste", „La révolution surréaliste"). Der Maler Marc Chagall (*1889) entwirft Wandgemälde für die neue New Yorker Metropoli-

Kurt-Georg Kiesinger

tan Opera. In Berlin wird die Film- und Fernsehakademie, in München die Hochschule für Film und Fernsehen gegründet.

1967

Konrad Adenauer † (*1876), christdemokratischer Politiker. Er hatte entscheidenden Einfluss auf die politische Entwicklung der Bundesrepublik und machte sich um die deutsch-französische Freundschaft verdient. Er war von 1949 bis 1963 deutscher Bundeskanzler. Als Beginn einer neuen aktiven Ostpolitik der Großen Koalition nimmt die Bundesrepublik diplomatische Beziehungen zu Rumänien auf. Bei einem Staatsbesuch des Schah von Persien in der Bundesrepublik wird während einer Demonstration in Berlin der Student Benno Ohnesorg von einem Polizeibeamten erschossen. Dieser Vorfall löst heftige Studentenunruhen aus. Der Regierende Bürgermeister von Berlin, Heinrich Albertz, tritt zurück. Sein Nachfolger wird Klaus Schütz (SPD) (*1926). Fritz Erler † (*1913). Der deutsche Sozialdemokrat war nach einer erfüllten politischen Laufbahn Vorsitzender der SPD-Bundestags-Fraktion. **GRIECHENLAND:** Die Armee übernimmt in einem Staatsstreich die Macht. Der griechische König Konstantin flüchtet nach Rom. **ISRAEL:** Neuer Verteidigungsminister wird Mosche Dajan (*1915). In einem Blitzkrieg von sechs Tagen Dauer („Sechstagekrieg") gegen **ÄGYPTEN, SYRIEN, JORDANIEN** und deren arabische Verbündete besetzt Israel die Sinai-Halbinsel, den Gaza-Streifen, Westjordanien und den jordanischen Teil Jerusalems. **KUBA:** „Che" Ernesto Guevara † (*1928). Der Arzt und sozialistische Revolutionsführer wird vermutlich von bolivianischen Regierungstruppen getötet. Er wird später zum Idol der revolutionären Jugend in der ganzen Welt. **Wissenschaft:** Christiaan N. Barnard (*1923) gelingt in Kapstadt die erste Herztransplantation. Robert Oppenheimer † (*1904), Physiker. Der Amerikaner gilt als der „Vater der Atombombe". Später warnte er vor der Entwicklung der Wasserstoffbombe. **Kultur:** Oskar Maria Graf † (*1894), Schriftsteller. Der deutsche Erzähler, der Werke wie „Unruhe um einen Friedfertigen" und „Das bayerische Dekameron" schrieb, emigrierte 1933 in die USA. Herbert von Karajan (*1908) veranstaltet die ersten Osterfestspiele in Salzburg. Er inszeniert und dirigiert „Die Walküre" von Richard Wagner. **Religion:** Otto Dibelius † (*1880). Der evangelische Theologe war unter anderem Präses des Rates der evangelischen Kirche und von 1954 bis 1961 Präsident des Ökumenischen Rates.

Che Guevara

Konrad Adenauer

Konrad Adenauer

Der deutsche christdemokratische Staatsmann (*1876, †1967) begann seine politische Karriere als Oberbürgermeister von Köln (1917). Bei der Machtergreifung durch die Nationalsozialisten im Jahre 1933 wurde er aus allen Ämtern entlassen und zog sich von der Politik zurück. Nach dem Ende des II. Weltkriegs war er einer der Mitbegründer der CDU (1945). 1948 wurde Adenauer Vorsitzender des Parlamentarischen Rats und hatte so einen wesentlichen Anteil an der Schaffung des Grundgesetzes und der Bundesrepublik Deutschland. 1949 wählte ihn die CDU zum Bundesvorsitzenden. Im gleichen Jahr wurde Adenauer auch erster Bundeskanzler der Bundesrepublik Deutschland, ein Amt, das er 14 Jahre ununterbrochen innehatte. 1963 trat der gebürtige Kölner zurück.

Konrad Adenauer setzte sich für die Souveränität der Bundesrepublik unter enger Anlehnung an die Westmächte ein und erreichte die Aufnahme Westdeutschlands in alle wichtigen europäischen Gremien und in die Nato. Zu seinen Verdiensten gehört auch die Aufnahme diplomatischer Beziehungen mit der Sowjetunion. Bei seiner berühmten Moskaureise gelang es ihm, die Kreml-Führer zur Freilassung der inhaftierten deutschen Kriegsgefangenen zu bewegen. Außerdem gilt Konrad Adenauer als Begründer der deutsch-französischen Freundschaft, um die er sich große Verdienste erwarb.

1968

In Berlin wird der linksradikale Studentenführer und Ideologe Rudi Dutschke angeschossen. Es kommt zu schweren Studentenunruhen. Die APO-(„Außerparlamentarische Opposition")-Proteste richten sich verstärkt gegen den Pressekonzern von Axel Springer (*1912). Trotz heftiger Demonstrationen verabschiedet der deutsche Bundestag mit verfassungsändernder Mehrheit die neue Notstandsverfassung. Die Deutsche Kommunistische Partei DKP wird gegründet. Die **USA**, die **UDSSR** und zahlreiche andere Staaten unterzeichnen den Atomwaffen-Sperrvertrag. Die Bundesrepublik zögert mit der Unterschrift wegen unterschiedlicher Auffassungen innerhalb der Großen Koalition. **FRANKREICH:** Schwere Studentenunruhen auch in Frankreich. Die Polizei räumt die von Studenten besetzte Pariser Universität. **NORWEGEN:** Trygve Lie † (*1896). Er war von 1946 bis 1953 der erste Generalsekretär der UN. **TSCHECHOSLOWAKEI:** In der ČSSR beginnt der „Prager Frühling", eine ausgeprägte Liberalisierung. Im Zuge dieses Reformkurses wird Alexander Dubček (*1921) Generalsekretär der KP. Die Warschauer Paktstaaten veranstalten Manöver in der Nähe der ČSSR. Sie beschließen, wegen der Liberalisierung mehr Druck auf die Tschechoslowakei auszuüben. Die ČSSR wird aufgefordert, der „Konterrevolution" entgegenzutreten. Verhandlungen verschiedener Ostblock-Staatschefs mit der ČSSR verlaufen ergebnislos. Am 20. August marschieren überfallartig Truppen der UdSSR, der DDR, Bulgariens und Polens in die ČSSR ein und beenden den „Prager Frühling". Parteichef Dubček wird verhaftet. Weltweite Proteste nützen nichts. Die UdSSR formuliert die „Breschnew-Doktrin", nach der sie sich ein Interventionsrecht vorbehält, wenn die Sicherheit des kommunistischen Ostblocks bedroht erscheint. Trotz heftigen Widerstands der Bevölkerung bleiben Besatzungstruppen in der ČSSR; die Presse- und Koalitionsfreiheit wird stark eingeschränkt. **USA:** Präsident Johnson gibt den Bombardierungsstop für Vietnam nördlich des 20. Breitengrades bekannt und kündigt gleichzeitig an, dass er nicht mehr als Präsident kandidieren will. Erste Friedensgespräche zwischen den USA und Vietnam verlaufen ergebnislos. Robert Kennedy † (*1926), Senator. Der Bruder des ermordeten Präsidenten John F. Kennedy kommt ebenfalls durch ein Attentat ums Leben. Er galt als aussichtsreichster Bewerber um die Präsidentschaft. Martin Luther King † (*1929), Geistlicher. Er trat als friedlicher Kämpfer für die Bürgerrechte der Farbigen in den USA auf.

Martin Luther King

1964 erhielt er den Friedensnobelpreis. Er wurde von einem Attentäter ermordet. **Wissenschaft:** Kultusministerkonferenz und Wissenschaftsrat empfehlen eine weitreichende Hochschulreform mit stärkerer Mitwirkung der Assistenten und Studenten. Radikale Studenten fordern Vorlesungen und Forschungsveranstaltungen, die in alleiniger Verantwortung von Mittelbau und Studenten getragen werden. Elly Ney † (*1882), Pianistin. Die Deutsche machte sich besonders als Interpretin von Beethoven einen Namen. Arnold Zweig † (*1887), Schriftsteller. Der deutsche Sozialkritiker emigrierte 1933 nach Palästina, ging 1948 nach Ostberlin und war von 1950 bis 1953 Präsident der Akademie der Künste in der DDR. John E. Steinbeck † (*1902), Schriftsteller. Der Amerikaner, der Werke wie „Früchte des Zorns" und „Von Mäusen und Menschen" schrieb, erhielt 1962 den Nobelpreis. Helen Keller † (*1880). Die Amerikanerin absolvierte, obwohl sie taubstumm und blind war, ein Universitätsstudium. Sie war Vorbild für viele Behinderte in aller Welt. In München erregt das Hippie-Musical „Hair" mit seinen Nacktszenen Aufsehen. **Religion:** In einer Enzyklika untersagt der Papst den Gebrauch von Verhütungsmitteln. Romano Guardini † (*1885), Philosoph. Der Katholik war einer der bedeutendsten Vertreter katholischer Weltanschauung und Religionsphilosophie. 1952 erhielt er den Friedenspreis des Deutschen Buchhandels.

1969

Gustav Heinemann (SPD) wird zum Bundespräsidenten gewählt. Bei den Wahlen zum deutschen Bundestag erzielt die SPD Stimmengewinne und bildet mit der FDP eine Koalitionsregierung. Bundeskanzler wird Willy Brandt (SPD), Vizekanzler Walter Scheel (FDP), Innenminister Hans-Dietrich Genscher (FDP) und Verteidigungsminister Helmut Schmidt (SPD). Die neue Bundesregierung beginnt eine auf Entspannung zielende Ostpolitik, die vom NATO-Ministerrat unterstützt wird. Die Bundesrepublik unterzeichnet den Atomwaffen-Sperrvertrag. Der Bundestag hebt die Verjährung von Völkermord auf und verlängert sie für Mord von 20 auf 30 Jahre. **FRANKREICH:** In Frankreich kommt es zu Studentenunruhen und zum Generalstreik. Charles de Gaulle tritt als französischer Staatspräsident zurück. Sein Nachfolger wird Georges Pompidou (*1911). **ITALIEN:** Das Land steckt in einer tiefen politischen Krise, die durch Streikwellen, soziale Unruhen und Bombenanschläge gekennzeichnet ist. **TSCHECHOSLOWAKEI:** Aus Protest gegen die politische Entwicklung nach dem Einmarsch der Warschauer-Pakt-Truppen verbrennt sich auf dem Prager Wenzelsplatz der Student Jan Palach selbst. Im Zuge der „Säuberungen" in der ČSSR wird Dubček als Parteichef abgelöst und durch Gustav Husák ersetzt. **ISRAEL:** Es kommt wiederholt zu militärischen Zwischenfällen zwischen Israelis und Arabern. Golda Meir (*1898) wird Ministerpräsidentin. **USA:** Richard Nixon (*1913) wird Präsident der USA. Millionen von Menschen demonstrieren gegen den Vietnamkrieg. Dwight D. Eisenhower † (*1890), General und US-Politiker. Er leitete 1944 die alliierte Invasion in Deutschland und war von 1953 bis 1961 Präsident der USA. **VIETNAM:** Ho Tschi Minh † (*1890). Der Präsident von Nordvietnam seit 1954 besiegte die französische Kolonialmacht. Er wurde zum Symbol einer revolutionären Dritten Welt. **Wissenschaft:** Den USA gelingt die erste bemannte Mondlandung. Mit ihrem Raumschiff „Apollo 11" gelangen Edwin Aldrin (*1930) und Michael Collins (*1931) zum Mond, den der Astronaut Neil Armstrong (*1931) als erster Mensch betritt. Die drei Männer kehren wohlbehalten zur Erde zurück. **Kultur:** Theodor W. Adorno † (*1903), Philosoph und Komponist. Er gründete die „Frankfurter Schule", die Kritik an der modernen Industriegesellschaft übte. Karl Jaspers † (*1883), Philosoph. Der deutsche Existenzphilosoph setzte sich mit politisch aktuellen Fragen auseinander. Walter Gropius † (*1883), Architekt. Er begründete das „Bauhaus". Zuletzt lebte er in den USA. Ludwig Mies van der Rohe † (*1886), Architekt. Er gehörte zum „Bauhaus" und lebte seit 1934 in den USA. Otto Dix † (*1891), Maler. Der Deutsche gilt als Vertreter der „Neuen Sachlichkeit". Samuel Beckett (*1906) erhält den Nobelpreis für Literatur. Alexander Mitscherlich (*1908) erhält den Friedenspreis des Deutschen Buchhandels.

Richard Nixon

Theodor W. Adorno

Die erste Mondlandung

Am 21. Juli 1969 landet der erste Mensch auf dem Mond. Bei dem Raumfahrtunternehmen „Apollo 11" sind drei Amerikaner an Bord. Neil Armstrong (*1931), Edwin Aldrin (*1930) und Michael Collins (*1931). Collins kreist im Mutterschiff um den Mond, während die beiden anderen mit der Landefähre auf dem Erdtrabanten landen. Um 3 Uhr 56 MEZ betritt Neil Armstrong als erster Mensch den Mond. Seine Worte dabei sind: „Das ist ein kleiner Schritt für einen Menschen, aber ein großer für die Menschheit." Alle Phasen des Unternehmens, einschließlich der glücklichen Heimkehr der Astronauten, werden vom Fernsehen in alle Welt übertragen. Die USA haben mit diesem Unternehmen das „Wettrennen zum Mond" vor den Sowjets klar gewonnen.

Neil Armstrong

1970

In Erfurt findet das erste innerdeutsche Gespräch zwischen Bundeskanzler Willy Brandt und Ministerpräsident Willy Stoph (DDR) statt. Brandt wird von der DDR-Bevölkerung begeistert begrüßt. Bei dem zweiten Treffen in Kassel kommt es zu Demonstrationen, die zu einer „Denkpause" im Dialog führen. Die Staatssekretäre Egon Bahr (Bundesrepublik) (*1922) und Michael Kohl (DDR) beginnen Gespräche über einen Grundvertrag zwischen den beiden deutschen Staaten. Ein Gewaltverzichtsvertrag wird zwischen der Bundesrepublik und der UdSSR unterzeichnet. Mit Polen kommt ein Vertrag zustande, der die faktische Anerkennung der Oder-Neiße-Linie bedeutet. In der Bundesrepublik werden zunehmend Terroristengruppen aktiv. Der Frankfurter Kaufhausbrandstifter Andreas Baader wird von Mitgliedern der Baader-Meinhof-Gruppe aus dem Gefängnis befreit. Zahlreiche Mitglieder dieser Gruppe werden später verhaftet. Gegen sie und gegen den Anwalt Horst Mahler werden Prozesse eröffnet. Die Botschafter der vier Siegermächte beginnen Berlin-Gespräche. Das aktive Wahlalter wird in der Bundesrepublik auf 18 Jahre heruntergesetzt. Heinrich Brüning † (*1885), Politiker der Weimarer Republik. Er war von 1930 bis 1932 deutscher Reichskanzler. **USA:** In Wien finden zwischen den USA und der UdSSR Gespräche über die Begrenzung strategischer Raketenwaffen statt (SALT = strategic arms limitation talk). **ENGLAND:** Die Konservativen erringen einen überraschenden Wahlsieg. Neuer Premierminister wird Edward Heath (*1916). **FRANKREICH:** Charles de Gaulle † (*1890). Der französische Staatspräsident (bis 1969) erstrebte ein „Europa der Vaterländer", wirkte an der deutsch-französischen Freundschaft entscheidend mit und bemühte sich sehr um die Einigung Westeuropas. **UDSSR:** Alexander Kerenski † (*1881). Der russische Politiker war 1917 Ministerpräsident. Er starb in den USA. **ÄGYPTEN:** Am Suezkanal wird Waffenruhe vereinbart. Gamal Abd el-Nasser † (*1918), ägyptischer Staatspräsident seit 1954. Er galt als herausragender Führer der arabischen Bewegung. Staatspräsident von Ägypten wird Anwar as-Sadat (*1918). **KAMBODSCHA:** Die USA setzen in Kambodscha Truppen ein, um Basisstützpunkte der Vietkong zu vernichten. Sie stoßen in aller Welt auf heftige Kritik. **Wissenschaft:** Max Born † (*1882), Physiker. Der Deutsche entwickelte maßgeblich die Quantenphysik. Er erhielt 1954 den Nobelpreis. **Kultur:** Fritz Kortner † (*1892), Schauspieler und Regisseur. Er galt als einer der bedeutendsten Regisseure des modernen Theaters. Als Schauspieler brillierte er vor allem in der Rolle des Shylock. Erich Heckel † (*1883), Maler. Der deutsche Expressionist gehörte der Künstlervereinigung „Brücke" an. Nelly Sachs † (*1891), Dichterin. Die jüdische Dichterin deutscher Herkunft schrieb eine metaphernreiche Lyrik. 1966 erhielt sie den Nobelpreis. Die deutsche Gesellschaft für Friedens- und Konfliktforschung wird gegründet. Der russische Schriftsteller Alexander Solschenizyn (*1918) („Krebsstation", „Archipel GULAG") darf zur Entgegennahme des Literatur-Nobelpreises nicht nach Stockholm ausreisen.

Charles de Gaulle

1971

Bundeskanzler Willy Brandt (*1913) erhält den Friedensnobelpreis für seine Entspannungspolitik gegenüber dem Ostblock. Die vier Siegermächte schließen das Berlin-Abkommen, das durch Abmachungen über den Transitverkehr und Reisen in die DDR ergänzt wird. Die Baader-Meinhof-Gruppe verübt mehrere Bombenanschläge. **DDR:** Walter Ulbricht tritt als Erster Sekretär des SED-Zentralkomitees zurück. Sein Nachfolger wird Erich Honecker (*1912). **Wissenschaft:** Der Assuan-Staudamm, der den Wasserstand des Nil regulieren soll, wird eingeweiht. **Kultur:** Der deutsche Schriftsteller Heinrich Böll (*1917) schreibt seinen Roman „Gruppenbild mit Dame". Igor Strawinsky † (*1882), Komponist. Der russisch-amerikanische Komponist gilt als einer der maßgeblichen Vertreter einer modernen, rhyth-

Willi Brandts Kniefall am Ehrenmal des ehemaligen Warschauer Gettos

misch betonten Musik. Louis „Satchmo" Armstrong † (*1900), Musiker. Der Amerikaner wurde zum führenden Jazz-Sänger und Trompeter seiner Zeit.

1972

Nach dem so genannten „Radikalenbeschluss" müssen Angehörige des öffentlichen Dienstes auf dem Boden der freiheitlich-demokratischen Grundordnung stehen. Dieser Beschluss wird heftig kritisiert. Durch den Übertritt von SPD- und FDP-Bundestagsabgeordneten (Protest gegen die Ostpolitik) zur CDU und CSU verliert die Regierungskoalition ihre Mehrheit im Bundestag. Die CDU/CSU strengt ein konstruktives Misstrauensvotum gegen Bundeskanzler Brandt an. Es scheitert: Rainer Barzel (CDU) (*1924) erreicht nicht die erforderliche Mehrheit. Wie erst sehr viel später bekannt wird, hat die DDR-Staatssicherheit einen Abgeordneten der CDU bestochen, sodass dieser nicht mit seiner Fraktion stimmte. Es kommt zur Unterzeichnung der Ostverträge mit der UdSSR und Polen. Nachdem Kanzler Brandt im Parlament die Vertrauensfrage gestellt hat und nicht die Mehrheit der Stimmen bekommt, da sich das Bundeskabinett enthält, werden Neuwahlen ausgeschrieben, die die SPD gewinnt (erstmals stärkste Partei im Bundestag). Der am 21. Dezember unterzeichnete Grundvertrag zwischen der Bundesrepublik und der DDR beinhaltet die Einrichtung gegenseitiger ständiger Vertretungen und sieht Erleichterungen bei Reisen in die DDR vor. DDR-Bürger dürfen bei dringenden Angelegenheiten in die Bundesrepublik ausreisen. DDR-Flüchtlinge werden ausgebürgert und bleiben straffrei. Arabische Terroristen ermorden in München während der Olympischen Spiele elf Mitglieder der israelischen Olympia-Mannschaft. Der „harte Kern" der Baader-Meinhof-Gruppe wird nach zahlreichen Bombenanschlägen verhaftet. Die Terroristen, die die Gesellschaftsordnung auch mit Gewalt ändern wollen, kommen vor Gericht. **GROSSBRITANNIEN, IRLAND** und **DÄNEMARK** werden Mitglieder der EWG. **ÖSTERREICH:** Kurt Waldheim (*1918) wird Generalsekretär der UN. **NORDIRLAND:** Es tobt ein heftiger Bürgerkrieg zwischen der katholischen und der protestantischen Bevölkerung. Durch Bombenanschläge werden zahlreiche Menschen getötet. Großbritannien übernimmt die Regierungsgewalt in Nordirland. **USA:** Die USA und die UdSSR unterzeichnen das SALT-Abkommen zur Begrenzung der strategischen Rüstung. **CHINA:** Die Volksrepublik China wird Mitglied der UN. Sie löst Taiwan als Mitglied des Weltsicherheitsrats ab. **VIETNAM:** Der amerikanische Präsidenten-Berater Henry Kissinger (*1932) führt Verhandlungen um einen Waffenstillstand im Vietnamkrieg. Nach dem teilweisen Abzug von US-Truppen starten Nordvietnam und Vietkong mit einer Großoffensive. Die USA antworten mit heftigen Bombenangriffen auf Nordvietnam und verminen alle nordvietnamesischen Häfen.

Henry Kissinger

ISRAEL: Als Antwort auf den Terroranschlag von München bombardiert Israel die Lager von palästinensischen Freischärlern in Syrien und im Libanon. **Wissenschaft:** Die Amerikaner führen ihre fünfte Mondlandung durch. Die UdSSR landen ein erdgesteuertes Mondauto auf dem Erdtrabanten. Die russische Raumsonde „Venus 8" setzt weich auf dem Planeten Venus auf. **Kultur:** Heinrich Böll erhält den Nobelpreis für Literatur. Regisseur Peter Stein (*1937) inszeniert an der Berliner Schaubühne am Halleschen Ufer einen weithin beachteten „Peer Gynt". Jean Louis Barrault (*1910), Regisseur und Schauspieler („Kinder des Olymp"), wird Direktor des Pariser Théâtre des Nations. **Religion:** Die evangelische und die katholische Kirche sprechen sich während der heftigen Diskussion um die Reform des Paragraphen 218 gegen die Fristenlösung aus, die eine straffreie Schwangerschaftsunterbrechung während der ersten drei Monate vorsieht.

1973

Rainer Barzel tritt als Parteivorsitzender der CDU zurück. Sein Nachfolger wird Helmut Kohl (*1930). Es kommt erneut zu Spannungen mit den Ostblockstaaten, als diese sich auch nach dem Berlinabkommen gegen die Einbeziehung West-Berlins in Abmachungen wehren. Der ehemalige Reichsleiter der NSDAP, Martin Bormann (*1900), wird für tot erklärt. Es kommt zu einer schweren Öl- und Treibstoffkrise in Westeuropa und den USA, von der auch die Bundesrepublik betroffen ist (einige Sonntage Fahrverbot). Die arabischen Olländer benützen den Lieferstop als politische Waffe im Nahost-Konflikt. **DDR:** Walter Ulbricht † (*1893). Der kommunistische Politiker war bei dem Kampf um die deutsche Teilung der Gegenspieler Konrad Adenauers. Ulbricht war in der DDR zuletzt Staatsratsvorsitzender. Die DDR verdoppelt den Zwangsumtausch von West- in Ostmark bei Aufenthalten in der DDR. **USA:** Henry Kissinger erhält zusammen mit dem Nordvietnamesen Le Duc Tho (*1912) den Friedensnobelpreis für die Verhandlungen zur Beendigung des Vietnamkrieges. Der Nordvietnamese lehnt den Preis ab. Der „Watergate-Skandal" um unsaubere Praktiken während des Wahlkampfes belastet Präsident Nixon schwer. Er weigert sich aber zurückzutreten. **UDSSR:** Die Verfolgung politischer Dissidenten in der UdSSR löst weltweite Proteste aus. **ISRAEL:** Am höchsten jüdischen Feiertag, Jom Kippur, starten die Ägypter einen Überraschungsangriff am Suezkanal und bei den Golanhöhen. Nach schweren Kämpfen wird die dritte ägyptische Armee bei Suez eingeschlossen. Durch Vermittlung von USA und UdSSR werden ein Waffenstillstand und eine Friedenskonferenz beschlossen. David Ben Gurion † (*1886). Er war zweimal, zuletzt bis 1963, Ministerpräsident des Staates Israel. **VIETNAM:** Auf der Pariser Konferenz wird ein Waffenstillstand zwischen allen Beteiligten beschlossen. Die USA ziehen ihre Streitkräfte aus Vietnam zurück. **Wissenschaft:** In der Bundesrepublik wird das Bundesministerium für Forschung und Technologie gegründet. Minister wird Horst Ehmke (*1977). **Kultur:** John Cranko † (*1927), Ballettmeister. Der Engländer machte seit 1960 aus dem Stuttgarter Ballett eine weltweit anerkannte Truppe und schuf wegweisende Choreographien. Pablo Picasso † (*1881). Der große spanische Maler, Grafiker und Plastiker schuf eine Vielzahl von Werken in wechselnden Stilen. Besonders sein grafisches Werk, Radierungen und Lithografien, wurde weltberühmt. Mary Wigman † (*1886), Tänzerin und Choreografin. Die deutsche Tänzerin war wegweisend auf dem Gebiet des Ausdruckstanzes und gründete eine eigene Ballettschule, die Meistertänzer hervorbrachte. Ingeborg Bachmann † (*1926), Dichterin. Die österreichische Lyrikerin war Mitglied der „Gruppe 47".

Walter Ulbricht

David Ben Gurion

Walter Scheel

1974

Walter Scheel (FDP) (*1919) wird zum Bundespräsidenten gewählt. Diese Wahl findet erstmals nicht in Berlin, sondern in Bonn statt. Die Bundesrepublik und die DDR tauschen „ständige Vertreter" aus. Der persönliche Referent von Bundeskanzler Willy Brandt, Günter Guillaume, wird als Spion für die DDR entlarvt. Willy Brandt tritt daraufhin zurück. Helmut Schmidt (SPD) bildet eine neue SPD-FDP-Regierung. Vizekanzler und Außenminister wird Hans-Dietrich Genscher (FDP), Innenminister wird Werner Maihofer (FDP), Finanzminister wird Hans Apel (SPD). Terroristen erschießen in West-Berlin den Kammergerichtspräsidenten von Drenkmann (*1910). Die Maßnahmen zur Bekämpfung linker Anarchisten werden verschärft. Gegen Ulrike Meinhof und den Rechtsanwalt Horst Mahler werden hohe Freiheitsstrafen verhängt. **DDR:** Die DDR nimmt den erhöhten Zwangsumtausch zum Teil wieder zurück. Der Begriff „deutsche Nation" wird aus der Verfassung gestrichen. **FRANKREICH:** Georges Pompidou † (*1911), französischer Staatspräsident seit 1969. Sein Nachfolger wird Valérie Giscard d'Estaing (*1926). In der EG kommt es zu einer Krise durch eine eigene Währungspolitik Frankreichs. **UDSSR:** Der Schriftsteller Alexander Solschenizyn wird aus der Sowjetunion ausgewiesen. Im Exil veröffentlicht er den Roman in zwei Bänden „Archipel GULAG", in dem die UdSSR heftig kritisiert wird. **USA:** Vier Mitarbeiter Nixons werden wegen der Watergate-Affäre verurteilt. Nixon tritt zurück. Neuer amerikanischer Präsident wird Gerald Rudolph Ford (*1913). Er stellt Nixon von der Strafverfolgung frei. **ISRAEL:** Die israelische Ministerpräsidentin Golda Meir tritt zurück. Nachfolger wird Yitzhak Rabin (*1922). **Wissenschaft:** In München wird das Herzzentrum für besonders schwierige Herzoperationen gegründet. **Kultur:** Marie Luise Kaschnitz † (*1901), Dichterin. Die deutsche Lyrikern verfasste zahlreiche Erzählungen, Gedichte und den Roman „Elisa". Erich Kästner † (*1899), Schriftsteller. Der Deutsche schrieb satirische und humoristische Romane und Kinderbücher („Das doppelte Lottchen", „Emil und die Detektive"). In seinem Roman „Fabian" (1931) beschreibt er treffend das pessimistisch-depressive Lebensgefühl zur Zeit der Weimarer Republik (1979 verfilmt). David Oistrach † (*1908). Der Russe wurde zum führenden Geigenvirtuosen seiner Zeit.

Georges Pompidou

1975

Der Bundestag verabschiedet ein Gesetz gegen Extremisten im öffentlichen Dienst. Die Opposition der CDU/CSU stimmt dagegen. Sie wünscht eine Verschärfung des Gesetzes. In Berlin wird der CDU-Vorsitzende Peter Lorenz von Terroristen entführt. Die Entführer erpressen die Freilassung von fünf rechtskräftig verurteilten Anarchisten. Lorenz wird freigelassen. Bei einem Überfall von Anarchisten auf die deutsche Botschaft in Stockholm lehnt die Bundesregierung die Freilassung von inhaftierten Gesinnungsgenossen ab. Die Anarchisten erschießen zwei Geiseln und sprengen das Botschaftsgebäude. Helmut Kohl wird gegen den Widerstand der CSU zum Kanzlerkandidaten der CDU/CSU nominiert. **ÖSTERREICH:** Nach einem Wahlsieg der SPÖ wird Bruno Kreisky (*1911) österreichischer Bundeskanzler. Terroristen, die sich „Arm der arabischen Revolution" nennen, überfallen in Wien die OPEC-Konferenz (Konferenz der erdölerzeugenden Staaten). Sie töten drei Personen, nehmen elf Minister als Geiseln und erzwingen den freien Abflug nach Algier. **FRANKREICH:** In Paris beginnt der Nord-Süd-Dialog, eine Konferenz zwischen 27 Ländern der Erde, die die Beziehungen der Industrienationen zu den Entwicklungsländern neu regeln soll. **SPANIEN:** Francisco Franco † (*1892). Der spanische General und faschistische Diktator errichtete ab 1939 eine Diktatur in Spanien. Als Nachfolger hat er Prinz Juan Carlos (*1938) vorgesehen, der nach seinem Tod zum König gekrönt wird. **UDSSR:** Der russische Physiker und Systemkritiker A. D. Sacharow (*1921) erhält den Friedensnobelpreis. Er darf zur Entgegennahme des Preises nicht ausreisen. Die Sowjetunion kündigt ein Handelsabkommen mit den USA, wegen amerikanischer Forderung nach freier Ausreise der sowjetischen Juden. **LIBANON:** Zwischen Moslems und Christen kommt es zu schweren, bürgerkriegsartigen Unruhen. **INDIEN:** Indira Gandhi wird von einem Gericht wegen Korruption verurteilt. Daraufhin proklamiert sie den Ausnahmezustand, um ihre Macht zu erhalten und Zeit für Reformen zu gewinnen. **VIETNAM:** Trotz des Waffenstillstands erobern kommunistische Truppen die Hälfte von Südvietnam. Zwei Millionen Menschen fliehen. Es kommt zu chaotischen Zuständen. **KAMBODSCHA:** Die Hauptstadt Phnom Penh wird von den kommunistischen Roten Khmer besetzt, die Einwohner vertrieben. Damit endet ein seit fünf Jahren tobender Bürgerkrieg. **CHINA:** Tschiang Kai-schek † (*1887). Der nationalchinesische Politiker war ein erbitterter Gegner Maos. Seit 1949 war er Regierungschef auf Taiwan. **Wissenschaft:** Die USA und die UdSSR koppeln zwei bemannte Raumschiffe aneinander und unternehmen gemeinsam Experimente. **Kultur:** Boris Blacher † (*1903), Komponist. Der Deutsche schrieb mehrere Ballette und Opern und war von 1953 bis 1970 Direktor der Staatlichen Musikhochschule in West-Berlin. Walter Felsenstein † (*1901), Regisseur und Intendant. Er erwarb sich Verdienste um die Erneuerung der Oper und war ab 1947 Intendant der Komischen Oper in Berlin. Robert Stolz † (*1880), Komponist. Der österreichische Operettenkomponist schrieb 60 Singspiele und Operetten. Thornton Wilder † (*1897), Schriftsteller. Der Amerikaner wurde u. a. mit dem Roman „Die Brücke von San Luis Rey" und dem Theaterstück „Unsere kleine Stadt" bekannt. Die UN erklärt 1975 zum „Jahr der Frau".

Tschiang Kai-schek

1976

Der Bundestag verabschiedet die Polenverträge, nach denen alle ausreisewilligen Polen deutscher Abstammung Polen verlassen dürfen. Der Bundestag erlässt verschärfte Bestimmungen, die den Terrorismus bekämpfen helfen sollen. Vier Anarchistinnen aus der Baader-Meinhof-Gruppe brechen aus einem Berliner Gefängnis aus. Ulrike Meinhof begeht Selbstmord in ihrer Stuttgarter Haftzelle. An der Grenze zur DDR bei Hirschberg erschießen DDR-Grenzposten den italienischen Lastwagenfahrer Benito Corghi, Mitglied der italienischen kommunistischen Partei. Die weltweite Empörung über diesen Vorfall beantwortet die DDR mit Drohungen, die Reiseerlaubnis für Besucher aus der Bundesrepublik einzuschränken. Bei der Wahl zum achten deutschen Bundestag gewinnt die SPD/FDP-Koalition mit knapper Mehrheit. Bundeskanzler wird wieder Helmut Schmidt. Helmut Kohl (CDU) geht als Oppositionsführer nach Bonn. Die CSU-Fraktion im Bundestag kündigt nach einer Sitzung in Wildbad-Kreuth die seit 27 Jahren bestehende Fraktionsgemeinschaft mit der CDU auf. Die CDU droht mit einer Ausdehnung auf Bayern. Die CSU nimmt ihren Beschluss zurück. Die Bundesrepublik wird in den Sicherheitsrat, das oberste Gremium der UNO, gewählt. **DDR:** Der evangelische Pfarrer Oskar Brüsewitz verbrennt sich vor der Schlosskirche in Zeitz selbst. Sein Tod soll Symbol für den Widerstand gegen das kommunistische Regime sein, das die jungen Leute zunehmend von den Kirchen fern zu halten sucht. Unterzeichner einer Ausreisepetition müssen Repressalien erdulden. Einige werden verhaftet. **PORTUGAL:** Die ersten freien Wahlen seit 50 Jahren finden statt. Die gemäßigten Parteien siegen. Ministerpräsident wird Mario Soares. **SCHWEDEN:** König Karl XVI. Gustav heiratet die deutsche Hostess Silvia Sommerlath. **NORDIRLAND:** Frauen demonstrieren öffentlich für die Beendigung des Bürgerkrieges. **SPANIEN:** In Spanien setzt ein allmählicher Demokratisierungsprozess ein. Adolfo Suarez wird Ministerpräsident. **TSCHECHOSLOWAKEI:** Bürgerrechtler der ČSSR, darunter der Schriftsteller Pavel Kohout, unterzeichnen die „Charta 77", die eine Forderung nach mehr Freiheit beinhaltet. **CHINA:** Tschu En-Lai † (*1898), seit 1949 Ministerpräsident der Volkrepublik China. Mao Tsetung † (*1893). Der Schöpfer der Volksrepublik China entwickelte eine eigene kommunistische Ideologie (Maoismus), die ihn in Gegensatz zur UdSSR brachte. Sein Nachfolger wird Hua Kuo-feng. **ARGENTINIEN:** Präsidentin Isabel Perón, die zweite Ehefrau des verstorbenen Diktators Juan Perón, wird gestürzt. Eine Militärjunta unter Jorge Videla kommt an die Macht. **VIETNAM:** Nord- und Südvietnam werden offiziell wieder zu einem sozialistischen Staat vereinigt. **USA:** Jimmy Carter (*1924) wird zum Präsidenten der Vereinigten Staaten gewählt. **LIBANON:** Der Bürgerkrieg wird beendet. Mitglieder der arabischen Liga fordern einen Waffenstillstand und die Trennung von Moslems und Christen. Eine syrisch-arabische Friedenstruppe soll für die Aufrechterhaltung von Ruhe und Ordnung sorgen. **Wissenschaft:** Im italienischen Seveso kommt es zu einer Umweltkatastrophe. Aus einer chemischen Fabrik strömen Giftgase aus und verseuchen umliegende Landschaftsgebiete. **Kultur:** Karl Schmidt-Rottluff † (*1884), Maler. Der Deutsche zählt zu den Begründern der Künstlervereinigung „Brücke". Fritz Lang † (*1890), Regisseur. Der Österreicher schuf den expressionistischen Filmstil. 1934 wanderte er nach den USA aus. Zu seinen bekanntesten Filmen zählen „M" und „Metropolis". Benjamin Britten † (*1913), Komponist. Der Engländer schuf Opern, Chor- und Orchesterwerke. Der DDR-Liedermacher Wolf Biermann tritt mit seinen sozialistischen Liedern, die auch die Verhältnisse in der DDR kritisieren, zum ersten Mal in der Bundesrepublik auf. Die DDR bürgert Biermann aus. Der Schriftsteller Max Frisch (*1911) erhält den Friedenspreis des Deutschen Buchhandels.

Benjamin Britten

1977

Generalbundesanwalt Siegfried Buback wird von Terroristen erschossen. Im Stammheimer Terroristenprozess werden Andreas Baader, Jan-Carl Raspe und Gudrun Ensslin zu lebenslanger Haft verurteilt. Der Vorstandsvorsitzende der Dresdner Bank, Jürgen Ponto (*1923) wird von Terroristen erschossen. Ludwig Erhard † (*1897), von 1949 bis 1963 Bundeswirtschaftsminister, 1963 bis 1966 Bundeskanzler. Er gilt als der „Vater des Wirtschaftswunders". Bundeskanzler Helmut Schmidt kündigt verstärkte Maßnahmen im Kampf gegen die Arbeitslosigkeit an. Mehr als eine Million Menschen sind arbeitslos. Der Präsident der Arbeitgeberverbände, Martin Schleyer (*1915), wird von Terroristen entführt und erschossen. Drei Sicherheitsbeamte und sein Fahrer kommen ebenfalls ums Leben. Eine Boeing der Lufthansa mit 86 Passagieren wird von Terroristen entführt. Sie fordern die Freilassung von inhaftierten Terroristen. Eine Sondertruppe des Bundesgrenzschutzes befreit die Geiseln in Mogadischu. In dieser Nacht begehen Andreas Baader, Jan-Carl Raspe und Gudrun Ensslin in ihren Haftzellen Selbstmord. Willy Brandt übernimmt den Vorsitz in der Nord-Süd-Kommission, die Konflikte zwischen den Industrienationen und den Entwicklungsländern abbauen soll. **NORDIRLAND:** Die Begründerinnen der nordirischen Frauenbewegung, Betty Williams und Mairead Corrigan, erhalten den Friedensnobelpreis rückwirkend für 1976. **USA:** Präsident Carter verkündet ein Energiesparprogramm. Die USA und Kuba nehmen wieder diplomatische Beziehungen auf. **DDR:** In Ost-Berlin wird der Systemkritiker Rudolf Bahro festgenommen und zu einer mehrjährigen Freiheitsstrafe verurteilt. **ISRAEL:** Der ägyptische Staatspräsident Anwar as-Sadat kommt zu einem Staatsbesuch nach Israel und konferiert mit Ministerpräsident Menachem Begin. Dieser Besuch, dem weitere gegenseitige Besuche folgen, leitet eine Wende im Nahen Osten ein. **CHINA:** In der Volksrepublik wird der frühere stellvertretende Regierungschef Deng Xiaoping, der während der

Ludwig Erhard

Unruhen nach Maos Tod gehen musste, rehabilitiert. **Wissenschaft:** Bei dem schwersten Unglück in der Luftfahrtgeschichte stoßen zwei Flugzeuge des Typs „Jumbo" auf Teneriffa zusammen. Ca. 500 Menschen sterben. Wernher von Braun † (*1912), Raketenkonstrukteur. Er schuf 1942 die spätere V-2-Rakete und war nach dem II. Weltkrieg maßgeblich an den Erfolgen der amerikanischen Raumfahrtforschung beteiligt. **Kultur:** Carl Zuckmayer † (*1896), Schriftsteller. Der deutsche Dramatiker, der unter anderem das Stück „Des Teufels General" schrieb, stirbt in der Schweiz. Jacques Prévert † (*1900), Lyriker und Dramatiker. Der Franzose verfasste unter anderem das Drehbuch zu dem Film „Kinder des Olymp". Ernst Bloch † (*1885), Philosoph. Der Deutsche gilt als einer der Hauptvertreter des „utopischen Marxismus". Der Schriftsteller Günter Grass (*1927) gibt seinen Roman „Der Butt" heraus. Elvis Presley † (*1935), Sänger. Der Rock-Sänger aus Amerika wurde zum Idol einer ganzen Generation. Maria Callas † (*1923), Sängerin. Die Amerikanerin griechischer Herkunft gelangte mit ihrem dramatischen Sopran zu Weltruhm. Der Schriftsteller Jurek Becker und die Lyrikerin Sarah Kirsch verlassen die DDR. Charlie Chaplin † (*1889), Schauspieler und Regisseur. Der gebürtige Engländer war eines der größten und vielseitigsten Talente der Filmgeschichte. Zu seinen bekanntesten Filmen, in denen er als der „Mann mit dem Stöckchen" Weltruhm erlangte, zählen „Goldrausch", „Lichter der Großstadt" und „Der große Diktator".

Elvis Presley

Maria Callas

1978

Bundesverteidigungsminister Georg Leber (SPD) tritt zurück, nachdem er wegen einer Abhöraffäre in seinem Amt hart kritisiert wurde. Sein Nachfolger wird Hans Apel (SPD). Der Bundestag billigt das Gesetz zur Bekämpfung des Terrorismus. Bundesinnenminister Werner Maihofer (FDP) wird wegen Überwachungsmaßnahmen des Bundesgrenzschutzes immer stärker kritisiert. Er tritt zurück. Sein Nachfolger wird Gerhart Rudolf Baum (FDP). Die Bundesrepublik und die Volksrepublik China unterzeichnen ein Abkommen über Zusammenarbeit auf wissenschaftlich-technischem Gebiet. Franz Josef Strauß wird bayerischer Ministerpräsident. **ITALIEN:** Der Präsident der Christdemokraten, Aldo Moro, wird von Terroristen (Angehörigen der „Roten Brigaden") entführt und ermordet. **ISRAEL:** Die israelische Armee beginnt, den Libanon zu räumen. Der ägyptische Präsident Sadat und der israelische Ministerpräsident Begin erhalten den Nobelpreis. In Camp David treffen die beiden mit dem amerikanischen Präsidenten Carter zu Friedensverhandlungen zusammen. In Washington wird ein Rahmenabkommen über eine Friedenslösung im Nahen Osten unterzeichnet. Golda Meir † (*1898). Sie war zunächst Arbeits- und Außenministerin, später israelische Ministerpräsidentin. **IRAN:** Schwere Unruhen brechen aus. Der Schah verhängt den Ausnahmezustand. Radikale Moslems tragen das Bild ihres Führers, des im Pariser Exil lebenden Ayatollah Khomeini, durch die Straßen. **Wissenschaft:** Sowjetische Kosmonauten schließen nach drei Monaten Aufenthalt im All den bisher längsten bemannten Raumflug erfolgreich ab. **Kultur:** Die schleswig-holsteinische Landesregierung kündigt den Staatsvertrag für den Norddeutschen Rundfunk. Der Schriftsteller Martin Walser (*1927) schreibt seine Novelle „Ein wieherndes Pferd". Günter Rennert † (*1911), Regisseur. Der Deutsche galt als einer der bedeutendsten Theaterregisseure und

Golda Meir

Intendanten nach dem II. Weltkrieg. **Religion:** Papst Paul VI. † (*1897), Papst seit 1963. Sein Nachfolger wird Papst Johannes Paul I. Dieser stirbt nach nur siebenwöchiger Amtszeit. Als sein Nachfolger wird der polnische Kardinal Karol Wojtyla zum Papst gewählt, der den Namen Johannes Paul II. annimmt.

1979

Das Europäische Parlament in Straßburg wird zum ersten Mal von der Bevölkerung der zehn Mitgliedsstaaten direkt gewählt. Präsidentin wird die Französin Simone Veil. Bundespräsident Walter Scheel verzichtet auf eine erneute Kandidatur. Zum neuen Bundespräsidenten wird Karl Carstens (CDU) gewählt. Die Verjährungsfrist für Mord wird aufgehoben. Die CDU/CSU nominiert den bayerischen Ministerpräsidenten und CSU-Vorsitzenden Franz Josef Strauß zum Kanzlerkandidaten für die Bundestagswahl 1980. Carlo Schmid † (*1896), SPD-Politiker. Der Professor für Staats- und Völkerrecht war ein eifriger Verfechter der europäischen Einigung. **IRAN:** Die Monarchie bricht unter der Revolution zusammen. Schah Reza Pahlewi verlässt das Land. Die Macht übernimmt der nach 15 Jahren aus dem Pariser Exil zurückgekehrte Ayatollah Khomeini. Er setzt eine islamische Regierung ein. In Teheran besetzen mehrere hundert Revolutionäre die amerikanische Botschaft und nehmen das Personal gefangen. Als Bedingung für die Freilassung verlangen sie von den USA die Auslieferung des Schah und eine Verurteilung des Schah-Regimes. **DDR:** Zum 30. Jahrestag ihrer Gründung verkündet die DDR eine Amnestie. **USA:** Präsident Carter und der sowjetische Staats- und Parteichef Breschnew unterzeichnen das SALT II-Abkommen zur Begrenzung der strategischen Rüstung. **CHINA:** Die Volksrepublik proklamiert die Öffnung nach dem Westen und nimmt zu den USA diplomatische Beziehungen auf. **Wissenschaft:** Nach 175 Tagen im Weltraum schließen sowjetische Kosmonauten ihren bisher längsten Weltraumflug ab. **Kultur:** Herbert Marcuse † (*1898). Der deutsch-amerikanische Philosoph und Soziologe veröffentlichte grundlegende Schriften über die moderne Gesellschaft.

Ayatollah Khomeini

1980

Bei den Landtagswahlen in Baden-Württemberg erringen die „Grünen" sechs Sitze und ziehen erstmals in den Landtag ein. Bei den Wahlen zum neuen Landesparlament in Nordrhein-Westfalen scheitert die FDP an der Fünf-Prozent-Klausel. Das Wahlergebnis der Bundestagswahl: CDU/CSU 44,5 Prozent, SPD 42,9 Prozent, FDP 10,6 Prozent. Die SPD/FDP-Koalition wird in der Regierung bestätigt. Das deutsche NOK schließt sich dem Olympiaboykott der Amerikaner an. Bei einem Bombenattentat während des Oktoberfestes in München kommen zwölf Menschen ums Leben, darunter auch der rechtsextremistische Täter. **UDSSR:** Sowjetische Truppen marschieren trotz heftiger Proteste der Weltöffentlichkeit in Afghanistan ein. Durch den anschließenden Olympiaboykott werden die Sommerspiele in Moskau zu einem sportlich weniger interessanten Ereignis. **USA:** Die Olympischen Winterspiele verlaufen ohne besondere Höhepunkte. Aus Protest gegen den Einmarsch der Sowjetunion in Afghanistan setzt Präsident Jimmy Carter den Boykott der olympischen Sommerspiele gegen den Willen der amerikanischen Sportler durch. Die USA frieren das Vermögen von Iranern in den Staaten ein, um damit mögliche Ansprüche der Geiselopfer abzudecken. Ein Befreiungsversuch der Amerikaner im Iran scheitert. Der amerikanische Außenminister Vance legt aus Protest gegen Carters eigenmächtiges Vorgehen sein Amt nieder. Sein Nachfolger Edmund Muskie trifft im Mai zum ersten Mal seit Beginn der internationalen Krise mit seinem sowjetischen Amtskollegen Andrej Gromyko in Wien zusammen. Bei den Präsidentschaftswahlen unterliegt Jimmy Carter seinem Herausforderer Ronald Reagan. Die Demokratische Partei verliert ihre Mehrheit im Senat. **JUGOSLAWIEN:** Josip Broz Tito † (*1892), jugoslawischer Marschall und Staatspräsident. Sein Verdienst war die Öffnung Jugoslawiens

Josip Tito

nach dem Westen und die Befreiung aus dem Lager Moskaus. **ITALIEN:** Bei einem der schwersten Erdbeben dieses Jahrhunderts kommen insgesamt mehr als 5000 Menschen ums Leben. **HOLLAND:** Kronprinzessin Beatrix der Niederlande (*1938) wird zur Königin gekrönt. **IRAN:** Mehrere Säuberungswellen mit öffentlich vollzogenen Todesurteilen stürzen das Land in ein politisches und wirtschaftliches Chaos. Die Außenminister der EG beschließen Wirtschaftssanktionen gegen den Iran: Alle Liefer- und Dienstleistungsverträge, die nach dem Tag der Geiselnahme (14.11.1979) geschlossen wurden, werden ausgesetzt. Der Schah stirbt im ägyptischen Exil. Zwischen dem Iran und dem Irak bricht ein Krieg aus. **POLEN:** In dem sozialistischen Staat kommt es zu organisierten Streiks und der Gründung der unabhängigen Gewerkschaft „Solidarität". Lech Walesa, polnischer Arbeiter und Organisator der ersten Streiks in Danzig, wird Führer und Sprecher der neuen Gewerkschaft. **Kirche:** Papst Johannes Paul II. besucht Deutschland. **Kultur:** Jean Paul Sartre † (*1905), Philosoph und Schriftsteller. Seine philosophische Schrift „Das Sein und das Nichts" wurde zum einflussreichsten Werk des französischen Existenzialismus. Alfred Hitchcock † (*1900), amerikanischer Filmregisseur. Der unerreichte Meister des makabren Thrillers schuf weltberühmte Werke wie z. B. „Psycho" und „Die Vögel". Helmut Käutner † (*1908), deutscher Filmregisseur. Steve McQueen † (*1930), amerikanischer Filmschauspieler. John Lennon † (*1940), Komponist, Musiker und Gründer der Beatles, wird von einem fanatischen Anhänger ermordet.

Jean-Paul Sartre

1981

Wegen eines Bauskandals erklärt Berlins Regierender Bürgermeister Stobbe seinen Rücktritt. Bei den Neuwahlen zum Berliner Abgeordnetenhaus verfehlt die CDU knapp die absolute Mehrheit. Der hessische Wirtschafts- und Verkehrsminister Karry (FDP) wird ermordet. In Bonn bisher größte Friedensdemonstration gegen Rüstungswettlauf mit 300.000 Teilnehmern. Bundeskanzler Schmidt besucht die DDR. Nachdem die USA die iranischen Milliardenbeträge freigegeben haben, werden die amerikanischen Geiseln freigelassen. Präsident Ronald Reagan tritt sein Amt an. Er warnt die Sowjetunion vor einer Intervention in Polen und hebt das Getreideembargo auf. Auf Präsident Reagan wird ein Attentat verübt. **ÄGYPTEN:** Nach dem Mord an Staatspräsident Anwar as-Sadat am 6. Oktober wird sein bisheriger Vize Muhammed Hosni Mubarak Nachfolger. **POLEN:** Die Warschauer-Pakt-Staaten veranstalten umfangreiche Manöver im Ostblock. Die unabhängige Gewerkschaft Solidarität setzt u. a. auch die Anerkennung einer Bauerngewerkschaft durch. Im Dezember verhängt ein „Militärrat zur nationalen Errettung" den Ausnahmezustand; tausende von Anhängern der Solidarität werden verhaftet. **SPANIEN:** Ein Putschversuch von Gegnern der jungen Demokratie scheitert. **FRANKREICH:** Bei der Stichwahl am 10. Mai wird Sozialistenführer François Mitterrand mit überwältigender Mehrheit zum neuen Staatspräsidenten von Frankreich gewählt. **Kirche:** Papst Johannes Paul II. warnt vor einer Einmischung in die inneren Angelegenheiten Polens. Der Papst wird bei einem Attentat lebensgefährlich verletzt. Kardinal Stephan Wyszynski † (*1901), Primas von Polen. **Wissenschaft:** Der amerikanische Raumtransporter „Space Shuttle" kehrt von einem Raumflug unversehrt zur Erde zurück. **Kultur:** Paul Hörbiger † (*1894), österreichischer Schauspieler. Réné Clair † (*1898), französischer Regisseur.

Muhammed H. Mubarak

1982

Skandal um den Vorstandsvorsitzenden des gewerkschaftseigenen Baukonzerns „Neue Heimat". Im März Beginn der Ermittlungen in der Parteispendenaffäre gegen den Flick-Konzern und Bonner Politiker. Nach der Vertrauensfrage von Bundeskanzler Schmidt (SPD) und einer Kabinettsumbildung im Frühjahr verlassen die FDP-Minister am 17. September die Regierung wegen Differenzen in der Wirtschafts-, Finanz- und Außenpolitik. Schmidt will Neuwahlen ermöglichen, aber bei den Liberalen beginnen die Befürworter einer „Wende" Koalitionsverhandlungen mit der Union. Am 1. Oktober wird Helmut Kohl (CDU) durch ein konstruktives Misstrauensvotum zum sechsten deutschen Bundeskanzler gewählt. Seiner Regierung gehören acht Minister der CDU, vier der CSU und vier der FDP an; Hans-Dietrich Genscher (FDP) wird erneut Außenminister und Vizekanzler. Der Berliner SPD-Fraktionschef Hans Jochen Vogel wird SPD-Kanzlerkandidat für die vorgezogenen Bundestagswahlen im März 1983. Nach der Landtagswahl in Hessen verlässt die FDP die Regierung Börner, die ein SPD-Minderheitskabinett bildet. Monika Wulf-Mathies wird Nachfolgerin von ÖTV-Chef Klunker. Zweite Bürgerschaftswahl in Hamburg innerhalb eines halben Jahres bringt der SPD die absolute Mehrheit zurück. **ARGENTINIEN:** Britische Rückeroberung der von Argentinien besetzten Falkland-Inseln kostet mindestens 1700 Soldaten das Leben. **USA:** Außenminister Haig tritt zurück. Nachfolger wird George Shultz. **LIBANON:** Der gewählte Präsident Beschir Gemayel wird noch vor Amtsantritt ermordet. Daraufhin Wahl seines Bruders Amir. **ISRAEL:** 400.000 Demonstranten fordern den Rücktritt der Regierung Begin wegen des Massakers in einem palästinensischen Flüchtlingslager. **SOWJETUNION:** Staats- und Parteichef Leonid Breschnew (*1906) stirbt an Herzversagen. Am 12. November wird der frühere Geheimdienstchef Juri Andropow zum Nachfolger bestimmt. Die USA heben die wegen des Kriegsrechts in Polen verhängten Wirtschaftssanktionen auf. **POLEN:** Arbeiterführer Lech Walesa wird nach elfmonatiger Haft freigelassen. **Wissenschaft:** Erstes deutsches Retortenbaby geboren. **Kultur:** Ingrid Bergman † (*1913), schwedische Schauspielerin. Arthur Rubinstein † (*1887), Pianist.

Leonid I. Breschnew

Ingrid Bergman

1983

Im Februar erreicht die Arbeitslosigkeit mit rund 2,5 Millionen Arbeitslosen (10,2 Prozent) den höchsten Stand seit Gründung der Bundesrepublik Deutschland. Aus der Wahl zum 10. Deutschen Bundestag am 6. März gehen CDU/CSU mit 48,8 Prozent der Stimmen als Sieger hervor; die SPD erreicht 38,2 Prozent, die FDP 7,0 Prozent. Die Grünen gelangen mit 5,6 Prozent erstmals in das Bonner Parlament. Bei den gleichzeitig stattfindenden Landtagswahlen in Rheinland-Pfalz erzielt die CDU die absolute Mehrheit. Der bayerische Ministerpräsident Franz Josef Strauß verzichtet auf ein Ministeramt im zweiten von CDU/CSU und FDP gebildeten Kabinett Kohl. Die NATO beginnt mit der Aufstellung neuer „Pershing-2"-Mittelstreckenraketen in Europa. In der Flick-Affäre erhebt die Staatsanwaltschaft u. a. Anklage wegen Bestechlichkeit gegen Bundeswirtschaftsminister Otto Graf Lambsdorff (FDP). **FRANKREICH:** Der von Bolivien ausgewiesene ehemalige deutsche Gestapo-Chef von Lyon wird den französischen Behörden übergeben. **AUSTRALIEN:** Bei den Parlamentswahlen erzielt die Arbeiterpartei einen überwältigenden Sieg über die Bürgerlichen; Robert Hawke wird Nachfolger von Ministerpräsident Malcolm Fraser. **ÖSTERREICH:** Bundeskanzler Bruno Kreisky tritt nach dem Verlust der absoluten SPÖ-Mehrheit zurück. Nachfolger wird Fred Sinowatz (SPÖ). **GROSSBRITANNIEN:** Die konservative Premierministerin Margaret Thatcher erringt einen klaren

Bruno Kreisky

Wahlsieg. **ITALIEN:** Nach den Wahlen bildet der Sozialist Bettino Craxi eine Mehrparteienkoalition. **SÜDKOREA:** Ein von seiner Flugroute abgekommener südkoreanischer Jumbo mit 269 Menschen an Bord wird bei Sachalin von sowjetischen Kampfflugzeugen wegen des Verdachts der Spionage abgeschossen. **ISRAEL:** Rücktritt von Ministerpräsident Menachem Begin, Nachfolger Yitzhak Schamir. **USA:** Im Zusammenhang mit der Unterbrechung der amerikanisch-sowjetischen Verhandlungen in Genf beschließt die Regierung Reagan die Aufstellung neuer Interkontinentalraketen. Nach einem Militärputsch besetzen amerikanische Truppen die Karibik-Insel Grenada als Warnung an Kuba. **ARGENTINIEN:** Nach acht Jahren Militärdiktatur wird Raoul Alfonsin zum Präsidenten gewählt. **Kirche:** Papst Johannes Paul II. besucht mehrere Staaten Mittelamerikas, Frankreich, und zum zweiten Mal seine Heimat Polen. Die katholischen Bischöfe der USA verlangen einen Stopp der Atomrüstung. **Wissenschaft:** Fachleute fordern Maßnahmen zur Luftreinhaltung angesichts des zunehmenden Waldsterbens. Die amerikanische Raumfähre „Columbia" bringt mit dem europäischen „Spacelab" den ersten bundesdeutschen Astronauten Ulf Merbold ins All. **Kultur:** Tennessee Williams † (*1911), amerikanischer Dramatiker. Das Magazin „Stern" verursacht weltweiten Wirbel mit der Veröffentlichung angeblicher Hitler-Tagebücher. Der polnische Arbeiterführer Lech Walesa erhält den Friedensnobelpreis.

1984

In der Affäre um den wegen angeblicher Homosexualität im Dezember 1983 vorzeitig entlassenen stellvertretenden NATO-Oberbefehlshaber Europa, General Günter Kießling, verweigert Bundeskanzler Kohl seinem Verteidigungsminister Manfred Wörner (CDU) den Rücktritt. Bundeskanzler Kohl auf Staatsbesuch in Israel. Das Berliner Abgeordnetenhaus wählt Eberhard Diepgen (CDU) zum neuen Regierenden Bürgermeister als Nachfolger von Richard von Weizsäcker, der am 23. Mai zum sechsten Bundespräsidenten der Bundesrepublik Deutschland gewählt wird. Die Bundesregierung zieht ihren umstrittenen Gesetzentwurf, der eine Amnestie in der Parteispendenaffäre vorsieht, zurück. Bei der zweiten Direktwahl zum Europäischen Parlament erringen CDU und SPD je rund 37 Prozent der Stimmen, die Grünen rund 8 Prozent, die FDP scheitert an der 5-Prozent-Hürde; Christliche, Konservative und Liberale behalten in Straßburg die Mehrheit. Bundeswirtschaftsminister Otto Graf Lambsdorff (FDP) tritt als Angeklagter in der Flick-Affäre zurück. Sein Nachfolger wird Martin Bangemann. Philipp Jenninger (CDU) wird Nachfolger von Bundestagspräsident Rainer Barzel, der wegen eines früheren Beratervertrages mit dem Flick-Konzern zurücktritt. **SOWJETUNION:** Staats- und Parteichef Juri Andropow (*1914) stirbt nach nur 15-monatiger Amtszeit. Sein Nachfolger wird Konstantin Tschernenko. **USA:** Die Regierung Reagan unterstützt die antisandinistischen „Contras" in Nicaragua. Als einziger Ostblockstaat nimmt Rumänien an den Olympischen Spielen in Los Angeles teil. **INDIEN:** Premierministerin Indira Gandhi wird am 31. Oktober von drei Leibwächtern erschossen, die der Gemeinschaft der Sikhs angehören; Nachfolger wird ihr Sohn Rajiv. Vor allem im Bundesstaat Punjab anhaltende Unruhen zwischen Sikhs und Hindus. Bei einer Giftgaskatastrophe in Bhopal sterben über 2000 Menschen, 150.000 werden verletzt. **ITALIEN:** An der Trauerfeier für den verstorbenen Generalsekretär der Kommunistischen Partei, Enrico Berlinguer, nehmen über eine Million Menschen teil. **Kultur:** Manes Sperber (*1905), in Ostgalizien geborener Schriftsteller. Count Basie † (*1904), amerikanischer Jazzpianist. **Wissenschaft:** Amerikanische Forscher entdecken das AIDS-Virus. George Gallup † (*1901), amerikanischer Meinungsforscher.

1985

Bei den Landtagswahlen im Saarland siegt die SPD mit Spitzenkandidat Oskar Lafontaine im März über die seit 1956 regierende CDU; in Berlin behauptet sich die CDU-Regierung unter Eberhard Diepgen. Innenpolitische Kontroverse über eine mögliche deutsche Beteiligung an Forschungen für das amerikanische Raketenabwehrsystem im Weltraum (SDI). US-Präsident Reagan nimmt während seines Staatsbesuches in der Bundesrepublik Deutschland mit Bundeskanzler Kohl an einer umstrittenen Zeremonie auf dem Soldatenfriedhof Bitburg teil. Bundespräsident von Weizsäcker hält eine weltweit beachtete Rede zum 40. Jahrestag des Kriegsendes am 8. Mai 1945 und besucht im Herbst Israel. Rita Süßmuth (CDU) wird Nachfolgerin von Bundesgesundheitsminister Heiner Geißler, der CDU-Generalsekretär bleibt. Ministerpräsident Holger Börner (SPD) etabliert in Hessen die erste rot-grüne Koalition.

Michail Gorbatschow

SOWJETUNION: Staats- und Parteichef Konstantin Tschernenko (*1911) stirbt nach nur einjähriger Amtszeit. Sein Nachfolger wird Michail Gorbatschow, der im November mit US-Präsident Reagan zu einem Gipfeltreffen in Genf zusammenkommt. **USA:** Präsident Reagan verhängt totales Handelsembargo gegen Nicaragua, wo zu Jahresanfang Daniel Ortega, der bisherige Chef der Militärjunta, zum Staatspräsidenten gewählt worden war. **BRASILIEN:** Der im Januar nach 21-jähriger Militärherrschaft gewählte Staatspräsident Tancredo Neves stirbt, noch ehe er sein Amt antreten kann; Staatschef wird Vizepräsident José Sarney. **SÜDAFRIKA:** Wegen blutiger Unruhen verhängt die südafrikanische Regierung in den von der schwarzen Bevölkerungsmehrheit bewohnten Gebieten den Ausnahmezustand; UNO-Sicherheitsrat verlangt Wirtschaftssanktionen gegen Südafrika. **BELGIEN:** Bei Ausschreitungen britischer gegen italienische Fußballfans werden im Brüsseler Stadion 38 Menschen getötet. **ÖSTERREICH:** Skandal um verpanschten Wein. **BANGLADESH:** Eine Flutkatastrophe fordert rund 40.000 Menschenleben. **KOLUMBIEN:** Bei einem Vulkanausbruch sterben 28.000 Menschen. **Kultur:** Heinrich Böll † (*1917), deutscher Schriftsteller und Literatur-Nobelpreisträger.

Heinrich Böll

1986

Sorge und Unsicherheit der Bevölkerung aufgrund der Strahlenbelastung durch den Atomreaktorunfall von Tschernobyl kennzeichnen im Frühjahr und Sommer die Situation nicht nur in der Bundesrepublik Deutschland. Die EG verbietet zeitweise die Einfuhr von Nahrungsmitteln aus Osteuropa. Die Bundesregierung schafft ein neues Ministerium für Umwelt, Naturschutz und Reaktorsicherheit unter Walter Wallmann (CDU). Die Grünen fordern den sofortigen, die SPD den schrittweisen Ausstieg aus der Kernenergie. An der geplanten atomaren Wiederaufarbeitungsanlage in Wackersdorf wird demonstriert. Ein Bombenanschlag der Roten Armee Fraktion tötet im Juli den Siemens-Forschungschef Karl-Heinz Beckurts und dessen Fahrer; im Oktober wird der Diplomat Gero von Braunmühl von Terroristen in Bonn erschossen. Durch schwere Chemie-Unfälle vor allem in der Schweiz wird der Rhein verseucht. **SPANIEN/PORTUGAL:** Aufnahme der beiden Länder in die Europäische Gemeinschaft. Neuer Staatspräsident Portugals wird der Sozialist Mario Soares. **PHILIPPINEN:** Staatspräsident Marcos tritt unter innen- und außenpolitischem Druck zurück und verlässt das Land. Corazon Aquino, die Witwe des ermordeten Oppositionsführers, wird Nachfolgerin. **SCHWEDEN:** Ministerpräsident Olof Palme wird von einem bis heute unbekannten Mann auf offener Straße erschossen; Nachfolger wird Ingvar Carlsson. **FRANKREICH:** Als Sieger der Parlamentswahlen stellen die Konservativen mit Jacques Chirac den neuen Premierminister unter dem sozialistischen Staatschef Mitterrand. **USA:** Nach Terroranschlägen auf amerikanische Einrichtungen, in die Libyen verwickelt ist, greifen US-Bomber Tripolis und Bengasi an; außer in Großbritannien und Israel stößt die Aktion auf Kritik. Die EG beschließt

Mario Soares

Atomkraftwerk Tschernobyl

Sanktionen gegen Libyen. Im Oktober bleibt auch das zweite Gipfeltreffen Gorbatschow/Reagan in Reykjavik ohne Ergebnis. **SOWJETUNION:** Die Explosion eines Atomreaktors in Tschernobyl am 25. April verursacht radioaktive Verseuchungen in fast ganz Europa. Wie viele Todesopfer das Unglück letztlich kostet, bleibt unabsehbar; das gilt auch für die langfristigen Folgen der Strahlenbelastung. **ÖSTERREICH:** Sieger in der Stichwahl für die Staatspräsidentschaft ist der ehemalige UNO-Generalsekretär Kurt Waldheim (ÖVP), gegen den schwere Vorwürfe wegen des Verschweigens seiner Offizierstätigkeit im II. Weltkrieg erhoben werden. Bundeskanzler Fred Sinowatz (SPÖ) tritt wenig später zurück; Nachfolger wird Franz Vranitzky. **Wissenschaft:** Die amerikanische Raumfähre „Challenger" explodiert kurz nach dem Start mit fünf Männern und zwei Frauen an Bord.

1987

Bei der Bundestagswahl am 25. Januar erzielt die Union mit 44,3 Prozent ihr schlechtestes Ergebnis seit 1949; die SPD erhält 37, die FDP 9,1, die Grünen 8,3 Prozent. Bundeskanzler Kohl setzt die CDU/CSU-FDP-Koalitionsregierung fort. In Hessen kommt es nach dem Austritt der Grünen aus der Koalition mit der SPD zu Neuwahlen, nach denen die CDU unter Walter Wallmann eine Koalition mit der FDP bildet. Der SPD-Vorsitzende Willy Brandt tritt früher als vorgesehen von seinem Amt zurück. Nachfolger wird Hans-Jochen Vogel. Der 19-jährige Matthias Rust aus Hamburg landet mit einem Sportflugzeug auf dem Roten Platz in Moskau. Der ehemalige Stellvertreter des Führers, Rudolf Heß (*1894), stirbt nach 46-jähriger Haft im Alliierten Militärgefängnis in Berlin-Spandau nach einem Selbstmordversuch. In Hamburg erste sozialliberale Koalition seit der Bonner „Wende" 1982. **DDR:** Staatsratsvorsitzender Erich Honecker zu Besuch in der Bundesrepublik. **USA:** Präsident Reagan verliert durch die Iran-Contra-Affäre zunächst an Ansehen. Mit dem erfolgreichen Abschluss der wieder aufgenommenen Genfer Abrüstungsverhandlungen (angestrebte Nulllösung) nimmt seine Popularität in den USA wieder zu. **SOWJETUNION:** Nach mehreren Initiativen, vor allem Gorbatschows, unterzeichnen Reagan und er am 8. Dezember in Washington einen Vertrag zwischen ihren Ländern, der die Verschrottung sämtlicher Mittelstreckenraketen in Europa innerhalb von drei Jahren vorsieht. Es handelt sich hierbei auf amerikanischer Seite um 256 Cruise Missiles (Reichweite 2200 km) und 108 Persing 2 (1800 km), auf sowjetischer Seite um 441 SS-20 (5000 km), 112 SS-4 (2000 km), etwa 130 SS-12/22 (900 km) und 24 SS-23 (500 km). Die Vernichtung der Trägersysteme wird beiderseits kontrolliert. Der sowjetische Astronaut Romanenko stellt mit 326 Tagen im All einen neuen Rekord auf. **IRAN/IRAK:** Der Golfkrieg scheint am 31. Juli zu eskalieren, als in Mekka 402 Menschen, vornehmlich Iraner, umkommen. Der Iran sieht hierbei in den USA und Saudi-Arabien die Initiatoren. Hinzu kommt der Beschuss der amerikanischen Fregatte „USS Stark" durch die irakische Luftwaffe und die Bitte Kuwaits um Geleitschutz für seine Schiffe. **ITALIEN:** Fortsetzung der alten Regierungskoalition unter dem Ministerpräsidenten Giovanni Goria. **Wissenschaft:** Bernhard Grzimek † (*1909) deutscher Naturschützer. **Kultur:** Cary Grant † (*1904), amerikanischer Filmschauspieler. Rita Hayworth † (*1918), amerikanische Filmschauspielerin. Attila Hörbiger †

Erich Honecker

(*1896), österreichischer Schauspieler. Danny Kaye † (*1913), amerikanischer Schauspieler. Henry Moore † (*1898), britischer Bildhauer und Zeichner. Andy Warhol † (*1928), amerikanischer Künstler.

Franz-Josef Strauß

1988

Es kommt zu einer innenpolitischen Debatte um militärische Tiefflüge nach Abstürzen nahe AKW Ohu und bei der Flugschau in Ramstein (fast 100 Tote). Franz Josef Strauß † (*1915), Ministerpräsident Bayerns, CSU-Vorsitzender seit 1961. Der Kohl-Besuch in Moskau ergibt Differenzen über die deutsche Frage. Nach dem Skandal um seine Gedenkrede zur Reichspogromnacht 1938 tritt der Bundestagspräsident Philipp Jenninger zurück. **DDR:** Regimekritische Jugendliche werden festgenommen und die Ablehnung der Regierung gegenüber der sowjetischen Reformpolitik bleibt bestehen. **FRANKREICH:** Im Mai siegt der Sozialist Mitterrand in den Präsidentschaftswahlen. Die rechtsextreme Front National wird gestärkt. **UNGARN:** Der KP-Generalsekretär Kádár wird von seinem Nachfolger Karoly Grosz abgelöst, der für radikale Reformen in Ungarn sorgt. **UDSSR:** Auf dem Moskauer Gipfel setzen Gorbatschow und Reagan den INF-Vertrag in Kraft. Die erste Parteikonferenz seit 50 Jahren legt Konflikte in der KPdSU um die Reformen offen. Das von Gorbatschow angestrebte Präsidialsystem vereint Partei- und Staatsführung auf sich. In der Region Berg-Karabach kommt es zu einem ethnischen Konflikt zwischen Armenien und Aserbeidschan. **USA:** Beim Abschuss einer iranischen Verkehrsmaschine am persischen Golf sterben 290 Iraner. Der Republikaner George Bush, bisher Vizepräsident Reagans, siegt bei den Präsidentschaftswahlen gegen Michael Dukakis (Demokrat). Im Kongress bauen die Demokraten ihre Mehrheit aus. Die US-Nahostpolitik erfährt eine Wende: Aufnahme von Kontakten mit der PLO unter Maßgabe der Akzeptierung der UNO-Resolution zur Palästinenserfrage. **CHILE:** Der Diktator Pinochet verliert die Volksabstimmung über seine Amtszeitverlängerung. **ANGOLA:** Ende des Bürgerkriegs nach Verhandlung Angolas mit Kuba, Südafrika und USA; Abzug der Kubaner, Zusammenhang mit der baldigen Unabhängigkeit Namibias. **IRAN/IRAK:** Ende des Golfkriegs durch Waffenstillstand, vermittelt von UNO-Generalsekretär Perez de Cuellar. **ISRAEL:** Andauernde Revolte der Palästinenser in den besetzten Gebieten, der so genannte Intifada-Aufstand. **AFGHANISTAN:** Bis Jahresende werden die sowjetischen Truppen abgezogen. **KAMBODSCHA:** Beginnender Rückzug der vietnamesischen Truppen. **Wissenschaft:** Karl August Wittfogel † (*1896), deutscher Soziologe. Seine Veröffentlichung des Windscale-Berichts über den Unfall im britischen Atomkraftwerk belegt die Katastrophe 1957, die verschwiegen wurde. **Kultur:** Erich Fried † (*1921), österreichisch-britischer Schriftsteller und Übersetzer. Martin Gregor-Dellin † (*1926), deutscher Schriftsteller und Präsident des deutschen PEN-Zentrums. Chet Baker † (*1929), amerikanischer Jazzmusiker. „Die Kommissarin", sowjetischer Film von Alexander Askoldow aus dem Jahr 1967, kommt im Zuge der innersowjetischen Liberalisierung zur Aufführung und erntet mehrere Preise. Der polnische Schriftsteller Andrzej Szczypiorski veröffentlicht seinen Roman „Die schöne Frau Seidenmann". Der österreichische Dramaturg Thomas Bernhard veröffentlicht das Drama „Heldenplatz".

Augusto Pinochet

1989

Die Bundesregierung und die bayrische Staatsregierung geben die Aufgabe der Wiederaufbereitungsanlage für Kernbrennstoffe (im Bau) in Wackersdorf bekannt. Richard von Weizsäcker wird am 23. Mai als Bundespräsident wieder

Richard von Weizsäcker

gewählt. In Berlin kommt es zu einem rot-grünen Bündnis, der SPD-Politiker Walter Momper wird neuer Regierender Bürgermeister. Der CDU-Vorsitzende und Bundeskanzler Helmut Kohl entlässt gegen starke innerparteiliche Widerstände seinen Generalsekretär Heiner Geißler und ersetzt ihn durch Volker Rühe. Die Bundesrepublik Deutschland befindet sich im siebten Jahr einer wirtschaftlichen Aufschwungphase. Für 1989 werden etwa 4 Prozent Wachstum erwartet. Ein neuerlicher Börsenkrach (13.10. in New York) kann trotz krisenhafter Anzeichen an den internationalen Börsen weitgehend verhindert werden. Bundeskanzler Kohl übernimmt Ende November mit seinem Zehn-Punkte-Plan zur Wiedervereinigung der beiden deutschen Staaten die Initiative in der Deutschlandpolitik. Alfred Herrhausen, Vorstandssprecher der Deutschen Bank, wird am 30. November von RAF-Terroristen in Bad Homburg ermordet. **DDR:** Im Laufe der Sommerferien nutzen Tausende von DDR-Bürgern die Möglichkeit zur Flucht in den Westen über Ungarn, nachdem der Eiserne Vorhang zwischen Ungarn und Österreich gefallen ist. Mitte September wird das Flüchtlingsproblem so dringend, dass sich die ungarische Regierung entschließt, Tausenden von DDR-Bürgern, die sich im Lande versteckt halten, ohne Formalitäten die Ausreise in den Westen zu gestatten. Etwa zur selben Zeit bitten ebenfalls Tausende von DDR-Bürgern um Asyl in der Prager Botschaft der Bundesrepublik Deutschland. Ihnen wird die Ausreise in den Westen mit Zügen der DDR-Reichsbahn erlaubt. Im Gefolge der Fluchtwelle kommt es zu schweren inneren Auseinandersetzungen in der DDR. Nachdem Staatssicherheit und Polizei die über DDR-Gebiet fahrenden Züge der Prager Flüchtlinge mit Gewalt abgeschirmt hatte, bricht sich der aufgestaute Unmut der DDR-Bevölkerung in Massendemonstrationen Bahn. Zentrum dieses gewaltlosen Volksaufstandes ist zunächst Leipzig, wo nach den traditionellen „Montagsgebeten" mehrere hunderttausend Bürger für Reformen, freie Wahlen, Reisefreiheit und gegen den Monopolanspruch der SED demonstrieren. Das 40-jährige Staatsjubiläum der DDR am 7. Oktober ist der letzte öffentliche Auftritt von Erich Honecker, der zwei Wochen darauf vom ehemaligen FdJ-Chef Egon Krenz in seinen Ämtern als Generalsekretär der SED und Vorsitzender des Staatsrats abgelöst wird. Innerhalb kürzester Zeit wird, begleitet von Massendemonstrationen in allen Teilen der DDR, die alte Garde der SED zum Rücktritt gedrängt. Nachdem die Fluchtwelle nicht abebbt, entschließt sich die SED-Führung zu einem spektakulären Schritt: In der Nacht vom 9. auf den 10. November werden in Berlin die Grenzen geöffnet, woraufhin ein in die millionen gehender Reisestrom von DDR-Bürgern nach West-Berlin, später auch in die grenznahen Gebiete der Bundesrepublik einsetzt. Der Reiseverkehr von DDR-Bürgern nach Westen wird drastisch vereinfacht, es genügt das

Ronald Reagan

Ronald Reagan

Die Wahl des Republikaners Ronald Reagan (*6.2.1911) zum 40. Präsidenten der Vereinigten Staaten von Amerika im November 1980 brachte einen deutlichen Kurswechsel mit sich. Reagan vertrat eine Politik der Stärke: Sanierung der Wirtschaft und die Rückgewinnung der Führungsrolle Amerikas in der Welt waren deren vordringlichste Ziele, verbunden mit einer entschieden selbstbewussteren Haltung gegenüber Moskau. Reagan startete einen „Rüstungswettlauf" mit der UdSSR und trieb die Entwicklung des SDI-Programms (satellitengestütztes Raketenabwehrsystem) voran. Nach dem Moskauer Kurswechsel unter Gorbatschow änderte Reagan jedoch seine Politik und unterzeichnete mit dem Kremlführer schließlich den INF-Vertrag zum Abbau nuklearer Mittelstreckenraketen. Die nach ihm benannte Wirtschaftspolitik der „Reagonomics", die drastische Steuersenkungen und Kürzungen staatlicher Sozialausgaben beinhaltete, führte zu einem Anstieg des Wirtschaftswachstums und zu einer Senkung der Arbeitslosigkeit, allerdings auch zu einer drastischen Staatsverschuldung aufgrund geringerer Steuereinnahmen und der hohen Kosten für die Aufrüstung. Seine Bedeutung als Präsident liegt in der Erneuerung der amerikanischen Führungsrolle und der Wiederherstellung des amerikanischen Selbstbewusstseins.

Visum im Ausweis, das schnell und unbürokratisch erteilt wird. In den ersten fünf Tagen dieser Regelung werden über vier Millionen solcher Visa ausgestellt. Inzwischen tritt auch die gesamte DDR-Regierung zurück, neuer Ministerpräsident wird der als Reformer angesehene Dresdner SED-Chef Hans Modrow. Die Proteste der Bevölkerung lassen jedoch nicht nach, neben der bereits gewährten Reisefreiheit werden vor allem freie und demokratische Wahlen gefordert, die von Egon Krenz auch in Aussicht gestellt werden. Während sich in der SED der Druck der Basis auf die Führungskader verstärkt und auch innerhalb der Partei der Ruf nach Reformen laut wird, bilden sich neue politische Gruppierungen (Neues Forum, SDP, Demokratischer Aufbruch). Das Machtmonopol der SED fällt am 1. Dezember. Regierung und Oppositionsparteien vereinbaren am 7. Dezember die Bildung eines „Runden Tisches", die Auflösung der Staatssicherheit und freie Wahlen für 1990. **UDSSR:** Neben den ethnischen Auseinandersetzungen in verschiedenen Landesteilen (Usbekistan, Aserbeidschan, Moldawien) treten verschärft wirtschaftliche Probleme auf, die noch geschürt werden durch eine erstarkende Streikbewegung im Kohlebergbau (Workuta). Erstmalige Wahlen in der UdSSR zwischen mehreren Kandidaten zum Volksdeputiertenkongress, bei dem viele Parteikandidaten durchfallen und eine breite Ablehnung der altgedienten Funktionäre durch die Bevölkerung deutlich wird. Andrei Gromyko † (*1909), langjähriger Außenminister (1957–85) und Staatspräsident (1985–88). **USA:** Amerikanische Kampfflugzeuge schießen über dem Mittelmeer zwei lybische Mig 23 ab. Der Republikaner George Bush wird als 41. US-Präsident vereidigt. In San Francisco und Umgebung kostet ein lange für Kalifornien erwartetes schweres Erdbeben im September etwa 200 Todesopfer. Die Havarie des Öltankers „Exxon Valdez" vor der Küste Alaskas führt zu einer verheerenden Ölpest: 44.000 t Rohöl fließen ins Meer. **ENGLAND:** Eine weitere Fußballkatastrophe in England, eine Panik im Stadion von Sheffield, fordert 94 Todesopfer. **POLEN:** Die regierende PVAP beschließt die Wiederzulassung der Gewerkschaft Solidarnošć. Nach einer Einigung am „Runden Tisch" soll der Senat demokratisch gewählt werden. Solidarnošć legal mit Recht zur Wahlbeteiligung, ein Präsidentenamt wird geschaffen. Bei den Parlamentswahlen zum neuen Senat triumphiert die Gewerkschaft Solidarnošć, die 92 von 100 Sitzen erringt. Neuer Ministerpräsident in Polen wird als erster Nicht-Kommunist im Ostblock Tadeusz Masowiecki. Im November ausgedehnte Polenreise Helmut Kohls, die die Versöhnung zwischen Deutschen und Polen bekräftigen soll. **UNGARN:** Das Land steht an der Spitze des osteuropäischen Reformprozesses im Gefolge der sowjetischen Perestroika, als neue bürgerliche Freiheiten werden Koalitions- und Versammlungsfreiheit sowie Wehrersatzdienst beschlossen. **ČSSR:** In der ČSSR kommt es zu Protesten gegen das Regime am Jahrestag der Selbstverbrennung Jan Palachs von 1969. Nach tagelangen Massenprotesten tritt die Führung der Kommunistischen Partei zurück. Am 10. Dezember wird ein mehrheitlich nichtkommunistisches Kabinett des Bürgerforums vereidigt. Neuer Staatspräsident wird am 29. Dezember der Dramatiker und Bürgerrechtler Václav Havel. **RUMÄNIEN:** Nach schweren, blutig niedergeschlagenen Unruhen wird Staats- und Parteichef Nicolae Ceauşescu am 22. Dezember gestürzt und drei Tage später zusammen mit seiner Frau Elena hingerichtet. Neuer Staatspräsident wird Ion Illiescu. **JUGOSLAWIEN:** In Kosovo eskalieren die Auseinandersetzungen zwischen Serben und Albanern, Entsendung der Bundespolizei zur Unterdrückung von Streiks. **GRIECHENLAND:** Sturz des sozialistischen Premierministers Andreas Papandreou, dessen vielfältige Skandale zu einer ungewöhnlichen und befristeten Koalition zwischen Kommunisten und konservativer NEA-Dimokratia führen. Neuwahlen erbringen keine eindeutigen Mehrheitsverhältnisse. **JAPAN:** Tenno (Kaiser) Hirohito erliegt im Alter von 87 einem Krebsleiden, Nachfolger wird sein 55-jähriger Sohn Akihito. **CHINA:** Ende April beginnen Massendemonstratio-

George Bush

nen, zunächst von Studenten, die demokratische Rechte fordern. Die Bewegung wird zur „Demokratiebewegung", die auch weite Kreise der Arbeiterschaft einschließt und das Machtmonopol der Partei infrage stellt. In Peking und vielen anderen chinesischen Großstädten finden Demonstrationen statt, an denen Millionen von Menschen teilnehmen. In der KP entscheiden die Konservativen um Deng Xiaoping und Li Peng den Machtkampf für sich und entmachten den kompromissbereiten Zhao Ziyang (Generalsekretär). Am 3./4. Juni beendet die „Volksbefreiungsarmee" durch ein Massaker an Studenten auf dem „Platz des himmlischen Friedens" in Peking den angeblich konterrevolutionären Aufruhr (offizielle Sprachregelung). Es schließen sich Verhaftungswellen und Hinrichtungen Oppositioneller an. Die Schätzung der Todesopfer liegt zwischen 3000 und 7000 Menschen. **IRAN:** Weltweite Proteste gegen den Aufruf Khomeinis, den britischen Schriftsteller Salman Rushdie wegen Gotteslästerung in seinem neuen Buch „Satanic Verses" zu töten. Rushdie versteckt sich seither vor angeblich schon aufgestellten Killerkommandos. Im Juli stirbt der Revolutionsführer Ayatolla Khomeini an Krebs. **AFGHANISTAN:** Alle Sowjettruppen werden abgezogen, Staatschef Nadschibullah stellt Kabul im Februar unter Kriegsrecht. Den islamischen Widerstandskämpfern gelingt es nicht, sich militärisch entscheidend durchzusetzen. **PARAGUAY:** Ein blutiger Militärputsch beendet am 3. Februar nach fast 35 Jahren die Diktatur von Alfredo Stroessner. Der neue Staatschef, Armeegeneral Andres Rodriguez, ein Verwandter Stroessners, leitet den Demokratisierungsprozess ein. **KOLUMBIEN:** Zwischen der kolumbianischen Regierung und der so genannten Kokain-Mafia beginnt ein erbitterter Krieg, nachdem die ersten Kokain-Bosse von kolumbianischen Gerichten an die USA ausgeliefert worden sind. Während die Kokain-Mafia vor allen Dingen Polizei und Justiz des Landes mit Mordanschlägen terrorisiert, gelingt es den Streitkräften nicht, die wirklichen Häupter des Rauschgifthandels zu fassen. **CHILE:** Der oppositionelle Christdemokrat Patricio Aylwin gewinnt die ersten freien Präsidentschafts-

Beteiligte des Bürgerkrieges in El Salvador

wahlen seit 1970. Die Opposition stellt auch die Mehrheit in den Parlamenten. **EL SALVADOR:** Mitte November beginnt eine Offensive der Guerilla gegen die Regierungstruppen, die sich sogar in der Hauptstadt San Salvador gegen die Untergrund-Kämpfer verteidigen müssen. **PANAMA:** US-Truppen besetzen am 20. Dezember Panama, um General Manuel Antonio Noriega zu stürzen und wegen Drogenschmuggels anzuklagen. Noriega flieht in die vatikanische Botschaft, Oppositionsführer Guillermo Endara wird zum Präsidenten erklärt. **Wissenschaft:** Laut einer amerikanischen Studie ist die Ozonschicht der Erde nicht nur über dem Südpol, sondern auch über dem Nordpol akut gefährdet. Nach zwölfjähriger Reise durch das Sonnensystem passiert am 25. August die am 20. August 1977 gestartete Raumsonde „Voyager 2" in rund 5000 km Abstand den Planeten Neptun, der 4,4 Milliarden km von der Erde entfernt ist. Andrei Sacharow † (*1921), sowjetischer Atomphysiker und Bürgerrechtler. **Kultur:** Samuel Beckett † (*1906), irischer Schriftsteller. Salvador Dali † (*1904), spanischer Maler des Surrealismus. Thomas Bernhard † (*1931), österreichischer Schriftsteller. Konrad Lorenz † (*1903), österreichischer Verhaltensforscher. Daphne du Maurier † (*1907), britische Schriftstellerin. Herbert von Karajan † (*1909), österreichischer Dirigent. Hoimar von

Ditfurth † (*1921), deutscher Naturwissenschaftler und Journalist. Wladimir Horowitz † (*1903), amerikanischer Pianist. Georges Simenon † (*1903), belgischer Schriftsteller. Laurence Olivier † (*1907), britischer Schauspieler.

1990

Bundeskanzler Kohl erhält von Michail Gorbatschow die Zustimmung dazu, die deutsch-deutsche Einheit weiter voranzutreiben. Die vier Siegermächte des II. Weltkrieges vereinbaren am 14. Februar Gespräche mit DDR und BR Deutschland (2+4-Gespräche). Gegen die Bedenken Frankreichs und Großbritanniens erweisen sich die USA und vor allem Präsident George Bush als treibende Kräfte der Wiedervereinigung. Der saarländische Ministerpräsident und SPD-Kanzlerkandidat Oskar Lafontaine wird im April bei einer Wahlveranstaltung in Köln durch ein Messerattentat schwer verletzt. Kohl und DDR-Ministerpräsident Lothar de Maizière vereinbaren eine Wirtschafts-, Währungs- und Sozialunion der beiden deutschen Staaten zum 1. Juli 1990. Der erste Staatsvertrag wird am 18. Mai unterschrieben und von Bundestag und der Volkskammer am 21. Juni bestätigt. Am 31. August wird die Wiedervereinigung mit der Unterzeichnung des Einigungsvertrages zwischen der DDR und der BR Deutschland besiegelt. Der Vertrag sieht den Beitritt der Länder der DDR zur BR Deutschland nach Art. 23 GG zum 3. Oktober 1990 vor. Bei den letzten 2+4-Gesprächen in Moskau am 12. September werden alle Streitpunkte mit dem „Vertrag über die abschließende Regelung in Bezug auf Deutschland" endgültig geklärt: Die Grenzfragen, vornehmlich die Bestätigung der Oder-Neiße-Linie als deutsche Ostgrenze, die Zugehörigkeit des vereinten Deutschlands zur NATO, der Abzug der sowjetischen Truppen bis 1994, die Reduzierung der Bundeswehr auf 370.000 Mann und die Wiederherstellung der deutschen Souveränität. Michail Gorbatschow hatte bei einem Besuch Kanzler Kohls im Kaukasus im Juli diesen Bedingungen bereits zugestimmt. Zum Tag der deutschen Einheit am 3. Oktober hält Bundespräsident von Weizsäcker in Berlin eine viel beachtete Rede. Die erste gesamtdeutsche Bundestagssitzung findet einen Tag später mit 663 Volksvertretern statt. Bundesinnenminister Wolfgang Schäuble wird bei einem Anschlag am 12. Oktober angeschossen und lebensgefährlich verletzt. Bei den ersten Landtagswahlen in den fünf neuen Ländern gewinnt die CDU in vier Ländern außer Brandenburg, wo die SPD siegt und mit FDP und Bündnis 90 eine Ampelkoalition bildet. Regierungen in den anderen Ländern: Mecklenburg-Vorpommern: CDU/FDP, Thüringen: CDU/FDP, Sachsen: CDU, Sachsen-Anhalt: CDU/FDP. Bei den ersten gesamtdeutschen Bundestagswahlen am 2. Dezember behauptet sich die bisherige Regierungskoalition aus Union und FDP. Herbert Wehner † (*1906). Der Bundesminister für gesamtdeutsche Fragen 1966–69 und Fraktionsvorsitzende der SPD im Bundestag 1969–83 war über Jahrzehnte eine der maßgeblichen Figuren der deutschen Sozialdemokratie und mitverantwortlich für das Godesberger Programm der SPD (1959), das deren Abkehr vom Sozialismus alter Prägung markierte. **DDR:** Die so genannten Leipziger Montagsdemonstrationen mit jeweils ca. 100.000 Teilnehmern halten bis Anfang Februar an. Ministerpräsident Modrow und die Oppositionsgruppen einigen sich am 28. Januar auf die Bildung einer Allparteienregierung. Bei den ersten und letzten freien Volkskammerwahlen siegt die konservative Allianz für Deutschland (CDU, DSU und DA) mit 48 Prozent der Stimmen klar vor der SPD mit 21,9 und der PDS (Nachfolgepartei der SED) mit 16,3 Prozent. Ministerpräsident einer Koalitionsregierung aus Allianz und SPD wird am 12. April Lothar de Maizière. Bei den ersten freien Kommunalwahlen in der DDR siegt ebenfalls die CDU. Die Volkskammer beschließt am 22. Juli die Wiederherstellung der fünf Länder der DDR. Die Mitgliedschaft der DDR im Warschauer Pakt endet am 25. September. Im Schengener Abkommen zwischen der BR Deutschland, Frankreich und den Benelux-Ländern wird der freie Reiseverkehr ohne Grenzkontrollen zwischen diesen Ländern für 1992 beschlossen. **FRANKREICH:** In Paris unterzeichnen am 21. November 34 Staaten der Konferenz für Sicherheit und Zusammenarbeit in Europa (KSZE) eine „Charta für ein neues Europa" zur Aufhebung der seit 1945 bestehenden Spaltung Europas. **GROSSBRITANNIEN:** Premierministerin Margaret Thatcher tritt nach elfjähriger Amtszeit aufgrund massiver Kritik auch aus den eigenen Reihen zurück und legt gleichzeitig den Vorsitz der Konservativen Partei nieder. Ihr Nachfolger in beiden Ämtern wird der bisherige Schatzkanzler John Major. **UDSSR:** Alle Sowjetrepubliken und einige Autonome Republiken erklären sich für souverän, was zu blutigen Unruhen und Nationalitätenkonflikten führt. Mit der Einführung eines Präsidialsystems wird Michail Gorbatschow am 14. März vom Kongress der Volksdeputierten zum Präsidenten gewählt. Am 28. Mai wird Boris Jelzin Präsident des Obersten Sowjet der Russischen Föderativen Sowjetrepublik; schon am 12. Juli tritt Jelzin aus der KP aus, um als Unabhängiger für seine Ziele zu werben. In rascher Folge werden unter Gorbatschows Federführung Reformgesetze u. a. zum Austritt aus der UdSSR, zur Einführung der Marktwirtschaft, Religionsfreiheit, zu einem Mehrparteiensystem und zu einem neuen Unionsvertrag beschlossen. Diese vorsichtigen Dezentralisierungsmaßnahmen können jedoch den unmittelbar drohenden Zerfall der UdSSR nicht mehr aufhalten. **JUGOSLAWIEN:** Mit dem Austritt der slowenischen Kommunisten aus der KP Jugoslawiens wird der Zerfall des Landes vorhersehbar. Nach ihren ersten freien Wahlen leiten Slowenien und Kroatien im Juli ihre Unabhängigkeit ein. Die Serben Kroatiens rufen am 1. Oktober ihre Autonomie aus. Auch in Bosnien-Herzegowina finden erstmals Freie Wahlen statt. Der Kosovo wird aller Autonomierechte beraubt und Serbien angegliedert. Die darauf folgenden Unruhen werden blutig niedergeschlagen. **POLEN:** Der Gewerkschaftsführer Lech Walesa wird am 9. Dezember zum Staatspräsidenten gewählt. Er tritt damit die Nachfolge des seit 1985 amtierenden Generals Wojciech Jaruzelski an. **ČSSR:** Die ČSSR wird zum Ausdruck der Gleichberechtigung beider Landesteile in ČSFR (Tschechische und Slowakische Föderative Republik) umbenannt. Die ersten freien Wahlen seit 1946 gewinnt das Tschechische Bürgerforum unter Präsident Václav Havel und dessen slowakische Schwesterorganisation „Öffentlichkeit gegen Gewalt". **UNGARN:** Bei den ersten freien Parlamentswahlen seit 1947 siegt das konservative Ungarische Demokratische Forum. Ministerpräsident wird József Antall. Die Ablösung der Kommunisten geht aufgrund der vorangegangenen Reformen in der Kommunistischen Partei völlig unblutig vonstatten. **IRAK/KUWAIT:** Irakische Truppen marschieren am 2. August in Kuwait ein, das am 8. August annektiert wird. Der UN-Sicherheitsrat verurteilt einstimmig den Einmarsch und verhängt ein Wirtschafts-, Finanz- und Militärembargo gegen den Irak. Die USA und die Arabische Liga kündigen die Entsendung von Truppen nach Saudi-Arabien an. **JEMEN:** Die Demokratische Republik Jemen und die Arabische Republik Jemen vereinigen sich zur Republik Jemen. **SÜDAFRIKA:** Nach einer mehr als 27 Jahre währenden Haft wird der Schwarzenführer

Südafrika: N. Mandela u. F. De Klerk

Nelson Mandela überraschend freigelassen. Mandela gilt als Symbolfigur des Emanzipationskampfes der schwarzen Bevölkerungsmehrheit. Präsident Frederik Willem de Klerk stellt die Wiederzulassung des African National Congress (ANC) und die Aufhebung der Apartheidgesetze bis 1992 in Aussicht. **PANAMA:** Ex-Diktator Antonio Noriega stellt sich den US-amerikanischen Besatzungstruppen und wird wegen Rauschgifthandels in Florida angeklagt. **NICARAGUA:** Die seit 1979 regierenden Sandinisten müssen die Macht abgeben: Nach dem Wahlerfolg ihrer konservativen Partei am 25. Februar wird die Verlegerwitwe Violeta Barrios de Chamorro als neue Staatspräsidentin vereidigt. **Wissenschaft:** Zum ersten Mal in Europa setzen am 1. Januar Chirurgen in Hannover einem Menschen zwei neue Lungenflügel ein. Die amerikanische Raumfähre „Discovery" bringt am 24. April das Weltraum-Teleskop „Hubble" ins Weltall. **Kultur:** Kurt Masur übernimmt am 12. April als erster deutscher Dirigent die musikalische Leitung der berühmten New Yorker Philharmoniker. Deutschland wird am 8. Juli Fußballweltmeister. Greta Garbo † (*1905), amerikanische Filmschauspielerin. Sammy Davis Jr. † (* 1925), amerikanischer Schauspieler und Entertainer. Luis Trenker † (*1921), österreichischer Schauspieler und Schriftsteller. Walter Sedlmayer † (*1926), deutscher Schauspieler. Leonhard Bernstein † (*1918), amerikanischer Komponist und Dirigent. Sarah Vaughan † (*1924), amerikanische Jazzsängerin. Friedrich Dürrenmatt † (*1921), schweizerischer Dramatiker und Schriftsteller. Norbert Elias † (*1897), deutsch-britischer Kulturhistoriker. Burrhus Frederic Skinner † (*1904), amerikanischer Psychologe und Pädagoge des Behaviorismus.

Greta Garbo

Leonard Bernstein: Szene aus dem Musical „West Side Story"

1991

Helmut Kohl wird vom Bundestag am 17. Januar zum ersten gesamtdeutschen Bundeskanzler gewählt. Der Präsident der Treuhandanstalt zur Überführung der ehemaligen Volkseigenen Betriebe in die gesamtdeutsche Privatwirtschaft, Karsten Rohwedder, wird in Düsseldorf Opfer eines RAF-Attentats. Der deutsche Bundestag entscheidet sich am 20. Juni mit 338 gegen 320 Stimmen gegen Bonn und für Berlin als künftigen Regierungssitz. **UDSSR:** In Moskau führt der politische Wandel in Osteuropa zur Auflösung der militärischen Struktur des Warschauer Paktes. Sowjetische Fallschirmjäger und Sondereinheiten des Innenministeriums besetzen strategisch wichtige Punkte in der litauischen Hauptstadt Vilnius (Wilna). Der Versuch, die baltischen Staaten gewaltsam an Moskau zu binden, hat jedoch keinen Erfolg. Boris Jelzin wird am 12. Juni neuer Präsident der sowjetischen Teilrepublik Russland. Michail Gorbatschow tritt am 25. Dezember als Staatspräsident zurück. Die UdSSR löst sich auf. An ihre Stelle tritt die zunächst aus Russland, Weißrussland und der Ukraine bestehende Gemeinschaft unabhängiger Staaten (GUS). Hinzu kommen noch im selben Jahr Kirgisien, Tadschikistan, Kasachstan, Turkmenien, Usbekistan, Armenien, Aserbeidschan und Moldawien. **JUGOSLAWIEN:** Nach der Unabhängigkeitserklärung Sloweniens und Kroatiens aus dem jugoslawischen Staatenbund bricht am 25. Juni der offene Bürgerkrieg aus. Teile der serbisch befehligten Bundesarmee versuchen die beiden Republiken mit Gewalt in den jugoslawischen Staatsverband zurück zu zwingen. Während die heftigen Kämpfe in Slowenien zwischen den Einheiten der Territorialverteidigung und der Bundesarmee am 21. Juli mit dem Rückzug der Bundestruppen noch verhältnismäßig schnell beendet werden können, kommt es zur Eskalation der Gewalt an der Grenze zwischen Kroatien, Serbien und Bosnien-Herzegowina. Bis zum Jahresende sterben mehrere tausend Menschen, eine halbe Million flieht, zahlreiche Städte und Dörfer werden dem Erdboden gleichgemacht. **IRAK:** Am 17. Januar beginnt mit der „Operation Wüstensturm" der Angriff der Alliierten auf den Irak und die irakische Besatzungsmacht in Kuwait. Nach der erfolgreichen alliierten Bodenoffensive erklärt sich der Irak zur Anerkennung der UN-Resolution bereit. Am 28. Februar werden die Kampfhandlungen eingestellt. In Kuwait stehen über 600 Ölquellen in Flammen. **LIBANON:** Die Entwaffnung der christlichen und drusischen Milizen macht nach 16-jährigem Bürgerkrieg erstmals eine friedliche Entwicklung im Libanon möglich. **HAITI:** Präsident Bertrand Aristide wird am 30. September durch einen Militärputsch unter Führung des Generals Raoul Cédras gestürzt. **SÜDAFRIKA:** Staatspräsident Willem de Klerk kündigt am 1. Februar die Aufhebung aller Gesetze zur Rassentrennung (Apartheid) innerhalb der folgenden fünf Monate an. Nur das Wahlrecht bleibt als Privileg für die weiße Bevölkerung erhalten. **ÄTHIOPIEN:** Das linksgerichtete Militärregime unter Führung von Mengistu Haile Mariam wird nach 26-jähriger Herrschaft vertrieben. **INDIEN:** Der frühere Ministerpräsident und Spitzenkandidat der Kongresspartei Rajiv Gandhi wird am 21. Mai in Sriperumbudur bei einem Anschlag getötet. **Wissenschaft:** Amerikanische Wissenschaftler präsentieren einen ersten Impfstoff gegen AIDS. Der Fund einer im Gletscher mumifizierten Leiche aus der Bronzezeit im österreichischen Ötztal entpuppt sich als archäologische Sensation. **Kultur:** Martin Walser veröffentlicht seinen erfolgreichen Roman „Die Verteidigung der Kindheit". Kulturhauptstadt Europas ist die irische Hauptstadt Dublin. Kevin Costner erhält sieben Oskars für „Der mit dem Wolf tanzt". Mit einem Festkonzert unter Beteiligung zahlreicher internationaler Opernstars feiert die berühmte New Yorker Carnegie Hall ihr 100-jähriges Bestehen. Klaus Kinski † (*1926), deutscher Schauspieler. Max Frisch † (*1911), schweizerischer Schriftsteller. Graham Greene † (*1904), britischer Schriftsteller. Miles Davis † (*1926), amerikanischer Jazzmusiker.

Klaus Kinski

Max Frisch

1992

Das Stasi-Unterlagen-Gesetz, das vom deutschen Bundestag im November 1991 verabschiedet wurde, tritt am 1. Januar in Kraft. Es regelt den Zugang zu den Dossiers des ehemaligen DDR-Ministeriums für Staatssicherheit. Am folgenden Tag können die ersten Betroffenen Akteneinsicht nehmen. Der bisherige Justizminister Klaus Kinkel (FDP) tritt am 18. Mai die Nachfolge des bisherigen Außenministers Hans-Dietrich Genscher an. Willy Brandt † (*1913), Regierender Bürgermeister Berlins 1957–66, SPD-Vorsitzender 1964–87, Bundeskanzler 1969–74, Friedensnobelpreis 1971. **FRANKREICH:** Die sozialistische Ministerpräsidentin Edith Cresson reicht nach elfmonatiger Amtszeit ihren Rücktritt ein. **JUGOSLAWIEN:** Slowenien und Kroatien werden als unabhängige Staaten von der EG und anderen Staaten anerkannt. Am 3. März erfolgt die Unabhängigkeitserklärung der Republik Bosnien-Herzegowina, die am 6. Juli durch die EG und die USA anerkannt wird. Die Serben belagern und beschießen unter anderem Sarajewo. Mehr als 350.000 Menschen fliehen nach Kroatien, mehr als 400.000 in andere Staaten Europas. Serbien und Montenegro gründen am 27. April die international nicht anerkannte Bundesrepublik Jugoslawien. Der UNO-Sicherheitsrat beschließt am 9. Juni die Entsendung von Friedenstruppen zum Schutz des Flughafens von Sarajevo. Über 100.000 Zivilisten werden in Lagern festgehalten: Die UNO verurteilt am 15. Dezember die von Serben an moslemischen Frauen systematisch verübten Massenvergewaltigungen. Präsident Franjo Tudjman wird bei Wahlen am 2. August in Kroatien bestätigt. Milan Kučan wird am 6. Dezember als Präsident Sloweniens bestätigt. **ČSFR:** Beschluss der Spaltung in zwei Teilrepubliken, Tschechien und Slowakei, zum 1. Januar 1993. Alexander Dubček † (*1921), kommunistischer tschechoslowakischer Politiker, Leitfigur des „Prager Frühlings" (1968) und Parlamentspräsident 1989. **EG:** Am 7. Februar wird der Vertrag von

Willy Brandt

Alexander Dubček

Maastricht unterzeichnet. Geplant ist eine einheitliche Währung und gemeinsame Wirtschafts-, Währungs-, Außen- und Sicherheitspolitik. **USA:** Die USA bestätigen am 2. Juli den Abzug aller taktischen Atomwaffen aus Europa. In Washington beschließen die USA, Kanada und Mexiko die Gründung einer Freihandelszone (NAFTA). Sie soll zu einem schrittweisen Abbau von Zöllen und anderen Handelsabkommen führen. Der demokratische Politiker Bill Clinton setzt sich am 3. November gegen den republikanischen Amtsinhaber George Bush und den Unabhängigen Ross Perot bei der Wahl zum 42. US-Präsidenten durch. **ISRAEL:** Die bislang oppositionelle Arbeiterpartei von Yitzhak Rabin sowie die übrigen Linksparteien gewinnen die Parlamentswahl mit 44 Sitzen und verweisen den seit 1977 regierenden Likud-Block unter Yitzhak Schamir in die Opposition (32 Sitze). Die Wahl Rabins stärkt die Hoffnung auf einen Fortgang des Friedensprozesses im Nahen Osten. **PERU:** Der peruanische Staatspräsident Alberto Fujimori löst am 5. April das Parlament auf, setzt die Verfassung des Landes außer Kraft und bildet eine Notstandsregierung. **Wissenschaft:** Die deutsche Sektion der „Ärzte gegen Atomkrieg" berichtet, dass infolge der nuklearen Strahlung seit der Zündung der ersten Atombombe über Hiroshima vor 50 Jahren mindestens 750.000 Menschen gestorben sind. Der Deutsche Ulf Merbold startet mit sechs amerikanischen Astronauten an Bord der Raumfähre „Discovery" zu deren zweiter Mission ins All. In den USA gelingt es Medizinern erstmals, Herz, Niere und Bauchspeicheldrüse bei einem Menschen in einer Operation gleichzeitig zu verpflanzen. Für die Erfindung eines Detektors, der die Wechselwirkung elementarer Teilchen nachweisen kann, wird der französische Physiker Georges Charpak mit dem Physiknobelpreis ausgezeichnet. **Kultur:** In „Schtonk" mit Götz George und Uwe Ochsenknecht in den Hauptrollen thematisiert Regisseur Helmut Dietl die Affäre um die gefälschten Hitler-Tagebücher (1983). Kulturhauptstadt Europas ist in diesem Jahr Madrid. Marlene Dietrich † (*1901), deutsche Sängerin und Schauspielerin. John Cage † (*1912), amerikanischer Komponist. Champion Jack Dupree † (*1909), amerikanischer Bluesmusiker. Anthony Perkins † (*1932), amerikanischer Schauspieler. Alex Haley † (*1921), amerikanischer Schriftsteller.

Marlene Dietrich in „Der blaue Engel"

1993

Als Spätfolge der so genannten Barschel-Affäre von 1987 verzichtet Björn Engholm am 3. Mai auf seine Ämter als Ministerpräsident von Schleswig-Holstein und Bundesvorsitzender der SPD. Seine Nachfolgerin als Ministerpräsidentin wird Heide Simonis (SPD). Der deutsche Bundestag billigt mit der nötigen Zwei-Drittel-Mehrheit eine wesentliche Einschränkung des Grundrechts auf Asyl. **EU:** Zwischen den zwölf Staaten der Europäischen Gemeinschaft tritt am 1. Januar der gemeinsame Binnenmarkt in Kraft, der den freien Verkehr von Personen, Waren, Dienstleistungen und Kapital ermöglicht. **BOSNIEN-HERZEGOWINA:** Der vom EG-Vermittler für das ehemalige Jugoslawien, Lord David Owen, und dem früheren US-Außenminister Cyrus Vance vorgelegte Friedensplan, der die Aufteilung Bosniens in je drei serbische, moslemische und kroatische Provinzen unter Wahrung der Einheit des Landes vorsah, scheitert vor allem aufgrund der ablehnenden Haltung der Serben. **TÜRKEI:** Die Vorsitzende der konservativen Partei des rechten Weges (DYP), Tansu Çiller, wird zur ersten Ministerpräsidentin der Türkei gewählt. **USA/IRAK:** Kriegsschiffe der US-Marine im Persischen Golf und im Roten Meer feuern am 17. Juni 23 Marschflugkörper auf die Zentrale des irakischen Geheimdienstes in Bagdad ab. Die Militäraktion ist ein Vergeltungsschlag für die Attentatspläne des Irak gegen George Bush bei dessen Kuwait-Besuch im April 1993. **USA:** Sechs Tote und fast 300 Verletzte fordert ein Bombenanschlag am 26. Februar auf das World Trade Center in New York. Am 24. Mai werden vier moslemische Fundamentalisten als Bombenleger zu je 240 Jahren Haft verurteilt. **ISRAEL:** Ezer Weizmann wird am 24. März von der Knesset zum neuen Staatspräsidenten gewählt. Das Gaza-Jericho-Abkommen Israels mit der PLO sieht ab dem 1. Oktober eine Teilautonomie der Pälestinenser im Gaza-Streifen und in Jericho vor. **KAMBODSCHA:** Bei den ersten freien Wahlen unter UNO-Aufsicht seit dem Beginn des Bürgerkrieges Anfang der 70er-Jahre in Kambodscha gewinnen am 23. Mai die Royalisten die absolute Mehrheit. Am 21. September wird Prinz Norodom Sihanouk wieder zum Monarchen erhoben. **SÜDAFRIKA:** Der Vorkämpfer gegen die Rassendiskriminierung Nelson Mandela und der südafrikanische Präsident Frederik Willem de Klerk erhalten für ihre Verdienste um die friedliche Abschaffung des Apartheid-Regimes den Friedensnobelpreis. **PARAGUAY:** Bei den ersten wirklich freien Wahlen in der 182-jährigen Geschichte des Landes wird mit Juan Carlos Wasmosy der Kandidat der regierenden Colorados zum Staatspräsident gewählt. **Wissenschaft:** Das Bundesgesundheitsamt gestattet Freilandversuche mit genmanipulierten Zuckerrüben und Kartoffeln in den Bundesländern Bayern und Niedersachsen. Von der russischen Raumstation „Mir" aus lenken Kosmonauten am 4. Februar mit einem Rundspiegel einen Lichtstrahl zur Erde, der in Europa mit bloßem Auge erkennbar ist. Die Weltgesundheitsorganisation (WHO) teilt mit, dass derzeit weltweit etwa 14 Millionen Menschen an AIDS erkrankt sind. Bis zum Jahr 2000 wird mit einem Anstieg der Infiziertenzahl auf bis zu 40 Millionen Menschen gerechnet. **Kultur:** Steven Spielbergs Film „Schindlers Liste" thematisiert den Holocaust des Dritten Reiches. In London stellt Andrew Lloyd Webber am 12. Juli sein neues Musical „Sunset Boulevard" vor. Der seit 1945 verschwundene kostbare „Schatz des Priamos", den Heinrich Schliemann seit 1870 in Troja ausgegraben hat, wird in Russland gefunden. Am 18. Januar erscheint die erste Ausgabe des neuen Nachrichtenmagazins „Focus". Kulturhauptstadt Europas ist Antwerpen in Belgien. Federico Fellini † (*1920), italienischer Filmregisseur. Antony Burgess † (*1917), britischer Schriftsteller. Willliam Golding † (*1911), britischer Schriftsteller. Dizzy Gillespie † (*1917), amerikanischer Jazzmusiker. Frank Zappa, amerikanischer Rockmusiker † (*1940).

Norodom Sihanouk

Andrew Lloyd Webber

1994

Die von Helmut Kohl geführte christlich-liberale Bundesregierung bleibt trotz eines Verlustes von 6,4 Prozent der Stimmen weiterhin im Amt. Roman Herzog, der Kandidat von CDU/CSU und FDP, wird als Nachfolger von Richard von Weizsäcker zum siebten deutschen Bundespräsidenten gewählt. **BELGIEN:** In Brüssel wird am 1. März der Beitritt von Finnland, Österreich und Schweden zur Europäischen Union zum 1. Januar 1995 beschlossen. Eine Erweiterung um Norwegen, die am 16. März vereinbart wird, scheitert am negativen Votum der Bürger des skandinavischen Landes. **ITALIEN:** Der Medienunternehmer Silvio Berlusconi wird am 11. Mai zum Ministerpräsident Italiens vereidigt. Aufgrund von Korruptionsvorwürfen

Silvio Berlusconi

tritt er jedoch am 22. Dezember als Regierungschef zurück. **BOSNIEN:** Durch einen Granateneinschlag werden in der bosnischen Hauptstadt Sarajewo 68 Menschen getötet. Mit der Drohung von Luftangriffen zwingt die NATO die serbischen Belagerer zum Rückzug ihrer Geschütze. **CHILE:** Der frühere DDR-Chef Erich Honecker (*25.8.1912) stirbt am 29. Mai in Santiago de Chile. **RUSSLAND:** Der 1975 aus der UdSSR ausgebürgerte russische Schriftsteller Alexander Solschenizyn betritt nach 20-jährigem Exil in den USA in Wladiwostok wieder russischen Boden. **SÜDAFRIKA:** Bei den ersten freien Parlamentswahlen in Südafrika verfehlt der Afrikanische Nationalkongress mit 62,65 Prozent die absolute Mehrheit. Mit der Amtseinführung des ANC-Führers Nelson Mandela als Präsident am 7. Mai endet nach 243 Jahren die Herrschaft der Weißen am Kap. **HAITI:** Nach der Landung von 15.000 US-Soldaten kehrt der ehemalige Präsident des Landes Jean Bertrand Aristide am 15. Oktober auf die Antilleninsel zurück, die seit dem 30. September 1991 vom Militär beherrscht wurde. **Wissenschaft:** Krebspatienten werden am 4. Mai erstmals in Deutschland mit genetisch veränderten „Killerzellen" medizinisch behandelt. **Kultur:** Das „Haus der Geschichte" der Bundesrepublik Deutschland wird am 13. Juni in Bonn eröffnet. Im US-Bundesstaat New York findet am 12. August das Rockmusikfestival „Woodstock `94" statt. Es soll an das legendäre Woodstock-Konzert vor 25 Jahren erinnern. Heinz Rühmann † (*1912), deutscher Schauspieler. Charles Bukowski † (*1920), amerikanischer Schriftsteller. Elias Canetti † (*1912), bulgarischer Schriftsteller. Kurt Cobain † (*1967), Rockmusiker. Eugène Ionesco † (*1912), französischer Schriftsteller. Robert Jungk † (*1913), österreichischer Zukunftsforscher. Karl Popper † (*1902), deutscher Philosoph.

Elias Canetti

1995

Überraschend löst auf dem Mannheimer Parteitag am 16. November Oskar Lafontaine Rudolf Scharping als SPD-Vorsitzender ab. Der Grundwehrdienst wird im Mai von zwölf auf zehn Monate verkürzt. **BOSNIEN-HERZEGOWINA:** Trotz offiziellen Waffenstillstands seit dem 1. Januar erobern bosnische Serben die UNO-Schutzzonen um Srebrenica und Zepa und greifen Bihać sowie Sarajevo an. Im Mai unternimmt die NATO Angriffsflüge auf serbische Munitionslager. Die Serben nehmen UN-Soldaten als Geiseln und kündigen am 30. Mai alle Abmachungen mit der UNO. Auch die bosnische Armee nimmt ab Juni die Kämpfe bei Sarajevo und um Bihać wieder auf. Am 5. Oktober einigen sich die Kriegsparteien auf einen Waffenstillstand. Die Präsidenten Kroatiens, Serbiens und Bosniens paraphieren in Dayton ein Friedensabkommen, das am 14. Dezember in Paris unterzeichnet wird. Bosnien wird in einen moslemisch-kroatischen und einen serbischen Teil aufgeteilt. Sarajevo bleibt die Hauptstadt Bosniens. **FRANKREICH:** Der Neogaullist Jacques Chirac gewinnt am 23. April die Präsidentschaftswahlen. **EUROPA:** Das Schengener Abkommen tritt am 26. März in Kraft. Mit ihm entfallen Kontrollen an den Grenzen zwischen Benelux-Ländern, Frankreich, Deutschland, Spanien und Portugal. **JAPAN:** In Tokio wird am 20. März ein Anschlag mit dem Giftgas Sann auf die U-Bahn und am 19. April auf den Bahnhof in Yokohama durch die AUM-Sekte verübt. Ihr Chef Shoko Asahara wird am 16. Mai verhaftet. Am 6. August, dem 50. Jahrestag des Atombombenabwurfs von Hiroshima, versammeln sich 60.000 Menschen im Friedenspark der Stadt. **ISRAEL:** Bei einer Friedenskundgebung in Tel Aviv fällt der israelische Ministerpräsident Rabin einem Mordanschlag zum

Oskar Lafontaine

Jacques Chirac

Opfer. **Wissenschaft:** Die US-Raumfähre „Atlantis" dockt am 29. Juni an die russische Raumstation „Mir" an. Amerikanische Archäologen entdecken 660 km südlich von Kairo im Tal der Könige die bisher größte Pharaonen-Grabstätte mit 67 Grabkammern. **Kultur:** Mit der Veröffentlichung der Single „Free as a Bird" und einem Album mit bisher unbekannten Aufnahmen starten die Beatles am 20. November ein Comeback. In der Höhle von Combe d'Arc in Südfrankreich werden im Januar ca. 20.000 Jahre alte Malereien entdeckt. Kulturhauptstadt Europas ist in diesem Jahr Luxemburg. Patricia Highsmith † (*1921), amerikanische Schriftstellerin. Michael Ende † (*1929), deutscher Schriftsteller. Ginger Rogers † (*1911), amerikanische Tänzerin und Schauspielerin. Hanns Joachim Friedrichs † (*1927), deutscher Journalist. Lana Turner † (*1920), amerikanische Schauspielerin. Reinhard Furrer † (*1940), deutscher Physiker und Astronom. Gerd Bucerius † (*1906), deutscher Verleger und Publizist. Louis Malle † (*1932), französischer Filmregisseur. Konrad Zuse † (*1910), deutscher Ingenieur und Erfinder. Dean Martin † (*1917), amerikanischer Schauspieler, Sänger und Entertainer.

Ginger Rogers

1996

Wegen illegaler Waffengeschäfte wird am 31. Januar der „Devisenbeschaffer" Schalck-Golodkowski vom Landgericht Berlin zu einem Jahr Freiheitsstrafe auf Bewährung verurteilt. Bei einem Brand in einem Lübecker Asylbewerberwohnheim werden am 18. Januar zehn Menschen Todesopfer einer mutmaßlichen Brandstiftung. **SPANIEN:** José María Aznar, der Kandidat der konservativen Partei (Partido Popular), wird am 5. Mai zum Regierungschef gewählt. **RUSSLAND:** Boris Jelzin wird am 3. Juli erneut zum Präsidenten gewählt. Der Tschetschenienkrieg wird nach 21 Monaten am 31. August durch ein Sicherheitsabkommen beendet, das durch den russischen General Lebed und den tschetschenischen Generalstabschef Maschadow unterzeichnet wird. **ENGLAND:** Der britische Thronfolger Prinz Charles und Prinzessin Diana werden nach 15-jähriger Ehe geschieden. Mit einem Sprengstoffanschlag in London, bei dem zwei Menschen sterben, bricht die irische Terrororganisation IRA am 9. Februar den zweijährigen Waffenstillstand. **PORTUGAL:** Jorge Sampaio tritt am 8. März die Nachfolge von Staatschef Mario Soares an. **BELGIEN:** Der Kindermörder Marc Dutroux wird am 13. August verhaftet. Ein mit diesem Fall zusammenhängender Justizskandal veranlasst die belgische Bevölkerung zu tagelangen Demonstrationen. **BOSNIEN-HERZEGOWINA:** Bei den ersten Nachkriegswahlen wird Staatspräsident Alija Izetbegović am 14. September im Amt bestätigt. **USA:** Ein Bombenanschlag erschüttert am 28. Juli die XXVI. Olympischen Spiele in Atlanta im US-Bundesstaat Georgia. Eine Amerikanerin und ein türkischer Journalist kommen ums Leben. Bill Clinton wird am 5. November bei einer Wahlbeteiligung von nur 48,8 Prozent als US-Präsident wieder gewählt. Das Programm der Olympischen Spiele, die in Atlanta ausgetragen werden, ist umfangreich wie nie. In 26 Sportarten und 271 Wettbewerben kämpfen über 10.000 Athleten um die Medaillen. **PERU:** Peruanische Rebellen der Tupac Amaru nehmen am 18. Dezember in der Residenz des japanischen Botschafters mehrere hundert Geiseln gefangen. **JAPAN:** Ryutaro Hashimoto wird am 11. Januar neuer Ministerpräsident des Landes. **Wissenschaft:** US-Astronomen entdecken am 27. Juni mithilfe des Weltraumteleskops Hubble sechs Gestirne, die weiter von der Erde entfernt sind als alle bisher bekann-

Boris Jelzin

Lady Diana

François Mitterrand

Ella Fitzgerald

ten Himmelsgestirne. **Kultur:** François Mitterrand † (*1916), französischer Staatspräsident. Joseph Brodsky † (*1940), russisch-amerikanische Schriftstellerin. Gene Kelly † (*1912), amerikanischer Schauspieler und Tänzer. Ella Fitzgerald † (*1918), amerikanische Jazzsängerin. Andreas Papandreou † (*1919), griechischer Politiker. Sergiu Celibidache † (*1912), rumänischer Dirigent. Marcello Mastroianni † (*1924), italienischer Schauspieler.

1997

DEUTSCHLAND: Bundeskanzler Helmut Kohl unterzeichnet im Januar mit dem tschechischen Ministerpräsidenten Vaćlav Klaus eine Erklärung zur Versöhnung beider Völker. In der Deklaration werden die Besetzung der Tschechoslowakei durch die deutschen Truppen in den Jahren 1938–1945 und die Vertreibung der Sudetendeutschen nach dem II. Weltkrieg bedauert. **ÖSTERREICH:** Viktor Klima von der SPÖ löst am 18. Januar als neuer Bundeskanzler Franz Vranitzky ab. **FRANKREICH:** Der Sozialist Lionel Jospin wird am 2. Juni Premierminister. Er steht an der Spitze einer linken Koalitionsregierung, die aus Sozialisten, Kommunisten, Grünen, Bürgerbewegung und Radikalsozialisten gebildet ist. **GROSSBRITANNIEN:** Die Labour Party gewinnt am 1. Mai die britischen Unterhauswahlen. Tony Blair löst John Major als Premierminister ab. **BOSNIEN-HERZEGOWINA:** Die ersten Kommunalwahlen seit dem Krieg am 14. September verlaufen weitgehend friedlich. **EU:** Am 17./18. Juni verabschieden die Staats- und Regierungschefs der EU in Amsterdam den Amsterdamer Vertrag zur Revision der bestehenden Verträge sowie den Stabilitätspakt für den Euro. Dieser soll garantieren, dass die Maastricht-Kriterien auch nach der Einführung des Euro eingehalten werden. **HONGKONG:** Nach 155 Jahren übernimmt China am 1. Juli die britische Kronkolonie. **PERU:** Ein Sonderkommando der peruanischen Armee stürmt am 22. April die japanische Botschaft, in der von den anfänglich 400 Geiseln noch 72 von den peruanische Rebellen der Tupac Amaru festgehalten werden. Bei der Befreiung sterben alle 14 Rebellen, 2 Soldaten und eine Geisel. **CHINA:** Der große chinesische Wirtschaftsreformer Deng Xiaoping stirbt 92-jährig in Peking. Seit 1990 übte er kein öffentliches Amt mehr aus, war aber bis zu seinem Tod der einflussreichste Mann des Landes. **Wissenschaft:** Im Rahmen der US-Mars-Mission „Pathfinder" wird im Juli 1997 eine Raumsonde auf dem Roten Planeten abgeworfen. Englische Wissenschaftler geben am 23. Februar bekannt, dass sie mit dem Schaf „Dolly" erstmals eine Kopie eines Tieres erzeugt haben. **Kultur:** Manfred Baron von Ardenne † (*1907), deutscher Erfinder und Wissenschaftler. Victor Vasarély † (*1908), französischer Maler und Grafiker. Jaques-Yves Cousteau † (*1910), französischer Meeresbiologe. Jurek Becker † (*1937), deutscher Schriftsteller. Deng Xiaoping † (*1904), chinesischer Politiker. Stephan Hermlin † (*1915), deutscher Schriftsteller. Chaim Herzog † (*1918), israelischer Politiker. Robert Mitchum † (*1917), amerikanischer Schauspieler. James Stewart † (*1908), amerikanischer Schauspieler. Lady Diana, Princess of Wales † (*1961), ehemalige Ehefrau des britischen Thronfolgers Prince Charles. Mutter Teresa † (*1910), Ordensschwester und Friedensnobelpreisträgerin. Roy Lichtenstein † (*1923), Maler, Grafiker und Bildhauer.

Tony Blair

Mutter Theresa

1998

Der Bundestag beschließt am 16. Januar per Grundgesetzänderung, die Einführung des großen Lauschangriffs. Die SPD gewinnt am 7. September die Bundestagswahl. Gerhard Schröder löst nach 16 Jahren Helmut Kohl als Bundeskanzler ab. Außenmi-

Helmut Kohl

Helmut Kohl (*3.4.1930 in Ludwigshafen) ist der erste Bundeskanzler des vereinigten Deutschlands und eine der maßgeblichen Figuren im Prozess der politischen Integration Europas. Nach einer steilen politischen Karriere in seinem Heimatland Rheinland-Pfalz (1969–76 Ministerpräsident) und in der Bundes-CDU (seit 1973 Parteivorsitzender) ging Kohl nach der nur sehr knapp verlorenen Bundestagswahl 1976 als Oppositionsführer nach Bonn. 1982 löste er Helmut Schmidt nach dem Zerfall der sozial-liberalen Koalition durch ein konstruktives Misstrauensvotum im Bundestag als Kanzler ab. Die neue Koalition aus Union und FDP wurde in den anschließenden Wahlen 1983 überzeugend bestätigt. Angetreten mit dem Anspruch einer „geistig-moralischen Wende", legte Kohl in den ersten vier Jahren seiner Kanzlerschaft und nach der Wiederwahl 1987 die Schwerpunkte seiner Politik auf die Sanierung des Staatshaushalts, die Stärkung der Investitionstätigkeit und Reformen zur Umstrukturierung der Sozialsysteme. Außenpolitisch anfangs im Wesentlichen die Politik seines Vorgängers fortsetzend (u. a. Durchsetzung des NATO-Doppelbeschlusses 1983, Weiterentwicklung der europäischen Integration im Zusammenspiel mit Frankreichs Staatspräsident Mitterrand), förderte Kohl den neuen Kurs der Sowjetunion unter Gorbatschow und konnte nach dem Zusammenbruch des DDR-Regimes im Spätherbst 1989 mit erheblichem staatsmännischen Geschick und unter Einsatz seines mittlerweile beträchtlichen internationalen Gewichts dem deutschen Einigungsprozess die weichenstellenden Impulse verleihen. Auf europäischer Ebene gelangen ihm mit der im Maastrichter Vertrag beschlossenen Einführung der europäischen Einheitswährung Euro und der Gründung der Europäischen Union die mutmaßlich entscheidenden Schritte zu einer künftigen politischen Union Europas. 1990 bei den ersten gesamtdeutschen Wahlen glanzvoll, 1994 nur noch mit knapper Mehrheit wiedergewählt, konnte die Kohl-Regierung den mit den Lasten der Wiedervereinigung verbundenen wirtschaftlichen Schwierigkeiten und der wachsenden Arbeitslosigkeit nicht wirksam begegnen. Dies führte zu einer schweren Niederlage der Koalition gegen die SPD und deren Kanzlerkandidat Schröder bei den Bundestagswahlen 1998, die auch eine persönliche Niederlage Helmut Kohls war, der noch einmal als Spitzenkandidat angetreten war. Daraufhin legte er den Vorsitz der CDU nieder und wurde deren Ehrenvorsitzender. 1999 wurde Kohl in Würdigung seiner besonderen Verdienste um die europäische Integration zum „Ehrenbürger Europas" ernannt; er ist nach Jean Monnet erst der zweite Politiker, dem diese Auszeichnung zuteil wurde. Im Zuge der Spendenaffäre der CDU im Spätherbst 1999 geriet auch Kohl ins Zwielicht, als er zugab, Spenden an seine Partei nicht ordnungsgemäß verbucht zu haben und sich überdies weigerte, die Namen der Spender zu nennen. Im Januar 2000 legte Kohl den Ehrenvorsitz der CDU nieder und musste im Untersuchungsausschuss des Bundestags zur Spendenaffäre aussagen. So wenig ehrenvoll dieser Abgang auch gewesen sein mag, ändert er doch nichts an Helmut Kohls Lebensleistung als „Kanzler der Einheit" und „Vater des Euro".

Helmut Kohl

nister wird Joschka Fischer vom Koalitionspartner Bündnis 90/Die Grünen. Die Terrororganisation RAF erklärt sich am 20. April für aufgelöst. **ITALIEN:** Mit Massimo D'Alema übernimmt am 21. Oktober zum ersten Mal ein Kommunist die Regierung des Landes. **JUGOSLAWIEN:** Serbien geht seit März gegen

Slobodan Milošević

die UÇK (Befreiungsarmee des Kosovo) vor. Tausende Kosovaren ergreifen die Flucht aus Angst vor „ethnischen Säuberungen". Die USA erklärt sich am 4. März zum militärischen Eingreifen bereit. Der Sicherheitsrat der UN fordert am 23. September von Jugoslawien die sofortige Einstellung der Kämpfe, von der UÇK die Waffenniederlegung. Entgegen der Erklärung des jugoslawischen Präsidenten Milošević, bis zum 27. Oktober Armee und Sonderpolizei zurückzuziehen, kommt es am 24. Dezember zu einer weiteren Offensive gegen die UÇK. **LITAUEN:** Bei der Stichwahl zum Präsidentenamt am 4. Januar setzt sich der Parteilose Valdas Adamkus durch. **USA:** Die Innenpolitik steht im Zeichen der Lewinsky-Affäre. Präsident Clinton gesteht am 17. August ein, dass er, im Widerspruch zu früheren Aussagen, mit einer Praktikantin im Weißen Haus eine „unangemessene Beziehung" gehabt habe. Das Repräsentantenhaus leitet am 8. Oktober ein Amtsenthebungsverfahren ein. **CHINA:** Li Peng, der als Hauptverantwortlicher für das Massaker auf dem Platz des Himmlischen Friedens gilt, wechselt am 16. März nach Ablauf seiner Amtszeit als Premier in das Amt des Parlamentspräsidenten. **JAPAN:** In Nagano werden am 7. Februar die XVIII. Olympischen Winterspiele eröffnet. **CHILE:** Ex-Diktator Pinochet gibt am 10. März den Oberbefehl über die Armee ab. **KOLUMBIEN:** Bei der Stichwahl zum Präsidentenamt am 21. Juni siegt der Konservative Andrés Pastrana, der damit die zwölfjährige Herrschaft der Partido Liberal beendet. Auf Pastrana ruht die Hoffnung auf Beendigung der Guerilla-Kämpfe, des Drogenhandels und des wirtschaftlichen Verfalls. **Wissenschaft:** Mit der Einführung von insektenresistentem Mais in Spanien und in Frankreich werden erstmals in Europa genmanipulierte Pflanzen in nennenswertem Umfang angebaut. **Kultur:** Falco † (*1957), österreichischer Popsänger. Ferdinand Porsche † (*1909), deutscher Ingenieur. Ernst Jünger † (*1895), deutscher Schriftsteller. Francis Durbridge † (*1912), britischer Schriftsteller. Jean-François Lyotard † (*1924), französischer Philosoph. Frank Sinatra † (*1915), amerikanischer Schauspieler, Entertainer und Sänger. Niklas Luhmann † (*1927), deutscher Soziologe.

Frank Sinatra

1999

Johannes Rau (SPD) wird am 23. Mai als Nachfolger von Roman Herzog zum Bundespräsidenten gewählt. Berlin wird am 1. September offiziell neuer Regierungssitz. Alt-Bundeskanzler Helmut Kohl gesteht am 30. November die Existenz von verdeckten Partei-Konten ein, in die Spenden zur illegalen Parteienfinanzierung geflossen sind. Oskar Lafontaine legt nach heftigem Streit in der Regierung am 11. März alle Ämter nieder. **ÖSTERREICH:** Bei der Parlamentswahl am 3. Oktober wird die rechtsgerichtete FPÖ unter dem Vorsitz von Jörg Haider erstmals zweitstärkste Partei. **POLEN, TSCHECHIEN, UNGARN:** treten am 12. März der NATO bei. **JUGOSLAWIEN:** Die NATO-Staaten fordern am 7. Februar (Konferenz von Rambouillet) von Jugoslawien, der Provinz Kosovo eine „substanzielle Autonomie" einzuräumen, sowie das Recht, NATO-geführte Truppen zu stationieren. Gerade der zweite Punkt, der eine Verletzung seiner Souveränität bedeutet, ist für Jugoslawien kaum annehmbar. Am 24. März beginnt die NATO, ohne Mandat der UN, die Forderungen militärisch durchzusetzen. Am 3. Juni stimmt Jugoslawien einem Friedensplan der G 8-Staaten zu. **RUSSLAND:** Nach einer Reihe von Bombenanschlägen, für die Separatisten der de jure zu Russland gehörenden Republik Tschetschenien verantwortlich gemacht werden, marschiert Russland am 30. September in Tschetschenien ein. **USA:** Der Antrag auf Amtsenthebung von Präsi-

Bill Clinton

dent Clinton scheitert am 12. Februar in der Schlussabstimmung im Senat. Clinton kann seine zweite Amtszeit beenden. **VENEZUELA:** Bei Überschwemmungen und Schlammlawinen infolge heftiger Unwetter kommen am 17. Dezember mehr als 25.000 Menschen um. **NIGERIA:** Nach über 15 Jahren Militärdiktatur wird am 29. Mai Olesegun Obasanjo als gewählter Präsident vereidigt. **Wissenschaft:** Die europäische Südsternwarte in Garching nimmt am 5. März in Chile das leistungsfähigste Teleskop der Welt in Betrieb. Mit ihm lässt sich zwölf Milliarden Lichtjahre weit ins All blicken. Im britischen Cambridge geben Wissenschaftler am 29. November die erste vollständige Erkenntnis der Abfolge eines menschlichen Chromosoms bekannt. **Kultur:** Sebastian Haffner † (*1907), deutsch-britischer Publizist und Schriftsteller. August Everding † (*1928), deutscher Regisseur. Stanley Kubrik † (*1928), amerikanischer Filmregisseur. Yehudi Menuhin † (*1916), amerikanischer Stargeiger und Dirigent. Heinz G. Konsalik † (*1921), deutscher Schriftsteller. Emil Schumacher † (*1912), deutscher Maler. Willy Millowitsch † (*1909), deutscher Volksschauspieler.

Yehudi Menuhin

2000

Die Parteispendenaffäre weitet sich aus: Der CDU-Vorsitzende Wolfgang Schäuble gibt am 10. Januar zu, von dem Waffenhändler Karlheinz Schreiber eine Barspende angenommen zu haben. Die hessische CDU gibt am 14. Januar zu, sieben bis acht Millionen Mark auf verdeckten Konten geführt zu haben. Nachdem Wolfgang Schäuble im Zuge der Spendenaffäre nicht mehr kandidiert, wird Angela Merkel am 10. April zur neuen Parteivorsitzenden der CDU gewählt. In Hannover wird am 1. Juni die erste Weltausstellung (EXPO 2000) in Deutschland eröffnet. Sie endet am 31. Oktober mit 2,4 Milliarden DM Verlust. In Sydney werden am 15. September die XXVII. Olympischen Sommerspiele eröffnet. **RUSSLAND:** Präsident Jelzin erklärt in seiner Neujahrsansprache überraschend seinen Rücktritt. Wladimir Putin wird zum Übergangspräsidenten bestimmt und am 26. März per Volkswahl bestätigt. **KROATIEN:** Bei den Parlamentswahlen, die auf den Tod des langjährigen Präsidenten Tudjman folgen, gewinnt die Opposition aus Sozialdemokraten und Liberalen. Ivica Račan wird am 27. Januar neuer Ministerpräsident. Neuer Staatspräsident wird am 7. Februar Stipe Mesič. **ÖSTERREICH:** Trotz großer Proteste aus dem Ausland formiert sich die Regierung aus der konservativen ÖVP unter Kanzler Wolfgang Schüssel und der rechtsgerichteten FPÖ. Die EU isoliert daraufhin am 4. Februar Österreich diplomatisch. **JUGOSLAWIEN:** Bei den Präsidentschafts- und Parlamentswahlen am 24. September gewinnt die Opposition mit ihrem Führer Vojislav Koštunica. Als das Regime von Präsident Milošević seine Niederlage nicht eingesteht, brechen Proteste aus, die in einer Revolution münden. Der Despot wird am 5. Oktober abgesetzt. Am 1. November wird Jugoslawien wieder als Mitglied der UN aufgenommen. **RUMÄNIEN:** Aus der Präsidentschaftswahl am 11.

Sydney

Dezember geht der Ex-Kommunist Ion Iliescu, der bereits von 1990–96 an der Spitze des Staates stand, als Sieger hervor. **USA:** Die Präsidentschaftswahl am 6. November wird zu einem Kopf-an-Kopf-Rennen zwischen dem Republikaner George W. Bush und dem Demokraten Al Gore. Die Wahlmännerstimmen des Bundesstaates Florida müssen die Entscheidung bringen. Da die Kandidaten hier weniger als ein halbes Prozent der Volksstimmen trennt, schreibt das Gesetz eine Nachzählung vor. Nach wochenlanger juristischer Auseinandersetzung über Fristen und den Modus der Auszählung erkennt Gore seine Niederlage an. Bush wird der 43. Präsident der USA und nominiert mit Colin Powell den ersten Schwarzen zum Außenminister. **PANAMA:** Zum Jahreswechsel wird die Verwaltung des Panamakanals von den USA an eine landeseigene Gesellschaft übergeben. **CHILE:** Am 16. Januar wird mit Ricardo Lagos erstmals seit dem Putsch gegen Allende wieder ein Sozialist zum Präsidenten gewählt. **MEXIKO:** Die Partei der Institutionalisierten Revolution verliert zum ersten Mal seit ihrer Gründung 1929 die Macht. Der rechtsliberale Vicente Fox gewinnt am 2. Juli die Präsidentschaftswahl. **KOREA:** Nord- und Südkorea schließen am 14. Juni in Pjöngjang ein Abkommen zur Aussöhnung. Am 15. August gibt es für 200 Menschen aus Nord und Süd das erste Wiedersehen seit 50 Jahren. **ISRAEL:** Nach dem Rücktritt von Ezer Weizman wird Mosche Katsaw vom rechtsnationalen Likud-Block am 31. Juli überraschend zum Präsidenten gewählt. **HAITI:** Nach dem mit Zweifel behafteten amtlichen Endergebnis vom 26. November ist Jean-Bertrand Aristide zum Präsident gewählt worden. **PERU:** Präsident Fujimori tritt am 20. November zurück. **Wissenschaft:** Genforscher eines privaten Unternehmens in den USA verkünden am 6. April, das Erbgut des Menschen vollständig entschlüsselt zu haben. **Kultur:** Bernhard Wicki † (*1919), schweizerischer Schauspieler und Regisseur. Charles Schulz † (*1922), amerikanischer Comiczeichner. Friedensreich Hundertwasser † (*1928), österreichischer Maler, Architekt und Aktionskünstler. Paula Wessely † (*1907), österreichische Schauspielerin. George Segal † (*1924), amerikanischer Künstler. Ernst Jandl † (*1925), österreichischer Schriftsteller. Walter Matthau † (*1920), amerikanischer Schauspieler.

2001

Im Zuge des BSE-Skandals treten am 9. Januar Bundesgesundheitsministerin Andrea Fischer (Grüne) und Bundeslandwirtschaftsminister Karl-Heinz Funke (SPD) zurück. Die Nachfolger sind Ulla Schmidt (SPD) für das Gesundheitsressort und Renate Künast (Grüne) für das in Ministerium für Verbraucherschutz und Landwirtschaft umbenannte Ressort. Altkanzler Helmut Kohl wird am 8. Februar für sein Verhalten in der CDU-Spendenaffäre nicht bestraft. Die Staatsanwaltschaft will die Ermittlungen gegen eine Geldstrafe von 300.000 Mark einstellen. Kohls Ehefrau Hannelore nimmt sich am 5. Juli im Haus des Ehepaars in Oggersheim das Leben. In Abschiedsbriefen nennt sie eine schmerzvolle Lichtallergie als Grund für ihren Freitod. Die Bundesregierung und Energieversorger unterzeichnen am 11. Juni die Atomkonsensvereinbarung. Sie sieht das Ende der Kernkraftnutzung zur Stromerzeugung in etwa 20 Jahren vor. Der Bundestag billigt am 29. August den Bundeswehreinsatz in Mazedonien zur Entwaffnung albanischer Rebellen. Ein falscher Anthrax-Alarm von Behörden versetzt Deutschland in Angst. Am Tag darauf erfolgt Entwarnung. In der am 6. Dezember veröffentlichten internationalen Pisa-Studie schneiden deutsche Schulen und Schüler miserabel ab. Die Deutschen halten am 17. Dezember die ersten Euros in den Händen. Banken verkaufen für 20 Mark die so genannten Starter-Kits. **USA:** Zwei gekaperte Flugzeuge rasen am 11. September in die Türme des World Trade Center in New York. Ein drittes wird von den Selbstmordattentätern über dem Pentagon zum Absturz gebracht. Das vierte stürzt auf freiem Feld bei Pittsburgh ab. US-Präsident Bush fordert die afghanischen Taliban am 20. September zur Auslieferung des saudi-arabischen Multimillionärs und Top-Terroristen Osama Bin Laden auf, der als Hintermann der Anschläge gilt. Ein Pressefotograf aus Miami erliegt am 5. Oktober einer Milzbranderkrankung. Der Erreger der Krankheit gilt als biologische Waffe. In der Folgezeit finden sich Sporen in Briefen an Zeitungen, TV-Sender und US-Politiker. Aufgrund dieser Zwischenfälle herrscht eine allgemeine Terrorangst im Land. **BOSNIEN-HERZEGOWINA:** Das Parlament wählt am 21. Februar den Sozialdemokraten Bozidar Matić zum neuen Ministerpräsidenten. Matić steht für eine multi-ethnische Gesellschaft und die Ansiedlung ausländischen Kapitals. **ITALIEN:** Bei den Parlamentswahlen erringt Silvio Berlusconi mit seinem Mitte-Rechts-Bündnis einen deutlichen Sieg und stellt damit die 59. italienische Nachkriegsregierung. **USA/IRAK:** Am 15. Februar bombardieren die USA und Großbritannien das erste Mal seit zwei Jahren wieder irakische Militäreinrichtungen. Die Angriffe werden mit verbotenen Flugabwehrmaßnahmen des Irak erklärt. **ISRAEL:** Ariel Scharon, der Vorsitzende der rechtsnationalen Likud-Partei, löst mit einem deutlichen Sieg bei den Wahlen am 6. Februar den bisherigen Premierminister Ehud Barak ab. Die israelische Regierung bricht mit Arafat und startet zugleich eine große Militäroffensive. Am 2. Dezember erschüttern neue Selbstmordanschläge das Land. Die Israelis bombardieren Gaza-Stadt. **INDIEN:** Bei einem verheerenden Erdbeben kommen am 29. Januar mehr als 30.000 Menschen um. **ARGENTINIEN:** Nach gewaltsamen Protesten gegen die Sparpolitik seiner Regierung tritt Präsident Fernando de la Rua am 20. Dezember von seinem Amt zurück. **AFGHANISTAN:** Ungeachtet weltweiter Proteste beginnt die Taliban-Regierung am 3. März mit der Zerstörung der Buddha-Statuen von Bamain. Die USA führen am 7. Oktober die ersten Militärschläge gegen das Taliban-Regime durch, begleitet von heftigen Protesten mehrerer islamischer Länder. Die Herrschaft der Taliban geht am 13. November zu Ende. Sie räumen Kabul. Am 28. November schießen US-Flugzeuge die Taliban-Hochburg Kandahar sturmreif. **Wissenschaft:** Planmäßig stürzen die Trümmer der russischen Weltraumstation „Mir" in den Südpazifik. Die Weltraumsonde 2001 „Mars Odysee" startet zu einer Reise zum Mars. Großbritannien erlaubt am 23. Januar das Klonen menschlicher Embryonen für Forschungszwecke. Forscher einer US-Firma erregen am 25. November Aufsehen mit geklonten menschlichen Embryonen im Frühstadium. Rostocker Herzchirurgen geben am 20. Juli bekannt, dass es ihnen erstmals gelungen ist, einem Herzinfarktpatienten Stammzellen aus dem Knochenmark in den Herzmuskel zu verpflanzen. **Kultur:** Als erster Weltraumtourist besucht Dennis Tito für sechs Tage die Internationale Weltraumstation ISS. Der Kurzurlaub kostet den amerikanischen Multimillionär ca. 20 Millionen Euro. Douglas Adams † (*1952), britischer Schriftsteller. Alexej Tupolew † (*1925), sowjetischer Flugzeugkonstrukteur. George Harrison † (*1944), Ex-Beatle. Giuseppe Sinopoli † (*1946), italienischer Musiker und Komponist. Karl Schönböck † (*1909), österreichischer Schauspieler. Jorge Amado † (*1912), brasilianischer Schriftsteller. Anthony Quinn † (*1915), amerikanischer Schauspieler.

Anthony Quinn

2002

SPD und PDS besiegeln am 7. Januar das erste rot-rote Regierungsbündnis in der Geschichte Berlins. Knapp zwölf Jahre nach dem Zusammenbruch der DDR und der sie beherrschenden Staatspartei SED kehrt damit deren Nachfolgepartei PDS an die Macht zurück. CSU-Chef Edmund Stoiber präsentiert sich am 11. Januar nach wochenlangem Tauziehen mit der CDU-Vorsitzenden Angela Merkel offiziell als der neue Kanzlerkandidat der Union. Kurt Biedenkopf (CDU) tritt nach elfeinhalbjähriger Regierungszeit als Ministerpräsident von Sachsen zurück. Sein Nachfolger wird Georg Milbradt (CDU). Bei der Landtagswahl in Sachsen-Anhalt am 21. April erleidet die SPD eine vernichtende Niederlage. Ministerpräsident Reinhard Höppner wird vom CDU-Spitzenkandidaten Wolfgang Böhmer abgelöst. Am 26. April tötet ein 19-jähriger Amokläufer im Gutenberg-Gymnasium in Erfurt 13 Lehrer, zwei Schüler, einen Polizisten und anschließend sich selbst. **EUROPA:** Der Euro wird am 1. Januar erfolgreich als neue Währung für mehr als 300 Millionen Menschen eingeführt. Politiker aus zwölf Euro-Ländern würdigen den historischen Erfolg auf dem Weg zu einem geeinten Europa. Großbritannien, Schweden und Dänemark sind (noch) nicht beteiligt. **AFGHANISTAN:** Seit Anfang des Jahres Interimsregierung unter Ministerpräsident H. Karzei. **ALBANIEN:** Ministerpräsident Ilir Meta tritt nach anhaltendem Streit mit dem Vorsitzenden seiner eigenen Partei, Fatos Nano, am 29. Januar von seinem Amt zurück. **COSTA RICA:** Abel Pacheco gewinnt am 7. April die Stichwahl und wird neuer Präsident. **KONGO:** Ein gewaltiger Vulkanausbruch im Osten Kongos treibt am 17. Januar Zehntausende von Menschen in die Flucht. Helfer vor Ort berichten vom dramatischsten Ausbruch des Kraters Nyiragongo seit seiner letzten großen Eruption im Jahr 1982. **FRANKREICH:** Bei den Präsidentschaftswahlen kommt es zur Stichwahl zwischen dem Amtsinhaber Jacques Chirac und dem Rechtsradikalen Jean-Marie Le Pen. **MADAGASKAR:** Das Verfassungsgericht erklärt nach einer Neuauszählung der Stimmen der umstrittenen Wahl vom 16. Dezember 2001 den Oppositionsführer Marc Ravalomanana zum Präsidenten. **NIEDERLANDE:** Der niederländische Thronfolger Prinz Willem-Alexander heiratet am 2. Februar die Argentinierin Máxima Zorreguita. Vor dem Den Haager Kriegsverbrecher-Tribunal beginnt am 13. Februar der Prozess gegen den jugoslawischen Ex-Präsidenten Milošević. In dem größten europäischen Kriegsverbrecher-Verfahren seit den Nürnberger Prozessen nach dem Zweiten Weltkrieg muss sich damit erstmals ein früheres Staatsoberhaupt vor einem internationalen Strafgericht verantworten. **OSTTIMOR:** Der frühere Unabhängigkeitskämpfer Xanana Gusmao gewinnt die Präsidentschaftswahl am 14. April klar. Gusmao ist Osttimors erster gewählter Präsident, seitdem die Vereinten Nationen, die das Land bis dahin regierten, Osttimor am 20. Mai offiziell in die Unabhängigkeit entlassen haben. **TÜRKEI:** Bei einem schweren Erdbeben in der westtürkischen Provinz Afyon kommen am 3. Februar mindestens 42 Menschen ums Leben. **UNGARN:** Der rechtskonservative Ministerpräsident Viktor Orban verliert die Parlamentswahl am 21. April knapp. Es wird damit gerechnet, dass die Sozialisten zusammen mit den Liberalen die Regierung bilden werden. **VENEZUELA:** Präsident Hugo Chavez erklärt am 12. April seinen Rücktritt und kehrt zwei Tage später mit Hilfe der Armee in sein Amt zurück. **Wirtschaft:** Im April stellt die KirchMedia, eine Tochtergesellschaft der KirchGruppe, Insolvenzantrag. Es ist dies die größte bundesdeutsche Firmeninsolvenz.**Wissenschaft:** Der Bundestag entscheidet am 30. Januar, dass künftig in Deutschland unter strengen Voraussetzungen an importierten embryonalen Stammzellen geforscht werden darf. **Kultur:** In seiner Novelle „Im Krebsgang" beschreibt Günther Grass die historischen Ereignisse, die zu einem der größten Schiffsunglücke aller Zeiten führten: Dem Untergang der „Gustloff", einem mit Tausenden von Verwundeten überladenen deutschen Lazarettschiff, das am 30. Januar 1945 in der Danziger Bucht von einem sowjetischen U-Boot versenkt wurde. Hildegard Knef † (*1925), deutsche Schauspielerin. Astrid Lindgren † (*1907), schwedische Kinderbuchautorin. Pierre Bourdieu † (*1930), französischer Philosoph. Camilo José Cela, spanischer Schriftsteller † (*1916). Peggy Lee † (*1920), amerikanische Jazzsängerin. Thor Heyerdahl † (*1914), norwegischer Abenteuerer und Völkerkundler. Manfred Köhnlechner † (*1925), deutscher Heilpraktiker. Christian Graf von Krockow † (*1927), deutscher Publizist. Billy Wilder † (*1906), amerikanischer Regisseur, österreichischer Herkunft. Elizabeth I., genannt „Queen Mum" † (*1900), Mutter der britischen Königin Elizabeth II. Hans-Heinrich Thyssen-Bornemisza † (*1921), schweizerischer Industrieller und Kunstsammler.

Ablass

Nach katholischer Lehre die nach getilgter Sündenschuld durch die Kirche vermittelte Nachlassung zeitlicher Sündenstrafen. Der Ablasshandel Tetzels wurde von Luther stark kritisiert.

Absolutismus

(Lat.), im 17./18. Jahrhundert in Europa vorherrschende Staatsform, die dem Monarchen die unbeschränkte Staatsgewalt einräumte. Diese wurde ihm nach damaliger Auffassung von Gott übertragen, dem gegenüber er sich allein zu verantworten hatte (Gottesgnadentum). Der aufgeklärte Absolutismus begriff den Monarchen hingegen als ersten Diener des Staates.

Adel

Bevorrechteter Stand innerhalb einer Volksgemeinschaft. Der Adelsstand bestand bereits bei den meisten Völkern des Altertums, ebenso bei den germanischen Stämmen vor der Völkerwanderung (Edelinge). Unter dem Einfluss des Lehnswesens nahm der Adel neue Gestalt an. Gegen Ende des Mittelalters verschafften sich die Monarchen das Recht zur Erhebung von Bürgerlichen (hohe Beamte, Offiziere, Bankiers der Fürstenhäuser, später auch bedeutende Vertreter der Kunst und Wissenschaft) in den Adelsstand. So entstand neben dem Geburts-Adel der Brief-Adel. Zum hohen Adel zählten Herzöge, Fürsten und erlauchte Grafen, zum niederen Adel Grafen, Freiherren bzw. Barone, Ritter und Edle. Die Privilegien des Adels wurden in Deutschland 1919 abgeschafft; der Titel ist seitdem nur noch Bestandteil des Namens.

Alte Welt

Die Kontinente Afrika, Asien, Europa, im Unterschied zu Amerika (Neue Welt).

Antisemitismus

Judenfeindlichkeit aus rassistischen Gründen. Der Antisemitismus richtete sich nicht gegen die Gesamtheit der semitischen Völker, sondern hauptsächlich gegen die Juden in der Diaspora. Bis ins 19. Jahrhundert v. a. zur Durchsetzung der sozialen und religiösen Assimilation der sich absondernden Minderheit. Dabei waren religiös motivierte Feindseligkeiten oft nur Vorwand für wirtschaftliche Repressionen. Zu extremen antisemitischen Ausschreitungen kam es im zaristischen Russland (Pogrom) und im nationalsozialistischen Deutschland, das für die Ermordung von Millionen von Juden verantwortlich war (Holocaust). Pseudowissenschaftliche Theorien „bewiesen" die Minderwertigkeit der jüdischen Rasse und verherrlichten gleichzeitig die „arische" Rasse (H. S. Chamberlain). Der Begriff Antisemitismus wurde gegen Ende des 19. Jahrhunderts in Deutschland geprägt, wo eine politische judenfeindliche Bewegung bereits existierte (1892 antisemitische Tendenzen im Programm der Konservativen Partei; 1893 bildete die Christlichsoziale Partei mit anderen politischen Gruppen eine antisemitische Fraktion im Reichstag mit 18 Abgeordneten). Offen oder unterschwellig ist der Antisemitismus auch heute noch vielerorts verbreitet.

Apartheid

(Afrikaans), früher in der Republik Südafrika von der weißen Minderheitsregierung betriebene Politik der Rassentrennung, d. h. die räumliche (Homelands), politische, wirtschaftliche und soziale Diskriminierung der andersfarbigen Bevölkerung; wurde 1994 durch eine neue Verfassung abgeschafft.

Arbeiterbewegung

Die mit dem Beginn der Industrialisierung eingangs des 19. Jahrhunderts einsetzenden organisierten Bestrebungen der Lohnarbeiter zur Verbesserung ihrer Arbeits- und Lebensbedingungen. Wichtigste Organisationsformen sind Gewerkschaften, Arbeitergenossenschaften und politische (Arbeiter-) Parteien. In Deutschland gründete F. Lassalle 1863 den Allgemeinen Deutschen Arbeiterverein, der sich mit der Sozialdemokratischen Arbeiterpartei (Liebknecht, Bebel) 1875 zur Sozialistischen Arbeiterpartei Deutschlands zusammenschloss; seit 1890 Sozialdemokratische Partei Deutschlands (SPD). Die

Lehren von Marx und Bakunin boten die theoretische Grundlage der Arbeiterbewegung, insbesondere das Kommunistische Manifest, das zur Vereinigung aller Arbeiter aufrief und die Bildung der Ersten Internationale nach sich zog. Seit der Russischen Oktoberrevolution strikte Teilung der Arbeiterbewegung in Kommunisten, Sozialisten und Sozialdemokraten.

Aristokratie

(Gr. = Herrschaft der Besten), **1)** Adel; **2)** Herrschaft einer privilegierten Minderheit; Zugehörigkeit durch Geburt oder Reichtum.

Atlantikcharta

1941 an Bord eines amerikanischen Kriegsschiffs im Nordatlantik zwischen Roosevelt und Churchill vereinbartes Programm über die Grundlagen der Nachkriegspolitik: u. a. Selbstbestimmungsrecht der Völker, dauerhaftes System der allgemeinen Sicherheit, weltweite Zusammenarbeit auf wirtschaftlicher Ebene, Freiheit der Meere. 1942 schlossen sich die übrigen Verbündeten in einer Erklärung der Atlantikcharta an; sie wurde zu einem grundlegenden Dokument der Vereinten Nationen.

Aufklärung

Philosophische Strömung im 17. und 18. Jahrhundert, laut Kant der „Ausgang des Menschen aus seiner selbstverschuldeten Unmündigkeit". Die Aufklärung ist der Vernunft verpflichtet; sie gründet sich auf die Naturwissenschaften und richtet sich insofern gegen jegliche metaphysische Spekulation und Dogmatik; ferner vertritt sie den Glauben an den kontinuierlichen Fortschritt der Menschheit, fordert Toleranz und Gleichheit aller Menschen vor dem Gesetz. Hauptziele ihrer Kritik waren die absolute Monarchie und die Kirche. Hauptvertreter der Aufklärung waren in England: Bacon, Hobbes, Locke; in Frankreich: Diderot, Montesquieu, Rousseau, Voltaire; in Deutschland: Lessing, Kant, Wolff. Förderer waren u. a. Friedrich II. von Preußen und Joseph II. von Österreich als Vertreter des aufgeklärten Absolutismus.

Autokratie

(Gr.), unumschränkte politische Machtausübung durch einen Einzelnen oder eine Gruppe.

Autonomie

(Gr.), **1)** Recht eines Staats, Staatsteiles oder Gemeinwesens zur Eigengesetzlichkeit und Selbstverwaltung; häufig Forderung ethnischer Minderheiten nach Autonomie; **2)** der nach Kant als inneres menschliches Gesetz wirkende sittliche Wille (kategorischer Imperativ).

Beamte

Mit der Besorgung eines rechtlich bestimmten Bereichs von Verwaltungsaufgaben betraute, in einem öffentlich-rechtlichen Dienst- und Treueverhältnis zum Staat stehende Personen; Beamte unterstehen einem besonderen Disziplinarrecht, sind für ihre Amtsführung auch zivil- und strafrechtlich verantwortlich, meist kein oder nur beschränktes Streikrecht; nur deutschen Staatsbürgern ist die Ernennung zum Beamten möglich; das Beamtenverhältnis endet mit Tod, Verlust der Beamtenrechte oder Entlassung. Der Beamte ist dem Allgemeinwohl verpflichtet. Das Beamtentum entstand in der griechisch-römischen Zeit durch die Einrichtung von Beauftragten aus der Aristokratie zur Schwächung des Königs.

blockfreie Staaten

1955 gegründeter Zusammenschluss von 109 (1994) neutralen, keinem multilateralen Militärbündnis angeschlossenen Staaten; die meisten afrikanischen und asiatischen sowie einige lateinamerikanische Staaten.

Bourgeoisie

(Frz.), das wohlhabende Bürgertum. Seit der Französischen Revolution von 1789 wird durch die Bezeichnung bourgeois der Gegensatz zum politisch bewussten Bürger (citoyen) hervorgehoben. Im polarisierenden Gesellschaftsmodell des Marxismus stellt die Bourgeoisie den Widerpart zur Arbeiterklasse dar.

Boykott

(Engl.), systematische Ächtung einer Person, eines Unternehmens oder eines Staates (benannt nach dem geächteten englischen Gutsverwalter C. C. Boykott), Ausschluss von jeglichen Beziehungen; Boykottmaßnahmen, wirtschaftliche, politische oder soziale Kampfmaßnahmen; boykottieren, durch passiven Widerstand einen Plan oder eine Arbeit zu verhindern suchen, etwas oder jemanden bewusst meiden.

Bronzezeit

Zeitabschnitt der Vorgeschichte, 1. Metallzeit zwischen Stein- und Eisenzeit, ca. 2500–900 v. Chr., in der Bronze das wichtigste Rohmaterial war. Ausgangspunkt Mittelmeergebiet, Ausdehnungsgebiet bis Skandinavien. Kultur: Sesshaftes Bauerntum mit primitiver Gemeinschaftskultur. Siedlungen: Blockbau, Pfahlbauten. Mehrere Gussherstellungsverfahren der Bronze: Herdguss, Schalenguss u. a.; Anfertigung von Waffen, Werkzeugen, Schmuck. Träger der Bronzekultur in Mittel- und Südeuropa waren Germanen, Kelten und Illyrer.

Bürgerrechtsbewegung

Nationale Bewegung bzw. Gruppen Benachteiligter, die sich um Gleichberechtigung und Verwirklichung von Menschen- und Bürgerrechten bemühen. Bürgerrechtsbewegungen sind v. a. aus den USA (Civil Rights Movement mit dem Ziel der Gleichberechtigung der Schwarzen) und aus den früheren Ostblockländern (einschließlich der ehemaligen DDR) bekannt. Hier ging es vor allem um den Protest gegen die administrative Unterdrückung elementarer demokratischer Rechte.

Calvinismus

Form des Protestantismus, die auf Calvin zurückgeht und im Gegensatz zum Staatskirchentum Luthers und Zwinglis ein selbstständigeres Kirchentum bei strengster Zucht vertritt. Grundsätze sind das Ideal der Königsherrschaft Christi, das Recht auf Widerstand sowie die Lehre von der Prädestination. Der Calvinismus ist Basis vieler Glaubensrichtungen.

Demokratie

(Gr. demos = Volk; kratein = beherrschen), Volksherrschaft. Seit der griechischen Antike kennt man drei Staatsformen: Herrschaft einer Einzelperson (Monarchie), einer Gruppe (Oligarchie), des ganzen Volkes (Demokratie). Die Demokratie war zuerst im Stadtstaat von Athen verwirklicht (462–404 v. Chr.), doch ungeachtet dessen gab es Sklaven ohne politische Bürgerrechte. In der römischen Republik bestanden nur teilweise Institutionen der Demokratie. Das Mittelalter kannte nur die zwei anderen Herrschaftsformen mit Machtausübung eines Fürsten oder des Adels. Der Weg zur Demokratie der Neuzeit führte über die Ständekämpfe in den europäischen Städten, wo Zünfte und Gilden der Handwerker sowie Gewerbetreibenden ihre Teilnahme am Staatswesen durchsetzten. Die englischen Puritaner des 17. Jahrhunderts übertrugen die Ideen ihrer religiös begründeten Demokratie nach Amerika, wo sie im 18. Jahrhundert in der Erklärung der Menschenrechte und der Unabhängigkeitserklärung (1776) Ausdruck fanden und wiederum großen Einfluss auf Europa ausübten, besonders auf die Französische Revolution (1789). Im Laufe des 19. Jahrhunderts setzte sich die Demokratie als Staatsform in vielen Ländern Europas durch. Zu ihren Grundsätzen gehören: Gleichheit aller Bürger vor dem Gesetz, Legitimation der Herrschaft nur durch den Willen der Bürger, Entscheidung durch Mehrheitsprinzip, Schutz der Minderheiten, Freiheit der Meinungsbildung, Verpflichtung zur Rechenschaftsablegung der politischen Führung gegenüber den Beherrschten. In den meisten Staaten Westeuropas herrscht die repräsentative Demokratie, bei der gewählte und wieder abwählbare Vertreter des Volkes die Staatsgewalt ausüben.

Deutsche Frage

Das Fehlen einer nationalen Gesamtordnung der bis 1806 im Heiligen Römischen Reich lose verbundenen deutschen Territorien warf 1813/14 zum ersten Mal die Deutsche Frage auf. Nachdem der 1815 gegründete Deutsche Bund das Bestreben der Bürger nicht befriedigte, entflammte 1848 in der Frankfurter Nationalversammlung der Streit zwischen Kleindeutschen und Großdeutschen. In den Folgejahren spitzte sich der preußisch-österreichische Gegensatz zu, der nach dem Deutschen Krieg 1864–71 kleindeutsch gelöst wurde (1871 Gründung des Deutschen Reiches). Nach dem I. Weltkrieg stellte sich die Deutsche Frage hinsichtlich eines Anschlusses Österreich an das Deutsche Reich, den Hitler später (1938) realisierte (Beginn seiner aggressiven Eroberungspolitik). 1945–90 wurzelte die Deutsche Frage in der Teilung Deutschlands in Westdeutschland (BR Deutschland) und Ostdeutschland (DDR), die im politischen und wirtschaftlichen Gegensatz standen. Seit der Wiedervereinigung am 3.10.1990 hat die Deutsche Frage an politischer Brisanz verloren.

Deutscher König

Bis 1806 Titel des obersten Herrschers über das Deutsche Reich.

Deutsches Reich

1) fälschliche Bezeichnung für das Heilige Römische Reich deutscher Nation (vom 15. Jahrhundert an bis 1806); **2)** offizielle Bezeichnung des deutschen Staates von 1871–1945.

Diktatur

(Lat.), **1)** im antiken Rom befristete Übertragung aller Machtbefugnisse auf eine Person im Krisenfall; **2)** unumschränkte Ausübung der Herrschaft durch einen Einzelnen (Diktator) oder durch eine Gruppe; **3)** Diktatur des Proletariats, nach marxistischer Lehre die Herrschaft der Arbeiterklasse als Übergang zur klassenlosen Gesellschaft.

Djihad

(Arab. = Anstrengung), bei den Moslems Bezeichnung für den im Koran geforderten heiligen Krieg gegen die Ungläubigen wie auch den inneren, geistigen Kampf gegen Laster und Unwissenheit. Neben dem offensiven Djihad gibt es auch einen defensiven zur Verteidigung des Islams.

Dritte Welt

Bezeichnung für, im Vergleich zu den Industrieländern, wirtschaftliche rückständige Staaten Asiens, Afrikas und Lateinamerikas; Zuordnung aufgrund verschiedener Kenndaten, z. B. Pro-Kopf-Einkommen, industrieller Entwicklungsstand, Arbeitsproduktivität, Bildungsstand, Lebenserwartung, Infrastruktur; fast alle Dritte-Welt-Länder haben hohe Auslandsverschuldungen; nach den UN zwei Länderkategorien: LDC (Least Developed Countries = am wenigsten entwickelte Länder) und MSAC (Most Seriously Affected Countries = am schwersten betroffene Länder).

Dritter Stand

(Frz. Tiers état), im französischen Mittelalter der dritte Stand nach Adel und Klerus; umfasste das nichtprivilegierte, besitzende Bürgertum. Der Dritte Stand erlangte 1789 mit dem Ausbruch der Französischen Revolution rechtliche Gleichstellung und die politische Vormacht.

Drittes Reich

1) ursprünglich Vorstellung der christlichen Prophetie und Geschichtstheologie des Mittelalters von drei aufeinander folgenden Weltperioden: 1. Reich des Vaters (Gesetz), 2. des Sohnes (Evangelium), 3. des Geistes (Liebe und Freiheit; Zusammengehen von Idee und Wirklichkeit); zuerst bei J. v. Fiore (1132–1202). Philosophische Abwandlung der Vorstellung bei Lessing, Schelling, Spengler, u. a.; **2)** im politischen Sinne geprägt durch A. Moeller („Das dritte Reich", 1923); von den Nationalsozialisten zu propagandistischen Zwecken zugunsten des von ihnen angestrebten und später verwirklichten Einparteienstaates unter diktatorischer Führung übernommen.

Eisenzeit

Nach Stein- und Bronzezeit die letzte große Periode der Vorgeschichte, gekennzeichnet durch Verwendung von Eisen für Werkzeuge, Geräte, Schmuck (selten) und Waffen (seit der Spezialisierung der Schmiedekunst); 1400–1200 v. Chr. lagen die Zentren der Eisengewinnung im Hethiterreich; in Europa Gliederung in ältere (Hallstattzeit) und jüngere Eisenzeit (La-Tène-Kultur); Ende der Eisenzeit gebietsweise verschieden datiert.

Eiserner Vorhang

Von Churchill 1946 geprägter Begriff für die auf sowjetische Initiative erfolgte Abschottung des Ostblocks gegenüber dem Westen, mit der die UdSSR mit Beginn des Kalten Krieges ihren Einflussbereich sichern wollte.

Emanzipation

(Lat.-frz.), jede Art der Befreiung von Gruppen oder Individuen aus einem hergebrachten Abhängigkeitsverhältnis oder sonstiger Bevormundung. Herstellung gleicher rechtlicher, sozialer, politischer und wirtschaftlicher Verhältnisse für alle. Aktuell wird unter Emanzipation v. a. eine umfassende gesellschaftliche Gleichstellung der Frau verstanden. Daneben Emanzipation von Minderheiten, etwa Homosexuelle („Gay Liberation").

Entnazifizierung

Verfahren der Besatzungsmächte nach dem II. Weltkrieg zur Beseitigung aller nationalsozialistischen Organisationen und der Entfernung von Nationalsozialisten aus staatlichen, wirtschaftlichen und kulturellen Schlüsselstellungen; Entnazifizierung ist zu unterscheiden von den Kriegsverbrecher-Prozessen. In den einzelnen Besatzungszonen wurde die Entnazifizierung unterschiedlich stark betrieben; von den USA für die Feststellung der Sanktionen initiierte Einstufung der Beschuldigten aus der deutschen Bevölkerung in Hauptschuldige, Belastete, Minderbelastete, Mitläufer und Entlastete. Die Praxis der Spruchkammern lief bis 1948 aber darauf hinaus, die große Anzahl unwichtigerer (meist letztlich entlasteter) Fälle mit der Folge einer Verzögerung der Verfahren der Hauptschuldigen zu behandeln. Die Entnazifizierung verlor nach 1949 an politischer Bedeutung und lief 1954 ganz aus. Bis 1950 gab es in den Westzonen ca. 6,1 Millionen Verfahren.

Entspannungspolitik

Politik der internationalen Konfliktentschärfung, insbesondere die auf Entschärfung des Ost-West-Konfliktes abzielende Politik. Sie wird im Wesentlichen getragen von Abrüstungsverhandlungen sowie von Abkommen über wirtschaftliche, technische und kulturelle Kooperation.

Entstalinisierung

Im Westen geprägte Bezeichnung für die Abwendung von Stalins Politik und vom Persönlichkeitskult nach dessen Tod, die von 1953 bis Mitte 60er-Jahre (Auftreten eines Neostalinismus) andauerte; Entmachtung seiner Anhänger und der Geheimpolizei; Freilassung und Rehabilitierung politischer Gefangener.

Erbuntertänigkeit

(Gutshörigkeit, Schollenpflichtigkeit), Bindung der Bauern an das Gut ihrer Grundherren, Beschränkung in der Freizügigkeit, Einholung der Heiratserlaubnis, Frondienstpflicht, besonders in der deutschen Ostsiedlung; in den Bauernkriegen bekämpft und abgeschwächt, zuletzt ganz aufgehoben.

Europäische Freihandelsgemeinschaft

Abk. EFTA (von engl. **E**uropean **F**ree **T**rade **A**ssociation), 1960 gegründeter wirtschaftlicher Zusammenschluss von Dänemark, Großbritannien, Norwegen, Österreich, Portugal, Schweden und der Schweiz mit dem Ziel, die Hemmnisse im Austausch von Industrieerzeugnissen zu beseitigen (durch Verbot von Ausfuhrzöllen und Einführung mengenmäßiger Beschränkung des Imports); 1961 Assoziierung Finnlands, 1969 Beitritt der Färöer, 1970 Beitritt Islands, 1991 Beitritt Liechtensteins; 1972 wurden Dänemark und Großbritannien, 1986 Portugal, 1994 Finnland, Österreich, Schweden Mitglieder der EG; derzeitige Mitglieder damit Island, Liechtenstein, Norwegen und die Schweiz; Sitz in Genf.

Europäische Gemeinschaft(en)

(Abk. EG), seit 1967 Sammelbezeichnung für die Europäische Gemeinschaft für Kohle und Stahl

(EGKS, Montanunion), die Europäische Wirtschaftsgemeinschaft (EWG) und die Europäische Atomgemeinschaft (EURATOM). Organe: Europäischer Rat, Europäischer Kommission, Ministerrat, Europäisches Parlament, Europäischer Gerichtshof, Europäischer Rechnungshof.

Europäische Union

(Abk. EU), mit In-Kraft-Treten des Maastrichter Vertrages von 1992 Ergänzung der Europäischen Gemeinschaft ab November 1993 um eine Wirtschafts- und Währungsunion. Ziele: Entwicklung einer gemeinsamen Außenpolitik und bessere Abstimmung der Innenpolitik; Schaffung eines Europäischen Wirtschaftsraums, freier Personen- und Güterverkehr, eine Währungsunion mit dem Euro als gemeinsamer Währung. Heutige Mitglieder: Belgien, Dänemark, Deutschland, Finnland, Frankreich, Griechenland, Großbritannien, Irland, Italien, Luxemburg, Niederlande, Österreich, Portugal, Schweden, Spanien.

Extremismus

(Lat.), links- oder rechtsradikale Einstellung, die darauf abzielt, die bestehende Gesellschaftsordnung zu beseitigen.

Faschismus

(Ital.), **1)** die von Benito Mussolini 1919 unter dem Zeichen des römischen Liktorenbündels (Fasces) begründete politische Bewegung, aus der 1921 die Faschistische Partei hervorging. Nach dem Marsch auf Rom (1922) wurde Mussolini Ministerpräsident; 1925 Bildung eines autoritären Einparteienstaats unter seiner Führung als Duce. Außenpolitische Ziele: Vorherrschaft im Mittelmeerraum, Ausweitung des Kolonialbesitzes; innenpolitische Ziele: Militarisierung des zivilen Lebens, Wirtschaftslenkung. 1936 Achsenbündnis mit Deutschland; 1940 Eintritt Italiens in den II. Weltkrieg. 1943 Beendigung der faschistischen Diktatur durch einen von Badoglio geführten Staatsstreich; **2)** historisch ungenaue Bezeichnung für sämtliche zwischen dem I. und II. Weltkrieg entstandenen extrem nationalistisch-autoritären und antimarxistischen Bewegungen (z. B. in Deutschland: Nationalsozialisten, Spanien: Falange Española Tradicionalista y de las J.O.N.S., Kroatien: Ustascha). Nach dem II. Weltkrieg entstandene faschistische Bewegungen bezeichnet man als Neofaschismus.

Fehde

Alte Bezeichnung für Feindschaft, Rache, Streit, Privatkrieg; Mittel der privaten, eigenmächtigen Rechtshilfe (Faustrecht), besonders bei Versagen der öffentlichen Gerichtsbarkeit; seit der germanisch-fränkischen Zeit als legitimes Mittel ähnlich dem Widerstandsrecht anerkannt; 1495 Verbot durch den Ewigen Landfrieden.

Feminismus

(Lat.), Gesamtheit aller Bestrebungen, die, ausgehend vom Grundsatz der rechtlichen und sozialen Gleichberechtigung der Geschlechter, auf eine Stärkung des weiblichen Einflusses auf Staat, Gesellschaft und Kultur gerichtet sind. Im extremen Feminismus engagieren sich nur Frauen für Frauenrechte; Männer sind ausgeschlossen.

Feudalismus

Mittelalterliches Lehenssystem; Pflichten und Leistungen beruhten auf einem persönlichen Treueverhältnis zwischen Feudalherrn und Untergebenem (Vasall), wobei dieser mit Land (Beneficium) belehnt wurde und zu Kriegsdienst und Abgaben verpflichtet war. Der Feudalismus begann im Heerwesen Karls des Großen und breitete sich auf die mittelalterliche Kirchenverfassung aus; bildet die Vorstufe des späteren Ständestaates; Überreste des Feudalismus lebten bis in die Neuzeit fort; ihre Beseitigung setzte mit der Französischen Revolution ein.

Föderalismus

(Lat. = Bündnis), Gestaltungsprinzip einer aus mehreren relativ selbstständigen Teil- oder Einzelstaaten zusammengesetzten rechtlichen Gemeinschaft; Grundformen des Föderalismus sind Staatenbund und Bundesstaat.

Frauenbewegung

Organisierte Bewegung mit dem Ziel, der Frau in wirtschaftlicher, sozialer und rechtlicher Beziehung die Gleichstellung mit dem Mann zu ermöglichen; entstand in Deutschland um die Mitte des 19. Jahrhunderts (Gründung des Allgemeinen Deutschen Frauenvereins, 1865); wichtigste Vertreterinnen im 19. Jahrhundert: Luise Otto-Peters, Helene Lange, Flora Tristan; wesentlich für das Entstehen der neuen Frauenbewegung in der BR Deutschland war der Kampf gegen die Bestrafung des Schwangerschaftsabbruchs gemäß §218 StGB eingangs der 70er-Jahre; wichtigste Vertreterinnen im 20. Jahrhundert waren S. de Beauvoir, B. Friedan, A. Schwarzer.

Gegenreformation

Erstmals 1776 von J. S. Pütter verwendete Bezeichnung für die gewaltsame Rekatholisierung protestantisch gewordener Gebiete; politisch-religiöser Kampf der katholischen Kirche im 16. und 17. Jahrhundert gegen die Reformation, wichtige Beschlüsse auf dem Konzil von Trient. Maßgeblicher Einfluss durch Jesuiten und Kapuziner, machtpolitisch durch katholische Fürsten; als Teil der allgemeinen politischen Konfessionalisierung führte die Gegenreformation in den Dreißigjährigen Krieg; 1624 beendet. Ausbreitung der Gegenreformation in Spanien (Inquisition), den Niederlanden, Frankreich und Polen.

Gewaltenteilung

Die Verteilung der drei staatlichen Hauptaufgaben Gesetzgebung, Vollzug und Rechtsprechung auf voneinander unabhängige Körperschaften: Legislative, Exekutive, Judikative; erstmals von Montesquieu propagiert (1748), noch immer Kernprinzip des Rechtsstaats.

Gewerkschaften

Freiwillige Zusammenschlüsse von Arbeitnehmern zur Wahrung und Durchsetzung der Interessen ihrer Mitglieder. Sie nehmen Einfluss auf die Wirtschaft aufgrund der gesetzlich garantierten Rechte, die sich aus Betriebsverfassungsgesetz und Mitbestimmung ergeben, sowie durch Aushandeln der Tarifverträge und Kontakte zu Regierung und Arbeitgeberverbänden. In der BR Deutschland sind die Gewerkschaften nach Industrie- und Wirtschaftszweigen organisiert und größtenteils im Deutschen Gewerkschaftsbund vereinigt. Nicht angeschlossen sind u. a. die Deutsche Angestelltengewerkschaft und der Deutsche Beamtenbund.

Glorious Revolution

(Engl. = Glorreiche Revolution), Bezeichnung für den ohne Blutvergießen verlaufenen Machtwechsel 1688 in Großbritannien, mit dem die Herrschaft des 1660 restaurierten Stuartkönigtums endete.

Gottesgnadentum

Bezeichnung für den Anspruch abendländischer Herrscher auf göttliche Legitimation der eigenen Regierungsgewalt, besonders ausgeprägt im Absolutismus; erste Kritik am Gottesgnadentum durch die Aufklärung.

Grundherrschaft

Teilbereich der adligen, kirchlichen u. königlichen Herrschaft im Mittelalter und bis ins 19. Jahrhundert; die ältere Grundherrschaft war „Herrschaft über Land und Leute" mit der Pflicht des Grundherren zu Schutz und Schirm gegenüber den Grundholden, den von ihnen abhängigen Bauern, die zu verschiedenen Abgaben (Grundzinsen in Waren, später in Geld) und Frondiensten verpflichtet waren; seit dem Spätmittelalter entwickelte sich die jüngere Grundherrschaft als „Herrschaft über Grund und Boden".

Hanse

(Althochdeutsch hansa = Schar), im Mittelalter ursprünglich genossenschaftliche Vereinigung norddeutscher Kaufleute, später Verbindung bedeutender deutscher Handelsstädte (bis zu 90) im nordostdeutschen Küsten-, aber auch im Binnenraum vom 13.–17. Jahrhundert. Bedeutende Mitglieder: Lübeck, Hamburg, Danzig, Riga (in der Blütezeit der

Hanse im 14. bis 15. Jahrhundert über 160 Mitglieder); Beschlussfassung auf sog. Hansetagen; Beherrschung des Seehandels von Russland über Skandinavien und England bis Holland sowie Belgien (an wichtigen Stützpunkten Handelskontore); Handelsvorrechte in verschiedenen Ländern (z. B. England), Zollfreiheit oder -ermäßigung, teilweise eigene Gerichtsbarkeit; ab dem 15. Jahrhundert Niedergang durch das Aufkommen der holländischen See- und Handelsmacht und des Machtzuwachses der Landesfürsten; im Dreißigjährigen Krieg aufgelöst.

Heiliges Römisches Reich

Herrschaftsbereich der abendländischen Römischen Kaiser und der in ihm verbundenen Reichsterritorien (seit 951: Deutschland, Italien, seit 1033: Burgund). 911/18 aus dem Ostfränkischen Reich hervorgegangen (Regnum Teutonicum), 1806 aufgelöst. Das Heilige Römische Reich war kein Staat, sondern ein Lehnsverband, der besonders seit der Reichsreform des 15./16. Jahrhunderts durch den Gegensatz zwischen Kaiser und Reichsständen bestimmt war. Seit 1254 Sacrum Romanum Imperium, im 15. Jahrhundert bis Mitte des 16. Jahrhunderts Hinzufügung Nationis Germaniae (Heiliges Römisches Reich deutscher Nation).

Hellenismus

(Gr.), Bezeichnung für die historische Epoche zwischen dem Weltreich Alexanders des Großen und der römischen Kaiserzeit, in der sich die griechische Kultur über die hellenistische Staatenwelt und nach Westen ausbreitete; große Kulturleistungen, Griechisch wurde Weltsprache.

Hochkulturen

Im Gegensatz zu primitiven Kulturen, Bezeichnung für historische Epochen, die sich durch hoch entwickelte Formen technische Naturbeherrschung, die Einrichtung sozialer Institutionen sowie anspruchsvolle Kommunikationssysteme und künstlerische Leistungen auszeichnen. Heute oft als „komplexe Gesellschaften" bezeichnet.

Hugenotten

(Frz. = Eidgenossen), ursprünglich spöttische Bezeichnung für die französischen Calvinisten (Mitte des 16. Jahrhundert). Anhänger der Hugenotten v. a. beim hohen Adel, u. a. bei den Häusern Bourbon und Châtillon; Verfolgung durch den französischen König führte zu blutigen konfessionellen Bürgerkriegen, den sog. acht Hugenottenkriegen, 1572 Massaker der Bartholomäusnacht (Ermordung Tausender Hugenotten und vieler ihrer Führer). Nach der Aufhebung des 1598 von Heinrich IV. erlassenen Edikts von Nantes (1685) unter Ludwig XIV. (Edikt von Fontainebleau), das ihnen freie Religionsausübung zusicherte, flohen Hunderttausende ins Ausland (nach Mitteleuropa und Übersee), wo sie für die wirtschaftliche Entwicklung von Bedeutung waren.

Humanismus

(Neulat.), allgemeine Bezeichnung für das Bemühen um eine der Menschenwürde und freien Persönlichkeitsentfaltung entsprechenden Gestaltung des Lebens und der Gesellschaft durch Bildung und Erziehung sowie die Schaffung der dafür notwendigen Lebens- und Umweltbedingungen selbst; eine von der klassischen und christlichen Antike geprägte Lebensanschauung, die vom 14.–16. Jahrhundert in den Kreisen der Gelehrten vorherrschte; vertrat eine von der Tradition befreite und der kirchlichen Autorität zum Teil ablehnend gegenüberstehende allgemeine Geistesbildung und stellte den Menschen in den Mittelpunkt. Hauptvertreter in Italien: Petrarca, Poggio, Pico della Mirandola; in den Niederlanden und in Deutschland: Reuchlin, Erasmus von Rotterdam, Melanchthon.

Ideologie

(Gr.), in Frankreich ursprünglich Analyse der Empfindungen und Ideen, heute allgemein Bezeichnung für ein System von Weltanschauungen und Wertungen, auch für ein nur vorgetäuschtes oder machtpolitischen Interessen dienendes. Angesichts der großen Ideologien des 20. Jahrhunderts, Kommunismus und Faschismus, meist negativ verwendet.

Imperialismus

(Lat.), Ausdehnungs- bzw. Machterweiterungspolitik einer Großmacht; erstmals als Begriff für Napoleons Politik geprägt. Im Zeitalter des Imperialismus (1870–1918) zeigten in Europa v. a. Deutschland, Großbritannien, Frankreich und Russland imperialistische Tendenzen.

industrielle Revolution

Begriff des englischen Sozialreformers A. Toynbee (1852–83), bezeichnet den im 18. Jahrhundert von Großbritannien ausgehenden, sich rasch ausbreitenden Strukturwandel im Wirtschafts- und Sozialgefüge der europäischen Gesellschaften; Fortschritte in Wissenschaft u. Technik (v. a. die Erfindung der Dampfmaschine) führten zum Übergang von der handwerklichen (Manufaktur) zur industriellen Fertigung und damit zur Umwandlung der ehemals feudalen bäuerlich-handwerklichen Gesellschaften in moderne arbeitsteilige Industriegesellschaften.

Inquisition

(Lat. inquisitio = gerichtliche Untersuchung), strafrechtliche Verfahren, in dem die gleiche Instanz Anklage erhebt, die die Untersuchung führt und das Urteil findet (ohne ausreichende Verteidigungsmittel des Angeklagten); im Kampf der katholischen Kirche gegen Ketzer (z. B. Katharer, Waldenser) zur Reinerhaltung des Glaubens eingesetzt; die Ketzer (Häretiker) wurden zur Selbstanzeige aufgefordert und die Gläubigen zur Denunziation; seit Gregor IX. (1231) päpstliche Inquisition ausgeübt durch Dominikaner und Franziskaner; seit 1251 Folter, besonders bei Hexenprozessen; Vermischung der kirchlichen Verfolgung mit wirtschaftlichen und politischen Interessen; förmliche Aufhebung der Inquisition Anfang des 19. Jahrhunderts.

Internationale

1) Bezeichnung für internationale Vereinigungen von marxistischen Arbeiterparteien und Gewerkschaften: Erste Internationale die von Karl Marx 1864 gegründete Internationale Arbeiter-Assoziation; Zweite Internationale die 1889 in Paris gegründete Sozialistische Arbeiter-Internationale; Dritte Internationale die 1919 von Lenin gegründete Kommunistische Internationale (Komintern), 1943 formell aufgelöst; Vierte Internationale 1938 von Trotzki in Mexiko gegründet; die noch bestehenden Sektionen in Frankreich, Italien, Spanien u. a. sind ohne nennenswerten Einfluss; **2)** Kampflied der internationalen sozialistischen Arbeiterbewegung: „Wacht auf, Verdammte dieser Erde" (frz. von E. Pottier, 1871; dt. von E. Luckhardt; Melodie von de Geyter).

Investiturstreit

Kampf in der 2. Hälfte des 11. Jahrhunderts zwischen Papst und Kaiser um die Einsetzung der Bischöfe und Äbte, die zugleich weltliche Fürsten waren; war zugleich Auseinandersetzung um das Verhältnis von weltlicher und geistlicher Gewalt. Beendet durch Kompromiss beim Wormser Konkordat (1122), Verzicht des Königs auf Investitur mit Ring und Stab, aber Belehnung des Gewählten mit dem Kirchenbesitz.

Islam

(Arab.), die von Mohammed gestiftete Weltreligion, deren Inhalt ihm durch Offenbarung zuteil wurde. Der Islam, aus jüdischen, christlichen und arabischen Elementen erwachsen, hat eine eigene Theologie und Philosophie hervorgebracht. Er lehrt den absoluten Monotheismus: Allah ist der einzige, in bildlosem Kult verehrte Schöpfer der Welt aus dem Nichts. Die Engel sind seine Boten. Mohammed ist sein letzter Prophet (Vorläufer sind Abraham, Moses, Jesus). Das heilige Buch mit unbedingter Autorität ist der Koran und neben ihm die Tradition (Sunna). Ein zukünftiges Gericht Allahs bestimmt die Menschen zu Seligkeit oder Verdammnis. Ergebenheit in Gottes Willen ist Pflicht des Gläubigen (Kismet). Glaubensbekenntnis, tägliches (fünfmaliges) Gebet, vollständiges Fasten tagsüber im Monat Ramadan, Almosengeben, eine Wallfahrt nach Mekka sind wesentliche kultische Pflichten. Die Sittenlehre ordnet alle Lebensgebiete von der Religion her (Kultus, Staatsordnung, Sozialleben, Wirtschaft, Eherecht,

Hygiene u. a.). Nachfolger Mohammeds sind die Kalifen. Die Schiiten (v. a. in Persien) bestreiten als Anhänger Alis und seiner Nachkommen die Legalität der Kalifen nach 650 (ihr geistiges Oberhaupt ist der Imam), stimmen jedoch im Übrigen mit den anderen Richtungen des Islam (Charidschiten, Sunniten) überein.

Kaiser

(Lat. Caesar), höchste Stufe in der weltlichen Rangordnung. Weströmisches Kaisertum bis 476, oströmisches bis 1453; Karl der Große erneuerte das Kaisertum 800 (Krönung durch den Papst). Seit Otto I., dem Großen war das Kaisertum Vorrecht der deutschen Könige (letzter deutscher Kaiser Franz II., bis 1806).

Kalif

(Arab. Chalifa = Stellvertreter), Nachfolger Mohammeds, religiös-weltliche Herrscher im Islam; zuletzt Sitz des Kalifats in der Türkei, 1924 abgeschafft.

Kalter Krieg

Bezeichnung für propagandistischen und wirtschaftlichen Machtkampf, insbesondere für die Spannungen zwischen dem westlichen Bündnis (NATO) und dem Ostblock. Im engeren Sinne von 1947 bis 1962, wobei unter der Führung der beiden befeindeten Supermächte USA und Sowjetunion ein ungehemmtes Wettrüsten und eine gegenseitige ideologische Auseinandersetzung stattfand. Trauriger Höhepunkt der Mauerbau in Berlin. Nach der Kubakrise 1962 Entspannungsbemühungen, Wiederaufflackern Ende der 70er-, Anfang der 80er-Jahre mit der Aufrüstung der Sowjetunion mit SS-20-Raketen und dem als Reaktion darauf erlassenen NATO-Doppelbeschluss. Seit dem Zusammenbruch der sozialistischen Systeme des Ostblocks obsolet.

Kapitalismus

Wirtschafts- und Gesellschaftssystem, in dem die Masse der Arbeitnehmer einer zahlenmäßig kleineren, über die Produktionsmittel verfügenden Arbeitgeberschicht gegenübersteht; treibendes Motiv im Kapitalismus ist das Streben nach hohem Gewinn und wirtschaftlicher Macht. Voraussetzung für den Frühkapitalismus war die Verdrängung des Feudalismus durch den Merkantilismus; industrielle Revolution und Liberalismus führten zur Befreiung der Wirtschaft von staatlichen Eingriffen (Hochkapitalismus, 19./20. Jahrhundert); in neuerer Zeit lenkende Beeinflussung des Staates (Spätkapitalismus).

Kommunismus

Theorie eines Gesellschaftszustands, in dem es keinen Privatbesitz geben soll, da alles Eigentum der Gemeinschaft gehört; die Arbeit soll zum gemeinsamen Nutzen aller so organisiert werden, dass jeder nach seinen Fähigkeiten Leistungen zum Gemeinwohl erbringt und dafür Gegenleistungen nach seinen Bedürfnissen empfängt. Die Bezeichnung wird verwendet für: **1)** literarische Darstellungen (z. B. Platon, „Der Staat"; Morus, „Utopia") und praktische Versuche (z. B. Urchristentum, Mönchsorden) mit einer solchen Gesellschaftsform seit der Antike; **2)** Lehren und Bewegungen vom Ende des 18. Jahrhunderts bis 1917 (z. B. Saint-Simon in Frankreich, Owen in England); **3)** das Herrschaftssystem, das 1917 in Russland von der bolschewistischen Revolution etabliert und von dort auf die Länder des Ostblocks verbreitet wurde; der Kommunismus ist nach der Theorie des Marxismus-Leninismus die am höchsten entwickelte Stufe der Gesellschaft; **4)** moderne Bestrebungen, einen solchen Gesellschaftszustand außerhalb des Sowjetsystems zu verwirklichen (z. B. Volksrepublik China; Eurokommunismus in Parteien Westeuropas).

König

Durch Wahl oder Erblichkeit erlangtes Amt in monarchischen Staaten; in absolutistischen Monarchien oberster Gesetzgeber, Heerführer und Richter.

Konstitutionalismus

Politisches System, das auf einer Verfassung basiert; im engeren Sinn Staatsform der konstitutionellen Monarchie.

Konzil

(Lat.), Bischofsversammlung der katholischen Kirche zur Regelung kirchlicher Belange und Klärung von Glaubensfragen. Das allgemeine oder ökumenische Konzil wird im Gegensatz zum regionalen Konzil vom Papst geleitet und einberufen. Zunächst acht ökumenische Konzile im byzantinischen Osten (4.–9. Jahrhundert), weitere 13 im lateinischen Westen.

Kreuzzug

Bezeichnung für die im Mittelalter von der Kirche propagierten oder unterstützten Kriegszüge gegen die sog. Feinde des christlichen Glaubens, insbesondere für die Züge zur Befreiung der heiligen Stätten in Palästina von der islamischen Herrschaft. Anlass: Eroberung Jerusalems 1070 durch die Seldschuken, die daraus resultierende Erschwerung der Pilgerfahrten ins „Heilige Land" und die Bedrohung Ostroms. Erster Kreuzzug (1096–99), Erstürmung Jerusalems, Königreich gegründet; zweiter Kreuzzug (1147–49), berühmte Kreuzzugspredigt von Bernhard von Clairvaux; Kreuzzug gescheitert; dritter Kreuzzug (1189-92), Teilnahme des deutschen Kaisers sowie des englischen und französischen Königs; freier Zugang nach Jerusalem; vierter Kreuzzug (1202–04), Eroberung Konstantinopels, lateinisches Kaiserreich gegründet; fünfter Kreuzzug (1228/29), der deutsche Kaiser Friedrich II. erhält Jerusalem; sechster Kreuzzug (1248–54) und siebter Kreuzzug (1270) unter Ludwig IX. von Frankreich, christliche Besitzungen gehen verloren.

Kurfürsten

Deutsche Fürsten, die ab dem 13. Jahrhundert allein den König wählten: Erzbischöfe von Mainz, Köln und Trier, König von Böhmen, Pfalzgraf bei Rhein, Herzog von Sachsen und Markgraf von Brandenburg; 1623 Kurwürde für Bayern, 1692 für Braunschweig-Lüneburg. 1806 Aufhebung der Kurfürstentümer außer Hessen-Kassel.

Landesherr

Im Mittelalter jeder Großgrundherr mit Gerichtsbarkeit und Wehrhoheit; diese Rechte stammten aus einzelnen Befugnissen, wie z. B. Grundbesitz und Regalien. Erst die Behandlung derselben als rechtlicher Einheit führte zur Ausbildung der Landeshoheit (1648).

Lehen

(Lat. = feudum), vom Lehnsherrn (Eigentümer) an einen Lehnsmann (Vasallen) verliehene Sache, sog. Beneficium (Grundstück, Herrschaftsbezirk, Amt, Steuerrechte usw.) gegen militärische u. a. Leistungen bei gegenseitigem Treueverhältnis und Schutz durch den Lehnsherrn; entwickelte sich zum erblichen Nutzungsrecht. Das Lehnswesen entstand im Reich der Franken; seit dem 10. Jahrhundert in Frankreich, Deutschland und im Normannenreich verbreitet; Grundlage des Feudalismus; die Lehen wurden entsprechend der Verleihungszeremonie bei weltlichen Fürsten Fahn-Lehen und bei geistlichen Fürsten Zepter-Lehen genannt; Lehnsfähigkeit nur bei Ritterbürtigkeit, Waffenfähigkeit und Vollbesitz der Ehre; das Lehen verlor Ende des Mittelalter an Bedeutung durch neuen bürgerlichen Beamtenstand.

Leibeigenschaft

Durch schlechte wirtschaftliche Lage der bäuerlichen Bevölkerung im Mittelalter entstandene völlige persönliche Abhängigkeit von einem Herrn, die zu Naturalabgaben (Kopfsteuer) und Frondiensten verpflichtete; der Grundherr konnte die Unfreien auch verkaufen, züchtigen oder sogar töten.

Marxismus-Leninismus

Gesamtheit der sozialistischen Theorien W. I. Lenins auf der Basis der Werke von Marx und Engels. Der Marxismus-Leninismus entspricht einer revolutionären Strategie zur Ergreifung der politischen Macht durch die Arbeiterklasse; hierbei kommt der kommunistischen Partei als Führerin im Klassenkampf entscheidende Bedeutung zu.

Mediatisierung

(Lat. = Mittelbarmachung), meist zwischen 1803 und 1806 durchgeführte Unterwerfung reichsunmittelbarer Städte und Fürstentümer unter die Landeshoheit anderer Territorien; im Heiligen Römischen Reich v. a. zwischen 1803 (Reichsdeputationshauptschluss) und 1806.

Merkantilismus

Wirtschaftspolitische Lehre des absolutistischen Staats; seit dem 16. und bis ins 18. Jahrhundert; starke Einflussnahme des Staates auf die Wirtschaft. Ziel: Stärkung der Staatsmacht, Vergrößerung des nationalen Reichtums. Mittel: Beseitigung von Binnenzöllen, Vereinheitlichung von Maßen und Gewichten, Ausbau der Verkehrswege, Erhöhung der Zahl der Arbeitskräfte (z. B. durch Verbot der Auswanderung), Hortung von Edelmetall.

Mittelalter

Bezeichnung für die Zeit zwischen dem Untergang des Weströmischen Reiches (476) und der Eroberung Konstantinopels durch die Türken (1453) bzw. der Entdeckung Amerikas (1492) oder dem Beginn der Reformation (1517); Frühmittelalter (bis etwa 1000): Gründung des fränkischen Reiches; Hochmittelalter (bis etwa 1250): Ringen zwischen Kaiser und Papst um die Oberherrschaft; Spätmittelalter (bis etwa 1500): Aufkommen nationaler Monarchien; Entwicklung der Städte.

Nation

(Lat.), Staat bzw. größere Menschengruppe als politisch und kulturell eigenständige Gemeinschaft; ursprünglich allgemeine Bedeutung von „Volk“; den modernen Begriff hat die deutsche Romantik (fußend auf Herders „Volksgeist“) geprägt.

Nationalismus

(Lat.), das auf Selbstüberschätzung, übersteigerte Eigenliebe und Machtdemonstration begr. Verhalten der Angehörigen einer Nation gegenüber anderen Völkern; als Bezeichnung im 19. Jahrhundert geprägt. Die eigene Nation wird als Inbegriff von Macht und Größe verstanden. Folgen sind Intoleranz gegenüber anderen Nationen und Selbstüberschätzung der eigenen völkischen Gruppe.

Nationalsozialismus

Deutsche politische Bewegung, 1920 durch Adolf Hitler in der Nationalsozialistischen Deutschen Arbeiterpartei (NSDAP) in München zusammengefasst, um den „Herrschaftsanspruch“ des deutschen Volkes durch Vereinigung der sozialistischen und nationalen Kräfte auf revolutionärem Wege zu verwirklichen. Zu ihren herausragenden Kennzeichen zählen die bedingungslose Ablehnung der Versailler Vertragsbestimmungen und des parlamentarisch-demokratischen Systems der Weimarer Republik, ein strikter Antikommunismus und v. a. ein exzessiver Antisemitismus. Mit dem Faschismus, der dem Nationalsozialismus in mancher Hinsicht Vorbild war, verband ihn die Ablehnung liberaler politischer Ideen und Institutionen, die offene Bejahung der Gewalt, der Kult der Macht, die Umstellung des Lebens auf eine „totale Mobilisierung der Massen“ (Totalitarismus). Die Wurzeln des Nationalsozialismus liegen in der preußisch-militärischen Tradition und im irrationalen Volksbegriff der politischen Romantik, die unter dem Einfluss biologistischer Argumente (Rassenlehre Gobineaus, H. St. Chamberlains nordisch-arischer Mensch u. a.) zu den Vorstellungen einer welthistorischen Mission des deutschen „Herrenvolks“ und einem als Auftrag verstandenen eliminatorischen Antisemitismus entarteten. Das Programm der NSDAP, dem ansonsten keine klare Doktrin zu Grunde lag, konnte den Interessen verschiedener sozialer Schichten angepasst werden. Nach dem misslungenen „Hitlerputsch“ 1923 schwenkte die NSDAP auf einen strikt legalistischen Kurs (bei gleichzeitiger hemmungsloser Agitation und zunehmender Forcierung des Straßenkampfes der SA) ein, der über Erfolge bei den Reichstagswahlen vom 14.9.1930 (Arbeitslosenkrise) und 31.7.1932 zur Ernennung Hitlers zum Reichskanzler am 30.1.1933 („Machtergreifung“) führte. Mit dem Volksentscheid vom 20.8.1934 nach Hindenburgs Tod wurde Hitler zum alleinigen Träger der Staatsgewalt (Führerstaat). Merkmale des totalitären Staatswesens („Drittes Reich“) des Nationalsozialismus waren der gänzliche Abbau demokratischer Institutionen, Auflösung bzw. Gleichschaltung aller nicht nationalsozialistischen Organisationen und Parteien sowie der Länder, Maßnahmen zur Einschüchterung politischer Gegner und Ausrottung sog. Staatsfeinde bzw. „volksschädlicher Elemente" (Juden, Behinderte, Sinti und Roma und andere Minderheiten) und Methoden zur Ausschaltung von Verantwortungsgefühl und kritischem Denken. Die Arbeitslosigkeit wurde durch Umstellung auf Wehrwirtschaft überwunden. Die expansionistische Außenpolitik führte nach anfänglichen diplomatischen Erfolgen in die vom Nationalsozialismus ausgelöste Katastrophe des Zweiten Weltkriegs, in der das „Dritte Reich" unterging.

NATO

Abk. für **N**orth **A**tlantic **T**reaty **O**rganization, Nordatlantikpakt, 1949 gegründetes westliches Sicherheitsbündnis mit Sitz in Brüssel. Mitglieder: Belgien, BR Deutschland, Dänemark, Frankreich, Griechenland, Großbritannien, Island, Italien, Kanada, Luxemburg, die Niederlande, Norwegen, Portugal, Spanien, Türkei, USA. Seit dem Zusammenbruch des Warschauer Pakts 1991, des östlichen „Gegenentwurfs" zur NATO, wünschen zahlreiche osteuropäische Staaten eine Aufnahme; so sind seit 1999 auch Polen, Ungarn und die Tschechische Republik Mitglieder. Zielsetzung ist neben der Beistandsverpflichtung im Kriegsfall auch die politische, wirtschaftliche und kulturelle Zusammenarbeit ihrer Mitglieder. Oberstes Organ der NATO ist der Nordatlantikrat mit einstimmiger Beschlussfassung. Generalsekretär seit 1999 ist George Robertson. Seit 1992 übernahm die NATO in Übereinstimmung mit den UN auch friedenserhaltende Operationen bzw. setzte einschlägige UN-Resolutionen durch (Kosovo).

Nord-Süd-Konflikt

Interessenkonflikt zwischen hoch industrialisierten und industriell unterentwickelten Ländern, der sich geografisch in einem weltweiten Nord-Süd-Gefälle manifestiert; Versuch der Entspannungsmöglichkeiten im Rahmen des Nord-Süd-Dialogs (UNO, EG) und der Nord-Süd-Kommission.

Panslawismus

Im 19. Jahrhundert entstandene Bewegung mit dem Ziel des politischen und kulturellen Zusammenschlusses aller slawischen Völker.

Parlament

(Engl.), verfassungsmäßige Versammlung (eine oder zwei Kammern), die den Charakter einer Volksvertretung und oft die juristische Stellung des obersten Staatsorgans hat. Die Mandate werden i. d. R. durch allgemeine, gleiche und direkte Wahlen vergeben. Im Sinne der Gewaltenteilung steht dem Parlament insbesondere die Mitwirkung bei der Gesetzgebung oder deren alleinige Ausübung zu (Legislative). Seine wichtigste Aufgabe ist die Bestellung der Regierung oder die Mitwirkung dabei, sofern sie nicht ausschließlich dem Staatsoberhaupt oder dem Volk zukommen.

Partei

1) Allgemein: Vereinigung von Gleichgesinnten; **2)** juristisch: Beklagter und Kläger im Zivilprozess; Streitgenossenschaft, mehrere Kläger oder Beklagte zusammen; **3)** politisch: Vereinigung von Individuen auf der Grundlage eines gemeinsamen politischen Programms mit dem Ziel, die nationale (oder auch regionale, kommunale) Politik zu beeinflussen. In der parlamentarischen Demokratie sind die Parteien Verbindungsglieder zwischen der Volksvertretung und ihren Wählern. In der BR Deutschland ist die Gründung von Parteien frei, sofern sie verfassungskonform sind, d. h. demokratischen Grundsätzen entsprechen.

Patrizier

1) In der römischen Republik die Mitglieder des Geburtsadels, die allein zur Regierung und Verwaltung des Staates berechtigt waren; Nachkommen der Geschlechter- und Sippenhäupter im Unterschied zu den Plebejern; **2)** im Mittelalter die ratsfähigen Geschlechter (Adel und Bürgertum); die Herrschaft der Patrizier wurde in den Zunftkämpfen des 14. Jahrhunderts und durch die Ausbildung fürstlicher Territorialstaaten erschüttert.

Personalunion

1) Im Staatsrecht eine Staatenverbindung, bei der mehrere voneinander unabhängige Staaten den gleichen Monarchen haben, löst sich durch die unterschiedlichen Thronfolgeordnungen wieder auf. Gegensatz dazu Realunion; **2)** die Leitung mehrerer Ämter oder Betriebe durch eine Einzelperson bzw. ein Einzelunternehmen.

Plebejer

(Lat.), Angehörige der Plebs, in der römischen Republik die mittleren und unteren Bevölkerungsschichten im Gegensatz zu den Nobiles und Rittern. Heute meist abschätzig als Synonym für Pöbel, gemeines Volk gebraucht.

Pogrom

(Russ.), im zaristischen Russland Bezeichnung für Judenverfolgungen; heute allgemein für Ausschreitungen gegen religiöse, nationale und rassische Minderheiten. Zumeist mit Plünderungen und Ausschreitungen verbunden. In der Regel vom Staat toleriert.

Politik

(Gr.), **1)** die zielgerichtete Führung eines Staates, eines Interessenverbandes oder einer Partei; **2)** geplantes, taktisches Handeln.

Proletariat

(Lat.), von Karl Marx verwandte Bezeichnung für die nicht über Produktionsmittel verfügende Arbeiterklasse. **Proletarier, 1)** im antiken Rom die von Steuerpflicht und Heeresdienst ausgenommenen Bürger der untersten Einkommens- und Gesellschaftsklasse; **2)** Angehörige des Proletariats.

Radikalismus

(Lat.), kompromissloses Verfechten einer politischen Ideologie oder eines religiösen Dogmas. Oft auch Bezeichnung für eine weltanschauliche Richtung, die bestehende Verhältnisse von der Wurzel (Radix) an grundsätzlich verändern will. „Steigerungsform": Extremismus.

Reaktion

(Lat.), **1)** durch etwas hervorgerufene Wirkung, Rückwirkung, Beantwortung eines Reizes; **2)** politisch: konservative politische Kräfte, die die Wiederherstellung eines früheren Status quo erreichen wollen.

Reconquista

(Span.), die vom 8. bis 15. Jahrhundert geführten Kriege zur Rückeroberung der von den Mauren besetzten Iberischen Halbinsel durch christliche Heere. Die Reconquista ging zunächst von Asturien aus (722 Schlacht von Covadonga), erreichte ihre eigentliche Dynamik jedoch erst im 11. Jahrhundert unter den Königen Sancho III. von Navarra (1000 bis 1035), Fernando I. und Alfonso VI. von Kastilien und Leon. Mit der Eroberung Granadas 1492 durch die Katholischen Könige Isabel I. von Kastilien und Fernando II. von Aragonien wurde die letzte maurische Bastion eingenommen, im Geiste eines unduldsamen Katholizismus die Inquisition verschärft und fast alle Juden ausgerottet oder vertrieben (1609 auch ein großer Teil der Mauren). Die Katholischen Könige begründeten den spanischen Gesamtstaat; Isabel unterstützte seit 1492 Kolumbus, dessen Entdeckungen die Gründung des spanischen Kolonialreichs einleiteten.

Reformation

Durch Luther ausgelöste religiöse Umgestaltung im 16. Jahrhundert, die zur Aufspaltung der abendländischen Kirche und zur Bildung des Protestantismus führte. Zahlreiche innerkirchliche Missstände, Überbetonung und Veräußerlichung von religiösen Bräuchen forderten zur Kritik heraus. Papsttum und Ablasshandel wurden angegriffen und nur die Heilige Schrift als Glaubensquelle anerkannt. Bedeutende Begriffe der neuen Lehre waren Gnade und Rechtfertigung. In Deutschland begann die Reformation 1517 mit Martin Luther, in der Schweiz mit Zwingli (1519). In Genf entstand ab 1536 eine neue Reformationsbewegung durch Jean Calvin, in England durch Heinrich VIII. die anglikanische Staatskirche (1534). Mit dem Augsburger Religionsfrieden 1555 hatte sich die Reformation auch politisch behauptet.

Reichsstädte

Im Heiligen Römischen Reich die unmittelbar dem Kaiser oder König unterstellten Städte, im Gegensatz zu den Landstädten, v. a. einige ehemalige Bischofsstädte, die sich von der bischöflischen Verwaltung befreit hatten. 1803–06 wurden alle Reichsstädte mediatisiert; einige erhielten später ihre Selbstständigkeit zurück; letzte Reichsstadt war Lübeck (bis 1937).

Reichsstände

Im Heiligen Römischen Reich die reichsunmittelbaren geistlichen und weltlichen Stände (z. B. Erzbischöfe, Kurfürsten) sowie die Reichsstädte, die Sitz und Stimme im Reichstag hatten.

Reichstag

Im Heiligen Römischen Reich die Versammlung der Fürsten (Kurfürsten, Fürsten, Reichsstädte), ab 1663 Gesandtenkongress zu Regensburg; im Norddeutschen Bund (1867–71) und unter der Bismarckschen und Weimarer Verfassung das Parlament; zur Zeit des Nationalsozialismus bedeutungslos. Der Reichstag in Berlin, Sitz des Parlaments der Weimarer Republik, ist nach einem Umbau seit 1999 Sitz des Deutschen Bundestages.

Religionskriege

Glaubenskriege, ursprünglich aus dem Gegensatz religiöser Bekenntnisse entstanden, meist zu politischen Machtkämpfen erweitert, Bezeichnung für die Konfessionskriege des 16./17. Jahrhunderts in Europa; z. B. Hussitenkriege, Hugenottenkriege, Dreißigjähriger Krieg, heiliger Krieg (Djihad) der Moslems.

Repräsentativsystem

Politische Herrschaftsform, in der das Volk die Herrschaft nicht direkt ausübt, sondern sie an gewählte Abgeordnete delegiert. Gegensatz direkte Demokratie.

Restauration

(Lat.), i. A. Bezeichnung für die Wiederherstellung des politischen und gesellschaftlichen Zustands, der vor einer Revolution bestanden hatte, besonders die Wiedereinsetzung eines gestürzten Herrscherhauses. Als Epochenbezeichnung bezieht sich Restauration auf die Zeit von der Neuordnung Europas auf dem Wiener Kongress 1814/15 bis zu den Revolutionen von 1830 und 1848.

Ritter

1) Im römischen Altertum Krieger zu Pferde, später privilegierter Stand; **2)** im Mittelalter edelfreie vollgerüstete Reiterkrieger, Angehöriger des Ritterstandes; im Spätmittelalter zusammen mit den Ministerialen zu einem Stand verschmolzen.

Säkularisation

(Lat.), Überführung von Kirchengut in weltlichen Besitz, z. B. Auflösung von Klöstern; seit dem Mittelalter mehrere Säkularisationswellen bis zum Reichsdeputationshauptschluss; später Enteignung kirchlichen Besitzes 1860/70 in Italien, 1901/05 in Frankreich und nach 1917 und 1945 in den ehemaligen kommunistischen Staaten.

Schisma

(Gr.), Kirchenspaltung. Das Morgenländische Schisma führte 1054 zur Trennung von „lateinischer" und griechisch-orthodoxer Kirche (Filioque), das Große Abendländische Schisma (1378–1417) brachte ein Nebeneinander von zwei, später drei Päpsten.

Selbstbestimmungsrecht

(Autodetermination), **1)** Recht der Völker, über ihre Staatsform und Regierung bzw. ihre Staatszugehörigkeit frei zu entscheiden; **2)** verfassungsrechtlich: das Recht des Einzelnen auf freie Gestaltung seines Lebens.

Senat

(Lat.), **1)** in der römischen Republik der politisch bestimmende Rat der Alten (Patrizier, später auch Plebejer und Magistrate); wichtige Funktionen waren

u. a. Gesetzesvorschläge, Entscheidungen über Krieg und Frieden, Errichten von Provinzen, Empfang und Entsendung von Gesandtschaften und Aufstellung und Ausrüstung des Heeres; wurde in der Kaiserzeit weitgehend entmachtet; **2)** die erste Kammer der Volksvertretung in Zweikammersystemen (z. B. USA, Italien); **3)** die Regierung der Länder Hamburg, Bremen und Berlin; **4)** Kammer höherer Gerichte; **5)** Selbstverwaltungsorgan von wissenschaftlichen Hochschulen, besteht je nach Verfassung der Hochschulen aus dem Rektor und Vertretern des Lehrkörpers, der Studenten und der sonstigen Mitarbeiter.

Separatismus

(Lat.), das Bestreben eines Landesteils, sich aus der staatlichen Gemeinschaft zu lösen. Z. B. wurde in den 20er-Jahren von durch Belgien und Frankreich unterstützten Gruppen der Versuch unternommen, das Rheinland aus der Gemeinschaft der deutschen Länder herauszulösen.

Sklaverei

Weit verbreitete Form der „Bewirtschaftung" von Menschen. Im Gegensatz zur Hörigkeit gehört der Sklave ganz dem Herrn und ist juristisch rechtlos. Die Sklaverei war im ganzen Altertum verbreitet und wurde insbesondere in der spätrömischen milderen Form vom europäische Mittelalter übernommen. Im 16. Jahrhundert setzte zur Beschaffung von Arbeitskräften für die südamerikanischen Plantagen ein gewaltiger Handel mit afrikanischen Sklaven ein. Verbot des Sklavenhandels in den britischen Kolonien 1833, in den französischen 1848. Die Aufhebung der Sklaverei wurde entscheidend gefördert durch den Sieg der Nordstaaten im amerikanischen Sezessionskrieg (1861–65, mit Aufhebung 1865). Die Anti-Sklaverei-Akte von 1926 (mit Genfer Zusatzabkommen von 1957, unterzeichnet von 40 Staaten) erklärt jede Form von individueller Sklaverei zum Verbrechen. Verboten wurden auch Schuldknechtschaft, Leibeigenschaft sowie Verkauf und Verschenken von Bräuten, Witwen und Kindern.

Souveränität

(Frz.), im Völkerrecht die Unabhängigkeit eines Staates von anderen Staaten in Verbindung mit dem Recht, seine Regierungsform und alle inneren Angelegenheiten selbst zu bestimmen; Souveränität ist heute durch Staatsverträge und -bündnisse oft eingeschränkt, sodass diese Staaten als Völkerrechtssubjekte bezeichnet werden.

Soziale Frage

Bezeichnung für die sozialen Probleme der jeweils unterprivilegierten Schicht im 19. und 20. Jahrhundert; seit dem 19. Jahrhundert (Zeit der europäischen Industrialisierung) besonders Schlagwort für die (schlechte) wirtschaftliche Lage der Lohnabhängigen (Arbeiterfrage) sowie für deren politische, soziale und sonstige Benachteiligung. Die Soziale Frage beschäftigte sich zunächst mit dem Problem der Verelendung der Arbeiter, der Ausbeutung der Frauen und Kinder, der miserablen Wohnverhältnisse und dem geistigen und moralischen Verfall; in diesem Zusammenhang versuchte die (am Marxismus orientierte) Arbeiterbewegung, die Soziale Frage zu lösen, in der 2. Hälfte des 19. Jahrhunderts auch bürgerliche Initiativen (z. B. „Kathedersozialisten", „Verein für Sozialpolitik"); die Bismarcksche Sozialpolitik versuchte, die drohende (politische) Gefahr, die von der Sozialen Frage ausging, von oben zu lösen, ohne den wirtschaftlichen Status quo der Arbeiterschaft von Grund auf zu verändern (Krankenversicherungsgesetz 1883, Unfallversicherungsgesetz 1884, Gesetz über die Invaliditäts- und Altersversicherung 1889). Im 20. Jahrhundert weitere Maßnahmen zur Verbesserung der Alters- und Krankenversorgung, Arbeits- und Lohnbedingungen (z. B. 1903 Kinderschutzgesetz, 1911 Angestelltenversicherung, usw.).

Sozialismus

(Lat.), eingangs des 19. Jahrhunderts in Frankreich aufgekommener Begriff für eine politische Bewegung, die auf der Basis sozialer und wirtschaftlicher Gleichheit ein System von Gemeineigentum an den Produktionsmitteln anstrebt. Die Entwicklung im 19.

Jahrhundert vollzog sich vom utopischen Sozialismus (Saint-Simon, Proudhon, Owen), der ausgehend vom Genossenschaftsmodell Idealbilder künftiger Gesellschaftsformen entwirft, zum wissenschaftlichen Sozialismus (Marx, Engels), der auf Grundlage des dialektischen Materialismus eine revolutionäre Beseitigung der Kapitalkonzentration und als Endziel die Errichtung einer klassenlosen Gesellschaft vorsieht (Marxismus). Ende des 19. Jahrhunderts zeichnete sich in verschiedenen europäische Ländern eine Abkehr von revolutionären Zielsetzungen zugunsten einer fortschreitenden Umgestaltung der Sozial- und Wirtschaftsordnung ab; der sog. evolutionäre oder demokratische Sozialismus stellt gegenüber dem Gemeineigentum der Produktionsmittel eine staatliche Globalsteuerung der Wirtschaft zur Sicherung eines kontinuierlichen Wachstums in den Vordergrund (Sozialdemokratie). Der revolutionäre Sozialismus hingegen, der mit der russischen Revolution 1917 weltgeschichtliche Bedeutung erlangte, fordert die völlige Abschaffung des Privateigentums an den Produktionsmitteln und die Verteilung der Güter gemäß dem Bedarf (Kommunismus, Marxismus-Leninismus). Nach den Umwälzungen in den Staaten des Ostblocks 1989/90, deren Gesellschaftsordnung am Sozialismus ausgerichtet war, wurde dieser als bestimmendes Moment von Verfassung, Gesetzgebung sowie Wirtschafts- und Sozialordnung aufgegeben. Seitdem Übergang zur Mehrparteien-Demokratie und Marktwirtschaft in fast allen ehemaligen sozialistischen Staaten (Verfassungsänderungen, Privatisierungen).

Staatsräson

Prinzip, dem zufolge es für die Ausübung und Erhaltung der staatlichen Macht eine Eigengesetzlichkeit gibt, die sich notwendig in gespanntem Verhältnis zur Moral und Recht befindet; die Verwirklichung des Staatswohls und der Machterhaltung als oberste Maxime staatlichen Handelns; hatte besonders Bedeutung im Absolutismus und in negativen Auswüchsen im Nationalsozialismus und im Stalinismus.

Stalinismus

Ein im Zusammenhang mit dem Widerstand Titos und anderer Nationalkommunisten gegen den diktatorischen Führungsanspruch Stalins entstandener Begriff; bezeichnet einerseits die Stalins Herrschaft kennzeichnende Willkür von Polizei und Justiz, den absoluten Machtanspruch von Partei und Staat sowie den Persönlichkeitskult um Stalin, andererseits die von ihm verfochtene Theorie des „Sozialismus in einem Land", auf deren Grundlage die Industrialisierung vorangetrieben und die Landwirtschaft zwangskollektiviert wurde (in der Theorie: Dogmatisierung des Marxismus, Reduzierung der Dialektik auf bloße Gegensätzlichkeit, starre Schematisierung). 1956 führte Chruschtschow auf dem XX. Parteitag eine scharfe Abrechnung mit dem Stalinismus durch.

Steinzeit

Zeit der vorgeschichtlichen Kulturen vor der Entdeckung der Metalle. Drei Hauptabschnitte: **1)** Paläolithikum: Altpaläolithikum (Abbévillien, Acheuléen, Moustérien 500. Jahrtausend bis 120. Jahrtausend); Mittelpaläolithikum (120. Jahrtausend bis 30. Jahrtausend); Jungpaläolithikum (Aurignacien, Solutréen, Magdalenien 30. Jahrtausend bis 8. Jahrtausend); **2)** Mesolithikum: Epipaläolithikum oder Frühmesolithikum (Tardenoisien-, Azilien-, Maglemosekultur ab 8. Jahrtausend), Endmesolithikum (Campignien-, Kjökkenmöddingstufe bis 5. Jahrtausend); **3)** Neolithikum (5. Jahrtausend bis 1800 v. Chr.): im Frühneolithikum sind die Anfänge der Viehzucht und des Ackerbaus und damit eine zunehmende Sesshaftigkeit zu verzeichnen.

Sultan

(Arab.), seit dem 10./11. Jahrhundert islamischer Herrschertitel, im Türkischen Reich von etwa 1400 bis 1922 geführt.

Territorialstaaten

In der Antike im Gegensatz zur griechischen Polis der hellenistische Staat; seit dem 15. Jahrhundert im

Heiligen Römischen Reich deutscher Nation entstandene Staaten, deren Herrschaftssystem dualistisch (Stände und Landesherr) war.

Terrorismus

Gewaltausübung (z. B. Attentate auf Funktionsträger und Repräsentanten von Staat und Gesellschaft) durch Untergrundorganisationen mit einer politisch extremen Ideologie, die darauf abzielt, das bestehende Gesellschaftssystem umzustürzen.

Totalitarismus

Bezeichnung für eine Staats- und Gesellschaftsform, die durch die Ausschaltung der Prinzipien des Rechtsstaats, durch Gleichschaltung bzw. Unterdrückung der öffentlichen Meinung mit Mitteln des Terrors gekennzeichnet ist und den Einzelnen in allen Lebensbereichen erfasst. Als totalitäre Systeme des 20. Jahrhunderts gelten insbesondere der Bolschewismus, Faschismus, Nationalsozialismus.

Triumvirat

(Lat.), Kollegium von drei politisch einflussreichen Männern, insbesondere im antiken Rom; 1. Triumvirat: 60 v. Chr. zwischen Caesar, Pompeius u. Crassus, 2. Triumvirat: 43 v. Chr. Bund zwischen Marcus Antonius, Octavianus (Augustus) und Marcus Aemilius Lepidus gegen Senat und Caesarmörder; 37 v. Chr. erneuert.

Vereinte Nationen

Abk. UN(O), internationale, überstaatliche Organisation mit ständigem Sitz in New York zur Wahrung des Weltfriedens sowie zur Förderung der internationalen Zusammenarbeit auf allen Gebieten; 1945 in San Francisco auf der Basis der von 52 Staaten unterzeichneten Charta der Vereinten Nationen gegründet; 189 Mitglieder (Ende 2001); oberstes Organ der UN ist die Generalversammlung (UNGA) oder Vollversammlung (mindestens einmal jährlich tagend); der Sicherheitsrat (UNSC) mit fünf ständigen (USA, Russland, Großbritannien, Frankreich, VR China) und zehn von der Generalversammlung auf zwei Jahre gewählten Mitgliedern ist ein ständig tagendes Organ zur Überwachung der internationalen Sicherheit; weitere Organe sind der Wirtschafts- und Sozialrat, der Treuhandschaftsrat, der Internationale Gerichtshof sowie das geschäftsführende Generalsekretariat, das vom (auf fünf Jahre gewählten) Generalsekretär geleitet wird; derzeitiger Generalsekretär ist Kofi Annan aus Ghana, als Spezialorganisationen sind u. a. angeschlossen: FAO, UNESCO, UNIDO.

Vertriebene

Amtliche Bezeichnung für deutsche Staats- und Volksangehörige, die infolge des II. Weltkriegs ihren Wohnsitz in den ehemaligen deutschen Ostgebieten oder im Ausland verloren haben, ferner für Aus- u. Umsiedler; Heimatvertriebene sind Personen, die am 31.12.1937 oder vorher ihren Wohnsitz in jenem Staat hatten, aus dem sie vertrieben wurden.

Vierte Welt

Ärmste Länder; Bezeichnung für jene zur Dritten Welt zählenden Staaten, deren industrieller und landwirtschaftlicher Entwicklungsstand als besonders niedrig eingestuft wird; meist Entwicklungsländer ohne Rohstoffvorkommen, mit sehr niedrigem Pro-Kopf-Einkommen, sehr hohem Analphabetismus und hohen Auslandsschulden, z. B. Somalia, Bangladesch.

Völkerbund

(Frz. Société des Nations; engl. League of Nations), 1919 gegründete erste internationale Staatenvereinigung zur Sicherung des Weltfriedens und zur wirtschaftlichen und kulturellen Zusammenarbeit unter den Nationen (höchste Mitgliederzahl 59); Deutschland war 1926–33 Mitglied; die Organisation mit Sitz in Genf war an der Durchführung des Versailler Vertrags beteiligt; 1945 durch die Vereinten Nationen ersetzt.

Völkerwanderung

Die großen Völkerverschiebungen hauptsächlich germanischer Stämme, die sich im Laufe des 4.–6. Jahrhunderts n. Chr. vollzogen, im historischen

Zusammenhang betrachtet jedoch bereits Jahrhunderte v. Chr. einsetzten. Ursache waren große Wanderungen asiatischer Steppenvölker (Hunnen u. a.), die von Osten nach Westen vorstießen und die von ihnen bedrängten Bevölkerungen in Bewegung setzten. So kamen sukzessive die Kelten, Germanen, Slawen neben anderen Völkern ins Wandern, stießen insbesondere nach Süden und Westen in den Kreis der Mittelmeerkultur vor und besiegelten den Untergang des Römischen Reiches. Die Westgoten setzten sich in Südfrankreich und Spanien fest, die Vandalen in Nordafrika, die Ostgoten in Italien, die Langobarden in Oberitalien, die Angeln und Sachsen in Britannien, die Alemannen am Rhein und die Franken in Gallien, wo sie das Merowingerreich gründeten.

Warschauer Pakt

(Warschauer Vertrag), 1955 geschlossenes militärisches Sicherheitsbündnis osteuropäischer Staaten. Mitglieder: Albanien (faktischer Austritt 1961, 1968 offiziell), Bulgarien, ČSSR, DDR, Polen, Rumänien, UdSSR, Ungarn; Vertrag über Freundschaft, Zusammenarbeit und gegenseitigen Beistand; Bildung eines „Vereinten Oberkommandos der Streitkräfte"; militärisches Gegenbündnis zur NATO; 1991 aufgelöst.

A

C

D

E

F

G

H

I

J

K

L

M

N

O

P

Q

R

S

T

U

V